Clemens Krauss

Geldpolitik im Umbruch

Quellen und Darstellungen zur Zeitgeschichte

Herausgegeben vom Institut für Zeitgeschichte

Band 128

Clemens Krauss

Geldpolitik im Umbruch

Die Zentralbanken Frankreichs
und der Bundesrepublik Deutschland
in den 1970er Jahren

DE GRUYTER
OLDENBOURG

Unter dem Titel *Die Geld- und Währungspolitik der Deutschen Bundesbank und der Banque de France im Spannungsfeld zwischen dem Ende des Bretton Woods-Systems und dem Beginn der europäischen Währungsordnung in den 1970er Jahren* eingereichte Inaugural-Dissertation zur Erlangung des Doktorgrades der Philosophie an der Ludwig-Maximilians-Universität München in Cotutelle mit Sorbonne Université Paris.

ISBN 978-3-11-072810-1
E-ISBN (PDF) 978-3-11-072828-6
E-ISBN (EPUB) 978-3-11-072836-1
ISSN 0481-3545

Library of Congress Control Number: 2021937492

Bibliografische Information der Deutschen Nationalbibliothek
Die Deutsche Nationalbibliothek verzeichnet diese Publikation in der Deutschen Nationalbibliografie; detaillierte bibliografische Daten sind im Internet über http://dnb.dnb.de abrufbar.

Titelbild: Gettyimages / PhoThoughts und Gettyimages / Tokle
Satz: Meta Systems Publishing & Printservices GmbH, Wustermark
Druck und Bindung: Beltz Grafische Betriebe GmbH, Bad Langensalza

www.degruyter.com

Inhalt

Einleitung

Im Juli 1944 trafen sich die Notenbankgouverneure und Finanzminister der späteren Siegermächte des Zweiten Weltkriegs im Mount-Washington-Hotel des abgelegenen Ausflugs- und Ferienorts Bretton Woods im US-Bundesstaat New Hampshire zum Krisentreffen. Im Vorgriff auf die Zeit nach dem Krieg berieten die Alliierten darüber, wie eine Wiederholung der 1920er und 1930er Jahre, hohe Schulden, Abwertungen und Protektionismus, zu vermeiden wären und wie die Grundlagen der künftigen internationalen Währungs- und Finanzbeziehungen beschaffen sein müssten. Sie etablierten dort das nach dem Entstehungsort benannte Bretton Woods-System, das für die folgenden zwei Jahrzehnte den Rahmen für den Wiederaufbau der westlichen Volkswirtschaften bildete. Es sorgte für die Erstarkung und Expansion des globalen Handels und für ein rasantes Wirtschaftswachstum, das in der Bundesrepublik Deutschland als „Wirtschaftswunder" und in Frankreich als „Trente Glorieuses" in die Geschichte eingegangen ist.

Als sich Ende der 1960er und Anfang der 1970er Jahre Auflösungserscheinungen des Bretton Woods-Systems ankündigten, war dies auch ein erstes Anzeichen dafür, dass sich die Periode der wirtschaftlichen Prosperität ihrem Ende zuneigte. In den westlichen Industriestaaten markierte das anschließende Dezennium der 1970er einen tiefgreifenden Umbruch der wirtschaftlichen Verhältnisse. Die hohen Wachstumszahlen brachen ein, Preise und Kosten schnellten in die Höhe. Die „Große Inflation" wurde zum Schlagwort für die ökonomischen Probleme der Epoche. 1975 erschütterte die erste schwere Wirtschaftskrise seit dem Ende des Zweiten Weltkrieges die westlichen Volkswirtschaften, führte in eine kurze, aber heftige Rezession und ließ in ihrer Folge die Arbeitslosenzahlen explodieren – ein drastischer Einschnitt für eine Gesellschaft, die an Vollbeschäftigung gewöhnt war.

Die Veränderungen und Umwälzungen des Jahrzehnts erfassten insbesondere die internationalen Wirtschafts- und Währungsbeziehungen, wobei drei Szenarien herausstechen. Zu Beginn der 1970er Jahre brach das Bretton Woods-System fester Wechselkurse zusammen. Die fixe Goldbindung, die zuvor die globalen Währungsrelationen garantiert und den Waren- und Geldaustausch erleichtert hatte, verschwand. An seine Stelle trat ein Regime flexibler, frei beweglicher Wechselkurse. Während und infolge der Auflösung dieses internationalen Währungssystems entschieden sich die Mitgliedsstaaten der Europäischen Gemeinschaft, die Wirtschafts- und Währungsintegration in Europa voranzutreiben. Im Gegensatz zu den globalen Tendenzen verstärkten sie ihre Bemühungen, die Wechselkurse auf eine feste Basis zu stellen, ihre Geld- und Währungspolitik zu harmonisieren und schufen zu diesem Zweck 1978/1979 das Europäische Währungssystem. Als dritter Vorfall erschütterte in der Mitte der 1970er Jahre der Ausbruch der Ölpreiskrise die Weltwirtschaft. Jene heizte die Inflation an, verursachte weltweit massive Zahlungsbilanz-Ungleichgewichte und löste eine dramatische Expansion der internationalen Finanzmärkte aus.

In Europa waren die Bundesrepublik Deutschland und Frankreich von den Währungsgeschehnissen besonders betroffen. In beiden Ländern hatten Wechselkurskrisen in den Jahren 1968 und 1969 als Vorboten die kommenden Unruhen angekündigt, und in der Folge hatten die Staats- und Regierungschefs beider Staaten, Georges Pompidou und Willy Brandt (Amtszeiten 1969–1974), auf der EWG-Gipfelkonferenz in Den Haag 1969 gemeinsam die Initiative zur Schaffung einer europäischen Wirtschafts- und Währungsunion ergriffen. Unter ihren beiden Nachfolgern im Amt, Helmut Schmidt (Amtszeit 1974–1982) und Valéry Giscard d'Estaing (Amtszeit 1974–1981) traten die wirtschaftlichen Geschehnisse noch stärker in den Vordergrund. Nicht nur waren beide zuvor bereits Finanz- und Wirtschaftsminister ihrer Länder gewesen[1] und widmeten deshalb den wirtschaftlichen Fragestellungen besondere Aufmerksamkeit. Vielmehr waren sie beide in der Mitte des Jahrzehnts mit den gravierenden Krisenphänomenen, der stagnierenden Konjunktur, der hohen Arbeitslosigkeit und der massiven Inflation, konfrontiert. Stärker noch als ihre Vorgänger suchten Schmidt und Giscard d'Estaing daher den Schulterschluss in ihrem Streben nach einer gemeinsamen europäischen Lösung. Sie waren es, die 1978/1979 das Europäische Währungssystem auf den Weg brachten.

Im Kontext dieser Ereignisse der 1970er Jahre nahmen die Zentralbanken Deutschlands und Frankreichs eine herausragende Rolle ein. Als entscheidende Akteure der Wirtschaftspolitik lenkten sie die geld- und währungspolitischen Geschicke ihrer beiden Länder und beeinflussten wesentlich deren Reaktion auf die Veränderungen des internationalen Währungs- und Finanzsystems.

These, Fragen, Ziele

Es ist das Ziel der vorliegenden Arbeit, die Umbrüche des Jahrzehnts aus dem Blickwinkel der deutschen und französischen Zentralbanken zu untersuchen und die Wechselwirkungen, die sich zwischen der internationalen Währungspolitik und den nationalen Geld- und Währungsordnungen ergaben, herauszuarbeiten.

Ihr liegt die Hypothese zugrunde, dass die 1970er Jahre eine Scharnierzeit waren, in der die Deutsche Bundesbank und die Banque de France unter dem Eindruck äußerer Zwänge – Niedergang des Bretton Woods-Systems, Ölpreiskrise und europäische Währungsintegration – einerseits die Grundlagen ihrer bisherigen Geldpolitik auf den Prüfstand stellten und neue Orientierungsmaßstäbe und Handlungsstrategien entwickelten, sowie andererseits auch eigenständige Wirkkraft entfalteten, durch die sie den Wandel der internationalen Währungs- und Wirtschaftsbeziehungen aktiv mitgestalteten und nachhaltig prägten.

Folgende Fragestellungen strukturieren die Untersuchung:

1. Wie nahmen die Zentralbanken die Veränderungen der globalen Währungsstruktur wahr und reagierten darauf; hierbei sollen insbesondere die Voraussetzungen

[1] Valéry Giscard d'Estaing, französischer Wirtschafts- und Finanzminister: 1962–1966, 1969–1974, Helmut Schmidt, deutscher (Wirtschafts- und) Finanzminister: 1972–1974.

zungen, Möglichkeiten und Grenzen ihrer Geldpolitik, aber auch ihre Konzepte und Handlungsmuster aufgezeigt werden.
2. Wie beeinflussten die Notenbanken ihrerseits das internationale Währungs- und Finanzgefüge – forcierten oder blockierten sie die Entwicklungen?
3. Wie wirkten die internationalen Vorgänge auf sie selbst zurück, veränderten ihre Handlungsspielräume und stießen neue geldpolitische Konzepte und Strategien an?

Die Erforschung der Geld- und Währungspolitik der deutschen und französischen Notenbanken in den 1970er Jahren soll einerseits einen neuen Beitrag zur Finanz- und Währungsgeschichte und insbesondere zur Geschichte der Zentralbanken Europas leisten. Darüber hinaus sollen andererseits auch die historischen Prozesse dieser Umbruchphase aus der bisher wenig beachteten Perspektive der Zentralbanken beleuchtet und interpretiert werden.

Untersuchungsgegenstand

Im Mittelpunkt der Untersuchung stehen die Zentralbanken Westdeutschlands und Frankreichs. Die Deutsche Bundesbank wurde nach dem Zweiten Weltkrieg 1948 als „Bank deutscher Länder" (BdL) unter maßgeblicher Beteiligung der Alliierten als eine von politischer Einflussnahme unabhängige und föderale Notenbank gegründet.[2] Die Unabhängigkeit wurde in der Folgezeit zum Markenzeichen und essentiellen politischen Instrument der Bundesbank. Die föderale Struktur wurde allerdings schon 1957 weitgehend aufgegeben. Das neue Bundesbankgesetz aus diesem Jahr schuf nunmehr ein zentralistisches System, in dem die Bank deutscher Länder in ein bundesdeutsches Zentralorgan umgewandelt wurde. Doch wurde der neuen Bundesbank das föderale Zugeständnis gewährt, dass die Präsidenten der Landeszentralbanken ein gleichrangiges Mitspracherecht im Entscheidungsgremium der Bank, dem Zentralbankrat, innehatten. Darüber hinaus definierte das Gesetz die „Sicherung der Währung" als wichtigstes Ziel der Bundesbank, eine Aufgabe, die sie ebenso wie die Unabhängigkeit als zentrale Maxime ihrer Politik stets hochhielt.[3]

Die Banque de France entstand im Jahr 1800 unter dem Konsulat Napoleons. Sie existierte bis ins frühe 20. Jahrhundert als private Geschäftsbank, da sie zwar mit einem politischen Auftrag, aber als private Aktiengesellschaft konstituiert worden war. Erst Ende der 1920er Jahre nahm sie nach einer Reform des Gouverneurs Emile Moreau (1868–1950) die Gestalt einer modernen Zentralbank an, die sich nunmehr auch auf die aktive Regulierung des Geldmarktes, die Steuerung der

[2] Wandel, Die Entstehung der Bank deutscher Länder; Buchheim, Die Errichtung der Bank deutscher Länder, S. 91–140; ders., Die Unabhängigkeit der Bundesbank, S. 1–30.
[3] Vgl. Hentschel, Die Entstehung des Bundesbankgesetzes, Teil I, S. 3–31; ders., Die Entstehung, Teil II, S. 79–115.

Kreditverteilung und die Kontrolle der Währung konzentrierte. Mit einer tiefgreifenden Erneuerung der Banque 1936 wurde dieser Prozess der Modernisierung fortgeführt. Der in diesem Jahr an die Macht gelangte „Front Populaire" verfolgte allerdings gleichzeitig das Ziel, die Banque de France stärker in den Dienst des Staates zu stellen, eine Entwicklung, die 1945 in die Verstaatlichung der Banque mündete. In den Nachkriegsjahren wurde es zur Hauptaufgabe der Zentralbank, unter Beachtung der Regierungsvorgaben die wirtschaftliche Prosperität Frankreichs aufrechtzuerhalten und zu fördern.[4]

Die Historie der beiden Zentralbanken macht bereits deutlich, dass die institutionellen Voraussetzungen ihrer Geld- und Kreditpolitik sehr verschieden waren. Auf der einen Seite stand eine von der Politik unabhängige Bundesbank, die die klare Zielvorgabe der Inflationsbekämpfung hatte. Auf der anderen Seite war die Banque de France eine vom französischen Finanzministerium weitgehend abhängige Institution, die sich den politischen Vorschriften unterwerfen und darüber hinaus neben der Richtlinie der Geldwertstabilität auch immer die Konjunkturförderung berücksichtigen musste.[5]

Diese Unterschiede müssen in eine vergleichende Gegenüberstellung beider Zentralbanken einbezogen werden. Die Bundesbank traf innerhalb ihres Kompetenzbereichs – der Zins- und Liquiditätspolitik – eigenständige Entscheidungen. Die Beschlüsse des Zentralbankrats unterlagen keiner direkten politischen Einflussnahme. Insofern hatte die Bundesbank als Institution größeres Gewicht in den wirtschaftspolitischen Entscheidungsprozessen der Bundesrepublik als die Banque de France in Frankreich. Diese verfügte nur über einen eingeschränkten Handlungsspielraum; denn de jure entschied das Finanzministerium bzw. der Finanzminister über die Weichenstellungen. Die geldpolitischen Entscheidungen waren stets an einen Abstimmungsprozess zwischen Ministerium und Banque gebunden.

Doch hingen Autorität und Durchsetzungskraft der beiden Notenbanken nicht nur von den institutionellen Voraussetzungen, sondern auch von den jeweiligen Führungspersönlichkeiten ab. Die Banque de France konnte ihr Abhängigkeitsverhältnis von der Regierung immer wieder durch die Amtsführung eines starken, einflussreichen und gut vernetzten Gouverneurs kompensieren.[6] Die Handlungsmacht der Banque lief in den Händen des Gouverneurs und seiner beiden Sous-Gouverneure zusammen. Das Ratsgremium der Banque, der Conseil Général, hat-

[4] Vgl. Margairaz, La période singulière, S. 397–449; Andrieu, À la recherche de la politique du crédit, S. 377–417; vgl. Monnet, Controlling Credit.

[5] Vgl. Loi n° 73-7 du 3. Januar 1973, Les nouveaux Status de la Banque de France, in: ABF, Bulletin trimestriel de la Banque de France, No. 6, Februar 1973; vgl. Lebaron, Les fondements, S. 72.

[6] Vgl. Lemasson, Alix, Entretien biographique réalisé auprès M. Marcel Théron, Entretien N°8, Cassette N°12, „Banque de France et gouvernement", 4. 1. 1991, in: Le Comité pour l'histoire économique et financière de la France (CHEFF); Demarigny, Fabrice, Transcription, Entretien biographique réalisé auprès de M. Bernard Clappier, Entretien N°6, Cassette N°11, 6,2/6,3, 19. 3. 1990, in: Le Comité pour l'histoire économique et financière de la France (CHEFF)

te nur eine beratende Funktion, keine Entscheidungskompetenz. Die Spitze der Banque traf ihre Beschlüsse unabhängig vom Conseil, stimmte sie mit dem Finanzminister ab und vertrat die Banque nach außen. Die wichtigsten Persönlichkeiten in den 1970er Jahren waren Olivier Wormser (Gouverneur 1969–1974), Bernard Clappier (Sous-Gouverneur 1964–1973, Gouverneur 1974–1979), Renaud de La Genière (Sous-Gouverneur 1974–1979, Gouverneur 1979–1984) sowie Marcel Théron (Generaldirektor der Auslandsabteilung der Banque de France 1970–1973, Sous-Gouverneur 1974–1980). Auch in der Bundesbank übten Präsident und Vizepräsident die Leitungsfunktion aus. Doch hatten sie keine alleinige Entscheidungsvollmacht, diese lag vielmehr beim Zentralbankrat, der im Zentrum der Meinungs- und Entscheidungsfindung stand. Der Präsident war nur „Primus inter pares", seine Stimme hatte im Zentralbankrat nicht mehr Gewicht als die der übrigen Ratsmitglieder, die jedoch in der Regel seinem Votum folgten.[7] Überdies repräsentierte er die deutsche Notenbank in den Ausschüssen des Internationalen Währungsfonds (IWF), der Europäischen Wirtschaftsgemeinschaft (EWG) und bei der Bank für Internationalen Zahlungsausgleich (BIZ), und verlieh ihr somit Durchsetzungskraft in der internationalen Währungspolitik. Die zentralen Entscheidungsträger der Bundesbank in den 1970er Jahren waren Karl Klasen (Präsident 1970–1977), Otmar Emminger (Vizepräsident 1970–1977, Präsident 1977–1979) sowie Karl-Otto Pöhl (Vizepräsident 1977–1979, Präsident 1980–1991).

Die Gouverneure/Präsidenten der Zentralbanken agierten als Ideengeber, Entscheidungsträger und als Repräsentanten der nationalen Geld- und Währungspolitik. Ihre Positionen bestimmten maßgeblich die Politik ihrer Institutionen.

Forschungsdiskussion und Quellenlage

Die Fachliteratur zur Geschichte der deutschen und französischen Zentralbanken und der internationalen Währungspolitik ist thematisch und methodisch vielfältig und folgt verschiedenen Ansätzen. Es ergibt sich einerseits das Bild einer umfangreichen und breiten Forschungslage zu den Zentralbanken, das andererseits aber große Lücken aufweist, wenn man es auf die Periode der 1970er Jahre und speziell auf die internationale Währungspolitik der beiden Institutionen fokussiert.

Ein erster Befund zeigt, dass die Fachliteratur in Bezug auf die speziellere Zentralbankpolitik, im Unterschied zur allgemeinen Wirtschafts- und Währungspolitik, je nach Herkunftsland unterschiedlich ausgerichtet ist. In Deutschland beherrschen wirtschaftswissenschaftliche Herangehensweisen die wissenschaftliche Debatte über die Geschichte der Geld- und Kreditpolitik. In Frankreich dagegen wird die historische Aufarbeitung der Banque de France im Wesentlichen von der Geschichtswissenschaft geleistet. Diese Orientierungen haben zur Folge, dass sowohl unterschiedliche methodologische Ansätze zur Untersuchung der Zentral-

7 Vgl. Klasen, Vier Jahrzehnte, S. 237 f.

bankpolitk verfolgt werden als auch die Inhalte der jeweiligen Zentralbankforschung stark variieren. In Deutschland kamen die Impulse zur wissenschaftlichen Aufarbeitung ihrer Geschichte von der Bundesbank selbst. Es existieren zwei große Überblickswerke. 1976 erschien der Band „Währung und Wirtschaft in Deutschland 1876–1975“,[8] der schwerpunktmäßig die Geschichte bis zum Ende des Zweiten Weltkriegs behandelt. In Bezug auf die 1970er Jahre werden die außenwirtschaftlichen Schwierigkeiten der D-Mark, die Stabilisierungspolitik 1969–1974 und die europäische Währungspolitik erörtert.[9] Dass die Verfasser der jeweiligen Aufsätze selbst Bundesbanker waren, legt nahe, dass diese die wissenschaftliche Debatte an sich zogen und beeinflussten. Sie nutzten ihre Expertise und Erfahrungen aus dem Tagesgeschäft und stützten gleichzeitig ihre aktuelle Politik durch wirtschaftstheoretische Abhandlungen.[10] Sie leisteten damit zwar einen substantiellen Beitrag zur Untersuchung der Geldpolitik. Doch ist zu fragen, ob dadurch nicht einseitige Sichtweisen und Narrative tradiert wurden. Der zweite große Sammelband zur Bundesbank von 1998, „Fünfzig Jahre Deutsche Mark“,[11] behandelt die Ereignisse der 1970er Jahre mit größerem zeitlichem Abstand. Dafür wurden erstmals systematisch die Archive der Bundesbank benutzt, so zum Beispiel in der Studie Jürgen von Hagens über die Geldmengensteuerung.[12] Dennoch wird auch in diesem Sammelband, an dem 15 Ökonomen, zwei Juristen und zwei Historiker mitwirkten, deutlich, welche Dominanz Ökonomen in der deutschen Debatte über die Bundesbank beanpruchten. Die Analysen zur Geldpolitik sind daher häufig von einer wirtschaftswissenschaftlichen, modellbasierten Herangehensweise gekennzeichnet.[13] Auch Politologen bzw. Politökonomen, von denen umfangreiche Forschungen zur Bundesbank stammen, folgten mehrheitlich einem modellorientierten Ansatz und konzentrierten sich auf spezielle Themen wie die Abhängigkeit oder Unabhängigkeit der Zentralbanken gegenüber den Regierungen,[14] die institutionelle Einordnung im politischen System[15] oder bestimmte Instrumentarien wie die Geldmengensteuerung.[16] Sie bieten zentrale Erkenntnisse zur Funktionsweise der Institutionen und ihrer Politik, nehmen jedoch häufig keine historische Kontextualisierung ihres Gegenstandes vor und lassen somit spezifisch historisch begründete Einflussfaktoren unbeachtet.

[8] Deutsche Bundesbank (Hrsg.), Währung und Wirtschaft.

[9] Emminger, Deutsche Geld- und Währungspolitik, S. 485–554; Kloten, Erfolg und Mißerfolg, S. 643–690; Gleske, Nationale Geldpolitik, S. 745–784.

[10] Vgl. Emminger, D-Mark, Dollar, Währungskrisen; Bub/Duwendag/Richter, Geldwertsicherung und Wirtschaftsstabilität; Schlesinger, Neuere Erfahrungen, S. 433–454.

[11] Deutsche Bundesbank (Hrsg.), Fünfzig Jahre Deutsche Mark.

[12] Hagen, Geldpolitik auf neuen Wegen, S. 439–473.

[13] Vgl. z. B.: Beyer/Gaspar/Gerberding/Issing, Opting out of the great inflation.

[14] Vgl. Berger, Die aktuelle Debatte um Zentralbankunabhängigkeit, S. 89–111; Goodman, Monetary Sovereignty; Caesar, Der Handlungsspielraum.

[15] Kennedy, The Bundesbank; Henning, Currencies and politics.

[16] Beckh, Das Instrumentarium der Deutschen Bundesbank; Disch, Die geldpolitische Konzeption.

Genuin geschichtswissenschaftliche, quellenbasierte Forschungen sowie Erklärungsansätze, die auf individuelle Akteure abheben und soziologische oder kulturhistorische Fragestellungen mit einbeziehen, sind vergleichweise selten. Einzelne historische Studien zur Bundesbank konzentrieren sich insbesondere auf die Entstehungszeit und Geschichte der Bank in den ersten Jahrzehnten der Bundesrepublik bis 1970, so zum Beispiel die Arbeiten von Christoph Buchheim,[17] Carl-Ludwig Holtfrerich[18] und Monika Dickhaus.[19] Erst seit wenigen Jahren gewinnt die historische Perspektive auf die Zentralbankpolitik zunehmend an Bedeutung. Der von Bernhard Löffler 2010 herausgegebene Tagungsband zu Währungspolitik bietet mit seinem kulturhistorischen Ansatz eine neue, historisch motivierte Herangehensweise, die die Rolle von Ideen, Erfahrungen und Wertehaltungen in den Vordergrund rückt.[20] Ebenso behandelt Simon Mee in seiner jüngst erschienenen Dissertation die Frage der Unabhängigkeit der Bundesbank auf der Grundlage einer umfassenden Quellenanalyse und kann dabei herausarbeiten, wie die historischen Erfahrungen deutscher Geld- und Währungspolitik, insbesondere die Inflationserlebnisse, von der deutschen Zentralbank in den Nachkriegsjahren systematisch als Argument genutzt wurden, um ihre Autonomie gegenüber der Regierung durchzusetzen und zu verteidigen.[21] Seit 2018 wird nunmehr erstmals die Geschichte der Reichs- und Bundesbank in einem institutionellen Rahmen aufgearbeitet. In einem Gemeinschaftsprojekt des Instituts für Zeitgeschichte München-Berlin und der London School of Economics wird die Entwicklung der deutschen Zentralbanken zwischen 1923 und 1969 mit besonderem Augenmerk auf die Kontinuitäten zwischen Vor- und Nachkriegszeit erforscht.[22]

Im Unterschied zur deutschen Fachliteratur werden die wissenschaftlichen Arbeiten zur Geschichte der Banque de France maßgeblich von der französischen Geschichtswissenschaft geleistet. Die bankinterne „Mission historique" der Banque de France fördert systematisch die Bearbeitung der Zentralbankgeschichte.[23] Anders als bei der quantitativ orientierten Herangehensweise der Wirtschaftswissenschaften dominieren daher auf französischer Seite die qualitativen, hermeneutischen Analysen und der historische Faktor. Die lange Historie der Banque de France seit 1800 spiegelt sich in einer enormen Breite und Vielfalt geschichtswissenschaftlicher Studien wider, die insbesondere sowohl das 19. und frühe 20. Jahrhundert[24] als auch die Entwicklungen der Banque seit dem Ende des

[17] Buchheim, Die Errichtung der Bank deutscher Länder, S. 91–140; ders., Die Unabhängigkeit der Bundesbank, S. 1–30.

[18] Holtfrerich, Geldpolitik bei festen Wechselkursen, S. 347–438.

[19] Dickhaus, Die Bundesbank im westeuropäischen Wiederaufbau; dies., La Bundesbank et l'Europe, S. 775–795; dies., La politique extérieure, S. 766–786.

[20] Löffler (Hrsg.), Die kulturelle Seite.

[21] Mee, Central Bank Independence.

[22] Brechtken/Ritschl, Von der Reichsbank zur Bundesbank, S. 349–363.

[23] Die „Mission historique de la Banque de France" wurde 1992 gegründet und wird aktuell von den Wirtschaftshistorikern Michel Margairaz und Olivier Feiertag geleitet.

[24] Blancheton, Le Pape et l'Empereur; Bruneel, La Banque de France; Plessis, Histoires de la Banque de France; Plessis, La politique de la Banque; Prate, La France et sa monnaie.

Zweiten Weltkriegs in den Blick nehmen. Für die Nachkriegszeit stehen zwei große Themenfelder im Vordergrund, zum einen die spezifische Geld- und Kreditpolitik Frankreichs[25] und das Verhältnis zwischen Regierung und Zentralbank,[26] zum anderen die internationalen Aspekte französischer Geldpolitik und hier vor allem der Bezug zur europäischen Währungsintegration. Der erste Schwerpunkt wird insbesondere in einer jüngst erschienen Publikation von Eric Monnet behandelt.[27] Darin arbeitet Monnet die herausragende Bedeutung der Banque de France und ihrer Kreditpolitik für den Wiederaufbau der französischen Wirtschaft und für das hohe Wirtschaftswachstum in den Jahren zwischen 1948 und 1973 heraus. Er erläutert ihren singulären Ansatz, die Kreditversorgung der französischen Wirtschaft zugunsten von Investitionen und Konjunkturförderung in den Vordergrund zu stellen und gleichzeitig deren negativen Folgen durch eine direkte Steuerung der Kreditvergabe zu kontrollieren. Diese Schlüsselfunktion der Banque de France für die Finanzierung der französischen Wirtschaft betont auch Olivier Feiertag. Er charakterisiert die französische Zentralbank als den zentralen Pfeiler eines speziellen französischen Wirtschaftsmodells, der „économie à découvert“, in der die permanente Kreditversorgung der Wirtschaft politisch und institutionell intendiert war.[28] Der zweite Themenschwerpunkt der französischen Forschung liegt auf den internationalen Währungsbeziehungen, dem schwierigen Verhältnis zu den USA und zum Dollar,[29] und besonders auf der europäischen Währungsintegration, die in der französischen Forschung deutlich mehr Beachtung erfährt als in Deutschland.[30] Diese Feststellung korreliert mit den Ereignissen der 1970er Jahre, in denen die Banque de France und ihr Gouverneur eine deutlich aktivere und aufgeschlossenere Politik gegenüber der europäischen Integration einschlugen als die Bundesbank. Anders als in Deutschland entdeckte die französische Geschichtswissenschaft darüber hinaus die Leiter der Zentralbanken als Forschungsgegenstand. In der Einleitung zur Aufsatzsammlung „Les banquiers centraux dans la construction européenne“ von 2011 wird konstatiert, dass, „obwohl Zentralbanken sehr ausführlich untersucht wurden, man paradoxerweise über Zentralbanker noch wenig Bescheid weiß.“[31] Weiter heißt es, die Untersuchung ihrer Lebenswege, Karrieren und Netzwerke könne Aufschluss geben über die Organisation, die internen Funk-

25 Monnet, Controlling Credit; Andrieu, À la recherche, S. 377–417.

26 Bouvier, The Banque de France and the State, S. 73–104; Duchaussoy, La Banque de France et l'État.

27 Monnet, Controlling Credit. Es handelt sich um eine vollständig überarbeitete Version seiner Dissertation, die Monnet 2012 verteidigt hatte. Vgl. Monnet, Eric, Politique monétaire et politique du crédit.

28 Feiertag, La culture monétaire française, S. 101–121.

29 Monnet, Une coopération à la française, S. 83–100; Bordo, La France et le système monétaire, S. 249–286; Jeanneney, De Bretton Woods à la Jamaïque, S. 55–70.

30 De Saint Périer, La France, l'Allemagne et l'Europe monétaire; Bussière, La Banque de France et les débats monétaires, S. 697–722; Duchaussoy, La Banque de France et la contrainte européenne, S. 47–58.

31 Eigene Übersetzung: Clavert/Feiertag, Les banquiers centraux, S. 4. Dieses Desiderat wird auch hier erörtert: Cassis, La communauté des gouverneurs, S. 753–765.

tionsweisen und, nicht zuletzt, die Kultur der Zentralbanken. 2006 legte Olivier Feiertag mit einer Biographie über den französischen Finanzbeamten, Politiker und Gouverneur der Banque de France Wilfrid Baumgartner einen Prototyp dieses neuen Untersuchungsgegestands vor, doch blieb er bisher eine Ausnahme im Spektrum der Forschungen zur europäischen Zentralbankgeschichte des 20. Jahrhunderts.[32]

Für die Fachliteratur zur Geschichte der Zentralbanken lässt sich allgemein festhalten, dass die Untersuchungen häufig im nationalen Forschungsrahmen verhaftet bleiben und nur selten länderübergreifende, vergleichende Perspektiven bieten. Zudem liegen ihre Schwerpunkte überwiegend auf der Nachkriegszeit zwischen 1945 und 1970. Die jüngere Vergangenheit seit 1970 ist bisher noch weitgehend unerforscht geblieben.

Die Historiographie zur allgemeinen internationalen Währungspolitik und wirtschaftlichen Entwicklung der 1970er Jahre zeigt demgegenüber ein anderes Bild. Hier existiert ein reicher Fundus an Studien, die die 1970er und nachfolgenden Jahre ausführlich behandeln und häufig einen internationalen Blickwinkel einnehmen, was der Thematik geschuldet ist. Mehrere Werke decken die allgemeine Geschichte des globalen Währungssystems seit 1945 umfassend ab, so von Harold James, Michael D. Bordo, Barry Eichengreen und Robert Solomon.[33] Die Untersuchung von Solomon, der Anfang der 1970er Jahre selbst bei den Verhandlungen über das Währungssystem mitwirkte, bietet nach wie vor einen der detailliertesten Überblicke über Entwicklung und Ereignisse der internationalen Währungsordnung. Insgesamt charakterisiert diese Literatur zum Bretton Woods-System jedoch, dass sie auf einer abstrakten, übergeordneten Ebene verharrt und einzelne Akteure und Ereignisse nur schemenhaft skizziert. Dagegen wurde der Zusammenbruch des Währungssystems bevorzugt aus der Sicht einzelner Staaten bzw. mit dem Blick auf die Beziehungen zwischen verschiedenen Ländern analysiert.[34] Die Ölpreiskrise von 1973/1974 und die europäische Währungsintegration in den 1970er Jahren erfuhren in den letzten Jahren neue Aufmerksamkeit. Hinsichtlich des Ölpreisschocks rückten die wirtschaftlichen und finanziellen Auswirkungen, insbesondere das Ölgelder-Recycling und die Entwicklung der internationalen Kapitalmärkte, der so genannten Euromärkte, in den Mittelpunkt der Forschung.[35] Die europäische Währungsintegration der 1970er Jahre, deren Studium lange Zeit von der Politikwissenschaft vereinnahmt

32 Feiertag, Wilfrid Baumgartner; andere Biographien beziehen sich zumeist auf die erste Hälfte des 20. Jh., z. B. Boyle, Montagu Norman.

33 Vgl. Bordo, The Bretton Woods International Monetary System, S. 3–109; Eichengreen, Globalizing capital; James, International Monetary Cooperation; Solomon, The International Monetary System.

34 Comité pour l'historie économique et financière de la France (Hrsg.), La France et les institutions de Bretton Woods; Gavin, Gold, Dollars, & Power; Gowa, Closing the Gold Window; Gray, Floating the System, S. 295–323; Zimmermann, West German Monetary Policy, S. 155–176.

35 Altamura, European Banks and the Rise; Gray, Learning to 'Recycle', S. 172–197; Garavini/Petrini, Continuity or Change.

wurde,[36] wird nun auch vermehrt durch historische, quellengestützte Arbeiten erfasst.[37] Ein Fokus liegt dabei unter anderem auf der Erörterung des deutsch-französischen Tandems in seiner Funktion für die Fortschritte der Währungsunion.[38] Es kennzeichnet allerdings die gesamte Forschungslage zur internationalen Währungspolitik, dass sie sich zumeist auf die Regierungen als handelnde Akteure konzentriert und Institutionen, die wie Zentralbanken vorwiegend im Hintergrund agieren, als Untersuchungsgegestand ausblendet. Dasselbe gilt für die historische Forschung zu den allgemeinen politischen, wirtschaftlichen und gesellschaftlichen Rahmenbedingungen der 1970er Jahre. Während die Geschichtswissenschaft diese Periode in den letzten Jahren zunehmend erschlossen und vor allem die Besonderheit des Jahrzehnts als Umbruchsphase, Epochenwende, bzw. als Zeit „nach dem Boom“[39] herausgearbeitet hat,[40] bleibt dieser Topos in Bezuf auf Währungspolitik und Zentralbanken unterbeleuchtet. Sie stehen in den meisten wirtschaftshistorischen Abhandlungen über die 1970er Jahre eher am Rand der inhaltlichen Betrachtung. Die Voraussetzungen, Vorbedingungen und Hintergründe der Geld- und Kreditpolitik sowie eine präzise Verortung der Zentralbanken im Spektrum der wirtschaftlichen und politischen Entwicklung bleiben weitgehend unberücksichtigt und sind bisher nicht ausreichend erforscht. Das trifft nicht nur für die allgemeine Wirtschaftsgeschichte, sondern auch für die spezifische Literatur über Zentralbanken zu. Wie Olivier Feiertag feststellt, klafft eine deutliche Lücke in der Erforschung der Zentralbankgeschichte in den 1970er Jahren,[41] die angesichts der massiven wirtschafts- und währungspolitischen Veränderungen und Umbrüche der Epoche umso erstaunlicher ist.

Hier setzt die vorliegende Arbeit an. Sie will durch eine systematische Untersuchung der Geld- und Kreditpolitik der deutschen und französischen Zentralbanken, einschließlich ihrer Konzepte, Auffassungen, Entscheidungsprozesse und politischen Rahmenbedingungen, einen Beitrag liefern sowohl zur Erklärung und Interpretation von Zentralbankpolitik in den 1970er Jahren als auch zum Einfluss der Zentralbanken auf den wirtschafts- und währungspolitischen Wandel und Fortschritt des Jahrzehnts. Der vergleichende und länderübergreifende Ansatz soll darüber hinaus dem globalen Charakter dieses Umbruchs und den intensiven, internationalen Wechselwirkungen und Abhängigkeiten von Geld- und Währungspolitik Rechnung tragen.

[36] Dyson/Featherstone, The Road to Maastricht; Ludlow, The Making of the European Monetary System; Tsoukalis, The Politics and Economics.
[37] Danescu, Neubewertung des Werner-Berichts; James, Making the European Monetary Union; Mourlon-Druol, A Europe Made of Money.
[38] Saint-Périer, La France, l'Allemagne et l'Europe monétaire; Wilkens, Une tentative prématurée?, S. 77–103.
[39] Doering-Manteuffel/Raphael, Nach dem Boom.
[40] Ferguson/u. a. (Hrsg.), The Shock of the Global; Kaelble, The 1970s in Europe; Jarausch, Das Ende der Zuversicht; Raithel/Rödder/Wirsching (Hrsg.), Auf dem Weg in eine neue Moderne; Rödder, Die Bundesrepublik Deutschland; Sirinelli, Les Vingt Décisives; Chassaigne, Les années 1970.
[41] Vgl. Feiertag, Les banques centrales face à la «grande inflation», S. 215–243.

Die vorliegende Arbeit stützt sich auf eine breite archivalische Quellenbasis. Die Dokumente und Akten aus den Archiven der Bundesbank und Banque de France, die jeweils in den Hauptgebäuden der Zentralbanken in Frankfurt und Paris liegen, bildeten den Schwerpunkt der Recherchen. Sie umfassen die Sitzungsprotokolle des deutschen Zentralbankrats bzw. des französischen Conseil Général, die Jahres- und Monatsberichte, die Arbeitsunterlagen der einzelnen Abteilungen sowie einzelne Nachlässe der Präsidenten bzw. Gouverneure und ihrer Stellvertreter. Die Akten waren in beiden Archiven gemäß der Zugangsfristen frei zugänglich und somit in vollem Umfang benutzbar. Insgesamt boten beide Archive quantitativ reiches Quellenmaterial, das ein vertieftes Verständnis der Funktionsweisen der Zentralbanken ermöglichte. Jedoch unterscheidet sich die Quellenlage in beiden Archiven in ihrer Informationstiefe. Während die Sitzungsprotokolle der Bundesbank umfassenden Stoff über die Entscheidungsprozesse im Zentralbankrat bieten, wobei die fallweise verfügbaren Wortprotokolle besonders ergiebig waren, sind die Sitzungsaufzeichnungen des französischen Conseil Général in ihrer Aussagekraft deutlich eingeschränkt. Sie geben zumeist nur die Berichterstattung des Gouverneurs und Sous-Gouverneurs wieder und schildern nur in Einzelfällen substanzielle Diskussionen im Conseil. Um diese dünne Aktenlage zu substituieren wurden die umfangreichen Aktenbestände der Generaldirektionen, insbesondere die der Auslands- und Studienabteilung hinzugezogen. Diese waren besonders aufschlussreich; denn sie dienten unmittelbar als Grundlage für die Willensbildung und Entscheidungen der Leitung der Banque. Eine weitere Diskrepanz zwischen den beiden Bankarchiven ergibt sich hinsichtlich der persönlichen Akten bzw. Nachlässe der Gouverneure und Präsidenten. Auf deutscher Seite sind enorm umfangreiche Bestände von Otmar Emminger erhalten, der sein komplettes Privat- und Dienstarchiv dem Bundesbankarchiv überlassen hat. Sie erlauben tiefe Einblicke in die Handlungs- und Denkweise des langjährigen Vizepräsidenten, müssen allerdings angesichts des polarisierenden Charakters von Emminger auch mit kritischer Sorgfalt behandelt werden. Von Karl Klasen ist eine relativ umfangreiche Korrespondenz überliefert, die jedoch für die Geldpolitik eher selten einschlägig ist. Auf französischer Seite existieren dagegen keine Nachlässe der Gouverneure, sondern nur Einzelakten, zumeist Reden und Vorträge. Dieser Mangel an persönlichem Schriftgut konnte allerdings durch die Zusammenschau diverser Quellen, etwa der Protokolle des Conseil Général und der Jahresberichte und externen Archivmaterials ausgeglichen werden.

Die Überlieferung der Notenbanken wurde durch Dokumente aus anderen Archiven ergänzt und angereichert. Die Sitzungsaufzeichnungen des Ausschusses der EWG-Zentralbankpräsidenten im Archiv der Europäischen Zentralbank erwiesen sich als aufschlussreiche Quelle hinsichtlich der Zusammenarbeit der europäischen Zentralbanken und der Entwicklung der europäischen Währungsintegration. Aus dem nationalen Kontext herausgelöst und innerhalb einer geschlossenen Gruppe von Zentralbankern artikulierten hier die deutschen und französischen Gouverneure ihre Meinungen freier und direkter, wenn auch die Diskussionen oftmals sehr technisch waren und eingeschränkten politischen Aussagewert besaßen. Diese Protokolle zeigen zudem die direkten Interaktionen der europäischen Zentralbanker auf und bieten eine Informationsbasis für die zunehmend engere Koordination und Abstimmung der europäischen Geld- und Währungspolitik. Darüber hinaus wurden die einschlägigen Bestände im „Bundesarchiv" in Koblenz bzw. in den Pariser „Archives Nationales" und im Archiv des französischen Wirtschafts- und Finanzministeriums („Centre des Archives Économiques et Financières") in Savigny-le-Temple konsultiert. Das Studium dieser Akten ermöglichte die Einordnung der Zentralbanken in die politischen Situationen der beiden Länder. Im Bundesarchiv wurden die Dokumente des Bundesfinanzministeriums, des Bundeswirtschaftsministeriums und des Bundeskanzleramts eingesehen. Im französischen Nationalarchiv gewährten die Präsidentschaftsunterlagen von Georges Pompidou und Valéry Giscard d'Estaing, die erst nach einem langwierigen Zulassungsprozess zur Einsichtnahme freigegeben wurden, weitere Erkenntnisse über die intensiven Wechselwirkungen zwischen Zentralbank und Regierung.

Aspekte der Persönlichkeiten und der persönlichen Beziehungen der Zentralbankgouverneure erschlossen sich aus der Benutzung weiterer Privatarchive. Ein Besuch im Hamburger Archiv von Helmut Schmidt förderte interessantes Material über das Verhältnis Schmidts zu Bundesbankpräsident Karl Klasen hervor, mit dem ihn eine enge Freundschaft verband. Es illustriert den Konflikt innerhalb der Bundesbank zwischen Präsident Klasen und dem Zentralbankrat kurz vor dem Zusammenbruch des Bretton Woods-Systems im Frühjahr 1973. Eine weitere Ergänzung stellten die „Arthur Burns Papers" aus der „Gerald R. Ford Presidential Library" in Ann Arbor (USA) dar. Sie dokumentieren den intensiven Kontakt und Austausch zwischen dem langjährigen Präsidenten der FED, Arthur Burns und Karl Klasen, die gleichzeitig zwischen 1970 und 1977/1978 amtierten. Für die Banque de France konnte zusätzliches Material in der „Fondation Jean Monnet pour l'Europe" in Lausanne gefunden werden. Gouverneur Bernard Clappier unterhielt seit den 1950er Jahren einen engen Kontakt zu Jean Monnet,[42] was sich in einem fortlaufenden Schriftwechsel bis in die 1970er Jahre widerspiegelte. Die Briefe erhellen interessante Gesichtspunkte der europapolitischen Vorstellungen von Clappier. Auch mündliche Quellen unterstützten das Verständnis für die Geldpolitik der Banque de France. Im „Centre pour l'histoire économique et financière de la France" (CHEFF) wurde in den 1990er Jahren eine Vielzahl an Zeitzeugen-Interviews mit hohen Beamten der französischen Wirtschafts- und Finanzpolitik geführt, darunter auch Aufnahmen mit einigen Führungspersönlichkeiten der Banque de France, so etwa mit Bernard Clappier und Marcel Théron. Sie vermitteln wertvolle persönliche Einschätzungen und Interpretationen zur Politik der Banque sowie Einblicke in deren Funktionsweise und Organisation. Diesen mündlichen Quellenschatz konnte der Autor vorliegender Arbeit durch ein

[42] Jean Monet (1888–1979), französischer Unternehmer, zwischen 1946 und 1950 Leiter des Commissariat du Plan, bereitete in dieser Funktion den so genannten Schuman-Plan vor, der zur Gründung der Europäischen Gemeinschaft für Kohle und Stahl führte. Monnet gilt als einer der Gründungsvater der europäischen Einigung.

persönliches Gespräch mit Jacques de Larosière erweitern, der in den 1970er Jahren Direktor des „Tresors“ des französischen Finanzministeriums und zwischen 1987 und 1993 Gouverneur der Banque de France war.

Für einzelne Phasen und Entwicklungen der 1970er Jahren boten die öffentlich publizierten Schriften der „Foreign Relations of the United States“-Serie (FRUS) und Akten des britischen Nationalarchivs eine wichtige ergänzende Außensicht. Der FRUS-Band zur internationalen Währungspolitik unter der Nixon-Administration gewährt weiterführende Erkenntnisse über die Reaktion der amerikanischen Behörden auf die Währungskrisen des Bretton Woods-Systems zwischen 1971 und 1973 und lässt auch Akteure wie den Gouverneur der Banque de France, Olivier Wormser, und die Bundesbankpräsidenten Karl Klasen und Otmar Emminger zu Wort kommen. Das britische Nationalarchiv in London bietet schließlich für die Entstehung des Europäischen Währungssystems Ende der 1970er Jahre Zusatzinformationen, die das deutsche und französische Handeln aus britischer Sicht kritisch kommentierten.

Methode und Aufbau

Als Methoden für die vorliegende Studie über die Zentralbanken Deutschlands und Frankreichs dienen der historische Vergleich, „histoire comparée“, und die Verflechtungsgeschichte, „histoire croisée“. Der Vergleich wird definiert als „systematische Gegenüberstellung von zwei oder mehreren historischen Einheiten [...], um Gemeinsamkeiten und Unterschiede, Annäherungen und Auseinanderentwicklungen zu erforschen.“[43] Mittels dieses komparatistischen Ansatzes kann man zeigen, dass Zentralbanken, die in der wirtschaftswissenschaftlichen Theorie oftmals zu idealtypischen Modellen stilisiert werden, in verschiedenen Ländern einer jeweils spezifischen Entwicklung folgen, in unterschiedliche kulturelle, politische und wirtschaftliche Zusammenhänge eingebettet sind und durch sie geprägt werden. Der Vergleich hilft also, aus einer übergeordneten Betrachtungsposition die Zentralbanken als historisch individuelle Phänomene zu begreifen, zu untersuchen und in den Kontext ihrer Zeit einzuordnen. Um die Voraussetzungen für einen Vergleich zwischen der Bundesbank und der Banque de France herzustellen, wurden drei Periodisierungsfaktoren ausgewählt, Ende des Bretton Woods-Systems, Ölpreiskrise und europäische Währungsintegration. Alle drei Vorgänge betrafen sowohl die Bundesrepublik als auch Frankreich und hatten analoge Auswirkungen auf deren Notenbanken. Es lagen demnach in allen drei Fällen Konstellationen vor, die erlauben, die Entscheidungsprozesse und Reaktionen in beiden Ländern vergleichend zu analysieren.

[43] Kaelble, Historischer Vergleich, in: Docupedia-Zeitgeschichte, 14.08.2012 (online: http://docupedia.de/zg/, zuletzt abgerufen: 18.06.2015), S. 1; vgl. auch Kocka/Haupt, Comparison and Beyond, S. 1–30.

Neben der Methode des historischen Vergleichs sollen auch Elemente der Verflechtungsgeschichte, der so genannten „histoire croisée", zur Anwendung kommen.[44] Dieses Vorgehen konzentriert sich auf die Interaktion und den Austausch zwischen Vergleichsgegenständen, es hebt das „aktive und dynamische Prinzip"[45] wechselseitiger Beziehungen hervor und geht über die reine Gegenüberstellung eines Vergleichs hinaus. Es bietet sich für eine vergleichende Untersuchung der deutschen und französischen Zentralbanken in den 1970er Jahren insofern an, als diese nicht in einem national abgeschlossenen Raum agierten, sondern auf übergeordneten Ebenen – in der Europäischen Gemeinschaft, beim Internationalen Währungsfonds und bei der Bank für Internationalen Zahlungsausgleich – in engen Kontakt miteinander und mit anderen Notenbanken weltweit standen. In diesen Gremien tauschten sie fortwährend Informationen, Wissen und Erfahrungen aus und koordinierten ihre Geld- und Währungspolitik. Es existierte also für die Zentralbanken eine internationale Plattform, die „als Grundlage von Kommunikation und Lernprozessen"[46] fungierte. Diese Interaktionen und gegenseitigen Einflussnahmen gilt es zu berücksichtigen. Eine Verbindung von „histoire comparée" und „histoire croisée" bietet hierfür eine geeignete Vorgehensweise.[47] Sie vermag sowohl auf die historischen Eigenheiten der Zentralbanken einzugehen, als auch die in den 1970er Jahren zunehmende internationale Kooperation und Koordination von Zentralbankpolitik zu erfassen.

Eine derartige vergleichende und verflechtende Untersuchungsmethode, die in der Lage ist, Parallelen festzustellen, Gegensätze herauszuarbeiten und Ergebnisse abzuwägen, kann darüber hinaus neue Erkenntnisse über die Entstehung und Ausgestaltung der europäischen Währungspolitik hervorbringen und das Phänomen des deutsch-französischen Motors der europäischen Integration unter neuen Perspektiven deuten; denn Zentralbanken spielten eine Vorreiterrolle, und ihre Politik hatte Signalfunktion für die kommende Entwicklung. Dies zeigte sich daran, dass einerseits die Zentralbanken nach dem Zusammenbruch von Bretton Woods auf die globalen Krisen nicht mit einer Rückkehr zu nationalen Handlungsmustern reagierten, sondern die Kooperation innerhalb der Europäischen Gemeinschaft forcierten, und dass sie andererseits mit ihren unterschiedlichen Vorstellungen, Forderungen und Strukturen auch diejenigen Probleme aufs Tapet brachten, die auf dem Weg zu einer engeren politischen Zusammenarbeit in Europa in Zukunft noch hervortreten sollten.

Die folgende Arbeit ist in vier Teile gegliedert. Das erste Kapitel befasst sich mit der Vorgeschichte der Ereignisse der 1970er Jahre. Es behandelt die Entwicklung der Bundesbank und der Banque de France in den Jahren von 1945 bis 1970, skizziert die wichtigsten Grundlagen ihrer institutionellen Struktur und ihrer Geld-

[44] Vgl. Werner/Zimmermann, Penser l'Histoire Croisée, S. 7–36.
[45] Eigene Übersetzung: Werner/Zimmermann, Penser l'Histoire Croisée, S. 16.
[46] Eigene Übersetzung: Ther, Comparison, Cultural Transfer, and the Study of Networks, S. 205.
[47] Dieser Ansatz wurde von Jürgen Kocka vorgeschlagen, in: Kocka, Comparison and Beyond, S. 44.

und Währungspolitik und ordnet ihre jeweilige Position und Rolle im wirtschaftlichen Nachkriegsboom in Westdeutschland und Frankreich ein. Das zweite Kapitel betrifft die erste zentrale Zäsur der 1970er Jahre, den Zusammenbruch des Bretton Woods-Systems. Es erörtert das Aufkommen erster Währungskrisen Ende der 1960er Jahre, die Versuche, das globale Währungssystem zu refomieren, die einschneidenden Ereignisse des Jahres 1971, als im Frühjahr die Bundesrepublik zum ersten Mal ihre Währung temporär floaten lassen musste und im Sommer die USA die Goldbindung des Dollars aufhob, und schließlich die endgültige Auflösung des Systems im Früjahr 1973. Der dritte Abschnitt zur Ölpreiskrise in den Jahren 1973/74 setzt sich mit drei geldpolitischen Phänomenen auseinander, die infolge der Krise auftraten oder an Kraft gewannen, die rasante Inflation, die schwerwiegenden Zahlungsbilanzprobleme und der erhebliche Anstieg der globalen Kapitalströme. Besondere Aufmerksamkeit wird dabei dem so genannten Ölgelder-Recycling gewidmet, der Verteilung der durch die Ölpreiskrise entstandenen Kapitalüberschüsse der OPEC-Staaten. Im vierten und letzten Kapitel wird die europäische Währungsintegration in den Jahren zwischen 1970 und 1979 beleuchtet, wobei der Werner-Plan des Jahres 1970, die Krisen der Währungzusammenarbeit Mitte der 1970er Jahre und die Prozesse zur Schaffung des Europäischen Währungssystems 1978/79 im Vordergrund stehen.

Jedes Kapitel wird eingeleitet mit einem allgemeinen Überblick zu den wirtschaftlichen und währungspolitischen Ereignissen. Sodann werden jeweils im Wechsel die Strategien und das Handeln der beiden Zentralbanken dargelegt und interpretiert. In einer Synthese werden abschließend zu jedem Kapitel die Positionen der Bundesbank und der Banque de France zusammengefasst und verglichen.

I. Die Zentralbanken in Deutschland und Frankreich zwischen Kriegsende und 1970

1. Die 1970er Jahre als Zäsur

Es ist in der historischen Forschung kaum mehr umstritten, dass die 1970er Jahre eine Phase des gesellschaftlichen und wirtschaftlichen Umbruchs darstellten. Hartmut Kaelble bezeichnet die Periode als „stille Revolution“[1], in der ökonomische und soziale Strukturveränderungen die Gesellschaft ergriffen und neu ordneten; die Revolution war still, da sie nicht von plötzlichen politischen Ereignissen bestimmt war, sondern von langfristigen und tiefgreifenden sozialen Verschiebungen. Anselm Doering-Manteuffel beschreibt gemeinsam mit Lutz Raphael die 1970er Jahre als Phase des „Nach dem Boom“[2] und zielt damit auf die Bedeutung des Jahrzehnts als Wendepunkt zwischen der wirtschaftlichen boomenden Nachkriegszeit und der sich in den ökonomischen und gesellschaftlichen Grundstrukturen verändernden Nachboom-Periode ab. Auch er spricht von einer „schrittweisen und vielfach unbemerkten“[3] Entwicklung, die sich eben nicht durch politische Einschnitte, sondern durch tiefgreifende gesellschaftliche Wandlungsprozesse auszeichnete. In gleicher Weise erklärt der britische Historiker Geoff Eley die 1970er Jahre zur „Key Watershed“ der europäischen Nachkriegsgeschichte, in der selbstverständliche wirtschaftliche Prozesse und soziale Muster, so wie etwa ein konstantes Wirtschaftswachstum und Vollbeschäftigung oder auch die Legitimität und Attraktivität von Massenparteien sowie traditionelle Geschlechterbeziehungen in Frage gestellt wurden.[4] Auch im französischen Diskurs werden die 1970er Jahre, bzw. insbesondere das Biennium 1973/1974, als einschneidender Epochenwechsel herausgestellt. So weist Jean-François Sirinelli auf den klaren Bruch im Wirtschaftswachstum und in den Inflations- und Arbeitslosenzahlen hin,[5] während Robert Frank und seine Mitautoren vor allem die Verunsicherung und das fehlende Vertrauen in die Zukunft als Kernelemente der Periode ab 1973 hervorheben.[6]

Der Umschwung in den 1970er Jahren war maßgeblich durch wirtschaftliche Faktoren bestimmt. Die so genannten deutschen „Wirtschaftswunderjahre“ bzw. die französischen „Trente Glorieuses“[7] kamen an ihr Ende. Das Wirtschaftswachstum ließ merklich nach. Nachdem zwischen 1950 und 1973 das deutsche Bruttoinlandsprodukt um durchschnittlich 5,9% jährlich angestiegen war, fiel es nach 1973

1 Kaelble, The 1970s: What Turning Point?, S. 20.
2 Vgl. Doering-Manteuffel/Raphael, Nach dem Boom.
3 Doering-Manteuffel, Nach dem Boom, Brüche und Kontinuitäten, S. 561.
4 Eley, End of the Post-war?, S. 12–17.
5 Sirinelli, 1973–1974: la fin des 'Trente Glorioses', S. 45–49.
6 Vgl. Frank/Dreyfus-Armand/Le Puloch, Les années grises de la fin de siècle, S. 75–82.
7 Der Ökonomen Jean Fourastié prägte den epochengebenden Begriff in seinem Buch: „Les Trente Glorieuses, ou la révolution invisible de 1946 à 1975, Paris, 1979“.

auf ca. 1,9% jährliches Wachstum.[8] Auch in Frankreich gingen gleichzeitig die Wachstumszahlen von ca. 6% auf 3% zurück.[9] Die Beschäftigungslage verschlechterte sich in beiden Ländern drastisch. Der Zustand der Vollbeschäftigung, der sich in den zwei Jahrzehnten nach dem Zweiten Weltkrieg ausgebildet hatte, schlug in hohe Arbeitslosigkeit um. In beiden Ländern überschritten die Arbeitslosenzahlen ab der Mitte des Jahrzehnts die Millionengrenze.[10] Begleitet wurden die Beschäftigungsprobleme von einem Anstieg der Inflation. Die Preise in der westlichen Welt schossen in die Höhe und erreichten teilweise zweistellige Werte.[11] Es stellte sich damit das neue Phänomen der „Stagflation“ ein, das gleichzeitige Aufkommen von wirtschaftlicher Stagnation und Inflation. Zudem ergriff ein Strukturwandel die europäischen Volkswirtschaften. Traditionelle Industrien wie Steinkohlebergbau, Stahlproduktion, Schiffsbau und Textilherstellung gerieten in eine Krise. Stagnierende Absätze aufgrund hoher Kosten und internationalen Konkurrenzdrucks zwangen die Industrien in Westdeutschland und Frankreich, sich neu auszurichten. Unternehmen rationalisierten ihre Produktion und bauten Arbeitsplätze ab.[12] Das produzierende Gewerbe verlor an Bedeutung im gesamtwirtschaftlichen Kontext. Gleichzeitig drängten neue Technologien und Branchen auf den Markt, insbesondere im IT- und Kommunikationsbereich. Dienstleistungen wurden wichtiger. Ab der Mitte des Jahrzehnts waren mehr Menschen in Dienstleistungsberufen beschäftigt als in traditionell produzierenden Industrien[13], wobei sich vor allem in Deutschland Dienstleistungen und produzierende Industrie nicht trennscharf unterscheiden ließen, es entstand hier „eine industrielle Dienstleistungswirtschaft.“[14]

Die neuen wirtschaftlichen Bedingungen veränderten auch die Handlungsoptionen der Politik. In der Nachkriegszeit hatte ein Konsens darüber bestanden, dass Wiederaufbau der Volkswirtschaften und Wachstum höchste Priorität genießen und der Staat die hierfür notwendigen Mittel bereitstellen müsste.[15] Es galt außerdem die Prämisse, dass wirtschaftliche und gesellschaftliche Entwicklungen planbar und durch die Politik steuerbar seien. In Deutschland fand in den 1960er Jahren diese Auffassung ihren Niederschlag im Instrument der „keynesianisch“ inspirierten Globalsteuerung, das heißt dem Anspruch, die Funktionsfähigkeit und Stabilität des Wirtschaftswesens umfassend zu beeinflussen.[16] Die Regierung der Großen Koalition (1966–1969) erließ hierzu das „Gesetz zur Förderung der Stabilität und des Wachstums der Wirtschaft“, das zum Ziel hatte, ein „magisches

[8] Vgl. Metz, Expansion und Kontraktion, S. 75 f.
[9] Vgl. Asselain, Histoire économique, S. 146.
[10] Vgl. Metz, Expansion und Kontraktion, S. 76 f. und Asselain, Historie économique, S. 148.
[11] Vgl. Maier, Inflation and Stagnation, S. 11.
[12] Vgl. Jarausch, Verkannter Strukturwandel, S. 18 f.
[13] Vgl. Steiner, Die siebziger Jahre, S. 32 f.
[14] Rödder, Die Bundesrepublik Deutschland, S. 12; ggl. auch: Ambrosius, Agrarstaat oder Industriestaat, S. 63 f.
[15] Vgl. Maier, Charles S., Inflation and Stagnation, S. 14–16.
[16] Vgl. Doering-Manteuffel, Nach dem Boom, Brüche und Kontinuitäten, S. 565 f.

Viereck" von Preisniveaustabilität, außenwirtschaftlichem Gleichgewicht, stetigem Wirtschaftswachstum und hoher Beschäftigung zu garantieren.[17] Gleichzeitig weitete der Staat auch seine sozialpolitischen Leistungen aus, verstärkte Investitionen in Bildung, Gesundheit, Infrastruktur, Umwelt und Energiewirtschaft und übernahm immer mehr Verantwortung, mit der Zuversicht, die sozialpolitische Umverteilung auch in Zukunft gewährleisten und finanzieren zu können.[18] Die ökonomische Ebbe der 1970er Jahre entzog diesem wirtschafts- und gesellschaftspolitischen Modell jedoch den Boden. Hohe Inflation, hohe Arbeitslosigkeit und abnehmendes Wachstum zeigten die Grenzen der Globalsteuerung auf. Hinzu kam eine ansteigende Staatsverschuldung, die die Finanzierungskapazitäten der Politik einschränkte.[19] Angesichts der veränderten wirtschaftlichen Ausgangslage setzte ein Wandel im Wirtschaftsdenken ein. Die auf dem keynesianischen Ansatz basierende Vorstellung, dass der Staat aktiv in die Wirtschaft eingreifen sollte, wurde allmählich abgelöst durch eine Politik der Marktorientierung, die auf die freien Kräfte des Marktes vertraute. Diese Vorstellungen bildeten das wirtschaftstheoretische Konzept des „Monetarismus" von Milton Friedman, das davon ausging, dass der Staat sich aus der direkten Lenkung der Wirtschaftsprozesse zurückziehen und sich darauf beschränken sollte, das Geldangebot festzulegen.[20]

Die widersprüchlichen Phänomene der 1970er Jahre, wirtschaftliche Krise und Niedergang alter Industrien einerseits und Aufkommen neuer Technologien und Gesellschaftsformen andererseits, werden von der historischen Forschung häufig mithilfe eines dialektischen Analyserahmens erfasst und beschrieben. Hartmut Kaelble spricht von einer Periode, die zwischen Desillusion und Aufbruchstimmung oszillierte.[21] Thomas Schlemmer skizziert ein ambivalentes Jahrzehnt, in dem es „um die Gleichzeitigkeit der Bewältigung alter und des Entstehens oder Erzeugens neuer Problemlagen geht."[22] Und Horst Möller konstatiert: „Resignation und Krisenbewusstsein standen am Ende eines Jahrzehnts, das so frohgemut begonnen hatte."[23] Auch die in der deutschen Forschung wohl geläufigste Formulierung des „Nach dem Boom" setzt eine Unterscheidung in eine Boom-Zeit und eine Nicht-Boom-Zeit voraus.

Diese Annahme eines Vor- und Nachhers bzw. einer Ambivalenz soll mit Blick auf die Entwicklung der Geld- und Währungspolitik in den 1970er Jahren überprüft werden. Auch in diesem Bereich ist ein Prozess des Wandels und ein Bruch mit traditionellen Strukturen und Handlungsweisen festzustellen. Das Bretton Woods-System fester Wechselkurse wurde von einem Regime flexibler Kurse abgelöst, während in Europa gleichzeitig eine regional verankerte Struktur von fes-

[17] Vgl. Abelshauser, Deutsche Wirtschaftsgeschichte, S. 372.
[18] Vgl. Doering-Manteuffel, Nach dem Boom, Brüche und Kontinuitäten, S. 567; vgl. auch: Scherf, Enttäuschte Hoffnungen, S. 16–33.
[19] Vgl. Tabelle in: Scherf, Enttäuschte Hoffnungen, S. 9.
[20] Vgl. Schanetzky, Von Keynes zu Friedman?, S. 149–168.
[21] Vgl. Kaelble, The 1970s: What Turning Point?, S. 20.
[22] Schlemmer, Der diskrete Charme der Unsicherheit, S. 9
[23] Möller, Die 1970er Jahre als zeithistorische Epochenschwelle, S. 5.

ten, regelbasierten Währungsbeziehungen entstand. Inflation und Kapitalströme brachten die gewohnten Funktionsweisen der Geldpolitik durcheinander. In gleichem Maße wie die Regierungen von einer keynesianisch geprägten, nachfrageorientierten Fiskalpolitik Abstand nahmen, suchten auch die Zentralbanken nach neuen Wegen, den Geldumlauf in der Wirtschaft zu steuern. Der oben genannte Monetarismus schlug sich vor allem in einer Anpassung der geldpolitischen Instrumente nieder, die sich von nun an auf eine direkte Steuerung der Geldmenge ausrichteten. Doch inwiefern ist in der Geld- und Währungspolitik von einem Niedergang bzw. von einer „Zeit nach dem Boom" zu sprechen, die durch Desillusion und Verlustängste geprägt war? Zeichneten sich die Veränderungen der Währungspolitik nicht vielmehr durch Neuordnung und Umorientierung aus, die zwar von Krisen und Konflikten bestimmt waren, aber letztendlich neue Strukturen hervorbrachten, die den veränderten wirtschaftlichen und politischen Verhältnissen besser entsprachen? Um den Wandel der deutschen und französischen Geld- und Währungspolitik in den 1970er Jahren einzuordnen, sollen im Folgenden die Entwicklung der deutschen und französischen Wirtschaft in den Jahren zwischen 1945 und 1970 sowie die jeweilige Rolle der beiden Zentralbanken nachvollzogen und dargestellt werden. Es soll die Frage geklärt werden, auf welchen Grundlagen die deutsche und französische Geldpolitik der Nachkriegszeit aufbaute.

2. Wirtschaft und Wirtschaftspolitik in den beiden Nachkriegsjahrzehnten

2.1. Die Entwicklung der Wirtschaft

Die europäischen Volkswirtschaften standen nach Ende des Zweiten Weltkriegs massiven Problemen und Herausforderungen gegenüber. Unzählige Städte waren zerstört. In Frankreich war ein Viertel aller Gebäude ruiniert und unbewohnbar, in Deutschland fast die Hälfte aller Wohnhäuser in den Großstädten. Die Transportnetze waren beschädigt und unterbrochen, Straßen und Eisenbahnstrecken zerbombt sowie industrielle Zentren und Produktionsstätten demoliert, wobei bei letzteren der Schaden geringer ausfiel als erwartet.[24] Die Bewältigung der Kriegsfolgen, die Rekonstruktion und der Wiederaufbau der Volkswirtschaften waren in den ersten Nachkriegsjahren die vordringlichen Aufgaben der Regierungen, die alles daran setzten, die Produktion wieder anzukurbeln und auf Vorkriegsniveau zu bringen.[25] Eine Begleiterscheinung dieses Bestrebens war die deutlich stärkere Rolle des Staates in der Steuerung der Wirtschaft. Frankreich ging dabei am weitesten und setzte unter der Federführung von Jean Monnet (1888–1979) ein Pla-

[24] Vgl. Abelshauser, Deutsche Wirtschaftsgeschichte, S. 66–73; Eck, Histoire de l'économie française, S. 28–31; Judt, Geschichte Europas, S. 30–33.
[25] Vgl. Eichengreen, The European Economy, S. 59.

nungskommissariat auf, das einen umfassenden Plan für den Wiederaufbau und die Modernisierung der französischen Wirtschaft entwarf. Aber auch in der Bundesrepublik nahm die staatliche Steuerungsfunktion zu, so etwa durch die Einführung einer umfassenden Sozialgesetzgebung.[26] Kernelement der Planung war eine verstärkte Investitionspolitik. Es hatte sich durch die wirtschaftliche Instabilität der Zwischenkriegszeit und durch den Weltkrieg ein hoher staatlicher und privater Investitionsbedarf aufgestaut. Wachstums- und Produktionspotentiale waren durch die Unterbrechung der normalen Wirtschaftsabläufe im Krieg ungenutzt geblieben und forcierten nun eine umfangreiche Investitionstätigkeit. In Frankreich und Deutschland stiegen in der Folge die Investitionsquoten in den 1950er und 1960er Jahren auf beträchtliche 20–25% und lagen damit deutlich höher als in der Zwischenkriegszeit.[27]

Die hohen Investitionsraten spiegelten das Streben der europäischen Regierungen nach Normalisierung, Wohlstand, Modernisierung und vor allem mehr Wachstum wider. Es herrschte regelrecht eine „Obsession"[28] für mehr Wachstum. Diese schlug sich nach anfänglichen Anlaufschwierigkeiten tatsächlich in einer außergewöhnlichen Steigerung der Wirtschaftsleistung nieder. In ganz Europa entfaltete sich in den 1950er und 1960er Jahren ein beispielloses Wirtschaftswachstum. Die Bundesrepublik Deutschland verzeichnete in der ersten Hälfte der 1950er Jahre Wachstumsraten von ca. 9,5% des Bruttoinlandsprodukts, in der zweite Hälfte noch 6,5% und in den 1960er Jahren ca. 5%.[29] Auch in Frankreich wuchs das Bruttoinlandsprodukt beträchtlich, um ca. 4,5% in den 1950er Jahren und ca. 5–6% in den 1960er Jahren.[30] In beiden Ländern lagen die Zuwächse in der Wirtschaftsleistung somit deutlich über den Wachstumsraten in der ersten Hälfte des 20. Jahrhunderts von 1–2% wie auch über denjenigen in der Zeit nach 1973.[31] Die Ursachen für den lang anhaltenden Konjunkturaufschwung in Europa waren vielfältig. Es spielten sowohl das Aufholen des technologischen Rückstandes gegenüber den USA, ein starker Technologietransfer und die Adaption der Konsumgewohnheiten eine wichtige Rolle als auch die Integration der europäischen Länder in die Weltwirtschaft, die Liberalisierung des Handels durch das internationale Handels- und Zollabkommen GATT (General Agreement on Tariffs and Trade) und die europäische Zusammenarbeit in EGKS (Europäische Gemeinschaft für Kohle und Stahl), EWG und OEEC (Organisation for European Economic Cooperation).[32] Hinzu kam sowohl in Frankreich als auch in der Bun-

[26] Vgl. Judt, Geschichte Europas, S. 89–91.
[27] Vgl. Für deutsche Investitionsquoten: Ludger, Das mißverstandene Wirtschaftswunder, Abbildung auf S. 149; für die französischen Investitionsraten: Feiertag, Les banques d'émission et la croissance économique, Tabelle auf S. 607.
[28] Zitiert bei: Eichengreen, The European Economy, S. 59.
[29] Borchardt, Die wirtschaftliche Entwicklung der Bundesrepublik, S. 204
[30] Vgl. Eck, Histoire de l'économie française, S. 41.
[31] Vgl. Borchardt, Die wirtschaftliche Entwicklung der Bundesrepublik, S. 205 f.; vgl. auch: Tabellen bei Asselain, Histoire économique, S. 103 und 105.
[32] Vgl. Eichengreen, The European Economy, S. 24–26; vgl. auch: Bochardt, Die wirtschaftliche Entwicklung der Bundesrepublik, S. 206 f. und 212 f.

desrepublik ein Strukturwandel der Wirtschaft. Die Landwirtschaft verlor an Bedeutung, während der Anteil von Industrie und Dienstleistungen an der wirtschaftlichen Gesamtleistung zunahm. Dies ist erkennbar an den Beschäftigtenzahlen. In Frankreich verringerte sich der Arbeitnehmeranteil in der Landwirtschaft von 37% aller Beschäftigten 1946 auf 12% im Jahr 1975, parallel dazu stiegen die Erwerbstätigenzahlen in der Industrie von 29% 1946 auf 38% 1968.[33] Eine vergleichbare Entwicklung vollzog sich in Deutschland. Hier fiel zwischen 1945 und 1973 die Beschäftigtenquote in der Landwirtschaft von 25% auf 7%.[34] Zuletzt trug in beiden Ländern auch die Zuwanderung von Flüchtlingen und Migranten – in der Bundesrepublik von Vertriebenen aus Osteuropa und in Frankreich von Zuwanderern aus Algerien – zum Wirtschaftsaufschwung bei, indem dieses zusätzliche Arbeiterpotential die Produktion wesentlich unterstützte.[35]

In Hinblick auf den Wiederaufbau in den Nachkriegsjahren, das hohe Wachstum, die hohen Investitionen und die Strukturen, die diese Entwicklung möglich machten, ergibt sich für die Bundesrepublik und Frankreich ein einheitliches Bild. Beide Länder erlebten von 1950 bis 1970 einen einzigartigen wirtschaftlichen Aufschwung. Doch die Strategien, mit denen die deutschen bzw. französischen Regierungen den Aufschwung gestalteten, unterschieden sich grundsätzlich. Es bildeten sich völlig andersgeartete Modelle für die jeweilige Position und die Handlungsspielräume des Staates im beiderseitigen Wirtschaftsleben heraus.

2.2. Marktwirtschaft und Wettbewerb in Deutschland

Die Bundesrepublik Deutschland schlug den Weg einer marktwirtschaftlichen Ordnung ein, die den Wettbewerb und das freie Spiel der Marktkräfte in den Vordergrund rückte. In klarer Abgrenzung zum Etatismus des NS-Regimes sollte sich in der neuen bundesrepublikanischen Demokratie der Staat darauf beschränken, die Regeln und Rahmenbedingungen für den Wettbewerb festzusetzen. Der vom Ökonomen Alfred Müller-Armack (1901–1978) geprägte Begriff der „Sozialen Marktwirtschaft" kennzeichnete das deutsche Modell der Beziehung zwischen Staat und Wirtschaft. Ausschlaggebend für das Einschlagen dieser Kursrichtung war die deutsche Währungs- und Wirtschaftsreform von 1948.[36] Die von den Alliierten durchgesetzte Währungsreform etablierte das Geld wieder als funktionierendes Steuerungselement der Wirtschaft. Die vom Direktor der Verwaltung für Wirtschaft der Bizone, Ludwig Erhard, entwickelte Wirtschaftsreform beseitigte darüber hinaus Preiskontrollen und Bewirtschaftungsmaßnahmen und erlaubte somit ein freies Spiel von Angebot und Nachfrage. Es kam, in den Worten von Werner Plumpe, zur „schockartigen Wiederherstellung einer Marktwirtschaft",[37]

[33] Vgl. Kaelble, Boom und gesellschaftlicher Wandel 1948–1973, S. 231 f.
[34] Vgl. Borchardt, Die wirtschaftliche Entwicklung der Bundesrepublik, S. 207 f.
[35] Vgl. Eichengreen, The European Economy, S. 27 f.
[36] Vgl. Buchheim, Die Währungsreform 1948, S. 189–231.
[37] Plumpe, Entscheidung für den Strukturbruch, S. 464.

nachdem aufgrund der Geldknappheit[38] die Menschen gezwungen waren, zu arbeiten und Geld zu verdienen, und die Unternehmen unter Druck gesetzt waren zu produzieren. In der Folge stieg die Produktion in der Bundesrepublik sprunghaft an, insbesondere in den Konsumgüterindustrien. Geschäfte konnten erstmals nach der Mangelwirtschaft der direkten Nachkriegszeit eine für damalige Verhältnisse immense Fülle an Waren und Produkten anbieten.[39]

Die Regierung hielt sich in den folgenden Jahren mit direkten staatlichen Interventionen in die Wirtschaft zurück. Sie widmete sich hauptsächlich der Aufgabe, einen funktionierenden Wettbewerb zu ermöglichen sowie einen günstigen regulatorischen, steuerpolitischen Rahmen für den Wiederaufbau bereitzustellen. Die Wettbewerbspolitik wurde 1957 durch den Erlass des „Gesetzes gegen Wettbewerbsbeschränkungen" (GWB), das Kartelle verbot und das Bundeskartellamt etablierte, „ausdrücklich zum konstitutiven Element der Marktwirtschaft."[40] Mit einer Politik der steuerlichen Anreize bemühte sie sich außerdem, Wiederaufbau und Investitionen anzukurbeln. Sichtbarer Erfolg dieses Ansatzes war in den ersten Jahren der 1950er der hohe Anteil der Eigenfinanzierung an der industriellen Kapitalbildung. Nicht der Staat, sondern die Unternehmen selbst trieben die Investitionen an. Da die Löhne in diesen Jahren noch auf niedrigem Niveau blieben, die Preise aber freigegeben waren und anstiegen, erzielten die Firmen hohe Gewinne, die sie zur Finanzierung von Investitionen nutzten. Laut Werner Abelshauser wurde eine solche Eigenfinanzierung die „größte Finanzierungsquelle der Kapitalbildung."[41] In diesem ordnungspolitischen Konzept des Staates spielte eine Fiskalpolitik, die sich die Stabilisierung der Konjunktur zur Aufgabe machte, erst mit Einführung der Globalsteuerung unter Karl Schiller 1966/1967 eine zunehmende Rolle. Es blieb das Kennzeichen der Wirtschaftspolitik von Ludwig Erhard, von 1949 bis 1963 Wirtschaftsminister der Bundesrepublik und von 1963 bis 1966 Bundeskanzler, dass er direkte Eingriffe des Staates in die Wirtschaftsabläufe weitestgehend vermied und sich darauf konzentrierte, regulatorische Rahmenbedingungen zu setzen.

2.3. Die französische Planung

In Frankreich wurde eine andere wirtschaftspolitische Strategie verfolgt. Die französische Regierung setzte nach dem Ende des Zweiten Weltkriegs auf staatliche Planung und Intervention.[42] Es wurde als Aufgabe der öffentlichen Hand angesehen, die Schäden und Konsequenzen des Krieges zu beseitigen, die Wirtschaft wie-

[38] In der Währungsreform wurden ca. 93,5% der alten Reichsmark für ungültig erklärt und abgeschafft. Vgl. Abelshauser, Deutsche Wirtschaftsgeschichte, S. 124.

[39] Vgl. Abelshauser, Deutsche Wirtschaftsgeschichte, S. 126–128.

[40] Ambrosius, Staat und Wirtschaft, S. 14.

[41] Abelshauser, Deutsche Wirtschaftsgeschichte, S. 160 f.

[42] Vgl. Asselain, Histoire économique, S. 108 f.

der aufzubauen und darüber hinaus die französische Industrie zu modernisieren und auf den neuesten Stand zu bringen.[43] Der Staat sollte dabei federführend agieren und die Kontrolle über die Ausrichtung der Wirtschaft in der Hand halten. Die Erfahrungen der Zwischenkriegs- und Kriegszeit spielten hierfür eine ausschlaggebende Rolle. Die schwere Wirtschaftskrise, die Frankreich Anfang der 1930er Jahre ergriffen hatte, wurde auf die wirtschaftspolitische Inaktivität der damaligen Regierung zurückgeführt.[44] Zudem hatten aus Sicht der Nachkriegspolitiker insbesondere die Privatwirtschaft, die Financiers und Banken die französische Niederlage im Zweiten Weltkrieg und die Besatzung zu verantworten.[45] Diese Ereignisse veränderten die Voraussetzungen für das Verhältnis zwischen Staat und Wirtschaft in Frankreich. Es herrschte nach dem Krieg nicht dasselbe Misstrauen gegenüber dem Staat vor, das der Nationalsozialismus in Deutschland verursacht hatte. Stattdessen stand vielmehr die passive Haltung des Staates in der Kritik. Alle politischen Parteien der Nachkriegszeit forderten daher als zentrale Bedingung des Wiederaufbaus, dass der Staat eine aktive und zentrale Rolle in der Wirtschaftspolitik einnehmen und sowohl die Investitionen als auch die dafür notwendigen Kredite steuern sollte.

Zwei Elemente bestimmten die französische Wirtschaftspolitik der Nachkriegszeit: die Verstaatlichung der wichtigsten Industrien sowie die Etablierung eines Wirtschaftsplans. Zwischen 1944 und 1948 wurden Unternehmen und Institutionen des Kohlebergbaus, der Energieversorgung, des Transportwesens und der Finanzbranche nationalisiert. Die französische Regierung wollte unmittelbaren Zugriff auf die wesentlichen Sektoren der Wirtschaft gewinnen, um die Produktion und die Versorgung in diesen Bereichen schnell und wirkungsvoll gewährleisten zu können.[46] In diesem Zusammenhang wurde am 2. Dezember 1945 auch die Banque de France verstaatlicht und das Kreditwesen durch die Einrichtung eines Nationalen Kreditrats (Conseil National du Crédit, CNC) unter direkte staatliche Kontrolle gestellt.[47] Die Nationalisierung ging einher mit der Einführung und Nutzung mehrjähriger Wirtschaftspläne. Der erste Plan wurde unter Federführung von Jean Monnet im Jahr 1947 erlassen. Er hatte zum Ziel, Expansion und Wachstum der französischen Wirtschaft sicherzustellen und hierfür insbesondere den Wiederaufbau und die Modernisierung grundlegender Industrien wie Kohle, Stahl, Energie, Transport und Landwirtschaft zu fördern. Der Plan formulierte Prioritäten, stellte Wachstumsvorgaben auf und koordinierte die wirtschaftspolitischen Maßnahmen des Staates.[48] Wirtschaftspläne nach diesem Muster blieben ein konstantes Merkmal der französischen Wirtschaftspolitik in der zweiten Hälfte des 20. Jahrhunderts. Sie demonstrierten den Willen des Staates, dort wo nötig, die Richtung der Wirtschaftsentwicklung vorzugeben und zu beeinflussen.

[43] Vgl. Feiertag, Le nerf de l'après-guerre, S. 47.
[44] Vgl. Eck, Histoire de l'économie française, S. 21 f.
[45] Vgl. Margairaz, La période singulière, S. 426 f.
[46] Kuisel, Capitalism and the state in modern France, S. 202–211.
[47] Vgl. Monnet, Controlling Credit, S. 47–51.
[48] Vgl. Kuisel, Capitalism and the state in modern France, S. 224–237.

Es lassen sich demnach am Beispiel von Deutschland und Frankreich zwei unterschiedliche Modelle von Wirtschaftspolitik ausmachen. In der Bundesrepublik etablierte Ludwig Erhard eine marktwirtschaftliche Ausrichtung. Der Staat sollte keinen direkten Einfluss auf die Wirtschaft nehmen, sondern den freien Wettbewerb gewährleisten und regulatorische Rahmenbedingungen setzen. In Frankreich erachtete man hingegen das aktive Management des Staates im Wirtschaftsleben als erforderlich. Die französische Regierung verstaatlichte wichtige Industrien und griff durch umfassende Planvorgaben sowie durch spezifische Interventionen in die wirtschaftliche Entwicklung des Landes ein.

Es stellen sich die Fragen, inwiefern sich die verschiedenen Strategien auf die Strukturen und Funktionen der deutschen und französischen Zentralbanken im Nachkriegsboom auswirkten, welche Rolle diese im Prozess des Wirtschaftsaufschwungs einnahmen und welche Grundelemente ihrer Geld- und Währungspolitik in dieser Periode entstanden.

3. Die Zentralbanken im „goldenen Zeitalter"

Für beide Zentralbanken bedeutete das Ende des Zweiten Weltkriegs und die Nachkriegszeit eine tiefgreifende Zäsur. Die deutsche Reichsbank, 1876 gegründet, hörte auf zu existieren. An ihre Stelle trat 1948 die unter alliierter Mitwirkung geschaffene Bank deutscher Länder und 1957 die Deutsche Bundesbank. Die französische Notenbank, Banque de France, überstand das Kriegsende ohne einen solch scharfen Einschnitt, aber auch sie erfuhr erhebliche strukturelle Veränderungen. Im Dezember 1945 wurde sie nationalisiert und in der Steuerung des Kreditwesens staatlichem Einfluss unterworfen. In beiden Fällen stellte die Zeit nach 1945 also einen Neubeginn dar, in der sich sowohl die Struktur der Banken als auch ihre Geld- und Währungspolitik veränderten.

3.1. Die Bundesbank im Kampf um Unabhängigkeit und Stabilität

In der Nachkriegszeit entstanden zwei grundlegende Merkmale der Politik der Bank deutscher Länder bzw. der Deutschen Bundesbank, zum einen der hohe Grad der Unabhängigkeit gegenüber der Regierung, zum anderen eine auf Stabilität gerichtete Geld- und Währungspolitik. Beide Eigenschaften waren nicht von vornherein gegeben. Sie bildeten sich erst im Kontext der spezifischen Konstellation der Nachkriegsjahre heraus.

Die Unabhängigkeit der Zentralbank

Deutscher Widerstand und das „Diktat" der Alliierten

Die neue deutsche Zentralbank, die Bank deutscher Länder (BdL), wurde im März 1948, noch vor der Gründung der Bundesrepublik, unter maßgeblichem Einfluss der Alliierten als föderale, unabhängige Zentralbank gegründet.[49] Sie war das Ergebnis eines mühsamen Kompromisses; denn die Motive und Interessen der am Entstehungsprozess beteiligten Akteure gingen weit auseinander.

Die Amerikaner verfolgten im Nachkriegsdeutschland eine Strategie der Dezentralisierung, wie sie als eine der politischen Grundsätze für die Neuordnung Deutschlands im Potsdamer Abkommen am 2. August 1945 von den Alliierten festgelegt worden war.[50] Besondere Geltung hatte sie für die Reorganisation des deutschen Bankwesens. Die Amerikaner wollten die Konzentration von finanzieller Macht verhindern und dem Risiko ihres politischen Missbrauchs vorbeugen, sowie mit der Tradition der zentralistischen Reichsbank brechen und ein System föderaler Landeszentralbanken einführen.[51] Die Briten lehnten dagegen eine Dezentralisierung des deutschen Banksystems ab. Sie wünschten die schnelle Erholung der deutschen Wirtschaft, vor allem in ihrer Zone, und befürworteten von vornherein die zentralisierte Struktur der ehemaligen Reichsbank, die eine effektivere Kontrolle der Banken ermöglichte.[52] In Hamburg schufen sie die „Leitstelle der Reichsbank in der britischen Zone", die als Zentralbank für das gesamte Finanzsystem ihrer Zone fungierte. Auch in personeller Hinsicht wahrten sie die Kontinuität mit der alten Reichsbank, indem sie zwei Vertreter des alten Reichsbankdirektoriums, Ernst Hülse und Wilhelm Vocke, in den neuen Vorstand aufnahmen und Wert auf die Zusammenarbeit mit deutschen Großbankiers, z. B. Hermann J. Abs, legten, die sie als politische Berater heranzogen.[53]

Das System der Bank deutscher Länder (BdL) vereinte schließlich Positionen aus beiden Strukturplänen.[54] Der amerikanische Einfluss schlug sich in der föderalen Ausgestaltung der Zentralbank nieder. Die rechtlich eigenständigen Landeszentralbanken der einzelnen Bundesländer bildeten die tragenden Säulen des Systems. Die Bank deutscher Länder als Zentralinstitution agierte als nachgeordnetes Gremium zur Koordinierung. Im Zentralbankrat der BdL waren mehrheitlich die Präsidenten der Landeszentralbanken vertreten, zusätzlich gehörten ihm noch sein Vorsitzender und der Präsident des BdL-Direktoriums an. Er konstituierte das entscheidungsgebende Gremium des Systems, bestimmte die allgemeine Kreditpolitik und verfügte über die geldpolitischen Instrumente. Aus den britischen Plänen ging das zentrale Direktorium der BdL hervor. Es agierte als Exekutive der Bank und setzte die Beschlüsse des Zentralbankrates um. In ihrer Gesamtheit war

[49] Die Entstehung der Bank deutscher Länder ist bereits Gegenstand mehrfacher Untersuchungen gewesen: Vgl. etwa Buchheim, Die Unabhängigkeit der Bundesbank, S. 1–30; Dickhaus, Fostering ‚the bank that rules Europe', S. 161–179; Horstmann, Die Entstehung, S. 202–218; Wandel, Die Entstehung der Bank deutscher Länder.

[50] Als politische Grundsätze des Potsdamer Abkommens (2. 8. 1945) galten die „4 D", Denazifizierung, Demilitarisierung, Demokratisierung und Dezentralisierung. Vgl. Buchheim, Die Unabhängigkeit der Bundesbank, S. 3 f.

[51] Vgl. Wandel, Die Entstehung der Bank deutscher Länder, S. 48–50.

[52] Vgl. Horstmann, Die Alliierten und die deutschen Großbanken, S. 68.

[53] Vgl. Horstmann, Die Entstehung, S. 206–208.

[54] Vgl. Dickhaus, Fostering ‚the bank that rules Europe', S. 165.

die Bank deutscher Länder unter die Aufsicht einer Alliierten Bankkommission gestellt, die in den ersten Jahren noch Beschlüsse der BdL blockieren und rückgängig machen sowie eigene Anordnungen lancieren konnte. Gleichzeitig war die BdL, darauf hatten die Amerikaner besonders geachtet, unabhängig von jeglicher politischen Weisung durch die deutsche Regierung.[55]

Die Vorstellungen der Alliierten stießen bei deutschen Politikern und Bankexperten vielfach auf scharfe Kritik, die sich vor allem an der Unabhängigkeit der Zentralbank und ihrer föderalen Struktur entzündete. Als in den Jahren 1946/1947 die Landeszentralbanken in der US-Zone gegründet wurden, hatte der deutsche Länderrat für umfangreiche Machtbefugnisse der Landesregierungen plädiert. Diese sollten den Verwaltungsrat der Zentralbanken ernennen und abberufen können und darüber hinaus durch eine Bankaufsichtsbehörde über direkte Kontrollmöglichkeiten verfügen.[56] Für die Deutschen stand an erster Stelle der Wunsch, die Geldpolitik der allgemeinen Wirtschaftspolitik unterzuordnen und die Zentralbank politisch zu kontrollieren. Auch deutsche Zentralbankdirektoren wie Wilhelm Könneker[57] und Otto Pfleiderer[58] teilten diese Ansicht. Sie argumentierten, dass Zins- und Diskontpolitik, Offenmarktgeschäfte und Mindestreserven von so großer Bedeutung für die Wirtschaft eines Landes seien, dass sie nur von einer demokratisch legitimierten Regierung bestimmt werden dürften und eine autonome Zentralbank dagegen eine „unverantwortliche Nebenregierung“[59] darstellen würde.

Auch nach der Schaffung der BdL ebbten die Kritik und die Attacken auf die Unabhängigkeit der neuen Institution nicht ab. Im Herbst 1948 beklagte sich der CDU-Politiker Erich Köhler, Präsident des Wirtschaftsrats der Bi-Zone, über die weitgehenden Rechte der Zentralbank und appellierte, dass im Interesse der Abstimmung zwischen Staat und Zentralbank die Bank deutscher Länder möglichst unter die Kontrolle der Regierung kommen sollte.[60] Im Oktober 1949 stellte die Tageszeitung „Die Welt“ die Autonomie der BdL offen in Frage und postulierte, dass unabhängige Zentralbanken der Vergangenheit angehörten.[61]

Die Alliierten hatten jedoch das letzte Wort. Am 1. März 1948 erließen sie das Gesetz zur Gründung der Bank deutscher Länder als Militärregierungsmaßnahme. Diese Maßnahme geschah gegen den Willen einer deutschen Sachverständigenkommission, die im Vorhinein das Gesetz beurteilen konnte und die weitgehende Autonomie der Zentralbank ablehnte.[62] Doch die Alliierten setzten sich

55 Vgl. Horstmann, Die Entstehung, S. 212–214.
56 Vgl. Buchheim, Die Unabhängigkeit der Bundesbank, S. 5.
57 Wilhelm Könneker (1898–1984). Vizepräsident des BdL-Direktoriums 1948–1957, Mitglied des Bundesbankdirektoriums 1958–1966.
58 Otto Pfleiderer (1904–1989). Präsident der Landeszentralbank Baden-Württemberg 1948–1972.
59 Buchheim, Die Unabhängigkeit der Bundesbank, S. 6.
60 Vgl. Mee, Central Bank Independence, S. 108.
61 Vgl. Mee, Central Bank Independence, S. 118.
62 Vgl. Buchheim, Die Unabhängigkeit der Bundesbank, S. 13 f.

darüber hinweg und legten somit die Fundamente für die politische Unabhängigkeit und föderale Struktur der deutschen Zentralbank.

Die Verankerung der Unabhängigkeit

Nach der Gründung der Bundesrepublik 1949 war der neuen Bundesregierung durch Art. 88 Grundgesetz der verfassungsrechtliche Auftrag gegeben, ein Bundesbankgesetz zu erarbeiten.[63] Die Regierung unter Bundeskanzler Konrad Adenauer (1876–1967, Bundeskanzler 1949–1963) wollte diese Option nutzen, um das Zentralbankwesen umzustrukturieren und unter die Kontrolle der Politik zu bringen. Die BdL wehrte sich jedoch gegen diese Bestrebungen. Sie hatte die von den Alliierten gegebenen Strukturen vollständig angenommen und verteidigte sie nun gegen jeden Übergriff. Ein bankinternes Komitee, das im August 1949 eine Position der BdL zum Bundesbankgesetz ausarbeitete, argumentierte, dass „die neue Bundesbank eine Kopie der gegenwärtigen Zentralbank sein und ihre Unabhängigkeit und dezentralisierte Struktur intakt bleiben sollte."[64] Der Gesetzgebungsprozess, der sich über sieben Jahre bis 1957 hinzog, war von diesem Konflikt zwischen Bundesregierung und Bank deutscher Länder geprägt. In seinem Verlauf gewann Letztere eine immer stärkere Position.

Zwei Episoden der 1950er Jahre illustrieren den Machtgewinn und das zunehmend erfolgreiche Unabhängigkeitsstreben der BdL: der Erlass des Übergangsgesetzes im Jahr 1951 und die so genannte Gürzenich-Affäre um eine Rede von Konrad Adenauer 1956. Die erste Begebenheit begann im Februar/März 1950, als Finanzminister Fritz Schäffer (1888–1967, Bundesfinanzminister 1949–1957) einen ersten Entwurf für das Bundesbankgesetz vorstellte. Er gewährte darin der Zentralbank weiterhin eine föderale Struktur, schuf aber gleichzeitig ein Veto-Recht der Regierung gegen Entscheidungen des Zentralbankrats. Damit unterwarf er die Geldpolitik, wie Volker Hentschel feststellt, „in letzter Konsequenz dem Willen der Regierung."[65] Schäffer erhielt Unterstützung von Bundeskanzler Adenauer, der die Zentralbank in der Pflicht sah, die allgemeine Wirtschaftspolitik der Regierung zu unterstützen und der daher ein finales Entscheidungsrecht für die Bundesregierung einforderte.[66] Die Bank deutscher Länder widersprach dem Vorschlag des Finanzministers. In einem Gegenentwurf setzte sie sich vehement für ihre Unabhängigkeit ein und verwies in ihrer Argumentation auf die deutschen Inflationserfahrungen. In einem Brief an Schäffer und Adenauer schrieb der Präsident des Direktoriums, Wilhelm Vocke, dass die zwei schweren deutschen Inflationen in den 1920er Jahren und nach dem Zweiten Weltkrieg das Vertrauen der Bevölkerung erschüttert hätten. Wenn die Regierung die Unabhängigkeit der Zentralbank untergraben würde, könnte dies den Glauben der Menschen an die

[63] Art. 88 Grundgesetz: „Der Bund errichtet eine Währungs- und Notenbank als Bundesbank".
[64] Eigene Übersetzung: Mee, Central Bank Independence, S. 121.
[65] Hentschel, Die Entstehung des Bundesbankgesetzes, Heft I, S. 11.
[66] Vgl. Mee, Central Bank Independence, S. 125.

Funktion der Wirtschafts- und Geldpolitik noch weiter beeinträchtigen.[67] Wie Simon Mee in seiner Dissertation zur Unabhängigkeit der Bank deutscher Länder/ Bundesbank herausarbeitet, nutzte die deutsche Zentralbank den Bezug auf die historischen Inflationserfahrungen als Taktik, um ihre strikte Haltung in der Frage der Unabhängigkeit zu rechtfertigen. Im Verlauf der 1950er Jahre konnte sie damit immer erfolgreicher die Ansprüche der Bundesregierung zurückweisen, auch zusätzlich indem sie aktiv auf die Berichterstattung der Presse Einfluss nahm und versuchte, die Zeitungen deutschlandweit für die Unterstützung ihrer Unabhängigkeitskampagne zu gewinnen.[68]

Im März 1951 kündigten die Alliierten die Auflösung der Alliierten Bankenkommission an und stellten damit die Kontrollfunktion, die sie bisher über die Zentralbank ausgeübt hatten, zur Disposition. Ein Übergangsgesetz sollte bis zum endgültigen Bundesbankgesetz die Zuständigkeiten regeln. Finanzminister Fritz Schäffer sah eine günstige Gelegenheit, die Funktion des Alliiertenkontrollrats auf die Regierung zu übertragen und auf diesem Weg doch noch die Kontrolle über die Zentralbank zu erlangen.[69] Doch stellte sich die BdL erneut quer. Sie konterte, dass die Alliierte Bankkommission in ihrer Rolle als Überwachungsinstanz ein Garant für eine selbstständige Geldpolitik der Notenbank gewesen sei. Von der Bundesregierung sei dies nicht zu erwarten. Sie schlug deshalb als Kompromiss vor, eine Klausel ins Gesetz aufzunehmen, die die Bank verpflichtete, die Wirtschaftspolitik der Bundesregierung zu berücksichtigen und zu unterstützen. Durch die Befürwortung eines Teils des Bundeskabinetts, Wirtschaftsminister Ludwig Erhard und Justizminister Thomas Dehler, setzte sich die BdL mit diesem Vorschlag durch.[70] Die Regierung erhielt neben dieser Klausel lediglich das Recht, vom Finanz- oder Wirtschaftsminister in den Zentralbanksitzungen vertreten zu werden und ein aufschiebendes Veto gegen Entscheidungen einlegen zu können.[71] Mit der Sicherung ihrer Unabhängigkeit und geldpolitischen Autonomie sowie dem Paragraphen zur Beachtung der allgemeine Wirtschaftspolitik griff das Übergangsgesetz dem späteren Bundesbankgesetzes vor und stellte ein „Präjudiz ersten Ranges“[72] dar.

Im weiteren Verlauf der 1950er Jahre konnte die Bank deutscher Länder auf der Grundlage des Übergangsgesetzes ihre Legitimität weiter ausbauen und das Vertrauen der Bevölkerung in die D-Mark stärken.[73] Dass die Bank deutscher Länder in ihrer bestehenden Struktur nun bereits allgemein akzeptiert wurde, lässt sich aus einer Stellungnahme des Bundesrates zu einem neuen Gesetzesentwurf des Wirtschaftsministeriums vom Oktober 1955 ablesen: „Der Bundesrat ist der

[67] Vgl. Mee, Central Bank Independence, S. 124.
[68] Vgl. Mee, Central Bank Independence, S. 124–134.
[69] Vgl. Buchheim, Die Unabhängigkeit der Bundesbank, S. 21.
[70] Vgl. Hentschel, Die Entstehung des Bundesbankgesetzes, S. 13.
[71] Vgl. Berger, Konjunkturpolitik im Wirtschaftswunder, S. 53.
[72] Hentschel, Die Entstehung des Bundesbankgesetzes, S. 18.
[73] Vgl. Mee, Central Bank Independence, S. 161.

Auffassung, daß es nicht an der Zeit ist, ein neues Bundesnotenbankgesetz zu schaffen, da das bisherige Notenbanksystem zur Zufriedenheit arbeitet [...] Bereits seit den Jahren 1947/48 besteht das Zentralbanksystem in der Bank deutscher Länder und den Landeszentralbanken. Dieses System hat sich, wie ohne Einschränkung anerkannt wird, hervorragend bewährt und sich das gerade für eine Währungsbank so bedeutsame Vertrauen der gesamten Bevölkerung erworben."[74] Einen weiteren Beweis für diese gefestigte Stellung der Bank gegenüber der Politik lieferte eine Auseinandersetzung mit Bundeskanzler Adenauer im Frühjahr und Sommer 1956, die so genannte Gürzenich-Affäre. Die Bank deutscher Länder hatte angesichts der boomenden Wirtschaft die Diskontsätze heraufgesetzt, erstmals im Herbst 1955, schließlich noch einmal im März und Mai 1956. Adenauer empörte sich heftig über diese Maßnahmen, da er negative Auswirkungen auf die Konjunktur befürchtete. Zuerst versuchte er in privaten Gesprächen, die BdL zu einer anderen Politik zu bewegen.[75] Als diese scheiterten, ging er auf Frontalkurs. In einer Rede vor der Jahresversammlung des Bundesverbandes Deutscher Industrie (BDI) am 23. Mai 1956 warf er der BdL vor, der Konjunktur einen „schweren Schlag" verpasst und ein „Fallbeil" für die deutsche Wirtschaft, vor allem den Mittelstand, geschaffen zu haben.[76] Die Rede Adenauers stellte sich schnell als schwerer taktischer Fehler heraus. Die Presse stellte sich vereint auf die Seite der BdL und kritisierte den Angriff Adenauers auf die Unabhängigkeit der Zentralbank scharf.[77] Die „Financial Times" schrieb, dass in einem Land, das in kürzester Zeit mehrfach von Inflationen heimgesucht wurde, eine starke Stellung der Zentralbank essentiell und unabdingbar sei.[78] Zusätzlich konnte die BdL auf die Unterstützung von Finanzminister Schäffer wie auch von Wirtschaftsminister Erhard zählen, die ebenfalls eine überhitzte Konjunktur fürchteten und für eine Beruhigung der wirtschaftlichen Lage eintraten. Gemeinsam bildeten die drei Institutionen, Bank deutscher Länder, Wirtschafts- und Finanzministerium, in diesen Jahren eine „strategische Koalition"[79] für eine stabilitätsorientierte Wirtschaftspolitik. Dieser geballten Formation der drei Institutionen war Adenauer nicht gewachsen und musste sich letztendlich dem öffentlichen Druck beugen. Die Bank deutscher Länder ging aus der Gürzenich-Affäre gestärkt hervor. Sie konnte sich fortan als Hüterin der Währung präsentieren, die die D-Mark gegen die machtpolitischen Interessen des Kanzlers verteidigte.

Diese Konstellation spiegelte sich im neuen Bundesbankgesetz wider, das am 26. Juli 1957 verabschiedet wurde. Das Gesetz legte fest, dass die Bundesbank wei-

[74] Drucksachen des Bundestages Nr. 2781, 18. 10. 1956, Anlage 2, S. 48.

[75] Vgl. Mee, Central Bank Independence, S. 174.

[76] Rede von Konrad Adenauer vor dem Bundesverband der Deutschen Industrie in Köln (Gürzenich-Rede), Frankfurter Allgemeine Zeitung, 23. 5. 1956 (online: http://www.konrad-adenauer.de/dokumente/reden/rede-bdi-gurzenich, zuletzt abgerufen: 1. 3. 2016).

[77] Vgl. Buchheim, Die Unabhängigkeit der Bundesbank, S. 25 und 28.

[78] Vgl. Mee, Central Bank Independence, S. 177.

[79] Berger, Konjunkturpolitik im Wirtschaftswunder, S. 214.

sungsungebunden und unabhängig von der Regierung sei. Als alleiniges Ziel der Geldpolitik wurde die Sicherung der Währung vorgegeben.[80]

Stabilität als Richtwert der deutschen Geld- und Währungspolitik

Politik des billigen Geldes

Ebenso wie die Unabhängigkeit der deutschen Zentralbank in den ersten Nachkriegsjahren noch hochumstritten war und sich erst langsam durchsetzte, war auch die Stabilitätspolitik, das zweite herausragende Kennzeichen der späteren Bundesbank, nicht von vornherein gegeben. Die Ausrichtung der deutschen Geldpolitik war in den Jahren 1948 bis 1950 noch durchaus ambivalent. Die Mehrheit der Zentralbankratsmitglieder verfolgte eine „Politik des billigen Geldes".[81] Für sie war die Unterstützung des Wiederaufbaus und die Förderung der Produktion vorerst wichtiger als die Verteidigung der Geldwertstabilität. Dies zeigte sich insbesondere in den Monaten nach der Gründung der Bank deutscher Länder im März 1948. Als der Zentralbankrat seine erste geldpolitische Entscheidung traf und über den neuen Diskontsatz in der Bundesrepublik beriet, wich er von der Empfehlung der Alliierten ab und erhob einen deutlich niedrigeren, die Kreditvergabe anregenden Zinssatz, nämlich statt der empfohlenen 8% nur einen Satz von 5%.[82] Wenige Monate später standen Wachstums- und Produktionssorgen erneut im Vordergrund. Im Herbst 1948 hatte die Inflation stark an Kraft gewonnen, woraufhin die Alliierte Bankenkommission von der BdL eine Verschärfung ihrer Geld- und Kreditpolitik und insbesondere eine Anhebung des Diskontsatzes forderte. In mehreren Abstimmungen wurden derartige Diskonterhöhungen von der Mehrheit des Zentralbankrates aber abgelehnt. Sie argumentierte, dass die Ankurbelung von Produktion und Wachstum sowie die dazu notwendige Kreditvergabe höhere Priorität erfordere.[83] In ihrem Geschäftsbericht für das Jahr 1948 erklärte die Bank deutscher Länder: eine restriktive Geldpolitik sei ungeeignet gewesen, da „die produktive Entfaltung der Wirtschaft [...] unter keinen Umständen unterbunden werden durfte."[84]

Auch auf anderen Gebieten zielte die Politik der BdL darauf ab, die deutsche Wirtschaftskraft zu stärken und das Wachstum anzuregen. Als die Preissteigerungen im Frühjahr 1949 wieder nachließen, kamen andere Probleme zum Vorschein. Die Konjunktur stockte und die Arbeitslosigkeit in der Bundesrepublik nahm zu.[85] Die Bank deutscher Länder reagierte mit einer Lockerung ihrer Geldpolitik, senkte den Diskontsatz und verringerte die Mindestreserven. Sie ging sogar noch wei-

[80] Vgl. Hentschel, Die Entstehung des Bundesbankgesetzes, Heft II, S. 104, 112 f.
[81] Berger, La Bank deutscher Länder et le 'miracle économique', S. 641.
[82] Vgl. Holtfrerich, Geldpolitik bei festen Wechselkursen, S. 363.
[83] Vgl. Holtfrerich, Geldpolitik bei festen Wechselkursen, S. 366.
[84] Zitiert bei: Holtfrerich, Geldpolitik bei festen Wechselkursen, S. 367.
[85] Vgl. Abelshauser, Deutsche Wirtschaftsgeschichte, S. 152.

ter und gewährte der deutschen Exportindustrie ein zusätzliches Kreditpolster, indem sie für den Export vorgesehenen Kredite in Höhe von 300 Mio. DM vorfinanzierte.[86] Der sonst auf Stabilitätspolitik fixierte Präsident des BdL-Direktoriums Wilhelm Vocke erklärte: „Selbstverständlich ist keine Rede davon, daß wir die Lücke an langfristigem Kapital durch Geldschöpfung ausfüllen wollen, aber in einem Punkt werden wir wohl über die allgemeinen orthodoxen Regeln einer Notenbank ruhig hinweggehen, nämlich dort, wo es sich um die Förderung des Exports handelt.“[87] Zusätzlich zur Exportförderung bot die BdL im Winter 1949/1950 der Bundesregierung eine Finanzierungshilfe für ein Konjunktur- und Arbeitsbeschaffungsprogramm an und stellte ihr hierfür ca. 1 Mrd. DM bereit.[88]

Die großzügige Kreditvergabe entsprach dem allgemeinen Trend der Geld- und Kreditpolitik in ganz Europa. Wie der französische Wirtschaftshistoriker Olivier Feiertag feststellt, nahmen Zentralbanken nach dem Krieg eine zentrale Rolle in der Wirtschaftspolitik der europäischen Länder ein. Sie wurden überall von den Regierungen in die Pflicht genommen, Geld- und Kreditwesen so zu beeinflussen, dass Wiederaufbau, Wirtschaftswachstum und Vollbeschäftigung garantiert waren.[89] Auch die deutsche Zentralbank, die nicht dafür bekannt war, eine Politik des billigen Geldes zu betreiben, bildete keine Ausnahme. In den ersten Jahren nach dem Krieg folgte sie dem allgemeinen Trend, Produktion und Investition höher zu bewerten als Geldwertstabilität.[90] Jedoch war diese Politik in Deutschland, auch besonders innerhalb des Zentralbankrates, nicht unumstritten. Nur eine knappe Mehrheit im Zentralbankrat befürwortete einen solchen produktionspolitischen Kurs. Eine einflussreiche Gruppe von Ratsmitgliedern um Direktoriumspräsident Wilhelm Vocke forderte dagegen eine klare Stabilitätspolitik.[91] Auf einer Rede in Hamburg im Mai 1950 erklärte Vocke, dass die Währungsstabilität das oberste Ziel der Regierung sein müsse; denn jede Inflation würde die wirtschaftliche Struktur und Entwicklung tiefgreifend stören, so wie Deutschland es bereits zweimal in seiner Vergangenheit erleben musste.[92]

Preisstabilität setzt sich durch

Im Jahr 1950 kam es zur Kehrtwende. Die Bank deutscher Länder änderte die Ausrichtung ihrer Geldpolitik. Eine wesentliche Ursache hierfür lag im Ausbruch des Koreakrieges und der anschließenden Zahlungsbilanzkrise der deutschen Wirtschaft. Infolge eines Produktionsschubs in Deutschland, des deutschen Bei-

86 Vgl. Alecke, Deutsche Geldpolitik, S. 64 f.
87 Zitiert bei: Dickhaus, Die Bundesbank im westeuropäischen Wiederaufbau, S. 70.
88 Vgl. Holtfrerich, Geldpolitik bei festen Wechselkursen, S. 371–373.
89 Vgl. Feiertag, Les banques d'émission et la croissance économique, S. 609 f.
90 Vgl. Berger, La Bank deutscher Länder et le 'miracle économique', S. 640–642.
91 Dickhaus, Die Bundesbank im westeuropäischen Wiederaufbau, S. 67.
92 Vgl. Rede von Wilhelm Vocke bei: Mee, Central Bank Independence, S. 134.

tritts zur Europäischen Zahlungsunion (EZU)[93] und der Liberalisierung des Außenhandels wuchsen die Importe und damit das Handelsdefizit.[94] Die deutsche Zentralbank wurde in die Verantwortung genommen, diesen Defiziten durch eine striktere Geldpolitik entgegenzuwirken, etwa durch höhere Zinssätze. Der Druck kam dabei vor allem von außen. Es stand das Risiko im Raum, dass die Bundesrepublik von der EZU keinen Hilfskredit zur Überbrückung des Defizits erhalten würde. Das EZU-Direktorium entsandte im Herbst 1950 in diesem Zusammenhang ein Expertenteam nach Deutschland, um die Zahlungsbilanzsituation zu evaluieren und eine Handlungsempfehlung für die Bundesregierung auszuarbeiten.[95] Während der Zentralbankrat im Sommer 1950 noch eine Diskonterhöhung abgelehnt hatte, entschied er angesichts dieser Situation, die Geldpolitik zu verschärfen und restriktive Maßnahmen zu ergreifen. Der Diskontsatz wurde im Oktober 1950 von 4 auf 6% erhöht. Wie Monika Dickhaus herausarbeitet, war es explizit die drohende Einflussnahme von außen, die die Zentralbank zum Einlenken bewegte. In der Sitzung des Zentralbankrats hieß es: „Es ergäbe sich dann eine Lage, die wohl besser vermieden werden sollte, nämlich unter dem Druck ausländischer Ratschläge oder Forderungen über die Frage einer Diskonterhöhung beschließen zu müssen.“[96]

Aber auch innerhalb der Bank deutscher Länder setzte ein Umdenken ein. Sie behielt im Nachgang der Krise die hohen Zinssätze bei und betrieb noch bis Mai 1952 eine restriktive Politik, obwohl sich die deutsche Zahlungsbilanz bereits 1951 wieder erholt hatte.[97] Sie verteidigte darüber hinaus eisern ihre Haltung gegenüber den wiederholten Klagen und Vorwürfen von Bundeskanzler Adenauer, dass eine solche Verschärfung der Geldpolitik bei hoher Arbeitslosigkeit unverantwortlich sei.[98] Es hatte sich, wie Helge Berger formuliert, ein „konservativer Konsens“[99] innerhalb des Zentralbankrates herausgebildet, der die Politik der BdL langfristig prägen sollte. Der spätere Bundesbankpräsident Otmar Emminger beschrieb die Vorgänge im Herbst 1950 ebenso als entscheidende Phase, in der der „Grundstein sowohl für die innere Stabilisierung als auch für die nachfolgenden Zahlungsbilanzüberschüsse der Bundesrepublik“[100] gelegt wurde. Die Inflationsrate, die durch

[93] Europäische Zahlungsunion: Abkommen, um den europäischen Zahlungs- und Handelsverkehr nach dem Zweiten Weltkrieg zu fördern. Die EZU schuf eine quasi-Konvertibilität der europäischen Währungen, da der Dollar als Reservewährung in Europa kaum vorhanden war. Auf der Grundlage von multilateralem Clearing und automatischen Kreditmechanismen wurden alle Handels- und Geldströme innerhalb Europas abgewickelt. Zusätzlich bedingte die EZU einen Abbau von Handelshemmnissen.

[94] Vgl. Berger, La Bank deutscher Länder et le ‘miracle économique’, S. 642.

[95] Vgl. Dickhaus, Fostering ‘the bank that rules Europe’ S. 177.

[96] Protokoll der ZBR-Sitzung am 26. 10. 1950, zitiert bei: Dickhaus, Die Bundesbank im westeuropäischen Aufbau, S. 91.

[97] Vgl. Alecke, Deutsche Geldpolitik, S. 67 f.

[98] Vgl. Berger, The “Bundesbank's” Path, S. 437; vgl. auch: Mee, Central Bank Independence, S. 142.

[99] Eigene Übersetzung: Berger, La Bank deutscher Länder et le ‘miracle économique’, S. 643.

[100] Emminger, Deutsche Geld- und Währungspolitik im Spannungsfeld, S. 489.

die Koreakrise im Jahr 1951 auf ca. 7,9% sprang, ging im darauffolgenden Jahr wieder rapide zurück und stieg zwischen 1952 und 1960 durchschnittlich nur noch um ca. 1% pro Jahr an.[101] Der Wille der Bank deutscher Länder bzw. der Bundesbank, die Stabilität des Geldwertes unter allen Umständen zu schützen, zeigte sich noch einmal prägnant in der bereits erwähnten Gürzenich-Affäre von 1956, als Konrad Adenauer die BdL für ihre restriktive Politik scharf attackierte. Die BdL rechtfertigte ihr Vorgehen und betonte, dass die Diskontsatzerhöhungen notwendig gewesen seien, um die inflationären Gefahren des konjunkturellen Booms und der hohen Staatsausgaben abzuwehren. Im privaten Gespräch zwischen Adenauer, BdL-Direktoriumspräsident Wilhelm Vocke und BdL-Zentralbankratspräsident Karl Bernard, stellte Letzterer dezidiert klar, dass die Zentralbank sich nicht der Wirtschaftspolitik der Bundesregierung unterordnen würde, wenn sie „die Stabilität der Währung als gefährdet ansah."[102]

Die Preisstabilität blieb seit dem Beginn der 1950er Jahre Richtschnur und Maxime der Bank deutscher Länder bzw. der Bundesbank. Sie nutzte konsequent ihre geldpolitischen Instrumente, insbesondere den Diskontsatz, um die Preise in der deutschen Wirtschaft zu stabilisieren; denn wie sie im Geschäftsbericht von 1966 festhielt, war die Geldwertstabilität „langfristig die beste Basis zur Erreichung von Vollbeschäftigung und Wirtschaftswachstum und nicht selten auch des außenwirtschaftlichen Gleichgewichts."[103] Wie schon bei der Unabhängigkeit hatte der äußere Einfluss auf diese strategische Ausrichtung keine zu unterschätzende Rolle gespielt. Erst im Zuge des Ausbruchs des Koreakrieges und der Zahlungsbilanzkrise 1950 und aufgrund des Drucks der internationalen Partner innerhalb der Europäischen Zahlungsunion war die deutsche Zentralbank von ihrer Politik des niedrigen Zinssatzes abgewichen.

Die Währungspolitik der Bundesbank: Das außenwirtschaftliche Dilemma

Im Inneren Deutschlands setzte sich die Stabilitätspolitik der Bundesbank durch und sorgte für niedrige Inflationszahlen. Die Öffnung der deutschen Wirtschaft für den internationalen Handel und Kapitalverkehr, die sich parallel zur Ausbildung der Stabilitätspolitik in den 1950er Jahren vollzog, schuf jedoch neue Probleme für die Geldpolitik. 1949 trat die Bundesrepublik dem Bretton Woods-System fester Wechselkurse bei, zuerst unter den besonderen Bedingungen der EZU, innerhalb derer die Konvertibilität der europäischen Währungen untereinander gewährleistet war, und ab 1958 bei voller Konvertibilität mit dem US-Dollar.

101 Vgl. Inflationszahlen bei Kloten/Ketterer/Vollmer, West Germany's Stabilization Performance, S. 354 f.

102 Eigene Übersetzung: Mee, Central Bank Independence, S. 174.

103 Deutsche Bundesbank (Hrsg.), Geschäftsbericht 1966, S. 25.

Durch die Integration in das internationale Währungssystem wurde die deutsche Geldpolitik Einflüssen von außen ausgesetzt.[104] Devisenzuflüsse führten zu einem Anstieg der Währungsreserven und, aufgrund der festen Wechselkurse, zu einer inflationären Zunahme der inländischen Geldmenge. Kapitalabflüsse hatten die gegensätzliche Wirkung. Es entstand hierdurch für die Bank deutscher Länder bzw. Bundesbank ein konstantes Dilemma zwischen ihren außenwirtschaftlichen Verpflichtungen, die festen Wechselkurse zu befolgen, und dem binnenwirtschaftlichen Ziel, die Geldwertstabilität aufrechtzuerhalten; denn wenn sie die Zinssätze erhöhte, um Preissteigerungen zu dämpfen, regte dies einen Kapitalzufluss aus dem Ausland an, der die Inflation im Inland anheizte und damit die Inflationsbekämpfung unterlief.

Insbesondere ab der zweiten Hälfte der 1950er Jahre wurde das außenwirtschaftliche Dilemma immer bedrohlicher. 1956 hatte sich der deutsche Zahlungsbilanzüberschuss von 1,9 Mrd. DM im Jahr zuvor auf 5,6 Mrd. DM erhöht und erhebliche Devisenzuflüsse in die Bundesrepublik ausgelöst.[105] Die BdL/Bundesbank war in der Folge sowohl mit außen- als auch mit innenpolitischen Herausforderungen konfrontiert. Zum einen litten die Partnerländer innerhalb der EZU unter den hohen deutschen Überschüssen und forderten sowohl eine Anpassung des deutschen Preisniveaus als auch die Aufwertung der D-Mark und eine Stärkung der innerdeutschen Nachfrage.[106] Zum anderen musste die Zentralbank die Auswirkungen der Kapitalzuflüsse auf die Liquidität der deutschen Wirtschaft kompensieren. Zu diesem Zweck reduzierte sie zwischen 1956 und 1958 mehrfach die Diskontsätze und gab hierfür klar und deutlich als Grund an, nicht die binnenwirtschaftliche Konjunktur anregen zu wollen, sondern „das Zinsgefälle zwischen der Bundesrepublik und dem Ausland zu vermindern und auf diese Weise beizutragen, die Überschüsse der Zahlungsbilanz zu verringern."[107] Gleichzeitig bemühte sie sich, durch eine Offenmarktpolitik und eine Erhöhung der Mindestreserven die zusätzliche Liquidität der Devisenzuflüsse abzuschöpfen. Die Bundesbank verfolgte also zugleich expansive und restriktive geldpolitische Maßnahmen und betrieb eine Politik, die, wie sie selbst formulierte, einen „ambivalenten Charakter"[108] aufwies. Es zeigte sich hier die Schwierigkeit für die Zentralbank, ihre binnenwirtschaftlichen Ziele mit den Bedingungen eines weitgehend freien Kapitalverkehrs zu vereinbaren.

Das Verhältnis der deutschen Geldpolitik zum internationalen Währungssystem blieb auch künftig von diesem Dilemma bestimmt. 1961 hatte die Bundesregierung durch eine Aufwertung der D-Mark zwar für eine gewisse Zeit die Zah-

104 Vgl. hierzu insbesondere: Emminger, Deutsche Geld- und Währungspolitik im Spannungsfeld, S. 485–554; Dickhaus, Die Bundesbank im westeuropäischen Wiederaufbau, S. 198–225.

105 Vgl. Alecke, Deutsche Geldpolitik, S. 72.

106 Vgl. Holtfrerich, Geldpolitik bei festen Wechselkursen, S. 400 f.

107 Zitiert bei: Emminger, Deutsche Geld- und Währungspolitik im Spannungsfeld, S. 493.

108 Zitiert bei: Alecke, Deutsche Geldpolitik, S. 74.

lungsbilanz ausgeglichen und damit die außenwirtschaftliche Belastung der Bundesbank lindern können. Aber der Konflikt zwischen der inländischen Stabilitätspolitik und den Anforderungen des festen Wechselkurssystems schwelte weiter und sollte Ende der 1960er Jahre wieder mit voller Wucht zum Ausbruch kommen.

3.2. Die Banque de France: ein Agent der staatlichen Investitionspolitik?

Die Banque de France wurde in den Jahren nach 1945 vollständig in das institutionelle Gefüge der staatlichen Wirtschaftspolitik Frankreichs integriert. Sie war der Autorität des Wirtschafts- und Finanzministeriums sowie des Staatspräsidenten untergeordnet und erhielt im Vergleich zur deutschen Zentralbank nur eine geringe Autonomie. Sie wurde vielmehr für die Zwecke der Wirtschaftspolitik der Regierung eingespannt und fungierte als zentraler Financier des wirtschaftlichen Wiederaufbaus. Die Aufgabe einer expansiven, auf Produktionsziele und Wirtschaftswachstum gerichteten Geldpolitik versuchte die Banque aber gleichzeitig auch mit einer Anti-Inflationspolitik zu verbinden. Sie definierte die Gewährleistung von Preisstabilität stets als ein ebenso wichtiges Anliegen wie die Förderung der Wirtschaft.

Staatliche Kontrolle: die strukturellen Bedingungen französischer Geldpolitik

Die Reform der Banque de France 1936

Die strukturelle Neuausrichtung der Banque de France reichte weit vor das Jahr 1945 zurück, in dem die Banque formell nationalisiert wurde. Sie hatte ihren Ursprung in einem Reformprozess des Jahres 1936. In den damals stattfindenden französischen Parlamentswahlen kam der so genannte „Front populaire" an die Macht, ein Zusammenschluss aus Parteien des linken Spektrums: Sozialisten (Section française de l'Internationale ouvrière, SFIO), Kommunisten (Parti communiste français, PCF) und Radikalsozialisten (Parti radical). Nach einer Zeit der wirtschaftlichen Notlage infolge der Weltwirtschaftskrise von 1929 und der Deflationspolitik von Regierung und Zentralbank in der ersten Hälfte der 1930er Jahre sprach sich der Front populaire für einen radikalen Umbau des wirtschafts- und sozialpolitischen Systems aus.[109]

Die Reformen zielten unter anderem auf die Banque de France, deren Struktur von Grund auf neu geregelt werden sollte. Der Front Populaire sah in ihr eine elitäre, von Finanzinteressen gesteuerte Einrichtung und beabsichtigte, sie zu ver-

[109] Vgl. Kuisel, Capitalism and the state in modern France, S. 114–119.

staatlichen, die privaten Anteilseigner der Bank zu entmachten und die Geldpolitik dem „nationalen Interesse" zu verpflichten.[110] Zwei Aspekte der Reform sind genauer zu beleuchten: die Nationalisierung und die personelle Neustrukturierung. Die Nationalisierung zielte darauf, nicht nur die Bank unter staatliche Aufsicht zu stellen, sondern das gesamte Kredit- und Geldwesen Frankreichs zu vereinheitlichen. Der Staat sollte in die Lage versetzt werden, den Kredit- und Geldumlauf effektiv zu kontrollieren. Die Banque de France sollte die notwendigen Instrumentarien erhalten, Finanzmärkte direkt zu beeinflussen und die Konjunktur der französischen Wirtschaft zu lenken.[111] Während die Nationalisierung eine mehr oder weniger geheime Komponente im Plan des Front populaire war, trat in der Öffentlichkeit vor allem der zweite Teilaspekt in den Vordergrund: die personelle Umstrukturierung und vor allem die Zurückdrängung der privaten Bankiers aus dem Entscheidungsgremium der Bank, dem Conseil des Régents bzw. Conseil Général. Seit ihrer Gründung im Jahr 1800 war die Banque de France eine private Aktiengesellschaft, deren wichtigste und finanzstärkste Aktionäre die 15 Regenten des Conseil Général wählten und stellten. An dieser Zusammensetzung des Führungsgremiums nahmen die Parteien des Front populaire erheblichen Anstoß. In einem öffentlichkeitswirksamen und weit verbreiteten Pamphlet des kommunistisch gesinnten Gewerkschaftsbundes CGT, „La Banque de France aux mains des 200 familles", wurde den Regenten des Conseil Général unterstellt, nur die 200 führenden Familien des französischen Finanzwesens vertreten und die Deflationspolitik der 1930er Jahre unterstützt zu haben.[112] Der Vorwurf war ein populärer Topos aus dem linken Parteienspektrum. Bereits in den Jahren 1924–1926, als eine andere Koalition sozialistischer und sozialdemokratischer Parteien, das „Cartel des Gauches", an der Regierung war, hatte man der Banque de France vorgehalten, nicht den Interessen des Staates, sondern nur ihren privaten Eigentümern gedient zu haben. An diese Kritik schloss sich der Front populaire in seinem Regierungsprogramm von 1936 an und stellte fest: „Um den Kredit und die Ersparnisse der Herrschaft der Wirtschaftsoligarchie zu entziehen, soll aus der Banque de France, heute eine Privatbank, die Banque de la France gemacht werden",[113] die allein dem Wohl und Interesse der Nation dienen würde. Es sollte damit nicht weniger als die Unabhängigkeit des Staates gegenüber der Notenbank gewährleistet werden.[114]

110 Netter, Histoire de la Banque de France, ursprünglich unveröffentlicht, posthum herausgegeben von der Tochter, Monique de Tayrac, S. 451 f.

111 Vgl. Margairaz, Chapitre VIII, L'été 1936, une direction nouvelle, in: L'État, les Finances et l'Économie, Histoire d'une Conversion 1932–1952, Vol. 1, Nouvelle edition [online], Vincennes 1991 (online: http://books.openedition.org/igpde/2293, zuletzt abgerufen: 16. 12. 2015).

112 Prate, La France et sa monnaie, S. 131.

113 Eigene Übersetzung, zitiert bei: Prate, La France et sa monnaie, S. 131.

114 Vgl. Margairaz, Chapitre VII. Le programme de Front populaire et ses trois lectures, in: L'État, les Finances et l'Économie, Histoire d'une Conversion 1932–1952, Vol. 1, Nouvelle edition [online], Vincennes 1991 (online: http://books.openedition.org/igpde/2293, zuletzt abgerufen: 16. 12. 2015).

Bei der rechtlichen Umsetzung kam es jedoch nicht zur anvisierten Neuordnung der Banque de France. Die Nationalisierung scheiterte an Bedenken des Parti radical, der entgegen seinem Namen eine gemäßigte Politik verfolgte, sowie an den Widerständen im Parlament, vor allem seitens der Finanzkommission des Senats.[115] Das am 24. Juli 1936 erlassene Gesetz regelte im Wesentlichen nur den zweitgenannten Teilaspekt, die Zusammensetzung des Conseil Général. Die Funktion der Regenten, der aus dem privaten Banksektor stammenden Ratsmitglieder der Banque de France, wurde aufgehoben. Die Mitglieder des neuen Conseil Général wurden nicht mehr von der Aktionärsversammlung gewählt, sondern in der Mehrheit von der Regierung bestimmt und ihre Zahl von 15 auf 20 erhöht. Neun Mitglieder davon wurden direkt von Ministerien ernannt oder erhielten ihre Position kraft eines Amtes in den oberen französischen Finanzbehörden. Neun weitere Personen vertraten wirtschaftliche und soziale Interessengruppen. Es durften grundsätzlich keine Vertreter der Banken- und Finanzwelt mehr dem Entscheidungsgremium der Bank angehören.[116] Die Reform stärkte also den Einfluss der Regierung. Diese kontrollierte die Ernennung des Gouverneurs, der Sous-Gouverneure und weiterer neun Vertreter des Conseils direkt oder indirekt. Außerdem wurde die interne Entscheidungsfindung des Rates durch die höhere Mitgliederzahl und durch die heterogene Zusammensetzung erschwert. Während zuvor im Conseil Général französische Finanziers das Sagen hatten und einen Gegenpol zu staatlichen Eingriffen bilden konnten, verlor der Conseil in seiner neuen Struktur erheblich an Widerstandskraft gegenüber der Regierung.

Die Banque de France wurde durch die Reform von 1936 nicht verstaatlicht, doch büßte sie durch die Umstrukturierung des Conseil Général an Autonomie ein. Die Finanzierung des Staatshaushalts, die in einem Währungsgesetz 1928 verboten worden war, wurde wieder aufgenommen. Ein Abkommen vom 18. Juni 1936 gestattete dem Schatzamt, Kredite bei der Bank in einer Höhe von 24 Mrd. Franc aufzunehmen.[117] In den folgenden Jahren wurde diese Grenze immer weiter ausgedehnt, zwischen Frühjahr 1935 und Herbst 1938 stiegen die Kredite auf 72 Mrd. Franc.[118] Diese Entwicklung ging jedoch auch einher mit einer Modernisierung des Zentralbankwesens. Der Front populaire, vor allem in Gestalt des Finanzministers Vincent Auriol (1884–1966), erweiterte die Kompetenzen und das Instrumentarium der Notenbank, um ihr eine bessere Kontrolle des Geldmarktes zu ermöglichen. Im weiteren Verlauf des Jahres 1936 wurden Konzepte ausgearbeitet, nach denen die Banque de France erstmals Offenmarktgeschäfte durchführen sollte.[119] Der Autonomieverlust der Banque bedeutete in dieser Hinsicht keinen Rückschritt, sondern muss im größeren Rahmen eines Modernisierungsprozesses betrachtet werden, der allerdings parteipolitisch gefärbt war.

115 Vgl. Netter, Histoire de la Banque de France, S. 454.
116 Vgl. Prate, La France et sa monnaie, S. 135–137.
117 Vgl. Margairaz, Monnaie, État et marché, S. 425.
118 Prate, La France et sa monnaie, S. 140 f.
119 Vgl. Feiertag/Acena, The Delayed Modernization, S. 46 f.

Die Verstaatlichung der Zentralbank 1945

Das Konzept der Nationalisierung blieb auch nach der Reform von 1936 erhalten und gewann während des Zweiten Weltkrieges an Rückhalt. Im Krieg verstärkte sich die Kritik am französischen Banksystem und der Banque de France. Man beklagte die Konzentration und Monopolstellung der Geschäftsbanken, die durch hohe Zinsen dem Allgemeinwohl geschadet bzw. durch einseitige Kreditvergabe an die Großindustrie die Landwirtschaft sowie kleine und mittlere Betriebe vernachlässigt hätten.[120] Zudem warf man der Banque de France vor, diese Machtakkumulation der Finanzwelt gefördert und dadurch die Interessen der Privatwirtschaft über das öffentliche Interesse der französischen Nation gestellt zu haben.[121]

Nach dem Krieg sollte die Nationalisierung bzw. Verstaatlichung des Kreditsystems und der Banque de France diese Defizite des Wirtschaftssystems beheben. Die Politik der Banque de France sollte in Zukunft nur noch dem wirtschaftlichen Wohl der Nation dienen, nicht mehr den Interessen der Großbanken und Großindustrie. In den politischen Parteien kursierten bereits in den letzten Kriegsjahren diverse Vorschläge über die Ausgestaltung der Verstaatlichung. Die Sozialisten (SFIO) wollten die Kontrolle der Geldpolitik dem Wirtschaftsministerium übertragen und dem Gouverneur der Banque de France nur eine beratende Position zugestehen. Die Kommunisten (PCF) sahen gar die Übertragung aller geldpolitischen Kompetenzen an ein Kollektivgremium vor, das die vollständige Entscheidungsmacht innehätte. Andere, weniger radikale Vorschläge gewährten der Banque de France weiterhin die Leitung währungspolitischer Geschäfte, jedoch nur unter der Aufsicht des Finanzministeriums. Das Faktum der Nationalisierung war allerdings in allen Parteien unumstritten und wurde als eine klare Notwendigkeit angesehen.[122]

Neben der Reorganisation der Banque de France stand auch eine umfangreiche Neukonzeption der Geld- und Währungspolitik zur Debatte. Das „Comité général d'Études de la Résistance“ (CGE) legte unter Federführung von René Courtin 1943 ein wirtschaftsprogrammatisches Papier vor, das neue Ziele für die Geldpolitik aufstellte. Hiernach sollte der wichtigste Zweck von Wirtschaftspolitik die Vollbeschäftigung sein. Geldpolitik müsste dafür sorgen, die gesamtwirtschaftliche Nachfrage so anzuregen, dass kein Franzose mehr unter Arbeitslosigkeit zu leiden hätte. Demgegenüber bildete die Deflationspolitik der 1930er Jahre das abschreckende Gegenbeispiel, das es zu vermeiden galt. Courtin entwarf die Strukturen einer dirigistisch geprägten Geldpolitik im Dienst einer gelenkten Wirtschaftspolitik.[123] Zusätzlich zum richtungsweisenden Plan von Courtin prägte eine wirtschaftspolitische Grundsatzdebatte innerhalb der provisorischen Regierung (Gouvernement provisoire de la République française) die Geld- und Währungspolitik

120 Vgl. Margairaz Michel, La période singulière, S. 426 f.
121 Vgl. Koch, Histoire de la Banque de France, S. 43.
122 Koch, Histoire de la Banque de France, S. 42–44.
123 Vgl. Margairaz, Le Franc et les politiques publiques, S. 289.

der ersten Nachkriegsjahre. Es standen sich hierbei Wirtschaftsminister Pierre Mendès France[124] und der spätere Finanzminister René Pleven[125] gegenüber. Mendès France plädierte für eine stabilitätsorientierte Politik. Die Regierung sollte auf die wirtschaftlichen Herausforderungen der Nachkriegszeit mit einer harten Währungsreform, inklusive umfassendem Einzug von Banknoten und Schließung von Konten reagieren. Dadurch würden die aufgeblähte Geldmenge reduziert und die Preise stabilisiert. René Pleven widersetzte sich diesem Vorgehen. Er befürchtete, dass die französische Wirtschaft für eine Währungsreform nicht bereit sei. Ihre Finanzierung würde massiv beeinträchtigt und die Produktion empfindlich getroffen. Pleven schreckte außerdem vor den Folgen der Reform für die Ersparnisse von Bauern und Kleinunternehmern zurück.[126] Im Konflikt zwischen den beiden Ministern konnte Pleven sich der Unterstützung des Präsidenten der Provisorischen Regierung, Charles de Gaulle,[127] versichern und seine Vorstellungen schließlich durchsetzen. Für die künftige Wirtschaftspolitik bedeutete dies, dass realwirtschaftliche Kriterien wie Produktionssteigerung, Vollbeschäftigung und sozial gerechte Lohnverteilung über geld- und finanzpolitische Gesichtspunkte, vor allem die Stabilisierung der Währung, gestellt wurden.

Nach Kriegsende beschloss am 2. Dezember 1945 die verfassungsgebende Versammlung der neuen Vierten Französischen Republik, die Banque de France zu verstaatlichen. In einer Linie mit der Reform von 1936 überführte das Gesetz die Notenbank vollständig in staatliche Hand.[128] Die rechtliche Struktur der Banque de France blieb zwar unverändert. Sie erhielt kein neues Statut. Doch als Gesellschaft mit privaten Anteilseignern, wie sie 1800 gegründet worden war, hörte sie faktisch auf zu existieren. Der Staat übernahm das gesamte Kapital und wurde einziger Aktionär. Nachdem 1936 mit der personellen Neubesetzung des Conseil Général der Einfluss des Staates auf die geldpolitische Entscheidungsfindung fixiert worden war, wurde nun der Staat auch institutioneller Eigentümer der Bank.[129]

Von größerer Bedeutung für die Geld- und Wirtschaftspolitik in Frankreich war allerdings die Etablierung des so genannten „Conseil national du crédit" (CNC) 1945. Der Kreditrat setzte sich aus Angehörigen des Finanz- und Wirtschaftsministeriums, staatlicher und halbstaatlicher Finanzierungsinstitutionen sowie verschiedener Banken, Gewerkschafts- und Arbeitgebergruppen zusammen und war als zentrales Entscheidungsgremium der französischen Geld- und Währungspoli-

124 Pierre Mendès France (1907–1982), Wirtschaftsminister der provisorischen Regierung von 1944–1945, Ministerpräsident und Außenminister von 1954–1955.

125 René Pleven (1901–1993), Finanzminister der provisorischen Regierung 1944–1946 sowie unter anderem: Verteidigungsminister 1950 sowie 1953/1954, Ministerpräsident 1950/1951.

126 Vgl. Margairaz, Le Franc et les politiques publiques, S. 290 f.; Prate, La France et sa monnaie, S. 158 f.; Koch, Histoire de la Banque, S. 21–24.

127 Charles de Gaulle (1890–1970), Präsident der Provisorischen Regierung 1944–1946, Ministerpräsident 1958–1959, Präsident der französischen Republik 1959–1969.

128 Vgl. Bouvier, Un siècle de banque française, S. 191.

129 Vgl. Koch, Histoire de la Banque, S. 54–56.

tik vorgesehen. Er sollte die geldpolitischen Ziele und Strategien vorgeben und dafür sorgen, dass die Regierung über genügend Finanzmittel für Wiederaufbau, Modernisierung und Investitionen der Wirtschaft verfügte. Zu diesem Zweck sollten im Kreditrat die Geldpolitik der Banque de France und die allgemeine Wirtschaftspolitik auf eine Linie gebracht werden.[130] Obwohl der Kreditrat sich in den späteren Jahren eher als ausführendes Organ der Banque de France denn als eigenständiger Akteur erwies,[131] offenbarte seine Konzeption die Absicht des französischen Gesetzgebers, Geld und Kredit nicht als autonome Kategorien der französischen Volkswirtschaft zu sehen, sondern als Ressourcen für Investition, Produktion und Wirtschaftswachstum.

Hierin lag die eigentliche Bedeutung der Nationalisierung der Banque de France und des französischen Kreditwesens. Sie institutionalisierte die Indienstnahme der Geldpolitik für die Förderung von Produktion und Wirtschaftswachstum. Die Banque de France fungierte in diesem System als Dreh- und Angelpunkt. Sie erhielt den zentralen Auftrag, „die produktiven Kräfte des Landes durch eine freie und vernünftige Verteilung des Kredits zu unterstützen."[132] Dementsprechend wuchs zwischen 1946 und 1956 der Anteil der Kredite der Banque de France an die französische Wirtschaft von 15,5% auf 25% des gesamten Kreditumlaufes.[133] Eine wesentliche Rolle spielte dabei das neue Instrument der „mittelfristig verfügbaren Kredite" (crédits à moyen terme mobilisable), die, von der Banque de France rediskontiert, einen beträchtlichen Teil der Nachkriegs-Investitionen finanzierten.[134]

Die Geld- und Währungspolitik der Banque de France

Zwei Entwicklungen definierten die französische Geldpolitik der Nachkriegszeit. Erstens betrieb die Banque de France eine Geldpolitik, die sich nicht auf den Zinssatz als Steuerungselement stützte, sondern auf die Beeinflussung des Kredits, der Kreditverteilung und der Kreditmenge. Zweitens versuchte sie, ihr System der Kreditpolitik nach außen zu schützen, indem sie sich für ein stabiles internationales Währungssystem einsetzte und den aus ihrer Sicht schädlichen Einfluss der USA und des US-Dollars für die internationalen Währungsbeziehungen zurückzudrängen suchte.

130 Vgl. Andrieu, À la recherche, S. 377–379.

131 Der Gouverneur der Banque de France leitete, anders als vorgesehen, in seiner Funktion als Stellvertreter des Ministers einen Großteil der Sitzungen und behielt somit die faktische Kontrolle. Darüber hinaus war der CNC von den Daten und Statistiken der Banque de France abhängig. So blieb die Banque de France durch ihre institutionelle Kapazität und geldpolitische Kompetenz die eigentliche entscheidungsgebende Instanz. Vgl. Andrieu, À la recherche, S. 379 f.

132 Eigene Übersetzung, zitiert bei: Feiertag, Les banques d'émission et la croissance, S. 611.

133 Vgl. Feiertag, Entre la Défense du Franc et les Impératifs, S. 368.

134 Vgl. Andrieu, A la recherche, S. 397–400.

Kreditpolitik im Mittelpunkt

Das französische Geld- und Währungssystem basierte auf einer durchorganisierten Kreditpolitik, in deren Mittelpunkt die Banque de France stand. Sie steuerte die Geldmenge über die Kreditzuteilung an die Banken. Sie orientierte sich dabei nicht am Zinssatz, nutzte also nicht den Preis des Geldes, um seine Menge zu erhöhen oder zu verringern. Sie bestimmte stattdessen einen Höchstsatz an Krediten, die den Banken zur Verfügung gestellt wurden, und konnte, indem sie diesen Satz variierte, die Geldmenge in der Wirtschaft unmittelbar beeinflussen.[135] Die Geldpolitik der Banque de France war somit in erster Linie Kreditpolitik, die weitgehend unabhängig von der Zinssetzung war. Eine zentrale Funktion der Kreditpolitik in der Nachkriegszeit bestand darin, die Finanzierung der französischen Wirtschaft zu ermöglichen.[136]

Dieses Ziel fand in den Jahren 1946 und 1947 seinen Ausdruck in der so genannten „selektiven Kreditpolitik". In ihrem Rahmen sollten Kredite vorzugsweise an Industrien verteilt werden, deren ökonomische Nützlichkeit von der Regierung gemäß den Prioritäten des ersten Wirtschaftsplans festgelegt wurde.[137] Der Mechanismus basierte auf zwei Sockeln. Die Banque de France sprach entweder konkrete Empfehlungen an französische Banken aus, ihre Kredite an Unternehmen von förderungswerten Industrien zu verleihen, oder die Banque beteiligte sich unmittelbar am Prozess der Kreditvergabe. Diese Art der Finanzierung beruhte großenteils auf den „crédits à moyen terme mobilisables", einer Kreditform, die sich durch besonders günstige Refinanzierungsbedingungen auszeichnete und darauf ausgerichtet war, die Kapitalbildung der Unternehmen zu fördern.[138] Geschäftsbanken konnten sich über die Darlehen bei halbstaatlichen Finanzierungsinstitutionen schnell und einfach refinanzieren – für die Landwirtschaft existierte beispielsweise die „Caisse nationale de Crédit agricole", für Investitionsgüterindustrien der „Crédit national" und für die Bauwirtschaft der „Crédit foncier de France". Diese rediskontierten anschließend die Kredite bei der Banque de France.[139] In der Phase der Nachkriegszeit sollte dieses System garantieren, dass trotz Geldknappheit rasch Kredite in die für den Wiederaufbau wichtigen Industrien flossen. Die Funktion der Zentralbank erstreckte sich somit in erster Linie auf die Kreditversorgung der Wirtschaft. Ihre Zinspolitik verlor demgegenüber an Relevanz. Durch den Kreditüberschuss fiel der Diskontsatz zu Beginn des Jahres 1945 von 3% auf 1,6%. Bis 1947 stieg er langsam wieder auf 3%, war aber angesichts der extremen Inflation von ca. 50% praktisch wirkungslos.[140] Der Generaldirektor der „Direction du crédit" bei der Banque de France, Emmanuel de Sèze, beschrieb im

[135] Vgl. Monnet, Politique monétaire et politique du crédit, S. 9–11.
[136] Vgl. Monnet, Controlling Credit, S. 210–226.
[137] Margairaz, La période singulière, S. 431 f. – Förderungswerte Industrien waren etwa Kohle, Stahl, Elektrizität und Landwirtschaft.
[138] Vgl. Monnet, Controlling Credit, S. 216–218.
[139] Vgl. Andrieu, À la recherche, S. 397 f.
[140] Vgl. Margairaz, La période singulière, S. 434.

Jahr 1950 das Ziel der intensiven Kreditpolitik und der niedrigen Zinssätze mit den Worten: „Es handelte sich darum, mit ausnahmslos allen Mitteln, seien sie auch inflationärer Natur, die ersten Anstrengungen des Wiederaufbaus und der Produktion anzuregen, um das wirtschaftliche Leben wieder in Gang zu bringen.“[141]

Die selektive Kreditpolitik bildete allerdings nur eine Seite der französischen Währungspolitik. Auf der anderen Seite stand die Inflationsbekämpfung. Auf den ersten Blick mag dies als paradox erscheinen, trieben die bedingungslose Finanzierung des Wiederaufbaus und die Ausweitung der Kredite die Inflation doch in die Höhe. Allerdings schätzte die Banque de France es gerade deshalb als notwendig ein, das System der Kreditvergabe, wie es seit 1945 bestand, vor seinen inflationären Gefahren zu schützen.[142] In den Jahren 1945 bis 1948 ergriff sie dazu Maßnahmen einer so genannten qualitativen Kreditkontrolle. Mit den oben genannten Empfehlungen an die Banken und mit der Förderung einzelner produktiver Sektoren versuchte sie zu vermeiden, dass inflationäre und verschwenderische Kredite wie zum Beispiel Konsumentenkredite, überhandnahmen.[143] Nachdem die qualitative Kreditkontrolle die hohe Inflation aber nicht eindämmen konnte, begann die Banque de France im September 1948 zunehmend, quantitative Kontrollen vorzunehmen. Das bedeutete, dass sie zum einen eine Obergrenze für die Rediskontierung von Krediten und Handelswechseln aufstellte, zum anderen die Pflicht für Banken einführte, einen Mindestanteil von Staatspapieren in ihrem Portfolio zu halten. Indem sie so den Kreditzuwachs der privaten Hand beschränkte, hoffte sie, die Inflation abzumildern.[144]

Im Februar 1958 erweiterte die Banque de France ihr Instrumentarium zur Inflationsbekämpfung. Da die Rediskontgrenzen sich als nicht effizient genug herausstellten, etablierte sie das so genannte „encadrement du crédit“, mit dem der Umfang der zugelassenen Bankkredite direkt beschränkt wurde. Die Zentralbank beeinflusste damit nicht nur die Rediskontierung der Kredite, sondern unmittelbar die Kredite selbst.[145] Bei einer Überschreitung der Höchstgrenzen konnten die Banken ihre Fähigkeit zur Refinanzierung einbüßen.[146] Der Gouverneur der Banque de France begründete das „encadrement“ gegenüber dem Finanz- und Wirtschaftsminister sowie dem Vorsitzenden des Bankenverbandes mit der Notwendigkeit, einen unermüdlichen Kampf gegen den inflationären Druck führen zu

141 Eigene Übersetzung, zitiert bei: Margairaz, La période singulière, S. 434.

142 Vgl. Monnet, Politique monétaire, S. 79 f.

143 Vgl. Andrieu, À la recherche, S. 384 f.; Monnet, Politique monétaire, S. 80 f.

144 Vgl. Monnet, Politique monétaire, S. 200 f. – Jedoch waren davon Kredite, die für die Investitionstätigkeit der französischen Wirtschaft als unentbehrlich betrachtet wurden, ausgenommen. Die „crédits à moyen terme mobilisable“ fielen nicht unter die neuen Kreditgrenze. Neben den quantitativen Kontrollen behielt man also die Selektivität der Kreditvergabe bei. Vgl. hierzu Margairaz, La période singulière, S. 436 f.; Monnet, Politique monétaire, S. 81 f.

145 Die Höchstgrenze drückte sich in Prozentanteilen am Kreditwachstums der Banken aus dem vorherigen Jahr aus.

146 Vgl. Monnet, Politique monétaire, S. 205.

müssen.[147] In den Jahren bis 1970 setzte die Banque de France das „encadrement du crédit" dreimal ein, von Februar 1958 bis Februar 1959, von Februar 1963 bis Januar 1967 und von November 1968 bis Oktober 1970. Ursprünglich als temporäres Instrument konzipiert, wurde das „encadrement" nunmehr zur regelmäßig genutzten Maßnahme der Zentralbank. Seine Einsätze in den Jahren 1958 und 1963 bis 1965 galten als Erfolg. Die Inflationsraten sanken von 15% 1958 auf 6,2% 1959, und zwischen 1963 und 1967 fielen die Raten weiter von 4,8% bis auf 2,6%.[148] Die französischen Zentralbanker waren sich jedoch auch der Nachteile des „encadrement" bewusst, wie zum Beispiel der Verschärfung der selektiven Kreditverteilung und einer weiteren Zersplitterung des französischen Finanzsystems.[149]

Die Politik der Banque de France basierte auf dem Konzept, den Kredit in den Mittelpunkt des Geldwesens zu stellen. Es galt, wie Eric Monnet detailliert herausarbeitet, die Überzeugung, dass die Zentralbank sowohl die Kreditvergabe nutzen konnte, um Investitionen zu fördern und die Wirtschaftsaktivität anzukurbeln, als auch dass sie das Kreditangebot so beeinflussen konnte, dass Geldmenge und Inflation nicht zu stark anstiegen.[150] Beide Aspekte, Wirtschaftsförderung und Inflationsbekämpfung, waren gleichwertige Ziele der Geld- bzw. Kreditpolitik der französischen Zentralbank.

Währungspolitik

Die Währungspolitik der Banque de France war im Vergleich zur deutschen Zentralbankpolitik nicht in gleicher Weise durch außenwirtschaftliche Einflüsse beeinträchtigt. Die Banque war durch ihre Kreditkontrollen in der Lage, den Zinssatz nach Belieben anzupassen und die Anreize für Kapitalzuflüsse aus dem Ausland zu unterdrücken. Es gelang ihr somit, die nationale Geldpolitik von äußeren Störungen wirkungsvoll abzuschirmen.[151] Diese Strategie bewährte sich insbesondere im Jahr 1963. Die französische Wirtschaft boomte, die Produktion nahm zu und in der Folge erstarkte die Inflation. Gleichzeitig strömte Kapital ins Land, was sich in zunehmenden Währungsreserven niederschlug und zu den Preissteigerungen beitrug. Eine Geldpolitik, die sich auf Zinspolitik gestützt hätte, hätte in diesem Fall die Zinsen angehoben, um der Inflation entgegenzuwirken. Die französische Zentralbank jedoch beließ den Diskontsatz bei niedrigen 3,5% und erhöhte ihn im November 1963 nur um 0,5 Prozentpunkte. Stattdessen griff sie auf das „encadrement du crédit" zurück und erließ eine harte Grenze für die Kreditvergabe; das Kreditwachstum der Banken durfte 12% nicht übersteigen. Sie konnte so-

147 Vgl. Zitat bei Monnet, Politique monétaire, S. 205 f. – Ausgenommen davon waren Kredite an die Bauwirtschaft, die Exportindustrie und die nationalisierten Wirtschaftszweige. Vgl. hierzu Monnet, Politique monétaire, S. 84.

148 Vgl. Tabelle bei Monnet, Politique monétaire, S. 149.

149 Vgl. Margairaz, La période singulière, S. 438 f.

150 Vgl. Monnet, Controlling Credit, S. 73–81.

151 Vgl. Monnet, Credit Controls as an Escape, S. 349–361.

mit die Inflation eindämmen, ohne die Zinsdifferenz zum Ausland zu vergrößern und damit starke Kapitalzuflüsse auszulösen.[152]

Während die Banque de France somit dem deutschen Dilemma zwischen außen- und binnenwirtschaftlichen Zielsetzungen entkam, nahm ein anderes Thema der internationalen Währungspolitik ihre volle Aufmerksamkeit in Anspruch: die Mängel des Währungssystems von Bretton Woods. Sie hielt das Regime für unausgewogen und beklagte, dass die USA von der einseitigen Ausrichtung des Systems auf den Dollar unverhältnismäßig profitierten. Die USA könnten unbegrenzt Geld schöpfen und ihre Zahlungsbilanzdefizite ausbauen, ohne in der Pflicht zu stehen, den Wechselkurs ihrer Währung anzupassen. Insbesondere zu Anfang der 1960er Jahre kam diese Unausgewogenheit zum Tragen. Die US-Regierung hatte erhebliche Zahlungsbilanzdefizite angesammelt,[153] Investoren verloren folglich das Vertrauen in den Dollar und verkauften ihre Bestände. Im Gegenzug stieg der Goldpreis auf den Londoner Goldmärkten an, im Oktober 1960 von $35 auf $40 pro Goldunze, was Frankreich als Indiz dafür ansah, dass der Dollar überbewertet war und die USA die ursprüngliche Gold-Dollar-Relation von Bretton Woods nicht mehr gewährleisten konnten. Nur mithilfe der Bank of England, die Dollardevisen aufkaufte, konnte die FED den Goldkurs wieder auf die offizielle Gold-Dollar-Parität von $35 senken.[154] Aus Sicht der Banque de France zeigte dieser Vorgang einen klaren Fehler im System. Die USA hätten entweder ihre Währung abwerten oder eine striktere Wirtschaftspolitik betreiben müssen, um das Defizit auszugleichen und die Währung zu stabilisieren. Doch anstatt ihre Geld- und Währungspolitik und Defizite anzupassen, hatten sie ihre dominante Stellung ausgenutzt und weltweite Ungleichgewichte zu Lasten aller anderen Partnerländer hervorgerufen.

Die französische Kritik am Verhalten der USA und am Bretton Woods-System beruhte auf zwei wesentlichen Voraussetzungen. Die erste war die währungspolitische Orientierung der Banque de France und der französischen Regierung an historischen Erfahrungen, insbesondere dem so genannten „Tripartite-Abkommen" von 1936. Dieses Abkommen war 1936 zwischen Frankreich, Großbritannien und den USA geschlossen worden, um kompetitive Abwertungen zwischen den Ländern zu verhindern und die Stabilität ihrer Währungen zu sichern. Die Besonderheit des Systems lag darin, dass es auf gegenseitigen Konsultationen baute und kein Partnerland eine privilegierte Stellung einnahm. Diese Symmetrie der Rechte und Verpflichtungen hatte für die Banque de France auch noch 1960 Vorbildcha-

[152] Vgl. Monnet, Credit Controls as an Escape, S. 354–356. Die Kapitalverkehrskontrollen, die die französische Regierung und Zentralbank gleichzeitig einsetzten, dienten weniger zur Abwehr des Kapitalzuflusses als vielmehr dazu die internen Kreditkontrollen effizienter zu gestalten; sie hielten französische Banken und Unternehmen davon ab, im Ausland Kredite aufzunehmen, um inländische Kontrollen zu umgehen.

[153] Vgl. Monnet, Une coopération à la française, in: Histoire@Politique, Politique, culture, société, Vol. 19, 2013 (online: https://www.cairn.info/revue-histoire-politique-2013-1-page-83.htm?contenu=article, zuletzt abgerufen: 15. 2. 2020), S. 3, Anm. 5.

[154] Vgl. Monnet, Une coopération à la française, S. 3–5.

rakter für die internationalen Währungsbeziehungen.[155] Ein zweiter Beweggrund für die französische Opposition gegenüber den USA lag in der Stabilisierung der französischen Wirtschaft und Währung im Jahr 1958. Die strikte Kreditbegrenzung durch das „encadrement du crédit" der Banque de France im Februar 1958 sowie das Reformpaket der neuen Regierung unter Charles de Gaulle im Dezember 1958, der so genannte Pinay-Rueff-Plan,[156] drosselten die Inflation, brachten den Außenhandel ins Gleichgewicht und stärkten die französische Wettbewerbsfähigkeit.[157] Den Erfolg der eigenen Politik nahm die Banque de France zum Anlass, in den folgenden Jahren auch von anderen Ländern dieselbe geld- und fiskalpolitische Disziplin zu fordern. Jedes Land müsste die Stabilität seiner Währung aus eigener Kraft garantieren und selbstständig für den Ausgleich seiner Zahlungsbilanzdefizite sorgen. Nur so könnte auch in den internationalen Währungsbeziehungen ein stabiles Regime aufrechterhalten werden.[158]

Die Banque de France strebte in der Folge nach einer Reform des Bretton Woods-Systems. Es sollte eine Währungsordnung geschaffen werden, in dem sich alle Länder den gleichen Regeln zu unterwerfen hätten, in dem klare Bestimmungen zur Anpassung von Überschüssen und Defiziten zu gelten und alle Länder eine gleichberechtigte, multilaterale Kontrolle auszuüben hätten. Seit Beginn der 1960er Jahre bildeten diese Forderungen die Grundlage der französischen Währungspolitik und wirkten sich entscheidend auf die internationalen Währungsbeziehungen auch in den 1970er Jahren aus.

4. Fazit zu Kapitel I: „Die Zentralbanken in Deutschland und Frankreich zwischen Kriegsende und 1970"

Die Geldpolitik in Deutschland und in Frankreich war ein Produkt des Nachkriegsbooms und der wirtschaftlichen Bedingungen dieser Epoche. Das institutionelle Markenzeichen der deutschen Zentralbank, ihre politische Unabhängigkeit, war in der Auseinandersetzung zwischen den Alliierten und der neuen Bundesregierung nur unter dem Druck der Amerikaner zustande gekommen. Die Bundesregierung hatte die Geldpolitik unter ihre Kontrolle bringen und für die Stützung ihrer Konjunkturpolitik nutzen wollen. Ebenso hatten sich auch die Befürworter der Geldwertstabilität erst infolge des ökonomischen Drucks der Koreakrise

155 Vgl. Bordo/Simard/White, France and the Bretton Woods International Monetary System, S. 5 f.

156 Benannt nach den Initiatoren Antoine Pinay (Wirtschafts- und Finanzminister von 1958–1960) und Jacques Rueff (Leiter des Expertenausschusses zur Ausarbeitung der Reform). Der Plan umfasste die Abwertung des Francs um 15% und eine umfangreiche Konsolidierung des französischen Staatshaushaltes.

157 Vgl. Blancheton/Bordes, Débats monétaires, S. 216–218.

158 Vgl. Monnet, Une coopération à la française, S. 13–15.

durchsetzen können. In der Folgezeit behaupteten sich dann jedoch die unabhängige Bundesbank und ihre Stabilitätspolitik als zentrale Elemente des marktwirtschaftlichen Systems in der Bundesrepublik. Durch ihre autonome Politik, die sich nicht nach Beschäftigungslage oder Produktionszahlen, sondern nach stabilen Preisen richtete, schuf die Bundesbank die Voraussetzungen für die starke Position Westdeutschlands im internationalen Wettbewerb, für hohe Exporte und für ein kräftiges Wachstum.

In Analogie zur Bundesrepublik bestimmten auch in Frankreich die politischen und wirtschaftlichen Entwicklungen der Nachkriegszeit die Ausgestaltung der französischen Geldpolitik. Die Banque de France wurde aber, anders als die Bundesbank, Akteur in einem wirtschaftspolitischen System, das ganz darauf ausgerichtet war, unter politischen Vorgaben Wiederaufbau, Wachstum und Produktion zu fördern. Die Banque wurde voll in die Wirtschaftspolitik der französischen Regierung eingebunden. Mit ihrer Kreditpolitik finanzierte sie einen nicht unerheblichen Anteil der Investitionen in der französischen Wirtschaft der 1950er und 1960er Jahre und legte damit ebenfalls die Basis für einen erheblichen Wachstumsschub.

Die Rahmenbedingungen änderten sich jedoch im Laufe der 1960er Jahre. Erste Schwierigkeiten wurden in der Währungspolitik der beiden Zentralbanken sichtbar. Die Bundesbank musste die Erfahrung machen, dass sie zwar unabhängig von der eigenen Regierung handeln konnte, aber nicht autonom war von den internationalen Geld- und Kapitalmärkten. Kapitalzuflüsse aus dem Ausland unterliefen in regelmäßigen Abständen ihre Geldpolitik. Die Banque de France opponierte gegen die dominante Rolle des US-Dollars im internationalen Währungssystem, deren negative Auswirkungen immer klarer wurden, und strebte eine Reform des Systems an.

Je näher die 1970er Jahre heranrückten, desto deutlicher kündigte sich das Ende des Nachkriegsbooms an. 1966/1967 setzte in Deutschland zum ersten Mal in der Nachkriegszeit eine Rezession ein, und 1968 legten Studentenunruhen und Streiks die französische Wirtschaft für mehrere Wochen lahm. Gleichzeitig erschütterten Währungskrisen den Franc und die D-Mark. Die geldpolitischen Systeme der Bundesbank und der Banque de France, die aus den Bedürfnissen der Nachkriegszeit erwachsen waren, wurden auf den Prüfstand gestellt und mussten Bewährungsproben bestehen. Ein erster Schock näherte sich in den Jahren 1970 bis 1973: der Zusammenbruch des internationalen Währungssystems von Bretton Woods.

II. Das Ende des Bretton Woods-Systems

Auf der Konferenz von Bretton Woods im Jahr 1944 wurde ein neues internationales Währungssystem aus der Taufe gehoben. Die Finanzminister und Notenbankgouverneure der alliierten Siegermächte des Zweiten Weltkriegs vereinbarten, eine Struktur zu schaffen, die auf festen Wechselkursen basierte, aber eine gewisse Flexibilität zugunsten einer autonomen Fiskal- und Geldpolitik gewährte.[1] Der Dollar fungierte als Ankerwährung des Systems, er war zum festen Wert von 35 $ pro Unze an Gold gebunden. Alle anderen Währungen hielten einen fixen Austauschkurs zum Dollar, von dem sie maximal +/– 1% abweichen durften. Die Goldkonvertibilität, also die Möglichkeit jedes Landes, seine Dollarguthaben gegen Gold einzutauschen, sollte die Stabilität der Währungsbeziehungen garantieren.

Dieses Bretton Woods-System ermöglichte in der Folgezeit die Entfaltung des globalen Handels und fundierte den Wohlstandsanstieg der westlichen Welt. Seit den 1960er Jahren geriet das System jedoch zunehmend unter Druck. Verschiedene Problemlagen taten sich auf, so etwa ein Vertrauensdefizit in die Fähigkeit und den Willen der USA, die Pflicht zur Goldkonvertibilität einzuhalten. Die Ungleichgewichte zwischen den Volkswirtschaften nahmen zu und führten zu destruktiven Kapitalbewegungen. Ende der 1960er Jahre und Anfang der 1970er Jahre verschärften sich die Konflikte. Es entstand eine Krisendynamik, die die Aufrechterhaltung der festen Wechselkurse erschwerte. 1968 und 1969 trafen spekulative Währungsunruhen auf Frankreich und Deutschland. Zur Wende des Jahrzehnts löste ein hohes Zahlungsbilanzdefizit der USA eine tiefe Vertrauenskrise in den Dollar aus. Es folgten Währungsprobleme der D-Mark im Mai 1971, die Aufhebung der Goldkonvertibilität durch die USA im August 1971 und schließlich die Wechselkursfreigabe der europäischen Währungen im März 1973, die das Bretton Woods-System zum Zusammenbruch führte.[2]

Bundesbank und Banque de France waren von den Krisen des Währungssystems unmittelbar betroffen und standen im Mittelpunkt der Ereignisse. Die deutsche Zentralbank hatte mit extremen Kapitalzuflüssen zu kämpfen; sie führten zu hoher Inflation in Deutschland und setzten ihre Geldpolitik außer Kraft. Die französische Notenbank blieb zwar von den direkten wirtschaftlichen Konsequenzen weitgehend verschont, sah jedoch den Fixpunkt ihrer Geld- und Währungspolitik, die festen Wechselkurse, in Frage gestellt. Beide Institutionen nahmen die Währungskrisen Anfang der 1970er Jahre daher als Bedrohung ihrer Geldpolitik wahr und suchten nach Bewältigungsstrategien und nach neuen Wegen, sich den Veränderungen des internationalen Währungssystems anzupassen.

Diese Zusammenhänge sind Thema des folgenden Kapitels. Es wird untersucht, welche Auffassungen und Konzepte beide Zentralbanken, Banque de France und

[1] Vgl. Bordo, The Bretton Woods International Monetary System, S. 3–109.

[2] Vgl. Solomon, The International Monetary System; James, International Monetary Cooperation; Coombs The Arena of International Finance.

Bundesbank, hinsichtlich der internationalen Währungspolitik vertraten, wie sie die Gefahren der Währungskrisen einschätzten und wie sie darauf reagierten, wie sie ihre Politik anpassten und dabei ihrerseits den Auflösungsprozess des Bretton Woods-Systems beeinflussten. Die Untersuchung erfolgt in drei Schritten: erstens die 1969 und 1970 beginnende Reform des internationalen Währungssystems, zweitens die Dollarkrisen des Jahres 1971, insbesondere das Floating der D-Mark vom Mai 1971 sowie der „Nixon-Schock" vom August 1971 und drittens der Zusammenbruch der festen Wechselkurse in den Jahren 1972 und 1973.

Es wird die Hypothese zugrunde gelegt, dass beide Zentralbanken grundsätzlich verschiedene Ziele und Strategien verfolgten. Die Politik der Bundesbank war auf die interne Preisstabilität in Deutschland fixiert. Sie versuchte daher, sich so weit wie möglich von externen Einflüssen unabhängig zu machen. Die Banque de France orientierte sich dagegen an der äußeren Wechselkursstabilität. Ihr Augenmerk war darauf gerichtet, das internationale Währungssystem und die festen Wechselkurse aufrechtzuerhalten. Das Wechselspiel zwischen diesen beiden Stabilitätskonzepten und der daraus resultierenden Geld- und Währungspolitik beider Notenbanken prägte den Zusammenbruch des Bretton Woods-Systems.

1. Reform des internationalen Währungssystems

Das Thema der Wechselkurse gewann durch Verhandlungen, die in den Jahren 1969 und 1970 im Rahmen des Internationalen Währungsfonds (IWF) geführt wurden, an Aktualität. Im folgenden Abschnitt wird den Fragen nachgegangen, warum und wie die Wechselkurse und das Wechselkurssystem die internationalen Währungsdebatten beherrschten, wo die Konfliktlinien lagen und welche Positionen die Banque de France und die Deutsche Bundesbank bezogen.

1.1. Währungskrisen und Rettungsversuche: Reformauftakt

Verhandlungen im Internationalen Währungsfonds

Das Bretton Woods-System fester Wechselkurse wurde Ende der 1960er Jahre immer häufiger von Währungskrisen getroffen.[3] 1967 erlitt das britische Pfund beträchtliche Wertverluste und musste im November um 14,3% abwerten.[4] Der französische Franc und die D-Mark wurden 1968 und 1969 von heftigen Spekulationen heimgesucht. In Frankreich führten die Studentenrevolten und hohe Staatsausgaben zu Kapitalflucht und erheblichen Devisenverlusten. Der Franc geriet unter Abwertungsdruck. Gleichzeitig veranlassten in der Bundesrepublik

[3] Vgl. Bordo, The Bretton Woods International Monetary System, S. 75–80.
[4] Vgl. Deutsche Bundesbank (Hrsg.), Geschäftsbericht 1967, S. 36.

hohe Leistungsbilanzüberschüsse und eine niedrige Inflation Kapitalzuflüsse und setzten die D-Mark unter Aufwertungsdruck. Die Regierungen beider Länder weigerten sich jedoch, ihre Wechselkurse anzupassen. In der Folge verstärkten Spekulationen die Kapitalflüsse noch weiter.[5] Außerdem belastete die Wirtschaftsentwicklung der USA das internationale Währungssystem. Seit 1968 stieg das Zahlungsbilanzdefizit der USA infolge von hohen Staatsausgaben sowie Militärausgaben für den Vietnamkrieg an. Kapital floss aus den USA und ließ die internationale Liquidität anwachsen. Insbesondere in den Überschussländern wie Deutschland nahmen die Währungsreserven unentwegt zu und mit ihnen auch die Inflation.[6] Das hohe Zahlungsbilanzdefizit der USA führte zu einem Vertrauensschwund gegenüber dem Dollar als Ankerwährung des Systems und gegenüber seiner Fähigkeit, stabile Währungsbeziehungen zu garantieren.

Die labile Situation erhöhte den Druck, das internationale Währungssystem den neuen Bedingungen anzupassen. Die bisherige Struktur des Systems, das strikte Festhalten an festen Wechselkursen, das nur in Fällen von erheblichen Ungleichgewichten eine Wechselkursanpassung zuließ, erschien nicht mehr adäquat. Die Auslandsabteilung der Banque, die DGSE, stellte im Februar 1969 fest, dass die internationale Währungskooperation zwar „unabdingbar für das Funktionieren des gesamten internationalen Währungssystems“ sei, aber derzeit an ihre Grenzen stoße und eine „Reform des Systems ohne Zweifel notwendig“[7] sei. Das Wirtschaftsmagazin „Der Volkswirt“ berichtete im Sommer 1969 von einem „Kurswechsel der Wechselkurs-Politiker“, die nun immer offener darüber spekulierten, das Bretton Woods-System neu auszurichten.[8]

Im Verlauf der Jahre 1969 und 1970 wurden im Exekutivdirektorium[9] des IWF und in der so genannten „Gruppe der Zehn“, einem gesonderten Gremium innerhalb des IWF, das die wichtigsten zehn Industriestaaten umfasste,[10] erste Verhandlungen geführt und Möglichkeiten sondiert, das Wechselkurssystem flexibler zu gestalten, mit dem Ziel, die hohen Zahlungsbilanzdefizite, die spekulativen Kapitalbewegungen und den Druck auf die Wechselkurse in Zukunft schneller ausgleichen zu können.[11] Grundsätzlich folgte der IWF dabei dem Vorsatz, die festen Wechselkurse beizubehalten, die er immer noch für die sicherste Garantie der Sta-

[5] Vgl. Solomon, The International Monetary System, S. 151–165.
[6] Vgl. Solomon, The International Monetary System, S. 104–109.
[7] Eigene Übersetzung: Note DGSE, Les problèmes monétaires internationaux, 13. 2. 1969, in: ABF, 1489200304/3, S. 9.
[8] Vgl. Artikel, Der Volkswirt, Wirtschafts- und Finanz-Zeitung, Kurswechsel der Wechselkurs-Politiker, 23. Jg., Nr. 26, 27. 6. 1969, in: HA Bbk, N-2/00010.
[9] Das Exekutivdirektorium des IWF ist mit der laufenden Geschäftsführung betraut. Jedes IWF-Mitgliedsland ist mit einem Abgeordneten, auf technokratischer Ebene, vertreten. Grundsätzliche Entscheidungen des IWF werden vom Gouverneursrat getroffen, in dem entweder die Finanzminister oder Notenbankgouverneure der Mitgliedsländer sitzen.
[10] Belgien, Bundesrepublik Deutschland, Frankreich, Großbritannien, Italien, Japan, Kanada, Niederlande, Schweden und USA.
[11] International Monetary Fund, Annual Report of the Executive directors for the fiscal year ended April, 30 1969, Washington 1969, S. 30–32.

bilität der globalen Währungsbeziehungen hielt. Die Vorschläge des IWF-Exekutivdirektoriums vom September 1970 orientierten sich an dem Grundsatz, eine gewisse Flexibilität zuzulassen, um die Krisenanfälligkeit des Systems zu verringern, ohne aber die festen Wechselkurse komplett zur Disposition zur stellen. Sie unterbreiteten drei alternative Vorgehensweisen: erstens in Zukunft die Paritäten schneller und einfacher anzupassen, zweitens die Wechselkurs-Bandbreiten leicht zu erweitern und drittens Staaten in Ausnahmefällen zu gestatten, ihre Wechselkurse temporär freizugeben.[12]

Die Rahmenbedingungen für die Verhandlungen, die sich bis in die zweite Hälfte des kommenden Jahrzehnts hinzogen, waren damit abgesteckt. Die Interpretation der verschiedenen Reformschritte war hingegen offen und sorgte zwischen den IWF-Mitgliedsländern für erhebliche Kontroversen.

Konfliktlinien

Eine Auflockerung des Systems lag nicht im Interesse aller Staaten. Es entstanden während der Debatten Trennungslinien zwischen einzelnen Ländern, wie zum Beispiel Frankreich und Belgien, die das alte System mit klar fixierten Wechselkursen beibehalten wollten, und Staaten wie USA und Deutschland, die einer Flexibilisierung prinzipiell offen gegenüberstanden.[13] Die Meinungsverschiedenheiten wurden greifbar auf einer Sitzung des IWF-Direktoriums im März 1970. Zwei Optionen, die Bandbreiten-Erweiterung und die temporäre Freigabe der Wechselkurse, standen zur Diskussion. Die belgischen und französischen IWF-Direktoren sprachen sich entschieden gegen die Erweiterung der Wechselkurs-Bandbreiten aus wie auch gegen ein vorübergehendes Floating einzelner Währungen. Sie stellten sich damit in Opposition zu den amerikanischen, deutschen, italienischen und anderen Vertretern, die vor allem das temporäre Floating als eine zweckdienliche Auflockerungsmaßnahme befürworteten.[14] Auch in der „Gruppe der Zehn" beobachtete der Direktor des französischen „Trésors"[15], René Larre, die gleiche Tendenz. Bei einem Treffen im Juli 1970 habe sich der „anhaltende amerikanische Druck auf Wechselkurs-Flexibilität bestätigt."[16] Der US-Vertreter habe sich besonders dafür eingesetzt, die Wechselkurse häufiger und schneller zu verändern,

[12] Vgl. De Vries, The International Monetary Fund, Bd. 2, S. 324–329.

[13] Vgl. Note DGSE, Le rôle des taux de changes dans l'ajustement des paiements internationaux, (Documents F.M.I. n° SM/70/132 du 26 juin 1970 et n° SM/70/181 du 14 août 1970), 4. 9. 1970, in: ABF, 1489200304/17, S. 6; vgl. Emminger, Otmar, Ergebnisbericht über die Verhandlungen in der Zehnergruppe am 23. April 1970 über die Auflockerung des Wechselkurssystems, 8. 5. 1970, in: HA Bbk, N-2/000227.

[14] Vgl. Brief von IWF-Direktor Georges Plescoff an Ministre de l'Economie et des Finances, Direction du Trésor, Affaires Internationales, 1. 4. 1970, in: ABF, 1489200304/17.

[15] Abteilung für Geld- und Währungsfragen im französischen Wirtschafts- und Finanzministerium.

[16] Eigene Übersetzung: Directeur du Trésor (René Larre), Note pour le Ministre, Poursuite des négociations monétaires internationales, 17. 7. 1970, in: ABF, 1489200301/63, S. 1.

worin er von der deutschen und italienischen Delegation unterstützt worden sei. Frankreich teilte diese Standpunkte nicht. Larre fürchtete, dass sich dadurch ein „Zustand der dauernden Unsicherheit“[17] auf den Märkten breitmachen würde. Die Verhandlungen hatten aus seiner Sicht „einmal mehr die bestehende Spaltung innerhalb der EWG zwischen diesen Ländern und den anderen Mitgliedsländern, im Besonderen Frankreich und Belgien unterstrichen.“[18]

In Analogie zur Darstellung der Frontlinien durch den französischen „Trésor“, deutete auch die deutsche Seite die Differenzen in den Verhandlungen. Der Vizepräsident der Bundesbank, Otmar Emminger, informierte den Zentralbankrat nach einer Sitzung der „Gruppe der Zehn“ im April, dass neben dem japanischen Vertreter vor allem die französische und die belgische Delegation jede Veränderung der IWF-Verträge ablehnten, die zu einer Auflockerung bzw. Flexibilisierung der festen Wechselkurse führen könnte.[19] Auch einige Monate später, im Juli 1970, hätte man sich noch nicht weiter angenähert. Zwar hätte es in Einzelfragen Übereinstimmung gegeben, zum Beispiel, bei der begrenzten Erweiterung der Bandbreiten. Aber in der Kernfrage, ob eine fundamentale Neuordnung des Wechselkurssystems nötig sei, existierten laut Emminger „immer noch erhebliche Meinungsverschiedenheiten“.[20]

Die Verhandlungen im Internationalen Währungsfonds in den Jahren 1969 und 1970 blieben ohne Ergebnis. Aber das Thema der Wechselkurse stand ab jetzt auf der Agenda der Zentralbanken und wurde in den folgenden Jahren zum Dreh- und Angelpunkt der internationalen Währungspolitik. Überdies zeigten die anfänglichen Debatten, dass zwar Einigkeit darüber herrschte, dass das Währungssystem angepasst werden musste, nicht aber wie die Reformen auszugestalten wären. Sie legten die divergierenden Vorstellungen über die Weiterentwicklung des Systems offen.

1.2. Banque de France: Augenmerk auf feste Wechselkurse

Zwei Grundprinzipien leiteten die Politik der Banque de France hinsichtlich der Reform des internationalen Währungssystems, zum einen das Diktum, dass die etablierten Regeln der Bretton Woods-Ordnung einzuhalten seien. Das betraf insbesondere das Verhalten der USA und die Rolle des Dollars. Zum anderen die

[17] Eigene Übersetzung: Directeur du Trésor (René Larre), Note pour le Ministre, Poursuite des négociations monétaires internationales, 17. 7. 1970, in: ABF, 1489200301/63, S. 4.

[18] Eigene Übersetzung: Directeur du Trésor (René Larre), Note pour le Ministre, Poursuite des négociations monétaires internationales, 17. 7. 1970, in: ABF, 1489200301/63, S. 2.

[19] Vgl. Emminger, Otmar, Ergebnisbericht über die Verhandlungen in der Zehnergruppe am 23. April 1970 über die Auflockerung des Wechselkurssystems, 8. 5. 1970, in: HA Bbk, N-2/000227.

[20] Emminger, Otmar, Vermerk, Betreff: Auflockerung des Wechselkurssystems (Sitzung der Zehnergruppe am 8. Juli 1970 in Paris), 12. 7. 1970, in: HA Bbk, N-2/000228, S. 6.

Überzeugung, dass feste Wechselkurse für die Stabilität der internationalen Handels- und Finanzbeziehungen unabdingbar seien.

Regeleinhaltung im internationalen Währungssystem

Die französischen Delegierten in den internationalen Verhandlungen der Jahre 1969 und 1970 hielten es für gefährlich, die Regeln des Bretton Woods-Systems reformieren und aufweichen zu wollen. Die DGSE gab zu bedenken, dass die Folgen einer Auflockerung des Wechselkurssystems unkalkulierbar seien, sie könnten die spekulativen Kapitalströme sowohl verstärken als auch abschwächen. Aufgrund dieser Unsicherheit dürfe man keine allzu „dogmatische Haltung“[21] einnehmen. Sinnvoller sei es, die existierenden Regeln, die ihrer Ansicht nach ausreichende Handlungsfreiheiten bereitstellten, zu überarbeiten und zu schärfen und damit den „inopportunen Rückgriff auf gefährliche Reformen zu vermeiden“.[22] Dabei richtete sich die Sorge der Banque de France nicht vorrangig auf die währungstechnischen Konsequenzen einer Anpassung. In dieser Hinsicht akzeptierte sie sogar eine gewisse Novellierung des Wechselkursprozederes, so etwa eine geringe Erweiterung der Bandbreiten. Sie fürchtete vielmehr die politischen Auswirkungen, vor allem einen Machtgewinn der USA und des US-Dollars. Man stellte fest: „Das eigentliche Problem liegt nicht in der Reform der Methode, wie die Wechselkurse festgelegt werden, sondern in der Konsolidierung der Rolle des US-Dollars als Referenzwährung.“[23]

Damit erschien in den IWF-Debatten ein Topos, der bereits seit Beginn der 1960er Jahre die internationale Währungspolitik Frankreichs durchgezogen hatte, nämlich das Streben nach einem fairen Währungssystem, das allen Teilnehmerländern die gleichen Rechte und Verpflichtungen zugestand, sowie eine Protesthaltung gegenüber der Währungspolitik der USA.[24] Nach französischer Vorstellung hatten das ursprüngliche Regelwerk von Bretton Woods und insbesondere die Goldbindung den Zweck, eine Balance zwischen allen Währungen weltweit herzustellen. Doch hätten die USA seit jeher die herausragende Rolle des Dollars als Reservewährung ausgenutzt, um die Regeln zu umgehen. Ungeachtet der internationalen Folgewirkungen und auf Kosten der anderen Länder hätten die USA ihr Zahlungsbilanzdefizit unbegrenzt ausgeweitet, die globale Liquidität aufgebläht und damit zu den Ungleichgewichten der Weltwirtschaft maßgeblich beigetragen. Anstelle einer Politik des Einklangs mit den Pflichten und Bedürfnissen

[21] Eigene Übersetzung: Note DGSE, L’adaptation des taux de change, (an Gouverneur Wormser) 18. 6. 1969 in: ABF, 1489200304/16, S. 6.

[22] Eigene Übersetzung: Note DGSE, L’adaptation des taux de change, (an Gouverneur Wormser) 18. 6. 1969 in: ABF, 1489200304/16, S. 7.

[23] Eigene Übersetzung: Note DGSE (an Wormser), Quelques aspects du débat relatif à la flexibilité des taux de change, 18. 6. 1970, in: ABF, 1489200301/63, S. 6.

[24] Vgl. Bussière, La Banque de France, S. 797–814 ; vgl. auch: Bordo/Simard/White, La France et le système monétaire, S. 249–286.

des internationalen Währungssystems hätten sich die USA aus der Verantwortung gezogen und die Anpassungen stets den anderen Staaten aufgezwungen.

Diese Überzeugung von einem Fehlverhalten der USA prägte die Verhandlungsposition der Banque de France und kam sowohl in den internen Aussprachen als auch in ihren öffentlichen Äußerungen immer wieder zum Ausdruck. Im Komitee der europäischen Zentralbankgouverneure im Mai 1970 warf Gouverneur Wormser der US-Regierung vor, die Wechselkursstrukturen nur zu ihren Gunsten aufweichen zu wollen, um dem Druck ihres hohen Zahlungsbilanzdefizits auszuweichen.[25] Ein neues Abkommen sei nicht zielführend, wenn nicht auch das währungspolitisch mächtigste Land, die USA, bereit wäre, seine Wirtschaftspolitik den Regeln des internationalen Währungssystems unterzuordnen und in Zukunft Korrekturmaßnahmen vorzunehmen.[26] Unter diesen Bedingungen würde Frankreich eine Auflockerung der festen Wechselkurse weiterhin ablehnen. Im Oktober 1970 bekräftigte Wormser in einem Vortrag vor dem britischem Komitee der Internationalen Handelskammer diese Haltung.[27] Es habe sicherlich nicht im Interesse der Gründerväter des Bretton Woods-Systems gelegen, eine Ordnung zu schaffen, in der einige Länder die Verpflichtungen negierten, eine sorgsame interne Wirtschaftspolitik zu betreiben.[28] Auch wenn Wormser die USA namentlich nicht erwähnte, war doch eine klare Anspielung und Kritik an der amerikanischen Währungspolitik zu erkennen.

Die tiefe Skepsis gegenüber den USA trat auch in den internen Debatten des Conseil Général zutage. Im Sommer 1970 machte ein Ratsmitglied, Jean Louis, auf die Entscheidung Kanadas aufmerksam, seine Währung kurzfristig floaten zu lassen, ohne den IWF davor zu konsultieren. Er fragte, ob dies nicht gegen die Regeln des Systems verstoße, und zeigte sich erstaunt, dass die Amerikaner den kanadischen Entschluss akzeptiert hätten. Hierauf antwortete Sous-Gouverneur André de Lattre zynisch: „dies [ist] nicht verwunderlich […], da, wie das Sprichwort sagt, ‚is fecit hui prodest'."[29] Die USA hätten sich am Regelverstoß Kanadas nicht gestört, da sie sich ebensowenig an die Vorschriften hielten und von einer solch lockeren Auslegung selbst profitierten.

[25] Vgl. Procès-Verbal de la 39 séance du comité des gouverneurs des banques centrales des Etats membres de la Communauté Economique Européenne, tenue à Bâle, 11. 5. 1970, in: ABF, 1035200250/13, S. 7–9.

[26] Vgl. Memorandum of Conversation (Nr. 146), Camp David, 3–5 Mai 1970, in: Foreign Relations of the United States, 1969–1976, Vol. III, Foreign Economic Policy, International Monetary Policy, 1969–1972, S. 402.

[27] Vgl. Wormser, Dîner du Comité national britannique de la C.C.I., 21. 10. 1970, in: ABF, 1069201118/50.

[28] Vgl. Wormser, Dîner du Comité national britannique de la C.C.I., 21. 10. 1970, in: ABF, 1069201118/50.

[29] Eigene Übersetzung: ABF, Procès-Verbal, Conseil Général, 4. 6. 1970, S. 338; – Lat. Übersetzung: „getan hat es der, dem es nützt."

Prinzip der festen Wechselkurse

Die Banque de France war darüber hinaus überzeugt, dass feste Wechselkurse eine zentrale Voraussetzung für die Stabilität der internationalen Währungsbeziehungen und der einzelnen Volkswirtschaften bildeten und daher nicht leichtfertig aufgegeben werden dürften. Sie fürchtete, durch eine Lockerung der Wechselkursstrukturen und eine Hinwendung zu flexiblen Wechselkursen würde diese Ankerfunktion aufgegeben: „man begreift nur schwerlich, wie man Stabilität aufrechterhalten könnte [...] wenn man sich in der Instabilität niederlassen würde."[30]

Die Leitfunktion der festen Wechselkurse umfasste in der Vorstellung der Banque sowohl die inneren als auch die äußeren Wirtschaftsbeziehungen. Innerhalb eines Landes dienten sie als Ordnungselement für die nationale Wirtschaftspolitik und als Orientierungspunkt für eine stabile Preisentwicklung. Sie verlangten von den Mitgliedsländern des Wechselkurssystems eine ausgeglichene, disziplinierte Wirtschaftspolitik, die den Außenwert der Währung stabil hielt.[31] Eine maßlose Ausgabenpolitik oder eine überspannte Geldpolitik würde somit ebenso verhindert wie eine übermäßig restriktive Fiskal- und Geldpolitik. In einem Gespräch zwischen den französischen und amerikanischen Finanzministern und Notenbankgouverneuren im Mai 1970 erinnerte der französische Gouverneur Olivier Wormser die Amerikaner daran: „Der in Bretton Woods niedergeschriebene Grundsatz war, dass feste Paritäten bis zum Ende verteidigt werden sollten."[32] Eine Aufweichung dieses Prinzips würde die Länder von der Pflicht befreien, eine nachhaltige und gesunde Entwicklung ihrer Wirtschaft zu verfolgen. Wormser erläuterte wenig später in einem Vortrag vor der Bundesbank, dass die Entwicklung Frankreichs zwischen 1968 und 1970 ihm die Konsequenzen einer solchen Politik vor Augen geführt habe:[33] Hohe Ausgaben der Regierung zugunsten von Konjunktur und Beschäftigung hatten einen übertriebenen Konsum und wirtschaftliche Aktivität hervorgebracht. Steigende Inflation, der Wertverlust des Francs, Kapitalflucht aus Frankreich und schließlich die offizielle Abwertung des Francs im Sommer 1969 waren die Folgen. Diese Erfahrung hätte ihn von der Bedeutung fester Wechselkurse als Anker für Währungsdisziplin überzeugt. Preise sollten sich nach den Wechselkursen richten, nicht umgekehrt; denn „spräche man tatsächlich dem Prozess der inneren Anpassung eine zweitrangige Bedeutung zu, indem man den Schuldnerländern einen Großteil der ihnen zukommenden Anstrengung er-

[30] Eigene Übersetzung: Note DGSE, Les problèmes monétaires internationaux, 13. 2. 1969, in: ABF, 1489200304/3, S. 15.

[31] Vgl. Note DGSE, L'effet correcteur des taux de change fixes et des taux fluctuants, 30. 12. 1968, in: ABF, 1489200304/16.

[32] Eigene Übersetzung: Memorandum of Conversation (Nr. 146), Camp David, 3–5 Mai 1970, in: Foreign Relations of the United States, 1969–1976, Vol. III, Foreign Economic Policy, International Monetary Policy, 1969–1972, S. 403.

[33] Vgl. Vortrag Olivier Wormser (Übersetzung), Die Situation Frankreichs im Zusammenhang der Jahresereignisse auf dem Währungssystem und Finanzgebiet, bei der Deutschen Bundesbank in Frankfurt a. M., 2. 6. 1970, in: HA Bbk, B330/8373 (K230).

läßt, so liefe man auf Seiten der Gläubiger Gefahr, einen gefährlichen Weg einzuschlagen. Die Wechselkurse müßten wiederholt den Preisen angepasst werden, und man hätte sozusagen die Forderung aufgegeben, daß die großen Schuldner in ihren Ländern den Preisanstieg in Grenzen hielten."[34]

Feste Wechselkurse waren für die Banque de France mehr als ein Richtwert für die interne Wirtschaftspolitik. Sie waren auch der Garant für florierenden Handel und Austausch in der Welt. Wenn Wechselkurse nicht durch einen institutionellen Rahmen vorgegeben wären, sondern sich nach den Marktkräften richteten, würden die Länder Gefahr laufen, in einen Teufelskreis von Abwertungen und Protektionismus abzugleiten.[35] Die DGSE warnte, dass die Einführung flexibler Wechselkurse „katastrophale Folgen für den Welthandel" haben und die „Bildung von protektionistischen Staatenblocks"[36] nach sich ziehen würde.

Die Banque de France widersetzte sich daher in den Verhandlungen den Reformvorschlägen und rief zu einem bedächtigen und vorsichtigen Vorgehen auf. Im Ausschuss der EWG-Zentralbankpräsidenten argumentierte Wormser, dass aus französischer Sicht die „Entwürfe bezüglich der Wechselkursflexibilität mehr Nachteile als Vorteile bieten."[37] Er wünsche daher, die „Arbeiten zu verschieben oder zu verlangsamen."[38] Die Haltung der Banque de France entsprach voll und ganz der Position der französischen Regierung. Auf der IWF-Jahresversammlung in Kopenhagen im September 1970 vertrat der französische Finanzminister Giscard d'Estaing den gleichen Standpunkt, dass eine Auflockerung der Wechselkurse dem internationalen Währungssystem nur schaden könne. Er bekundete in seiner Rede: „Das Minimum an Flexibilität bedeutet das Maximum an Stabilität."[39]

1.3. Die Furcht der Deutschen Bundesbank vor importierter Inflation

Die Entwicklung in Deutschland stand unter anderen Vorzeichen. Der Aktionsrahmen der Bundesbank in den Reformdebatten war durch die Bedürfnisse der nationalen Geldpolitik vorgegeben. Ihr Handeln war darauf gerichtet, den Geld-

[34] Vortrag Olivier Wormser (Übersetzung), Die Situation Frankreichs im Zusammenhang der Jahresereignisse auf dem Währungssystem und Finanzgebiet, bei der Deutschen Bundesbank in Frankfurt a. M., 2. 6. 1970, in: HA Bbk, B330/8373 (K230), S. 11.

[35] Vgl. Memorandum of Conversation (Nr. 146), Camp David, 3–5 Mai 1970, in: Foreign Relations of the United States, 1969–1976, Vol. III, Foreign Economic Policy, International Monetary Policy, 1969–1972, S. 403.

[36] Eigene Übersetzung: Note DGSE, La flexibilité des taux de change (l'état du problème), 23. 2. 1970, in: ABF, 1489200301/63, S. 2.

[37] Procès-Verbal de la 39 séance du comité des gouverneurs des banques centrales des Etats membres de la Communauté Economique Européenne, tenue à Bâle, 11. 5. 1970, in: ECB Archives, S. 8.

[38] Procès-Verbal de la 39 séance du comité des gouverneurs des banques centrales des Etats membres de la Communauté Economique Européenne, tenue à Bâle, 11. 5. 1970, in: ECB Archives, S. 9.

[39] Eigene Übersetzung: Valéry Giscard d'Estaing, IWF-Hauptversammlung 22. 9. 1970, Agence internationale d'information pour la presse, No. 596, 6. 10. 1970, in: ABF 1489200205/262, S. 3.

wert der D-Mark vor schädlichen außenwirtschaftlichen Einflüssen zu schützen. Die Bedrohung kam von zwei Seiten, von der expansiven Geldpolitik der USA und der Verschlechterung der US-Zahlungsbilanz sowie von der Zunahme der weltweiten Kapitalströme.

Verantwortung der USA für die Stabilität des Währungssystems

Das Jahr 1970 war für die Bundesbank faktisch eine Periode der währungspolitischen Entspannung. Die Währungskrisen der vorherigen Jahre waren überstanden und die weltwirtschaftlichen Ungleichgewichte weitgehend ausgeglichen.[40] Doch nun kamen Störeffekte aus den USA. Die US-Federal Reserve hatte die Kreditvergabe ausgeweitet und die Zinssätze gesenkt mit der Folge, dass große Zinsdifferenzen zu den europäischen Ländern und ein markantes Zahlungsbilanzdefizit auftraten. Letzteres wuchs innerhalb eines Jahres um 13,5 Mrd. Dollar an.[41] Diese Entwicklungen lösten starke Geldbewegungen aus. Kapital floss aus den USA ab und suchte Zuflucht auf den europäischen Märkten. Die Bundesbank sah sich plötzlich mit den Finanzströmen aus den USA und ihren monetären Konsequenzen konfrontiert, sie führten in Deutschland zu einem deutlichen Anstieg der Geldmenge. Die deutsche Zentralbank beklagte eine „Inflationsdrohung erster Ordnung"[42] und machte die USA als Schuldigen für ihre Währungsprobleme und für die Unruhe im internationalen Währungssystem aus. Otmar Emminger fragte, „wie ein Währungssystem funktionieren soll, dessen hauptsächliche Leit- und Reservewährung nicht mehr in der Lage ist, die eigenen Stabilität und das äußere Gleichgewicht ausreichend zu garantieren."[43] Die US-Behörden sollten für die negativen Effekte ihrer Politik Verantwortung übernehmen und ihre Zahlungsbilanz normalisieren; denn auch die USA müsse darauf achten, eine ausgeglichene Wirtschaftspolitik zu verfolgen.[44] Es dürfe nicht sein, dass alle Länder Anpassungsmaßnahmen vornähmen, um ihre Wechselkurse stabil zu halten, und nur die USA sich dieser Pflicht aufgrund der Sonderrolle des Dollars entzögen. Eine solches Verhalten würde ein „schwerwiegendes Problem"[45] für das globale Gleichgewicht erzeugen und alle Versuche einer Stabilisierung unmöglich machen. Daher gab es für Emminger nur eine „einzige akzeptable Lösung – eine angemessene langfristige Stabilität der US-Wirtschaft, einschließlich einer Stabilität ihres Preisniveaus."[46]

[40] Vgl. Deutsche Bundesbank (Hrsg.) Geschäftsbericht 1970, S. 30.
[41] Vgl. Deutsche Bundesbank (Hrsg.) Geschäftsbericht 1970, S. 32.
[42] Deutsche Bundesbank (Hrsg.) Geschäftsbericht 1970, S. 33.
[43] Aufsatz Otmar Emminger, Aktuelle Fragen der deutschen Währungspolitik, Referat vor dem Schweizerischen Institut für Auslandsforschung, 26. 1. 1970, in: HA Bbk, N-2/00011, S. 17.
[44] Vgl. Aufsatz Emminger, Practical difficulties of balance of payments adjustment, Reprint from: Essays in honour of Thorkil Kristensen, OECD, Paris 1970, in: HA Bbk, N-2/00011.
[45] Eigene Übersetzung: Aufsatz Emminger, Practical difficulties of balance of payments adjustment, Reprint from: Essays in honour of Thorkil Kristensen, OECD, Paris 1970, in: HA Bbk, N-2/00011, S. 14.
[46] Eigene Übersetzung: Aufsatz Emminger, Practical difficulties of balance of payments adjustment, Reprint from: Essays in honour of Thorkil Kristensen, OECD, Paris 1970, in: HA Bbk, N-2/00011, S. 14.

Grunddaten der amerikanischen Zahlungsbilanz

Mrd US-Dollar

Position	Jahresdurchschnitt 1960–67	1968	1969	1970	1971
1. Handelsbilanz	+ 5,0	+ 0,6	+ 0,7	+ 2,1	− 2,9
2. Leistungsbilanz	+ 3,2	− 0,4	− 0,9	+ 0,4	− 2,8
3. Langfristige Kapitalbewegungen	− 4,4	− 1,0	− 2,0	− 3,5	− 6,5
4. Grundbilanz	− 1,2	− 1,3	− 2,9	+ 3,0	− 9,3
5. Kurzfristige Kapitalbewegungen (einschl. Restposten der Zahlungsbilanz)	− 0,7	+ 3,0	+ 5,6	− 7,7	− 21,2
darunter: Veränderung der kurzfristigen Auslandsposition der amerikanischen Geschäftsbanken	**1)** (+ 0,5)	(+ 3,7)	(+ 7,8)	(− 7,4)	(− 9,1)
6. Gesamtbilanz					
a) Offizielle Reservetransaktionen	− 1,9	+ 1,6	+ 2,7	**3)** − 10,7	**3)** − 30,5
b) Liquiditätsbilanz **2)**	− 2,9	− 1,6	− 6,1	**3)** − 4,7	**3)** − 22,7

Quelle: Survey of Current Business; OECD. – **1** Jahresdurchschnitt 1961 bis 1967. – **2** Veränderungen der Währungsreserven und der liquiden Netto-Verbindlichkeiten gegenüber dem Ausland. – **3** Ohne Berücksichtigung folgender Zuteilungen von Sonderziehungsrechten: 1970 rd. 0,9 Mrd Dollar; 1971 rd. 0,7 Mrd Dollar.

Quelle: Deutsche Bundesbank (Hrsg.), Geschäftsbericht 1971, S. 32

Aushöhlung deutscher Stabilitätspolitik durch Kapitalzuflüsse

Die inflationären Effekte der US-Wirtschaftspolitik auf Deutschland liefen den geldpolitischen Intentionen der Bundesbank zuwider. Diese zielte im Jahr 1970 „in erster Linie darauf, eine weitere Minderung des Geldwertes nach Möglichkeit zu verhindern."[47] Die Verbraucherpreise waren zwischen 1969 und 1970 in Deutschland von 2,7% auf 3,8% hochgeschnellt und hatten auch in den anderen Ländern deutlich zugelegt.[48] Die Inflation zeichnete sich somit als neue Hauptgefahr für das Weltwährungssystem ab.[49] Die Bundesbank bemühte sich, diesem Preisauftrieb durch eine restriktive Geldpolitik entgegenzuwirken.[50] Sie musste

47 Deutsche Bundesbank (Hrsg.), Geschäftsbericht 1970, S. 1.
48 Vgl. Deutsche Bundesbank (Hrsg.) Geschäftsbericht 1970, S. 12.
49 Vgl. Deutsche Bundesbank (Hrsg.) Geschäftsbericht 1970, S. 30.
50 Vgl. 309. Sitzung des Zentralbankrats der Deutschen Bundesbank in Frankfurt a. M., 6. 3. 1970, in: HA Bbk, B330/5876/1.

allerdings rasch feststellen, dass ihr Versuch durch die hohen Kapital- und Geldströme behindert und sogar unterlaufen wurde. Die Verschlechterung der Zahlungsbilanz und die Lockerung der Geldpolitik in den USA wirkten sich direkt auf den Geldmarkt in Deutschland aus. Es kam zu massiven Devisenzuflüssen in die Bundesrepublik. Wie Otmar Emminger ausführte, flossen 1970 aus dem Ausland ca. 14,5 Mrd. D-Mark kurzfristige Gelder an deutsche Unternehmen; dies war die Hälfte der gesamten Kreditvergabe der deutschen Banken, die im selben Jahr bei 29 Mrd. D-Mark lag.[51] Der Kapitalzufluss erhöhte in Deutschland die Liquidität, ohne dass die Bundesbank dagegen vorgehen konnte, da die Herkunft dieser Geldmittel außerhalb ihres Befugnisbereichs lag. Otmar Emminger kommentierte: „Die ausländischen Geldmärkte […] sind auch eine Art Ersatz-Notenbank geworden."[52] Im zweiten Halbjahr 1970 stieg die Brisanz des Problems weiter an. Der Zentralbankrat beschloss am 1. Juli 1970 eine Erhöhung der Mindestreserven mit dem Ziel, die zusätzliche Liquidität der Devisenzuflüsse abzuschöpfen.[53] In den folgenden Monaten diskutierte der Zentralbankrat nahezu in jeder Sitzung die verhängnisvollen Konsequenzen der Kapitalströme und verschärfte laufend seine kreditpolitische Abwehr.[54]

Die Bundesbank erkannte in diesem Zusammenspiel verschiedener Kräfte, dem hohen US-Zahlungsbilanzdefizit, den intensiven Kapitalströmen und der Zunahme der Inflation, ein wesentliches Risiko für die nationale wie auch die globale Währungsordnung. Für Bundesbankpräsident Klasen war es „eine der zentralen Herausforderungen", wie man „inmitten einer inflationären Weltwirtschaft eine angemessene, inländische Stabilität bewahren"[55] könnte. Gleichzeitig stellte die Bundesbank die Frage, ob der Anstieg der weltweiten Inflation nicht auch auf einen Funktionsfehler des Währungsystems verweise.[56]

Folgen für die Wechselkurspolitik

Für die Bundesbank war der Fokus auf Inflation und Stabilität des bundesdeutschen Geldsystems ausschlaggebend für ihre Wechselkurspolitik. Als entscheiden-

[51] Vgl. Vortrag Emminger, Zur Problematik der internationalen Geld- und Kapitalbewegungen, 16. Kreditpolitische Tagung der Zeitschrift für das gesamte Kreditwesen, 5. 11. 1970, in: HA Bbk, N-2/00012, S. 16.

[52] Vortrag Emminger, Zur Problematik der internationalen Geld- und Kapitalbewegungen, 16. Kreditpolitische Tagung der Zeitschrift für das gesamte Kreditwesen, 5. 11. 1970, in: HA Bbk, N-2/00012, S. 16.

[53] Vgl. 317. Sitzung des Zentralbankrats der Deutschen Bundesbank in Frankfurt a. M., 1. 7. 1970, in: HA Bbk, B330/5880/1.

[54] So zum Beispiel am 12. 8. 1970, als der Zentralbankrat eine allgemeine Zuwachsreserve – eine Mindestreserve auf alle zusätzlichen Verbindlichkeiten eines Kreditinstituts – beschloss; vgl. 319. Sitzung des Zentralbankrats der Deutschen Bundesbank in Frankfurt a. M., 12. 8. 1970, in: HA Bbk, 5881/1.

[55] Eigene Übersetzung: Remarks by President Klasen at the Meeting of the American Bankers Association in Hot Springs, Virginia, 20. 5. 1970, in: HA Bbk, B330/6987, S. 3.

[56] Vgl. Deutsche Bundesbank (Hrsg.), Geschäftsbericht 1970, S. 30.

der Faktor für die inflationären Effekte der Kapitalströme galten ihr die festen Wechselkurse. Sie war aufgrund des Bretton Woods-Systems verpflichtet, die nach Deutschland fließenden Devisen zu einem fixen Kurswert aufzukaufen und dafür D-Mark in den Wirtschaftskreislauf zu geben, wodurch Geldmenge und Inflation anstiegen. Dieses Phänomen wurde als „importierte Inflation" bezeichnet.[57] Im Geschäftsbericht des Jahres 1970 stellte die Bundesbank fest, dass ihre nationale Geldpolitik durch die Anforderungen des internationalen Währungssystems beeinträchtigt war.[58] Sie analysierte das Problem unter Berücksichtigung der Theorie des so genannten „währungspolitischen Dreiecks."[59] Dieses besagte, dass nationale Währungsbehörden von drei Zielsetzungen – Realisierung einer autonomen Geldpolitik, Beachtung von festen Wechselkursen und Aufrechterhaltung eines liberalen Kapitalverkehrs – maximal zwei verfolgen könnten. Um die Kapitalzuflüsse und deren inflationäre Einflüsse aufhalten zu können, müsste man eines der Ziele verwerfen. Dafür war die Bundesbank jedoch nicht bereit. So war etwa die Einschränkung des freien Kapitalverkehrs aus ihrer Sicht keine Lösung, sondern wäre „ein Rückschritt gewesen, der im Hinblick auf die wünschenswerte Integration der nationalen Kapitalmärkte [...] nicht in Betracht gezogen worden ist." Die Einhaltung fester Wechselkurse sei der Bundesrepublik durch internationale Verträge und durch die Bemühung um eine engere europäische Integration „zwingend" vorgegeben.[60] Der Verlust der geldpolitischen Autonomie hätte zur Folge gehabt, sich der Wirtschaftspolitik der USA zu unterwerfen. Auch diese Option wurde kategorisch ausgeschlossen.

Da die Bundesbank jedoch de facto mit der Einschränkung ihrer Geld- und Kreditpolitik konfrontiert war, musste sie einen Ausweg aus der Zwangslage suchen. Die Debatte um das internationale Währungssystem bot dazu die Chance. Sie eröffnete die Möglichkeit, einen der drei Eckpunkte des „währungspolitischen Dreiecks" anzupassen, nämlich die festen Wechselkurse. Die Bundesbank stellte folglich in ihrem Geschäftsbericht die Überlegung an, ob nicht „den störenden Schwankungen im kurzfristigen Kapitalverkehr vielleicht durch eine kontrollierte Auflockerung im Wechselkursgefüge besser beizukommen wäre."[61] Dies erschien ihr als die attraktivste Lösung. Sie könnte einen freien und unbeschränkten Kapitalverkehr gewährleisten und gleichzeitig die Handlungsfähigkeit der internen Geldpolitik wiederherstellen.

[57] Zum Phänomen der „importierten Inflation" in der Bundesrepublik Deutschland, vgl. Emminger, Deutsche Geld- und Währungspolitik im Spannungsfeld, S. 485–554.

[58] Vgl. Deutsche Bundesbank (Hrsg.), Geschäftsbericht 1970, S. 22.

[59] Deutsche Bundesbank (Hrsg.), Geschäftsbericht 1970, S. 22. Mit diesem Begriff bezog sich die Bundesbank auf das theoretische „Impossible Trinity"-Modell von John Marcus Fleming und Robert Mundell aus den Jahren 1962/1963, das einen Zielkonflikt zwischen den drei währungspolitischen Prinzipien „Autonomie der nationalen Geldpolitik", „feste Wechselkurse", und „freier Kapitalverkehr" proklamierte.

[60] Für beide Zitate: Geschäftsbericht der Deutschen Bundesbank 1970, S. 22.

[61] Deutsche Bundesbank (Hrsg.) Geschäftsbericht 1970, S. 41.

Diese Position vertrat insbesondere Bundesbankvizepräsident Otmar Emminger. Er befürwortete vorbehaltlos eine Auflockerung des Systems und setzte sich für die Erweiterung der Bandbreiten, für häufigere Anpassungen der Wechselkurse sowie die Möglichkeit ein, Währungen temporär floaten zu lassen.[62] In diesem Vorgehen ging er mit den Amerikanern weitgehend konform. Bei einem Treffen mit dem Vorsitzenden des amerikanischen Council of Economic Advisors, Paul McCracken, stimmten beide überein, das IWF-Abkommen insofern zu ändern, um „unter besonderen Umständen und Bedingungen Ausnahmen von den bisherigen starren Vorschriften (evtl. auf eine begrenzte Zeit) zu gestatten."[63] In den Debatten des Zentralbankrats unterstützte eine Mehrheit der Diskussionsteilnehmer die Position Emmingers.[64] Otto Pfleiderer (1904–1989), Landeszentralbankpräsident von Baden-Württemberg, erhoffte, durch die Erweiterung der Bandbreiten „etwas größere Bewegungsfreiheit für die Stabilitätspolitik zu erhalten."[65] Auch Carl Wagenhöfer, Präsident der bayerischen Landeszentralbank, forderte aufgrund gleicher Überlegungen, dass sich die Bundesrepublik in den internationalen Verhandlungen stärker und klarer zugunsten einer Auflockerung positionieren sollte.[66]

Trotz dieser zustimmenden Stellungnahmen ließ die Bundesbank als Institution einen eindeutigen Standpunkt zur Reform des Währungssystems vermissen. In ihrem Geschäftsbericht fanden sich Argumente sowohl für als auch gegen eine Anpassung. So konstatierte sie einerseits, dass feste Wechselkurse „zwingend"[67] vorgeben waren, andererseits spekulierte sie über die Vorteile einer „Auflockerung im Wechselkursgefüge".[68] Diese Ambivalenz lag auch in der Haltung ihres Präsidenten Karl Klasen begründet, der im Gegensatz zu Emminger und anderen Ratsmitgliedern von der Bedeutung fester Wechselkursen als Garanten der Stabilität der internationalen Wirtschaftsordnung überzeugt war.[69] In einer Debatte im Komitee der EWG-Zentralbanken im Mai 1970 formulierte Klasen seine „Vorbehalte gegenüber der Nützlichkeit einer größeren Flexibilität"[70] des Währungssystems.

[62] Vgl. 314. Sitzung des Zentralbankrats der Deutschen Bundesbank in Berlin, 13. 5. 1970, in: HA Bbk, B330/5878/2; vgl. auch: Aufsatz Emminger, Practical difficulties of balance of payments adjustment, Reprint from: Essays in honour of Thorkil Kristensen, OECD, Paris 1970, in: HA Bbk, N-2/00011, S. 6; vgl. zudem: Brief Emminger an Samuel Brittan (Financial Editor Bracken House), 7. 8. 1970, in: HA Bbk, N-2/00078.

[63] Brief Emminger an Schöllhorn, 17. 4. 1970, in: HA Bbk, N-2/00079.

[64] Vgl. 314. Sitzung des Zentralbankrats der Deutschen Bundesbank in Berlin, 13. 5. 1970, in: HA Bbk, B330/5878/2

[65] 314. Sitzung des Zentralbankrats der Deutschen Bundesbank in Berlin, 13. 5. 1970, in: HA Bbk, B330/5878/2, TOP 8.

[66] Vgl. 314. Sitzung des Zentralbankrats der Deutschen Bundesbank in Berlin, 13. 5. 1970, in: HA Bbk, B330/5878/2, TOP 8.

[67] Deutsche Bundesbank (Hrsg.), Geschäftsbericht 1970, S. 22.

[68] Deutsche Bundesbank (Hrsg.), Geschäftsbericht 1970, S. 41.

[69] Vgl. Brief Klasen an Ludwig Leitz, 18. 8. 1971, in: HA Bbk, B330/8394.

[70] Eigene Übersetzung: Procès-Verbal de la 39 séance du comité des gouverneurs des banques centrales des Etats membres de la Communauté Economique Européenne, tenue à Bâle, 11. 5. 1970, in: ECB Archives, S. 11.

Als ihn der Präsident des Komitees darauf ansprach, dass er damit der Position des deutschen Vertreters in den Verhandlungen der „Gruppe der Zehn" widerspräche, antwortete Klasen, er habe „seine persönliche Meinung über ein Problem bekundet [...], über das in Deutschland immer noch diskutiert wird und über das die Positionen noch nicht abgestimmt sind."[71]

Die Preisstabilität war der Fixpunkt der Bundesbank, auch in Wechselkursfragen. Als die Zentralbank im Jahr 1970 mit immer stärkeren Kapitalzuflüssen kämpfen musste, bildete sich ein Gegensatz heraus zwischen der Gewährleistung stabiler Preise im Inland und der Aufrechterhaltung fester Wechselkurse in den Außenbeziehungen. In der Folge tendierte der Zentralbankrat dazu, das Prinzip der festen Wechselkurse zu hinterfragen. Allerdings bestand keine Einigkeit unter den Bundesbankern. Vizepräsident Emminger plädierte für die Auflockerung, Präsident Klasen hielt dagegen am Wechselkurssystem fest. Es zeichnete sich ein Dissens ab, der die Diskussionen über Wechselkurspolitik der Zentralbank in den folgenden Jahren maßgeblich beherrschen sollte.

1.4. Synthese

Währungskrisen, zunehmende Kapitalströme und ein Vertrauensverlust in den Dollar stellten in der Zeitspanne von 1968 bis 1970 die Stabilität der internationalen Währungsbeziehungen und die Funktionsfähigkeit des Bretton Woods-Systems in Frage. Die ursprünglichen Bestimmungen des IWF-Abkommens, feste Wechselkurse zu garantieren, griffen nicht mehr. In Verhandlungen des IWF versuchten die Mitgliedsländer, Alternativen zu finden, scheiterten jedoch an grundsätzlichen Meinungsverschiedenheiten.

Diese wurden im Handeln der deutschen und französischen Zentralbanken offenkundig. Beide betrachteten das Wechselkurssystem von Bretton Woods aus verschiedenen Perspektiven und unter der Maßgabe landesspezifischer Prioritäten. Für die Banque de France waren fixe Wechselkurse der fundamentale und richtungsweisende Orientierungspunkt ihrer Geld- und Währungspolitik. Sie war fest entschlossen, die Aufrechterhaltung des Wechselkurssystems mit allen Mitteln zu verteidigen. Daher rührte auch ihre vehemente Ablehnung der Bestrebungen im IWF, die Wechselkurse aufzulockern. Die Bundesbank beurteilte die Wechselkurse dagegen stets im Verhältnis zu ihrem Ziel der internen Preisstabilität. Wechselkurse hatten für sie eine zweitrangige Bedeutung und konnten zur Disposition gestellt werden. Sie nahm die Reformdebatten als Chance wahr, die Malaise der inflationären Kapitalzuflüsse zu beheben und ihrer Geld- und Kreditpolitik neue Handlungsfähigkeit zu verschaffen.

[71] Eigene Übersetzung: Procès-Verbal de la 39 séance du comité des gouverneurs des banques centrales des Etats membres de la Communauté Economique Européenne, tenue à Bâle, 11. 5. 1970, in: ECB Archives, S. 12.

Diese unterschiedlichen Positionen der Banque de France und der Bundesbank prägten die IWF-Verhandlungen über die Reform des Währungssystems und zogen sich durch die Phase der Auflösung des festen Wechselkurssystems von Bretton Woods im ersten Drittel der 1970er Jahre.

2. Dollarkrisen

Mehrere Krisen erschütterten 1971 das internationale Währungssystem. Im Mai ging die Bundesrepublik Deutschland zu flexiblen Wechselkursen über und brach für eine längere Zeit aus dem System der festen Wechselkurse aus. Im August kündigte US-Präsident Richard Nixon die Goldbindung des Dollars auf und brachte damit den Grundpfeiler der Währungsordnung von Bretton Woods ins Wanken. Auch wenn auf der Smithsonian-Konferenz in Washington am 17. und 18. Dezember 1971 das System noch einmal stabilisiert werden konnte, kündigten die Vorgänge einen grundsätzlichen Wandel in der internationalen Währungsbeziehungen an.

Für die Bundesbank und die Banque de France waren beide Ereignisse im Mai und August 1971 von einschneidender Bedeutung. Vor der Freigabe des D-Mark-Kurses flossen so viele Devisen wie nie zuvor nach Deutschland und setzten die Geldpolitik der Bundesbank völlig außer Kraft. Die Freigabe der Goldbindung im August war insbesondere für die Banque de France ein Schock; denn sie machte plötzlich den Richtwert ihrer Geld- und Währungspolitik obsolet. Die Rahmenbedingungen für die Politik der beiden Zentralbanken veränderten sich rasant und forderten eine Reaktion.

Die nachfolgenden Ausführungen widmen sich den Fragen, wie die Banque de France und die Bundesbank die Krisen wahrnahmen, sie beurteilten und welchen Handlungsbedarf sie für ihre Geld- und Währungspolitik daraus ableiteten. Insbesondere werden die Konzepte, Strategien und Mentalitäten der französischen und deutschen Zentralbanken bezüglich der internationalen Währungspolitik beleuchtet.

2.1. Vertrauensverlust in den Dollar – die Währungspolitik der USA unter Präsident Nixon

Im Mittelpunkt der Ereignisse standen die USA und der US-Dollar. In den Jahren 1970 und 1971 ergriff eine Zahlungsbilanz- und Vertrauenskrise den Dollar und übertrug sich rasch auf das gesamte Währungssystem. Die Probleme gingen auf zwei zentrale Ursachen zurück, einerseits auf die ungünstige Entwicklung der US-Wirtschaft, andererseits auf die isolationistische Wirtschaftspolitik der US-Regierung.

Die Zahlungsbilanz der USA verschlechterte sich Anfang der 1970er Jahre dramatisch. 1970 stieg das Defizit auf 9,8 Mrd. Dollar und ein Jahr später, 1971, sogar auf ca. 31 Mrd. Dollar.[72] Bereits in den 1960er Jahren hatten die enormen Staatsausgaben zur Finanzierung des Vietnamkrieges sowie zugunsten des „Great Society"-Programms von Präsident Lyndon B. Johnson (1908–1973) den Leistungsbilanzüberschuss der USA schrittweise verringert und 1968 erstmals ins Negative verkehrt.[73] Nur erhöhte Kapitalimporte hatten die Zahlungsbilanz noch stabilisieren können. Dies änderte sich jedoch 1970 mit einem Politikwechsel der Federal Reserve. Um die Konjunktur zu stützen und anzukurbeln, lockerte die Zentralbank im Frühjahr ihre Geldpolitik und senkte die Leitzinsen, von 9% im Januar 1970 auf ca. 4,9% im Dezember.[74] In der Folge drehten sich die Kapitalströme um. In den ersten neun Monaten 1971 floss kurzfristiges Kapital in Höhe von 23 Mrd. Dollar aus den USA ab, so viel wie der gesamte Kapitalabfluss der Jahre 1960–1969.[75] Die Zinsunterschiede trugen dazu bei, aber auch Spekulationen auf eine Abwertung des Dollars bzw. auf eine weitere Verschlechterung der Zahlungsbilanz.

Deren Verfall und der Vertrauensverlust in den Dollar verstärkte sich durch die Neuausrichtung der Wirtschafts- und Währungspolitik von Präsident Richard Nixon. Er schlug einen isolationistischen Kurs ein und stellte die nationalen, amerikanischen Interessen in den Mittelpunkt.[76] Im Oktober 1969 warnte der Präsident der Federal Reserve, William McChesney Martin (1906–1998), noch vor dem Risiko eines hohen Zahlungsbilanzdefizits, des Vertrauensschwunds und einer potentiellen Krise des Währungssystems.[77] Doch Nixon wollte hiervon nichts hören. Er verkündete im März 1970: „Ich will mit internationalen Währungsangelegenheiten nicht behelligt werden [...] und ich brauche in der Zukunft keine Berichte über internationale Währungsangelegenheiten mehr zu sehen."[78] Seine Sorgen konzentrierten sich vornehmlich auf innenpolitische bzw. binnenwirtschaftliche Probleme, besonders als 1970 eine Rezession einsetzte. In Wirklichkeit bangte er jedoch um seine Gunst bei den Wählern, standen doch 1972 erneut Präsidentschaftswahlen an. Daher forcierte er eine expansive Fiskal- und Geldpolitik und setzte die FED unter Druck, um die Zinssätze niedrig zu halten und die Geldmenge auszuweiten.[79] Probleme der internationalen Wirtschafts- und Währungsbeziehungen sollten die nationalen Ziele nicht behindern. Nixon ging sogar auf

72 Vgl. Meltzer, U.S. Policy in the Bretton Woods Era, S. 75.
73 Vgl. James, International Monetary Cooperation, S. 207–209.
74 Vgl. Bordo/Humpage, Federal Reserve Policy, S. 19.
75 Vgl. Meltzer, U.S. Policy in the Bretton Woods Era, S. 78.
76 Vgl. James, International Monetary Cooperation, S. 210, 217.
77 Vgl. Letter from the Chairman of the Board of Governors of the Federal Reserve System (Martin) to Secretary of the Treasury Kennedy, Nr. 29, 21. 10. 1979, in: Foreign Relations of the United States, 1969–1976, Vol. 3, Foreign Economic Policy, International Monetary Policy, 1969–1972, S. 76–78.
78 Zitiert bei: Editorial Note zu Memorandum von Richard Nixon, Nr. 38, 2. 3. 1970. in: Foreign Relations of the United States, 1969–1976, Vol. 3, Foreign Economic Policy, International Monetary Policy, 1969–1972, S. 95.
79 Vgl. Burton, How Richard Nixon pressured Arthur Burns; vgl. auch: Hetzel, The Monetary Policy, S. 80 f.

Konfrontationskurs mit den Partnerländern und folgte seinen Beratern, die empfahlen, dass die USA sich gegen die zunehmende wirtschaftliche Konkurrenz aus Europa und Japan wehren müsse.[80] Damit schlug die US-Währungspolitik den Kurs des so genannten ‚benign neglect' ein, einer freundlichen Nicht-Beachtung. In einem Vermerk des US-Finanzministeriums von Mai 1971 zur amerikanischen Strategie in den internationalen Währungsbeziehungen hieß es: Man solle die Währungskrisen in Europa sich entfalten lassen, ohne von Seiten der USA einzugreifen; denn ihr Hauptziel sei, „Nutzen aus der gegenwärtigen Krise zu ziehen, um eine dauerhafte Verbesserung der US-Zahlungsbilanzposition zu erreichen."[81] Am prägnantesten brachte US-Finanzminister John Connally (1917–1993) den währungspolitischen Isolationismus der USA mit der Formel zum Ausdruck: „Der Dollar mag unsere Währung sein, aber er ist euer Problem."[82]

2.2. Maikrise 1971 – Herausforderungen für die Bundesbank

Die Wirtschaftspolitik Nixons und das hohe US-Zahlungsbilanzdefizit hatten schwerwiegende Folgen für das internationale Währungssystem. Die Zinssätze und Preisniveaus zwischen den USA und Europa drifteten auseinander. Gleichzeitig verloren Investoren ihr Vertrauen in den Dollar und legten ihr Kapital in sicheren Währungen wie der D-Mark an. Europäische Banken wiederum versuchten, die hohen Zinssätze der Heimat zu umgehen und nahmen Kredite auf dem Eurodollar-Markt auf.[83] Alle diese Phänomene verursachten enorme Kapitalbewegungen, die insbesondere Deutschland trafen. Alleine zwischen Januar und April 1971 flossen ca. 3 Mrd. Dollar in die Bundesrepublik, und Anfang Mai 1971 stiegen die Kapitalzuflüsse nur innerhalb weniger Tage um weitere 2 Mrd. Dollar an. Im Vergleich dazu waren im gesamten Jahr 1970 gerade einmal 6 Mrd. Dollar nach Deutschland geströmt.[84] Die extremen Summen führten die Handlungsfähigkeit der Bundesbank an ihre Grenzen. Liquidität und Geldmenge schossen unkontrolliert in die Höhe. Die Bundesbank bezeichnete die Devisenzuflüsse als „wahre Springflut",[85] die ihrer Geldpolitik „zeitweilig jede Erfolgschance"[86] raubte. Für die Bundesbank stellte sich angesichts der akuten Notlage drängender denn je die Frage, wie sie die Preisstabilität in Deutschland sicherstellen, die Geldmärkte vor

[80] Vgl. CIEP Study Memorandum No. 1, Nr. 55, 8. 3. 1971, in: Foreign Relations of the United States, 1969–1976, Vol. 3, Foreign Economic Policy, International Monetary Policy, 1969–1972, S. 132 f.; vgl. auch: Nichter, Richard Nixon and Europe, S. 42 f.

[81] Eigene Übersetzung: Paper Prepared in the Department of the Treasury, Contigency, 8. 5. 1971, Nr. 152 in: Foreign Relations of the United States, 1969–1976, Vol. III, Foreign Economic Policy; International Monetary Policy, 1969–1972, S. 423.

[82] Zitiert bei: James, Harold, International Monetary Cooperation, S. 210.

[83] Vgl. Solomon, International Monetary System, S. 176–178.

[84] Vgl. Deutsche Bundesbank (Hrsg.), Monatsbericht Mai 1971, S. 8.

[85] Deutsche Bundesbank (Hrsg.), Geschäftsbericht 1971, S. 30.

[86] Deutsche Bundesbank (Hrsg.), Geschäftsbericht 1971, S. 1.

den Kapitalzuflüssen schützen und die Handlungsfähigkeit ihrer Geld- und Kreditpolitik wiederherstellen konnte.

Dilemma – interne vs. externe Ziele

Die gewaltigen Devisenzuflüsse im Mai 1971 konfrontierten die Bundesbank einmal mehr mit der Schwierigkeit, ihre internen geldpolitischen Zielsetzungen mit den Bedingungen des internationalen Währungssystems zu vereinbaren. So heißt es im Geschäftsbericht des Jahres 1971: „Die Politik der Bundesbank war im abgelaufenen Jahr weithin dem Konflikt zwischen binnenwirtschaftlicher und außenwirtschaftlicher Zielsetzung ausgesetzt."[87] Preise und Inflation befanden sich seit Anfang des Jahres im Auftrieb und erforderten eine restriktive Geldpolitik und hohe Zinsen. Aber nach wie vor hatte die Bundesbank keinen Weg gefunden, ihre Stabilitätspolitik gegen nachteilige Einflüsse aus dem Ausland abzusichern. In den USA fielen die Zinsen mit der Folge, dass die Kapitalzuflüsse nach Deutschland weiter zunahmen. Die Währungsreserven der Bundesbank stiegen kontinuierlich an, im März um 4,2 Mrd. D-Mark,[88] und in den ersten drei Wochen des April um 3 Mrd. D-Mark.[89]

Bis zum Mai versuchte die Bundesbank, durch Anpassung ihrer Geldpolitik, insbesondere durch eine Verringerung des Zinsunterschieds zu den USA, gegenzusteuern. Otmar Emminger warb im Zentralbankrat Ende März 1971 mit Nachdruck dafür, die Zinssätze in Deutschland zu senken. Seiner Meinung nach waren hohe Zinsen für die Geldpolitik der Bundesbank „self-defeating",[90] da sie sowohl Kapital anzogen und damit die Liquidität der deutschen Banken und Unternehmen erhöhten als auch Spekulationen beförderten und damit das Vertrauen in den Dollar weiter untergruben. Der Zentralbankrat entschied folglich, den Diskontsatz sowie den Lombardsatz um einen Prozentpunkt herabzusetzen.[91] Dieser Beschluss war aber nicht unumstritten. Otto Pfleiderer monierte: „Das Dilemma zwischen außenwirtschaftlichen und binnenwirtschaftlichen Erfordernissen [...] durch einen Zinsabbau im Inland lösen zu wollen, sei der falsche Weg. Eine Beschleunigung der monetären Expansion und eine weitere Beeinträchtigung der Geldwertstabilität seien die unausweichliche Folge."[92] Er legte mit dieser Aussage seinen Finger in die offene Wunde der Bundesbankpolitik. Sie konnte ihre restrik-

[87] Deutsche Bundesbank (Hrsg.), Geschäftsbericht 1971, S. 15.
[88] Vgl. 335. Sitzung des Zentralbankrats der Deutschen Bundesbank in Frankfurt a. M., 31. 3. 1971, in: HA Bbk, B330/6157/1, TOP 4.
[89] Vgl. 336. Sitzung des Zentralbankrats der Deutschen Bundesbank in Frankfurt a. M., 21. 4. 1971, in: HA Bbk, B330/6157/2, TOP 4.
[90] 335. Sitzung des Zentralbankrats der Deutschen Bundesbank in Frankfurt a. M., 31. 3. 1971, in: HA Bbk, B330/6157/1, TOP 4.
[91] Vgl. 335. Sitzung des Zentralbankrats der Deutschen Bundesbank in Frankfurt a. M., 31. 3. 1971, in: HA Bbk, B330/6157/1.
[92] 335. Sitzung des Zentralbankrats der Deutschen Bundesbank in Frankfurt a. M., 31. 3. 1971, in: HA Bbk, B330/6157/1, TOP 5.

tive Geldpolitik im Inland nicht lockern, um den Kapitalzufluss aus dem Ausland zu dämpfen, ohne gleichzeitig die binnenwirtschaftlichen Faktoren der Inflation zu stimulieren. Tatsächlich musste der Zentralbankrat in der darauffolgenden Sitzung zugeben, dass sich die Liquiditätslage auf den deutschen Märkten nur geringfügig gebessert habe und die Bundesbank effektiv „keine Kontrolle über die Kreditschöpfungsmöglichkeit des Bankenapparates und die Ausweitung des Geldvolumens“[93] habe.

Die Bundesbank sah sich durch diese Entwicklung vor eine Zwangslage gestellt. Eine alleinige Anpassung der Zinssätze half nicht gegen den Devisenzustrom. Die amerikanische Geldpolitik blieb weiterhin expansiv und unterminierte damit die deutsche Geldpolitik. Emminger schrieb im Rückblick an Arthur Burns, den Präsidenten der US-Federal Reserve: „Als wir sahen, dass unser Versuch, die Zinssatzdifferenz zu überbrücken, indem wir am 31. März den Diskontsatz auf 5% reduzierten, keinen Effekt auf den Zufluss hatte, verzweifelten wir ziemlich. Von Mitte April an hatten wir das Gefühl, die Kontrolle über unsere einheimische Geldlage komplett verloren zu haben.“[94]

Ursachen: Verflechtung und Interdependenz

Die unmittelbare Ursache für die Kapitalflüsse und für die Aushöhlung ihrer Geldpolitik sah die Bundesbank im Unvermögen der US-Politik. In einem Positionspapier für Bundesfinanzminister Alex Möller (1903–1985) machte sie das erhebliche US-Zahlungsbilanzdefizit sowie die hohen Zinsunterschiede zwischen USA und Europa für die Kapitalbewegungen verantwortlich.[95] Die US-Behörden müssten ihre Fehlbeträge abbauen und dürften nicht von den europäischen Staaten verlangen, dass diese alleine die Bürde des Zahlungsbilanz-Ungleichgewichts trügen. Ebenso wünschte sie, dass die USA ihren Anteil übernähmen, die Zinsdifferenzen auszugleichen. Die Bundesrepublik habe bereits Schritte unternommen, nun könne man auch von den USA erwarten, dass sie sich für die Stabilität des internationalen Währungssystems einsetzten.[96] Die gleiche Meinung vertrat auch Otmar Emminger in einem öffentlichen Interview der Zeitschrift „Euromoney“.[97] Er verwies darauf, dass „amerikanische Politik in hohem Maße die Schaffung internatio-

[93] 336. Sitzung des Zentralbankrats der Deutschen Bundesbank in Frankfurt a. M., 21. 4. 1971, in: HA Bbk, B330/6157/2, TOP 2.

[94] Brief, Emminger an Burns, 4. 6. 1971, in: HA Bbk, N-2/00080, S. 2.

[95] Vgl. Stellungnahme der Bundesbank zu einigen wesentlichen, das Verhältnis Bundesrepublik – USA berührenden Währungsfragen, für Herrn Bundesfinanzminister Möller, streng vertraulich, 30. 3. 1971, in: HA Bbk, B330/9941.

[96] Vgl. Stellungnahme der Bundesbank zu einigen wesentlichen, das Verhältnis Bundesrepublik – USA berührenden Währungsfragen, für Herrn Bundesfinanzminister Möller, streng vertraulich, 30. 3. 1971, in: HA Bbk, B330/9941, S. 2 f.

[97] Interview Emminger, Short Term Capital Flows – A Threat to International Equilibrium?, in Euromoney, May 1971, in: HA Bbk, N-2/00013.

naler Liquidität bestimmt."[98] Daher sei es in erster Linie die Aufgabe der US-Politik, die Kapitalflucht aus ihrem Land aufzuhalten und ihre Zahlungsbilanz in Ordnung zu bringen.[99]

Dieses Thema stellte für die deutschen Zentralbanker gleichwohl nur einen Teilaspekt der währungspolitischen Schwierigkeiten dar. Sie betrachteten die Vorgänge des Frühjahrs 1971 in einem größeren Kontext und sahen in ihnen nicht nur eine Krise ihrer eigenen Geldpolitik oder eine punktuelle Abhängigkeit vom Dollar, sondern einen Wendepunkt in der Entwicklung des globalen Wirtschaftssystems. Die enormen Kapitalbewegungen resultierten ihrer Ansicht nach aus einem fundamentalen Wandel der ökonomischen Strukturen. Internationale Kapitalmärkte dominierten zunehmend die wirtschaftlichen und monetären Entwicklungen der einzelnen Volkswirtschaften. Geldmärkte bildeten keine national abgeschotteten Räume mehr, die sich durch einzelstaatliche Kreditpolitik steuern ließen. Bundesbankpräsident Klasen erklärte auf der Internationalen Bankenkonferenz im Mai 1971: „Wir werden in der Bewältigung der gefährlichen Ströme von kurzfristigen Geldern niemals erfolgreich sein, wenn wir uns nicht bewusst werden, dass die Ausdehnung des Welthandels, die Verflechtung nationaler Volkswirtschaften, und die Herausbildung großer globaler Firmen eine Wandlung der grundlegenden Bedingungen des Wirtschaftslebens verursacht hat."[100] Die Konsequenzen dieser weltwirtschaftlichen Abhängigkeiten erkannte die Bundesbank in den Aktivitäten der Unternehmen und Banken. Carl Wagenhöfer, bayerischer LZB-Präsident, berichtete in einem Vortrag von der steigenden „Neigung sowohl der Kreditinstitute als auch der Wirtschaftsunternehmen, sich im Ausland zusätzlich zu verschulden."[101] Im Jahr 1970 hätten deutsche Unternehmen Kredite im Ausland in Höhe von 16 Mrd. D-Mark aufgenommen, deutsche Banken in Höhe von 8 Mrd. D-Mark.[102] Das Verhalten der deutschen Marktakteure spiegelte die Aktivitäten der Banken auf amerikanischer Seite wider. Dort hatten in den Jahren 1968 und 1969 die US-Banken in einer Epoche der restriktiven Kreditpolitik der FED anderweitige Finanzierungsmöglichkeiten gesucht und waren im Ausland fündig geworden. Sie hatten sich in den beiden Jahren bei ausländischen Kreditinstituten mit ca. 14 Mrd. Dollar verschuldet, einer Geldmenge, die in den Jahren

[98] Eigene Übersetzung: Interview Emminger, Short Term Capital Flows – A Threat to International Equilibrium?, in Euromoney, May 1971, in: HA Bbk, N-2/00013, S. 7.

[99] Vgl. Interview Emminger, Short Term Capital Flows – A Threat to International Equilibrium?, in Euromoney, May 1971, in: HA Bbk, N-2/00013, S. 8.

[100] Vortrag Karl Klasen, Key Issues in Monetary and Credit Policy, International Banking Conference München, 28. 5. 1971, in: HA Bbk, N-2/000414, S. 4.

[101] Rede Carl Wagenhöfer (Präsident LZB Bayern), Diskussionsbeitrag zum Thema „Internationale Liquidität und Konjunkturpolitik (bzw. Geldpolitik)", Ifo-Institut, 21. 6. 1971, in: HA Bbk, B330/8392, S. 4.

[102] Vgl. Rede Carl Wagenhöfer (Präsident LZB Bayern), Diskussionsbeitrag zum Thema „Internationale Liquidität und Konjunkturpolitik (bzw. Geldpolitik)", Ifo-Institut, 21. 6. 1971, in: HA Bbk, B330/8392, S. 4.

1970 und 1971 aufgrund der Lockerung der US-Geldpolitik durch die Rückzahlung der Schulden nach Europa zurückfloss.[103]

Die internationalen Aktivitäten der Banken reflektierten eine nachhaltige und tiefgreifende Veränderung des weltweiten Finanzsystems. Bereits Anfang der 1960er Jahre hatten amerikanische Banken ihre Geschäfte nach Europa ausgeweitet und dort erste Auslandsfilialen errichtetet. Ende der 1960er und zu Beginn der 1970er Jahre beschleunigte sich die Durchdringung des europäischen Finanzmarktes noch weiter. In den zehn Jahren zwischen 1965 und 1975 stieg die Anzahl der US-Filialen in Europa von 43 auf 166.[104] Diese schätzten den europäischen Markt als attraktive Chance, restriktiven Regulierungen der US-Behörden zu entkommen. Der entstehende internationale Eurodollar-Markt, auf dem US-Dollar außerhalb der USA gehandelt wurden und der somit keinen Vorschriften, etwa Mindestreserven, unterworfen war, schien dafür der ideale Platz.[105] Auch die deutschen Banken sahen bald den Eurodollar-Markt als geeignete Plattform, ihre Bankgeschäfte auszudehnen und zu internationalisieren. Dresdner Bank, Commerzbank und Deutsche Bank schufen zwischen 1967 und 1970 Zweigstellen in Luxemburg, wo sie ungestört von den Auflagen der Bundesbank ihre internationalen Aktivitäten betreiben konnten.[106]

Diese Entwicklung des internationalen Finanzsystems stellte für die Bundesbank eine neue Herausforderung dar. Die Rahmenbedingungen für ihre Geld- und Währungspolitik hatten sich gewandelt. Otmar Emminger kommentierte: „Die Welt, in der wir währungspolitisch heute leben – mit dem riesigen Eurogeldmarkt, den multinationalen Gesellschaften und der Internationalisierung des ganzen Bankwesens auf der einen Seite, unseren Verpflichtungen und Bindungen gegenüber der EWG auf der anderen Seite – ist sehr verschieden von der Welt von gestern."[107] Die hohen Kapitalströme waren ein Ausdruck dieses Wandels, für den man neue Strategien finden musste.

Obwohl sich die Bundesbank bei der Einschätzung des Problems und bei der Analyse des Sachverhalts einig war, blieb ihre Reaktion auf die Herausforderung, wie man auf die Bedrohung durch das US-Kapital sowie auf den Strukturwandel der Finanzwirtschaft reagieren sollte, alles andere als eindeutig.

Dissens über die Lösungsansätze

Nachdem sich die Zinsanpassungen als erfolglos herausgestellt hatten, suchte die Bundesbank nach neuen Lösungen für das Problem der Kapitalbewegungen. Die

103 Vgl. Deutsche Bundesbank (Hrsg.), Geschäftsbericht 1971, S. 33; vgl. auch: Solomon, International Monetary System, S. 104–108.
104 Vgl. Hartkopf, Das internationale Bankgeschäft, S. 35.
105 Vgl. Sylla, The Breakdown of Bretton Woods, S. 85–87.
106 Vgl. Hartkopf, Das internationale Bankgeschäft, S. 36 f.
107 Vortrag Emminger, Die internationale Währungslage und die Währungskrise, auf der International Banking Conference in München, 25. 5. 1971, in: HA Bbk N-2/00013, S. 11 f.

Meinungen über die richtige Methode für eine effektive außenwirtschaftliche Absicherung gingen innerhalb der Bundesbank allerdings stark auseinander. Sollte man den Kapitalverkehr einer direkten Kontrolle unterwerfen und damit den Devisenzufluss stoppen, oder sollte man eher die Interventionspflicht der Zentralbank für eine gewisse Zeitspanne aufheben und den DM-Wechselkurs temporär floaten lassen? Die unterschiedlichen Standpunkte, die sich bereits in der Diskussion um die Reform des internationalen Währungssystems 1970 aufgetan hatten, wurden in dieser Situation wieder virulent.

Auf der einen Seite stand Bundesbankpräsident Karl Klasen. Er forderte die Einführung einer administrativen Kontrolle der Kapitalimporte gemäß § 23 des Außenwirtschaftsgesetzes (AWG).[108] Er hielt dieses Instrument für das geeignetste. Es sei „ein verhältnismäßig einfaches bestehendes deutsches Gesetz"[109] und verspreche einen schnellen und wirksamen Schutz.[110] Demgegenüber wollte Klasen eine Freigabe der Wechselkurse aus zwei Gründen unbedingt vermeiden. Erstens würde die Bundesrepublik damit gegen internationale Verträge verstoßen, deren Einhaltung für Deutschland bindend und insbesondere in Anbetracht seiner starken Exportwirtschaft unverzichtbar war.[111] Klasen stellte klar: „Die Erfüllung vertraglicher Verpflichtungen gegenüber den Partnerländern müsse den Vorrang haben."[112] Dies galt sowohl für die EWG, in der ein Floaten der D-Mark die Weiterentwicklung der Währungsintegration unterbrechen und einer Annäherung der Geldpolitik unter den Partnerländern erschweren würde, als auch für das internationale Währungssystem, von dem Klasen befürchtete, dass eine einseitige Aktion Deutschlands es „in Wanken bringen"[113] würde. Die internationale Zusammenarbeit war darüber hinaus ein persönliches Anliegen Klasens. In einem privaten Brief an den Unternehmer Ludwig Leitz[114] schrieb er: „immerhin haben wir dem von vielen Wissenschaftlern und anderen ‚klugen' Leuten so sehr geschmähten System von Bretton Woods nicht nur die weltwirtschaftliche Grundlage des Wiederaufbaus vieler Länder nach dem zweiten Weltkrieg, sondern zudem den ungeheuren Aufschwung des internationalen Handels und damit die immense Wohlstandssteigerung der westlichen Welt im letzten Vierteljahrhundert zu ver-

108 Vgl. Wirtschafts- und währungspolitische Chronologie, Tagebuchähnliche Aufzeichnungen von Viktor von der Lippe über Entwicklungen der Wirtschafts-, Währungs- und Geldpolitik, Bd. 3 1971, 30. 4. 1971, in: HA Bbk, B330/6916/1.

109 Ansprache von Bundesbankpräsident Dr. Klasen auf der öffentlichen Tagung des Vereins Deutscher Maschinenbau-Anstalten (VDMA), 11. 5. 1971, in: BArch, B126/33455, S. 10.

110 Vgl. 337. Sitzung des Zentralbankrats der Deutschen Bundesbank in Frankfurt a. M., 5. 5. 1971, in: HA Bbk, B330/6158/1, TOP 2.

111 Vgl. Brief, Klasen an Werner Schirmer (Vorstand Schiffbau und Maschinenfabrik), 23. 8. 1971, in: HA Bbk, B330/8402.

112 337. Sitzung des Zentralbankrats der Deutschen Bundesbank in Frankfurt a. M., 5. 5. 1971, in: HA Bbk, B330/6158/1, TOP 2.

113 337. Sitzung des Zentralbankrats der Deutschen Bundesbank in Frankfurt a. M., 5. 5. 1971, in: HA Bbk, B330/6158/1, TOP 2.

114 Ludwig Leitz (1907–1992): Leiter der wissenschaftlichen Abteilung und Geschäftsführer der Leitz-Werke.

danken. Es ist modisch geworden, das zu vergessen; was an mir liegt, so werde ich alles tun um zu verhindern, daß diese Leistungen weiterhin so sehr in den Hintergrund gedrückt werden."[115] Für Klasen kam nicht in Betracht, diese Errungenschaften aufzugeben oder auch nur zu vernachlässigen, um einen größeren Stabilitätseffekt zugunsten des internen Preisniveaus zu erreichen. Ein solches Verhalten hielt er für „einfach skandalös."[116] Ein zweites Argument gegen die Wechselkurs-Freigabe betraf die drohende Aufwertung der D-Mark. Klasen argwöhnte, dass im Fall des Floatings die freien Marktkräfte den DM-Kurs zur Aufwertung drängen würden mit gravierenden Nachteilen für die deutsche Wirtschaft.[117] Teurere Exporte würden die Unternehmen schwer treffen und die Konjunktur und die Beschäftigungslage auf Spiel setzen.[118] Im Zentralbankrat artikulierte er seine Sorge: „Ich habe [...] das Gefühl, dass wir uns auf einen Pfad begeben, eine Rezession herbeizuführen, wo später nichts kompensiert werden kann: das ist die Verstümmelung unserer Exportindustrie."[119] Ferner warnte er vor außenpolitischen Konsequenzen und dem Widerstand der EWG-Partnerländer; denn eine unilaterale Aufwertung auf deutscher Seite könnte dazu führen, die Kapitalflüsse und Spekulationen auf andere Länder abzuleiten und dort Inflationsschübe auszulösen.[120] Seine Mahnungen gipfelten in dem drastischen historischen Vergleich: ein „Alleingang der Bundesrepublik [wäre] ‚ein neuer Einmarsch in Belgien'!"[121]

Klasens Vizepräsident, Otmar Emminger, widersprach und vertrat eine gegensätzliche Position. Er plädierte vehement für die Aufgabe der Interventionspflicht und für eine zeitweilige Freigabe des Wechselkurses. Er hielt diese Maßnahmen für den einzig zielführenden Weg, um die Devisenzuflüsse nach Deutschland wirksam zu begrenzen und eine effektive Geld- und Kreditpolitik zu ermöglichen. Kapitalverkehrskontrollen würden nur die Symptome behandeln und nichts gegen

[115] Brief Klasen an Ludwig Leitz, 18. 8. 1971, in: HA Bbk, B330/8394. – Dieser Aspekt spiegelte sich auch in der Haltung Klasens zum transatlantischen Verhältnis mit den USA wider, das er als wesentliche Grundlage für eine funktionfähige, liberale Weltordnung ansah; vgl. Brief Klasen an Arthur Burns, 9. 11. 1972, in: Gerald R. Ford Library, Arthur F. Burns Papers, Box K21.

[116] Ansprache von Bundesbankpräsident Dr. Klasen auf der öffentlichen Tagung des Vereins Deutscher Maschinenbau-Anstalten (VDMA), 11. 5. 1971, in: BArch, B126/33455, S. 8.

[117] Vgl. Wirtschafts- und währungspolitische Chronologie, Tagebuchähnliche Aufzeichnungen von Viktor von der Lippe über Entwicklungen der Wirtschafts-, Währungs- und Geldpolitik, Bd. 3 1971, 30. 4. 1971, in: HA Bbk, B330/6916-1.

[118] Vgl. Ansprache von Bundesbankpräsident Dr. Klasen auf der öffentlichen Tagung des Vereins Deutscher Maschinenbau-Anstalten (VDMA), 11. 5. 1971, in: BArch, B126/33455, S. 7.

[119] Wortprotokoll, 349. Sitzung des Zentralbankrats der Deutschen Bundesbank in Frankfurt a. M., 13. 10. 1971, in: HA Bbk, HA Bbk, B330/6164/3.

[120] Vgl. Wirtschafts- und währungspolitische Chronologie, Tagebuchähnliche Aufzeichnungen von Viktor von der Lippe über Entwicklungen der Wirtschafts-, Währungs- und Geldpolitik, Bd. 3 1971, 30. 4. 1971, in: HA Bbk, B330/6916-1.

[121] Wirtschafts- und währungspolitische Chronologie, Tagebuchähnliche Aufzeichnungen von Viktor von der Lippe über Entwicklungen der Wirtschafts-, Währungs- und Geldpolitik, Bd. 3 1971, 4. 5. 1971, in: HA Bbk, B330/6916-1.

die eigentlichen Ursachen der Kapitalströme ausrichten. Man müsse erkennen, dass das aktuelle Währungssystem von einem „ausgeprägten Mißtrauen gegenüber dem Dollar“[122] durchdrungen war und nicht zu erwarten sei, dass diese grundlegenden Probleme schnell verschwinden würden. Ein Rückgriff auf Kapitalverkehrskontrollen nach § 23 AWG berge das Risiko, „alle paar Monate in eine neue Devisenkrise“[123] zu geraten. Emminger zog die Schlussfolgerung: „Wir müssen heraus und müssen dem Spiel, das die übermächtigen Gewalten mit uns treiben, eine gewisse Autonomie entgegensetzen. Wir müssen uns also freischwimmen. Ein Freischwimmen würde für mich darin bestehen, daß wir vorübergehend die Ankaufspflicht suspendieren.“[124] In dieser Haltung wurde er von einer internen Studie der volkswirtschaftlichen Abteilung der Bundesbank gestützt. Sie verglich drei verschiedene Methoden der außenwirtschaftlichen Absicherung, die Einrichtung eines geteilten Devisenmarkts, die Einführung von Kapitalverkehrskontrollen nach § 23 AWG und die Freigabe des Wechselkurses und kam zum Ergebnis, dass „vom währungspolitischen Standpunkt aus [...] eine zeitweilige Aussetzung der Interventionspflicht der Bundesbank die am meisten effektive Lösung“[125] sei. Die Bundesbank wäre nicht mehr gezwungen, alle einfließenden Devisen zu einem bestimmten Kurs aufkaufen und dafür D-Mark in den Markt geben zu müssen. Der inflationäre Effekt der Kapitalzuströme wäre erheblich reduziert. Außerdem würde das freie Spiel von Angebot und Nachfrage der Devisen das Kursrisiko für die Marktteilnehmer erhöhen und von vornherein die Anreize für Kapitalbewegungen verringern.[126] Die Freigabe des Wechselkurses war für Emminger und die volkswirtschaftliche Abteilung der Bundesbank demnach der einzig marktkonforme Weg, auf dem die monetäre Lage Deutschlands wirklich verbessert werden konnte.

In der entscheidenden Sitzung des Zentralbankrates am 5. Mai 1971 spitzte sich die Diskussion zu. In Anbetracht der riesigen Dollarzuflüsse hatte Bundeswirtschaftsminister Karl Schiller die Schließung der Devisenbörsen angeordnet, und Bundesbank sowie Bundesregierung waren im Zugzwang, eine Entscheidung über die außenwirtschaftliche Absicherung zu treffen. In Anwesenheit des Wirtschaftsministers wogen die Ratsmitglieder das Für und Wider beider Maßnahmen, § 23 AWG bzw. Wechselkurs-Freigabe, ab und schlossen sich in ihren Begründungen

122 337. Sitzung des Zentralbankrats der Deutschen Bundesbank in Frankfurt a. M., 5. 5. 1971, in: HA Bbk, B330/6158/1, TOP 2.

123 Wortprotokoll, 337. Sitzung des Zentralbankrats der Deutschen Bundesbank in Frankfurt a. M., 5. 5. 1971, in: HA Bbk, B330/6158/1, TOP 2.

124 Wortprotokoll, 337. Sitzung des Zentralbankrats der Deutschen Bundesbank in Frankfurt a. M., 5. 5. 1971, in: HA Bbk, B330/6158/1, TOP 2.

125 Vermerk, Deutsche Bundesbank, Abteilung Vs (Volkswirtschaft), Das Für und Wider einzelner Maßnahmen zur außenwirtschaftlichen Absicherung, 29. 4. 1971, in: HA Bbk, B330/6158/1, S. 7.

126 Vgl. Vermerk, Deutsche Bundesbank, Abteilung Vs (Volkswirtschaft), Das Für und Wider einzelner Maßnahmen zur außenwirtschaftlichen Absicherung, 29. 4. 1971, in: HA Bbk, B330/6158/1, S. 7–9.

jeweils den von Klasen und Emminger vorgezeichneten Positionen an. Johannes Tüngeler, zuständiges Direktoriumsmitglied für den Devisenhandel, folgte in der Forderung nach Kapitalverkehrskontrollen Klasen und mahnte, dass eine floatende D-Mark „für die deutsche Exportwirtschaft ein kaum zumutbares Opfer“[127] sei und überdies das Bestehen des internationalen Währungssystems von Bretton Woods ernsthaft gefährdete. Dagegen stellte sich Heinrich Irmler, der im Direktorium für die Bereiche Volkswirtschaft und Statistik verantwortlich war, auf die Seite Emmingers und unterstrich, dass die Bundesbank nur durch die Loslösung von den festen Wechselkurs-Beziehungen eine reelle Chance habe, den inländischen Geldschöpfungsprozess wieder wirkungsvoll zu beeinflussen und eine restriktive Kreditpolitik zu betreiben.[128] Wirtschaftsminister Schiller empfahl dem Zentralbankrat ebenfalls die temporäre Freigabe des Wechselkurses. Er befürwortete sie als die marktwirtschaftlich angemessene Maßnahme und lehnte die Anwendung des § 23 AWG als „lückenhaft und ordnungspolitisch bedenklich“[129] ab.

In der Abstimmung sprach sich die Mehrheit des Zentralbankrats jedoch für den Vorschlag von Bundesbankpräsident Klasen aus. Mit 11 zu 7 Stimmen votierten die Ratsmitglieder für eine Einführung der Kapitalverkehrskontrollen nach § 23 AWG.[130] Das Ergebnis stellte ein Bekenntnis der Bundesbank zum festen Wechselkurssystem, zu den Verpflichtungen der internationalen Verträge und zur Methode der Kapitalverkehrskontrollen dar. Sie positionierte sich damit eindeutig gegen die darauffolgende Entscheidung der Bundesregierung, in Rückgriff auf ihre politische Kompetenz in außenwirtschaftlichen Fragen, doch die zeitweilige Freigabe des Wechselkurses für die Bundesrepublik zu beschließen.

Für und Wider der Wechselkursfreigabe

Die Debatte um die Freigabe der Wechselkurse im Mai 1971 offenbarte eine Vielfalt an Motivationen, mit der die Zentralbanker ihre währungspolitischen Positionen begründeten. Vier Kategorien lassen sich feststellen: währungstheoretische Auffassungen, ideologische Überzeugungen, außenpolitische Motive und wirtschaftliche Interessen.

Währungs- bzw. wirtschaftstheoretische Beweggründe wurden insbesondere von den Befürwortern des Floatings vorgebracht. Sie rechtfertigten eine Wechselkurs-Freigabe mit der ökonomischen Notwendigkeit, die Kontrolle über den Geldschöpfungsprozess, die Liquidität der Banken und die Inflation zurückzugewin-

[127] 337. Sitzung des Zentralbankrats der Deutschen Bundesbank in Frankfurt a. M., 5. 5. 1971, in: HA Bbk, B330/6158/1, TOP 2.
[128] Vgl. 337. Sitzung des Zentralbankrats der Deutschen Bundesbank in Frankfurt a. M., 5. 5. 1971, in: HA Bbk, B330/6158/1, TOP 2.
[129] 337. Sitzung des Zentralbankrats der Deutschen Bundesbank in Frankfurt a. M., 5. 5. 1971, in: HA Bbk, B330/6158/1, TOP 2.
[130] Vgl. 337. Sitzung des Zentralbankrats der Deutschen Bundesbank in Frankfurt a. M., 5. 5. 1971, in: HA Bbk, B330/6158/1, TOP 2.

nen. Heinrich Irmler erklärte in einem Vermerk an den Zentralbankrat: „Bei Abwägung des Für und Wider der einzelnen Möglichkeiten komme ich zu dem Ergebnis, daß unter rein ökonomischen Aspekten die zeitweise Entbindung der Bundesbank von der Devisenankaufspflicht den meisten Erfolg verspricht."[131] Auch für Emminger stand an erster Stelle, die Bundesbank wieder handlungsfähig zu machen. Dazu müsse der Preismechanismus der Wechselkurse einen Ausgleich zwischen den weltweiten Zinssätzen bilden. Die administrative Überwachung des Kapitalverkehrs hingegen würde nicht die grundlegenden Ursachen für die Kapitalströme ausräumen.[132] Dass die Freigabe aus ökonomischer Sicht die richtige Entscheidung war, wiederholte Emminger einige Monate später: die Wechselkursfreigabe habe „die Aussichten für eine Wiedergewinnung der inneren Stabilität entscheidend verbessert."[133] Die Bundesbank habe in den Monaten nach dem Floating 12 Mrd. DM vom Markt schöpfen und damit die Kontrolle über die Liquiditätslage wiedererlangen können.[134]

Auch ideologische Gesichtspunkte spielten auf beiden Seiten eine gewichtige Rolle. Die Befürworter des Floatings sahen in den Kapitalverkehrskontrollen dirigistische Methoden und Instrumente, die der marktwirtschaftlichen Ordnung der Bundesrepublik zuwiderliefen. Das Bundeswirtschaftsministerium rügte einen Vorschlag der Bundesbank zur Realisierung von Kapitalverkehrskontrollen: „Hierbei handelt es sich um dirigistische Eingriffe in den Kapitalverkehr selbst. [...] Derartige Eingriffe bewegen sich nicht mehr im marktwirtschaftlichen Ordnungsrahmen."[135] Otmar Emminger schloss sich dem an. In einem Brief an den Chefredakteur des „Wirtschaftsdienstes" erklärte er, dass die kurzfristige Schließung der Devisenbörsen zwischen 5. und 10. Mai sehr nützlich war, „die Entscheidung für eine Kursfreigabe und gegen einen Devisendirigismus in Bonn und Brüssel herbeizuführen."[136] Andererseits verwahrten sich die Anhänger des § 23 AWG gegen den Vorwurf des Dirigismus. Karl Klasen schrieb, dass er in dem Instrument der Kapitalverkehrskontrollen keine dirigistische Maßnahme sehe. Es „würde sich um einen bloßen Ordnungsschutz handeln" und das „ist ja gerade das Typische der

131 Heinrich Irmler an Zentralbankrat, Vorbereitung zu Frage der außenwirtschaftlichen Absicherung, 30. 4. 1971, in: HA Bbk, B330/6158/1, S. 1.

132 Vgl. Wortprotokoll, 337. Sitzung des Zentralbankrats der Deutschen Bundesbank in Frankfurt a. M., 5. 5. 1971, in: HA Bbk, B330/6158/1, TOP 2.

133 Vortrag Otmar Emminger, Aktuelle Fragen der Währungspolitik, Ausführungen von Otmar Emminger, Vizepräsident der Deutschen Bundesbank, vor dem Bayerischen Raiffeisentag, 15. 7. 1971, in: BArch, B126/33455, S. 9.

134 Vgl. Vortrag Otmar Emminger, Aktuelle Fragen der Währungspolitik, Ausführungen von Otmar Emminger, Vizepräsident der Deutschen Bundesbank, vor dem Bayerischen Raiffeisentag, 15. 7. 1971, in: BArch, B126/33455, S. 9.

135 Vermerk, Bundesfinanzministerium für Wirtschafte und Finanzen, Abteilung W/V A 4, Betreff: Maßnahmen zur Eindämmung unerwünschter Kapitalimporte, hier: Anwendung des § 23 AWG, Bezug: 1. Vorschlag der Deutschen Bundesbank in ihrem Schreiben vom 7. Juni 1971, 9. 6. 1971, in: BArch, B126/37724, S. 1.

136 Emminger an Dietrich Kebschull, 4. 6. 1971 (Chefredakteur Wirtschaftsdienst), in: HA Bbk, N-2/00080, S. 2.

‚sozialen' Marktwirtschaft, daß der ‚freien' wirtschaftlichen Entwicklung gewisse Grenzen gesetzt werden."[137] Auch Carl Wagenhöfer, der Präsident der bayerischen Landeszentralbank, bekräftigte die marktwirtschaftliche Legitimität der Kontrollen und stellte zum Vorwurf des Dirigismus nur trocken fest: „Da wir Deutschen dazu neigen, in ‚ismen' zu denken und auch aus Sachfragen Weltanschauungsprobleme zu machen, haben schon damals die Bundesregierung mit Professor Erhard und im Zentralbankrat Präsident Blessing in einer Devisenbannwirtschaft einen sträflichen ‚Dirigismus' gesehen."[138]

Außerdem nahmen außenpolitische Beweggründe breiten Raum in der Argumentation der Bundesbank ein. Nahezu alle Ratsmitglieder, die für eine Einführung des § 23 AWG stimmten, begründeten ihre Wahl mit den Verpflichtungen Deutschlands im internationalen Währungssystem und insbesondere in der Europäischen Gemeinschaft. So befürchtete Direktoriumsmitglied Bernhard Benning, dass die Freigabe „das gegenwärtige Währungssystem der westlichen Welt in Frage stelle."[139] Es sei dringend angebracht, gemeinsam mit den europäischen Partnerländern eine Lösung zu erarbeiten. Leonhard Gleske, Präsident der LZB Bremen, plädierte ebenfalls für ein kooperatives Vorgehen innerhalb der EWG. Er stellte sogar in Zweifel, „ob wir mit einer Maßnahme, die die Entwicklung zu einer Währungsgemeinschaft in Europa behindert, uns nicht längerfristig mehr in unserem Stabilitätsziel behindern."[140] Am energischsten vertrat Bundesbankpräsident Klasen die außenpolitische Perspektive. Für ihn war die starke Verflechtung der internationalen Wirtschaft der Hauptgrund, noch intensiver zusammenzuarbeiten. In seinem Vortrag auf der International Banking Conference in München im Mai 1971 hob er hervor: „Angesichts der gegenwärtigen engen Verzahnung der nationalen Volkswirtschaften müssen Zentralbanken realisieren, dass sie nicht alleine Stabilität herstellen können. Sie müssen enger zusammenarbeiten."[141] Er führte weiter aus: „wenn Zentralbanken in einem Geist, der weniger durch nationalen Egoismus inspiriert wäre, kooperierten, würden sie bemerken, dass ihre Autorität als Gemeinschaft zunehmen würde."[142] Es war der Geist der Kooperation, den Klasen in die Debatte um die Wechselkursfreigabe im Mai trug. Ein isoliertes Vorgehen würde seiner Ansicht nach der Bundesrepublik schaden und sie im internationalen Wettbewerb schwächen. Der Pressesprecher Klasens notierte am

[137] Brief Klasen an Günter Henle, 24. 11. 1971, in: HA Bbk, B330/8386.

[138] Rede Carl Wagenhöfer (Präsident LZB Bayern), Diskussionsbeitrag zum Thema „Internationale Liquidität und Konjunkturpolitik (bzw. Geldpolitik)", Ifo-Institut, 21. 6. 1971, in: HA Bbk, B330/8392, S. 3.

[139] 337. Sitzung des Zentralbankrats der Deutschen Bundesbank in Frankfurt a. M., 5. 5. 1971, in: HA Bbk, B330/6158/1, TOP 2.

[140] Wortprotokoll, 337. Sitzung des Zentralbankrats der Deutschen Bundesbank in Frankfurt a. M., 5. 5. 1971, in: HA Bbk, B330/6158/1, TOP 2.

[141] Vortrag Karl Klasen, Key Issues in Monetary and Credit Policy, International Banking Conference München, 28. 5. 1971, in: HA Bbk, N-2/000414, S. 5.

[142] Vortrag Karl Klasen, Key Issues in Monetary and Credit Policy, International Banking Conference München, 28. 5. 1971, in: HA Bbk, N-2/000414, S. 5.

10. Mai 1971, einen Tag nach der Sitzung des EWG-Ministerrats und der Bekanntgabe des deutschen Floatings: „Klasen gesprächsweise: ‚Erschreckender Schwund der deutschen Glaubwürdigkeit. Bundesbank muss Pol der Glaubwürdigkeit bleiben! [...] Mit USA verhandeln, mit EWG verhandeln, nur gemeinsam handeln'."[143]

Zuletzt beeinflussten auch wirtschaftliche Interessen die Entscheidungsfindung im Zentralbankrat. Viele Ratsmitglieder lehnten das Floating aus dem Grund ab, dass es eine Aufwertung und eine damit einhergehende Zusatzbelastung für deutsche Unternehmen bedeute. Wilhelm Rahmsdorf, Präsident der LZB in Niedersachsen, behauptete in der Sitzung des Zentralbankrats am 5. Mai: „Eine Freigabe des Wechselkurses der D-Mark sei [...] de facto eine Aufwertung, die der Exportwirtschaft, die bereits jetzt infolge der beträchtlichen Kostensteigerungen einige Auslandsmärkte der ausländischen Konkurrenz überlassen müsse, nicht zuzumuten sei."[144] Als sich im Laufe des Jahres 1971 tatsächlich eine Aufwertung der D-Mark einstellte, warnte Karl Klasen in einem Vortrag vor dem Übersee-Club in Hamburg, dass die Kursänderung zu extrem sei und der Exportwirtschaft erhebliche Wettbewerbsnachteile drohten: „Verlorene Märkte können kaum zurückgewonnen werden. Deshalb müssen wir von dem zu hohen Aufwertungssatz herunterkommen."[145] Bei Karl Klasen standen hinter seinem Eintreten für die Interessen der Industrie auch persönliche Kontakte mit Unternehmensvertretern, die seine Wahrnehmung beeinflussten. Er pflegte umfangreiche Korrespondenzen mit Firmeninhabern und Branchenvertretern und kommentierte in einem Brief an Ludwig Leitz: „Wie Sie wissen, habe ich für diese Seite der wirtschaftlichen Entwicklung durchaus ein feines Gehör und kann so gottlob die Zahlenwelt der Statistik immer wieder zurechtrücken."[146]

Zwischenfazit

Die Maikrise war für die Bundesbank ein tiefer Einschnitt. Sie bedrohte ihre Handlungsfähigkeit und ihr Streben nach Preisstabilität. Sie zeigte erneut die Grenzen deutscher Geldpolitik innerhalb des festen Wechselkurssystems von Bretton Woods auf und verdeutlichte ihr Dilemma, zwischen internen und externen Zielen, zwischen der Stabilität der Preise und der Wechselkurse abwägen zu müssen.

Während die Notlage und der Handlungsbedarf unbestritten waren, nahmen jedoch die Richtungsstreitigkeiten innerhalb der Bundesbank an Fahrt auf. Es

143 Wirtschafts- und währungspolitische Chronologie, Tagebuchähnliche Aufzeichnungen von Viktor von der Lippe über Entwicklungen der Wirtschafts-, Währungs- und Geldpolitik, Bd. 3 1971, 10. 5. 1971, in: HA Bbk, B330/6916-1.

144 337. Sitzung des Zentralbankrats der Deutschen Bundesbank in Frankfurt a. M., 5. 5. 1971, in: HA Bbk, B330/6158/1, TOP 2.

145 Vortrag des Präsidenten der Deutschen Bundesbank, Dr. Karl Klasen, vor dem Übersee-Club, Hamburg, Aktuelle Probleme der Währungspolitik, 1. 11. 1971, in: BArch, B126/37709, S. 9.

146 Brief Klasen an Ludwig Leitz, 18. 8. 1971, in: HA Bbk, B330/8394.

wurden zwei verschiedene Modelle präferiert, einerseits die Einführung von Kapitalverkehrskontrollen und die Aufrechterhaltung der festen Wechselkurse, andererseits eine Freigabe der Wechselkurse. In diesem Dissens traten unterschiedliche Prioritäten und Intentionen der deutschen Zentralbanker zutage. Karl Klasen vertrat den Vorrang internationaler Kooperation und die außenpolitische Perspektive von Geld- und Währungspolitik; ein isoliertes Handeln konnte aus seiner Sicht in einer globalen Wirtschaft keinen Erfolg haben. Dagegen war Otmar Emminger der Meinung, dass die neuen Formen der Weltwirtschaft neue währungspolitische Strategien, unter anderem eine Loslösung von internationalen Verpflichtungen und eine flexiblere Handhabung der Wechselkurse erforderten. Er stellte die ökonomischen Aspekte in den Mittelpunkt seiner Argumentation

Letztlich schloss sich der Zentralbankrat in seiner Mehrheit der Position Klasens an und bestätigte damit die Vorherrschaft der außenpolitischen Zielrichtung deutscher Geld- und Währungspolitik. Anders als die Bundesregierung, die am 9. Mai die Empfehlung der Zentralbank negierte und entschied, den DM-Wechselkurs floaten zu lassen, positionierte sich die Bundesbank als Verteidigerin des festen Wechselkurssystems. Gleichzeitig machten sich neue Strömungen innerhalb der Notenbank bemerkbar. Die relativ knappe Abstimmung im Zentralbankrat über das Floating zeigte, dass auch anders gelagertes Denken in der Bundesbank vorhanden war. Es kündigte sich eine allmähliche Trendwende an.

2.3. Der „Nixon-Schock" vom 15. August 1971 – Frankreichs Krisenmoment

Während die Dollarkrise im Mai 1971 in erster Linie die Bundesrepublik traf und Frankreich weitgehend unberührt ließ, entwickelte sich im Sommer 1971 eine neue Krisensituation, die diesmal vor allem in Frankreich große Sorgen und hektische Reaktionen auslöste. Am 15. August 1971 beschloss der amerikanische Präsident Richard Nixon, die Goldbindung des Dollars aufzuheben und eine 10-prozentige Zusatzabgabe auf alle Importe in die USA einzuführen. Diese Auflösung der Dollar-Gold-Verbindung, die als so genannter „Nixon-Schock" in die Geschichte einging, war gleichbedeutend mit einem Floating der US-Währung. Sie stellte eine Abkehr von den Bretton Woods-Vereinbarungen dar, denen zufolge ein an Gold gebundener Dollar als Ankerwährung für die globalen Währungsbeziehungen fungierte.

Dieser Entscheidung war eine Zuspitzung der internationalen Währungsprobleme vorangegangen. Die Bundesrepublik hatte sich durch das temporäre Floating der D-Mark zwar vom krisengeschüttelten Währungssystem abkoppeln können. Aber die Vertrauenskrise in den Dollar war nicht abgeebbt. Das Zahlungsbilanzdefizit der USA hatte stattdessen weiter zugenommen, und immer mehr Kapital war aus den USA geflüchtet. Andere Länder waren in den Fokus der internationalen Anleger und Spekulanten geraten. Im Juni verzeichneten insbesondere Japan und die Schweiz hohe Kapitalzuflüsse. Im Juli wandte sich das spekulative Kapital

Frankreich zu.[147] Infolge von Gerüchten über eine mögliche Aufwertung des Franc flossen in der zweiten Hälfte des Juli 1971 beträchtliche Devisen-Summen in die französische Währung.[148] Am 6. August 1971 veröffentlichte der US-Kongress einen Bericht, in dem er eine Abwertung des Dollars empfahl, woraufhin eine neue Fluchtwelle ins Ausland einsetzte. Allein am 12. und 13. August mussten internationale Zentralbanken über 1 Mrd. US-Dollar aufkaufen.[149] Die Entscheidung Nixons, die Goldkonvertibilität des Dollars außer Kraft zu setzen, bildete den Endpunkt dieser Entwicklung und den Versuch, den Kapitalabfluss aus den USA aufzuhalten.

Wechselkurse in Gefahr

Infragestellung des Wechselkurssystems

Die Banque de France beurteilte die Maßnahmen der Nixon-Regierung als „tiefgründige Umwälzungen“[150] des Währungssystems von Bretton Woods. Sie verunsicherten die Devisenmärkte schwerwiegend und nötigten die einzelnen Länder, ihre Geld- und Währungspolitik neu auszurichten sowie die Gestaltung der internationalen Währungsordnung grundsätzlich zu überdenken.[151] Die Banque sah ihre Prinzipien und Ideale in Frage gestellt; denn die Goldfreigabe berührte den Fixpunkt der französischen Währungspolitik: feste, regelbasierte Wechselkurse und deren Bindung an Gold. Bereits 1970 hatte Olivier Wormser im Zuge der Reformdebatten im IWF die elementare Funktion stabiler und fester Wechselkurse immer wieder hervorgehoben. Nach dem „Nixon-Schock“ bekräftigte er diese Überzeugung in einem Zeitungsbeitrag für „Le Figaro“ am 28./29. August 1971: feste Wechselkurse seien ein Garant für einen soliden und gut funktionierenden Welthandel, eine Verteidigungslinie gegen überzogene Lohnforderungen und Preissteigerungen im Inland und für jede Regierung eine „ständige Erinnerung an die Besonnenheit“.[152] Feste Wechselkurse galten ihm als die vernunftbasierte Lösung für die Probleme der internationalen Wirtschafts- und Währungsbeziehungen. Darum empfand er das Ereignis des 15. August 1971 als solchen Schock; denn es war imstande, das bewährte System auszuhebeln und durch eine Struktur zu ersetzen, die durch chaotische Auf- und Abwertungen und das Recht des Stär-

147 Vgl. Solomon, International Monetary System, S. 181 f.

148 Vgl. ABF, Procès-Verbal, Conseil Général, 15. 7. 1971, S. 528–530; Procès-Verbal, Conseil Général, 22. 7. 1971, S. 542.

149 Vgl. Solomon, International Monetary System, S. 184 f.; James, International Monetary Cooperation, S. 217 f.

150 Eigene Übersetzung: Note DGSE, La crise monétaire internationale, o. D., S. 3, in: ABF, 1495200501/306.

151 Vgl. Note DGSE, La crise monétaire internationale, o. D., S. 3, in: ABF, 1495200501/306.

152 Eigene Übersetzung: Interview Olivier Wormser, Le Figaro, 28./29. 8. 1971, in: ABF, 1069201118/50, S. 2.

keren gekennzeichnet war.[153] Wormser rief auf einem Treffen der G10-Länder im September 1971 zu einer möglichst raschen Lösung der Währungskrise auf. Wenn man nicht innerhalb von fünf bis sechs Monaten zu einem System fester Kurse zurückfände, drohe ein weltweiter Konjunkturabschwung sowie die Verbreitung von Protektionismus und Abschottung.[154] Der französische Finanz- und Wirtschaftsminister Giscard d'Estaing teilte diese Einschätzung. Im Gespräch mit Paul Volcker (1927–2019), Under Secretary des US-Finanzministeriums, beschuldigte er die USA, mit der Goldfreigabe „ein schweres Risiko hinsichtlich der internationalen Währungs- und Handelssystem"[155] eingegangen zu sein. Er warnte vor der Gefahr, dass „eine Rückkehr zu den Praktiken der kompetitiven Abwertungen der 1930er Jahre nicht ausgeschlossen ist."[156] Banque de France und französische Regierung waren sich einig: das System der festen Wechselkurse war der beste Schutz für stabile und gerechte Währungs- und Handelsbeziehungen.

Anti-amerikanische Stoßrichtung

Aus der französischen Reaktion auf die Goldfreigabe sprachen Unzufriedenheit und tiefe Skepsis gegenüber den USA. Die französischen Währungsbehörden sahen sich in ihren Zweifeln bestätigt, die seit den 1960er Jahren und besonders in den Verhandlungen zur Reform des Währungssystems 1969 und 1970 die Beziehung zu den USA geprägt hatten.

In seinem Artikel in „Le Figaro" gab Wormser den Vereinigten Staaten die Schuld für den Ausbruch der Krise. Präsident Nixon habe eine fehlgeleitete Fiskal- und Kreditpolitik verfolgt. Er wollte durch den Aufbau von Staatsschulden und die Ausweitung von Krediten die US-Konjunktur wieder anzukurbeln, sei jedoch gescheitert, da der Dollar-Kurs nicht entsprechend angepasst wurde. Die Anleger verloren daraufhin das Vertrauen in den Dollar, zogen Kapital ab und die Krise nahm ihren Anfang.[157] Die US-Politik wies in den Augen Wormsers einen inhärenten Widerspruch auf. Sie wollte zum einen eine expansive Wirtschafts- und Fiskalpolitik zugunsten der nationalen Konjunktur betreiben, zum anderen aber ihren Wechselkurs, also den Goldpreis des Dollars, unverändert beibehalten. Beide Ziele gleichzeitig zu verfolgen, sei aber nicht möglich gewesen. Wenn die USA weiterhin eine Wirtschaftspolitik nach ihren Vorlieben umsetzen wollten, müssten sie die Bedingung akzeptieren, den Dollar abzuwerten. Sie dürften sich nicht aus

153 Vgl. Interview Olivier Wormser, Le Figaro, 28./29. 8. 1971, in: ABF, 1069201118/50, S. 2.

154 Vgl. Memorandum from the Executive Secretary of the Department of State (Eliot) to the President's Assistant for National Security Affairs (Kissinger), Nr. 178, 24. 9. 1971, in: Foreign Relations of the United States, 1969–1976, Vol. III, Foreign Economic Policy, International Monetary Policy, 1969–1972, S. 499 f.

155 Eigene Übersetzung: Direction du Trésor, Compte-rendu de l'entretien du mardi 17 août 1971 entre M. Giscard d'Estaing et M. Volcker, 17. 8. 1971, in: CAEF, 1A-0000239/2, S. 3

156 Eigene Übersetzung: Direction du Trésor, Compte-rendu de l'entretien du mardi 17 août 1971 entre M. Giscard d'Estaing et M. Volcker, 17. 8. 1971, in: CAEF, 1A-0000239/2, S. 3

157 Vgl. Interview Olivier Wormser, Le Figaro, 28./29. 8. 1971, in: ABF, 1069201118/50, S. 1.

ihrer Verantwortung ziehen. Die Last der Wechselkurs-Anpassungen, also der Auf- oder Abwertungen, könne nicht alleine bei den europäischen Währungen oder beim japanischen Yen liegen. Für Wormser stand fest: „Einen Dollarstandard anzunehmen, ist nicht wünschenswert."[158]

Die Argumentation der Banque de France gegen die US-Politik hatte einerseits eine wirtschaftspolitische, andererseits eine machtpolitische Ausrichtung. Der wirtschaftspolitische Einwand betraf den fehlenden Ausgleich der Zahlungs- und Handelsbilanz der USA. Für die Banque war klar, dass die Vergrößerung des US-Zahlungsdefizits eine der Hauptursachen für den Vertrauensverlust und die Kapitalflucht war. Im Jahresbericht 1971 hieß es: „die amerikanischen Produkte hatten ihre Wettbewerbsfähigkeit verloren; für viele Beobachter [...] war der Dollar offenkundig überbewertet."[159] Die expansive Wirtschaftspolitik im Inneren und das hohe Zahlungsbilanzdefizit habe die übermäßige Verfügbarkeit des US-Dollars und die überbordenden Kapitalströme in der Weltwirtschaft überhaupt erst ermöglicht. Um die Lage auf den internationalen Währungsmärkten zu beruhigen, müssten zuvorderst die USA ihre Außenhandels- und Kapitalbilanz wieder ins Gleichgewicht bringen.[160]

Die machtpolitische Perspektive der französischen Opposition fand in der Wortwahl Ausdruck, mit der die französischen Währungsbehörden die US-Politik bewerteten. In einem Weiterbildungskurs für höhere Bankangestellte umschrieb ein Direktor der Banque de France, Jean Duhamel, das Vorgehen der USA als „Politik des Wirtschaftsimperialismus."[161] Die USA nützten die Stellung des Dollars als Hauptreservewährung aus, um weltweit ihre Interessen durchzusetzen. Der Vize-Direktor der Abteilung für internationale Angelegenheiten im französischen „Trésor", Jacques de Larosière, vermittelte in einem Vortrag im März 1971 die gleiche Botschaft.[162] Die USA profitierten vom Privileg des Dollars, um ihre außenpolitischen Ambitionen voranzutreiben und insbesondere ihre militärischen Projekte zu finanzieren.[163] Die üblichen Beschränkungen, denen andere Länder unterworfen waren, galten für sie nicht. Sie ignorierten die negativen Folgewirkungen ihrer Politik wie Ungleichgewichte und hohe Kapitalflüsse und schoben die Verantwortung hierfür auf die Gläubiger- und Überschussländer ab.[164] Neben

158 Eigene Übersetzung: Interview Olivier Wormser, Le Figaro, 28./29. 8. 1971, in: ABF, 1069201118/50, S. 1.

159 Eigene Übersetzung: Banque de France, Compte Rendu des Opérations 1971 (Rapport annuel), S. 12.

160 Vgl. Banque de France, Compte Rendu des Opérations 1971 (Rapport annuel), S. 24–26.

161 Eigene Übersetzung: Extrait du Cours de M. Duhamel "Monnaie et Marchés de capitaux à court terme", VI Partie, Les communications avec les marchés extérieurs (pour Centre d'études supérieurs de Banque, Année 1970–1971), in: ABF, 1495200501/69, S. 27.

162 Vgl. Jacques de Larosière, La politique du dollar, conférence prononcée à l'Institut des Hautes Etudes de la Défense Nationale, 2. 3. 1971, in: ABF, 1489200402/31.

163 Vgl. Jacques de Larosière, La politique du dollar, conférence prononcée à l'Institut des Hautes Etudes de la Défense Nationale, 2. 3. 1971, in: ABF, 1489200402/31, S. 6 und S. 18.

164 Vgl. Jacques de Larosière, La politique du dollar, conférence prononcée à l'Institut des Hautes Etudes de la Défense Nationale, 2. 3. 1971, in: ABF, 1489200402/31, S. 23 f.

den rein wirtschaftlichen Folgen der Währungskrise war die Position des Dollars und die US-Währungspolitik für Frankreich also auch immer eine Frage der Machtpolitik.

Zwei Optionen für Währungsstabilität

Der geteilte Devisenmarkt: die kurzfristige Reaktion

Im direkten Anschluss an die Verkündigung von Nixon vom 15. August suchte die Banque de France nach Wegen, die unmittelbaren Effekte der Goldfreigabe zu entschärfen. Es stellte sich die Frage, wie man kurzfristig die Märkte beruhigen und die Devisenbörsen, die am 16. August europaweit geschlossen worden waren, wieder eröffnen könnte, ohne dass Spekulationen und krisenhafte Kapitalbewegungen einsetzten.

Die französische Zentralbank und die französische Regierung wählten die Methode eines geteilten Devisenmarkts. Dies bedeutete, dass für den Warenhandel nach wie vor feste Wechselkurse verwendet wurden, dagegen für die Finanzgeschäfte flexible Kurse galten. Die französischen Behörden versuchten damit, einen Modus zu finden, das Prinzip der festen Wechselkurse trotz des weltweiten Floatings beizubehalten, ohne sich jedoch den negativen Folgen von Spekulation und Kapitalflüssen aussetzen zu müssen.[165] Es war nicht die einzige Alternative, auf das Floating des Dollars zu reagieren. Die Bundesbank setzte sich etwa für ein gemeinsames Floating aller EWG-Währungen gegenüber dem Dollar ein und die deutsche Regierung machte im EWG-Währungskomitee und im Finanzministerrat entsprechende Vorschläge.[166] Die französischen Währungsbehörden lehnten jedoch ab.[167] Für sie kam ein solches Prozedere nicht in Frage. Auf einer Sitzung des Conseil Restreint beim französischen Präsidenten am 18. August 1971 erklärten Finanzminister Giscard d'Estaing und Gouverneur Wormser, dass alle anderen Lösungsmöglichkeiten außer der Devisenmarktteilung entweder Nachteile für Frankreich mit sich bringen würden oder unrealistisch seien.[168] Das Akzeptieren eines allgemeinen, weltweiten Floatings hätte bedeutet, sich im Nachhinein den Vorschlägen der USA, die sie in den IWF-Reformdiskussionen vorgebracht hatten, anzuschließen und der schädlichen US-Währungspolitik einen noch größeren

[165] Vgl. Note Trésor (pour le Ministre), Compte-rendu de la réunion du Comité Monétaire du 17 Août 1971, 18. 8. 1971, in: ABF, 1489200205/201, S. 3.

[166] Vgl. 344. Sitzung des Zentralbankrats der Deutschen Bundesbank in Frankfurt a. M., 18. 8. 1971, in: HA Bbk, B330/6162, TOP 2; vgl. auch: Vermerk BMWF (vertraulich), Strategien für den Prozeß der Reform im Weltwährungssystem, 17. 8. 1971, in: BArch, B102/132970.

[167] Abschrift eines Fernschreibens der Ständigen Vertretung der Bundesrepublik Deutschland bei den Europäischen Gemeinschaften, 20. 8. 1971, Betreff: EG-Ratstagung über die internationale Währungslage am 19./20. 8. 1971, in: HA Bbk. N-2/000230, S. 2.

[168] Vgl. Projet de compte rendu du Conseil Restreint du 18 Août 1971, consacré aux problèmes monétaires, 19. 8. 1971, in: AN, 86AJ/132.

Aktionsradius zu gewähren. Dies stand für Frankreich außer Betracht. Für ein europäisches Floating fehlten noch die institutionellen Voraussetzungen, und außerdem würde man Gefahr laufen, sich der monetären Dominanz Deutschlands zu unterwerfen. Wormser betonte: „ein eigenständiges Floating wäre ein Sieg für die Vereinigten Staaten und das Ende des gemeinsamen Agrarmarkts. Ein gemeinsames [europäisches] Floating ist derzeit nicht realisierbar und ruft das Schreckgespenst einer D-Mark-Zone hervor."[169] Im Ausschlussverfahren kamen daher französische Regierung und Banque de France zum Resultat, dass die Einführung eines geteilten Devisenmarktes die bestmögliche Maßnahme darstellte.

Die Banque de France war sich jedoch der Nachteile einer solchen Devisenmarktteilung bewusst und äußerte auf dem Conseil Restreint Vorbehalte wegen der langfristigen Folgen eines solchen Instruments. Sowohl Gouverneur Wormser als auch Sous-Gouverneur Clappier erklärten, dass der geteilte Devisenmarkt allenfalls eine Übergangslösung bilden könnte. Er sei technisch überaus kompliziert und bürokratisch aufwendig und könne nicht für lange Zeit aufrechterhalten werden.[170] Clappier hob hervor: „Er ist wahrscheinlich das kleinere Übel, aber das ist alles."[171] In einem Brief an Gouverneur Wormser hatte der Generalsekretär des Conseil National du Crédit (CNC), Daniel Deguen,[172] ein enger Berater des Gouverneurs und Vermittler zwischen Regierung und Banque de France, die gleiche Position vertreten.[173] Für ihn sprachen die Komplexität der notwendigen Kontrollmechanismen, die Konsequenzen für die europäische Zusammenarbeit, nämlich eine weitere Aufsplitterung der gemeinsamen Währungsbeziehungen durch Devisenkontrollen, und insbesondere die Risiken für das internationale Währungssystem gegen eine Devisenmarktteilung. Deguen befürchtete eine „Periode der Unsicherheit und einen Verfall der internationalen Wirtschafts- und Währungskooperation",[174] die nicht nur punktuell, sondern für lange Zeit anhalten könnte.

Dieser Gedanke verwies auf die eigentliche Intention und die langfristige Antwort der französischen Geld- und Währungspolitik auf den „Nixon-Schock". Den

169 Eigene Übersetzung: Projet de compte rendu du Conseil Restreint du 18 Août 1971, consacré aux problèmes monétaires, 19. 8. 1971, in: AN, 86AJ/132, S. 5.

170 Vgl. Projet de compte rendu du Conseil Restreint du 18 Août 1971, consacré aux problèmes monétaires, 19. 8. 1971, in: AN, 86AJ/132, S. 5 und 9.

171 Eigene Übersetzung: Projet de compte rendu du Conseil Restreint du 18 Août 1971, consacré aux problèmes monétaires, 19. 8. 1971, in: AN, 86AJ/132, S. 9.

172 Zur Rolle von Daniel Deguen, Generalsekretär des Conseil National du Crédit zwischen 1971 und 1974, vgl. De Lattre, Moderniser et ouvrir, S. 247 f.: „Il y a avait le secrétaire général du conseil national du crédit [...] qui fonctionnait en quelque sorte à la demande, comme une sorte de troisième sous-gouverneur haut le pied, comme intermédiaire aussi entre le gouverneur et le ministère des Finances et également comme conseiller aux idées."

173 Vgl. Daniel Deguen (Secrétaire Général du Conseil National du Crédit), Note pour le Gouverneur, Observations sur la situation monétaire internationale après les décisions américaines, 18. 8. 1971, in: ABF, 1427200301/294.

174 Eigene Übersetzung: Daniel Deguen (Secrétaire Général du Conseil National du Crédit), Note pour le Gouverneur, Observations sur la situation monétaire internationale après les décisions américaines, 18. 8. 1971, in: ABF, 1427200301/294, S. 4.

doppelten Devisenmarkt sah die Banque nur als kurzfristige Notlösung und war sich ihrer Schwierigkeiten sehr wohl bewusst. Mittel- und langfristig galt es, die festen Wechselkurse weltweit wieder als Maßstab zu etablieren und zu einer internationalen Ordnung zurückzufinden, die alle Währungen umfasste, regelbasiert war und Stabilität bot.

Langfristige Strategie – Reform

Die Banque de France verfolgte daher zwei Ziele. Zum einen hatte sie die langfristig angelegte Intention, die Bedeutung des Dollars als internationale Reservewährung zurückzudrängen, zum anderen war ihr kurzfristiger, unmittelbarer Wunsch, das System fester Wechselkurse so schnell wie möglich wiederherzustellen und den labilen Zustand des Floatings zu beenden. Diese Strategie gründete auf den beiden konzeptionellen Grundgedanken französischer Währungspolitik, der Orientierung an festen Wechselkursen und dem Widerstand gegenüber der Dominanz der US-Dollars.

Mit diesen Vorstellungen ging die Banque de France in die Debatten über die Neuaufstellung des internationalen Währungssystems, die in der Zeit nach dem Nixon-Schock zwischen August und Dezember 1971 in den Gremien des Internationalen Währungsfonds und in der „Gruppe der Zehn" stattfanden. Zwei Themen standen in den Diskussionen auf der Tagesordnung: die künftige Rolle von Reservewährungen bzw. Reserveinstrumenten und die Neuordnung der Wechselkurse.

Dollar und Gold

In der Debatte, die im IWF über die Entwicklung der internationalen Reservewährungen geführt wurde, positionierte sich die Banque de France klar gegen den US-Dollar. Der IWF hatte in einer ersten Studie nach dem „Nixon-Schock" vorgeschlagen, die potentiellen Reserveinstrumente des Währungssystems zu erweitern und insbesondere die Rolle der Sonderziehungsrechte[175] auszuweiten, hatte gleichzeitig aber auch eine Wiederherstellung des ursprünglichen Dollar-basierten Wechselkurssystems gefordert.[176] In ihrer Stellungnahme begrüßte die Banque de France einerseits die Anregung des IWF, die internationalen Reserven auf eine breitere Basis zu stellen und damit die Position des Dollars zu schwächen, andererseits kritisierte sie die Empfehlung, die Neuordnung des Wechselkurssystems erneut am Dollar auszurichten: „Die Rückkehr zu einem [solchen] System […] würde dazu führen, der amerikanischen Währung eine privilegierte Stellung zuzu-

[175] Sonderziehungsrechte (SZR) sind eine künstliche Reservewährung, die 1969 auf Beschluss der IWF-Mitgliedsländer eingeführt wurde und auf der Grundlage einer vorgegebenen Quote jedem IWF-Land als Kredit zur Verfügung steht.

[176] Vgl. Note DGSE, Suggestions du F.M.I. relatives à la place future du dollar dans le système monétaire international, 7. 9. 1971, in: ABF, 1489200304/3, S. 1–3.

erkennen, die sich nicht rechtfertigt."[177] Die Banque de France wollte keinesfalls den Franc erneut an eine Währung koppeln, die ihrerseits nicht den Regeln des Währungssystems unterworfen war. Die Skepsis der Zentralbank wurde auch vom französischen Exekutivdirektor im Verwaltungsrat des IWF, Marc Viénot, wiedergegeben. Er bemängelte, dass in der Studie des IWF der Dollar noch zu sehr im Mittelpunkt stünde. Dies widerspreche der Ansicht der französischen Regierung, dass „der Dollar keine privilegierte Position im System mehr genießen darf."[178] Er müsse in einem reformierten Währungssystem die gleichen Pflichten wie alle anderen Währungen erfüllen und sich ebenso wie sie nach den allgemeinen Konvertibilitätsregeln richten, das hieß in Gold umtauschbar sein. Nach der Vorstellung der Banque de France und der französischen Regierung hatte der Dollar also in der derzeitigen Situation seine Berechtigung als Leitwährung und als Ankerpunkt für die Wechselkurse verloren.

Demgegenüber sollte die Rolle des Goldes als Reserveinstrument wieder gestärkt und als zentraler Bestandteil des künftigen Währungssystems neu etabliert werden. Für die Banque de France war Gold das einzige Mittel, das effektiv zur Disziplinierung der nationalen Wirtschaftspolitik dienen und eine Geld- und Fiskalpolitik verhindern konnte, die der Stabilität des globalen Wirtschafts- und Währungssystems entgegenlief.[179] Darüber hinaus hätte Gold den Vorteil, ein neutrales, von politischen Interessen unabhängiges und unverfälschtes Reserveinstrument zu sein, das als einzige Werteinheit die „nationale Souveränität"[180] in den internationalen Währungsbeziehungen garantieren könnte. Aus diesen Gründen stellten die Banque de France und die französische Regierung das Gold in den Mittelpunkt ihrer Verhandlungsposition. So forderte der „Tresor" auf den Sitzungen des EWG-Währungskomitees im September und Dezember 1971, als ersten Schritt auf dem Weg zur Neuordnung der Wechselkurse die Goldkonvertibilität des Dollars wiederherzustellen.[181] Auch im Austausch mit dem amerikanischen Zentralbankpräsidenten Arthur Burns legten Finanzminister Giscard d'Estaing und Gouverneur Wormser jedem Verhandlungsfortschritt den Maßstab des Goldes zugrunde. Der Goldpreis sei in Frankreich eine äußerst „bedeutende politische Angelegenheit", da die französische Bevölkerung die „weitreichende und langjäh-

177 Eigene Übersetzung: Note DGSE, Suggestions du F.M.I. relatives à la place future du dollar dans le système monétaire international, 7. 9. 1971, in: ABF, 1489200304/3, S. 3.

178 Eigene Übersetzung: M. Vienot, L'administrateur du Fonds Monétaire International à Monsieur le Ministre de l'Economie et des Finances, objet: situation et perspectives d'évolution du système monétaire international, 13. 9. 1971, Annexe: Statement by Mr. Vienot at Informal Session, In 71/11, 8. 9. 1971, in: ABF, 1489200304/3, S. 1.

179 Vgl. Note DGSE, Rapport sur la réforme du système monétaire international, quelques éléments de la position française, 4. 9. 1972, in: ABF, 1489200304/3, S. 3.

180 Eigene Übersetzung: Note DGSE, Rapport sur la réforme du système monétaire international, quelques éléments de la position française, 4. 9. 1972, in: ABF, 1489200304/3, S. 3.

181 Vgl. Directeur du Trésor/Sous-Gouverneur de la Banque de France, Compte-rendu de la 154e réunion du Comité Monétaire, 2. 9. 1971; Compte-rendu de la 157e réunion du Comité Monétaire, 10. 12. 1971, in: ABF, 1489200205/201.

rige Gewohnheit“ habe, sich mit Gold gegen Inflation und politische Unsicherheit abzusichern.[182]

Neuausrichtung der Wechselkurse – Die USA weichen dem französischen Druck

Einen zweiten Fokus richtete die Banque de France auf die Wiederherstellung der festen Wechselkurse. Energischer als alle anderen Länder setzte sie gemeinsam mit der französischen Regierung die USA unter Druck, ihren Wechselkurs den neuen wirtschaftlichen Bedingungen anzupassen, das hieß, den Dollar abzuwerten und zudem die Goldbindung des Dollars wiedereinzuführen.

Die Neuordnung der Wechselkurse war seit der Goldfreigabe von Nixon im August 1971 das Thema intensiver und sich häufender Verhandlungen der „Gruppe der Zehn“. Sie suchte nach Lösungsmöglichkeiten, zu einer geregelten Funktionsweise der Währungsbeziehungen zurückzukehren. Der zentrale Streitpunkt war das Ungleichgewicht der US-Zahlungsbilanz, das als Auslöser der Währungskrise galt. Die USA gestanden zu, dass sie ihr hohes Defizit ausgleichen mussten und veranschlagten dafür eine Verbesserung der US-Zahlungsbilanz um 13 Mrd. Dollar.[183] Es blieb allerdings umstritten, wie diese Korrektur zustande kommen könnte. Die Europäer waren sich einig, dass die USA durch eine Erhöhung des Goldpreises, also eine Abwertung des Dollars, einen Beitrag zur Wechselkurs-Neuordnung leisten müssten.[184] Bundesbank-Vizepräsident Otmar Emminger schrieb in diesem Sinn am 20. August in einem vertraulichen Brief an den Under Secretary der US-Treasury, Paul Volcker, dass die Dollar-Abwertung der einzig „natürliche Weg“ sei.[185] Die Europäer würden nicht freiwillig ihre Exporte schwächen oder andere Risiken der Aufwertung auf sich nehmen, da sie überhaupt keine Verantwortung für die Krise trügen.[186] Sein französischer Kollege, Olivier Wormser, hatte bereits in seinem Artikel in „Le Figaro“ Ende August 1971 klargemacht, dass alleine die USA für den Ausgleich ihres Zahlungsbilanzdefizits zuständig seien. Sie müssten ihre Exportindustrie stärken und ihre Importe reduzieren und insbesondere durch eine Abwertung des Dollars ihre Wirtschaft wieder

[182] Eigene Übersetzung: Letter From the Chairman of the Board of Governors of the Federal Reserve System (Burns) to President Nixon, 14. 10. 1971, in: Foreign Relations of the United States, 1969–1976, Vol. III, Foreign Economic Policy, International Monetary Policy, 1969–1972, Nr. 183, S. 516

[183] Vgl. Directeur du Trésor, Note pour le Ministre, Objet: Réunion du Groupe des Dix au niveau des suppléants 3 et 4 septembre 1971, 7. 9. 1971, in: CAEF, 1A-0000239/2. Vgl. auch: Vermerk Otmar Emminger, Betreff: Sitzung der Stellvertreter der Zehnergruppe in Paris am 3. und 4. September 1971, 6. 9. 1971, in: HA Bbk, N-2/000230.

[184] Vgl. Procès-Verbal de la 52ème séance du comité des gouverneurs des banques centrales des Etats membres de la Communauté Economique Européenne, tenue à Bâle, 8. 9. 1971, in: ECB Archives, S. 3 f.

[185] Brief Otmar Emminger an Paul Volcker, 20. 8. 1971, in: HA Bbk, N-2/000891, S. 4.

[186] Vgl. Brief Otmar Emminger an Paul Volcker, 20. 8. 1971, in: HA Bbk, N-2/000891.

wettbewerbsfähig machen.[187] Diese Linie unterstrich der französische Finanzminister Giscard d'Estaing auf einem Treffen der „Gruppe der Zehn" und betonte die zwingende Notwendigkeit für die USA, den Dollar abzuwerten. Er könne sich keine „generelle Verschiebung der Wechselkurse über die ganze Welt vorstellen, die nicht die Währung eines Landes umfasste, dessen grundlegende Bilanz, die exakt im Zentrum unserer Diskussionen steht, sich derzeitig in einem Zustand des fundamentalen Ungleichgewichts befindet."[188] Doch lehnten die USA einen solchen Schritt kategorisch ab.[189]

In den folgenden Verhandlungen bewegte die unnachgiebige Haltung der Banque de France und der französischen Regierung die USA zum Einlenken. Ihr Beharren auf einer Abwertung des Dollar und ihre Weigerung, den Franc anzupassen, machte Eindruck auf die amerikanische Regierung und setzte sie unter Zugzwang. Nach einem Gespräch mit Giscard d'Estaing und Wormser berichtete der Präsident der FED, Arthur Burns, Anfang Oktober 1971 an Präsident Nixon, dass Gold eine solch bedeutende Rolle im politischen Leben Frankreichs einnähme, dass die französischen Behörden auf keinen Fall einer einseitigen Aufwertung Frankreichs zustimmen würden, ohne dass gleichzeitig die USA ihre Währung abwerteten.[190] In einer weiteren Aufzeichnung zu den Währungsverhandlungen von Ende Oktober gestand der Wirtschaftsberater des US-Präsidenten, Pete Peterson, zu, dass die USA keine Einflussmöglichkeiten und Hebelwirkung auf die französische Regierung habe: „Wir können daher eine französische Aufwertung nur durch eine Abwertung des Dollars erreichen."[191] Je weiter das Jahr vorrückte, desto mehr war die amerikanische Regierung um die französischen Befindlichkeiten besorgt. Mitte November meldete die US-Botschaft in Paris, dass die Stimmung in Frankreich gegen die USA immer aufgebrachter werde. Es drohe die Gefahr, dass Frankreich und die europäischen Partnerländer aktive Gegenmaßnahmen, zum Beispiel gegen US-Auslandsinvestitionen, träfen und die amerikanischen Interessen in Europa erheblich beeinträchtigen könnten.[192] In Gesprächen im Weißen Haus im Oktober und November 1971 rückte die französische Forde-

[187] Vgl. Interview Olivier Wormser, Le Figaro, 28./29. 8. 1971, in: ABF, 1069201118/50, S. 1.

[188] Eigene Übersetzung: Statement by Mr. Giscard d'Estaing, Group of Ten, Secretariat, Summary of Views, expressed by Ministers and Governors of the Group of Ten at their Meeting in London on 15–16th September, 1971, 15. 11. 1971, in: ABF, 1489200304/60, S. 52.

[189] Vgl. Solomon, International Monetary System, S. 192 f.; vgl. auch: Directeur du Trésor, Note pour le Ministre, Objet: Réunion du Groupe des Dix au niveau des suppléants 3 et 4 septembre 1971, 7. 9. 1971, in: CAEF, 1A-0000239/2, S. 9–11.

[190] Vgl. Letter From the Chairman of the Board of Governors of the Federal Reserve System (Burns) to President Nixon,14. 10. 1971, in: Foreign Relations of the United States, 1969–1976, Vol. III, Foreign Economic Policy, International Monetary Policy, 1969–1972, Nr. 183, S. 516.

[191] Zitiert bei: Editorial Note, in: Foreign Relations of the United States, 1969–1976, Vol. III, Foreign Economic Policy, International Monetary Policy, 1969–1972, Nr. 186, S. 520.

[192] Telegram From the Embassy in France to the Department of State, 15. 11. 1971, in: Foreign Relations of the United States, 1969–1976, Vol. III, Foreign Economic Policy, International Monetary Policy, 1969–1972, Nr. 197, S. 548–550.

rung nach Abwertung des Dollars als zentrale Bedingung in den Vordergrund. Arthur Burns stellte in einer Sitzung im Oktober klar, dass Gold ein „riesiges politisches Problem“[193] für die französische Regierung sei und dass die US-Regierung Zugeständnisse machen müsse. Ebenso äußerte US-Finanzminister John Connally gegenüber Nixon: „Gold ist ein kritischer Punkt. Die Franzosen haben eine Goldphobie.“[194] In einem Telefonat mit Beamten der US-Botschaft in Paris bekräftigte Gouverneur Wormser noch einmal die notwendigen Konzessionen der USA. Wenn die US-Regierung bereit wäre, einer kleinen Abwertung des Dollars zuzustimmen, würde einer generellen Neuabstimmung der globalen Wechselkurse nichts mehr im Wege stehen.[195] Schließlich schlug das US-Finanzministerium intern vor, den Partnerländern eine Abwertung des Dollars anzubieten, um „ein Übereinkommen mit den Franzosen (und der französisch-dominierten EWG-Position)“[196] zu erreichen.

Durch ihre klare Haltung gelang es der Banque de France und der französischen Regierung, die Agenda für die Währungsverhandlungen maßgeblich zu beeinflussen und die US-Regierung dazu zu bewegen, einer Abwertung ihres Dollar-Wechselkurs trotz großer Bedenken näher zu treten.

Smithsonian Agreement – ein Erfolg?

Der französisch-amerikanische Konflikt konnte erst auf höchster politischer Ebene gelöst werden. Am 13. und 14. Dezember 1971 trafen sich der französische Präsident Georges Pompidou und der amerikanische Präsident Richard Nixon auf den Azoren, um einen Kompromiss auszuhandeln. Hier zahlte sich nun der Druck der französischen Währungsbehörden aus. Nixon akzeptierte eine Erhöhung des Goldpreises von $35 auf $38 und damit eine faktische Abwertung des Dollars.[197] Die Einigung bereitete den Boden für die Neuordnung der Wechselkurse, die einige Tage später am 17. und 18. Dezember auf einer Konferenz der „Gruppe der Zehn“ im Smithsonian Institution Building in Washington D.C. vereinbart wurde. Aufgrund der Erhöhung des Goldpreises um 3 Dollar willigten auch die anderen Länder ein, ihre Wechselkurse anzupassen. Der französische Franc und das britische Pfund behielten ihre Parität bei und werteten damit um 8,6% gegenüber dem Dollar auf. Italien und Schweden werteten ihre Währungen um 1% ab und verrin-

193 Eigene Übersetzung: Editorial Note, in: Foreign Relations of the United States, 1969–1976, Vol. III, Foreign Economic Policy, International Monetary Policy, 1969–1972, Nr. 187, S. 523.
194 Eigene Übersetzung: Editorial Note, in: Foreign Relations of the United States, 1969–1976, Vol. III, Foreign Economic Policy, International Monetary Policy, 1969–1972, Nr. 203, S. 564.
195 Vgl. Telegram From the Embassy in France to the Department of State, 26. 11. 1971, in: Foreign Relations of the United States, 1969–1976, Vol. III, Foreign Economic Policy, International Monetary Policy, 1969–1972, Nr. 208.
196 Eigene Übersetzung: Paper Prepared in the Department of the Treasury, undatiert, in: Foreign Relations of the United States, 1969–1976, Vol. III, Foreign Economic Policy, International Monetary Policy, 1969–1972, Nr. 201, S. 560.
197 Vgl. Solomon, International Monetary System, S. 204 f.

gerten dadurch ihre Aufwertungsdifferenz zum Dollar von 8,6 auf 7,6%. Nur Japan, die Bundesrepublik Deutschland und die Schweiz mussten aufgrund ihrer starken Außenhandelsbilanz deutlich stärker aufwerten. Die Raten betrugen für Deutschland 13,6%, Japan 16,9% und Schweiz 13,9%.[198] Gleichzeitig wurden die künftigen Wechselkurs-Bandbreiten von 1% auf 2,25% vergrößert. Nach Monaten der Unsicherheit, die gekennzeichnet waren von schwankenden Wechselkursen und erhöhten Kapitalverkehrskontrollen, war den Staaten der „Gruppe der Zehn" die Neuausrichtung der Wechselkurse gelungen, und US-Präsident Nixon konnte im Anschluss an die Konferenz verkünden, dass man das „bedeutendste Währungsabkommen in der Geschichte der Welt"[199] verwirklicht habe.

Die Banque de France beurteilte das Abkommen weniger euphorisch. Obwohl sich die französische Position behauptet hatte und die USA den Dollar abgewertet hatten, blieben aus ihrer Sicht zentrale Forderungen unerfüllt. Sie rügte, dass die Smithsonian-Konferenz „in keiner Weise die grundlegende Reform des internationalen Währungssystems hervorgebracht"[200] habe, die eigentlich notwendig gewesen wäre. Sie habe weder eine Alternative zum Dollar als Reservewährung aufgezeigt noch die Frage des Goldes als Bezugspunkt für die internationalen Währungsbeziehungen geklärt.[201] Die Erweiterung der Wechselkurs-Bandbreiten zöge darüber hinaus „gravierende Nachteile für Exporteure und Importeure"[202] nach sich und könne keinesfalls garantieren, spekulative Kapitalströme in Zukunft zu vermeiden.

Zwischenfazit

Der Nixon-Schock und die Freigabe der Goldbindung des Dollars unterminierten die Grundfesten französischer Währungspolitik. Das aus Sicht der Banque de France ignorante Handeln der USA gefährdete die Funktionsfähigkeit des Währungssystems und das Kernprinzip von Bretton Woods, die festen Wechselkurse. Auf kurze Sicht versuchte die Banque, durch die Einführung des geteilten Devisenmarktes wenigstens für Frankreich die festen Wechselkurse so weit wie möglich zu sichern. Es war ihr aber klar, dass grundsätzlichere Änderungen notwendig waren, um auch in Zukunft ein stabiles Währungssystem zu garantieren. Die Abhängigkeit vom Dollar musste reduziert und die Stellung des neutralen Bezugswertes Gold wieder gestärkt werden. Das Ergebnis der Smithsonian-Konferenz vom 18. Dezember war in dieser Hinsicht ungenügend. Sie hatte zwar die Struktur fester Wechselkurse wiederhergestellt, aber nicht die notwendigen Reformschritte

198 Vgl. Solomon, International Monetary System, S. 206–209.
199 Zitiert bei: Solomon, International Monetary System, S. 208.
200 Eigene Übersetzung: Banque de France, Compte Rendu des Opérations 1971 (Rapport annuel), S. 26.
201 Vgl. Banque de France, Compte Rendu des Opérations 1971 (Rapport annuel), S. 26 f.
202 Eigene Übersetzung: Banque de France, Compte Rendu des Opérations 1971 (Rapport annuel), S. 85.

für eine Weiterentwicklung des Systems auf den Weg gebracht. Die Konvertibilität blieb aufgehoben, die Rolle des Goldes unklar, und der Dollar stand weiterhin im Zentrum. Die Banque zog den Schluss, dass das internationale Währungssystem reformiert und auf eine Basis gestellt werden musste, die jedem Mitgliedsland die gleichen Rechte und Pflichten gewährte und keiner Währung eine dominante Position einräumte.

2.4. Synthese

Die Bundesbank und die Banque de France standen 1971 vor identischen Herausforderungen, einem hohen US-Zahlungsbilanzdefizit und einem schwachen Dollar. Beide erkannten die Gefahren, die von der expansiven Haushaltspolitik und der billigen Geldpolitik der USA ausgingen: der Anstieg der internationalen Geldmenge, die Zunahme von unkontrollierbaren Kapitalströmen und die Ausweitung der Inflation. Trotz der übereinstimmenden Einschätzung der Lage schlugen jedoch beide Zentralbanken aufgrund ihrer jeweiligen geld- und währungspolitischen Ausrichtungen unterschiedliche Lösungswege ein.

Die Bundesbank konzentrierte sich voll und ganz auf die Aufrechterhaltung der Preisstabilität in Deutschland. Sie hatte die Maikrise als existenzielles Drohszenario erlebt, da die Finanzströme ihre Autonomie unterlaufen und ihre Geldpolitik außer Kraft gesetzt hatten. Einmal mehr zeigte sich die Unvereinbarkeit ihrer internen und externen Verpflichtungen unter dem Bretton Woods-System. Sie suchte im Folgenden nach Möglichkeiten, diesem Dilemma zu entkommen, scheiterte jedoch an internen Meinungsverschiedenheiten. Die Mehrheit des Zentralbankrates räumte den internationalen Vereinbarungen Vorrang ein und plädierte dafür, die festen Wechselkurse aufrechtzuerhalten. Es waren zwar auch Gegenstimmen vorhanden, insbesondere um Otmar Emminger, die sich für eine Lockerung der Wechselkursregeln einsetzten, doch waren sie noch in der Minderzahl.

Während die Bundesbank ihre Aufmerksamkeit nach innen richtete, orientierte sich die Banque de France an äußeren Zielen. Sie erachtete die Aufrechterhaltung von festen Wechselkursen und einem funktionsfähigen Währungssystem als vordringlich. Die Aufhebung der Gold-Dollar-Bindung im August 1971 war für sie eine tiefgreifende Zäsur. Sie erschütterte das stabilitätspolitische Konzept der Banque, wonach eine stabile Entwicklung der Volkswirtschaften sich nur im Rahmen eines Systems fester Wechselkurse vollziehen konnte. Sie erhärtete überdies den französischen Verdacht, dass die USA ihre nationalen Interessen über gemeinsamen Regeln stellten. Die Banque verfolgte daraufhin eine zweigleisige Strategie. Zum einen strebte sie danach, mit der Einführung des geteilten Devisenmarktes die festen Wechselkurse wenigstens partiell aufrechtzuerhalten, obwohl sie sich der Nachteile dieser Praxis bewusst war. Zum anderen bemühte sie sich um eine Reform des internationalen Währungssystems, um die Überlegenheit des Dollars abzuschwächen und eine Struktur zu schaffen, die allen Mitgliedswährungen gleichermaßen zugutekam.

Die Dollarkrisen des Jahres 1971 hatten keine unmittelbaren und fundamentalen Umbrüche zur Folge. Das Währungssystem blieb intakt. Die festen Wechselkurse wurden auf der Smithsonian-Konferenz im Dezember 1971 wiederhergestellt. Die Krisen dienten jedoch für die Zentralbanken als Katalysator, der ein Umdenken hinsichtlich der Wechselkurspolitik und der internationalen Währungsbeziehungen beschleunigte. In der Bundesbank befeuerten sie die Debatte über die richtige Reaktion auf die Konflikte zwischen binnen- und außenwirtschaftlichen Zielen. In der Banque de France verschärften sie die Opposition zur USA und zu einem Währungssystem, das ihrer Meinung nach unfair war und das elementare Prinzip fester Wechselkurse nicht mehr gewährleistete. Der Status Quo war in Frage gestellt.

3. Der Zusammenbruch fester Wechselkurse

Die Smithsonian-Konferenz im Dezember 1971 war nur ein Zwischenspiel. Die Währungsprobleme setzten sich fort und das Bretton Woods-System blieb von Krisen geschüttelt. In der Folge führten drei Etappen zum endgültigen Zusammenbruch der festen Wechselkurse: 1972 verfestigten sich die Krisenphänomene des vorhergehenden Jahres und verdeutlichten die Anfälligkeit des Systems. Im Februar 1973 traf eine neue Dollarmalaise die internationalen Währungsbeziehungen und trieb die Bretton Woods-Ordnung an den Rand des Abgrunds. Schließlich provozierte ein Wiederaufflammen der Krise wenige Wochen später im März 1973 den endgültigen Bruch der europäischen Währungen mit dem Dollar. Die EWG-Staaten entschlossen sich, zum Floating überzugehen und besiegelten damit das Ende des Bretton Woods-Systems fester Wechselkurse.

Die Zentralbanken mussten in dieser Zeit ihre Strategien immer wieder neu anpassen. In Anbetracht eines ignoranten und isolationistischen Verhaltens der USA sah die Banque de France keine Zukunft mehr für die globale Währungskooperation und wandte sich dem europäischen Raum zu in der Hoffnung, hier ein neues, sicheres Gerüst für ihre Geld- und Währungspolitik zu finden. Die Bundesbank musste sich ihrerseits erneut mit Kapitalzuflüssen und internen Geldproblemen auseinandersetzen. Sie hatte nach der Smithsonian-Konferenz das Experiment des isolierten D-Mark-Floatings beendet und suchte nun nach neuen Wegen, die nationalen Märkte gegen die schädlichen Einflüsse von außen zu schützen. Die allgemeine Freigabe der Wechselkurse im März 1973 kristallisierte sich für beide Zentralbanken letztendlich als einzige valide Möglichkeit heraus, den Währungsunruhen zu entkommen.

3.1. Kontinuität der Krisen im Jahr 1972

Neuorientierung der Banque de France

Wiederholte Kritik am Dollar

Die Neuordnung der Wechselkurse auf der Smithsonian Konferenz im Dezember 1971 brachte nicht die erhoffte Stabilität für die globalen Währungsbeziehungen. Das US-Zahlungsbilanzdefizit stieg im Jahr 1972 weiter an, der Dollar verlor an Wert und die Kapitalflucht aus den USA setzte sich fort.[203] Zwischen Januar und März 1972 mussten die europäischen Währungsbehörden wieder in beträchtlichem Maße Dollardevisen aufkaufen.[204] Diese unveränderte Schwäche des Dollars rief abermals Verärgerung und Kritik an der amerikanischen Regierung hervor. Im Januar 1972 berichteten Angestellte des Nationalen Sicherheitsrates der USA, dass hohe französische Beamte ihr Missfallen über den Kursverfall des Dollarkurses und über die Passivität der US-Behörden geäußert hätten.[205] Auch auf höchster Ebene wurde Verdruss laut. Anfang Februar beschwerte sich Präsident Pompidou bei Nixon, dass die USA ihre Abmachungen des Azoren-Treffens nicht eingehalten hätten. Die US-Regierung habe nichts unternommen, um den Abwärtstrend ihrer Zahlungsbilanz, der für die europäischen Währungen sehr schädlich sei, aufzuhalten und rückgängig zu machen.[206]

Die Banque de France beklagte weiter, dass sich die Lage auf den internationalen Devisenmärkten nicht verbessert habe. Die Neuordnung der Wechselkurse habe weder die Ungleichgewichte behoben noch die destabilisierenden Kapitalflüsse verhindert. Die aus ihrer Sicht fundamentalen Ursachen der Dollarkrise, die konjunkturfördernde Wirtschaftspolitik der USA, das hohe Haushaltsdefizit und die expansive Kreditpolitik, seien nicht beseitigt worden. Die Banque befürchtete, dass das Verhalten der US-Regierung die positive Wirkung der Wechselkurs-Anpassung gefährde.[207] Der Generalsekretär des Conseil National du Crédit, Daniel Deguen, äußerte gegenüber Gouverneur Wormser die Sorge, dass sich die „Spekulation gegen den Dollar noch lange Zeit hinziehen könnte."[208] Im Anbetracht des aktuellen Trends sähen sich die europäischen Staaten bald erneut mit der Situation

[203] Vgl. Banque de France, Compte Rendu des Opérations 1971 (Rapport annuel), S. 85

[204] Vgl. Solomon, The international monetary system, S. 216 f.

[205] Vgl. Urgent Information Memorandum From Robert Hormats and Helmut Sonnenfeldt of the National Security Council Staff to the President's Assistant for National Security Affairs (Kissinger), 24. 1. 1972, in: Foreign Relations of the United States, 1969–1976, Vol. 3, Foreign Economic Policy, International Monetary Policy, 1969–1972, Nr. 222, S. 601 f.

[206] Vgl. Letter From President Pompidou to President Nixon, 4. 2. 1972, in: Foreign Relations of the United States, 1969–1976, Vol. 3, Foreign Economic Policy, International Monetary Policy, 1969–1972, Nr. 223, S. 604–607.

[207] Vgl. Banque de France, Compte Rendu des Opérations 1971 (Rapport annuel), S. 85.

[208] Note Daniel Deguen, Secrétaire Général CNC, an Wormser, Situation monétaire internationale, 3. 2. 1972, in: ABF, 1035200250/5, S. 1.

konfrontiert, entweder den Dollar durch Interventionen stabilisieren oder ihre Währungen aufwerten zu müssen.

Die Banque kritisierte insbesondere den hohen Fehlbetrag der US-Zahlungsbilanz. Er sei eine Quelle unaufhaltsamer Vermehrung internationaler Liquidität und verfestige den „Zustand der Abhängigkeit der europäischen Währungspolitiken gegenüber Entscheidungen in den USA."[209] Die amerikanische Regierung müsse dringend das Zahlungsbilanzdefizit beseitigen und dafür eine restriktive Wirtschaftspolitik betreiben. Gleichwohl sah die Banque keine reelen Chancen für einen solchen Kurswechsel; denn die USA haben nach wie vor die Konvertierbarkeit des Dollars nicht hergestellt, womit ein wesentlicher Anreiz fehle, stärker auf eine ausgeglichene Handels- und Zahlungsbilanz zu achten. Zudem führe der Trend zu flexiblen Wechselkursen dazu, die disziplinierende Wirkung fester Wechselkurse auf die interne Wirtschaftspolitik außer Acht zu lassen.[210] Gouverneur Wormser nahm in einem Vortrag im März 1972 diese Kritik auf: Die USA haben die eigene Krise des Dollars überhaupt erst durch die Missachtung der Regeln des Bretton Woods-Systems hervorgerufen.[211] Hätten die USA beispielsweise die Gold-Dollar-Konvertibilität aufrechterhalten, wäre ihnen schnell klar geworden, dass ihre Wirtschaftspolitik nicht nachhaltig war. Die Konvertibilität hätte nämlich zu einem raschen Verlust der Goldreserven geführt und damit eine Anpassung erzwungen.[212] Für Wormser war unumstritten, dass die USA „genau den gleichen ökonomischen Gesetzen unterworfen sind wie die anderen Staaten."[213] Wie diese müssten sie eine ausgeglichene Haushaltspolitik und eine maßvolle Geldpolitik befolgen, um ihre Zahlungsbilanz auszugleichen; denn das Kapital suche dort Anlage, wo die Staatsfinanzen gesund sind und wo der Zinssatz höhere Einnahmen verspricht: „Man hat niemals eine entgegengesetzte Bewegung gesehen, so wie man niemals Süßwasser gesehen hat, das über die Flüsse die Ozeane verlassen und zurück auf die Gletscher geflossen ist."[214] Das hohe US-Zahlungsbilanzdefizit, die Dollarschwäche und die Kapitalflucht seien jedoch der Beweis, dass die US-Regierung sich nicht an diese ökonomischen Gesetzmäßigkeiten gehalten hätte.

209 Eigene Übersetzung: Banque de France, Compte Rendu des Opérations 1972 (Rapport annuel), S. 12.

210 Vgl. Banque de France, Compte Rendu des Opérations 1972 (Rapport annuel), S. 11 f.

211 Vgl. Rapport de M. Olivier Wormser, Gouverneur de la Banque de France, sur ‚Les relations économiques et financières franco-américaines' Congrès National Extraordinaire, France – Etats-Unis, (Comité France – Etats-Unis) Bordeau 17–19 mars 1972, in: ABF, 1069201118/50.

212 Vgl. Rapport de M. Olivier Wormser, Gouverneur de la Banque de France, sur ‚Les relations économiques et financières franco-américaines', 17–19 mars 1972, in: ABF, 1069201118/50, S. 4.

213 Eigene Übersetzung: Rapport de M. Olivier Wormser, Gouverneur de la Banque de France, sur ‚Les relations économiques et financières franco-américaines', 17–19 mars 1972, in: ABF, 1069201118/50, S. 5.

214 Eigene Übersetzung: Rapport de M. Olivier Wormser, Gouverneur de la Banque de France, sur ‚Les relations économiques et financières franco-américaines', 17–19 mars 1972, in: ABF, 1069201118/50, S. 10.

Wormser resümierte: erst wenn die USA in ihrem Land eine stabilitätsorientierte Wirtschaftspolitik verfolgten, könnten sie ihre Zahlungsbilanz verbessern und somit das internationale Währungssystem wieder festigen.

Strategien

Als Reaktion auf die kontinuierliche Dollarschwäche boten sich der Banque de France zwei Handlungsfelder an. Einerseits strebte sie weiterhin eine Reform des internationalen Währungssystems an. Andererseits rückte ihr Interesse an einer vertieften europäischen Währungszusammenarbeit stärker in den Vordergrund. Die unkooperative Haltung der USA in den Reformverhandlungen überzeugte die Banque, dass Europa ein Gegengewicht zur Dominanz des Dollars bilden müsse.

Reform des internationalen Währungssystems

Das Smithsonian-Abkommen hatte zwar die globalen Wechselkurse neu geregelt, doch zentrale Konfliktpunkte bezüglich der Reform des Währungssystems ausgeklammert, so zum Beispiel die Fragen der künftigen Reservewährung, des Wechselkursmechanismus und der kurzfristigen Kapitalströme. Die anhaltende Dollarschwäche und die Kapitalflucht aus den USA warfen diese Punkte wieder auf die Agenda der Verhandlungen des IWF.[215] Im Laufe des Jahres 1972 arbeiteten die IWF-Exekutivdirektoren einen Bericht aus, der die wichtigsten Reformoptionen untersuchte und potentielle Entwicklungsmöglichkeiten vorstellte.[216] Die französische Regierung verteidigte in den Diskussionen über den Bericht ihre traditionellen Standpunkte. Sie forderte unter anderem, die Rolle des Goldes als Reserveeinheit zu stärken, ein symmetrisches Währungssystem zu schaffen, in dem jedes Land gleichermaßen seine Zahlungsbilanzen und Wechselkurse verteidigte, und Kapitalverkehrskontrollen als Maßnahme gegen übermäßige Finanzströme zu nutzen. Außerdem widersetzte sie sich einer Auflockerung der Wechselkursstrukturen.[217]

Die Banque de France war an den Verhandlungen nicht beteiligt, beobachtete jedoch die Vorgänge aufmerksam. Als der IWF-Bericht im August 1972 veröffentlicht wurde, fällte sie ein missbilligendes Urteil. Er zeige keine neuen Möglichkeiten auf und könne deshalb nicht als Ausgangspunkt für ernsthafte Reformen dienen. Vielmehr beinhalte er eine „Aneinanderreihung von oftmals diametral entgegengesetzten Thesen."[218] Schuld daran seien die Amerikaner gewesen, die

[215] Vgl. Solomon, International Monetary System, S. 224.

[216] Vgl. IMF, Report of the Executive Directors, Reform of the International Monetary System, 18. 8. 1972, in: De Vries, Margaret Garritsen, The International Monetary Fund, 1972–1978, Cooperation on Trial, Vol. 3, Documents, Washington 1985.

[217] Vgl. Note DGSE, Rapport sur la réforme du système monétaire international, quelques éléments de la position française, 4. 9. 1972, in: ABF, 1489200304/3.

[218] Eigene Übersetzung: Note DGSE, Réforme du système monétaire international (documents SM/72/119), 28. 8. 1972, in: ABF, 1489200304/3, S. 2.

mitten in den Verhandlungen einen bereits erreichten Kompromiss zunichte gemacht und neue Forderungen aufgestellt hätten. Im Gegenzug hätte auch der französische Exekutivdirektor Änderungsanträge eingereicht, um die amerikanischen Vorschläge zu entschärfen.[219] Übrig geblieben sei nur noch ein „Katalog an Differenzen".[220]

Parallel zu den Arbeiten im Internationalen Währungsfonds wurde im Sommer 1972 ein weiteres Gremium für die Reformverhandlungen gegründet, der so genannte „Zwanziger-Ausschuss". Er umfasste die Staaten der „Gruppe der Zehn", ergänzt durch die wichtigsten Entwicklungsländer, und hatte die Aufgabe, die Ziele und Methoden für eine grundlegende Reform des internationalen Währungssystems auszuarbeiten.[221] Die Banque de France reagierte auf diese neue Initiative skeptisch. Es sei fraglich, ob der neue Ausschuss einen wirklichen Mehrwert erzeuge. Sie argwöhnte, dass die USA damit die „Gruppe der Zehn" schwächen und den Teilnehmerkreis der Staaten zugunsten der Durchsetzung ihrer Währungskonzepte erweitern wollte.[222] Auch hinsichtlich der inhaltlichen Themen hatte die Banque nur mäßige Erwartungen. Die Fronten und Meinungsverschiedenheiten blieben auch im „Zwanziger-Ausschuss" die gleichen wie zuvor. Frankreich warf den USA vor, Gold in seiner Funktion als Reserveeinheit aufgeben und feste durch flexible Wechselkurse ersetzen zu wollen. Nach den ersten Verhandlungsrunden im „Zwanziger-Ausschuss" urteilte die Banque de France in ihrem Jahresbericht 1972: „Der bisher realisierte Fortschritt [...] hin zu einer Kompromisslösung scheint begrenzt."[223]

In Anbetracht dieser verhaltenen Fortschritte und tiefen Meinungsverschiedenheiten zwischen den Verhandlungspartnern wandte sich die Banque de France vom Ziel einer Reform des internationalen Währungssystems zunehmend ab.

Option eines europäischen Floating

Die Enttäuschung über die internationalen Reformverhandlungen und über das Verhalten der USA machte die Option einer engeren europäischen Währungskooperation für die Banque de France immer attraktiver. In den Schlussworten des Jahresberichts 1971, auf den 23. März 1972 datiert, hob Gouverneur Wormser hervor, dass infolge der Dollarkrisen die europäische Zusammenarbeit an Bedeutung gewonnen habe.[224] Die Europäer hätten erkannt, dass sie ihre Währungspolitik

219 Vgl. Note DGSE, Réforme du système monétaire international (documents SM/72/119), 28. 8. 1972, in: ABF, 1489200304/3, S. 1 f.
220 Eigene Übersetzung: Note DGSE, Réforme du système monétaire international (documents SM/72/119), 28. 8. 1972, in: ABF, 1489200304/3, S. 24.
221 Vgl. Banque de France, Compte Rendu des Opérations 1972 (Rapport annuel), S. 24.
222 Vgl. Note DGSE, Réforme du système monétaire international (documents SM/72/119), 28. 8. 1972, in: ABF, 1489200304/3, S. 24.
223 Eigene Übersetzung: Banque de France, Compte Rendu des Opérations 1972 (Rapport annuel), S. 24.
224 Vgl. Banque de France, Compte Rendu des Opérations 1971 (Rapport annuel), S. 86.

„in ihrem eigenen Interesse sowie in dem einer größeren Stabilität in der Welt"[225] stärker koordinieren müssten. Wormser brachte zwei Initiativen aufs Tapet: erstens eine Verringerung der europäischen Wechselkurs-Bandbreiten, um den Wirtschaftsaustausch innerhalb der EWG zu fördern, und zweitens eine verstärkte Nutzung von europäischen Währungen für Devisenmarkt-Interventionen. Hierdurch könnten sich die europäischen Staaten vom Dollar unabhängig machen und sich eine „Gewohnheit der gemeinsamen Überlegung sowie ein solidarisches Handeln"[226] aneignen.

Daniel Deguen, Generalsekretär des Conseil National du Crédit, ging noch einen Schritt weiter. Im Februar 1972 legte er Wormser nahe, ein gemeinsames Floating der EWG-Länder in Betracht zu ziehen. Aus seiner Sicht könnte nur eine gemeinsame Aufwertung der europäischen Währungen die weltweiten Ungleichgewichte und die hohen Kapitalströme verhindern. Es sei daher „äußerst dringend", dass sich Frankreich mit den europäischen Partnern sowohl auf ein gemeinsames Wechselkurssystem als auch auf eine einheitliche Politik gegenüber dem Dollar verständige.[227] Deguen schätzte die potentiellen Probleme eines europäischen Floatings als deutlicher geringer als die eines weltweiten. Es wäre vielmehr ein Garant für die Stabilität der französischen Währung.[228] Der Vermerk des Generalsekretärs der CNC brachte erstmals im Diskurs der Banque de France die Aussicht eines europäischen Floatings so offen und deutlich zur Sprache. Es handelte sich zwar nur um einen einzelnen Vermerk, aber er zeigt auf, dass eine neue Idee Eingang in die französische Debatte um die Währungs- und Wechselkurssysteme fand. Er war umso bemerkenswerter, als die französische Regierung und die Banque de France direkt nach dem Nixon-Schock im August 1971 ein gemeinsames Floating mit den europäischen Partnern noch vehement abgelehnt hatten.[229]

Die Anregung von Deguen mündete in einer veränderten Haltung der Banque gegenüber der europäischen Währungspolitik. Auf einem Treffen der EWG-Finanzminister und Notenbankgouverneure in Basel am 17. März 1972 befürwortete Gouverneur Wormser nunmehr das Floating der EWG-Währungen, nachdem er es im August 1971 noch zurückgewiesen hatte, und stellte sich damit sogar in

225 Eigene Übersetzung: Banque de France, Compte Rendu des Opérations 1971 (Rapport annuel), S. 86.

226 Eigene Übersetzung: Banque de France, Compte Rendu des Opérations 1971 (Rapport annuel), S. 86.

227 Vgl. Note Daniel Deguen, Secrétaire Général CNC, an Wormser, Situation monétaire internationale, 3. 2. 1972, in: ABF, 1035200250/5.

228 Vgl. Note Daniel Deguen, Secrétaire Général CNC, an Wormser, Situation monétaire internationale, 3. 2. 1972, in: ABF, 1035200250/5.

229 Vgl. Projet de compte rendu du Conseil Restreint du 18 Août 1971, consacré aux problèmes monétaires, 19. 8. 1971, in: AN, 86AJ/132; vgl. auch: Note Trésor (pour le Ministre), Compte-rendu de la réunion du Comité Monétaire du 17 Aôut 1971, 18. 8. 1971, in: ABF, 1489200205/201.

Opposition zu Finanzminister Giscard d'Estaing.[230] Das Floating selbst blieb vorerst zwar noch Theorie. Aber beide, französische Zentralbank und französische Regierung, unterstützten wenige Tage später eine andere Entscheidung des EWG-Ministerrats. Dieser beschloss am 21. März, die Wechselkursbandbreiten der europäischen Währungen auf ein Spektrum von maximal +/– 2,25% zu begrenzen und damit die so genannte „Währungsschlange" ins Leben zu rufen. Für Interventionen zur Beibehaltung der Wechselkurs-Grenzen sollten die Zentralbanken künftig nicht mehr auf US-Dollar, sondern auf die jeweiligen Währungen der europäischen Partnerländer zurückgreifen.[231] Die EWG-Kommission erläuterte, dass man sich hierdurch von der dominanten Stellung des Dollars loslösen und den innereuropäischen Handel und die fortschreitende Integration der europäischen Wirtschaftspolitiken sicherstellen wolle. Auch die Banque de France stellte die Realisierung der europäischen „Währungsschlange" in direktem Zusammenhang mit den Dollarkrisen der vorhergehenden Monate, sowohl dem „Nixon-Schock" als auch der Smithsonian-Konferenz sowie den neuerlichen Problemen des US-Dollars im Frühjahr 1972. In einer Note, die sie parallel zum EWG-Ministerrat in Brüssel am 21. März 1972 verfasste, formulierte die Banque als Zweck der Währungsschlange, „die Handelsbeziehungen zwischen den Ländern der EWG zu schützen und gleichzeitig darauf zu zielen, die privilegierte Rolle des Dollars zu beseitigen und die Devisenmarkt-Interventionen in amerikanischer Währung auf ein Minimum zu reduzieren."[232] Die Währungseinigung in Europa wurde also auch immer als eine offensive Maßnahme gegen den Dollar gesehen. Die DGSE verglich die Dollarkrise in dieser Hinsicht mit einem „Kristallisationsschock, der die Annäherung der europäischen Währungen"[233] im März und April 1972 beschleunigt habe.

Die engere Kooperation der europäischen Regierungen und Zentralbanken blieb nicht auf den Bereich der Wechselkurse beschränkt, auch bei der Inflationsbekämpfung suchte man den Schulterschluss. Im zweiten Halbjahr 1972 intensivierten sie ihre Bemühungen um eine gemeinsame Strategie gegen die zunehmende Inflation. Insbesondere der französische Finanzminister Valéry Giscard d'Estaing und der neue deutsche Wirtschafts- und Finanzminister Helmut Schmidt trieben die Initiative voran. Im August 1972 appellierte Giscard d'Estaing an seine europäischen Kollegen, die Geldpolitik zu koordinieren und gemeinsame

230 Wirtschafts- und währungspolitische Chronologie, Tagebuchähnliche Aufzeichnungen von Viktor von der Lippe über Entwicklungen der Wirtschafts-, Währungs- und Geldpolitik, Bd. 4 1972, 17. 3. 1972, in: HA Bbk, B330/6916/2.

231 Vgl. Allemand, Le 'serpent monétaire' européen (online: http://www.cvce.eu/obj/le_serpent_monetaire_europeen-fr-321c4261-cfab- 41b7-ac73–2b66454cba34.html, zuletzt abgerufen: 17. 10. 2018), S. 1.

232 Eigene Übersetzung: Note DGSE, De la participation des pays tiers à l'expérience de réduction des marges de fluctuation des monnaies de la Communauté, 21. 3. 1972, in: ABF, 1495200501/681, S. 1.

233 Eigene Übersetzung: Note DGSE, Fiche pour une conférence de M. Théron, Vers une zone monétaire européenne, 1. 6. 1972, in: ABF, 1489200205/258, S. 2.

Richtlinien für den Kampf gegen die Preissteigerungen aufzustellen.[234] Dies sei insbesondere hinsichtlich der Reform des Internationalen Währungssystems wichtig; denn die europäischen Staaten hätten in den Verhandlungen umso mehr Überzeugungskraft, je erfolgreicher ihre Stabilitätspolitik in Europa sei.[235] Auch hier verknüpfte Giscard d'Estaing die Weiterentwicklung der europäischen Währungspolitik mit den Bedingungen des internationalen Währungssystems. Helmut Schmidt nahm den Vorschlag Giscards d'Estaing auf und skizzierte seinerseits einen Entwurf für eine europäische Stabilitätspolitik, der im französischen Wirtschaftsministerium positiv aufgenommen wurde: „Die Bundesregierung teilt die Meinung der französischen Regierung, dass der Preisschub nicht alleine durch nationale, isolierte Maßnahmen bekämpft werden kann."[236] Der deutsch-französische Vorstoß wurde auf dem EWG-Finanzministerrat am 30. und 31. Oktober 1972 realisiert. Die Minister beschlossen übereinstimmend, den Preisanstieg im Laufe des Jahres 1973 auf 4% zu reduzieren, das Geldmengenwachstum zu begrenzen und eine strikte Haushaltsdisziplin zu verfolgen.[237]

Die Handlungsinitiative lag zwar bei den Ministern und Regierungen. Die Banque de France unterstützte sie aber durch ihre monetäre Expertise. In einer Diskussion im Komitee der EWG-Notenbankgouverneure zwei Wochen vor dem Finanzministerrat verteidigten die beiden Vertreter der Banque, Gouverneur Wormser und Sous-Gouverneur Clappier, nachdrücklich den vorgelegten Plan, europaweite Zielwerte für das Geldmengenwachstum einzuführen. Clappier ging sogar soweit, einer solchen Beschränkung der Geldmengensteigerung „Modellcharakter"[238] für die ganze Gemeinschaft zuzuschreiben. Wie außerdem Otmar Emminger in seinem Bericht über das Treffen bestätigte, war es insbesondere dem Verhandlungsgeschick von Olivier Wormser, der auch als Vorsitzender des Komitees agierte, zu verdanken, dass die versammelten Gouverneure ihre diversen Bedenken überwanden und zu einem Konsens fanden.[239] Dieser Einsatz der Banque de France für die gemeinsamen Geldmengenziele war umso bemerkenswerter, als er der Position des französischen „Trésors" entgegenlief. In einer Besprechung im

[234] Vgl. Lettre de Giscard d'Estaing aux Ministres des Finances des pays membres de la C.E.E. et au M. le Président de la Commission de la C.E.E., 31. 8. 1972, in: ABF, 1489200205/264.

[235] Vgl. Lettre de Giscard d'Estaing aux Ministres des Finances des pays membres de la C.E.E. et au M. le Président de la Commission de la C.E.E., 31. 8. 1972, in: ABF, 1489200205/264, S. 1.

[236] Eigene Übersetzung: Note, Ministère de l'Economie et des Finances, Projets concrets en faveur d'une politique européenne de stabilité, o. D., in: CAEF, 1A-0000054/1, S. 1.

[237] Vgl. Abschrift eines Fernschreibens der StäV, zu EG-Ratstagung vom 30./31. Oktober 1972 in Luxemburg über die Inflationsbekämpfung in der Gemeinschaft, 1. 11. 1972, in: HA Bbk, N-2/000152.

[238] Eigene Übersetzung: Procès-Verbal de la 63ème séance du comité des gouverneurs des banques centrales des Etats membres de la Communauté Economique Européenne, tenue à Paris, le mercredi, 18. 10. 1972, in: ECB Archives, S. 9.

[239] Vgl. Emminger an Mommsen (Staatssekretär BMF), Betreff: Sondersitzung des EWG-Ausschusses der Notenbankgouverneure in Paris am 18. Oktober 1972, 20. 10. 1972, in: BArch, B126/43391, S. 6.

französischen Finanzministerium im September 1972 über die Frage, welche Position die Banque de France im Komitee der Zentralbankgouverneure einnehmen sollte, gingen die Meinungen zwischen den Beamten des „Trésors“ und der Banque de France auseinander.[240] Während erstere der Auffassung waren, dass die Ausweitung der Geldmenge kaum Einfluss auf die Inflation hätte und ein Geldmengenziel daher zwecklos sei, widersprach die Banque de France und legte nahe, in den Verhandlungen eine „differenzierte Position“[241] einzunehmen. Ökonometrische Studien der Banque hätten die inflationäre Wirkung eines Geldmengenwachstums nachgewiesen und darüber hinaus würde Frankreich „von den Thesen seiner europäischen Partner abweichen, ohne solide Rechtfertigung.“[242] Pierre Berger, Berater von Gouverneur Wormser, pflichtete dieser Sichtweise in einem Aufsatz vom Dezember 1972 bei: Die „Beherrschung des Wachstums der Geldmenge [...] ist die einzige Handlungsmöglichkeit, über die die Zentralbanken verfügen, um die Gefahren einer Herausbildung überschüssiger Liquidität in der Wirtschaft zu vermeiden.“[243] Die Banque de France setzte sich in diesem Fall also über den Standpunkt des „Tresors“ hinweg und trug dazu bei, dass sich auch die europäischen Zentralbanken geschlossen hinter die Maßnahme einer gemeinsamen Inflationsbekämpfung stellten.

Die isolationistische Politik der USA, die schleppende Reform des internationalen Währungssystems und die Inflation in Europa veranlassten die Banque de France, im Laufe des Jahres 1972 ihre Politik zu verändern, sich vom Bretton Woods-System abzuwenden und die europäische Währungsordnung als neuen Rahmen für ihre Währungspolitik anzuerkennen.

Der innerdeutsche Streit um den Kapitalverkehr

Auch die Bundesbank registrierte in den ersten Wochen nach der Smithsonian-Konferenz neue Gefahrenzeichen. Die Kapitalzuflüsse nach Deutschland stiegen an, die Liquidität und die Inflation nahmen zu. In der Folge kämpfte die Bundesbank darum, nicht erneut die Kontrolle über die D-Mark zu verlieren und setzte nun voll und ganz auf das Instrument der Kapitalverkehrskontrollen. Sie geriet hierüber in einen scharfen Konflikt mit dem Bundeswirtschafts- und -finanzmi-

240 Vgl. Note DGE, Réunion tenue au ministère des finances le 21 septembre au sujet de la lutte contre l'inflation dans la communauté européenne, 22. 9. 1972, in: ABF, 1489200205/264, S. 2 f.

241 Eigene Übersetzung: Note DGE, Réunion tenue au ministère des finances le 21 septembre au sujet de la lutte contre l'inflation dans la communauté européenne, 22. 9. 1972, in: ABF, 1489200205/264, S. 3.

242 Eigene Übersetzung: Note DGE, Réunion tenue au ministère des finances le 21 septembre au sujet de la lutte contre l'inflation dans la communauté européenne, 22. 9. 1972, in: ABF, 1489200205/264, S. 3.

243 Eigene Übersetzung: Article, Pierre Berger, Elements de réflexion sur les problèmes de coordination des politiques monétaires, Revue 'Banque', décembre 1972, in: ABF, 1375200401/34, S. 1083.

nister Karl Schiller, konnte sich aber behaupten und damit im zweiten Halbjahr 1972 ihrer Anti-Inflationspolitik Spielraum verschaffen.

Ein Aufflammen der Währungskrisen

Die auf der Smithsonian-Konferenz vereinbarte Neuordnung der Wechselkurse sollte die Ungleichgewichte zwischen den Industrieländern ausgleichen, das Defizit der US-Zahlungsbilanz abbauen und den Rückfluss von Devisen aus Deutschland befördern. Diese Hoffnung erwies sich jedoch schnell als Trugschluss. Bereits in der ersten Sitzung des Zentralbankrats im Januar 1972 beobachtete Johannes Tüngeler, der im Bundesbank-Direktorium für Devisenfragen zuständig war, dass die „vielfach erwarteten Geldabflüsse aus der Bundesrepublik [...] ausgeblieben"[244] seien. Stattdessen setzten im Januar sogar neue Devisenzuflüsse aus den USA ein, die sich auf umgerechnet 2,5 Mrd. D-Mark beliefen.[245] Die Bundesbank stand dem gleichen Phänomen der Dollarkrise wie im Vorjahr gegenüber und konstatierte: „Das beherrschende Faktum für die Geld- und Kreditpolitik nach der Wechselkursneuordnung im Dezember 1971 und zu Beginn des Jahres 1972 war die Labilität auf den Devisenmärkten."[246] Die Zentralbankratsmitglieder waren sich einig, wo sie den Ursprung der anhaltenden Währungsprobleme verorten müssten: in den USA, die eine zu lockere Geld-, Kredit- und Fiskalpolitik betrieben. Heinrich Irmler kritisierte: „Ein grundsätzliches Dilemma bestehe insofern, als in den Vereinigten Staaten als Abwertungsland an sich restriktive binnenwirtschaftliche Maßnahmen angezeigt wären, tatsächlich aber auf Expansion umgeschaltet werde, um einen hinreichenden Grad an Vollbeschäftigung zu erzielen."[247]

Im Sommer 1972 griff eine Krise des britischen Pfunds auf die internationalen Devisenmärkte über. Aufgrund zunehmender Inflation, einer unsicheren Wirtschaftslage und Spekulationen musste die britische Regierung am 23. Juni den Wechselkurs freigeben und löste das Pfund sowohl von den globalen wie von den europäischen Wechselkursverpflichtungen.[248] Die meisten europäischen Länder, auch Deutschland, schlossen in der Folge ihre Devisenbörsen. Zu diesem Zeitpunkt hatte die Bundesbank aber bereits eine erhebliche Devisenflut abfedern müssen. Laut Emminger bildete die Bundesrepublik den Gegenpol für die Kapitalflüsse aus Großbritannien und „ein Hauptziel der offiziellen und nichtoffiziellen Gelder, die aus dem Pfund in andere Währungen abwandern."[249] Zwischen Be-

[244] 355. Sitzung des Zentralbankrats der Deutschen Bundesbank in Frankfurt a. M., 13. 01. 1972, in: HA Bbk, B330/6167/2, TOP 4.

[245] Vgl. 356. Sitzung des Zentralbankrats der Deutschen Bundesbank in Frankfurt a. M., 27. 01. 1972, in: HA Bbk, B330/6168/1, TOP 2.

[246] Deutsche Bundesbank (Hrsg.), Geschäftsbericht 1972, S. 18.

[247] 354. Sitzung des Zentralbankrats der Deutschen Bundesbank in Frankfurt a. M., 22. 12. 1971, in: HA Bbk, B330/6167/1, TOP 2.

[248] Vgl. Deutsche Bundesbank (Hrsg.), Monatsbericht Juli 1972, S. 5 f.

[249] Vermerk Otmar Emminger, Unterlagen und Überlegungen zur gegenwärtigen Währungskrise, 27. 6. 1972, in: HA Bbk, B330/6172/2, S. 7.

ginn der Pfundkrise Mitte Juni und Mitte Juli 1972 flossen Gelder in Höhe von 4,6 Mrd. Dollar aus Großbritannien und teils aus den USA nach Deutschland.[250]

Die anhaltende Dollarschwäche und die Pfundkrise stellten die Bundesbank wie im Jahr 1971 vor die Schwierigkeit, ihre gewünschte Geldpolitik – die Stabilisierung des Preisniveaus – nicht umsetzen zu können. Die Inflation stieg seit Januar 1972 weiter an. Die Liquiditätsreserven der Banken nahmen zu, und sie vergaben immer mehr Kredite.[251] Die Geldmenge in der deutschen Wirtschaft nach der Definition M1[252] stieg im ersten Halbjahr 1972 durchschnittlich um 13% mehr an als im Vorjahr,[253] was bei der Bundesbank Sorge auslöste: „Das hiermit geschaffene Inflationspotential wurde immer bedrohlicher."[254] Eigentlich erforderte diese Kreditlage eine restriktive Geldpolitik, doch wurde dies durch die internationale Währungslage und die Kapitalzuflüsse aus dem Ausland verhindert. Die deutsche Zentralbank musste sich dem Druck von außen beugen. Im Februar 1972 senkte sie den Diskont- und Lombardsatz, eine Aktion, die in der aktuellen Konjunkturlage ungeeignet erschien, die aber erforderlich war, um die Zinsunterschiede zum Ausland zu verringern. Wie die Bundesbank in ihrem Jahresbericht 1972 erläuterte, war ihre „Geldpolitik [...] bis über den Sommer hinaus von der Absicht bestimmt, zinsinduzierte Kapitalzuflüsse zu verhindern."[255] Es zeigte sich abermals die unheilvolle Wechselwirkung zwischen der internationalen Währungslage und dem nationalen Geldmarkt. Für Otmar Emminger war die D-Mark eine der „Hauptleidtragenden der Währungswirren"[256] und die Devisenzuflüsse ein „Alptraum für die deutsche Geldpolitik."[257]

Außenwirtschaftliche Absicherung

Das Bardepot

Die Bundesbank suchte beim ersten Anzeichen der wieder einsetzenden Kapitalzuflüsse nach Wegen, diesen Prozess zu unterbinden. Doch waren ihrem geld- und kreditpolitischen Instrumentarium dabei enge Grenzen gesetzt. Die Senkung der Zinssätze im Februar 1972 war das äußerste, wozu sie bereit war, und widersprach eigentlich ihrer intendierten Stabilitätspolitik. Einige Zentralbankratsmitglieder

[250] Vgl. Deutsche Bundesbank (Hrsg.), Geschäftsbericht 1972, S. 30.

[251] Vgl. Deutsche Bundesbank (Hrsg.), Monatsbericht April 1972, S. 7, Monatsbericht Mai 1972, S. 6, Monatsbericht Juni 1972, S. 8 und Monatsbericht Juli 1972, S. 16.

[252] Zur Geldmenge nach Definition M1 werden das im Umlauf befindliche Bargeld und die kurzfristig verfügbaren Sichteinlagen von Nichtbanken gezählt.

[253] Vgl. Deutsche Bundesbank (Hrsg.), Geschäftsbericht 1972, S. 19.

[254] Deutsche Bundesbank (Hrsg.), Geschäftsbericht 1972, S. 20.

[255] Deutsche Bundesbank (Hrsg.), Geschäftsbericht 1972, S. 19.

[256] Vortrag Otmar Emminger, Betrachtungen zur internationalen Währungslage, Eröffnung des Ausbildungslehrgangs der Deutschen Bundesbank, 15. 8. 1972, in: HA Bbk, N-2/00014, S. 9.

[257] Vortrag Otmar Emminger, Betrachtungen zur internationalen Währungslage, Eröffnung des Ausbildungslehrgangs der Deutschen Bundesbank, 15. 8. 1972, in: HA Bbk, N-2/00014, S. 11.

machten hierauf aufmerksam. Heinrich Irmler bezeichnete die Zinssenkung als „ausgesprochen kontraindiziert" und „ungeheuer". Es wäre ein „Damm gebrochen" und die Bundesbank von ihrem Ziel abgerückt, Stabilität zu garantieren.[258] Der Zentralbank stimmte daher dieser Zinsmaßnahme nur unter der Bedingung zu, dass die deutsche Regierung parallel dazu die außenwirtschaftliche Absicherung der Geldpolitik verstärkte. Konkret forderte sie die Anwendung des so genannten Bardepots, dessen Einführung bereits im Herbst Jahr 1971 beschlossen worden war. Klasen betonte: „Darüber sind sich die meisten klar, dass wir in keiner Weise auch nur für 1/2% [Zinssenkung] stimmen würden, wenn wir nicht die Erklärung von Herrn Schöllhorn hätten, dass in der nächsten Kab-Sitzg das Bardepotgesetz zur Beschlussfassung kommt. Das muss ein gleichzeitiges Handeln sein."[259]

Das Bardepot war für die Bundesbank eine erste, wichtige Voraussetzung, um die Kontrolle über ihre Geldpolitik zurückzugewinnen. Es stellte eine Verpflichtung für alle Nicht-Banken, also Unternehmen und Haushalte, dar, einen bestimmten Anteil von Auslandskrediten bei der Zentralbank ohne Zinsvergütung zu hinterlegen.[260] Indem somit 40%, später 50% der Darlehenssumme den Kreditnehmern entzogen wurden, verteuerten sich die Kredite, dies sollte den Anreiz senken, Devisen nach Deutschland zu importieren.[261] Das Bardepot warf jedoch ein grundsätzliches Problem für die Zentralbank auf. Es fiel, wie alle Maßnahmen der Währungspolitik, in die Kompetenz der Bundesregierung. Die Bundesbank konnte zwar bei der Ausgestaltung des Gesetzes beratend teilnehmen und war schließlich für die Umsetzung verantwortlich, aber die Entscheidung, wo, wann und wie das Bardepot angewandt wurde, lag nicht in ihrer Macht. Es offenbarten sich daher schnell Vorbehalte der Bundesbank vor allem gegen die inhaltlichen Lücken und Defizite des neuen Instruments. So bezweifelte sie, dass das Bardepot Kapitalbewegungen im Fall von spekulativen Währungskrisen bremsen könne. Es könne zwar den Zinseffekt und -anreiz reduzieren, aber gegen Spekulationen wäre es wirkungslos.[262] Darüber hinaus prangerten die Zentralbanker die Absicht der Bundesregierung an, Exportunternehmen gewisse Freibeiträge für das Bardepot einzuräumen; sie würden dessen Effektivität weitgehend untergraben.[263] Schließ-

[258] Zu den Zitaten: Wortprotokoll, 358. Sitzung des Zentralbankrats der Deutschen Bundesbank in Frankfurt a. M., 24. 2. 1972, in: HA Bbk, B330/6169/1., S. 1 f.

[259] Wortprotokoll, 358. Sitzung des Zentralbankrats der Deutschen Bundesbank in Frankfurt a. M., 24. 2. 1972, in: HA Bbk, B330/6169/1., S. 2.
Johann Baptist Schöllhorn (1922–2009): Staatssekretär des Bundesministeriums für Wirtschaft und Finanzen von 1967–1972.

[260] Auch betroffen waren langfristige Auslandsverbindlichkeiten von Banken, die nicht unter die Mindestreservepflicht fielen (d. h. mit einer Laufzeit länger als vier Jahre)

[261] Vgl. Vermerk I2, Das System des Bardepots in der Bundesrepublik Deutschland, 13. 11. 1972, in: HA BBk, B330/7983.

[262] Vgl. 356. Sitzung des Zentralbankrats der Deutschen Bundesbank in Frankfurt a. M., 27. 1. 1972, in: HA Bbk, B330/6168/1, TOP 5.

[263] Vgl. 351. Sitzung des Zentralbankrats der Deutschen Bundesbank, 10. 11. 1971, in: HA Bbk, B330/6165/2, TOP 4; vgl. auch: 357. Sitzung des Zentralbankrats der Deutschen Bundesbank in Frankfurt a. M., 10. 2. 1972, in: HA Bbk, B330/6168/2, TOP 4.

lich wies die Bundesbank darauf hin, dass das Bardepot nicht den Verkauf von Wertpapieren an Ausländer regelte. Dieser Weg, Devisen nach Deutschland zu bringen, mache es jedoch einfach, die Kontrolle des Bardepots zu umgehen.[264] Der Zentralbankrat mahnte: „Sollte sich diese Lücke nach Einführung des Bardepots tatsächlich in nennenswertem Umfang auftun, dann müßte Sorge getragen werden, sie umgehend zu schließen."[265] Hiermit sah die Bundesbank bereits im Februar 1972 präzise voraus, wie die Marktakteure auf das Bardepot reagieren würden. Ab März 1972 stiegen die Wertpapiertransaktionen proportional stark an und machten damit den größten Anteil der Devisenzuflüsse in die Bundesrepublik aus.[266]

Die Erfahrungen mit dem Bardepotgesetz nach dem ersten Halbjahr 1972 bestätigten die Bedenken der Bundesbank. Es zeigte sich rasch, dass die Marktakteure dem Bardepot auswichen und den Kapitalverkehr auf andere Bahnen verlagerten oder sich sogar bewusst den Regeln des Bardepots widersetzten. Ende Mai 1972 registrierte sie, dass in der Bundesrepublik das Geldvolumen in der Wirtschaft und die Liquidität der Banken durch hohe Kapitalzuflüsse weiterhin stark zugenommen hatten.[267] Zwar hätten die Marktteilnehmer ihre Auslandsverbindlichkeiten abgebaut, stattdessen waren jedoch die Käufe und Verkäufe von festverzinslichen Wertpapieren stark angestiegen. Von Januar bis April 1972 seien allein über diesen Weg Devisen in Höhe von 5,7 Mrd. D-Mark nach Deutschland geflossen, davon 4,4 Mrd. durch Käufe von Ausländern und 1,3 Mrd. durch Veräußerungen der Wertpapiere von Inländern.[268] Im Zentralbankrat traf man die Feststellung, „daß dieses Instrument der Absicherung gegen unerwünschte Mittelzuflüsse aus dem Ausland bisher nicht die Abschirmung mit sich gebracht habe, die manche von ihm erwartet hätten."[269] Zudem fiel der Bundesbank auf, dass die von Unternehmen und Banken abgegebenen Beträge für das Bardepot sehr gering, aus ihrer Sicht sogar zu gering waren.[270] Sie beobachtete bei den Meldungen von Firmen über das Bardepot Unregelmäßigkeiten und hegte den „Verdacht, […] daß eine Reihe von Großunternehmen mit Verbindlichkeiten gegenüber dem Ausland überhaupt keine Bardepotmeldung abgegeben habe."[271] Die Vermutung deckte

264 Vgl. 358. Sitzung des Zentralbankrats der Deutschen Bundesbank in Frankfurt a. M., 24. 2. 1972, in: HA Bbk, B330/6169/1, TOP 3.

265 358. Sitzung des Zentralbankrats der Deutschen Bundesbank in Frankfurt a. M., 24. 2. 1972, in: HA Bbk, B330/6169/1, TOP 3.

266 Vgl. Deutsche Bundesbank (Hrsg.), Geschäftsbericht 1972, S. 18.

267 364. Sitzung des Zentralbankrats der Deutschen Bundesbank in Frankfurt a. M., 31. 5. 1972, in: HA Bbk, B330/6171/3.

268 Vgl. 364. Sitzung des Zentralbankrats der Deutschen Bundesbank in Frankfurt a. M., 31. 5. 1972, in: HA Bbk, B330/6171/3, TOP 2.

269 364. Sitzung des Zentralbankrats der Deutschen Bundesbank in Frankfurt a. M., 31. 5. 1972, in: HA Bbk, B330/6171/3, TOP 4.

270 Vgl. 363. Sitzung des Zentralbankrats der Deutschen Bundesbank in Frankfurt a. M., 10. 5. 1972, in: HA Bbk, B330/6171/2, TOP 4.

271 362. Sitzung des Zentralbankrats der Deutschen Bundesbank in Frankfurt a. M., 27. 4. 1972, in: HA Bbk, B330/6171/1, TOP 4.

sich mit Berichten der Landeszentralbankpräsidenten, denen zufolge Unternehmen durch eine „großzügige Auslegung der Bardepotbestimmungen“[272] die Einschränkung ihres Kapitalverkehrs vermieden. Um diese Verstöße zu unterbinden, lud die Bundesbank die Vertreter der deutschen Bankenverbände im Juni 1972 zu einer Unterredung und vereinbarte ein „Gentlemen's Agreement“. Die Banken sicherten zu, ihre Kapitaltransaktionen mit dem Ausland der Bardepotpflicht konform zu gestalten.[273] Dass die Bundesbank diese Absprache nicht auf die leichte Schulter nahm, bewies eine Diskussion des Zentralbankrats hierüber. Die Ratsmitglieder bekräftigten die Notwendigkeit, ihre Geldpolitik nach außen abzusichern und betonten, dass „bei der Auslegung des Bardepotgesetzes gegenüber den Betroffenen im Zweifel eher eine harte Linie vertreten wird, um eine nachhaltige Abschirmung zu erreichen. Die Bundesbank dürfe auch Prozesse nicht scheuen.“[274]

Infragestellung der außenwirtschaftlichen Absicherung

Ehe das „Gentlemen's Agreement“ auf die Probe gestellt werden konnte, verschärfte die Währungskrise des Pfunds Mitte Juni 1972 die Problemlage der Bundesbank. Nun trat ein, was der Zentralbankrat in einem zweiten Kritikpunkt hinsichtlich des Bardepots geäußert hatte: Das Bardepot böte keinen Schutz gegen spekulative bzw. krisenbedingte Kapitalzuflüsse. Rückschauend analysierte die Auslandsabteilung der Bundesbank: „Als […] im Zusammenhang mit der Pfundkrise erneut eine internationale Währungsspekulation ausbrach und umfangreiche Auslandsgelder in die DMark drängten, wurden die Zinssätze für DMark auf dem Eurogeldmarkt durch die anlagesuchenden ausländischen Gelder so stark herabgedrückt, […] dass das Bardepot trotz seiner Erhöhung auf 50% mit Leichtigkeit übersprungen wurde.“[275] Zwischen dem 15. und 23. Juni 1972 musste die Bundesrepublik infolge der Pfundkrise insgesamt 2,6 Mrd. Dollar an Devisen aufnehmen.[276]

Die heftigen Auswirkungen der Pfundkrise auf den deutschen Geld- und Kapitalmarkt riefen wieder die Debatte hervor, mit welchen Mitteln die Bundesbank ihre Geldpolitik am wirkungsvollsten schützen könnte. Im Vergleich zum Jahr 1971 verfügten die deutschen Wirtschaftspolitiker und Zentralbanker über eine deutlich eingeschränkte Bandbreite an Optionen. Die Freigabe der Wechselkurse,

272 363. Sitzung des Zentralbankrats der Deutschen Bundesbank in Frankfurt a. M., 10. 5. 1972, in: HA Bbk, B330/6171/2, TOP 4.

273 Vgl. 365. Sitzung des Zentralbankrats der Deutschen Bundesbank in Frankfurt a. M., 15. 6. 1972, in: HA Bbk, B330/6172/1, TOP 2.

274 365. Sitzung des Zentralbankrats der Deutschen Bundesbank in Frankfurt a. M., 15. 6. 1972, in: HA Bbk, B330/6172/1, TOP 2.

275 Vermerk I2, Das System des Bardepots in der Bundesrepublik Deutschland, 13. 11. 1972, in: HA BBk, B330/7983, S. 3 f.

276 Vgl. Vermerk Otmar Emminger, Unterlagen und Überlegungen zur gegenwärtigen Währungskrise, 27. 6. 1972, in: HA Bbk, B330/6172/2, S. 3.

also ein Floating, kam weder für die Bundesbank noch für die Bundesregierung in Frage. Dieses hatte nach dem dramatischen Krisenjahr 1971 und der erfolgreichen Neuordnung der Wechselkurse im Dezember 1971 vorerst seine Legitimation verloren. Das Bundeswirtschafts- und -finanzministerium hielt in einem Vermerk fest, dass „eine isolierte DMark-Aufwertung (Alleingang) aus europäischer Solidarität künftig nicht mehr möglich sein dürfte."[277] Der gleichen Argumentation folgte die Bundesbank, hier in den Worten des Zentralbankratsmitglieds Leonhard Gleske: eine „neuerliche Freigabe des DM-Wechselkurses hätte sicherlich das Ende des realignments von Washington und einen schweren Rückschlag für die europäische währungspolitische Integration bedeutet."[278] Einmal mehr hatten die außenpolitischen Verpflichtungen Vorrang. Das Gleiche galt für ein gemeinsames Floaten aller Währungen der Europäischen Wirtschaftsgemeinschaft. Klasen hierzu: ein „Floating der vergrößerten EWG gegenüber dem Dollar wäre denkbar, aber politisch völlig undurchsetzbar."[279] Die EWG-Partnerländer seien nicht bereit, sich mit der D-Mark zu einem geschlossenen Währungsverbund zusammenzuschließen, dessen Wechselkurse nur noch im Einklang gegenüber dem Dollar auf- oder abwerteten. Sie befürchteten, laut Otmar Emminger, „mit der DMark als der Hauptzufluchtswährung der Weltwirtschaft nach oben gezogen zu werden und sie wollten unter keinen Umständen eine de facto-Aufwertung gegenüber dem Dollar hinnehmen."[280]

Konflikt über die Kapitalverkehrskontrollen

Damit verblieben nur zwei Alternativen für die Bundesregierung und Bundesbank: eine Erweiterung des Bardepots und damit einhergehend die Erduldung von weiteren Kapitalzuflüssen, oder die Anwendung des § 23 des Außenwirtschaftsgesetzes (AWG), also ein stärkerer direkter Eingriff in den Kapitalverkehr des Marktes. Die Wahl zwischen beiden Optionen spaltete die Meinungen und führte zum Bruch zwischen Bundesbank und Wirtschafts- und Finanzminister Karl Schiller, der in der Folge seinen Rücktritt einreichte.

Der zentrale Streitpunkt war die Umsetzung von Kapitalverkehrskontrollen nach § 23 AWG. Die Bundesbank hielt dieses Instrument, trotz Einführung des

277 Vermerk, Bundesministerium für Wirtschaft und Finanzen, Abteilung IV/2, Betr.: Kann sich die Bundesrepublik in Zukunft vor unerwünschten Geld- und Kapitalzuflüssen schützen?, 14. 6. 1972, in: BArch, B126/37725, S. 4.

278 Artikel Leonhard Gleske, The present monetary situation, Beitrag für Euromoney (deutscher Entwurf), Oktober 1972, in: HA Bbk, B330/56969, S. 4; vgl. auch: Vortrag Otmar Emminger, Betrachtungen zur internationalen Währungslage, Eröffnung des Ausbildungslehrgangs der Deutschen Bundesbank, 15. 8. 1972, in: HA Bbk, N-2/00014, S. 12.

279 Wirtschafts- und währungspolitische Chronologie, Tagebuchähnliche Aufzeichnungen von Viktor von der Lippe über Entwicklungen der Wirtschafts-, Währungs- und Geldpolitik, Bd. 4 1972, 3. 3. 1972, in: HA Bbk, B330/6916/2.

280 Vortrag Otmar Emminger, Betrachtungen zur internationalen Währungslage, Eröffnung des Ausbildungslehrgangs der Deutschen Bundesbank, 15. 8. 1972, in: HA Bbk, N-2/00014, S. 13.

Bardepots im Frühjahr, für das einzig wirksame Gegenmittel gegen die zunehmenden Geldbewegungen. Bereits in der Zentralbankratssitzung im Februar 1972 mahnten Klasen und Tüngeler den anwesenden Staatssekretär des BMWF, Johann Schöllhorn, es müsse im Fall einer Lücke im Bardepotgesetz „Sorge getragen werden, sie umgehend zu schließen."[281] Die faktischen Verstöße gegen das Bardepot durch die deutschen Unternehmen im ersten Halbjahr ließen diesen Fall eintreten. Zusätzlich führten die Käufe und Verkäufe der Wertpapiere, die nicht unter das Bardepot fielen, zu einem unkontrollierten Anstieg der Liquidität. Aus Sicht des Zentralbankrats konnte dieses Problem nur durch eine Genehmigungspflicht gelöst werden. Nach Abschluss des „Gentlemen's Agreements" mit den Bankenverbänden Anfang Juni 1972 kam er überein: „Sollte das Gentlemen's Agreement nicht zum gewünschten Erfolg führen, dann werde die Bundesbank an den Bundesminister für Wirtschaft und Finanzen mit der Bitte herantreten, die aufgetretenen Umgehungen durch eine Novellierung des Bardepotgesetzes oder durch Ausnutzung der im AWG gegebenen Möglichkeiten zu unterbinden."[282] Die Pfundkrise, die massiven zusätzlichen Kapitalzuflüsse und die Schließung der Devisenbörsen am 23. Juni machten das Problem akut. Auf den Sitzungen des Bundesbankdirektoriums am 26. und 27. Juni sprach sich dieses geschlossen für die Einführung des § 23 AWG aus. Die Entscheidung der Schweizer Notenbank, ebenfalls eine Genehmigungspflicht für Wertpapier-Transaktionen mit dem Ausland einzuführen, bekräftigte noch einmal die Entschlossenheit der Bundesbank.[283] Selbst Otmar Emminger, der ein Jahr zuvor die direkten Kapitalverkehrskontrollen noch entschieden abgelehnt hatte, stimmte zu.[284] Nun musste nur noch die Bundesregierung überzeugt werden.

Aus dem Wirtschafts- und Finanzministerium, vor allem von Minister Karl Schiller persönlich, kam jedoch energischer Widerspruch, das Genehmigungsverfahren nach § 23 AWG sei inkompatibel mit der liberalen Marktwirtschaft in Deutschland. In einer Note hieß es: „dieses dirigistische Verfahren sei mit den marktwirtschaftlichen Ordnungsprinzipien unvereinbar."[285] Es würde den freien Kapitalverkehr unterminieren und zudem die Bemühungen um eine verstärkte europäische wirtschaftliche Integration beeinträchtigen. Auch sei der notwendige bürokratische Aufwand erheblich. Es würde zu viel Personal in Anspruch nehmen

281 358. Sitzung des Zentralbankrats der Deutschen Bundesbank in Frankfurt a. M. 24. 2. 1972, in: HA Bbk, B330/6169/1, TOP 3.

282 365. Sitzung des Zentralbankrats der Deutschen Bundesbank in Frankfurt a. M., 15. 6. 1972, in: HA Bbk, B330/6172/1, TOP 2.

283 Vgl. Wirtschafts- und währungspolitische Chronologie, Tagebuchähnliche Aufzeichnungen von Viktor von der Lippe über Entwicklungen der Wirtschafts-, Währungs- und Geldpolitik, Bd. 4 1972, 27. 6. 1972, in: HA Bbk, B330/6916/2.

284 Vgl. Protokoll zur 37. Sitzung des Direktoriums der Deutschen Bundesbank, 26. 6. 1972, in: HA BBk, B330/4961.

285 Vermerk, Bundesministerium für Wirtschaft und Finanzen, Abteilung IV/2, Betr.: Kann sich die Bundesrepublik in Zukunft vor unerwünschten Geld- und Kapitalzuflüssen schützen?, 14. 6. 1972, in: BArch, B126/37725, S. 6.

und enorme Kosten mit sich bringen.[286] Das Ministerium zog das Fazit: „Hände weg vom § 23 AWG und Verschärfungsmöglichkeiten der Bardepotregelung ausloten."[287]

Aus Sicht der Bundesbank ging diese Argumentation am eigentlichen Kernproblem vorbei. Otmar Emminger erläuterte in einem internen Vortrag vor einem Ausbildungslehrgang der Bundesbank, dass eine Anwendung der Genehmigungspflicht auf Wertpapierkäufe- und -verkäufe in keiner Weise die Freiheit des Kapital- und Handelsverkehrs einschränke. Die Zunahme der Wertpapiertransaktionen läge darin begründet, dass sie Unternehmen und Banken die Möglichkeit böten, die restriktive Geldpolitik der Bundesbank zu umgehen. Ihre Bedeutung für den Kapitalverkehr sei zuvor marginal gewesen. Emminger schrieb: „Mit der Verstopfung dieser Umwege wurde die Devisenfreiheit weder für den Handels- und Dienstleistungsverkehr noch für den normalen Kapitalverkehr irgendwie eingeschränkt; noch ist ein ‚Ausufern des Dirigismus' zu befürchten."[288] Auch wies er die Sorge hinsichtlich des großen Personal- und Bürokratieaufwands zurück. Es benötige „keinen besonderen Kontrollapparat", die Genehmigungspflicht sei „in der Handhabung wesentlich einfacher als das komplizierte Bardepotsystem."[289] Die Verteidigung des § 23 AWG durch Emminger war umso bemerkenswerter, als sie nicht von einem typischen Verfechter der Kapitalverkehrskontrollen kam, sondern von einem besonders skeptisch eingestellten Bundesbanker, der dem freien Kapitalverkehr einen sehr hohen Wert beimaß. Ausschlaggebend für Emminger war, die Stabilität des deutschen Geldmarktes effektiv zu sichern und den Inflationstrend zu bändigen. Und hierfür war aus seiner Sicht „der § 23 des Außenwirtschaftsgesetzes [...] ausdrücklich für eine Situation wie die heutige gedacht."[290]

Rücktritt Schillers und Folgen des § 23 AWG

Die finale Auseinandersetzung zwischen Wirtschafts- und Finanzministerium und Bundesbank fand am 28. und 29. Juni 1972 auf einer Sitzung des Bundeskabinetts statt. Bundesbankpräsident Klasen wollte die Bundesregierung von der Genehmigungspflicht für Wertpapiergeschäfte nach § 23 AWG überzeugen. Er konn-

[286] Vgl. Vermerk, Bundesministerium für Wirtschaft und Finanzen, Abteilung IV/2, Betr.: Kann sich die Bundesrepublik in Zukunft vor unerwünschten Geld- und Kapitalzuflüssen schützen?, 14. 6. 1972, in: BArch, B126/37725, S. 6.

[287] Vermerk, Bundesministerium für Wirtschaft und Finanzen, Abteilung IV/2, Betr.: Kann sich die Bundesrepublik in Zukunft vor unerwünschten Geld- und Kapitalzuflüssen schützen?, 14. 6. 1972, in: BArch, B126/37725, S. 8.

[288] Vortrag Otmar Emminger, Betrachtungen zur internationalen Währungslage, Eröffnung des Ausbildungslehrgangs der Deutschen Bundesbank, 15. 8. 1972, in: HA Bbk, N-2/00014, S. 15.

[289] Beide Zitate: Vortrag Otmar Emminger, Betrachtungen zur internationalen Währungslage, Eröffnung des Ausbildungslehrgangs der Deutschen Bundesbank, 15. 8. 1972, in: HA Bbk, N-2/00014, S. 15.

[290] Vortrag Otmar Emminger, Betrachtungen zur internationalen Währungslage, Eröffnung des Ausbildungslehrgangs der Deutschen Bundesbank, 15. 8. 1972, in: HA Bbk, N-2/00014, S. 15.

te dabei auf die Unterstützung einiger Kabinettsmitglieder, insbesondere des damaligen Verteidigungsministers Helmut Schmidt und des Kanzleramtsministers Horst Ehmke zählen. Da er voraussah, dass sich Karl Schiller der Anwendung des Gesetzes verweigern würde, ließ er ihn bis zuletzt über seine Absichten im Unklaren.[291] In der Aussprache im Kabinett prallten dann die gegensätzlichen Positionen von Klasen und Schiller umso härter aufeinander. Zweimal musste die Sitzung unterbrochen werden, schließlich wurde die Entscheidung auf den darauffolgenden Tag verschoben.[292] Am Ende konnte sich Klasen durchsetzen. Das Kabinett befürwortete § 23 AWG und erteilte dem Standpunkt Karl Schillers eine Absage. Er hatte als einziges Kabinettsmitglied gegen den Bundesbank-Vorschlag gestimmt.[293] Schiller verweigerte im Anschluss seine Unterschrift unter das Gesetz – an seiner Stelle musste Bundesinnenminister Hans-Dietrich Genscher unterschreiben,[294] – und kündigte am 2. Juli 1972 seine Demission an. Im Rücktrittsschreiben warf Schiller Klasen vor, ihn hintergangen und ein dirigistisches „Kontrollsystem" eingeführt zu haben, das „seiner Natur nach lückenhaft ist" und zu „Distorsionen" im Kapitalmarkt führen würde.[295]

Die Bundesbank wertete dagegen die Einführung der Genehmigungspflicht als vollen Erfolg. Die Devisenmärkte beruhigten sich und insbesondere der DM-Dollar-Wechselkurs pendelte sich auf ein stabiles Niveau ein.[296] Ende November 1972 übermittelte der persönliche Referent Klasens an das Bundeswirtschafts- und -finanzministerium eine Statistik und merkte an: „Aus ihr geht deutlich hervor, wie ausgezeichnet es in den vergangenen vier Monaten gelungen ist, die Verhältnisse am deutschen Devisenmarkt zu stabilisieren. Diese vier Monate umfassen genau den Zeitraum seit Wirksamwerden der außenwirtschaftlichen Absicherungsmaßnahmen, die von der Bundesregierung auf Vorschlag von Herrn Präsident Klasen in der denkwürdigen Kabinettssitzung am 28. und 29. Juni dieses Jahres beschlossen worden waren – schlagender Beweis für die Richtigkeit seines damaligen Rates."[297] Die Kontrollen konnten die störenden Finanzströme wirksam beschränken und reduzieren. Die Wertpapierkäufe, die dem § 23 AWG unterworfen waren, nahmen stetig ab und kamen im August vollständig zum Erliegen.

291 Vgl. DER SPIEGEL, Nr. 29, 10. 7. 1972, „Ein guter Abgang ziert die Übung".

292 Vgl. Wirtschafts- und währungspolitische Chronologie, Tagebuchähnliche Aufzeichnungen von Viktor von der Lippe über Entwicklungen der Wirtschafts-, Währungs- und Geldpolitik, Bd. 4 1972, 28. 6. 1972, in: HA Bbk, B330/6916/2.

293 Vgl. 117. Kabinettssitzung (Fortsetzung) am 29. 6. 1972, TOP D, in: Kabinettsprotokolle der Bundesregierung, online.

294 Vgl. Wirtschafts- und währungspolitische Chronologie, Tagebuchähnliche Aufzeichnungen von Viktor von der Lippe über Entwicklungen der Wirtschafts-, Währungs- und Geldpolitik, Bd. 4 1972, 29. 6. 1972, in: HA Bbk, B330/6916/2.

295 Zitiert bei: DIE ZEIT, Nr. 31, 4. 8. 1972, „Aus Schillers Rücktrittsschreiben an den Bundeskanzler".

296 Vgl. 368. Sitzung des Zentralbankrats der Deutschen Bundesbank in Frankfurt a. M., 10. 8. 1972, in: HA Bbk, B330/6173/2, TOP 4.

297 Brief Titzhoff (persönlicher Referent von Karl Klasen), an Geske (Ministerbüro des BMWiF), 14. 11. 1972, in: HA Bbk, B330/9941.

Der Kapitalverkehr drehte sich sogar um und ausländische Anleger verkauften ihre Wertpapiere wieder.[298] Die Auslandsabteilung der Bundesbank notierte: „Der Erfolg dieser sog. ‚Devisenkontrolle' – die ohne irgendeine bürokratische Überwachung funktioniert und einfacher als das Bardepot zu handhaben ist – war bisher frappant."[299] Auch insgesamt verringerten sich die Devisenzuflüsse im zweiten Halbjahr. Die Währungsreserven der Bundesbank sanken um 4,5 Mrd. D-Mark, ein Zeichen, dass mehr Kapital exportiert als importiert wurde.[300] In den Zentralbankratssitzungen registrierte man ab September bzw. Oktober 1972, dass die außenwirtschaftlichen Störungen der inländischen Geld- und Kreditpolitik immer weiter zurückgingen.[301] Endlich konnte die Bundesbank wieder die restriktiven geldpolitischen Maßnahmen ergreifen, die erforderlich waren, um die starke Inflation zu drosseln.[302] Von Oktober 1972 bis Januar 1973 erhöhte sie kontinuierlich die Zinssätze, so etwa den Diskontsatz von 3 auf 5% und den Lombardsatz von 4 auf 7%.[303] Parallel dazu erhöhte sie die Mindestreserven für die Banken, allein im Juli um 30%,[304] und kürzte die Rediskontkontingente, die mengenmäßige Beschränkung von Krediten, die die Bundesbank an Banken gewährte.

Der Einsatz der Genehmigungspflicht ging nicht ohne Bedenken über die Bühne. Leonhard Gleske, LZB-Präsident aus Bremen, unterstrich die Mängel der Kontrollmaßnahmen. Es war für ihn klar, dass „Eingriffe in diesen [Kapital-]Verkehr nie eine Lösung der Probleme bedeuten, da sie bei den Symptomen und nicht bei den Ursachen ansetzen."[305] Er warnte vor den Folgen auf die globalen Handelsbeziehungen und die enge Vernetzung der Weltwirtschaft, die sich seit dem Zweiten Weltkrieg ausgebildet hatte.[306] Auch Otmar Emminger wies auf das Risiko eines überbordenden Dirigismus hin und betonte: „Die gegenwärtigen Abschirmungsmaßnahmen der Bundesrepublik sind ganz bewußt als Provisorium gedacht, bis die fundamentalen Lösungen heranreifen."[307]

298 Vgl. Vermerk I2, Das System des Bardepots in der Bundesrepublik Deutschland, 13. 11. 1972, in: HA BBk, B330/7983, S. 5.

299 Vermerk I2, Das System des Bardepots in der Bundesrepublik Deutschland, 13. 11. 1972, in: HA BBk, B330/7983, S. 5.

300 Vgl. Deutsche Bundesbank (Hrsg.), Geschäftsbericht 1972, S. 21.

301 Vgl. 371. Sitzung des Zentralbankrats der Deutschen Bundesbank in Frankfurt a. M., 21. 9. 1972, in: HA Bbk, B330/6175/1, TOP 2.

302 Vgl. 372. Sitzung des Zentralbankrats der Deutschen Bundesbank in Frankfurt a. M., 6. 10. 1972, in: HA Bbk, B330/6175/2, TOP 2.

303 Vgl. Deutsche Bundesbank (Hrsg.), Geschäftsbericht 1972, S. 21.

304 Vgl. 366. Sitzung des Zentralbankrats der Deutschen Bundesbank in Frankfurt a. M., 29. 6. 1972, in: HA Bbk, B330/6172/2, TOP 5; vgl. auch: 367. Sitzung des Zentralbankrats der Deutschen Bundesbank in Frankfurt a. M., 13. 7. 1972, in: HA Bbk, B330/6173/1

305 Artikel Leonhard Gleske, The present monetary situation, Beitrag für Euromoney (deutscher Entwurf), Oktober 1972, in: HA Bbk, B330/56969, S. 5.

306 Vgl. Artikel Leonhard Gleske, The present monetary situation, Beitrag für Euromoney (deutscher Entwurf), Oktober 1972, in: HA Bbk, B330/56969, S. 5.

307 Vortrag Otmar Emminger, Betrachtungen zur internationalen Währungslage, Eröffnung des Ausbildungslehrgangs der Deutschen Bundesbank, 15. 8. 1972, in: HA Bbk, N-2/00014, S. 18.

Die internationale Währungslage gab den Aktionsrahmen für die deutsche Geldpolitik vor. Solange Währungskrisen und Wechselkursschwankungen die Lage bestimmten, musste die Bundesbank die störenden Einflüsse von außen unterdrücken, um ihr gesetzliches Ziel der Geldwertstabilität zu erreichen. Durch die Einführung des § 23 AWG gelang es ihr gegen den Widerstand des Wirtschafts- und Finanzministeriums, eben diese Rahmenbedingung herzustellen und im zweiten Halbjahr 1972 vorläufig zu einer Stabilitätspolitik zurückzukehren.

3.2. Februarkrise 1973

Im Frühjahr 1973 läutete eine neue Währungskrise das Finale des Bretton Woods-Systems fester Wechselkurse ein.[308] Ende Januar und Anfang Februar erlitt der Dollar aufgrund eines Beschlusses der US-Regierung, ihre Politik der Preis- und Lohnkontrollen einzustellen, einen Vertrauens- und Spekulationsschock. In der Folge kam es zu neuen immensen Dollarzuflüssen nach Europa, insbesondere nach Deutschland. Allein in den ersten beiden Februartagen 1973 musste die Bundesbank über eine Milliarde Dollar aufkaufen und in den folgenden Tagen noch weitere 5 Milliarden.[309] Erst eine 10-prozentige Abwertung des Dollars durch die US-Regierung am 12. Februar setzte den spekulativen Kapitalbewegungen ein Ende.[310]

Der französische Meinungsumschwung

In Frankreich war man von den neuen Währungsproblemen nicht direkt betroffen und sah sich in der Rolle eines außenstehenden Beobachters. Im Conseil Général der Banque berichtete Sous-Gouverneur André de Lattre, dass man keine Devisenzuflüsse verzeichnet hätte und die französischen Märkte weitgehend ruhig blieben.[311] Auch das französische Finanzministerium verwies auf die Randlage Frankreichs in der Währungskrise.[312]

Doch die französischen Währungsbehörden observierten die Ereignisse extrem kritisch, da sie wieder einmal die destruktive Rolle der USA und des Dollars offenbarten. André de Lattre beklagte die „große Schwäche des Dollars",[313] der im Mittelpunkt der spekulativen Attacken stehe, und Olivier Wormser prangerte zeitgleich in einem Vortrag am 5. Februar 1973 die schädliche Wirtschafts- und Währungspolitik der USA an. Ohne sie direkt zu nennen, klagte er: „Ein schlech-

308 Vgl. James, International Monetary Cooperation, S. 141 f.

309 Vgl. Deutsche Bundesbank (Hrsg.), Monatsbericht Februar 1973, S. 7.

310 Vgl. Solomon, International Monetary System, S. 23.

311 Vgl. ABF, Procès-Verbal, Conseil Général, 8. 2. 1973, S. 10–15.

312 Wirtschafts- und währungspolitische Chronologie, Tagebuchähnliche Aufzeichnungen von Viktor von der Lippe über Entwicklungen der Wirtschafts-, Währungs- und Geldpolitik, Bd. 5 1973, 6. 2. 1973, in: HA Bbk, B330/6917/1.

313 Eigene Übersetzung: ABF, Procès-Verbal, Conseil Général, 8. 2. 1973, S. 10.

tes internationales Abkommen hätte unter anderem zur Folge, einem bestimmten Partner zu erlauben, [...] der erforderlichen Zahlungsbilanzdisziplin zu entgehen. Dieser Staat könnte eine unbeschränkte Politik betreiben, [...] und würde es den anderen Staaten überlassen, die monetären und anderen Konsequenzen dieser Politik zu ertragen."[314] Der französische Unmut über das amerikanische Verhalten machte sich auch Luft in einer Unterhaltung zwischen Finanzminister Valéry Giscard d'Estaing und dem Under State Secretary der US-Treasury Paul Volcker am 11. Februar in Paris.[315] Giscard d'Estaing warf dem Amerikaner vor, das Smithsonian-Abkommen nicht eingehalten, die Regeln des Systems missachtet und die Bedeutung der festen Wechselkurse ignoriert zu haben. Er erklärte sich zwar mit dem amerikanischen Lösungsvorschlag, den Dollar um 10% abzuwerten, prinzipiell einverstanden, hielt ihn jedoch nicht für nachhaltig wirksam. Ihn interessierte vielmehr, ob die USA nach der Abwertung die ursprüngliche Gold-Dollar-Konvertibilität wiederherstellen wollten, eine Forderung, die Volcker allerdings ablehnte.[316]

Für die französische Zentralbank und Regierung waren die Währungsprobleme im Februar 1973 der erneute Beweis, dass die USA das internationale Währungssystem aushöhlten. Dieser Missstand könne nur behoben werden, indem das System reformiert, die Rechte und Pflichten zwischen allen Mitgliedsländern gleichmäßig verteilt und der Dollar nicht mehr als einzige Bezugs- und Reservewährung fungieren würde.[317] In dieser Hinsicht vertraten die französischen Behörden ihre hergebrachte Auffassung.

Die Februarkrise 1973 wurde aber darüber hinaus zum entscheidenden Wendepunkt; denn im Gegensatz zu den früheren Jahren gelangten die Banque de France und die französische Regierung zur Überzeugung, dass eine Reform der globalen Währungsordnung in naher Zukunft nicht mehr möglich sei. Auf einer Sitzung der EWG-Finanzminister im Februar 1973 erklärte Giscard d'Estaing, es sei „eine Illusion, anzunehmen, daß man schnell zu fixen Wechselkursen zurückkehren könne. Man müsse noch lange Zeit mit einem ‚système monétaire incertain' rechnen. Die USA seien jetzt noch weniger bereit, etwas zur Verteidigung der Dollar-Parität zu tun, als nach dem Washingtoner Abkommen."[318] Daher gelte es, ein

314 Eigene Übersetzung: Vortrag Olivier Wormser, Overseas Bankers Club, 5. 2. 1973, in: ABF, 1069201118/50, S. 4.

315 Vgl. Notes of a Telephone Conversation among Secretary of the Treasury Shultz, the Deputy Under Secretary of the Treasury for Monetary Affairs (Bennett), and the Under Secretary of the Treasury for Monetary Affairs (Volcker), 11. 2. 1973, Nr. 10, in: Foreign Relations of the United States, 1969–1976, Vol. 31, Foreign Economic Policy, 1973–1976, S. 43–46.

316 Vgl. Notes of a Telephone Conversation among Secretary of the Treasury Shultz, the Deputy Under Secretary of the Treasury for Monetary Affairs (Bennett), and the Under Secretary of the Treasury for Monetary Affairs (Volcker), 11. 2. 1973, Nr. 10, in: Foreign Relations of the United States, 1969–1976, Vol. 31, Foreign Economic Policy, 1973–1976, S. 44 f.

317 Vgl. Note DGSE, Système Monétaire International, la convertibilité et le règlement des déséquilibres, 16. 1. 1973, in: ABF, 1489200304/96, S. 1–3.

318 Abschrift eines Fernschreibens der Ständigen Vertretung der Bundesrepublik Deutschland bei den Europäischen Gemeinschaften, Betreff: Ratstagung der EG-Finanzminister vom

europäisches Gegengewicht zur Übermacht der USA und des Dollars zu schaffen. Giscard d'Estaing forderte eine gemeinsame, europäische Reaktion auf die Dollarkrise. Es brauche ein „modèle européen",[319] durch das man sich gemeinsam vor den ständigen Währungsstörungen durch den Dollar schützen könne.

Die Banque de France schloss sich dieser Ansicht uneingeschränkt an. Auf die Frage, „ob es realistisch sei, eine ‚Symmetrie' zwischen der Position der Vereinigten Staaten – für lange Zeit noch die vorrangige Weltmacht – und den anderen Ländern anzustreben,"[320] antwortete die DGSE mit einem klaren Nein. Solange es keine europäische Währungsstruktur gebe, würden die USA immer das „Recht des Stärkeren"[321] anwenden und jede währungspolitische Regel unterlaufen. Eine gemeinsame, europäische Politik sei daher die Voraussetzung für ein funktionierendes internationales Währungssystem. Die gleiche Position vertrat auch Gouverneur Wormser in seinem Vortrag am 5. Februar. Er stellte die europäischen Regierungen bildlich vor die Wahl zweier Optionen: entweder sie verfolgten weiterhin nationale Interessen und begnügten sich mit einer Währungskooperation auf dem kleinsten gemeinsamen Nenner; oder sie setzten sich „ambitionierte Ziele" und schufen eine europäische Einheit, „deren Einfluss [...] sich auf der ganzen Welt bemerkbar machen"[322] würde. Er beendete seine Ausführungen mit dem Leitspruch der britischen Royal Air Force „per ardua ad astra"[323] und bezog dessen Sinn auf Europa bzw. die Europäische Gemeinschaft, die die Aufgabe habe, „sich selbst durch ihre eigenen Anstrengungen zu retten."[324] Dementsprechend stellte sich auch Wormser, wie Giscard d'Estaing, voll und ganz hinter die Initiative eines europäischen Floatings.[325] Im deutschen Zentralbankrat berichtete Helmut Schmidt am 15. Februar: „Frankreich war ohne Einschränkung bereit, an einer gemeinsamen Aktion der europ. Länder in der Richtung teilzunehmen, dass wir in EWG-Währungen gegenseitig interveniert hätten, um die Wechselkursrelationen der EWG-Währungen stabil zu halten."[326]

14. Februar 1973 in Brüssel über die Abwertung des US-Dollar am 12. Februar 1973, 15. 2. 1973, in: HA Bbk, N-2/000233, S. 8.

[319] Abschrift eines Fernschreibens der Ständigen Vertretung der Bundesrepublik Deutschland bei den Europäischen Gemeinschaften, Betreff: Ratstagung der EG-Finanzminister vom 14. Februar 1973 in Brüssel über die Abwertung des US-Dollar am 12. Februar 1973, 15. 2. 1973, in: HA Bbk, N-2/000233, S. 8.

[320] Eigene Übersetzung: Note DGSE, Système Monétaire International, la convertibilité et le règlement des déséquilibres, 16. 1. 1973, in: ABF, 1489200304/96, S. 8.

[321] Eigene Übersetzung: Note DGSE, Système Monétaire International, la convertibilité et le règlement des déséquilibres, 16. 1. 1973, in: ABF, 1489200304/96, S. 8.

[322] Eigene Übersetzung: Rede, Olivier Wormser, Overseas Bankers Club, 5. 2. 1973, in: in: ABF, 1069201118/50, S. 9.

[323] Lat.: „durch Strebsamkeit zu den Sternen".

[324] Eigene Übersetzung: Rede Olivier Wormser, Overseas Bankers Club, 5. 2. 1973, in: in: ABF, 1069201118/50, S. 9.

[325] Vgl. Wirtschafts- und währungspolitische Chronologie, Tagebuchähnliche Aufzeichnungen von Viktor von der Lippe über Entwicklungen der Wirtschafts-, Währungs- und Geldpolitik, Bd. 5 1973, 12. 2. 1973, in: HA Bbk, B330/6917/1.

[326] Wortprotokoll, 382. Sitzung des Zentralbankrats der Deutschen Bundesbank in Frankfurt a. M., in: HA Bbk, 15. 2. 1973, in: HA Bbk, B330/6703/1, TOP 2.

Eine klare Zielvorgabe der Bundesbank

In Deutschland hatte die außenwirtschaftliche Absicherung, die Bundesbank und Bundesregierung per Bardepot und § 23 AWG geschaffen hatten, der Geldpolitik nur eine kurze Atempause gewährt. Ende Januar und Anfang Februar 1973 erschütterte die Dollarkrise zum wiederholten Mal die deutschen Geldmärkte. Innerhalb weniger Tage, zwischen 1. und 9. Februar 1973, musste die Bundesbank Devisen in Höhe von 6 Mrd. Dollar, mit einem Gegenwert von 18,1 Mrd. D-Mark, aufnehmen. Es war der größte Kapitalzufluss aus dem Ausland, den die Bundesbank jemals registriert hatte. Er setzte abermals ihre inländische Stabilitätspolitik außer Kraft.[327]

In der Reaktion der deutschen Währungsbehörden auf die Krise spiegelten sich sowohl traditionelle als auch neue Aspekte deutscher Währungspolitik wider. Zum einen deckte die Februarkrise die konstanten Widersprüche der Motive und Ziele innerhalb der Bundesbank sowie die zwischen Bundesbank und Bundesregierung auf. Zum anderen offenbarte sie die Erschöpfung der Alternativen zur währungspolitischen Abwehr, sodass nach den Krisenjahren 1971 und 1972 die Freigabe der Wechselkurse als einzig realistische Handlungsoption bestehen blieb. Im Gegensatz zum Mai 1971, als das Floating von einer Mehrheit der Zentralbankratsmitglieder abgelehnt worden war, befürwortete nun der Großteil der Bundesbanker diese Maßnahme.

In der Bundesbank ergab sich außerdem just in diesem Moment eine kurzfristige Änderung in der Führung. Präsident Klasen fiel aufgrund einer Gallenoperation von Januar bis März 1973 aus und konnte nicht an den laufenden Geschäften der Bank teilnehmen. Sein Vize, Otmar Emminger, übernahm die Leitung. Er hielt den Präsidenten, der im Krankenhaus weilte, über Telefon auf dem Laufenden. Dennoch verlor Klasen den direkten Zugriff auf das Geschehen und musste das Feld in diesen ereignisreichen Monaten seinem Vizepräsidenten Emminger überlassen.

Kämpfe mit der Bundesregierung

Am 2. Februar traf sich das Bundeskabinett zu einer Sondersitzung, um Maßnahmen gegen die Währungskrise zu erörtern. Zuvor waren bereits innerhalb von zwei Tagen über 1 Mrd. Dollar nach Deutschland geflossen.[328] Emminger, der ebenfalls bei der Kabinettssitzung anwesend war, plädierte nachdrücklich dafür, den Ankauf von Dollar einzustellen und die Devisenbörsen vorübergehend zu schließen.[329] Er fürchtete die inflationären Konsequenzen der Geldzuflüsse und

[327] Vgl. Deutsche Bundesbank (Hrsg.), Monatsbericht Februar 1973, S. 7.

[328] Vgl. Tabelle, Deutsche Bundesbank (Hrsg.), Monatsbericht Februar 1973, S. 33.

[329] Vgl. Wirtschafts- und währungspolitische Chronologie, Tagebuchähnliche Aufzeichnungen von Viktor von der Lippe über Entwicklungen der Wirtschafts-, Währungs- und Geldpolitik, Bd. 5 1973, 3. 2. 1973, in: HA Bbk, B330/6917/1; vgl. auch: 381. Sitzung des Zentralbankrats der Deutschen Bundesbank in Frankfurt a. M., 7. 2. 1973, in: HA Bbk, B330/6702/2.

wollte die restriktive Geldpolitik, die man im zweiten Halbjahr 1972 Stück für Stück aufgebaut hatte, unbedingt beibehalten.[330] Für die Bundesbank war klar, dass nur eine Aussetzung der Dollarankäufe, also ein Floating, ihre Stabilitätsbemühungen bewahren könnte. Administrative Kontrollen, so wie sie noch im Sommer 1972 eingesetzt worden waren, wären wirkungslos gewesen. Selbst Johannes Tüngeler, der sich in den vorhergehenden Jahren am energischsten für die Devisenkontrollen stark gemacht hatte, wies eine Ausweitung der Kontrollmaßnahmen zurück.[331] Im Zentralbankrat verglichen die Ratsmitglieder die neuen Kapitalzuflüsse mit einer „Flutwelle", der man sich durch künstliche Abwehrmaßnahmen nicht mehr erwehren könnte. Heinrich Irmler nahm das Bild auf: „Administrative Abwehrmaßnahmen stauten die Dollar-Welle lediglich, irgendwann würden die Dämme dann doch überspült."[332] In einer spontanen Stimmungsumfrage in der Sitzung am 7. Februar votierten daher 14 ZBR-Mitglieder für ein Floating der D-Mark, nur drei sprachen sich dagegen aus.

Im Kabinett lehnte Helmut Schmidt, der im Sommer 1972 auf Karl Schiller als Wirtschafts- und Finanzminister folgte, die Empfehlung der Bundesbank jedoch ab. Für ihn waren ihre monetären Sorgen nebensächlich, stattdessen zählten außenwirtschaftliche und außenpolitische Gesichtspunkte. Er sowie sein Staatssekretär, Karl-Otto Pöhl,[333] betonten, dass die deutsche Zahlungsbilanz im Gleichgewicht sei und deshalb kein Grund für eine Änderung des DM-Wechselkurses vorliege.[334] Eine Wechselkursfreigabe würde dem Aufwertungsdruck, der infolge der Währungskrise entstand, nachgeben, möglicherweise den Wert der D-Mark nach oben treiben und damit erhebliche Nachteile für die deutsche Industrie mit sich bringen.[335] Noch wichtiger waren die außenpolitischen Gesichtspunkte. Es ging für Schmidt zum einen darum, die deutsche Verhandlungsposition nicht zu schwächen.[336] Ein Floating hätte von vornherein den Druck von den USA genommen, ihrerseits den Dollar zu konsolidieren. Zum anderen wollte Schmidt an den Verpflichtungen Deutschlands innerhalb der EWG festhalten. Gerade jetzt, als

[330] Vgl. 381. Sitzung des Zentralbankrats der Deutschen Bundesbank in Frankfurt a. M., 7. 2. 1973, in: HA Bbk, B330/6702/2.

[331] Vgl. 381. Sitzung des Zentralbankrats der Deutschen Bundesbank in Frankfurt a. M., 7. 2. 1973, in: HA Bbk, B330/6702/2.

[332] 381. Sitzung des Zentralbankrats der Deutschen Bundesbank in Frankfurt a. M., 7. 2. 1973, in: HA Bbk, B330/6702/2.

[333] Karl Otto Pöhl (1929–2014): Staatssekretär im Bundesfinanzministerium 1972–1977, Vizepräsident der Deutschen Bundesbank 1977–1979, Präsident der Deutschen Bundesbank 1980–1991.

[334] Vgl. Wortprotokoll, 381. Sitzung des Zentralbankrats der Deutschen Bundesbank in Frankfurt a. M., 7. 2. 1973, in: HA Bbk, B330/6702/2, S. 2 f.

[335] Vgl. Wortprotokoll, 381. Sitzung des Zentralbankrats der Deutschen Bundesbank in Frankfurt a. M., 7. 2. 1973, in: HA Bbk, B330/6702/2, S. 3; vgl. auch: Wirtschafts- und währungspolitische Chronologie, Tagebuchähnliche Aufzeichnungen von Viktor von der Lippe über Entwicklungen der Wirtschafts-, Währungs- und Geldpolitik, Bd. 5 1973, 5. 2. 1973, in: HA Bbk, B330/6917/1.

[336] Vgl. Entwurf einer Regierungserklärung durch den Bundesminister der Finanzen vor dem deutschen Bundestag, 14. 2. 1973, in: BArch, B126/55852, S. 4.

sich die Franzosen bereit erklärten, ein gemeinsames Floating der EWG-Währungen aufzunehmen, widerstrebte es ihm, die Zusammenarbeit mit den europäischen Partnern durch ein isoliertes Vorpreschen Deutschlands in Gefahr zu bringen.[337] Insbesondere die Beziehung zu Frankreich war für Schmidt ein kritischer Faktor. Er stellte in einer Sitzung des Zentralbankrats fest, dass „die Franzosen uns einen Alleingang zutiefst übelgenommen hätten."[338] Schmidt nahm die Bundesbank in die Pflicht, die europapolitischen Ziele und Bestrebungen der Bundesregierung mitzutragen: „Wir müssen erkennen, dass die Entwicklung der Wirtschafts- und Währungsunion die Bundesrep. in mancher Beziehung in ihrem autonomen Spielraum beschneiden wird. Die BBk [Bundesbank] kann nicht [...] gegen die EWG oder die Integrationsbestrebungen der EWG eine andere Kreditpolitik machen. [...] Das macht die politische Situation, aus der heraus nur die Vereinigung Europas möglich ist, kaputt."[339] Geld- und Währungspolitik könne nicht isoliert betrachtet werden. Für Schmidt war „die Währungspolitik heute ein wesentlicher Bestandteil der Außenpolitik."[340]

Einmal mehr tat sich ein Gegensatz zwischen Bundesbank und Finanzministerium auf, nun allerdings mit umgekehrten Vorzeichen. Während 1971 und 1972 die Bundesbank außenwirtschaftliche- und -politische Argumente ins Feld geführt und Karl Schiller auf den marktwirtschaftlichen Folgekosten insistiert hatte, machte sich im Frühjahr 1973 Schmidt die außenpolitischen Rücksichten zu eigen. Bei der Bundesbank stieß diese Position auf Unverständnis. Emminger warf den Staatssekretären des Finanz- und Wirtschaftsministeriums in der Zentralbankratssitzung am 7. Februar vor: „Er empfinde es als besonders schwerwiegend, daß die Geldpolitik, der die Bundesregierung [...] gerade in jüngster Zeit die Schlüsselrolle in der Inflationsbekämpfung zugemessen hätte, in dieser hochspekulativen Situation außer Gefecht gesetzt zu werden drohe."[341] Im Laufe der zehn Tage, von 1. bis 10. Februar, verhärteten sich die Fronten. Noch zweimal, am 6. und am 9. Februar bedrängte die Bundesbank die Regierung, die Devisenbörsen zu schließen und ein zeitlich befristetes Floating der D-Mark umzusetzen. Als die Bundesregierung die Forderung abermals zurückwies, setzte das Bundesbankdirektorium am 9. Februar ein Memorandum auf, das der Bundesregierung eine Frist setzte, die Dollarankäufe zu beenden, und drohte mit einem kollektiven Rücktritt, sollte die Regierung ihrem Rat nicht nachkommen.[342]

337 Vgl. Entwurf einer Regierungserklärung durch den Bundesminister der Finanzen vor dem deutschen Bundestag, 14. 2. 1973, in: BArch, B126/55852, S. 4.

338 Wortprotokoll, 382. Sitzung des Zentralbankrats der Deutschen Bundesbank in Frankfurt a. M., 15. 2. 1973, in: HA Bbk, B330/6703/1, TOP 2 (S. 2).

339 Wortprotokoll, 382. Sitzung des Zentralbankrats der Deutschen Bundesbank in Frankfurt a. M., 15. 2. 1973, in: HA Bbk, B330/6703/1, TOP 2 (S. 14).

340 Wortprotokoll, 382. Sitzung des Zentralbankrats der Deutschen Bundesbank in Frankfurt a. M., 15. 2. 1973, in: HA Bbk, B330/6703/1, TOP 2 (S. 15).

341 381. Sitzung des Zentralbankrats der Deutschen Bundesbank in Frankfurt a. M., 7. 2. 1973, in: HA Bbk, B330/6702/2.

342 Vgl. Wirtschafts- und währungspolitische Chronologie, Tagebuchähnliche Aufzeichnungen von Viktor von der Lippe über Entwicklungen der Wirtschafts-, Währungs- und Geldpolitik, Bd. 5 1973, 9. 2. 1973, in: HA Bbk, B330/6917/1.

Die Isolation des Bundesbankpräsidenten

Das prominenteste Mitglied des Zentralbankrats ging allerdings auf Distanz, der Bundesbankpräsident selbst, Karl Klasen. Vom Krankenbett verfolgte er die Geschehnisse rund um die Währungskrise und übermittelte per Telefon seine Stellungnahmen. Im Unterschied zur Mehrheit des Zentralbankrats und des Direktoriums teilte er ausdrücklich die Linie von Helmut Schmidt. Im Telefonat mit Emminger nach der Kabinettssitzung vom 2. Februar verteidigte Klasen die Stillhalte-Politik der Regierung. Man müsse „Ruhe demonstrieren! An Parität eisern festhalten."[343] Wie Schmidt lehnte Klasen eine Freigabe der Wechselkurse und eine potentielle Aufwertung vehement ab. Emminger argwöhnte gegenüber dem Direktorium, dass Klasen insgeheim Schmidt telefonisch beraten und in dieser Politik bestärkt habe.[344] Dass Emminger mit dieser Unterstellung richtig lag, belegt die Aufzeichnung eines Telefonats zwischen Klasen und Schmidt vom 9. Februar 1973.[345] Klasen entwickelte hierin seine Überzeugung, dass erstens eine DM-Aufwertung nicht gerechtfertigt sei und man den spekulativen Kräften durch eine Freigabe des Wechselkurses nicht das Feld überlassen dürfe, zweitens dass Dollarzuflüsse der deutschen Wirtschaft nicht schadeten und dass drittens die deutsche Seite am besten passiv bleiben solle. Er riet: „Auf keinen Fall Börse schliessen. Zeichen von Unsicherheit!"[346] Eine solche Stellungnahme von Klasen war keine Überraschung. Sie stimmte mit der währungspolitischen Haltung überein, die Präsident Klasen auch in den Jahren 1971 und 1972 vertreten hatte: Abneigung gegen flexible Wechselkurse und gegen Bedrohungen, die von einer Aufwertung für die deutsche Wirtschaft, insbesondere für Exportunternehmen, ausgehen würden.[347]

Jedoch hatte sich anders als in den Jahren zuvor Klasen mit dieser Einstellung im Zentralbankrat isoliert. Nur drei andere Ratsmitglieder hatten sich in der Sitzung am 7. Februar gegen eine Freigabe des DM-Wechselkurses ausgesprochen. Viele Zentralbankratsmitglieder, etwa Carl Wagenhöfer, die sich früher für eine Anwendung der Kapitalverkehrskontrollen stark gemacht hatten, warnten nun vor der Vergeblichkeit solcher Maßnahmen und plädierten für das Floating. Wagen-

Das Memorandum ist archivalisch nicht überliefert. In einem weiteren Beitrag vom 12. 2. schrieb Viktor von der Lippe, dass das Memorandum aufgrund der neuen Umstände, Abwertung des Dollars, nicht übergeben wurde. Die Mitarbeiter des Archivs der Bundesbank vermuten, dass das Memorandum aufgrund seiner Brisanz vernichtet wurde.

343 Wirtschafts- und währungspolitische Chronologie, Tagebuchähnliche Aufzeichnungen von Viktor von der Lippe über Entwicklungen der Wirtschafts-, Währungs- und Geldpolitik, Bd. 5 1973, 3. 2. 1973, in: HA Bbk, B330/6917/1.

344 Vgl. Wirtschafts- und währungspolitische Chronologie, Tagebuchähnliche Aufzeichnungen von Viktor von der Lippe über Entwicklungen der Wirtschafts-, Währungs- und Geldpolitik, Bd. 5 1973, 9. 2. 1973, in: HA Bbk, B330/6917/1.

345 Vgl. Notiz (persönlich/streng vertraulich), Gedanken zur Dollarkrise, telefonisch diktiert von Herrn Dr. Klasen am 9. 2. 1973, 13.00, in: HSA, 1387, Innenpolitik, B. 6, 1973.

346 Notiz (persönlich/streng vertraulich), Gedanken zur Dollarkrise, telefonisch diktiert von Herrn Dr. Klasen am 9. 2. 1973, 13.00, in: HSA, 1387, Innenpolitik, B. 6, AZ, 1973, S. 3.

347 Vgl. Kapitel II.2.2. Maikrise 1971 – Herausforderungen für die Bundesbank

höfer erklärte auf der ZBR-Sitzung: „Im Falle anhaltender Dollar-Zuflüsse sollte der Bundesregierung die Freigabe des Wechselkurses der D-Mark erneut empfohlen werden. Die kurzfristig installierte und noch nicht eingespielte Devisenbannwirtschaft könne gegen eine Flutwelle spekulativer Gelder doch nichts ausrichten.“[348] Klasen hatte in dieser Angelegenheit keine Verbündeten mehr in der Bundesbank. Die Währungskrise des Februars hatte die Mehrheit des Zentralbankrats überzeugt, dass die Bedingungen für eine konstante und konsequente Stabilitätspolitik im Inneren nur über die Freigabe des Wechselkurses garantiert werden könnte. Alle anderen Optionen hatten sich im Laufe der Krisenjahre von 1971 bis 1973 erschöpft. Das Floating schien nunmehr als einzig erfolgversprechender Ausweg.

Mit dieser Haltung vollzog die Bundesbank eine Trendwende. In den knapp zwei Jahren von Mai 1971 bis Februar 1973 hatten sich die Mehrheitsverhältnisse verschoben und Klasen zum letzten und einzigen Verteidiger der festen Wechselkurse werden lassen. Die räumliche Distanz Klasens durch den Krankenhausaufenthalt war sinnbildlich für seine inhaltliche Isolierung.

Die Februarkrise fand zwischen dem 10. und 12. Februar einen überraschend schnellen und einvernehmlichen Abschluss, als die US-Regierung ankündigte, den Dollarkurs um 10% abzuwerten. Sowohl die Bundesregierung als auch die Bundesbank begrüßten die US-Initiative sehr, da sie sie aus der Zwangslage befreite und eine endgültige Entscheidung für oder gegen ein Floating obsolet machte.[349] Das Bundesbankdirektorium schickte das Memorandum, das es aufgesetzt hatte, nicht ab, und Emminger kommentierte: „Eine sehr vernünftige Lösung, setzt am richtigen Punkt, dem Dollar an.“[350]

3.3. Floating – der letzte Ausweg

Die Abwertung des Dollars durch die US-Regierung am 12. Februar 1973 gewährte nur eine kurze Atempause. Die Deutsche Bundesbank konnte zwar einen Teil der ihr zugeflossenen Devisen wieder verkaufen, und der Dollar gewann kurzzeitig an Wert. Aber bereits zum Ende des Monats legten die Spekulationen wieder zu. Am 1. März flossen innerhalb nur eines Tages über 2,7 Mrd. Dollar nach Deutschland.[351] Noch am selben Abend beschloss die Bundesregierung, die Devisenbörsen zu schließen. Großbritannien, Niederlande, Italien und Japan folgten,

348 381. Sitzung des Zentralbankrats der Deutschen Bundesbank in Frankfurt a. M., 7. 2. 1973, in: HA Bbk, B330/6702/2.

349 Vgl. Wirtschafts- und währungspolitische Chronologie, Tagebuchähnliche Aufzeichnungen von Viktor von der Lippe über Entwicklungen der Wirtschafts-, Währungs- und Geldpolitik, Bd. 5 1973, 13. 2. 1973, in: HA Bbk, B330/6917/1.

350 Wirtschafts- und währungspolitische Chronologie, Tagebuchähnliche Aufzeichnungen von Viktor von der Lippe über Entwicklungen der Wirtschafts-, Währungs- und Geldpolitik, Bd. 5 1973, 13. 2. 1973, in: HA Bbk, B330/6917/1, S. 3.

351 Vgl. Deutsche Bundesbank (Hrsg.), Geschäftsbericht 1973, S. 6.

sowie tags darauf Frankreich.[352] Die europäischen Regierungen waren sich einig, dass konkrete Maßnahmen gegen die Unruhen auf den Devisenmärkten ergriffen werden mussten. Auf den folgenden Sitzungen der EWG-Finanzminister und der „Gruppe der Zehn" zwischen dem 4. und 11. März 1973 wurden verschiedene Vorschläge diskutiert.

Im Mittelpunkt stand die Option eines gemeinsamen Floatings der EWG-Währungen. Nachdem die europäischen Finanzminister die Wechselkursfreigabe bereits als Reaktion auf die Februarkrise in Betracht gezogen hatten,[353] erschien sie nun beim Wiederaufflammen der Währungskrise als der richtungsweisende Lösungsweg. Allerdings stellten sich die britische und italienische Regierung dagegen. Sie fürchteten eine hohe Abhängigkeit und Beeinträchtigung ihrer Wirtschaftspolitik.[354] Daher konzentrierten sich die EWG-Regierungen auf den Treffen am 8. und 9. März noch einmal darauf, eine globale Lösung zu finden und mit den USA eine Einigung herbeizuführen. Die Verhandlungen in der „Gruppe der Zehn" scheiterten jedoch.[355] Europäer und Amerikaner fanden nicht zusammen und die EWG-Regierungen einigten sich noch in der Nacht vom 9. März auf die Bedingungen einer gemeinsamen Wechselkursfreigabe. Zwei Tage später, auf einem Finanzministerrat am 11. März, verkündeten sie die Aufhebung der Dollarankaufspflicht und den Übergang zu einem europäischen Floating.[356]

Faktisch beschlossen die europäischen Minister damit den Start einer eigenständigen Wechselkurs-Ordnung in Europa und das Ende des Bretton Woods-Systems fester Wechselkurse.

Ein Notbehelf für die Banque de France

Die Banque de France erörterte am 1. März 1973 im Conseil Général die Ursachen und Folgen der Eskalation der Währungskrise. Gouverneur Wormser sah die Schuld bei den amerikanischen Währungsbehörden. Die Dollarabwertung im Februar habe nicht ausgereicht, um den Kurs zu stabilisieren und Vertrauen in

[352] Vgl. Note DGSE, Chronologie de la crise monétaire internationale 1973, o. D., in: ABF, 1495200501/306, S. 4.

[353] Vgl. Abschrift eines Fernschreibens (StäV), Ratstagung der EG-Finanzminister vom 14. Februar 1973 über die Abwertung des US-Dollar am 12. Februar 1973, 15. 2. 1973, in: HA Bbk, N-2/000233; vgl. auch: Note for the Record, Ministerial Meeting on currency crisis, 10. 2. 1973, in: TNA, PREM 15/1458.

[354] Vgl. Abschrift eines Fernschreibens der Ständigen Vertretung der Bundesrepublik Deutschland bei den Europäischen Gemeinschaften, Betreff: Ratstagung der EG-Finanzminister vom 4. März 1973 in Brüssel über die aktuelle Währungslage, 5. 3. 1973, in: HA Bbk, N-2/000233.

[355] Vgl. Solomon, International Monetary Reform, S. 231 f.; vgl. auch: Group of Ten, Secretariat, Summary of Views, expressed by Ministers and Governors of the Group of Ten meeting at the Office of the I.M.F. in Paris on 9th March, 1973, 19. 10. 1973, in: ABF, 1489200304/60.

[356] Vgl. Abschrift eines Fernschreibens der Ständigen Vertretung der Bundesrepublik Deutschland bei den Europäischen Gemeinschaften, 12. 3. 1973, in: HA Bbk, N-2/000233. Großbritannien, Irland und Italien schlossen sich dem gemeinsamen Float der EWG-Währungen nicht an.

den Dollar herzustellen. Vielmehr hätten die USA durch ihre Aktivitäten und Aussagen die Kapitalflucht erst ausgelöst und forciert. Wormser erläuterte: es habe sich erneut bewiesen, dass Geld und Währung „eine Sache des Vertrauens“[357] seien. Es gebe einen psychologischen Aspekt, der von den Taten und Aussagen der Akteure ausgehe und den Markt entscheidend beeinflusse.[358]

In der folgenden Diskussion über die Handlungsmöglichkeiten Frankreichs wägte der Direktor des „Trésors“, Claude Pierre-Brossolette, verschiedene Alternativen ab und verglich dabei die aktuelle Krise mit dem „Nixon-Schock“ des 15. August 1971. In beiden Situationen habe man vor der Wahl gestanden, den Franc isoliert floaten zu lassen, ihn aufzuwerten oder ihn in Koordination mit den anderen europäischen Währungen freizugeben. Die ersten beiden Optionen waren damals wie heute ausgeschlossen. Auf ein freies Floating reagiere Frankreich „allergisch“,[359] und für eine Aufwertung des Wechselkurses gebe es keinen Grund, da der Franc-Kurs ausgeglichen sei. Hinsichtlich des europäischen Floatings hätte sich die französische Einstellung im Vergleich zum August 1971 jedoch geändert. Während man dieses 1971 klar abgelehnt hatte, da man eine negative Sogwirkung der anderen europäischen Währungen auf den Franc befürchtetet hatte, sei man nun offen für eine koordinierte Aktion der europäischen Länder.[360] Die Ausführungen von Pierre-Brossolette brachten einen qualitativen Unterschied zwischen den französischen Reaktionen der Jahre 1971 und 1973 zutage. Es hatte eine Trendwende stattgefunden. Ein europäischer Alleingang war nun eine konkrete und, mehr noch, die einzige Möglichkeit, der niemand im Conseil Général widersprach.

Die Motive und Gründe für das europäische Floating basierten auf den zwei zentralen Elementen französischer Währungspolitik, die schon lange vorhanden waren, sich nun aber bündelten: das Prinzip der festen Wechselkurse und die Aversion gegen die amerikanische Dollarpolitik. In einem Vermerk an Gouverneur Wormser vom 6. März 1973 erhob Daniel Deguen die Bewahrung fester Paritäten zum Hauptargument für das europäische Floating.[361] Die Ziele der Währungspolitik seien nach wie vor darauf gerichtet, die Wechselkurse stabil zu halten, Gold als Ankerwährung wieder einzuführen und Kapitalverkehrskontrollen als legitimes Währungsinstrument einzusetzen. Frankreich könne diese Interessen nur dann verteidigen, wenn es gemeinsam mit den anderen EWG-Staaten zum Floating überginge. Es sei „die einzige Art und Weise, eine bedeutende Zone von festen Wechselkursen aufrechtzuerhalten,“[362] Aufwertungen gegenüber dem Dollar zu verhindern sowie Spekulationen zwischen den europäischen Ländern abzuwenden.

357 Eigene Übersetzung: ABF, Procès-Verbal, Conseil Général, 1. 3. 1973, S. 115.
358 Vgl. ABF, Procès-Verbal, Conseil Général, 1. 3. 1973, S. 114 f.
359 Eigene Übersetzung: ABF, Procès-Verbal, Conseil Général, 1. 3. 1973, S. 116.
360 Vgl. ABF, Procès-Verbal, Conseil Général, 1. 3. 1973, S. 116.
361 Vgl. Note Daniel Deguen (Secrétaire Général CNC), Sur les problèmes monétaires internationaux, 6. 3. 1973, in: ABF, 1427200301/295.
362 Eigene Übersetzung: Note Daniel Deguen (Secrétaire Général CNC), Sur les problèmes monétaires internationaux, 6. 3. 1973, in: ABF, 1427200301/295, S. 2.

Hinzu kam als zweiter Aspekt die Beziehung zwischen Europa und den USA. Deguen wies darauf hin, dass zum wiederholten Male die „USA Europa die Möglichkeit eröffnen, seine Währungseinigung zu beschleunigen.“[363] Es sei nun, nach den zahlreichen Dollarkrisen und ihren negativen Auswirkungen, an der Zeit, das Heft des Handelns in die eigene Hand zu nehmen. Ebenso beurteilte die DGSE die Wechselkursfreigabe. Die Konfrontation mit den USA sei die wesentliche Triebfeder für Frankreich, sich auf das Floating mit den europäischen Nachbarn einzulassen. Der gemeinsame Wechselkursverbund sei „vorrangig darauf gerichtet, die Vorteile, die ein drittes Land – die Vereinigten Staaten – über die EWG-Devisenmärkte genoß, zu verringern, und die Währungspersönlichkeit der [europäischen] Gemeinschaft zu stärken.“[364]

Während die Motive für das europäische Floating klar waren, blieb das finale Ziel weniger eindeutig. Sollte eine vom Dollar unabhängige europäische Währungszone dauerhaft bestehen bleiben oder wollte man in Zukunft zu einem globalen System nach der Prägung von Bretton Woods zurückkehren? Die Banque de France und ihr Gouverneur Wormser sahen hinsichtlich dieser Frage die europäische Blockbildung nicht als Selbstzweck, sondern als einen Zwischenschritt auf dem Weg zu einem reformierten internationalen Währungssystem. Wormser war sich sicher, dass die eigentlichen Probleme – Inflation, Zahlungsbilanzungleichgewichte, Kapitalströme – nur im Rahmen einer intakten Weltwährungsordnung gelöst werden könnten. Dementsprechend argumentierte er als Vorsitzender der französischen Delegation auf der EWG-Ministerratssitzung am 8. März 1973, dass man nicht von vornherein eine Lösung der Währungsprobleme im internationalen Rahmen ausschließen dürfe und dass die europäische Zusammenarbeit vorwiegend der „Abwehr eines spekulativen Misstrauens“[365] dienen solle. Das Floating der EWG war für ihn zweckgerichtet, auf die Bewältigung der momentanen Dollarkrise bezogen. Er nahm damit eine Gegenposition zur deutschen und italienischen Delegation ein, die versicherten, „daß es nicht realistisch sei, davon auszugehen, das europäische Modell wieder zu den Akten zu legen.“[366]

Ein Aufsatz der DGSE verdeutlichte diese Zielsetzung der Banque. Er thematisierte die Frage, ob das Floating der Währungen „Allheilmittel oder Palliativmedi-

[363] Eigene Übersetzung: Note Daniel Deguen (Secrétaire Général CNC), Sur les problèmes monétaires internationaux, 6. 3. 1973, in: ABF, 1427200301/295, S. 1.

[364] Eigene Übersetzung: Note S. Robert, The European Exchange System, 30. 10. 1973, (basierend auf einem Vermerk der Direction Générale des Services Etrangères, 15. 10. 1973), in: ABF, 1495200501/69, S. 2.

[365] Abschrift eines Fernschreibens der Ständigen Vertretung der Bundesrepublik Deutschland bei den Europäischen Gemeinschaften, Betreff: Ratstagung der EG-Finanzminister vom 8. März 1973 in Brüssel zur Prüfung der Währungslage, 8. 3. 1973, in: HA Bbk, N-2/000233, S. 2.

[366] Abschrift eines Fernschreibens der Ständigen Vertretung der Bundesrepublik Deutschland bei den Europäischen Gemeinschaften, Betreff: Ratstagung der EG-Finanzminister vom 8. März 1973 in Brüssel zur Prüfung der Währungslage, 8. 3. 1973, in: HA Bbk, N-2/000233, S. 2.

zin" sei,[367] und kam zum Schluss, dass die Probleme von Ungleichgewichten und spekulativen Kapitalströmen hierdurch nicht beseitigt werden könnten. Das Floating sei weniger eine Lösungsmöglichkeit als vielmehr eine Konsequenz des dysfunktionalen Bretton Woods-Systems. Die Länder hätten dessen Regeln nicht mehr befolgt, die Wechselkurse nicht rechtzeitig angepasst und die USA hätten ihre Rolle bzw. die Stellung des Dollars als Ankerwährung außer Acht gelassen.[368] Angesichts dieser Krisenlage sei die Entscheidung für ein gemeinschaftliches Floating notwendig gewesen, um wenigstens unter den europäischen Ländern feste Wechselkurse aufrechtzuerhalten. Es bedeute jedoch nicht, dass Frankreich das Instrument des Floatings nun generell akzeptiere und unterstütze.

Diese Aussage der Banque war essentiell. Sie unterschied sich grundsätzlich von der Position der Deutschen Bundesbank, die das europäische Floating als Befreiung von der Last sah, ihre Wechselkurse verteidigen zu müssen. Die Banque de France erachtete es demgegenüber als notwendige Hilfsmaßnahme bzw. als „geringeres Übel",[369] das man nach dem Zusammenbruch des alten, globalen Wechselkurssystems auf sich nehmen musste, um die Risiken der massiven Kapitalströme zu bewältigen und das Prinzip fester Wechselkurse zu bewahren. Das Floating war kein Ziel, sondern ein Notbehelf, um den Verlust der globalen Struktur fester Wechselkurse vorübergehend zu kompensieren.

Der geldpolitische Wendepunkt in Deutschland

Die Reaktion der Bundesbank auf die neuen Devisenzuflüsse war durch die Februarkrise präjudiziert. Es waren seither nur knapp drei Wochen vergangen, die grundlegenden wirtschaftlichen und geldpolitischen Faktoren hatten sich nicht wesentlich verändert. Als am 1. März bereits bis mittags knapp 1,7 Mrd. Dollar nach Deutschland strömten, verständigte sich der Zentralbankrat ohne Zögern darauf, der Bundesregierung eine Schließung der Devisenbörsen und ein gemeinsames Floating mit den EWG-Partnern zu empfehlen.[370]

Gleichwohl war die Erwartung des Zentralbankrats hinsichtlich einer europäischen Gemeinschaftsaktion verhalten. Er zweifelte während der Verhandlungen in den ersten Märztagen, ob die europäischen Regierungen die richtige Form und Ausgestaltung eines Floating fänden, und fürchtete insbesondere, dass eine engere Kooperation mit den europäischen Partnerländern zu neuen Lasten und Verpflichtungen für die Geldpolitik führen könnten, denen man durch die Abkoppe-

[367] Note DGSE, Projet d'un article pour le 'Journal of Commerce', Le flottement des monnaies : Panacée ou Palliatif, 19. 4. 1973, in: ABF, 1489200304/18.

[368] Vgl. Note DGSE, Projet d'un article pour le 'Journal of Commerce', Le flottement des monnaies : Panacée ou Palliatif, 19. 4. 1973, in: ABF, 1489200304/18, S. 1 f.

[369] Note DGSE, Projet d'un article pour le 'Journal of Commerce', Le flottement des monnaies : Panacée ou Palliatif, 19. 4. 1973, in: ABF, 1489200304/18, S. 2.

[370] Vgl. 383. Sitzung des Zentralbankrats der Deutschen Bundesbank in Frankfurt a. M., 01. 3. 1973, in: HA Bbk, B330/6703/2, TOP 2.

lung vom Dollar eigentlich entkommen wollte. Direktoriumsmitglied Rolf Gocht äußerte im Zentralbankrat seine Skepsis: „Wenn man von einer europ. Lösung spricht, dann müssen wir uns intern wenigstens klar sein, dass es eine europ. Unlösung sein wird, nämlich keine Lösung, sondern da kommt irgend ein Tohabwobu [sic!] zustande. Wir sollten nicht so wahnssig [sic!] hinsteuern auf diese europ. Quasi.-Lösung."[371] Es müssten klare Bedingungen eingehalten und eine Belastung der deutschen Geldpolitik in jedem Fall vermieden werden. Als die britische Regierung forderte, parallel zum Floating eine unbeschränkte, unverzinste Kredithilfe und ein umfassendes Pooling der europäischen Währungsreserven einzuführen,[372] war die Antwort der Bundesbank daher eindeutig. Emminger kommentierte in einer Direktoriumssitzung, die britischen Sonderwünsche verdienten „ein glattes Nein."[373]

Die Haltung der Bundesbank überzeugte auch die Bundesregierung, in den Verhandlungen keine Zugeständnisse an die Briten zu machen. Während Helmut Schmidt ihnen noch im Februar großzügige Finanzhilfen zugesagt hatte,[374] und auch Bundeskanzler Brandt auf einem Treffen mit dem britischen Premier Edward Heath (1916–2005) am 1. und 2. März Unterstützung seitens der Bundesrepublik in Ausblick stellte,[375] änderte sich die Meinung der Regierung im Laufe der Verhandlungen Anfang März. Schmidt wies in einem Gespräch mit dem britischen Schatzkanzler Anthony Barber (1920–2005) den Forderungskatalog der Briten zurück und stellte fest, dass „Deutschland keinesfalls die Bedingungen akzeptieren könnte, die [...] [die britische Regierung] für die Teilnahme der U.K. am gemeinsamen europäischen Float gestellt hatten."[376]

Das schließlich gefundene Ergebnis, das Floating der EWG-Länder mit Ausnahme von Großbritannien, Irland und Italien, traf bei der Bundesbank auf volle Zustimmung. Emminger bezeichnete den Kompromiss als „optimale Lösung."[377] Sie beinhaltete alles, was die Bundesbank gefordert hatte, eine Loslösung der europäischen Währungen vom festen Wechselkurs zum Dollar, eine Vermeidung zu ho-

371 Wortprotokoll, 383. Sitzung des Zentralbankrats der Deutschen Bundesbank in Frankfurt a. M., 1. 3. 1973, in: HA Bbk, B330/6703/2, S. 7.

372 Zu den britischen Forderungen: vgl. Abschrift eines Fernschreibens der Ständigen Vertretung der Bundesrepublik Deutschland bei den Europäischen Gemeinschaften, Betreff: Ratstagung der EG-Finanzminister vom 4. März 1973 in Brüssel über die aktuelle Währungslage, 5. 3. 1973, in: HA Bbk, N-2/000233, S. 3 f.

373 Wirtschafts- und währungspolitische Chronologie, Tagebuchähnliche Aufzeichnungen von Viktor von der Lippe über Entwicklungen der Wirtschafts-, Währungs- und Geldpolitik, Bd. 5 1973, 5. 3. 1973, in: HA Bbk, B330/6917/1.

374 Vgl. Wirtschafts- und währungspolitische Chronologie, Tagebuchähnliche Aufzeichnungen von Viktor von der Lippe über Entwicklungen der Wirtschafts-, Währungs- und Geldpolitik, Bd. 5 1973, 12. 2. 1973 (Montag), in: HA Bbk, B330/6917/1.

375 Vgl. Record of a conversation between the Prime Minister and the Chancellor of the Federal Republic of Germany at Schloss Gymnich, Bonn, 1. 3. 1973, in: TNA, PREM 15/1459, S. 5 f.

376 Eigene Übersetzung: Note for the Record, Meeting Helmut Schmidt – Anthony Barber, 11. 3. 1973, in: PREM 15/1459.

377 384. Sitzung des Zentralbankrats der Deutschen Bundesbank in Frankfurt a. M., 13. 3. 1973, in: HA Bbk, B330/6704/1, TOP 2.

her gegenseitiger Kredithilfen innerhalb der EWG und die Abtrennung von den krisengefährdeten Ländern Großbritannien und Italien.[378]

Die Bundesbank wertete den Übergang zu flexiblen Wechselkursen als Befreiungsschlag. Endlich konnte sie sich aus dem so verhängnisvollen Geflecht außenwirtschaftlicher Beziehungen herauslösen und wieder eine der Stabilität verpflichtete Geld- und Kreditpolitik betreiben. In der Sicht Emmingers war das Floating ein „historischer Wendepunkt nicht nur für unsere äußeren Währungsbeziehungen, sondern auch für die innere Geld- und Kreditpolitik."[379]

Die positiven Auswirkungen auf die Geldpolitik machten sich unmittelbar bemerkbar. In den ersten Monaten nach dem Floating flossen zwischen März und Mai 1973 Devisen in Höhe von etwa 2,2 Mrd. D-Mark aus Deutschland ab.[380] Die Vergabe von Krediten an Unternehmen und Haushalte ging im Vergleich zum Vorjahr 1972 spürbar zurück und der Anstieg des Geldvolumens verringerte sich, mit Ausnahme der ersten Krisenmonate Januar bis März, ebenfalls deutlich.[381] Erleichtert schrieb Emminger Ende August 1973 an US-Ökonom Robert Roosa: „dank des Floatings sind die sehr großen und störenden Bewegungen von volatilen Geldern, die früher die Geldpolitik in Deutschland und anderen Ländern überschwemmt hatten, im Keim erstickt worden. Es ist sehr erleichternd, dass wir seit März/April [...] eine angemessene Anti-Inflationspolitik aufnehmen konnten, ohne verheerende Devisenzuflüsse fürchten zu müssen."[382]

Emminger betrachtete die Entscheidung des Floatings auch hinsichtlich der internationalen Währungspolitik als richtungsweisend. Anders als der französische Gouverneur war er nicht der Meinung, dass die Freigabe der Wechselkurse nur als vorübergehende Reaktion auf die punktuelle Krisenlage des Dollars gelten könne. Vielmehr erkannte er eine grundlegende Funktionsstörung der festen Wechselkurse, die einer dauerhaften Neuausrichtung bedurften. Wie er in der Per Jacobsson-Lecture[383] des Sommers 1973 erläuterte, hätten die Jahre zwischen 1970 und 1973 gezeigt, dass feste Wechselkurse nicht mehr als Disziplinierungsfaktor fungierten, sondern sich zu einem Mittler von Inflation entwickelt hatten.[384] Emminger veranschaulichte dies an mehreren Beispielen: Erstens hätten feste Paritäten verhindert, dass Ungleichgewichtige in der Leistungsbilanz schnell genug ausgeglichen

378 Vgl. 384. Sitzung des Zentralbankrats der Deutschen Bundesbank in Frankfurt a. M., 13. 3. 1973, in: HA Bbk, B330/6704/1, TOP 2.

379 Vortrag Otmar Emminger, Aktuelle Fragen der inneren und äußeren Währungspolitik, bei einem Empfang der Landesbank Rheinland-Pfalz, Mainz, 5. 9. 1974, in: HA Bbk, N-2/00017, S. 5.

380 Vgl. Deutsche Bundesbank (Hrsg.), Monatsbericht Juni 1973, S. 7.

381 Vgl. Deutsche Bundesbank (Hrsg.), Geschäftsbericht 1973, S. 10–12.

382 Eigene Übersetzung: Brief, Otmar Emminger an Robert V. Roosa, 29. 8. 1973, in: HA Bbk, N-2/00085, S. 2

383 Seit 1964 jährlich stattfindende Vortragsreihe des Per Jacobsson-Stiftung, zu der jeweils ein herausragender Währungs- und Wirtschaftsexperte eingeladen wird, um seine persönliche Sichtweise auf ein Problem der internationalen Währungswelt darzulegen.

384 Vgl. Vortrag Otmar Emminger, Inflation and the International Monetary System, Per Jacobsson Lecture, 16. 6. 1973, in: HA Bbk, N-2/00015, S. 3.

wurden. Regierungen zeigten sich zu zögerlich, auf- oder abzuwerten, und schufen damit die Voraussetzungen für inflationäre Kapitalbewegungen. Zweitens wären Zentralbanken in einem festen Wechselkurssystem gezwungen gewesen, die ihnen angetragenen Devisen gegen eigene Währung aufzukaufen und damit die Geldmenge in ihrem Land zu erhöhen. Insbesondere Überschussländer erlitten somit ungewollte Inflationsschübe. Drittens hätten feste Paritäten verhindert, Strukturunterschiede zwischen den Volkswirtschaften auszugleichen. Das hohe Zahlungsbilanzdefizit der USA war aus Emmingers Sicht durch die wirtschaftliche Aufholphase Westeuropas und Japans in den Jahrzehnten nach 1945 strukturell bedingt gewesen. Die Annäherung der Wirtschaftskraft zwischen den Ländern hätte eigentlich einer Anpassung im Preis- und Einkommensniveau bedurft. Feste Wechselkurse konnten, da sie fixiert waren, diese Korrektur aber nicht leisten und führten daher zu einer konstanten Inflationierung der Preise in Westeuropa und Japan.[385] Das Bretton Woods-System diente also nicht mehr einer Disziplinierung der Mitgliederländer, sondern eher einer Übersteigerung der Inflation. Für Emminger stand fest: solange bestimmte Grundbedingungen für feste Wechselkurse – Abbau von Inflation und stabilitätsorientierte Wirtschaftspolitik – nicht vorhanden waren, waren flexible Wechselkurse die beste Möglichkeit, Stabilität zu erreichen.[386]

3.4. Synthese

Beide Zentralbanken, die deutsche und französische, forderten und unterstützten das Floating der EWG-Währungen im März 1973. Sie sahen hierin die einzig sinnvolle Antwort auf die endlosen Krisen des internationalen Währungssystems. Auf dem Weg zu dieser Entscheidung folgten sie jedoch sehr unterschiedlichen Pfaden.

Die Banque de France handelte aus der Erkenntnis heraus, dass es im internationalen Kontext unmöglich geworden war, feste Wechselkurse aufrechtzuerhalten. Die USA hatten aus ihrer Sicht die Grundlagen des Systems systematisch unterminiert, zuerst durch die Aufhebung der Goldkonvertibilität im August 1971, schließlich durch eine Wirtschaftspolitik, die den Prinzipien der Bretton Woods-Vereinbarung widersprach. Eine Stabilitätsgarantie war in einem solchem System nicht mehr gegeben. Auch die Bemühungen um die Reform des Währungssystems erwiesen sich als Enttäuschung. Aufgrund dieser Widrigkeiten verschob die Banque ihre Zielrichtung. Die Bildung eines europäischen Währungsraums gewann als Alternative zum globalen Wechselkurssystem an Attraktivität; sie bot die Möglichkeit, die festen Wechselkurse in einem neuen Rahmen zu bewahren und

385 Vgl. Vortrag Otmar Emminger, Inflation and the International Monetary System, Per Jacobsson Lecture, 16. 6. 1973, in: HA Bbk, N-2/00015, S. 3–6.

386 Vgl. Vortrag Otmar Emminger, Inflation and the International Monetary System, Per Jacobsson Lecture, 16. 6. 1973, in: HA Bbk, N-2/00015, S. 14 f.

darüber hinaus ein Gegengewicht zur monetären Übermacht des Dollars aufzubauen. Daher änderte die Banque im Laufe der Krise ihre Meinung zum Floating. Während sie dieses im August 1971 noch zurückgewiesen hatte, reifte bis Februar 1973 die Überzeugung heran, dass es den einzigen Ausweg böte aus der Misere des zerrütteten und defekten Bretton Woods-Systems.

Für die Bundesbank stand dagegen ein anderes Problem im Mittelpunkt. Sie suchte nach Möglichkeiten, sowohl die inländische Preisstabilität zu sichern als auch ihre internationalen Verpflichtungen einzuhalten. Das Floating erlaubte ihr, aus diesem Dilemma zwischen binnen- und außenwirtschaftlichen Erfordernissen auszubrechen. Der Entscheidungsprozess war jedoch alles andere als geradlinig. Es stand nicht von vornherein fest, dass man im Floating die bestmögliche Lösung finden würde. Vielmehr waren in den Jahren 1971 und 1972 die Widerstände innerhalb des Zentralbankrats gegen die Aufgabe der festen Paritäten noch sehr groß. Erst infolge einer langwierigen Meinungsbildung innerhalb der Bundesbank, deren Handlungsoptionen – isoliertes Floaten, Bardepot, administrative Kontrollen – sich nach und nach erschöpften, setzte sich die Auffassung durch, dass die Freigabe der Wechselkurse ihre Interessen und Ziele am ehesten gewährleistete.

4. Fazit zu Kapitel II: „Das Ende des Bretton Woods-Systems"

Die Freigabe der Wechselkurse im März 1973 stellte eine tiefe Zäsur dar. Das Bretton Woods-System war endgültig zusammengebrochen. Die Weltwirtschaft ging von einer Struktur fester Wechselkurse zu einem neuen, völlig unbekannten Zustand flexibler Wechselkurse über. Für die Zentralbanken hatten die Krisenjahre Anfang der 1970er Jahre und die Abkehr vom Bretton Woods-Systems einschneidende Änderungen zur Folge. Die deutschen und französischen Notenbanken mussten sich diesen Herausforderungen stellen und neue Handlungsmaximen entwickeln.

Im Mai 1971 hatte sich die Bundesbank dem Floating noch strikt widersetzt, und Karl Klasen hatte vor den unabsehbaren Folgen für die internationale Kooperation und vor einem Rückfall in Protektionismus und Abschottung gewarnt. Kapitalverkehrskontrollen erschienen als das Mittel der Wahl, um die Währungskrisen zu meistern. Diese Position verschob sich in der Folge jedoch grundlegend. Die erfolglosen Versuche, die deutsche Wirtschaft vor den schädlichen Einflüssen aus dem Ausland abzuschirmen, und die anhaltenden Ungleichgewichte in der Weltwirtschaft brachten die Mehrheit des Zentralbankrates dazu, die festen Wechselkurse aufzugeben. Es gewannen diejenigen Zentralbankratsmitglieder an Deutungshoheit, die sich bereits 1970 für eine größere Freiheit in der Wechselkurspolitik eingesetzt hatten, allen voran Otmar Emminger. Er bezeichnete die

Entscheidung vom März 1973 demnach auch als „kopernikanische Wende“[387] der deutschen Geldpolitik. Sie hatte sich vom „währungspolitischen Trilemma“ endlich befreien können.

Die Banque de France erfuhr dagegen keinen Paradigmenwechsel. Das Streben nach festen Wechselkursen und nach einem fairen, ausgeglichenen Währungssystem blieben über die 1970er Jahre hinweg der Grundstock ihres Handelns. Folgerichtig setzte sie sich für eine Reform der Bretton Woods-Ordnung, für eine Beibehaltung fester Paritäten, für die Stärkung des Goldes und für faire Anpassungsmechanismen ein. Allerdings gelangte auch sie infolge der Währungskrisen zur Einsicht, dass diese Ziele innerhalb der hergebrachten Strukturen und unter der Vorherrschaft des Dollars nicht mehr zu verwirklichen waren. Der Vertrauensverlust in die amerikanische Politik war so tiefgehend, dass sich die Banque vom internationalen Währungsgefüge abwandte und Zuflucht suchte in die Vision einer europäischen Zusammenarbeit. Diese versprach, sowohl ein Gegengewicht zum Primat der USA zu bilden als auch Wege zu schaffen, die festen Wechselkurse in einem neuen Rahmen weiterzuführen.

Die Währungskrisen dieser Zeit waren jedoch nicht nur exogene Ereignisse, denen die Zentralbanken hilfslos gegenüberstanden. Vielmehr gestalteten sie als einflussreiche Akteure den Zusammenbruch des Bretton Woods-Systems aktiv mit. Das Floating war das Resultat bewusster Entscheidungen ihrerseits. Die Bundesbank stellte willentlich das Ziel der Preisstabilität und die Bewahrung ihrer geldpolitischen Autonomie über die Einhaltung der festen Wechselkurse. Da ihr Fokus auf den inneren Angelegenheiten des deutschen Geldmarktes lag, nahmen die Bundesbanker die Einschränkungen des internationalen Währungssystems nicht länger hin und beschlossen, sich von ihnen zu lösen.

Gleichzeitig erfolgte auch in Frankreich die Abwendung von Bretton Woods mit der klaren Intention, sich von der währungspolitischen Dominanz der USA zu befreien. Die Banque de France ergriff die Chance des Floatings, um ihre eigenen geldpolitischen Interessen zu schützen und ihre Handlungsfähigkeit zu verteidigen.

Das Floating der Wechselkurse und das Ende des Bretton Woods-Systems folgten keiner zwingenden Logik. 1970 waren die Zentralbanken noch weit davon entfernt, die gemeinsame Währungsordnung in Frage zu stellen. Immerhin hatten feste Wechselkurse seit Ende des Zweiten Weltkriegs das Gerüst und den Maßstab für die internationalen Währungsbeziehungen gebildet. Die Krisen in den Jahren 1970 bis 1973 erschütterten beide Zentralbanken jedoch in ihren Grundfesten. Als sie erkannten, dass das herkömmliche System nicht mehr funktionsfähig war, entschlossen sie sich, es aufzugeben und neue Wege einzuschlagen.

387 Emminger, Erinnerungen eines Bundesbankpräsidenten, S. 253.

III. Geldpolitische Phänomene und Entscheidungen im Schatten der Ölpreiskrise 1973/1974

1973 und 1974 waren Jahre der geld- und wirtschaftspolitischen Extreme. Die Inflation erreichte die höchsten Werte des Jahrzehnts, die globalen Zahlungsbilanzen gerieten ins Ungleichgewicht, und das Volumen der internationalen Kapitalströme vervielfachte sich. Auslöser und Verstärker dieser wirtschaftlichen Verschiebungen war die Ölpreiskrise, die infolge des Jom-Kippur-Kriegs im Oktober 1973 ihren Lauf nahm. Die kriegerischen Auseinandersetzungen zwischen Israel und den arabischen Staaten führten zu einem Ölliefer-Embargo der OPEC-Staaten sowie zu einer Drosselung der Ölproduktion. In den ölimportierenden, meist westlichen Ländern löste dies hektische Reaktionen aus, die Regierungen fürchteten um ihre Öl- und Energieversorgung und leiteten rasche Maßnahmen zur Energieeinsparung ein, so wie die symbolträchtigen und in der historischen Erinnerung verankerten Sonntagsfahrverbote.[1]

Eine weniger öffentlichkeitswirksame, dafür aber langfristige Umwälzung verursachten die nachfolgenden Erhöhungen der Ölpreise. Sie stiegen von 3 Dollar pro Barrel im August 1973 auf 5,2 Dollar im November und auf ca. 12 Dollar Anfang Januar 1974, vervierfachten sich also innerhalb weniger Monate.[2] Diese Steigerungen hatten beträchtliche wirtschaftliche Konsequenzen. Sie erschütterten das Preis- und Zahlungsbilanzgefüge der westlichen, ölimportierenden Länder. Ihre Inflation nahm sprunghaft zu und ihre Zahlungsbilanzen verschlechterten sich drastisch. Letztere fielen tief in die roten Zahlen und wiesen 1974 ein Minus von 33 Mrd. Dollar auf.[3] Dagegen häuften die ölexportierenden Länder einen gewaltigen Zahlungsbilanzüberschuss an, er stieg zwischen 1973 und 1974 von 9 Mrd. auf 62 Mrd. Dollar.[4] Die Ölpreiskrise bewirkte damit eine Umverteilung der internationalen Kaufkraft von den ölkonsumierenden OECD-Ländern zu den ölproduzierenden OPEC-Staaten. Diese Verschiebungen schlugen auch auf die internationalen Kapitalbewegungen und die Kapitalmärkte durch; denn die Überschussgelder der OPEC-Staaten mussten reinvestiert werden und flossen, zumeist über die internationalen Kapitalmärkte, wieder in die westlichen Industriestaaten, sowie in die nicht-ölproduzierenden Entwicklungsländer, zurück. Es stellte sich ein Kreislaufprozess ein, der als Ölgelder-Recycling bezeichnet wurde und in dessen Folge die internationalen Kapitalströme erheblich an Umfang hinzugewannen.[5]

1 Vgl. Hohensee, Der erste Ölpreisschock 1973/74; vgl. auch Schanetzky, Ölpreisschock 1973, S. 67–81.

2 Vgl. Note DGE, Données essentielles de la crise pétrolière française, incidences sur l'économie, 11. 1. 1974, in: CAEF, B-0069907/2.

3 Vgl. Bundesbank (Hrsg.), Geschäftsbericht 1974, S. 52.

4 Vgl. Zahlen von: Solomon, The International Monetary System, S. 317.

5 Vgl. Altamura, European Banks and the Rise of International Finance.

Die Zentralbanken waren von diesen Vorgängen unmittelbar tangiert. Die extreme Zuspitzung der Inflation gefährdete die Preisstabilität und stellte ihre Handlungsfähigkeit in Frage. Die Zahlungsbilanzveränderungen wirkten sich gleichermaßen auf ihre Geld- und Währungspolitik aus. Insbesondere die Banque de France musste Lösungen für die Bewältigung des hohen französischen Zahlungsdefizits finden. Schließlich hatten die Kapitalströme bereits in den vorausgehenden Jahren ihr Gefährdungspotential bewiesen und vor allem in Deutschland immer wieder für drastische Beeinträchtigungen der Geldpolitik gesorgt. Infolge der Ölpreiskrise stellten die Kapitalströme aber nicht nur Risiken dar, sondern eröffneten gleichzeitig auch Chancen.

Die drei Themengebiete, Inflation, Zahlungsbilanzen, Kapitalströme, geben die Struktur der nachfolgenden Erörterung vor. Es wird für jedes Sujet untersucht, wie die Zentralbanken die Folgen der Ölpreiskrise wahrnahmen und auf sie reagierten. Zudem werden ihre Aktionsräume in den Blick genommen und dargestellt, über welche Freiheiten sie verfügten bzw. welchen Zwängen sie unterworfen waren. Im Mittelpunkt des Interesses stehen letztlich die Fragen, welche Auswirkungen die Ereignisse auf die Geld- und Währungspolitik der beiden Zentralbanken hatten, ob sie neue Strategien verfolgten oder auf bewährte Maßnahmen zurückgriffen.

Dabei wird von den Prämissen ausgegangen, dass die Bundesbank sich bereits vor der Ölpreiskrise einen weiten Handlungsspielraum geschaffen hatte, den sie nun ausnutzen konnte, um ihre Stabilitätspolitik zu konsolidieren und nach außen zu kommunizieren, als Modell einer vorbildhaften Geld- und Währungspolitik auch für andere Länder. Die Banque de France erlebte hingegen einen Anpassungsschock. Die Konsequenzen der Ölpreiskrise wirkten sich in Frankreich deutlich dramatischer aus als in Deutschland und erforderten eine geldpolitische Neuorientierung.

1. Inflation

1.1. Deutsche Stabilisierungspolitik

Die Bundesbank verfolgte einen rigorosen Ansatz der Inflationsbekämpfung. Schon unter dem Eindruck der Bretton Woods-Krisen und der inflationären Devisenzuflüsse 1971–1973 hatte sie nach effektiven Methoden gesucht, die Geldschöpfung zu kontrollieren, und zu diesem Zweck das Konzept der Geldmengensteuerung eingeführt. Während der Ölpreiskrise setzte sie dieses Verfahren fort, verfeinerte es und konnte somit die Preissteigerungen, die in anderen Ländern zu zweistelligen Inflationsraten führten, erfolgreich begrenzen.

Einführung der Geldmengensteuerung

Inflation und Preisstabilität

Inflationäre Gefahren traten nicht erst mit der Ölpreiskrise auf. Die Bundesbank registrierte bereits zur Jahreswende 1969/1970 erste Anzeichen einer Inflation. Die Preissteigerungsraten erhöhten sich von 2,5% im Jahr 1969 auf 3,6% 1970.[6] Bundesbankpräsident Karl Klasen stellte in einem Vortrag vor der American Bankers Association im Mai 1970 fest: „die größte Bedrohung für Zentralbanker heutzutage ist die Inflation."[7] Diese Bedrohungslage nahm in den folgenden Jahren nicht ab, sondern entwickelte sich zu einem permanenten Störfaktor für die Bundesbank. 1971 stieg der Preisanstieg in Deutschland auf 5,3%, 1972 auf 5,5%, 1973 auf 5,7% und erreichte 1974 schließlich den Höchststand von 7,0%.[8]

Die Bundesbank betrachtete die Inflation als die zentrale Herausforderung ihrer Geldpolitik. Die Wahrung der Preisstabilität war ihr gesetzlicher Auftrag. Der Präsident der Landeszentralbank von Baden-Württemberg, Otto Pfleiderer, erklärte zur gesamtgesellschaftlichen Bedeutung dieses Ziels: Die „Stabilität des Geldwerts ist eine wichtige und unerläßliche Voraussetzung gerade auch für den sozialen Frieden und soziale Gerechtigkeit. Diese Fundamente einer auf breit gestreutem Eigentum beruhenden Gesellschaftsordnung werden durch Inflation aufs gefährlichste unterminiert."[9] Dieser Einschätzung folgend erhoben auch Karl Klasen und Otmar Emminger die Preisstabilität zur Richtschnur ihres Handelns. Klasen verkündete bei seiner Einführung als Zentralbankpräsident am 13. Januar 1970: „Eine Inflation wird es in der Bundesrepublik Deutschland nicht geben."[10]

Diese Prognose wurde jedoch von der Entwicklung des Preisniveaus in der ersten Hälfte der 1970er unterlaufen. Die Inflation stieg unentwegt an und nahm die deutsche Zentralbank in die Pflicht, die Preisverhältnisse in Deutschland zu stabilisieren.

Anpassung der geldpolitischen Instrumente

Schon 1972 suchte die Bundesbank angesichts der negativen Auswirkungen des festen Wechselkurssystems von Bretton Woods nach neuen Möglichkeiten, der Inflation entgegenzuwirken und die Kontrolle über Preisentwicklung und Geld-

[6] Vgl. Tabelle, Deutsche Bundesbank (Hrsg.), Geschäftsbericht 1972. S. 9.

[7] Eigene Übersetzung: Remarks by President Klasen at the Meeting of the American Bankers Association in Hot Springs, Virginia, 20. 5. 1970, in: HA Bbk, B330/6987, S. 1.

[8] Zu den Inflationszahlen vgl. Tabellen in: Deutsche Bundesbank (Hrsg.), Geschäftsbericht 1972, S. 9; Deutsche Bundesbank (Hrsg.), Geschäftsbericht 1973, S. 33; Deutsche Bundesbank (Hrsg.), Geschäftsbericht 1975, S. 44.

[9] Vortrag Otto Pfleiderer, Geldwertstabilität – wozu?, 15. 1. 1971, Deutsche Bundesbank (Hrsg.), Auszüge aus Pressartikeln, Nr. 12, 12. 2. 1971, in: HA Bbk, B330/21793, S. 4.

[10] Ansprache Karl Klasen zum Wechsel in der Leitung der Deutschen Bundesbank, 13. 1. 1970, Deutsche Bundesbank (Hrsg.), Die Bundesbank, Zeitschrift für die Bediensteten der Deutschen Bundesbank, Heft 33, Februar 1970, in: HA Bbk, B330/6908, S. 26.

schöpfung zurückzugewinnen.[11] In einem ersten Schritt diskutierte sie die Anpassung ihres geldpolitischen Instrumentariums.

Der Zentralbankrat stellte fest, dass die bisher genutzte Hauptmethode der Geldpolitik, die indirekte Steuerung der Geldmenge durch Beeinflussung der freien Liquiditätsreserven der Banken, nicht mehr die gewünschten Ergebnisse erbrachte. Obwohl die Bundesbank die Geldversorgung durch hohe Mindestreserven und strikte Rediskontkontingente stark einschränkte, verliehen die Banken weiterhin großzügige Kredite. Aus Sicht der Bundesbanker wurde dadurch die Wirkungskette der Geldpolitik unterbrochen und der Einfluss der Zentralbank auf die Geldschöpfung der Banken deutlich geschwächt. Der Zentralbankrat zog hieraus den Schluss, es müsste „der Notenbank ermöglicht werden, unmittelbar auf die Kreditexpansion einzuwirken, d. h. quantitative Ziele für die Kreditausweitung der Banken zu setzen."[12] Eine direkte Steuerung der Geldmenge sollte die Handlungsfähigkeit der Zentralbank wieder stärken. Zwei neue Instrumente erschienen dafür geeignet: zum einen sollte eine Zuwachsmindestreserve auf Bankaktiva eingeführt werden, also die Pflicht für Banken, für jeden neu vergebenen Kredit eine entsprechende Quote an Mindestreserven bei der Zentralbank zu halten. Im Unterschied zur üblichen Mindestreserve, die auf die Passivseite der Bankbilanz entfiel, würde die Zentralbank hierdurch einen unmittelbaren Einfluss auf die Kreditvergabe der Banken erhalten.[13] Zum anderen sollte eine so genannte Kreditplafondierung eingerichtet werden, die der Zentralbank ermöglichen würde, eine Höchstgrenze für die erlaubte Kreditvergabe zu ziehen. Als verhältnismäßig dirigistisches Instrument betrachtet, sollte es nur in Notfällen zur Anwendung kommen und zeitlich beschränkt sein.[14] In einer Sitzung des Zentralbankrats im Dezember 1972 entschieden die Ratsmitglieder mehrheitlich, der Bundesregierung vorzuschlagen, beide Mechanismen in das Bundesbankgesetz aufzunehmen.[15]

Die Debatte über die Einführung neuer Instrumentarien hing eng mit der währungspolitischen Integration innerhalb der EWG zusammen. Während das vorrangige Motiv für die Bundesbank darin lag, die Kontrolle über die Geldschöpfung wiederzuerlangen, suchte sie gleichzeitig nach Ansätzen, die auch mit der Koordinierung der Geldpolitik in der EWG vereinbar waren. Karl Klasen und Helmut Schlesinger erläuterten in einem Interview mit dem Manager-Magazin im Herbst 1973, dass die Bundesbank mit den neuen Instrumenten der Aktiva-Zuwachsreserve und der Kreditplafondierung geldpolitische Mittel französischer Tradition

[11] Vgl. 360. Sitzung des Zentralbankrats der Deutschen Bundesbank in Frankfurt a. M., 23. 3. 1972, TOP 5.

[12] 371. Sitzung des Zentralbankrats der Deutschen Bundesbank in Frankfurt a. M., 21. 9. 1972, in: HA BBk, B330/6175/1, TOP 5.

[13] Vgl. Deutsche Bundesbank (Hrsg.), Geschäftsbericht 1972, S. 28.

[14] Vgl. Deutsche Bundesbank (Hrsg.), Geschäftsbericht 1972, S. 28.

[15] Vgl. 377. Sitzung des Zentralbankrats der Deutschen Bundesbank in Frankfurt a. M., 14. 12. 1972, in: HA Bbk, B330/6178, TOP 5.

übernommen hätten, die von der Banque de France aktiv genutzt würden.[16] Schlesinger wies explizit darauf hin, dass in diesem Prozess „eine gewisse Harmonisierung der kreditpolitischen Instrumente innerhalb der EG“[17] zum Ausdruck kam, der für die europäische Währungsintegration zweckdienlich wäre.

Die Bundesbank-internen Überlegungen spiegelten sich auch in Verhandlungen zwischen den Regierungen wider. Der deutsche Finanzminister Helmut Schmidt und sein französischer Kollege Valéry Giscard d'Estaing suchten zeitgleich nach Möglichkeiten, innerhalb der Europäischen Gemeinschaft koordiniert und verstärkt gegen die Inflation vorzugehen.[18] Zwei Wochen vor der entscheidenden Diskussion des Zentralbankrats im September 1972 schrieb Schmidt an die EWG-Finanzminister, dass für eine bessere Begrenzung der Preissteigerungen „sich die Länder der erweiterten Gemeinschaft, soweit erforderlich, geeignete neue Instrumente zur Begrenzung der Kreditmenge schaffen“[19] sollten. Die darauffolgende gemeinsame Erklärung des EWG-Finanzministerrats vom 30./31. Oktober 1972 setzte sich zum Ziel, dass die EWG-Währungsbehörden „im Bedarfsfall das Kreditvolumen sowohl durch Einführung von Pflichtreserven auf die von den Kreditinstituten gewährten Kredite als auch durch Plafondierung oder einschränkende Vorschriften für die Verbraucherkredite“[20] steuern sollten. Die beiden im Zentralbankrat diskutierten Instrumente der Bundesbank tauchten also wortgleich in der Verabschiedung des Ministerrats zur Inflationsbekämpfung in der EWG auf. Es liegt nahe, dass die Entscheidung des Zentralbankrats, ihre geld- und kreditpolitischen Werkzeuge anzupassen, in direktem Zusammenhang mit dem Bemühen der deutschen und französischen Regierung um eine tiefergehende Integration der europäischen Geld- und Währungspolitik stand.

Auch wenn letztlich die beiden Maßnahmen nicht eingeführt wurden,[21] veranschaulichte der Prozess zwei Entwicklungen: erstens reagierte die Bundesbank bereits 1972 auf die Herausforderung durch die Inflation mit einer Neukonzeption ihrer Geld- und Kreditpolitik und zielte auf eine direkte Steuerung der Geldmenge. Zweitens wurde die Erweiterung des Instrumentariums durch Veränderungen der internationalen Währungsbeziehungen angetrieben und begleitet. Die Krise des Bretton Woods-Systems und die verstärkte währungspolitische Zusammenarbeit in Europa waren Ursache und Rahmenbedingung, innerhalb derer sich die geldpolitische Neuausrichtung der Bundesbank vollzog.

16 Vgl. Interview mit Karl Klasen und Helmut Schlesinger, ‚Die hohen Zinsen sind nicht lange tragbar‘, Manager-Magazin, Nr. 8, 1973, S. 10 f.

17 Interview mit Karl Klasen und Helmut Schlesinger, ‚Die hohen Zinsen sind nicht lange tragbar‘, Manager-Magazin, Nr. 8, 1973, S. 11.

18 Vgl. Kapitel II.3.1. „Kontinuität der Krisen im Jahr 1972“; vgl. auch: Schriftwechsel Helmut Schmidt und Valéry Giscard d'Estaing, 1. 9. 1972 und 6. 9. 1972, in: HA Bbk, B330/6175/1.

19 Brief Helmut Schmidt an die Wirtschafts- und Finanzminister der erweiterten EWG, 6. 9. 1972, in: HA Bbk, B330/6175/1.

20 Entschließung des Rates über die zur Inflationsbekämpfung zu ergreifenden Maßnahmen, Abschrift der Anlage zum Fernschreiben der Ständigen Vertretung der Bundesrepublik Deutschland bei den Europäischen Gemeinschaften, 1. 11. 1972, in: HA Bbk, N-2/000152, S. 3.

21 Vgl. Beckh, Das Instrumentarium der Deutschen Bundesbank, S. 23.

Geldmengensteuerung

Die Überlegungen zur Anpassung der Instrumente stellte nur einen Auftakt dar. Nachdem im zweiten Halbjahr 1972 die Inflationsbekämpfung erfolglos blieb, strebte die Bundesbank 1973 danach, ihr Konzept der geldpolitischen Steuerung grundsätzlich zu erneuern.

Im Januar 1973 führte der Zentralbankrat hierüber eine Grundsatzdebatte und griff die Idee der Geldmengensteuerung, die im Frühjahr 1972 angeklungen war, wieder auf.[22] Die Mehrheit des Zentralbankrats teilte die Meinung, dass die traditionelle Liquiditätspolitik, die auf der Beeinflussung der freien Liquiditätsreserven beruhte, nicht mehr wirksam war. Die Geschäftsbanken richteten ihr Kreditverhalten weniger an den Veränderungen der Liquiditätsreserven aus als es in der Vergangenheit üblich war. Daher konnte, wie Heinrich Irmler bemerkte, „die Liquiditätsquote nicht mehr Richtschnur der Geldpolitik sein."[23] Die Bundesbank konzipierte als neue Strategie, die freien Liquiditätsreserven so weit abzubauen, dass die Banken keine andere Wahl mehr hatten, als direkt auf das Zentralbankgeld der Bundesbank zurückzugreifen. Sie hoffte damit, die Abhängigkeit des Bankensektors von ihrer Geld- und Kreditpolitik wiederherzustellen. Helmut Schlesinger war überzeugt, dass dadurch „die ‚natürliche' Machtstellung der Notenbank aufgrund ihres Monopols der Zentralbankgeldschaffung gestärkt"[24] werden würde. Die bisherige indirekte Liquiditätspolitik sollte also durch eine Politik der direkten Geldmengensteuerung ersetzt werden. Im weiteren Verlauf des Jahres setzte die Bundesbank diesen Ansatz sukzessive um. Im Februar 1973 veranlassten Dollarkrise und Kapitalzuflüsse eine Verschärfung ihrer restriktiven Maßnahmen. Der Zentralbankrat reduzierte den Umfang, innerhalb dessen die Banken ihre Rediskontkontingente ausnutzen konnten, auf 60% des Normalkontigents. Dies hatte zur Folge, dass sie sich bei der Zentralbank praktisch nicht mehr refinanzieren konnten.[25] Zusätzlich zur Einschränkung der Rediskontkontigente erhöhte die Zentralbank die Mindestreserven zum 1. März um 15%.[26] Durch beide Maßnahmen konnte die Bundesbank die freien Liquiditätsreserven der Banken großenteils abschöpfen und damit wesentliche Voraussetzungen für eine direkte Kontrolle der Geldmenge schaffen.[27]

Die Freigabe der Wechselkurse im März 1973 ermöglichte der Bundesbank, die Geldmengensteuerung in die Realität umzusetzen. Die einzige Quelle der Geldschöpfung, gegen die die Bundesbank machtlos war, die Kapitalzuflüsse aus dem

[22] 379. Sitzung des Zentralbankrats der Deutschen Bundesbank in Frankfurt a. M., 18. 1. 1973, in: HA Bbk, B330/6701/2, TOP 2.
[23] 379. Sitzung des Zentralbankrats der Deutschen Bundesbank in Frankfurt a. M., 18. 1. 1973, in: HA Bbk, B330/6701/2, TOP 2.
[24] 379. Sitzung des Zentralbankrats der Deutschen Bundesbank in Frankfurt a. M., 18. 1. 1973, in: HA Bbk, B330/6701/2, TOP 2.
[25] Vgl. Deutsche Bundesbank (Hrsg.), Monatsbericht Februar 1973, S. 9.
[26] Vgl. Deutsche Bundesbank (Hrsg.), Monatsbericht März 1973, S. 6.
[27] Vgl. Deutsche Bundesbank (Hrsg.), Geschäftsbericht 1973, S. 3.

Ausland, war durch die Aufhebung der festen Wechselkurse weggefallen. Nun konnten die restriktiven Maßnahmen greifen. Im März und April 1973 verloren die Geschäftsbanken in Deutschland ihre Liquiditätsreserven weitgehend. Ihre Lage war zeitweise so angespannt, dass die Bundesbank sie mit kurzfristigen Finanzhilfen unterstützen musste.[28] Aus Sicht der Zentralbank war eben dieser Effekt erwünscht. Sie konnte nun wieder effektiv den Geldmarkt in ihrem Sinne beeinflussen und auf eine Verringerung des Inflationsdrucks hinwirken. Sie stellte klar, dass sie trotz der Liquiditätsengpässe für die Banken nicht von ihrer restriktiven Linie abweichen würde. Otmar Emminger hob hervor, dass „jetzt die einmalige und letzte Chance gegeben sei, mit liquiditätspolitischen Maßnahmen entscheidende Stabilisierungserfolge zu erzielen."[29]

Die Bundesbank passte auch ihr Instrumentarium dem Programm der Geldmengensteuerung an. Sie begrenzte die Möglichkeiten der Banken, automatisch Zentralbankgeld zu beziehen, und setzte zu diesem Zweck Ende Mai 1973 die Vergabe des Lombardkredits temporär aus.[30] Gleichzeitig erweiterte sie ihren geldpolitischen Werkzeugkasten und führte Maßnahmen der so genannten Feinsteuerung ein, mit denen sie kurzfristiger und direkter den Banken Zentralbankgeld zur Verfügung stellen konnte. Dazu etablierte sie im April 1973 Elemente einer Offenmarktpolitik, das hieß, sie intervenierte unmittelbar auf dem Geldmarkt und kaufte zu einem bestimmten Zinssatz Wechsel von Banken auf. Darüber hinaus bot sie im November 1973 erstmals Sonderlombardkredite an, mit denen sich Banken sehr kurzfristig, innerhalb einer Tagesfrist, refinanzieren konnten.[31] Wie Bundesbankpräsident Klasen formulierte, bestand der dezidierte Zweck dieser Mechanismen darin, „daß die Initiative der Zentralbankgeldschaffung bei der Bundesbank liege."[32]

Auf dieser Grundlage ging die Bundesbank in den noch verbleibenden Monaten des Jahres konsequent gegen die Inflation vor. Neben ihrer neuen Politik, die Liquiditätsreserven zu unterdrücken und die Geldmenge zu steuern, erhöhte sie im Mai 1973 die Zinssätze, den Diskontsatz von 5 auf 7% und den Lombardsatz, sofern er noch eingesetzt wurde, von 7 auf 9%.[33] Sie konnte dabei auf die Unterstützung der Bundesregierung zählen. Auf Wunsch der Bundesbank legte diese im Februar und im Mai 1973 Stabilitätsanleihen auf, um liquide Geldmittel vom Markt zu absorbieren.[34] Zusätzlich beschloss das Kabinett ein konjunkturelles Sta-

[28] Vgl. Vgl. Deutsche Bundesbank (Hrsg.), Monatsbericht Mai 1973, S. 6.
[29] 386. Sitzung des Zentralbankrats der Deutschen Bundesbank in Frankfurt a. M., 12. 4. 1973, in: HA Bbk, B330/6705/1, TOP 5.
[30] 389. Sitzung des Zentralbankrats der Deutschen Bundesbank in Frankfurt a. M., 30. 5. 1973, in: HA Bbk, B330/6706/2.
[31] Vgl. Deutsche Bundesbank (Hrsg.), Geschäftsbericht 1973, S. 4.
[32] 386. Sitzung des Zentralbankrats der Deutschen Bundesbank in Frankfurt a. M., 12. 4. 1973, in: HA Bbk, B330/6705/1, TOP 4.
[33] Vgl. Deutsche Bundesbank (Hrsg.), Geschäftsbericht 1973, S. 6.
[34] Vgl. Brief (Entwurf), Deutsche Bundesbank (Karl Klasen) an Bundeskanzler Willy Brandt, 1973 (ohne Datum, aber aus Kontext auf 1973 datierbar), in: HA Bbk, B330/9942.

bilitätsprogramm, das eine Investitionsabgabe einführte, degressive Abschreibungen auf Wohnungsbau beseitigte und Steuermehreinnahmen stilllegte.[35] Das gemeinsame Prozedere von Bundesbank und Bundesregierung zeigte Wirkung. In den neun Monaten nach dem Floating wuchs die Zentralbankgeldmenge nur noch um 5,7%, im Vergleich zu 12,4% in der Periode von Januar bis März 1973.[36] Auch die Zunahme der Kreditvergabe verlangsamte sich nach der Freigabe der Wechselkurse spürbar im Vergleich zum Vorjahr und die Verbraucherpreise, die im Juni 1973 noch auf 7,6% gestiegen waren, fielen bis September 1973 auf 6,2%.[37]

Zwischenfazit

Mit ihrer Hinwendung zur Geldmengensteuerung vollzog die Bundesbank bereits vor Einsetzen der Ölpreiskrise im Herbst 1973 eine geldpolitische Wende und nutzte die Freigabe der Wechselkurse im März 1973, um die Preissteigerungen im Inland einzudämmen. Sie setzte sich damit, wie Helmut Schlesinger im Zentralbankrat im Oktober 1973 erläuterte, von der Entwicklung in den anderen Industrieländern ab und platzierte sich am „Ende des internationalen Inflationsgeleitzuges."[38]

Ölpreiskrise und Inflation – Der Weg zum Geldmengenziel

Lohnpolitik: Bedrohung der Stabilität durch die Sozialpartner

Die Ölpreiskrise stellte die anfänglichen Erfolge der Inflationsbekämpfung wieder in Frage. Der Anstieg der Ölpreise wirkte sich rasant auf die inländische Preisstruktur aus. Die Verbraucherpreise stiegen von 6,2% im September 1973 auf 7,8% im Dezember 1973.[39] Gleichzeitig kletterten die Erzeugerpreise hoch, im Januar 1974 um 10,3% und im Februar 1974 um 11,7%.[40] Die Bundesbank trieb die Sorge um, „daß die rapide Verteuerung des Mineralöls eine Lawine von anderen Preissteigerungen auslöst."[41] Der kritische Faktor war insbesondere die Lohnpolitik bzw. die extremen Lohnforderungen der Arbeitnehmer.

Im Frühjahr 1974 stand eine neue Lohnrunde der Sozialpartner an und die Bundesbank musste befürchten, dass die Gewerkschaften die höheren Ölimportpreise zum Anlass nahmen, starke Erhöhungen zu fordern. Steigende Lohnkosten

[35] Vgl. Deutsche Bundesbank (Hrsg.), Geschäftsbericht 1973, S. 15–17; vgl. auch: Emminger, Erinnerungen eines ehemaligen Bundesbankpräsidenten, S. 255–258.
[36] Vgl. Deutsche Bundesbank (Hrsg.), Geschäftsbericht 1973, S. 5.
[37] Bundesbank (Hrsg.), Geschäftsbericht 1973, S. 10 und S. 39.
[38] 399. Sitzung des Zentralbankrats der Deutschen Bundesbank in Frankfurt a. M., 31. 10. 1973, in: HA Bbk, B330/6711/2, TOP 2.
[39] Vgl. Deutsche Bundesbank (Hrsg.), Monatsbericht Februar 1974, S. 31.
[40] Vgl. Deutsche Bundesbank (Hrsg.), Geschäftsbericht 1973, S. 43.
[41] Deutsche Bundesbank (Hrsg.), Monatsbericht Februar 1974, S. 6.

waren kein neues Phänomen. Bereits im Frühjahr 1973 hatte es umfangreiche Anhebungen gegeben, die die Zentralbank stark kritisiert hatte.[42] Im September 1973 hatte Karl Klasen Bundeskanzler Willy Brandt davor gewarnt, die Konjunktur anzukurbeln, da man nicht abschätzen könne, „welche Gefahren unserer Stabilitätspolitik besonders durch die starke Entwicklung der Löhne droht."[43] Nach dem sprunghaften Anstieg der Ölpreise rückte die Lohnfrage in den Mittelpunkt der Aufmerksamkeit. Im Dezember 1973 betonten im Zentralbankrat gleich mehrere Mitglieder, „daß die bereits gestellten oder noch erwarteten Lohnforderungen im Hinblick auf die reale Wachstumspause des Sozialprodukts einfach irreal seien und nur die Inflation weiter anheizen und/oder die Arbeitsplätze stärkstens gefährden würden."[44] Die Bundesbank riet ausdrücklich davon ab, die gestiegenen Verbraucherpreise durch eine Erhöhung der Löhne und Einkommen ausgleichen zu wollen. Die Ölpreiskrise stelle einen Verlust der Kaufkraft gegenüber dem Ausland dar. Diese von außen kommenden Preiserhöhungen dürften nicht dazu genutzt werden, einen inländischen Verteilungskampf zu führen. Laut Karl Klasen sei „der im Inland zu verteilende Kuchen nicht größer geworden, [...] sogar eher etwas kleiner als zuvor."[45] Lohnsteigerungen würden keine positiven wirtschaftlichen Effekte mit sich bringen, sondern dazu führen, „daß sich das Preis-Lohnkarussell noch stärker als bisher dreht."[46] Die Löhne würden die Preise und die Inflation in die Höhe treiben. Der Bundesbank zufolge bliebe den Arbeitnehmern nur, die durch die Inflation verursachte Einkommensminderung zu akzeptieren.[47]

De facto ignorierten die Gewerkschaften und Unternehmer, aber auch der Staat in seiner Funktion als Arbeitgeber die Warnungen der Bundesbank. So kam es dazu, dass sich im Februar und März 1974 die Metallindustrie auf einen Einkommensanstieg von 14,5% und der öffentliche Dienst auf 12,5% einigte.[48] Das Ergebnis stieß auf heftige Kritik der Zentralbank: „Lohnaufbesserungen von 12% bis 14% [...] stehen mit den Bemühungen um mehr Stabilität im Inland nicht im Einklang."[49] Bundesbankpräsident Klasen zeigte sich nach den Tarifabschlüssen kämpferisch: „Mit der Lohnerhöhung im öffentlichen Dienst ist ‚eine gewaltige Schlacht verloren', die Bundesbank dürfe und werde aber nicht resignieren."[50] Der

[42] Vgl. Deutsche Bundesbank (Hrsg.), Monatsbericht Juni 1973, S. 35 f.

[43] Brief Karl Klasen, an Bundeskanzler Willy Brandt, 20. 9. 1973, in: HA Bbk, B330/9942.

[44] 402. Sitzung des Zentralbankrats der Deutschen Bundesbank in Frankfurt a. M., 13. 12. 1973, in: HA Bbk, B330/6713/1, TOP 6.

[45] Vortrag Karl Klasen, Aktuelle Fragen der Währungspolitik, vor Mitgliederversammlung des Verbandes der Lebensversicherungsunternehmen in Hamburg, 21. 5. 1974, in: HA Bbk, N-2/000235, S. 33.

[46] Deutsche Bundesbank (Hrsg.), Monatsbericht Februar 1974, S. 7.

[47] Vgl. 405. Sitzung des Zentralbankrats der Deutschen Bundesbank in Frankfurt a. M., 07. 2. 1974, in: HA Bbk, B330/6714/2, TOP 3.

[48] Vgl. Deutsche Bundesbank (Hrsg.), Monatsbericht Juni 1974, S. 34.

[49] Bundesbank (Hrsg.), Geschäftsbericht 1973, S. 43.

[50] Wirtschafts- und währungspolitische Chronologie, Tagebuchähnliche Aufzeichnungen von Viktor von der Lippe über Entwicklungen der Wirtschafts-, Währungs- und Geldpolitik, Bd. 6 1974, 27. 2. 1974, in: HA Bbk, B330/6917/2.

Zentralbankrat setzte als Reaktion seinen restriktiven geldpolitischen Kurs fort. Die Ratsmitglieder verwiesen darauf, dass „im Hinblick auf die sich abzeichnende Gefahr neuer Inflationsschübe infolge verstärkten Kostendrucks [...] zumindest von der monetären Seite her das Entstehen weiterer Inflationsspielräume zu verhindern“[51] sei.

Mit ihrer Kampfansage gegen Lohnerhöhungen und mit der Fortsetzung der Stabilitätspolitik schlug die Bundesbank einen anderen Kurs ein als der Großteil der OECD-Industrieländer. Diese vertraten in den internationalen Ausschüssen der OECD Ende 1973 und Anfang 1974 die Auffassung, dass die Ölpreiskrise keine inflatorische, sondern vielmehr eine deflatorische Wirkung auf die Konjunktur ausübe. Die Nachfrage würde aufgrund der hohen Kosten und Preise gedrückt. Als Gegenmittel rieten sie, der potentiellen Deflation durch eine expansive Fiskal- und Geldpolitik, etwa durch die Verringerung von Steuern, entgegenzutreten.[52] Bundesbank-Vizepräsident Otmar Emminger hielt die Gefahr einer Deflation für eine „theoretische Seifenblase“.[53] Aus seiner Sicht war die gegenwärtige Inflation viel zu stark, um infolge der Ölpreiskrise in eine Deflation umzuschlagen, und außerdem hätten die extremen Lohnerhöhungen in Deutschland den Kaufkraftverlust ohnehin bereits wettgemacht.[54]

Auch gegenüber der Bundesregierung verteidigte die Bundesbank ihre Politik. Als diese im Dezember 1973 ankündigte, angesichts der abflauenden Konjunktur ihre restriktiven Maßnahmen zu beenden und die Wirtschaft ankurbeln zu wollen, bestand im Zentralbankrat die mehrheitliche Auffassung, dass es „verfrüht [sei], die Stabilitätspolitik angesichts der ersten Bremsspuren bereits zu lockern.“[55] Es sei wichtiger, den „Kampf gegen die Inflation“ fortzuführen und „die Früchte der Stabilitätspolitik tatsächlich zu ernten“.[56] Den Wunsch der Bundesregierung, dass die Bundesbank die Diskontsätze zugunsten einer Konjunkturförderung senke, wies der Rat entschieden zurück. Er befürchtete „psychologisch negative Wirkungen“ auf die Bevölkerung, die eine solche „Empfehlung als Signal für die bevorstehende fundamentale Abkehr von der Stabilisierungspolitik“[57] missverstehen könnte.

[51] 406. Sitzung des Zentralbankrats der Deutschen Bundesbank in Frankfurt a. M., 20. 2. 1974, in: HA Bbk, B330/6715/1, TOP 6.

[52] Vgl. Vermerk Deutsche Bundesbank, Hauptabteilung I, Betreff: Sitzung der Arbeitsgruppe 3 der OECD am 16. 1. 1974 in Rom über die „Auswirkungen der Ölpreiserhöhungen“, 22. 1. 1974, in: HA Bbk, B330/41265, S. 3; vgl. auch: Vermerk Otmar Emminger, Zahlungsbilanz- und Währungsprobleme der Erdölkrise, (Sitzungen der Arbeitsgruppe 3 und des Wirtschaftspolitischen Ausschusses der OECD), 16. 11. 1973, in: HA Bbk, N-2/000234, S. 7.

[53] Interview Otmar Emminger, „Theoretische Seifenblase“, Die ZEIT, 22. 3. 1974, S. 37, in: HA Bbk, B330/41265.

[54] Interview Otmar Emminger, „Theoretische Seifenblase“, Die ZEIT, 22. 3. 1974, S. 37, in: HA Bbk, B330/41265.

[55] 402. Sitzung des Zentralbankrats der Deutschen Bundesbank in Frankfurt a. M., 13. 12. 1973, in: HA Bbk, B330/6713/1, TOP 6.

[56] 402. Sitzung des Zentralbankrats der Deutschen Bundesbank in Frankfurt a. M., 13. 12. 1973, in: HA Bbk, B330/6713/1, TOP 6.

[57] 402. Sitzung des Zentralbankrats der Deutschen Bundesbank in Frankfurt a. M., 13. 12. 1973, in: HA Bbk, B330/6713/1, TOP 6.

Der restriktive Kurs gegen die Inflation erwies sich als Erfolg. Der befürchtete Preisschock blieb aus. Die Inflationsrate stabilisierte sich im Juni 1974 bei 7%, ein Ergebnis, das Helmut Schlesinger mit Blick auf die „starken einfuhrbedingten Verteuerungen als durchaus günstig bezeichnet[e]".[58] Im Juli sank die Steigungsrate der Verbraucherpreise auf 6,9%[59] und Ende November 1974 konnte Otmar Emminger in einer „Zwischenbilanz der Stabilitätspolitik" verkünden, dass die Inflationsmentalität der Marktteilnehmer überwunden sei und die Bundesbank „hinsichtlich der Preisentwicklung unmittelbar vor der seit so langem erhofften und erwarteten Tendenzwende [...], d. h. vor einer allmählichen Verringerung der Teuerungsraten"[60] zu stehen schien.

Konflikt zwischen Konjunkturtief und Preisstabilität

Die Ölpreiskrise brachte parallel zur Ausweitung der Inflation noch eine zweite Bedrohung für die Geldpolitik mit sich: eine stagnierende Konjunktur und ein drohendes Abrutschen in die Rezession. 1974 ging die Investitionsrate in Deutschland erheblich zurück, die Konjunkturzahlen brachen ein, das Bruttosozialprodukt wuchs nur noch um 0,5%, ein massiver Verlust im Vergleich zu Wachstumsraten von 4,6% im Jahr zuvor. Die Arbeitslosenzahlen stiegen drastisch an.[61] Die Bundesbank musste abwägen zwischen einer Stabilitätspolitik gegen Inflation und einer vorsichtigen Politik der Konjunkturstützung.

Zu Beginn des Jahres 1974 waren die Prioritäten der Bundesbank noch klar. Obwohl sie bereits die Verschlechterung der wirtschaftlichen Lage beobachtete, wich sie nicht von ihrem Kurs der Inflationsbekämpfung ab. In einem Vermerk wies die Hauptabteilung Volkswirtschaft auf das Dilemma zwischen hohen Inflationserwartungen und sinkender Kapazitätsauslastung hin, empfahl jedoch, die Anti-Inflationspolitik unverändert weiterzuführen.[62] Denn aus ihrer Sicht würde „ein weiteres Fortschreiten auf dem Wege zur Inflation [...] die freiheitliche Wirtschaftsordnung rasch zerstören."[63] Im Zentralbankrat wurde diese Einschätzung mehrheitlich geteilt. Bis zum Sommer 1974 hielt er an einer restriktiven Linie der Geld- und Kreditpolitik fest. Er gewährte zwar im März und April den Banken über Offenmarktgeschäfte und Lombardkredite zusätzliche Geldmittel, um die Liquiditätsnöte am angespannten Geldmarkt zu lindern.[64] Doch er betonte immer

[58] Vgl. 414. Sitzung des Zentralbankrats der Deutschen Bundesbank in Frankfurt a. M., 6. 6. 1974, in: HA Bbk, B330/6719/1, TOP 2.

[59] Vgl. Tabelle, Deutsche Bundesbank (Hrsg.), Monatsbericht September 1974, S. 6.

[60] Vortrag Otmar Emminger, Zwischenbilanz der Stabilitätspolitik, vor der Mitgliederversammlung des Bayerischen Bankenverbandes, 29. 11. 1974, in: HA Bbk, N-2/00017, S. 8.

[61] Vgl. für Zahlen: Scherf, Enttäuschte Hoffnungen, S. 40.

[62] Vgl. Vermerk Deutsche Bundesbank, Hauptabteilung Vo 1 (Bockelmann), Betreff: Fragen der Zinspolitik und des geldpolitischen Kurses, 18. 3. 1974, in: HA Bbk, B330/21753.

[63] Vermerk Deutsche Bundesbank, Hauptabteilung Vo 1 (Bockelmann), Betreff: Fragen der Zinspolitik und des geldpolitischen Kurses, 18. 3. 1974, in: HA Bbk, B330/21753, S. 2.

[64] Vgl. 407. Sitzung des Zentralbankrats der Deutschen Bundesbank in Frankfurt a. M., 6. 3. 1974, in: HA Bbk, B330/6715/2, TOP 5; vgl. auch: 408. Sitzung des Zentralbankrats der Deutschen Bundesbank in Frankfurt a. M., 21. 3. 1974, in: HA Bbk, B330/6716/1, TOP 6.

wieder, dass diese Maßnahmen Ausnahmen seien und sich der grundsätzliche geldpolitische Kurs der Notenbank nicht geändert habe.[65] Im Mai beschränkte die Bundesbank die Rediskontkontingente auf 75% und reduzierte damit erneut die Liquidität auf dem Geldmarkt.[66] Im Zentralbankrat hieß es: „Die Bundesbank dürfe den Kampf gegen die Inflation nicht aufgeben, zumal nicht ausgeschlossen sei, daß sich der Preisauftrieb im Laufe des Jahres weiter beschleunige und das Ziel der Preisstabilität noch mehr als bisher verfehlt zu werden drohe."[67]

Im Sommer drehte sich die Situation. Die deutsche Wirtschaft stagnierte. Die Bundesbank erkannte, dass eine schnelle Besserung der Konjunktur nicht zu erwarten war und ergriff Maßnahmen, den Markt mit mehr Liquidität zu versorgen. Im Juli gewährte sie den Banken wieder den normalen Lombardkredit, ein Mittel, das sie seit der Einführung der direkten Geldmengensteuerung 1973 unterbunden hatte.[68] Im Monatsbericht erklärte sie: „Ohne weiteres Zutun der Bundesbank würde sich sonst der restriktive Kurs der Geldpolitik verschärfen, was von der konjunkturellen Lage her nicht angezeigt wäre."[69] Auch von außen wurde der Druck stärker, den geldpolitischen Kurs zu entschärfen. Ende Juli 1974 schrieb Bundeskanzler Helmut Schmidt an Klasen, dass er für Herbst einen noch stärkeren Einbruch der Wirtschaftsaktivität erwarte und dass er folglich ein Gegensteuern der Geldpolitik für angebracht halte. Er appellierte an den Bundesbankpräsidenten: „Deshalb möchte ich Dir [...] auf diesem Weg mitteilen, für wie wichtig mir eine kontinuierliche Fortsetzung der Lockerungspolitik erscheint, die der Zentralbankrat schon vor einigen Monaten eingeleitet hat."[70] Die stockende Konjunktur stellte die Bundesbank vor die schwierige Frage, wie weit sie mit der Inflationsbekämpfung gehen solle und wie lange die Konsequenzen ihrer Stabilitätspolitik für die Wirtschaft noch tragbar blieben. Im September und Oktober 1974 lockerte sie ihre Geldpolitik weiter, verringerte den Mindestreservesatz, erhöhte die Rediskontkontingente und gestattete damit den Banken größere Liquiditätspolster. Außerdem verbilligte sie die Kreditvergabe, indem sie den Diskont- und Lombardsatz um jeweils einen Prozentpunkt senkte.[71] Andererseits hielten die Bundesbanker an ihrem Leitmotiv der Preisstabilität fest und waren von den Stützungsmaßnahmen nicht wirklich überzeugt. Otmar Emminger beurteilte in einem Vortrag die „kurzfristige Konjunkturpolitik mehr unter dem Gesichtspunkt eines

[65] Vgl. 409. Sitzung des Zentralbankrats der Deutschen Bundesbank in Frankfurt a. M., 4. 4. 1974, in: HA Bbk, B330/6716/2, TOP 6.

[66] Vgl. 413. Sitzung des Zentralbankrats der Deutschen Bundesbank in Frankfurt a. M., 22. 5. 1974, in: HA Bbk, B330/6718/2, TOP 6.

[67] 412. Sitzung des Zentralbankrats der Deutschen Bundesbank in Frankfurt a. M., 9. 5. 1974, in: HA Bbk, B330/6718/1, TOP 6.

[68] Vgl. 416. Sitzung des Zentralbankrats der Deutschen Bundesbank in München, 3./4. 7. 1974, in: HA Bbk, B330/6720/1.

[69] Deutsche Bundesbank (Hrsg.), Monatsbericht Juli 1974, S. 6.

[70] Brief Bundeskanzler Helmut Schmidt an Karl Klasen, 25. 7. 1974, in: HA Bbk, B330/9942.

[71] Vgl. Deutsche Bundesbank (Hrsg.), Geschäftsbericht 1974, S. 24 f.

Flankenschutzes für die langfristig entscheidende Stabilitätspolitik"[72] und Karl Klasen merkte zur Entscheidung der Senkung des Diskont- und Lombardsatzes an, dass die Bundesbank „ihre Geld- und Kreditpolitik maßvoll der veränderten konjunkturellen Situation anpassen sollte, ohne aber die stabilitätsorientierte Grundlinie ihrer Politik abzuschwächen oder aufzugeben."[73] Welche Schwierigkeit das Austarieren zwischen Lockerung und Restriktion für die Bundesbank bedeutete, trat in intensiven Diskussionen im Zentralbankrat zutage. Die Senkung der Zinssätze im Oktober 1974 hatte bei der Abstimmung nur eine äußerst knappe Mehrheit gefunden, neun Mitglieder stimmten dafür, acht waren dagegen.[74] Die Meinungen der Ratsmitglieder entzweiten sich.[75] Ein Teil des Zentralbankrats plädierte für eine expansivere Geld- und Kreditpolitik und für eine Stützung der Konjunktur, ein anderer bezweifelte, ob die großzügigere Bereitstellung von Liquidität überhaupt gegen die Konjunkturschwäche helfen könne und bekräftigte: „Der Kampf gegen den Geldwertschwund müsse nach wie vor Hauptaufgabe der Wirtschaftspolitik bleiben."[76]

Etablierung eines Geldmengenziels

Vor diesem Hintergrund suchte die Bundesbank nach einem klaren Richtwert für ihre Geldpolitik. Bereits im März 1974 hatte die Hauptabteilung Volkswirtschaft angesichts der unsicheren Aussichten der Wirtschaft die Prognose gestellt: „Das Problem einer eindeutigen Orientierungsgröße (für die Geldpolitik) wird sich drängender stellen."[77] Nach dem Wirtschaftsabschwung im Sommer und Herbst 1974 wurde das Problem akut. Die Bundesbank sah sich der Notwendigkeit gegenüber, neue Kriterien aufzustellen, um ihre Stabilitätspolitik mit einer aktiven Konjunkturpolitik zu vereinbaren. In einer Diskussion im Zentralbankrat im November 1974 regten daher einige Ratsmitglieder an, zu diesem Zweck eine solche Bezugsgröße zu etablieren. Sie schlugen vor, dass „die Zentralbankgeldmenge nur in einem Ausmaß ausgeweitet werden [dürfe], das die Umsetzung eines größeren Sozialprodukts zu weitgehend unveränderten Preisen ermögliche."[78] Darüber hinaus sollte „diese Zielsetzung der Geld- und Kreditpolitik [...] der Öffentlichkeit

[72] Vortrag Otmar Emminger, Zwischenbilanz der Stabilitätspolitik, vor der Mitgliederversammlung des Bayerischen Bankenverbandes, 29. 11. 1974, in: HA Bbk, N-2/00017, S. 1.
[73] 423. Sitzung des Zentralbankrats der Deutschen Bundesbank in Frankfurt a. M., 24. 10. 1974, in: HA Bbk, B330/6723/2, TOP 5.
[74] 423. Sitzung des Zentralbankrats der Deutschen Bundesbank in Frankfurt a. M., 24. 10. 1974, in: HA Bbk, B330/6723/2, TOP 5.
[75] Vgl. 424. Sitzung des Zentralbankrats der Deutschen Bundesbank in Frankfurt a. M., 7. 11. 1974, in: HA Bbk, B330/6724/1.
[76] 424. Sitzung des Zentralbankrats der Deutschen Bundesbank in Frankfurt a. M., 7. 11. 1974, in: HA Bbk, B330/6724/1, TOP 5.
[77] Vermerk Deutsche Bundesbank, Hauptabteilung Vo 1 (Bockelmann), Betreff: Fragen der Zinspolitik und des geldpolitischen Kurses, 18. 3. 1974, in: HA Bbk, B330/21753, S. 1.
[78] 424. Sitzung des Zentralbankrats der Deutschen Bundesbank in Frankfurt a. M., 7. 11. 1974, in: HA Bbk, B330/6724/1, TOP 5.

in geeigneter Weise verkündet werden. Für die sozialen Gruppen wäre damit der Aktionsrahmen abgesteckt."[79]

Diesen Ansatz griff der Zentralbankrat in der folgenden Sitzung am 5. Dezember auf und beschloss die Einführung des so genannten Geldmengenziels.[80] Die Bundesbank setzte sich damit eine Zielvorgabe für das jährliche Wachstum der Zentralbankgeldmenge in der Hoffnung, die Geldschöpfung der Banken so zu beeinflussen, dass weder zu viel Liquidität entstand noch zu wenig Geld in die Wirtschaft floss.[81] Das Geldmengenziel sollte dazu dienen, die beiden Herausforderung, Inflation und Konjunkturschwäche, gleichermaßen zu bewältigen, ohne dabei das Primat der Preisstabilität zu gefährden. Im Wortlaut des Zentralbankratsprotokolls hieß es: „Die Deutsche Bundesbank wird die Geldpolitik so führen, daß die Preissteigerungsrate schrittweise abgebaut und gleichzeitig dem angestrebten realen Wachstum der Wirtschaft der notwendige monetäre Spielraum eingeräumt wird."[82] Gleichzeitig sollte dieses Ziel nicht nur als interne Richtschnur fungieren, sondern auch nach außen kommuniziert werden. Der Zentralbankrat war sich in diesem Punkt zwar nicht einig und wog die Vor- und Nachteile einer Veröffentlichung ab. Letztlich entschied er sich aber für eine Bekanntgabe des Geldmengenziels. Wie Helmut Schlesinger erklärte, lag der Vorzug darin, dass „damit der Wirtschaft insgesamt, insbesondere aber für die Sozialpartner und den Staat, ein Orientierungsdatum gesetzt und die geldpolitische Linie verdeutlicht würde. […] Die geplante Ausweitung der Zentralbankgeldmenge würde dann den Rahmen setzen, innerhalb dessen durch eine angemessene Preis- und Lohnpolitik Absatz und Beschäftigung gesichert und erweitert werden konnten."[83] Für das Jahr 1975 wurde als erstes Wachstumsziel für die Zentralbankgeldmenge ein Wert von 8% festgesetzt. Er erlaubte der Bundesbank, eine gewisse monetäre Expansion zuzulassen und ihren Lockerungskurs fortsetzen, aber gleichzeitig eine stabile Entwicklung der Preise zu gewährleisten.[84]

Die Einführung des Geldmengenziels durch die Bundesbank kann nur als Reaktion auf die Ölpreiskrise verstanden werden. Die neuen Gefahren, hohe Ölimportpreise, massive Lohnsteigerungen und gleichzeitig ein Rückgang der Konjunktur, bedurften einer neuen Orientierungsgröße. Der Fokus auf die Inflationsbekämpfung war nicht mehr ausreichend. In diesem Kontext war das Geldmengenziel,

[79] 424. Sitzung des Zentralbankrats der Deutschen Bundesbank in Frankfurt a. M., 7. 11. 1974, in: HA Bbk, B330/6724/1, TOP 5.

[80] Vgl. 424. Sitzung des Zentralbankrats der Deutschen Bundesbank in Frankfurt a. M., 7. 11. 1974, in: HA Bbk, B330/6724/1, TOP 5; vgl. auch: 426. Sitzung des Zentralbankrats der Deutschen Bundesbank in Frankfurt a. M., 5. 12. 1974, in: HA BBk, B330/7499/1, TOP 5.

[81] Vgl. Vermerk Helmut Schlesinger, Zur Formulierung eines Wachstumsziels für die Zentralbankgeldmenge, 4. 12. 1974, in: HA Bbk, B330/20687, S. 1–4.

[82] 426. Sitzung des Zentralbankrats der Deutschen Bundesbank in Frankfurt a. M., 5. 12. 1974, in: HA BBk, B330/7499/1, TOP 5.

[83] 426. Sitzung des Zentralbankrats der Deutschen Bundesbank in Frankfurt a. M., 5. 12. 1974, in: HA BBk, B330/7499/1, TOP 5.

[84] Vgl. Vermerk Helmut Schlesinger, Hauptabteilung Vo, Erfahrungen mit der Festlegung eines quantitativen Zieles für die Geldpolitik, 29. 10. 1975, in: HA Bbk, B330/20687, S. 3.

wie Otmar Emminger formulierte, ein „Kompaß, oder vielleicht noch besser: das Manometer, der Druckmesser, der einen Anhalt für die Steuerung des Geldes gibt."[85]

Zwischenfazit

Die Ölpreiskrise bestätigte die Bundesbank in ihrer geldpolitischen Strategie. Sie setzte ihre strikte Inflationsbekämpfung, trotz des Konjunktureinbruchs, fort und konnte damit den Geldwert in Deutschland stabilisieren. Doch erforderten die ökonomischen Konsequenzen der Ölpreiskrise im Sommer 1974 eine neuerliche Anpassung ihrer Geld- und Kreditpolitik. Für die Bundesbank war die Etablierung eines Geldmengenziels ein folgerichtiger Schritt. Es entsprach dem Ansatz der Geldmengensteuerung und gewährleistete die Kontrolle der Zentralbank über die Geldschöpfung, ermöglichte aber auch expansive Maßnahmen zur Stützung der Konjunktur.

1.2. Französische Hürden im Kampf gegen die Inflation

Die Banque de France stand vor einem Dilemma. Sie war sich des Anstiegs der Inflation und ihrer Gefahren ebenso bewusst wie die Bundesbank und versuchte, Gegenmaßnahmen zu ergreifen. Aber strukturelle Faktoren in der Geldpolitik und im französischen Wirtschaftswesen verhinderten die erfolgreiche Stabilisierung der Preise.

Preissteigerungen in Frankreich

Auch in Frankreich war hohe Inflation in den Jahren 1973 und 1974 kein neues Phänomen. Die Banque de France hatte bereits 1971 ungewöhnlich starke Preissteigerungen registriert. Im Jahresbericht 1971 hatte Gouverneur Wormser darauf hingewiesen, dass die Konsumentenpreise um 6% gestiegen seien, und hatte betont, dass es die Hauptaufgabe der Geldpolitik sein müsse, „die Tendenzen des Preisanstiegs einzudämmen".[86] Die Banque de France hatte zu diesem Zeitpunkt jedoch noch keine Anstrengungen unternommen, um dieses Ziel zu erreichen. Sie hatte vielmehr ihre Zinssätze, den Geldmarkt- und Diskontsatz, konstant gehalten bzw. zwischen Januar 1971 und Januar 1972 sogar leicht reduziert.[87] Auch in ihrer Mindestreservepolitik hatte die Banque keine Anzeichen gezeigt, die Liquidität auf dem Markt zu verknappen.[88]

[85] Otmar Emminger, Interview Deutsche Zeitung (DZ), „Die Teuerung wird an Kraft verlieren", 17. 10. 1975, in: HA Bbk, N-2/00019.

[86] Eigene Übersetzung: Banque de France, Compte Rendu des Opérations 1971 (Rapport annuel), S. 8.

[87] Vgl. Banque de France, Compte Rendu des Opérations 1971 (Rapport annuel), S. 39–43.

[88] Vgl. Banque de France, Compte Rendu des Opérations 1971 (Rapport annuel), S. 49.

Erst ein Jahr später, 1972, änderte sie ihre Haltung. Die Inflationsrate war zwischen dem ersten und zweiten Halbjahr 1972 von 6% auf 8% hochgeschnellt,[89] und die Banque de France sah nun erhebliches Gefährdungspotential für die französische Wirtschaft.[90] Gemeinsam mit den europäischen Partnern suchten die französische Regierung und Zentralbank daher nach Möglichkeiten, die Preissteigerungen zu reduzieren. Im November 1972 erhöhte die Banque zweimal ihre Diskontsätze und signalisierte damit eine Verschärfung ihrer Geldpolitik.[91] Im Dezember verpflichtete sie zusätzlich die französischen Banken, ihre Kreditvergabe einzuschränken und die jährliche Steigerungsrate von 22,3% Ende Oktober 1972 auf 21% Ende Dezember 1972 und auf 17% Ende Juni 1973 zu verringern. Falls die Geschäftsbanken diese Normen nicht einhielten, drohte die Banque, sie durch zusätzliche Mindestreserven zu sanktionieren.[92]

Obwohl die Banque de France damit erste Schritte zur Inflationsbekämpfung ergriff, hatten die Maßnahmen keinen Erfolg. Die Inflation gewann weiter an Kraft. In den darauffolgenden Jahren stiegen die Konsumentenpreise weiter, 1973 um 8,5% und 1974 um 15,2%.[93] Die Preissteigerungen rückten damit vollends in den Fokus der französischen Zentralbank. Dies zeigte sich in ihren Jahresberichten, die ab 1973 dem „Problem der Preise" jeweils ein eigenes Kapitel widmeten.[94] Die Banque setzte nun alles daran, die Inflation auf ein für die Wirtschaft erträgliches Maß zurückzuführen. Drei Hindernisse schränkten jedoch ihre Handlungsmöglichkeiten ein: ein Zielkonflikt zwischen Inflationsbekämpfung und Wirtschaftsförderung, der Prozess der Geldschöpfung in Frankreich sowie internationale Einflüsse.

Geldpolitischer Zielkonflikt

Dilemma des doppelten Mandats

Die Banque de France hatte laut Gesetz die Zielvorgabe, im Rahmen der Wirtschaft- und Finanzpolitik der Regierung über „Geld und Kredit zu wachen" und ein „gutes Funktionieren des Bankensystems" zu gewährleisten.[95] Wie Gouverneur Olivier Wormser im Jahresbericht 1973 erläuterte, leitete die Banque aus dieser Richtlinie zwei Aufgabenbereiche ab: „Kampf gegen die Inflation und Wah-

[89] Vgl. Banque de France, Compte Rendu des Opérations 1972 (Rapport annuel), S. 7.
[90] Vgl. Banque de France, Compte Rendu des Opérations 1972 (Rapport annuel), S. 87 f.
[91] Vgl. ABF, Procès-Verbal, Conseil Général, 2. 11. 1972 und 30. 11. 1972.
[92] Vgl. Note, Comité monétaire de la C.E.E., Membres français, Mesures de politique monétaire annoncées en France, (papier pour M. Koch et copie à M. Léfort), 7.12.72, in: ABF, 1427200301/294, S.1 f.
[93] Nach Berechnungen der Banque de France: vgl. Banque de France, Compte Rendu 1973 (Rapport annuel), S. 13; vgl. auch: Banque de France, Compte Rendu 1974 (Rapport annuel), S. 14.
[94] Vgl. Banque de France, Compte Rendu 1973 (Rapport annuel), S. 13–16.
[95] Loi n° 73–7 du 3. Januar 1973, Les nouveaux Status de la Banque de France, in: ABF, Bulletin trimestriel de la Banque de France, No. 6, Februar 1973, S. 25.

rung von Wachstum und Vollbeschäftigung."[96] Zwischen diesen beiden Polen musste sich die französische Geldpolitik bewegen. Mit dem Geld, das sie der Wirtschaft bereitstellte, sollte sie Investitionen und Expansion ermöglichen. Gleichzeitig sollte sie die Stabilität der Preise garantieren. Sous-Gouverneur André de Lattre verglich die Rolle der Banque de France mit der eines „spanischen Serenos [Nacht- und Schlüsselwächter], der die Uhrzeiten ankündigte, die der Ankurbelung, die der Mäßigung, und [...] die Stunde der Restriktion."[97] Zu dieser Doppelrolle gehörte auch, dass die Banque entscheiden musste, welches Ziel sie in einem bestimmten Moment verfolgen sollte.

Mit dem Anstieg der Inflation zu Beginn der 1970er Jahre wurde die Schwierigkeit, die Balance zwischen beiden Zielen zu halten, zum signifikanten Merkmal der französischen Geldpolitik und prägte die Diskussionen und Veröffentlichungen der Banque de France. Im Jahresbericht 1971 schrieb sie von der schwierigen Herausforderung, weder das Wirtschaftswachstum zu bremsen, denn „jede übermäßige Restriktion sollte vermieden werden,"[98] noch die Kontrolle über den Preisanstieg zu verlieren. Als die Inflation zur Jahreswende 1972/1973 an Kraft zulegte, entwickelte sich das anfänglich latente Problem zu einem akuten Dilemma. Im Jahresbericht 1973 warnte die Banque, dass „die Entwicklung der Preise immer besorgniserregender wurde."[99] Sie versuchte nun, den inflationären Prozess aktiv zu bremsen, die Kreditvergabe der Banken einzuschränken und Liquidität vom Markt abzuschöpfen. Doch ihr zweites Ziel, die Konjunkturförderung, forderte ebenso Priorität und verhinderte ein klares Vorgehen gegen die Inflation. Die Zwangslage zwischen den gegensätzlichen Anforderungen umschrieb Gouverneur Wormser mit den Worten: „die Erfahrung hat [...] wiederholt gezeigt, dass es schwierig ist, Inflation zu bewältigen, ohne gleichzeitig eine Verlangsamung des realen Wirtschaftswachstums auszulösen."[100]

Die Ölpreiskrise verschärfte den Gegensatz. Auf der einen Seiten trieben die höheren Ölpreise die Inflation an. Höhere Ölpreise übersetzten sich in höhere Importkosten, in höhere Produktionskosten für Unternehmen und höhere Lohnkosten. Für das Jahr 1973 konstatierte die Banque einen Anstieg der französischen Importkosten für Rohstoffe von insgesamt 50%, im Vergleich zu 13,5% für 1972.[101] Gleichzeitig erhöhten sich die Großhandelspreise um 15% und der Lohnzuwachs um 16%.[102] Die Banque de France machte die Beobachtung, dass „sich Anfang 1974 die inflationistischen Perspektiven durch die unvermittelte und star-

96 Eigene Übersetzung: Banque de France, Compte Rendu 1973 (Rapport annuel), S. 6.

97 Eigene Übersetzung: Exposé André de Lattre, in: Le Nouveau Journal, Les aspects nouveaux du rôle d'une banque centrale, 2. 12. 1972, in: ABF, 1069201118/25.

98 Eigene Übersetzung: Banque de France, Compte Rendu des Opérations 1971 (Rapport annuel), S. 35.

99 Eigene Übersetzung: Banque de France, Compte Rendu 1973 (Rapport annuel), S. 5.

100 Eigene Übersetzung: Banque de France, Compte Rendu 1973 (Rapport annuel), S. 6.

101 Vgl. Banque de France, Compte Rendu 1973 (Rapport annuel), S. 13 f.

102 Vgl. Note DGE (Service d'Etudes Econométriques), L'évolution des salaires et des prix en 1973 et 1974, 5. 2. 1974, in: ABF, 1404200701/12, S. 2.

ke Erhöhung der Ölpreise verschärft haben,"[103] und musste zugeben, dass Preispolitik und Nachfragesteuerung die Inflation immer weniger beeinflussten.[104] Insgesamt verdoppelten sich fast die Konsumpreise zwischen 1973 und 1974 von 8,5% auf 15,2%.[105] Gouverneur Wormser hielt es angesichts dieser Zahlen für „unvermeidlich", die „Phänomene einer Entsparung"[106] (désépargne) – höhere Ausgaben und höhere Nachfrage – abzuwenden. Die Ölpreiskrise würde die Wirtschaft zwingen, sich eine striktere monetäre Disziplin aufzuerlegen.[107]

Auf der anderen Seite verursachte die Krise auch höhere Kosten für Unternehmen, gefährdete ihre Profite und drückte ihre Bereitschaft, vermehrt zu investieren. Die Banque konnte dieses Risiko nicht unberücksichtigt lassen. Es betraf ihre zweite Hauptaufgabe, die Stimulierung wirtschaftlicher Aktivität. In dieser Hinsicht galt es, die konjunkturell schädlichen Auswirkungen der Ölkrise abzufedern. Im Conseil Général vom 6. Dezember 1973 kündigte Wormser beispielsweise an, dass die Unternehmen des Energiesektors spätestens im März 1974 verstärkt Kredite nachfragen würden, um den Engpass der Ölversorgung zu überbrücken.[108] Die Banque de France müsste in diesem Fall trotz Inflation mehr Darlehen gewähren. Ebenso müsse sie die französische Exportwirtschaft unterstützen. Die Ölkrise habe nicht nur die Preise ansteigen lassen, sondern auch die Zahlungsbilanz ins Minus gedrückt. Wormser schlug vor, den Exportunternehmen zugunsten eines positiven Außenhandels neue Kredite zur Verfügung zu stellen. Damit nicht gleichzeitig die Inflation außer Kontrolle geriete, sollten im Gegenzug die Kredite für den binnenwirtschaftlichen Konsum eingeschränkt werden.[109] Erneut zeigte sich die Misere der französischen Geldpolitik, die der Gouverneur so ausdrückte: „eine strengere Disziplin im Bereich des Geldes und Kredites sollte der Wirtschaft nicht in dem Moment ihre Finanzierungsmittel entziehen, in dem diese besonders gebraucht werden."[110]

Widerstand gegen das Doppelziel

Die Spannung zwischen den beiden Zielen wurde schon im Sommer 1973, also noch vor der Ölpreiskrise, in den Beratungen des Conseil Général greifbar. In einer Sitzung im Juli 1973 gab der Gouverneur bekannt, zum Zweck einer verstärkten Inflationsbekämpfung den Diskontsatz von 7,5 auf 8,5% zu erhöhen.[111] Die

[103] Eigene Übersetzung: Banque de France, Compte Rendu 1973 (Rapport annuel), S. 13.
[104] Vgl. Banque de France, Compte Rendu 1973 (Rapport annuel), S. 103.
[105] Vgl. Banque de France, Compte Rendu 1974 (Rapport annuel), S. 14.
[106] Eigene Übersetzung: Banque de France, Compte Rendu 1973 (Rapport annuel), S. 104.
[107] Vgl. Banque de France, Compte Rendu 1973 (Rapport annuel), S. 104.
[108] Vgl. ABF, Procès-Verbal, Conseil Général, 6. 12. 1973, S. 742.
[109] Vgl. Banque de France, Compte Rendu 1973 (Rapport annuel), S. 104. Auch der Nachfolger von Wormser im Amt des Gouverneurs, Bernard Clappier, vertrat ein Jahr später die gleiche Meinung; vgl. Banque de France, Compte Rendu 1974 (Rapport annuel), S. 46.
[110] Eigene Übersetzung: Banque de France, Compte Rendu 1973 (Rapport annuel), S. 105.
[111] Vgl. ABF, Procès-Verbal, Conseil Général, 5. 7. 1973, S. 412.

Reaktionen der Ratsmitglieder fielen sehr unterschiedlich aus. Raymond Barre und Jacques Delors erachteten die Maßnahmen als nicht ausreichend und forderten ein noch entschlosseneres Vorgehen. Barre stellte insgesamt die Effektivität der französischen Kreditpolitik in Frage. Aus Gesprächen mit Bankvertretern wusste er zu berichten, dass diese von höheren Zinssätzen kaum beeindruckt seien.[112] Delors drängte sogar dazu, dass die Banque de France einen „Alarmschrei“ ausstoßen und einen radikalen Kurswechsel vollziehen müsse. Andernfalls würde eine „psychologische Kettenreaktion“ entstehen, die es noch schwieriger machen würde, die Preissteigerungen zu verhindern.[113] Dagegen bedauerte ein anderes Ratsmitglied, Jacques Ferry, die Zinserhöhung. Er war „sehr besorgt über die Wirkungen“, die steigende Kreditkosten für Unternehmen mit sich brächten. Sie würden Investitionen erschweren und die Unternehmen veranlassen, den Kostenanstieg anderweitig abzuwälzen.[114] Ferry betonte die Pflicht der Banque de France, das Wirtschaftswachstum zu stützen. Man dürfe keine rücksichtslose Inflationsbekämpfung betreiben, da hiervon Investitionen und Produktivität abhingen.

Je weiter das Jahr voranschritt und die Inflation zulegte, desto stärker wurde im Conseil Général der Ruf nach einer restriktiven Geld- und Kreditpolitik. Als am 20. September 1973 der Gouverneur eine erneute Anhebung der Zinssätze ankündigte, fand seine Politik fast einhellige Unterstützung. Edmond Malinvaud berichtete, dass im Sommer die französische Wirtschaftspolitik gerüchteweise beschuldigt wurde, ausschließlich wirtschaftsfördernde Maßnahmen zu ergreifen und die Inflation zu vernachlässigen. Demgegenüber sei es „nicht schlecht, dass Gegenfeuer die Verbreitung ähnlicher Gerüchte aufhielten.“[115] Raymond Barre hob abermals hervor, dass „es sehr gefährlich ist, in der aktuellen Stunde den unabdingbaren Kampf gegen die Inflation vor Ängsten einer zukünftigen Abschwächung der Wirtschaft zu opfern.“[116] Auch der Gouverneur konstatierte: „Inflation kann nur auf schonungslose Art und Weise beendet werden.“[117]

Infolge der Ölpreiskrise ab Herbst 1973 verschoben sich die Präferenzen innerhalb der Banque de France weiter zugunsten einer härteren Gangart in der Inflationsbekämpfung. Im Quartalsbericht von Februar 1974 schrieb sie: „Die Währungsbehörden sind sicherlich darauf bedacht, den französischen Unternehmen zu ermöglichen, Investitionen zu tätigen [...], aber sie könnten gleichwohl nicht versäumen, eine Inflation einzudämmen, die sich weltweit manifestiert und deren Stärke noch kein Anzeichen der Abschwächung zeigt.“[118] Wormser unterstrich im Conseil Général die Dringlichkeit des Anti-Inflationskurses. Auf einer Sitzung im Januar 1974 übte er harsche Selbstkritik. Die französischen Währungsbehörden

112 Vgl. ABF, Procès-Verbal, Conseil Général, 5. 7. 1973, S. 417.
113 Vgl. ABF, Procès-Verbal, Conseil Général, 5. 7. 1973, S. 419.
114 Vgl. ABF, Procès-Verbal, Conseil Général, 5. 7. 1973, S. 421.
115 Eigene Übersetzung: ABF, Procès-Verbal, Conseil Général, 20. 9. 1973, S. 615.
116 Eigene Übersetzung: ABF, Procès-Verbal, Conseil Général, 20. 9. 1973, S. 619.
117 Eigene Übersetzung: ABF, Procès-Verbal, Conseil Général, 20. 9. 1973, S. 618.
118 Eigene Übersetzung: ABF, Bulletin trimestriel de la Banque de France, No. 10, Februar 1974, S. 7.

hätten seit jeher „den Schwerpunkt auf das Wachstum und den Kampf gegen die Arbeitslosigkeit gelegt, während man sich in Deutschland vorwiegend darum bemühte, die Inflation zu bekämpfen."[119] Er hegte Zweifel daran, ob man in Frankreich wirklich alles daran gesetzt habe, die Lohnsteigerungen zu mäßigen und die Inflation zurückzudrängen, und konzedierte: „im Nachhinein betrachtet scheint es, als habe man sich Mittel bedient, die nicht sehr wirkungsvoll waren."[120] Die Banque de France habe weiterhin Kredite an die französische Wirtschaft vergeben, trotz ihrer inflationären Wirkung, und „in der Vorstellung der Verantwortlichen genoss das Wirtschaftswachstum eine absolute Priorität gegenüber allen anderen Sorgen."[121]

Seine Zweifel wurden von den Abteilungen der Banque de France aufgegriffen. In einer Studie von November 1973, die auch im Quartalsbericht der Banque im Februar 1974 veröffentlicht wurde, thematisierte Lydia Beauvais, Mitarbeiterin im Kabinett der „Direction Générale des Etudes" (DGE), die Rolle des Geldes für die Finanzierung der französischen Wirtschaft.[122] Sie wies explizit auf den Konflikt der französischen Geldpolitik hin, Wirtschaftswachstum und Geldwertstabilität gleichermaßen berücksichtigen zu müssen. Es werde von der Geldpolitik in Frankreich erwartet, die inflationären Tendenzen zu bremsen, ohne aber die Investition und Produktion zu behindern, was zu „fast immer enttäuschenden Ergebnissen"[123] führe. Seit dem Ende des Zweiten Weltkriegs würde in Frankreich zu viel Wert auf die Schaffung von ausreichender Liquidität und Finanzmitteln gelegt und die Auswirkungen auf das Sparverhalten der Markteilnehmer und die Inflation vernachlässigt.[124] Um Geldwertstabilität zu garantieren, sei es notwendig, dass in Frankreich wieder mehr gespart und weniger konsumiert würde.[125] Zusammenfassend hob Beauvais hervor: Neben den globalen Faktoren wie der Krise des internationalen Währungssystems waren die hauptsächlichen Gründe der Inflation hausgemacht. Man könne nur dann das „Dilemma zwischen Aufrechterhaltung des Wachstums und Beherrschung der Preise" lösen und zu einer effektiven Geldpolitik gelangen, wenn man die Finanzierungsbedingungen der französischen Wirtschaft grundlegend reformierte.[126]

119 Eigene Übersetzung: ABF, Procès-Verbal, Conseil Général, 24. 1. 1974, S. 49
120 Eigene Übersetzung: ABF, Procès-Verbal, Conseil Général, 24. 1. 1974, S. 49
121 Eigene Übersetzung: ABF, Procès-Verbal, Conseil Général, 24. 1. 1974, S. 49.
122 Vgl. Récit Lydia Beauvais, La Monnaie et le Financement de l'Economie, Nov 1973, in: ABF, 1375200401/60; vgl. auch: ABF, Bulletin trimestriel de la Banque de France, No. 10, Februar 1974, S. 37–44.
123 Eigene Übersetzung: Récit Lydia Beauvais, La Monnaie et le Financement de l'Economie, Nov 1973, in: ABF, 1375200401/60, S. 1.
124 Vgl. Récit Lydia Beauvais, La Monnaie et le Financement de l'Economie, Nov 1973, in: ABF, 1375200401/60, S. 11.
125 Vgl. Récit Lydia Beauvais, La Monnaie et le Financement de l'Economie, Nov 1973, in: ABF, 1375200401/60, S. 12.
126 Vgl. Récit Lydia Beauvais, La Monnaie et le Financement de l'Economie, Nov 1973, in: ABF, 1375200401/60, S. 22 f.

Das Problem des Zielkonflikts reflektierte auch der Generaldirektor der DGE, Pierre Berger. Er sprach von einer „Doppeldeutigkeit der Geldpolitik."[127] Es sei nicht klar, welches Ziel den Vorrang einnehme: die Wirtschaftsförderung oder die Inflationsbekämpfung? Das erste Ziel, die Konjunkturstützung, ziele darauf, der französischen Wirtschaft stets genügend Finanzmittel für ihre Investitionen bereitzustellen. Dieses Gebot habe jedoch das zweite Ziel der Geldpolitik, die Sicherung der Geldwertstabilität, „sehr schwierig gemacht."[128] Es sei seit Jahrzehnten bei den Marktakteuren zur Gewohnheit geworden, dass die Finanzierung permanent gesichert sei und eine Einschränkung eben dieser Finanzierungsmöglichkeiten ausschließlich schädliche Folgen nach sich zöge.[129]

Schließlich trug Gouverneur Wormser die Kritik am Doppelziel auch in die Öffentlichkeit. Im Mai 1974 prangerte er in einem Artikel in der Tageszeitung „Le Figaro" die Widersprüchlichkeit der französischen Geldpolitik an. Sie wolle immer beides haben, sowohl eine stark wachsende Wirtschaft, hohe Produktivität und geringe Arbeitslosigkeit als auch stabile Preise. Man gebe sich der Illusion hin, dass das, „was in Wirklichkeit ein Dilemma ist – dauerhaftes Wachstum oder wiedererlangte Preisstabilität – als ein und dasselbe Ziel dargestellt werde. Und doch sei es weithin bekannt, dass man aus gutem Grund nicht mehr als ein Ziel verfolgen kann."[130] Wormser folgerte, dass man nun die ungeteilte Anstrengung darauf verwenden sollte, die Inflation zu stoppen. Kredite sollten rigoros eingeschränkt und Staatsausgaben reduziert werden. Nur solche Maßnahmen würden letztendlich auch der Wirtschaft zugutekommen. „Wenn man sich der Inflation hingäbe, um das Wachstum nicht zu gefährden, würde sie [...] den Aufschwung letztendlich unmöglich machen."[131]

Diese Kritik Wormsers richtete sich auch gegen die Regierung, von der er eine entschlossenere Sparpolitik verlangte. Stattdessen würden aber „gerade neue Ausgaben vorgeschlagen."[132] Der Gouverneur nahm also auch die staatliche Wirtschaftspolitik ins Boot, machte auch sie für die starke Inflation verantwortlich und drängte auf eine Kursänderung. Mit dieser Ermahnung ging er allerdings zu weit. Die institutionelle Abhängigkeit der Zentralbank von der Politik zeigte die Grenzen seiner Handlungsfreiheit auf. Der Tadel an der Regierung veranlasste den neuen Staatspräsidenten, Valéry Giscard d'Estaing, neben anderen Gründen, den

[127] Eigene Übersetzung: Exposé Pierre Berger, Difficultés de la politique monétaire, 5. 8. 1974, in: ABF, 1375200401/34, S. 1.

[128] Eigene Übersetzung: Exposé Pierre Berger, Difficultés de la politique monétaire, 5. 8. 1974, in: ABF, 1375200401/34, S. 2.

[129] Vgl. Exposé Pierre Berger, Difficultés de la politique monétaire, 5. 8. 1974, in: ABF, 1375200401/34, S. 2 f.

[130] Eigene Übersetzung: Artikel Wormser in Le Figaro, Vaincre l'inflation et favoriser l'expansion?, 25./26. 5. 1974, in: ABF 1069201118/50, S. 4.

[131] Eigene Übersetzung: Artikel Wormser in Le Figaro, Vaincre l'inflation et favoriser l'expansion?, 25./26. 5. 1974, in: ABF 1069201118/50, S. 14.

[132] Eigene Übersetzung: Artikel Wormser in Le Figaro, Vaincre l'inflation et favoriser l'expansion?, 25./26. 5. 1974, in: ABF 1069201118/50, S. 7.

Gouverneur kurzerhand zu entlassen. Im Gespräch mit Bundesbankpräsident Klasen bemerkte Wormser kurz nach der Veröffentlichung des Figaro-Artikels: „Mein Telephon steht still, niemand ruft mich mehr an!“[133] Zwei Tage später, am 12. Juni 1974, musste er zurücktreten.

Zwischenfazit

Die Banque de France suchte infolge der Ölpreiskrise nach einem klaren Kurs. Während sie zuvor die inhärente Gegensätzlichkeit ihres geldpolitischen Doppelziels wohl erkannt, sie jedoch in Kauf genommen hatte, räumte sie ab Sommer 1973 der Geldwertstabilität Vorrang ein und forderte eine konsequente Inflationsbekämpfung. Ihr gesetzliches Mandat und die Unterordnung unter die Regierung verhinderten jedoch ein effektives Handeln.

Diskrepanz zwischen Investitionen und Ersparnissen

Der interne Zielkonflikt war nicht die einzige Hürde auf dem Weg zur Preisstabilität. Die Banque de France sah sich in ihrer Geldpolitik zusätzlich durch die Tendenz der französischen Wirtschaft beschränkt, Investitionen gegenüber Ersparnissen zu bevorzugen.[134]

Pierre Berger, Generaldirektor der Abteilung für Studien, betonte in einem Aufsatz im August 1974: „Die Inflation ist größtenteils das Ergebnis einer unzureichenden Sparneigung angesichts von Investitionsentscheidungen.“[135] Seit Ende des Zweiten Weltkrieges hätten die französischen Regierungen kontinuierlich ihren Fokus auf Wiederaufbau und Wirtschaftswachstum gelegt. Investitionen wären stets das erste Ziel der Wirtschaftspolitik gewesen. Die Geldpolitik hätte die primäre Aufgabe gehabt, die Finanzierung dieser Investitionen durch niedrige Zinssätze sicherzustellen, sodass Unternehmen und Haushalte wenige Anreize hatten, Ersparnisse aufzubauen.[136] Es habe sich folglich in der französischen Gesellschaft die Gewohnheit entwickelt, die lückenlose Finanzierung von Investitionen und Wachstum als Normalzustand anzusehen. Die Folge war ein konstanter Trend zu mehr Konsum, hoher Nachfrage und hohen Löhnen, die, in Ermangelung einer ausreichenden Spartätigkeit, die Inflation anheizten.[137] Über die Jahre

133 Wirtschafts- und währungspolitische Chronologie, Tagebuchähnliche Aufzeichnungen von Viktor von der Lippe über Entwicklungen der Wirtschafts-, Währungs- und Geldpolitik, Bd. 6 1974, 10. 6. 1974, in: HA Bbk, B330/6917/2.

134 Vgl. Récit Lydia Beauvais, La Monnaie et le Financement de l'Economie, Nov 1973, in: ABF, 1375200401/60.

135 Exposé Pierre Berger, Difficultés de la politique monétaire, 5. 8. 1974, in: ABF, 1375200401/34, S. 8.

136 Vgl. Pierre Berger, Les problèmes de la lutte contre l'inflation, octobre 1974, Forum européen de management, table ronde à Paris les 26 et 27 septembre 1974, in: ABF, 1375200401/40, S. 5.

137 Vgl. Pierre Berger, L'inflation et la politique monétaire en France, juin 1974, Exposé de M. Pierre Berger à la Conférence sur la nouvelle inflation et la politique monétaire, organisée

hinweg hätte sich diese Neigung verfestigt. Die Marktteilnehmer hätten sich so weit an die Inflation gewöhnt, dass sie „mehr oder weniger bewusst einen gewissen Widerstand gegenüber Faktoren oder Maßnahmen der Preisstabilisierung“[138] aufbauten. Dieses Verhalten zeige sich auch in der gegenwärtigen Lage. Neben den höheren Ölpreisen trügen insbesondere höhere Konsumausgaben der Haushalte, eine starke Nachfrage bei den Unternehmen und steigende Lohnkosten zu den extremen Preisschüben in Frankreich bei.[139] Aus Sicht von Pierre Berger war der Trend, Investitionen über Ersparnisse zu stellen, und die natürliche Erwartungshaltung der Marktakteure, dass die Banque de France jede Finanzierung ermöglichte, das wesentliche Hindernis für den Inflationskampf. Vor allen anderen Lösungsansätzen wäre daher „die Entwicklung der Sparneigung [...] die Voraussetzung für eine Rückkehr zur relativen Preisstabilität.“[140]

Darüber hinaus sah die Banque ihre eigenen Fähigkeiten als begrenzt an, die inflationäre Finanzierung der Wirtschaft zu unterbinden. Wie Berger erklärte, konnte die Banque nur einen Teil der Geldschöpfung kontrollieren. Er unterschied hierzu zwei Arten der Geldschöpfung, eine aktive und eine passive.[141] Die aktive Geldschöpfung bezöge sich auf die willentliche Schaffung von Finanzmitteln für den Wirtschaftskreislauf. Hier könne die Banque mit ihrer Geldpolitik Einfluss nehmen und konsolidierend auf die Liquidität einwirken. Dagegen entzöge sich die passive Geldschöpfung ihrem Zugriff. Die Geldmittel entstünden in Reaktion auf äußere Einflüsse, etwa Lohnerhöhungen, ohne dass die Zentralbank in der Lage wäre, den Prozess zu steuern. Berger erläuterte: „Wenn die Nominallöhne stark steigen, muss sich der Fluss der Geldschöpfung rasch an ihr Wachstum anpassen, andernfalls könnten die Zahlungsflüsse blockiert werden, was zu Arbeitslosigkeit und sozialen Unruhen führt.“[142] Eine quasi-automatische Finanzierung der Wirtschaft und eine ständige Versorgung mit Liquidität sei praktisch unum-

par la Banca commerciale italiana (Milan 24, 25 et 26 juin 1974), in: ABF, 1375200401/40, S. 2 f.

138 Eigene Übersetzung, Pierre Berger, L’inflation et la politique monétaire en France, juin 1974, Exposé de M. Pierre Berger à la Conférence sur la nouvelle inflation et la politique monétaire, organisée par la Banca commerciale italiana (Milan 24, 25 et 26 juin 1974), in: ABF, 1375200401/40, S. 3.

139 Vgl. Pierre Berger, L’inflation et la politique monétaire en France, juin 1974, Exposé de M. Pierre Berger à la Conférence sur la nouvelle inflation et la politique monétaire, organisée par la Banca commerciale italiana (Milan 24, 25 et 26 juin 1974), in: ABF, 1375200401/40, S. 5.

140 Eigene Übersetzung: Pierre Berger, L’inflation et la politique monétaire en France, juin 1974, Exposé de M. Pierre Berger à la Conférence sur la nouvelle inflation et la politique monétaire, organisée par la Banca commerciale italiana (Milan 24, 25 et 26 juin 1974), in: ABF, 1375200401/40, S. 18.

141 Vgl. Exposé Pierre Berger, Les problèmes de la lutte contre l’inflation, octobre 1974, Forum européen de management, table ronde à Paris les 26 et 27 septembre 1974, in: ABF, 1375200401/40, S. 7 f.

142 Eigene Übersetzung: Pierre Berger, Les problèmes de la lutte contre l’inflation, octobre 1974, Forum européen de management, table ronde à Paris les 26 et 27 septembre 1974, in: ABF, 1375200401/40, S. 7.

gänglich, wenn die Banque de France die gesellschaftlichen Grundfesten nicht gefährden wollte. Ihr blieb demnach nur ein sehr begrenzter Aktionsradius.

Zwei Faktoren des französischen Finanzsystems verhinderten demnach eine effektive Inflationsbekämpfung. Einerseits der Vorrang von Investitionen gegenüber dem Sparen, verbunden mit der Gewissheit der Marktakteure, sich auf die Finanzierung durch die Zentralbank verlassen zu können, andererseits die Machtlosigkeit der Banque gegenüber der so genannten passiven Geldschöpfung.

Negative Einflüsse von außen

Neben den internen Herausforderungen – Zielkonflikt und inflationäre Geldschöpfung – hemmte ein dritter Faktor die Handlungsfähigkeit der Zentralbank, die internationalen Wirtschaftsbedingungen. Zwei Probleme stachen heraus, die Verteuerung der Ölimporte und das Fehlen von globalen Wechselkursstrukturen.

Hohe Ölimportpreise

Die Vervierfachung der Ölpreise um die Jahreswende 1973/1974 verstärkte aus Sicht der Banque die Inflation in zweifacher Hinsicht. Zum einen hatten die höheren Importpreise für Öl, aber auch für andere Rohstoffe, einen direkten Effekt auf die Erhöhung der Inlandspreise in Frankreich.[143] Ölimporte nahmen einen beträchtlichen Teil des gesamten französischen Imports ein, sie betrugen ca. 10% aller französischen Einfuhren[144]. Eine Veränderung der globalen Preisstrukturen hatte entsprechende Konsequenzen für die französischen Importeure. Die Banque de France stellte fest, dass nach den ersten drei Monaten 1974 im Gegensatz zum Vorjahr die Verbraucherpreise deutlich stärker gestiegen waren und dass die höheren Ölpreise einen wesentlichen Anteil daran trugen. Sie seien im Fall der Verbraucherpreise für ein Drittel des Anstiegs, im Fall der Erzeugerpreise sogar für die Hälfte des Preiswachstums verantwortlich gewesen.[145] Zum anderen wirkten sich die Ölpreiserhöhungen indirekt auf das französische Geldwesen aus, indem sie das Verhalten der Marktakteure manipulierten. Lydia Beauvais befürchtete „Kettenreaktionen" und „Inflationsspiralen"[146]. Die Inflationserwartungen der Marktteilnehmer würden zunehmen und in der Folge höhere Kosten zu steigenden Preisen führen, hohe Preise starke Lohnforderungen nach sich ziehen und diese ihrerseits wieder die Preise nach oben drücken. Die DGE konnte diesen Prozess in den ersten Monaten 1974 beobachten. Die Unternehmen erhöhten in Er-

[143] Vgl. Pierre Berger, Les problèmes de la lutte contre l'inflation, octobre 1974, Forum européen de management, table ronde à Paris les 26 et 27 septembre 1974, in: ABF, 1375200401/40, S. 3.
[144] Vgl. Banque de France, Compte Rendu 1974 (Rapport annuel), S. 11.
[145] Vgl. ABF, Bulletin trimestriel de la Banque de France, No. 11, Mai 1974, S. 7.
[146] Eigene Übersetzung, beide Zitate: Récit Lydia Beauvais, Perspectives de la politique monétaire, 29. 11. 1974, in: ABF, 1375200401/60, S. 2.

wartung wachsender Kosten ihre Preise und Haushalte konsumierten mehr.[147] Für Lydia Beauvais war klar: „Diese Einstellungen verstärkten die inflationistischen Prozesse, die in der Wirtschaft bereits vorhanden waren."[148] Sowohl die hohen Importpreise als auch die Inflationserwartungen verschärften die Inflationsschübe und erschwerten den Kampf der Banque gegen die Preissteigerungen.[149]

Defizite der globalen Wechselkursordnung

Der Zustand der internationalen Währungsordnung bildete für die Banque de France ein zweites großes Hindernis für die Stabilisierung der französischen Preise. Sie fürchtete, dass das Floating der Wechselkurse, das seit März 1973 vorherrschte, die Inflation in Frankreich weiter anheizen könnte. Abwertungen und Kursverluste könnten die Importpreise erhöhen und damit die Kosten und Preise im Inland steigen lassen.[150] Aus Sicht der Banque war diese Gefahr in einem System flexibler Wechselkurse, in dem die Kursschwankungen häufiger und volatiler waren, deutlich höher als bei festen Wechselkursen.

Tatsächlich musste Frankreich seit Mitte des Jahres 1973 immer wieder gegen Kursverluste kämpfen. Infolge der Aufwertung anderer europäischer Währungen, etwa der D-Mark im Sommer 1973, verlor der Franc an Wert. Eine Spekulationskrise im September 1973 brachte ihn unter zusätzlichen Abwertungsdruck. Die Banque de France musste innerhalb einer Woche Stützungskäufe in Höhe von 1,5 Mrd. EWRE vornehmen, um eine zu starke Abwertung zu verhindern, die aus ihrer Sicht wiederum mit einer stärkeren Inflation einhergegangen wäre.[151] Als im Januar 1974 Frankreich aus der europäischen Währungsschlange austreten musste und der Franc in der Folge abwertete, schrieb die DGE: „Die Abwertung unserer Währung hat zu einer Verschlechterung der Terms of Trade geführt, deren Nachteile sowohl nach außen als auch nach innen gravierend sind."[152] Sie betonte, dass man künftig „auf jeden Fall [...] Abwertungen vermeiden [sollte], die der Wirksamkeit des derzeitigen Kampfes gegen die Inflation nur schaden können."[153]

147 Vgl. Pierre Berger, L'inflation et la politique monétaire en France, juin 1974, Exposé de M. Pierre Berger à la Conférence sur la nouvelle inflation et la politique monétaire, organisée par la Banca commerciale italiana (Milan 24, 25 et 26 juin 1974), in: ABF, 1375200401/40, S. 6.

148 Eigene Übersetzung: Récit Lydia Beauvais, Perspectives de la politique monétaire, 29. 11. 1974, in: ABF, 1375200401/60, S. 2.

149 Vgl. Banque de France, Compte Rendu 1974 (Rapport annuel), S. 12.

150 Vgl. Exposé Pierre Berger, Les problèmes de la lutte contre l'inflation, octobre 1974, Forum européen de management, table ronde à Paris les 26 et 27 septembre 1974, in: ABF, 1375200401/40, S. 3.

151 Vgl. Note DGSE, La crise du Franc français en septembre 1973, 30. 11. 1973, in: ABF, 1495200501/649, S. 2.

152 Eigene Übersetzung: Note DGE, Elements de réflexion sur les orientations de la politique monétaire, 25. 7. 1974, in: ABF, 1375200401/40, S. 7.

153 Eigene Übersetzung: Note DGE, Elements de réflexion sur les orientations de la politique monétaire, 25. 7. 1974, in: ABF, 1375200401/40, S. 7.

Darüber hinaus beklagte die Banque de France, dass mit der Abschaffung der festen Wechselkurse die disziplinierende Funktion, die diese für die nationale Wirtschaftspolitik geboten hatten, entfiel. Gouverneur Wormser schrieb im Frühjahr 1974: „In Abwesenheit eines internationalen Währungsregimes, das Defizitländer angeregt hätte, ihre Lage durch rigorose Maßnahmen zu verbessern, habe ein Großteil des Auslands eine bewusst expansive Fiskalpolitik betrieben."[154] Dadurch sei Liquidität in „exzessiven Mengen"[155] geschaffen, die weltweite Nachfrage angeregt und die Inflation angetrieben worden. Der internen Geldschöpfung wäre kein Riegel mehr vorgeschoben. Wormser war überzeugt, dass die Inflation in Frankreich nur dann reduziert werden könnte, wenn auch weltweit die Inflationszahlen zurückgingen. Hierfür wäre ein internationales Währungssystem vonnöten, das wirtschaftspolitische Grenzen schaffe und Disziplin auferlege.[156]

Die Aufgabe des Systems fester Wechselkurse im März 1973 war für die Banque ein erheblicher Störfaktor. Das Floating führte zu häufigen Kursverlusten und steigenden Importpreisen. Im Gegensatz zur Bundesbank, die die Freigabe der Wechselkurse als erheblichen Vorteil im Kampf gegen die Inflation betrachtete, empfand die Banque de France diese vielmehr als einen entscheidenden Nachteil und eine Beeinträchtigung ihrer Bemühungen um mehr Stabilität.

1.3. Synthese

Beide Zentralbanken konzentrierten ihre Anstrengungen auf Stabilitätspolitik und Inflationskampf. In Frankreich und Deutschland erreichten die Inflationszahlen 1974 die höchsten Werte des gesamten Jahrzehnts. Beiderseits erkannten Banque de France und Deutsche Bundesbank die negativen Folgen von Lohn-, Kosten- und Preissteigerungen und identifizierten die Bedrohung der Preisstabilität als Hauptproblem für ihre Volkswirtschaften. Sie suchten jeweils nach Wegen und Mitteln, den Preisauftrieb aufzuhalten.

Ihre Handlungsmöglichkeiten unterschieden sich jedoch fundamental. Die Bundesbank hatte bereits im Nachgang der Bretton Woods-Krisen ihr geldpolitisches Konzept umgestellt. Sie hatte eine Geldmengensteuerung eingeführt und nach der Freigabe der Wechselkurse im März 1973 auf dieser Basis die Liquidität des Bankenwesens massiv eingeschränkt sowie die Inflation weitgehend stabilisiert. Während der Ölpreiskrise setzte sie diesen Kurs unbeirrt fort, gegen Widerstände der eigenen Regierung und ungeachtet gegenläufiger Trends im Ausland. Mit dem Geldmengenziel, das sie Ende 1974 etablierte, führte sie ihre Politik konsequent weiter. Sie sollte ihr ermöglichen, angesichts der abflauenden Konjunktur

[154] Eigene Übersetzung: Banque de France, Compte Rendu 1973 (Rapport annuel), S. 5.
[155] Eigene Übersetzung: Banque de France, Compte Rendu 1973 (Rapport annuel), S. 5.
[156] Vgl. Artikel Wormser in Le Figaro, Vaincre l'inflation et favoriser l'expansion?, 25./26. 5. 1974, in: ABF 1069201118/50, S. 1.

und widersprüchlicher Herausforderungen – Wirtschaftsförderung oder Inflationskampf – den Handlungsspielraum für ihre Stabilitätspolitik zu bewahren.

Die Banque de France musste dagegen von vornherein mit hohen Hürden kämpfen. Das doppelte Mandat, sowohl die Konjunktur zu unterstützen als auch die Preisstabilität zu wahren, erschwerte ihr eine klare Linie angesichts der Preissteigerungen. Selbst als sich infolge der Ölpreiskrise intern die Notwendigkeit einer entschlossenen Stabilitätspolitik durchsetzte und in die Forderung mündete, mehr Gewicht auf die Inflationsbekämpfung zu legen, stieß sie an neue Grenzen: hohe Inflationserwartungen der Marktteilnehmer, die tief verankerte Einstellung der französischen Wirtschaft, eine uneingeschränkte Kreditfinanzierung als gegeben anzunehmen, sowie die Defizite des internationalen Währungsregimes, in dessen Folge Spekulationen und Abwertungen die Inflation weiter anfachten.

Obwohl die beiden Zentralbanken in ihrer Analyse der Probleme übereinstimmten, führten diese unterschiedliche Bedingungen und Handlungsrahmen dazu, dass ihre Reaktionen auf die Inflation deutlich voneinander abwichen.

2. Zahlungsbilanzen

Die Ölpreiskrise hatte schwerwiegende Auswirkungen auf die internationalen Handels- und Finanzströme. Sie erzeugte in kürzester Zeit extreme Ungleichgewichte in den Zahlungsbilanzen, da die ölimportierenden Industrieländer erhebliche Defizite aufbauten, während die ölproduzierenden Länder hohe Überschüsse erwirtschafteten. Die Krise drohte, wieder einmal das internationale Wirtschafts- und Währungssystem zu erschüttern. Sie weckte bei den betroffenen Währungspolitikern und Währungsexperten das Gefühl, vor einer grundlegenden Neuausrichtung der Weltwirtschaftsordnung zu stehen. Otmar Emminger dazu: „Die Ölpreisexplosion von Ende 1973 stellt einen Wendepunkt in den weltwirtschaftlichen Beziehungen der Nachkriegszeit dar. Man wird in Zukunft von der Weltwirtschaft ‚vor' und ‚nach dem Ölpreisschock' sprechen müssen."[157]

Die beiden Zentralbanken in Deutschland und Frankreich mussten mit unterschiedlichen Herausforderungen kämpfen. In Deutschland blieb das Import-Export-Verhältnis stabil, Frankreich wies eine negative Leistungsbilanz auf. Die Bundesbank befand sich damit in einer günstigen Ausgangslage, sah sich aber gezwungen, die deutsche Wirtschaft vor schädlichen Einflüssen von außen abzuschirmen. Die Banque de France musste sich mit einem hohen Defizit auseinandersetzen und für den akuten Mangel an Finanzmitteln Lösungen finden.

[157] Vortrag Otmar Emminger, Monetäre und finanzielle Konsequenzen der Ölpreisexplosion, (Kurzfassung), bei der Bank von Spanien, 14. 10. 1974, in: HA Bbk, B330/41265, S. 1.

2.1. Die Deutsche Bundesbank fordert Disziplin

Ölpreiskrise als Zahlungsbilanzkrise

Das zentrale Charakteristikum der Ölpreiskrise sah die Bundesbank in der weltweiten Umverteilung von Kaufkraft und Vermögen. Aufgrund der Preiserhöhungen erzielten die ölproduzierenden OPEC-Staaten starke Mehreinnahmen, die für das Jahr 1974 auf bis zu 55 Mrd. Dollar geschätzt wurden.[158] Demgegenüber stürzte die Leistungsbilanz der ölimportierenden OECD-Länder ins Defizit. Die Industrieländer mussten für Importe, insbesondere Rohstoffimporte, wesentlich mehr zahlen und zusätzliche Kosten von 36 Mrd. Dollar aufbringen. Die kollektive Leistungsbilanz der OECD-Länder fiel auf einen Minusbetrag von 33 Mrd. Dollar, im Vergleich zum Überschuss von 2,5 Mrd. Dollar im Vorjahr.[159]

Die Verschiebungen der Zahlungsbilanzen spiegelten in der Sicht der Bundesbank eine Übertragung des Sozialprodukts und Volksvermögens in Richtung der Ölländer wider. Helmut Schlesinger erläuterte: „Mit der Bildung des Kartells der Erdölproduzenten unternimmt eine kleine Gruppe von Ländern […] den Versuch, die Verteilung des Weltsozialprodukts und -einkommens in einem Umfang zu ihren Gunsten zu verändern, der vordem mit wirtschaftlichen Mitteln allein wohl niemals versucht oder gar erreicht worden ist."[160] Die Industrieländer müssten die höheren Importkosten ausgleichen und könnten dies entweder durch einen höheren Güterexport in die OPEC-Staaten oder durch Verschuldung erreichen. Beides würde in einem Verlust des eigenen Sozialprodukts münden. In diesem Sinn sah die Bundesbank die Ungleichgewichte infolge der Ölpreiserhöhungen als einen „internationalen Verteilungskampf zwischen Ölförderung- und Ölverbraucherländer zu Lasten des Sozialprodukts der Verbraucherländer."[161]

Die Bundesbank forderte, dass die Industrieländer der OECD dieser neuen Herausforderung durch eine konsequente Restriktionspolitik, einen Defizitabbau und eine Steigerung ihrer Exporte begegnen sollte. Diese Haltung war sowohl auf ihre eigenen Erfahrungen mit den Folgen der Ölpreiskrise als auch auf die drohenden Risiken für die deutsche Volkswirtschaft und insbesondere für die deutsche Stabilitätspolitik zurückzuführen.

Eine starke Leistungsbilanz schützt vor der Krise

Die Bundesrepublik Deutschland befand sich bezüglich der Zahlungsbilanzproblematik in einer günstigen Ausgangsposition. Im Gegensatz zu den meisten ande-

[158] Vgl. Deutsche Bundesbank (Hrsg.), Geschäftsbericht 1974, S. 48.

[159] Vgl. Deutsche Bundesbank (Hrsg.), Geschäftsbericht 1974, S. 52 f.

[160] Vermerk Helmut Schlesinger, Alternativen im internationalen Verteilungskampf, der durch die Erdölpreissteigerung ausgelöst wurde, 8. 2. 1974, in: HA BBk, B330/9942, S. 1.

[161] Vortrag Dietrich Lemke (Leiter der Hauptabteilung I, Deutsche Bundesbank), Probleme im Zusammenhang mit den Ölpreiserhöhungen, im Rahmen der betrieblichen Fortbildung, 17. 10. 1974, in: HA Bbk, B330/41265, S. 2.

ren OECD-Staaten wies sie einen hohen Leistungsbilanzüberschuss auf und konnte dadurch die Verschiebung der Terms of Trade problemlos abfedern. Sie war nicht in der Zwangslage, plötzlich Defizite bewältigen, Finanzierungen suchen und drastische Anpassungen vornehmen zu müssen. Die deutsche Wirtschaft profitierte folglich von zwei Vorteilen, einer starken Exportwirtschaft und einer strikten Inflationsbekämpfung.

Hohe Exporteinnahmen als Trumpf

Die Bundesrepublik Deutschland konnte die Mehrkosten der Ölpreise vollständig durch Exportsteigerungen und hohe Exporteinnahmen ausgleichen. Sie erzielte im Jahr 1974 einen Leistungsbilanzüberschuss von fast 10 Mrd. Dollar, also ca. 26 Mrd. D-Mark[162] und setzte sich mit diesem Ergebnis deutlich von den übrigen Industrieländern der OECD ab. Nur die Niederlande, Belgien und Luxemburg konnten noch Überschüsse aufweisen, alle anderen Volkswirtschaften machten Verluste, am stärksten Italien und Großbritannien mit Defiziten von ca. 8 bzw. 9 Mrd. Dollar.[163]

Leistungsbilanzsalden der OECD-Länder*)

Mrd US-Dollar

Länder	1969	1970	1971	1972	1973	1974
EG-Länder	+ 3,7	+ 2,9	+ 5,4	+ 5,8	+ 0,8	– 13,0
darunter:						
Bundesrepublik Deutschland	+ 1,9	+ 0,9	+ 0,9	+ 0,8	+ 4,4	+ 9,4
Niederlande	+ 0,0	– 0,5	– 0,2	+ 1,1	+ 1,8	+ 1,8
Belgien-Luxemburg	+ 0,5	+ 0,7	+ 0,5	+ 1,4	+ 1,4	+ 0,5
Frankreich	– 1,6	+ 0,1	+ 0,5	+ 0,3	– 0,7	– 6,0
Großbritannien	+ 1,1	+ 1,7	+ 2,7	+ 0,3	– 2,9	– 9,1
Italien	+ 2,3	+ 0,8	+ 1,6	+ 2,0	– 2,4	– 7,9
Dänemark	– 0,4	– 0,5	– 0,4	– 0,1	– 0,5	– 1,0
Vereinigte Staaten	– 1,6	– 0,3	– 3,8	– 9,8	+ 0,5	1) – 1,3
Kanada	– 0,8	+ 1,1	+ 0,3	– 0,7	– 0,4	– 1,9
Japan	+ 2,1	+ 2,0	+ 5,8	+ 6,6	– 0,1	– 4,5
Sonstige OECD-Länder	– 1,1	– 2,0	– 1,0	+ 1,5	+ 1,7	– 12,8
OECD-Länder insgesamt	+ 2,3	+ 3,7	+ 6,7	+ 3,2	+ 2,5	– 33,5

* Salden des Warenhandels, der Dienstleistungen und der privaten und öffentlichen Übertragungen (auf Transaktionsbasis). – 1 1974 ohne einige außergewöhnliche öffentliche Übertragungen an Entwicklungsländer in Höhe von insgesamt 2,7 Mrd US-Dollar. – Quellen: Nationale Statistiken und OECD.

Quelle: Deutsche Bundesbank (Hrsg.), Geschäftsbericht 1974, S. 53

162 Vgl. Tabelle, Deutsche Bundesbank (Hrsg.), Geschäftsbericht 1974, S. 53.
163 Vgl. Tabelle, Deutsche Bundesbank (Hrsg.), Geschäftsbericht 1974, S. 53.

Die steigenden Exporteinnahmen Deutschlands konnten nicht nur alle Öl- und sonstigen Importkosten decken, sondern den Leistungsbilanzüberschuss sogar noch erhöhen.[164] Nach Abschluss des Jahres zog die Bundesbank die Bilanz, dass die deutschen Ausfuhren im Vergleich zum Vorjahr um nahezu 30% im Wert gestiegen waren.[165] Die Ausweitung des Handelsvolumens mit den OPEC-Staaten und die verstärkte Auslandsnachfrage in den anderen defizitären Industrieländern hätten den deutschen Export begünstigt. Letzteres resultierte aus deren expansiven Wirtschaftspolitik. Während die restriktive Geldpolitik der Bundesbank die Nachfrage in Deutschland zurückgedrängt habe, hätten die anderen OECD-Länder auf konjunkturfördernde Maßnahmen gesetzt und somit die Nachfrage angekurbelt. Die deutschen Unternehmen profitierten davon, indem sie ihre Auslandsaufträge steigerten.[166] Noch bedeutsamer als die gestiegene Nachfrage der übrigen OECD-Ländern war jedoch die Zunahme des deutschen Exports in die OPEC-Staaten, im Jahr 1974 um 73% und allein im letzten Jahresviertel um 111% im Vergleich zum Vorjahr. Dazu notierte die Bundesbank: „Die Bundesrepublik hat damit stärker als viele andere Industrieländer auf die wachsende Kaufkraft der Ölländer reagieren können."[167]

Für die deutsche Zentralbank kam dieser Erfolg unerwartet. Im Februar 1974 hatte Emminger noch vorausgesagt, dass man infolge der Ölpreiserhöhungen vermutlich mit einem kleinen Leistungsbilanzdefizit in Deutschland zu rechnen habe und dass es unwahrscheinlich sei, die Exportquote anzuheben.[168] Aus seiner Sicht müssten „erstens zusätzliche Liefermöglichkeiten der Industrieländer an die Erdölländer erst noch erschlossen werden [...] und zweitens [hätten] die Erdölländer selbst wahrscheinlich noch keine genauen Vorstellungen von der Verwendung ihrer Einnahmen."[169] Im Juni 1974 revidierte er aber schon seine Meinung. Auf einer Sitzung der Arbeitsgruppe 3 der OECD konnte er verkünden, dass Deutschland seine Exporte in die OPEC-Staaten um nahezu 50% angehoben habe.[170] Ende des Jahres meldete Helmut Schlesinger im Zentralbankrat, dass „etwa ein Drittel der Mehrausgaben für die Einfuhr von Erdöl [...] bereits durch Mehrausfuhren in OPEC-Länder ausgeglichen worden sei."[171]

164 Vgl. 413. Sitzung des Zentralbankrats der Deutschen Bundesbank in Frankfurt a. M., 22. 5. 1974, in: HA Bbk, B330/6718/2, TOP 5.

165 Vgl. Deutsche Bundesbank (Hrsg.), Geschäftsbericht 1974, S. 34.

166 Vgl. Deutsche Bundesbank (Hrsg.), Monatsbericht Juni 1974, S. 38.

167 Deutsche Bundesbank (Hrsg.), Geschäftsbericht 1974, S. 35.

168 Vgl. VWD-Nachrichten, „Emminger: Ölpreiserhöhungen ‚kostet' die BRD 15 Mrd. bis 17 Mrd. DM", 15. 2. 1974, in: HA BBk, B330/41265.

169 VWD-Nachrichten, „Emminger: Ölpreiserhöhungen ‚kostet' die BRD 15 Mrd. bis 17 Mrd. DM", 15. 2. 1974, in: HA BBk, B330/41265.

170 Vgl. Bericht Deutsche Bundesbank, Abteilung I (Entwurf), 2. Sitzung der Zahlungsbilanzexperten im Zusammenhang mit der Ölkrise der Arbeitsgruppe 3 des wirtschaftspolitischen Ausschusses (OECD) am 5./6. Juni 1974, 6. 6. 1974, in: HA Bbk, B330/26302.

171 425. Sitzung des Zentralbankrats der Deutschen Bundesbank in Frankfurt a. M., 21. 11. 1974, in: HA Bbk, B330/6724/2, TOP 2.

Die Expansion des deutschen Exports verschaffte der Bundesrepublik eine Sonderstellung unter den ölverbrauchenden Ländern; denn sie hatte kein Leistungsbilanzdefizit und musste sich nicht mit den entsprechenden Schulden und deren Finanzierung auseinandersetzen. Deutschland blieb insofern von den unmittelbaren finanziellen Folgen der Ölpreiskrise verschont.

Stabilitätspolitik als Voraussetzung

Der Bundesbank galt ihre Inflationsbekämpfung als entscheidender Faktor für eine ausgeglichene Zahlungsbilanz. Die konsequente Stabilitätspolitik festigte und verbesserte den Außenwert der D-Mark. In den ersten sechs Monaten 1974 wertete die D-Mark im Vergleich zum Jahresbeginn 1973 um ca. 26% gegenüber dem Dollar auf.[172] Die Höherbewertung verringerte die Importpreise für die deutsche Wirtschaft und reduzierte die Last der Umverteilung.

Die hohe Bewertung der D-Mark und die starke Exportsituation war für die Bundesbank ein Beweis dafür, dass die Folgen der Ölpreiskrise nur durch eine strikte Anti-Inflationspolitik vermieden bzw. abgemildert werden konnten. Karl Klasen erklärte: „Der Zugriff der Rohstoffländer auf das reale Sozialprodukt der Bundesrepublik konnte also zum größten Teil wieder rückgängig gemacht werden. Ich sehe hierin eine beachtliche Auswirkung unserer Stabilitätspolitik, ohne die dies nicht zu erreichen gewesen wäre."[173] Diejenigen Staaten, die zur Unterstützung ihrer Wirtschaft Ausgaben erhöhten und Kreditvergabe anregten, dienten dagegen als abschreckendes Beispiel. Eine solche Wirtschaftspolitik führte aus der Sicht der Bundesbank eben nicht zu verstärkten Investitionen und einer Erleichterung der angespannten Wirtschaftslage, sondern in erster Linie zu höherem Konsum, der sich wiederum im Anstieg von Importen und Preisen niederschlug. Eine solch inflatorische Politik half nicht weiter, sondern verfestigte vielmehr die Zahlungsbilanzdefizite.[174] Dementsprechend wies die Bundesbank Forderungen zurück, dass die Bundesrepublik durch eine expansivere Fiskal- und Geldpolitik die Last der Defizitländer lindern und für einen Ausgleich zwischen den Zahlungsbilanzen sorgen sollte. Emminger erkannte klar: „Eine solche Anpassung an das ausländische Inflationsniveau wäre ein selbstmörderisches Rezept."[175]

Dass die Bundesbank in ihrer Inflationspolitik im internationalen Umfeld hervorstach, war für sie ein wichtiges Moment. In einer Zentralbankratssitzung im

[172] Vgl. Vortrag Otmar Emminger, Aktuelle Fragen der inneren und äußeren Währungspolitik, bei einem Empfang der Landesbank Rheinland-Pfalz, Mainz, 5. 9. 1974, in: HA Bbk, N-2/00017, S. 7.

[173] Vortrag Karl Klasen, Währungspolitik heute, vor dem Übersee-Club, Hamburg, 27. 2. 1975, in: BArch, B126/55851, S. 12.

[174] Vermerk Helmut Schlesinger, Alternativen im internationalen Verteilungskampf, der durch die Erdölpreissteigerung ausgelöst wurde, 8. 2. 1974, in: HA BBk, B330/9942, S. 2, S. 5.

[175] Vortrag Otmar Emminger, Aktuelle Fragen der inneren und äußeren Währungspolitik, bei einem Empfang der Landesbank Rheinland-Pfalz, Mainz, 5. 9. 1974, in: HA Bbk, N-2/00017, S. 17.

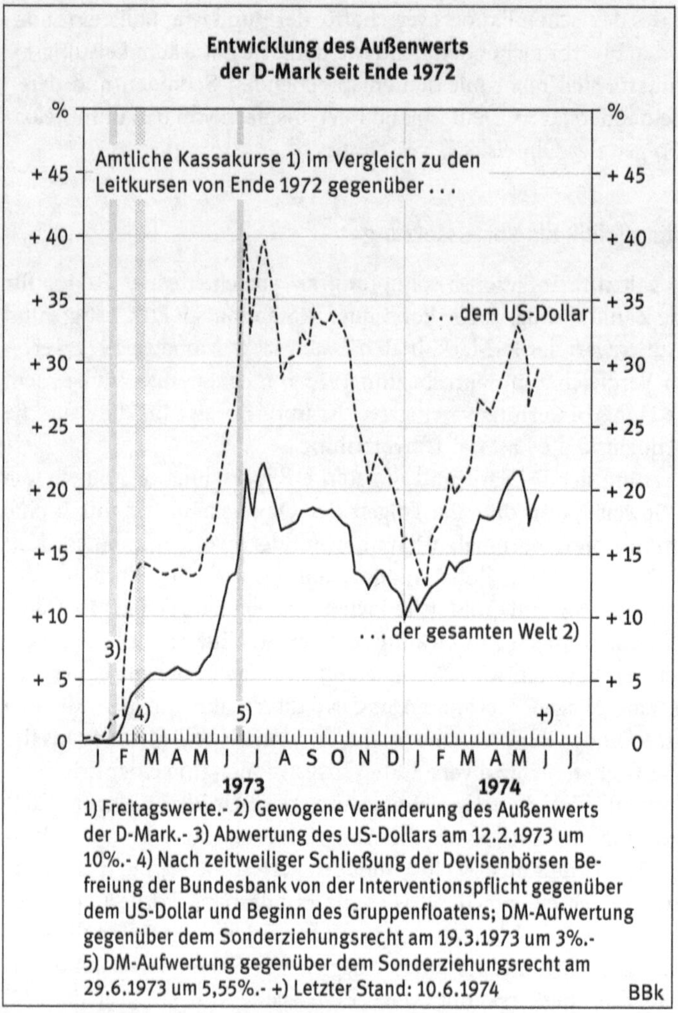

Quelle: Deutsche Bundesbank (Hrsg.), Monatsbericht Juni 1974, S. 36

Mai 1974 resümierte Helmut Schlesinger: „Daß die Bundesrepublik sich derzeit im internationalen Vergleich als das Land mit der niedrigsten Steigerungsrate der Lebenshaltungskosten immer weiter von den anderen Industrieländern absetze, sei gleichfalls ein Beleg dafür, daß es bisher gelungen sei, eine Beschleunigung der inländischen Inflationstendenzen hintanzuhalten.“[176] Im November des gleichen Jahres stellte Emminger fest, dass nun auch die anderen Industrieländer die Vor-

[176] 412. Sitzung des Zentralbankrats der Deutschen Bundesbank in Frankfurt a. M., 9. 5. 1974, in: HA Bbk, B330/6718/1, TOP 3.

teile einer strikten Geldpolitik bei der Bewältigung der Ölkrise einsahen. Auf einer OECD-Sitzung hätten sie der Inflationsbekämpfung „erste Priorität" eingeräumt. Laut Emminger musste nun „die Bundesrepublik Deutschland [...] die entscheidende und beispielgebende Aufgabe [übernehmen], den anderen Ländern zu zeigen, daß die Inflation auch heute noch erfolgreich bekämpft werden könne, wenn man eine konsequente Politik verfolge."[177]

Risiken für das Überschussland

Die positive Leistungsbilanz hatte für die Bundesrepublik indes nicht nur Vorteile. Die Kehrseite lag für die Bundesbank in neuen inflationären Kapitalzuflüssen und in Erwartungen, dass Deutschland als Gläubigerland die Defizitländer unterstützen und ihre Risiken teilen müsse.

Mit dem hohen Exportüberschuss und den steigenden Außenwert der D-Mark kehrte kurzfristig das Schreckgespenst der Kapitalbewegungen zurück. Einige Stimmen im Zentralbankrat warnten, dass die zusätzlichen Exporteinnahmen in Form von Devisenzuflüssen die Stabilitätspolitik der Bundesbank aushebeln könnten. Helmut Schlesinger erklärte in einer Sitzung im Mai 1974, dass der Anstieg der deutschen Devisenbilanz, der im April 4,3 Mrd. D-Mark betrug, „auf die Dauer ein beunruhigendes Problem"[178] sei; denn der Kapitalzufluss führe zu einer monetären Expansion, die weit über den Liquiditätsbedarf der Wirtschaft hinausginge und die Inflation antreibe. Carl Wagenhöfer, Präsident der bayerischen Landeszentralbank, pflichtete ihm bei und bekräftigte: „Unsere Stb.Pol. [Stabilitätspolitik] wird durch die außenwirtsch. Komponente sehr beeinträchtigt."[179] Auch Otmar Emminger sprach von einem „Problem der gefährlich einseitigen Ausrichtung der Wirtschaft auf den Export" bzw. von der „unerträglichen Exportlastigkeit der deutschen Wirtschaft".[180] So sehr der starke Export gegen die Ölpreissteigerungen geholfen habe, müsse die Zentralbank nun Maßnahmen ergreifen, um die negativen Auswirkungen auf die Preisstabilität zu vermeiden.

Problematisch war, dass die Bundesbank nur wenige Mittel besaß, die Leistungsbilanz aktiv zu beeinflussen. Eine Anpassung des D-Mark-Wechselkurses würde nicht helfen. Schon die starke Aufwertung der vergangenen Monate hätte den Export nicht gebremst. Eine zweite Option, die Stärkung der einheimischen Nachfrage und Importe, würde nur zu mehr Inflation führen und dem Konzept der Stabilitätspolitik zuwiderlaufen. Daher blieb aus Emmingers Sicht „als dritte –

[177] 425. Sitzung des Zentralbankrats der Deutschen Bundesbank in Frankfurt a. M., 21. 11. 1974, in: HA Bbk, B330/6724/2, TOP 4.

[178] 413. Sitzung des Zentralbankrats der Deutschen Bundesbank in Frankfurt a. M., 22. 5. 1974, in: HA Bbk, B330/6718/2, TOP 3.

[179] Wortprotokoll, 413. Sitzung des Zentralbankrats der Deutschen Bundesbank in Frankfurt a. M., 22. 5. 1974, in: HA Bbk, B330/6718/2, S. 8.

[180] 413. Sitzung des Zentralbankrats der Deutschen Bundesbank in Frankfurt a. M., 22. 5. 1974, in: HA Bbk, B330/6718/2, TOP 5.

und sachlich einzig richtige – Möglichkeit nur der Weg, auf die Partnerländer mit besonders starker Übernachfrage einzuwirken, um einen Druck in Richtung auf eine restriktivere Binnenwirtschaftspolitik auszuüben. Dies sei nur möglich, wenn die Bundesrepublik Deutschland diesen Ländern nicht das Durchhalten der unerträglich hohen Defizitpositionen dadurch erleichtere, daß sie zusätzliche Notenbankkredite in der einen oder anderen Form gewähre."[181] Der deutsche Exportüberschuss sollte also dadurch reduziert werden, dass andere Länder weniger importierten. Die Last der Anpassung fiel den Defizitländern zu. Zum gleichen Schluss kam Schlesinger: „Zur Abwehr weiterer Zugriffe auf das Sozialprodukt der Bundesrepublik gehöre seiner Ansicht nach auch, daß den Defizitländern die Fortführung dieser Defizite erschwert wird."[182]

Diese Interpretation machte klar, welches Interesse die Bundesbank verfolgte. Sie sah ihre eigene Stabilitätspolitik gefährdet, nicht in erster Linie durch die Ölpreiserhöhungen, sondern durch die Defizite der anderen OECD-Länder und durch deren expansive Fiskal- und Geldpolitik. Dies waren auch die Gründe, weshalb die Bundesbank nicht bereit war, die Defizitländer mit Kredithilfen zu unterstützen. Sie vermutete, dass solche Hilfen die Defizite nur verfestigen und damit die Exportüberschüsse Deutschlands weiter vergrößern könnten. Laut Otmar Emminger würden Hilfskredite „darauf hinauslaufen, daß die ungesunde Aufblähung der deutschen Ausfuhrüberschüsse durch die Notenbank mittels Geldschöpfung unterstützt würde."[183]

Ein weiteres Risiko hing mit der Rolle Deutschlands als leistungsfähiges Gläubigerland zusammen. Im Prozess des Recyclings der Ölgelder, also der Re-Investition der Überschüsse der OPEC-Staaten, floß ein Großteil des Kapitals nicht in währungsschwache, sondern in währungsstarke Länder. Wie der Leiter der Auslandsabteilung der Bundesbank feststellte, erschienen „gerade die Länder, die den größten Bedarf nach rückkehrenden Öldollars haben, nämlich diejenigen mit den größten Defiziten, aus der Sicht der Ölländer am wenigsten attraktiv."[184] Die Defizitländer forderten daher Mechanismen, um eine zielgerichtete Verteilung der Überschussgelder der Ölländer zu ermöglichen. Bereits auf der ersten Sitzung der Arbeitsgruppe 3 der OECD nach Ausbruch der Nahost- und Ölkrise in November 1973 schlug die italienische Delegation vor, die Geldflüsse, die aus den OPEC-Ländern stammten, innerhalb der EWG zugunsten der benachteiligten Länder

181 413. Sitzung des Zentralbankrats der Deutschen Bundesbank in Frankfurt a. M., 22. 5. 1974, in: HA Bbk, B330/6718/2, TOP 5.

182 413. Sitzung des Zentralbankrats der Deutschen Bundesbank in Frankfurt a. M., 22. 5. 1974, in: HA Bbk, B330/6718/2, TOP 3.

183 413. Sitzung des Zentralbankrats der Deutschen Bundesbank in Frankfurt a. M., 22. 5. 1974, in: HA Bbk, B330/6718/2, TOP 5.

184 Vortrag Dietrich Lemke (Leiter der Hauptabteilung I, Deutsche Bundesbank), Probleme im Zusammenhang mit den Ölpreiserhöhungen, im Rahmen der betrieblichen Fortbildung, 17. 10. 1974, in: HA Bbk, B330/41265, S. 5.

umzuleiten.[185] Im Jahr 1974 wurden diese Initiativen konkret. Im internationalen Währungsfonds wurde eine spezielle „Ölfazilität" eingerichtet, die, mit Kapital der Überschussländer ausgestattet, Kredite an notleidende Defizitländer vergab. Auch innerhalb der EWG diskutierten die Regierung die Auflage einer EWG-Anleihe auf den internationalen Finanzmärkten, die der Finanzierung der Defizite dienen sollte. Die Bundesbank befürchtete, dass im Rahmen dieser Initiativen Deutschland als potentieller Kreditgeber in die Verantwortung genommen würde und für die Schulden der Defizitländer bürgen müsse. Emminger schrieb in einem Brief an den stellvertretenden Chefredakteur der „Zeit": „Wir werden, wenn die Ölgelder weiterhin zu uns hineinfliegen, mit Sicherheit unter großen internationalen Druck geraten, diese Ölgelder an devisenbedürftige Defizitländer weiterzuschleußen."[186] Dies hatte aus ihrer Sicht nicht nur die Folge, dass die Defizitländer ihre inflationären Geld- und Finanzpolitik mithilfe von Krediten weiterführen könnten, sondern beinhaltete auch die Gefahr, dass Deutschland in der Mittlerfunktion zwischen Öllländern und Defizitländern die Kreditrisiken der Schuldner übernehmen müsste.[187] Emminger riet dem Bundesfinanzministerium folglich ab, Kreditverpflichtungen im IWF oder in der EWG einzugehen; denn die Bundesrepublik „müßte dann mittelfristige (in Wirklichkeit wahrscheinlich längerfristige) Kapitalhilfe leisten, während sie sich kurzfristig [...] gegenüber den Ölländern verschuldet."[188]

Diese Bedenken bestimmten die Verhandlungsposition der Bundesbank sowohl hinsichtlich der Ausgestaltung der IWF-Ölfazilität als auch bei den Diskussionen zur EWG-Anleihe. Als die ersten Entwürfe der IWF-Kreditfazilität Anfang 1974 veröffentlicht wurden, kritisierte die Bundesbank, dass „keinerlei Gewähr besteht, daß die Kreditnehmer später zur Rückzahlung in der Lage sein werden."[189] Darüber hinaus sei auch die finanzielle Ausstattung des Kreditmechanismus nicht garantiert. Die Zentralbank mahnte: „Eine Sonderfazilität dieser Art kann man u. E. nur dann anbieten, wenn die Finanzierung für die gesamte Laufzeit und unter voller Berücksichtigung der sonstigen Beanspruchungen des IWF vorher gesichert ist."[190] Es bestand die Sorge, dass im Fall eintretender Liquiditätsschwierigkeiten

185 Vgl. Vermerk Otmar Emminger, Zahlungsbilanz- und Währungsprobleme der Erdölkrise (Sitzungen der Arbeitsgruppe 3 und des Wirtschaftspolitischen Ausschusses der OECD), 16. 11. 1973, in: HA Bbk, N-2/000234, S. 6.

186 Brief Otmar Emminger an Diether Stolze (Chefredaktion Die ZEIT), 9. 12. 1974, HA Bbk, N-2/00087.

187 Vgl. Vortrag Otmar Emminger, The Monetary Consequences of the Oil Price Explosion and its Implications for the Euro-currency Markets, Adress by Otmar Emminger, Deputy Governor of the Deutsche Bundesbank, at the Bank of Spain, Madrid, 14. 10. 1974, in: HA Bbk, B330/41265, S. 6.

188 Stellungnahme Otmar Emminger, zu Entwurf des Bundesfinanzministeriums (vom 31. 1. 1974), Währungspolitische Aspekte der Ölpreiserhöhung, 1. 2. 1974, in: HA Bbk, B330/41265, S. 2.

189 Schreiben der Hauptabteilung I10 (Bundesbank) an das Bundesfinanzministerium, Betreff: Schaffung einer zusätzlichen Kreditfazilität des IWF zur Erleichterung der Finanzierung von ölpreisverursachten Zahlungsbilanzdefiziten, 27. 2. 1974, in: HA Bbk, B330/43612, S. 1.

190 Schreiben der Hauptabteilung I10 (Bundesbank) an das Bundesfinanzministerium, Betreff: Schaffung einer zusätzlichen Kreditfazilität des IWF zur Erleichterung der Finanzierung von ölpreisverursachten Zahlungsbilanzdefiziten, 27. 2. 1974, in: HA Bbk, B330/43612, S. 2.

der IWF die Bundesrepublik um finanzielle Unterstützung bitten würde und sie in der Folge die Haftung für ungesicherte und zweifelhafte Kredite übernehmen müsse.[191] Aus denselben Gründen widerstrebte der Bundesbank die Schaffung eines europäischen Kreditinstruments. Sie konnte nicht sicher sein, dass die Kreditnehmer in der Lage seien, die Zins- bzw. Rückzahlungsverpflichtungen eines Kredits einzuhalten: „Wenn einer der kreditnehmenden Teilnehmerstaaten die Devisen zur Amortisation und Rückzahlung nicht aufbringen sollte, wer wird dann hierfür die Haftung übernehmen müssen?“[192]

Der Leistungsbilanzüberschuss war Fluch und Segen zugleich. Er befähigte Deutschland, die finanziellen Konsequenzen der Ölpreiserhöhung auf die deutsche Wirtschaft rasch zu kompensieren. Aber gleichzeitig lockten starken Exporte und die hohe Bewertung der D-Mark neue Finanzströme nach Deutschland, die die Preisstabilität bedrohten. Zudem riskierte die Bundesrepublik als Überschuss- und Gläubigerland, mit den Schulden der Defizitländer belastet zu werden. Diese Situation verdeutlicht, warum die Bundesbank die Zahlungsbilanz-Ungleichgewichte der Weltwirtschaft auch für Deutschland, trotz der günstigen Ausgangslage, als ernstes Problem wertete.

Inflationsbekämpfung als Gegenmaßnahme

Angesichts dieser Risiken lotete die Bundesbank Handlungsmöglichkeiten und Lösungsansätze für die Zahlungsbilanzprobleme aus. Sie differenzierte jene nach dem Zeithorizont. Kurzfristig erachtete sie eine realwirtschaftliche Anpassung an die neuen Handelsbedingungen für unwahrscheinlich und sah ein, dass die Defizite vorerst hingenommen und finanziert werden mussten.[193] Jedoch böte die Finanzierung für sich genommen keine langfristige Lösung der Zahlungsbilanzkrise. Eine übermäßige Kreditaufnahme würde die notwendige Anpassung der Defizitländer vielmehr hinauszögern oder sogar verhindern. Auf lange Sicht könnten nur eine Verringerung der Ölpreise und eine Korrektur der Leistungsbilanzen die Zahlungs-Ungleichgewichte beseitigen.

Finanzierung der Defizite

Die Bundesbank akzeptierte, dass die Defizitländer ihre Leistungsbilanzschwierigkeiten vorläufig durch eine Kreditfinanzierung überbrückten.[194] Sie warnte aber

[191] Vgl. Aktenvermerk, Hauptabteilung I 10 (Bundesbank), Betreff: Beschlußentwurf über die Ölfazilität, 20. 5. 1974, in: HA Bbk, B330/43612, S. 2.

[192] Vermerk Otmar Emminger, Betreff: Von der EG aufzunehmende Anleihe, 2. 7. 1974, in: HA Bbk, B330/9942, S. 1.

[193] Vgl. Vortrag Dietrich Lemke (Leiter der Hauptabteilung I, Deutsche Bundesbank), Probleme im Zusammenhang mit den Ölpreiserhöhungen, im Rahmen der betrieblichen Fortbildung, 17. 10. 1974, in: HA Bbk, B330/41265, S. 3–5.

[194] Vgl. Vortrag Otmar Emminger, The Monetary Consequences of the Oil Price Explosion and its Implications for the Euro-currency Markets, Adress by Otmar Emminger, Deputy Gover-

davor, in einer solchen Finanzierung das Allheilmittel für die Probleme der hohen Defizite zu sehen; denn nach ihrer Ansicht lag die eigentliche Ursache für die Zahlungsbilanzschwierigkeiten nicht in der Ölpreiskrise, sondern in bereits bestehenden Ungleichgewichten und wirtschaftlichen Mängeln einzelner Länder.

Die Bundesbank beobachtete, dass einige Industrieländer schneller und effektiver auf die Ölpreissteigerungen reagiert hatten als andere, die länger mit Problemen zu kämpfen hatten. So konnten zum Beispiel Frankreich und die USA 1974 ihre Defizite relativ rasch abbauen, während sie in Italien und Großbritannien unverändert bestehen blieben.[195] Sie zog daraus den Schluss, dass nicht die höheren Ölpreise für die Belastung der Leistungsbilanzen verantwortlich waren, sondern die individuellen Verläufe der Preise, Kosten und Löhne der Länder.[196] Die Ölpreiskrise habe lediglich Fehlentwicklungen, die sich zuvor schon eingestellt hatten, noch verstärkt und sichtbar gemacht. Daher bestünde in diesen Staaten die einzig richtige Reaktion auf die Ölpreiserhöhungen in einer restriktiven Fiskal- und Geldpolitik, um die Voraussetzungen für die Gesundung der Leistungsbilanz zu schaffen. Bundesbankpräsident Klasen zufolge müssten „die Defizitländer [...] mit größerer Konsequenz als bisher versuchen, ihren Bürgern klarzumachen, daß die Ansprüche an das Sozialprodukt den veränderten Verhältnissen angepaßt werden müssen."[197] Eine exzessive Kreditfinanzierung würde falsche Anreize setzen. Klasen äußerte Bedenken, dass „ein schneller Rückgriff auf solche Zahlungsbilanzhilfen die Defizitländer weniger als sonst dazu zwingen würde, die Inflation im Inland, die die Ursache ihrer Zahlungsbilanzkalamität ist, wirksam und nachhaltig einzudämmen."[198] Und auch Otmar Emminger stellte fest, dass die Defizitländer die Kredite nicht nutzten, um etwa die Produktivität zu erhöhen und die Leistungsbilanz zu verbessern, sondern um „extrem große Haushaltsdefizite zu finanzieren [...], die ein unhaltbares Level von öffentlichem und privaten Konsum"[199] gewährleisteten. Dies treffe insbesondere auf Großbritannien und Italien zu, wo nur ein sehr geringer Teil der Kredite in produktive Investitionen floss.[200] Anstelle die Zahlungsbilanzprobleme zu lösen, konsolidierte die Kreditfinanzierung die Preise und Kosten auf hohem Niveau, förderte die Inflation und verschärfte die Defizitlage.

nor of the Deutsche Bundesbank, at the Bank of Spain, Madrid, 14. 10. 1974, in: HA Bbk, B330/41265, S. 4.

195 Vgl. Deutschen Bundesbank (Hrsg.), Geschäftsbericht 1974, S. 52 f.

196 Vgl. Deutschen Bundesbank (Hrsg.), Geschäftsbericht 1974, S. 53 f.

197 Vortrag Karl Klasen, Währungspolitik heute, vor dem Übersee-Club, Hamburg, 27. 2. 1975, in: BArch, B126/55851, S. 18.

198 Vortrag Karl Klasen, Aktuelle Fragen der Währungspolitik, vor Mitgliederversammlung des Verbandes der Lebensversicherungsunternehmen in Hamburg, 21. 5. 1974, in: HA Bbk, N-2/000235, S. 66 f.

199 Eigene Übersetzung: Brief Otmar Emminger an Michael Posner (Director of Studies in Economics, Cambridge), 15. 12. 1974, in: HA Bbk, N-2/00087, S. 3.

200 Vgl. Brief Otmar Emminger an Michael Posner (Director of Studies in Economics, Cambridge), 15. 12. 1974, in: HA Bbk, N-2/00087, S. 3.

Die Defizitfinanzierung war für die Bundesbank demnach nur eine kurzfristige Notlösung. Auf längere Sicht verhinderte sie die notwendige Anpassung der Defizitländer an das neue weltwirtschaftliche Gleichgewicht und beförderte eine ausschweifende, undisziplinierte Wirtschaftspolitik.

Ölpreissenkung und Handelsbilanzbesserung

Eine Lösung der Zahlungsbilanzschwierigkeiten bedurfte nach Auffassung der Bundesbank einer nachhaltigen Politik. Die Defizitländer sollten ihre Wirtschaftspolitik konsolidieren und dadurch eine Senkung der Ölpreise und ihres Zahlungsbilanzdefizits herbeiführen.

Die Verringerung der hohen Ölpreise hatte oberste Priorität. Klasen bekundete auf der IWF-Jahresversammlung am 1. Oktober 1974, „daß nach seiner ‚persönlichen Meinung' die anstehenden Probleme andernfalls nicht gelöst werden können."[201] Zwar war sich die Bundesbank bewusst, dass nur die OPEC-Staaten selbst die Preiserhöhungen rückgängig machen konnten. Die OECD-Länder könnten aber Druck aufbauen und die Nutzlosigkeit der Preissteigerungen darlegen. Helmut Schlesinger formulierte die Voraussetzungen für eine solche Strategie. Zentrales Element sei eine strikte Inflationsbekämpfung. Nur eine strenge Fiskal- und Geldpolitik könne verhindern, dass die inländische Nachfrage zunahm und sich die Ölpreissteigerungen auf die Preise übertrugen.[202] Er betonte: „je inflationärer das Klima in den Industrieländern ist […], um so weniger besteht Aussicht, daß die überhöhten Rohölpreise zurückgeführt müssen."[203] Daneben sollten die Defizitländer auf alle Maßnahmen verzichten, die sie von nötigen Einsparungen und Anpassungen abhielten, das hieß, keine finanzielle Hilfe von außen und keine expansive Wirtschaftspolitik.[204] Der Verteilungskampf zwischen ölproduzierenden und ölimportierenden Ländern könne nur dann gewonnen werden, wenn die OECD-Länder ihre Defizite selbstständig unter Kontrolle brachten.[205]

Eine solide Wirtschaftspolitik diene jedoch nicht nur dem Zweck, Druck auf die ölexportierenden Länder auszuüben; sie sei auch in der Lage, die Leistungsbilanzdefizite effektiv zu reduzieren. Die Bundesbank war der Auffassung, dass die Ölpreiskrise einen realen Verlust des Volkseinkommens verursacht hatte. Dieser von außen induzierte Verlust könnte nicht kompensiert werden, indem durch höhere Ausgaben die Einkommen und die Nachfrage künstlich aufrechterhalten

201 VWD-Nachrichten, „Bundesbank-Präsident Klasen plädierte für Ölpreissenkung", 1. 10. 1974, in: HA Bbk, B330/26302.

202 Vgl. Vermerk Helmut Schlesinger, Alternativen im internationalen Verteilungskampf, der durch die Erdölpreissteigerung ausgelöst wurde, 8. 2. 1974, in: HA BBk, B330/9942, S. 2.

203 Vermerk Helmut Schlesinger, Alternativen im internationalen Verteilungskampf, der durch die Erdölpreissteigerung ausgelöst wurde, 8. 2. 1974, in: HA BBk, B330/9942, S. 2 f.

204 Vgl. Vermerk Helmut Schlesinger, Alternativen im internationalen Verteilungskampf, der durch die Erdölpreissteigerung ausgelöst wurde, 8. 2. 1974, in: HA BBk, B330/9942, S. 4 f.

205 Vgl. 405. Sitzung des Zentralbankrats der Deutschen Bundesbank in Frankfurt a. M., 7. 2. 1974, in: HA Bbk, B330/6714/2, TOP 3.

würden.[206] Eine solche Politik hätte bereits vor der Ölpreiskrise zu wachsenden Zahlungsbilanz-Unterschieden geführt. Inflation förderte die Importe und hemmte die Exportwirtschaft. Demgegenüber war „das einzige wirksame Hilfsmittel gegen die Verzerrungen in den Handelsströmen [...] die Beseitigung der Inflation in den Defizitländern."[207] Nur durch eine Stabilitätspolitik könnte sich die Wirtschaft auf die neuen Bedingungen einstellen und das Übergewicht der Importkosten ausgleichen.

Die Ausweitung der Exporte war für die Bundesbank ein weiterer Weg, um die Defizite zu reduzieren und die Ungleichgewichte zu beseitigen. Durch eine „überproportionale Steigerung der Exporte in OPEC-Länder"[208] würden die Defizitländer die notwendigen Geldmittel erhalten, um die hohen Importkosten auszugleichen. Emminger hielt eine solche Ausfuhrsteigerung für die quasi natürliche Konsequenz der Umverteilung der weltweiten Kaufkraft; denn die „Ölländer [würden] selbst ja einen Teil ihrer preisbedingten Mehreinnahmen zur Finanzierung von Mehreinfuhren von Gütern (für sich und ihre Verbündeten) verwenden."[209] Allerdings musste Emminger im Frühjahr 1974 zugeben, dass eine schnelle Korrektur der Handelsbilanz unwahrscheinlich sei. Die erwarteten Mehreinfuhren der ölproduzierenden Länder blieben aus. Weder die Industrieländer noch die Ölländer hätten klare Vorstellungen, wie sie den Güteraustausch ankurbeln konnten.[210] Die Situation änderte sich erst im Sommer des Jahres. Im Juni verkündete Emminger in der Arbeitsgruppe 3 der OECD, dass Deutschland seine Exporte in die OPEC-Staaten um gut 50% erhöhen konnte. Bei den anderen Ländern herrschte zwar noch „erhebliche Unsicherheit"[211] hinsichtlich der Absorptionsfähigkeit der Ölländer. Aber es zeichnete sich ein Trend ab. Die Auslandsabteilung der Bundesbank konnte im Oktober aufzeigen, dass die OPEC-Staaten einen deutlich größeren Anteil ihrer Überschüsse für Importe aus den OECD-Ländern nutzten und folglich zu erwarten sei, dass für 1974 und 1975 etwa die Hälfte ihrer Devisenüberschüsse für Einfuhren aufgewendet werden könnte.[212] Auf einer Sitzung der OECD-Expertengruppe Ende des Jahres 1974

[206] Vgl. Deutsche Bundesbank (Hrsg.), Geschäftsbericht 1974, S. 37 f.

[207] Vortrag Otmar Emminger, Aktuelle Fragen der inneren und äußeren Währungspolitik, bei einem Empfang der Landesbank Rheinland-Pfalz, Mainz, 5. 9. 1974, in: HA Bbk, N-2/00017, S. 17.

[208] Vermerk Hauptabteilung I, OECD-Arbeitsgruppe 3, Gedanken zum Anpassungsprozeß (Zahlungsbilanzziele), 12. 11. 1974, in: HA Bbk, B330/26302, S. 1.

[209] Stellungnahme Otmar Emminger, zu Entwurf des Bundesfinanzministeriums (vom 31. 1. 1974), Währungspolitische Aspekte der Ölpreiserhöhung, 1. 2. 1974, in: HA Bbk, B330/41265, S. 1.

[210] Vgl. VWD-Nachrichten, „Emminger: Ölpreiserhöhungen ‚kostet' die BRD 15 Mrd. bis 17 Mrd. DM", 15. 2. 1974, in: HA BBk, B330/41265, S. 29.

[211] Bericht Deutsche Bundesbank, Abteilung I, 2. Sitzung der Zahlungsbilanzexperten im Zusammenhang mit der Ölkrise der Arbeitsgruppe 3 des wirtschaftspolitischen Ausschusses (OECD) am 5./6. Juni 1974, 6. 6. 1974, in: HA Bbk, B330/26302, S. 2.

[212] Vgl. Vortrag Dietrich Lemke (Leiter der Hauptabteilung I, Deutsche Bundesbank), Probleme im Zusammenhang mit den Ölpreiserhöhungen, im Rahmen der betrieblichen Fortbildung, 17. 10. 1974, in: HA Bbk, B330/41265, S. 3 f.

bestätigten auch die anderen OECD-Staaten diese Annahme. Sie berichteten übereinstimmend, dass die Exporte in die Ölländer zugenommen hätten.[213]

Zum Ende des Jahres stellte die Bundesbank fest, dass die Defizitländer ihre Leistungsbilanzsituation tatsächlich verbessert hatten. Japan und Frankreich würden im Jahr 1975 ihre Defizite voraussichtlich um die Hälfte reduzieren können, und auch Großbritannien und Italien bauten ihre Fehlbeträge ab.[214] Der Erfolgsfaktor war in den Augen der Bundesbank die zunehmend restriktive Fiskal-, Geld- und Kreditpolitik.[215] Es bestätigte ihre Meinung, dass Inflationsbekämpfung die maßgebliche Voraussetzung für eine geordnete Zahlungsbilanz war.

Zwischenfazit

Stabilität und Stabilitätspolitik waren die Dreh- und Angelpunkte der deutschen Reaktion auf die Zahlungsbilanzkrise. Einerseits galt der Bundesbank ihre stringente Inflationsbekämpfung als Erfolgsrezept für die deutsche Sonderstellung und als einziger Ausweg, um ihre Leistungsbilanz vor den Gefahren der Ölpreiskrise abzuschirmen. Andererseits war die Preis- und Finanzstabilität in Deutschland durch die Defizite der anderen Industrieländer bedroht. Dies erklärte den Widerstand der deutschen Zentralbank gegen die Einführung institutioneller Kreditmechanismen. Aus ihrer Sicht böten diese keine Lösung, sondern würden die Preise auf hohem Niveau konsolidieren und die Zahlungsbilanz-Ungleichgewichte perpetuieren.

2.2. Banque de France: ein widersprüchlicher Kampf gegen die Defizite

Frankreich befand sich in einer völlig anderen wirtschaftlichen Situation. Die französische Zahlungsbilanz war in die roten Zahlen gerutscht, doch die Politik verfügte nicht über vergleichbare Ausgleichsmöglichkeiten wie die Bundesrepublik. Die Banque de France musste Krisenmanagement betreiben und war unter Zugzwang, eine rasche Lösung für die Defizite zu finden.

Ein hohes Zahlungsbilanzdefizit

Die Ölpreiskrise verursachte in Frankreich eine drastische Verschlechterung der Zahlungsbilanz. Zwischen 1973 und 1974 stiegen die französischen Defizite von

213 Vgl. Vermerk Hauptabteilung I 12, Sitzung der WP 3-Experten für Zahlungsbilanzfragen der Ölsituation am 9. 12. 1974, 12. 12. 1974, in: HA Bbk, B330/26302, S. 2.

214 Vgl. Deutsche Bundesbank (Hrsg.), Geschäftsbericht 1974, S. 54.

215 Vgl. Deutsche Bundesbank (Hrsg.), Geschäftsbericht 1974, S. 57.

3 Mrd. auf 29,3 Mrd. Franc.[216] Höhere Importe und Importkosten waren für das Minus verantwortlich. Wie die Banque de France im Quartalsbericht vom Mai 1974 erläuterte, hatten sich die Ölpreise seit Oktober 1973 um 230% erhöht und hatten damit die Einfuhren deutlich verteuert. Auch unabhängig von den Ölpreissteigerungen nahmen die Importe zu, im Vergleich zum Vorjahr um 53%.[217] Der Kostenanstieg anderer Rohstoffe, die kräftige Konjunktur und Nachfrage im Inland sowie Vorsorgekäufe von französischen Unternehmen und Haushalten ließen das Defizit anschwellen.[218] Während zwischen März 1972 und März 1973 die französischen Exporte die Importe noch übertroffen hatten, drehte sich das Verhältnis von Export und Import zwischen März 1973 und März 1974 um.

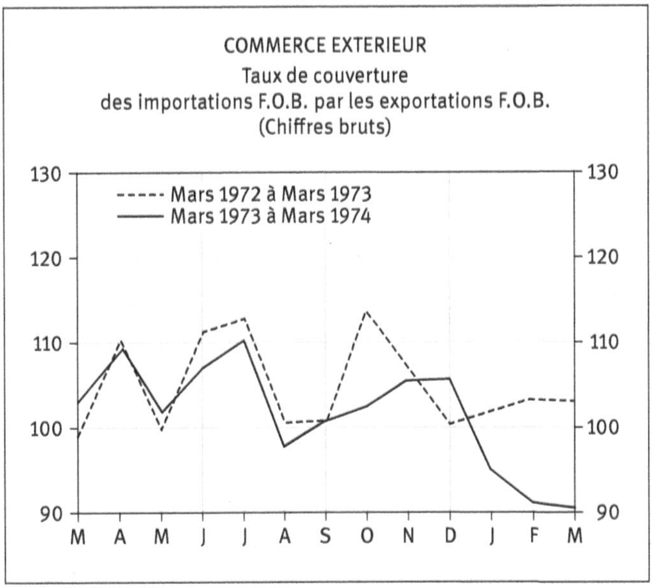

Französischer Außenhandel, Import-Export-Verhältnis
Quelle: Bulletin trimestriel de la Banque de France, No. 11, Mai 1974, S. 8

Die Auslandsabteilung der Banque de France, DGSE, hatte bereits im Dezember 1973 auf die unberechenbaren Zukunftsaussichten für die Handels- und Kapitalströme aufmerksam gemacht und Verluste der französischen Zahlungsbilanz prognostiziert.[219] Aus ihrer Sicht befand sich die Weltwirtschaft im Umbruch. Man könne nicht davon ausgehen, dass sich die Wirtschaftsbeziehungen zwischen

216 Vgl. Banque de France, Compte Rendu 1974 (Rapport annuel), S. 30.
217 Vgl. ABF, Bulletin trimestriel de la Banque de France, No. 11, Mai 1974, S. 8.
218 Vgl. Banque de France, Compte Rendu 1974 (Rapport annuel), S. 31.
219 Vgl. Note DGSE, La Balance des paiements en 1974, 11. 12. 1973, in: ABF, 1427200701/2.

Frankreich und seinen Partnerländern so fortentwickelten wie in der Vergangenheit. Aufgrund der Ölpreisverteuerung, des Konjunktureinbruchs und der hohen Inflation könne sich die „ungünstige Tendenz, die in der Entwicklung des Zahlungsverkehrs mit dem Ausland seit dem Jahr 1972 festgestellt wurde, nur verschlimmern."[220] Für das Jahr 1974 müsse man mit „beträchtlichen Risiken"[221] für die französische Zahlungsbilanz rechnen.

Die Probleme betrafen zuvorderst die Finanzierung des Defizits. Da die Importkosten nicht mehr durch Exporteinnahmen ausgeglichen werden konnten, mussten andere Wege der Finanzierung gefunden werden. Die Banque reflektierte mehrere Möglichkeiten. Sie könnte ihre Währungsreserven einsetzen, um die Defizite zu begleichen, die Regierung könnte den Wechselkurs anpassen, um die Kosten zu reduzieren, oder die französischen Unternehmen könnten Schulden im Ausland aufnehmen. Alle Optionen waren jedoch mit Risiken behaftet. Ratsmitglied Maurice Pérouse machte im Conseil Général im Januar 1974 darauf aufmerksam, dass die Banque nicht über ausreichende Währungsreserven verfügte, um ein solch großes Zahlungsbilanzdefizit zu bewältigen.[222] Er fürchtete, dass der Franc erheblich an Wert verlieren könnte; eine Situation, die umso gefährlicher schien, als infolge einer Abwertung die Spekulationen auf den Franc zunehmen könnten. Für Pérouse war die Situation der französischen Zahlungsbilanz „sehr besorgniserregend."[223] Gouverneur Wormser stimmte mit ihm überein. Der Verfall der Zahlungsbilanz würde bei den Menschen im Land einen „unerfreulichen Effekt" auslösen, „wenig geeignet, Vertrauen in die Zukunft des Francs wiederherzustellen."[224]

Die Banque de France begegnete der Herausforderung des hohen Zahlungsbilanzdefizits in zweifacher und widersprüchlicher Hinsicht. Einerseits strebte sie danach, die Defizite abzubauen. Dies war nicht selbstverständlich, denn es gab viele Stimmen in Frankreich, die sich damit zufriedengaben, die Fehlbeträge durch eine zusätzliche Verschuldung zu begleichen. Andererseits sah sie ihre Aufgabe auch darin, die Finanzierung des Defizits zu gewährleisten, um die Konsequenzen der Ölkrise für die französische Wirtschaft zu lindern.

Intention der Banque: Abbau des Defizits und strukturelle Anpassung

Für den Gouverneur der Banque de France, Olivier Wormser, folgte aus der Ölpreiskrise und dem Ungleichgewicht des französischen Außenhandels ein gravierender Kaufkraftverlust für die französische Bevölkerung. Im Jahresbericht 1973

220 Eigene Übersetzung: Note DGSE, La balance des paiements en 1974, 11. 12. 1973, in: ABF, 1427200701/2, S. 1.
221 Vgl. Note DGSE, La Balance des paiements en 1974, 11. 12. 1973, in: ABF, 1427200701/2, S. 5.
222 Vgl. ABF, Procès-Verbal, Conseil Général, 24. 1. 1974, S. 56.
223 Eigene Übersetzung: ABF, Procès-Verbal, Conseil Général, 24. 1. 1974, S. 56.
224 Eigene Übersetzung: ABF, Procès-Verbal, Conseil Général, 24. 1. 1974, S. 57.

hielt er fest, dass infolge der Ölpreiserhöhung sich die Kaufkraft von den westlichen, ölimportierenden Ländern zu den ölexportierenden Ländern im Nahen und Mittleren Osten verlagert hätte. Dieser Transfer mache ungefähr 2% des französischen Bruttoinlandsproduktes aus und stelle eine „unbestreitbare Verarmung für die nationale Gemeinschaft"[225] dar. In einem Zeitungsartikel von Mai 1974 erweiterte er diese These und machte klar, dass nur eine Verringerung des Zahlungsbilanzdefizits diesen Prozess rückgängig machen und „die Kaufkraft der Arbeitnehmer und allgemein der Franzosen verbessern"[226] könnte. Frankreich müsse aktiv darauf hinarbeiten, das außenwirtschaftliche Gleichgewicht wiederherzustellen. Zwei Maßnahmen schienen ihm geeignet: erstens den Energieverbrauch zu senken. Durch den „Preismechanismus"[227] sollten die Marktakteure gezwungen werden, ihr Konsumverhalten anzupassen und weniger Energie zu nutzen. In keinem Fall dürfe man der Wirtschaft mehr Liquidität zur Verfügung stellen, um die Preiserhöhungen abzumildern. Dies würde die Ölimporte nur subventionieren.[228] Zweitens müsse der Export gestärkt werden. Die Währungsbehörden könnten dies durch eine Kreditpolitik unterstützen, die den Konsum einschränke und eine günstige Ausgangslage für die Exportindustrie schaffe. Es sei „unerlässlich, dass sie wettbewerbsfähig bleibt."[229]

Wormser sah die einzig adäquate Reaktion Frankreichs auf die Ölpreiskrise also darin, die internen Preis-, Nachfrage- und Produktionsstrukturen an die neuen Bedingungen des internationalen Marktes anzupassen. Einer Kreditaufnahme zur Finanzierung des Defizits stand er dagegen skeptisch gegenüber. Sie sei nur sinnvoll, um den momentanen Engpass durch die Ölpreiskrise zu überwinden. Aber eine Schuldenfinanzierung sei nicht in der Lage, die aktuellen Probleme der französischen Wirtschaft zu lösen, sie verschöbe sie nur in die Zukunft. Es sei fundamental, sich an eine klare Strategie der Sparpolitik zu halten und „die externen Kredite auf das strikte, notwendige Minimum zu begrenzen".[230] Im oben genannten Zeitungsbeitrag von Mai 1974 verstärkte Wormser seine Kritik an der Kreditfinanzierung des Zahlungsbilanzdefizits noch einmal und betonte, dass die „Auslandsanleihen, die wir aufnehmen [...] alleine keine Abhilfe schaffen."[231] Vielmehr behinderten sie sogar „den automatischen Korrekturmechanismus, den das Gesetz von Angebot und Nachfrage auf dem Devisenmarkt bieten könnte."[232]

225 Eigene Übersetzung: Banque de France, Compte Rendu 1973 (Rapport annuel), S. 103.
226 Eigene Übersetzung: Artikel Wormser in Le Figaro, Vaincre l'inflation et favoriser l'expansion?, 25./26. 5. 1974, in: ABF 1069201118/50, S. 7.
227 Eigene Übersetzung: Banque de France, Compte Rendu 1973 (Rapport annuel), S. 103.
228 Vgl. Banque de France, Compte Rendu 1973 (Rapport annuel), S. 103.
229 Eigene Übersetzung: Banque de France, Compte Rendu 1973 (Rapport annuel), S. 104.
230 Eigene Übersetzung: Banque de France, Compte Rendu 1973 (Rapport annuel), S. 104.
231 Eigene Übersetzung: Artikel Wormser in Le Figaro, Vaincre l'inflation et favoriser l'expansion?, 25./26. 5. 1974, in: ABF 1069201118/50, S. 13.
232 Eigene Übersetzung: Artikel Wormser in Le Figaro, Vaincre l'inflation et favoriser l'expansion?, 25./26. 5. 1974, in: ABF 1069201118/50, S. 13.

Vorbildlich sei das Verhalten der deutschen Währungsbehörden, die von vornherein auf einen strikten Stabilitätskurs gesetzt und dadurch die Zahlungsbilanzprobleme vermieden hätten.[233]

Wormsers Nachfolger seit Juni 1974, Bernard Clappier, hielt diese Position aufrecht. Auch er war überzeugt, Kredite könnten nur eine temporäre Nothilfe bieten; man benötige aber „nachhaltige Lösungen".[234] Wie Wormser plädierte er für eine Verringerung der Importe, Einschränkung der Nachfrage und Stärkung der Exporte.[235] Die Ölpreiskrise hätte für Frankreich nur deshalb so schwere Verwerfungen verursacht, weil die französische Volkswirtschaft sich den neuen internationalen Rahmenbedingungen nicht schnell genug angepasst hätte. Die französischen Exporte seien nicht wettbewerbsfähig gewesen und die Importe trotz hoher Preise gestiegen. Frankreich hätte seine Industrie radikal verändern und verbessern müssen.[236]

Die Äußerungen der beiden Gouverneure der Banque de France machen klar, dass sie eine Anpassung der französischen Wirtschaftsstrukturen und der Industrie als das einzig angebrachte Mittel erachteten, um auf die veränderten globalen Wirtschaftsbeziehungen zu reagieren. Hierin näherten sich ihre Konzepte den deutschen Vorstellungen an, für die ebenfalls das innere Gleichgewicht die wichtigste Voraussetzung einer stabilen Zahlungs- und Handelsbilanz war.[237] Die Übereinstimmung der Standpunkte der französischen und deutschen Zentralbanker reichte bis in die Diktion ihrer Äußerungen. So wie Olivier Wormser im Jahresbericht 1973 davon sprach, dass das außenwirtschaftliche Gleichgewicht durch den „Preismechanismus"[238] wiederhergestellt werden müsse, argumentierte auch der Vizepräsident der Bundesbank, Otmar Emminger, dass „man den Preismechanismus benützen sollte, um die notwendigen Einsparungen und Umstellungen zu fördern."[239]

Die tatsächliche Reaktion auf das Defizit

Die von der Banque de France in der Praxis angewandte Politik wich jedoch vom theoretischen Konzept erheblich ab. Um das Defizit zu bewältigen, verfolgte die Banque de France im Jahr 1974 de facto zwei Strategien, eine Stärkung der Exporte und eine aktive Kreditfinanzierung.

233 Vgl. Artikel Wormser in Le Figaro, Vaincre l'inflation et favoriser l'expansion?, 25./26. 5. 1974, in: ABF 1069201118/50, S. 13.

234 Eigene Übersetzung: Banque de France, Compte Rendu 1974 (Rapport annuel), S. 5.

235 Vgl. Banque de France, Compte Rendu 1974 (Rapport annuel), S. 5.

236 Vgl. Bernard Clappier, La politique monétaire française : un essai de réponse aux dérèglements actuels, conférence prononcée à Zürich, 17. 1. 1979, in: ABF, 1035200250/64, S. 4.

237 Vgl. Bundesbank (Hrsg.), Geschäftsbericht 1974, S. 53–57.

238 Eigene Übersetzung: Banque de France, Compte Rendu des Opérations 1973 (Rapport annuel), S. 103.

239 Vermerk Otmar Emminger, Zahlungsbilanz- und Währungsprobleme der Erdölkrise (Sitzungen der Arbeitsgruppe 3 und des Wirtschaftspolitischen Ausschusses der OECD, 16. 11. 1973, in: HA Bbk, N-2/000234, S. 8.

Exportförderung

Nach dem Beginn der Ölpreiskrise erhob die Banque de France die Exportförderung zur Priorität ihrer Kreditpolitik. Sowohl im Jahresbericht 1973 als auch 1974 unterstrich sie, wie vordringlich die Unterstützung der Exportwirtschaft sei.[240] Diesem Zweck sollte insbesondere ihre Kreditpolitik dienen. Während die Banque generell eine restriktive Geldpolitik anstrebte, schuf sie zugleich Schlupflöcher für spezifische Industrien und Branchen, damit diese einfacher an Geldmittel gelangen und exportsteigernde Investitionen tätigen konnten. Diese spezielle Art der Kreditverteilung wurde in Frankreich „Politik des selektiven Kredits" („sélectivité du crédit") genannt und hatte bereits eine lange Tradition. Sie wurde von der Banque de France seit dem Ende des Zweiten Weltkriegs in regelmäßigen Abständen genutzt und hatte zur Aufgabe, einerseits Finanzierungsmittel an produktive Unternehmen der Investitionsgüterindustrie zu lenken und andererseits Kredite von inflationären Konsumgüterindustrien fernzuhalten.[241] Im Rahmen der Ölpreiskrise zielte die Banque darauf, durch den selektiven Kredit Unternehmen zu unterstützen, die zu Energieeinsparung bzw. zum Export beitrugen. Seit dem 1. April 1974 wurden diejenigen Bankkredite von Zusatz-Mindestreserven ausgenommen, die in Investitionen von energiesparenden Ausrüstungsgütern flossen.[242] Zugleich erließ die Banque für Unternehmen im Exportsektor die Mindestreserven auf spezielle Vorfinanzierungs-Kredite. Im August 1974 setzte sie außerdem ein gesondertes Programm für Exportunternehmen auf, im Rahmen dessen mittelfristige Bankkredite („concours bancaires à moyen terme") zu günstigen Bedingungen vergeben wurden. Das Schema umfasste insgesamt ein Volumen von 4 Mrd. Franc, von dem die Unternehmen bis Ende des Jahres 1,6 Mrd. Franc in Anspruch nahmen.[243]

Die Maßnahmen der selektiven Kreditpolitik waren innerhalb der Banque nicht unumstritten. In einem Vermerk thematisierte die Direction Général du Crédit (DGC) die Gefahr, dass die Selektivität die Anti-Inflationspolitik der Banque unterminierte.[244] Die Auflockerung der Kreditkontrollen könne dazu führen, dass die Unternehmen ihre alten Kredite einfach durch neue, vorteilhaftere Kredite ersetzten. Die Folge wäre „eine allgemeine Zunahme der Kredite, ohne dass die wirtschaftlichen Ziele notwendigerweise erreicht wurden."[245]

Die Zweifel über die selektive Kreditpolitik kamen auch in den Debatten des Conseil Général zur Sprache, zum Beispiel im Dezember 1973 mit der Frage, ob

240 Vgl. Banque de France, Compte Rendu 1974 (Rapport annuel), S. 22; vgl. auch: Banque de France, Compte Rendu 1973 (Rapport annuel), S. 103.
241 Vgl. Andrieu, À la recherche, S. 377–417.
242 Vgl. Banque de France, Compte Rendu 1974 (Rapport annuel), S. 68.
243 Vgl. Banque de France, Compte Rendu 1974 (Rapport annuel), S. 67 f.
244 Vgl. Note DGC (Direction Générale du Crédit), Remarques sur la sélectivité du crédit, 5. 3. 1974, in: ABF, 1375200401/35, S. 4 f.
245 Eigene Übersetzung: Note DGC (Direction Générale du Crédit), Remarques sur la sélectivité du crédit, 5. 3. 1974, in: ABF, 1375200401/35, S. 7.

die Selektivität im Zuge der neuen restriktiven Ausrichtung der Geldpolitik noch eine Rolle spielen könne. Sowohl Gouverneur Wormser als auch Sous-Gouverneur de Lattre sprachen sich vehement gegen die Nutzung der selektiven Kreditpolitik aus. Wormser mahnte, dass „eine solche Politik allen möglichen Missbräuchen die Tore öffnet,“[246] und de Lattre fügte hinzu, dass die historische „Erfahrung außerdem gezeigt habe, dass eine Politik der Selektivität völlig wirkungslos sein kann.“[247] Er verwies auf die Politik der Bundesbank, die der Leitlinie folgte: „man kann das Öl nicht durch Kredite ersetzen.“[248] Raymond Barre hob wenig später hervor, dass „es nicht sicher sei – und die Erfahrung scheint es zu bestätigten – dass, wenn die Zentralbank eine selektive Kreditpolitik betreibt, die erreichten Ergebnisse zufriedenstellend sind.“[249] Weiter erklärte er: „Wenn man annimmt, dass die allgemeinen Wirtschaftsbedingungen, allen voran die Inflation, eine Politik der umfassenden Kreditbeschränkung verlangen, ist es unerlässlich, diese nicht woanders zu untergraben.“[250] Seiner Einschätzung schlossen sich mehrere Kollegen, Jacques Delors, Maurice Pérouse und auch der Gouverneur an.[251] Nur die beiden Gewerkschaftsvertreter im Conseil Général, Gabriel Ventejol und Maurice Gousseau, befürworteten eine Ausweitung des selektiven Kredits, mit dem Argument, dass in einer Zeit der restriktiven Geldpolitik den Unternehmen ein einfacher Zugang zu Finanzierungen garantiert werden müsse.[252]

Insgesamt erwies sich die französische Strategie der Exportförderung als komplex und widersprüchlich. Einerseits sollten durch die selektive Kreditpolitik Export- und Energieunternehmen ausreichend mit Krediten versorgt und die Außenbilanz wieder ins Gleichgewicht gebracht werden. Andererseits konnte dadurch die Inflationsbekämpfung der Banque untergraben und die Bedingungen für eine ausgeglichene Zahlungsbilanz erschwert werden. Die Debatten im Conseil lassen erkennen, dass die Banque sich des Problems bewußt war, dennoch setzte sie die Politik des selektiven Kredits fort.

Kreditfinanzierung

Die Unterstützung der Exportwirtschaft war ein langwieriger Prozess und half nicht unmittelbar gegen die Zahlungsbilanzdefizite. Kurzfristig musste die Banque de France nach anderen Wegen suchen, um die Fehlbeträge der Leistungsbilanz auszugleichen. Sie entschloss sich, die Finanzierung der Defizite zu erleichtern und sicherzustellen.

Dieses Vorgehen versprach mehrere günstige Effekte. Es ließe sich vermeiden, dass die französische Wirtschaft an Schwung verlor und in eine Rezession geriet.

246 Eigene Übersetzung: ABF, Procès-Verbal, Conseil Général, 6. 12. 1973, S. 740.
247 Eigene Übersetzung: ABF, Procès-Verbal, Conseil Général, 6. 12. 1973, S. 741.
248 Eigene Übersetzung: ABF, Procès-Verbal, Conseil Général, 6. 12. 1973, S. 742.
249 Eigene Übersetzung: ABF, Procès-Verbal, Conseil Général, 9. 5. 1974, S. 243.
250 Eigene Übersetzung: ABF, Procès-Verbal, Conseil Général, 9. 5. 1974, S. 243.
251 Vgl. ABF, Procès-Verbal, Conseil Général, 9. 5. 1974, S. 246 und S. 249 f.
252 Vgl. ABF, Procès-Verbal, Conseil Général, 9. 5. 1974, S. 240 f.

Die beiden Generaldirektionen DGSE und DGE schrieben in einem gemeinsamen Vermerk im Herbst 1974: das hohe Zahlungsbilanzdefizit dürfe nicht zu einer „rasanten Deflation der Wirtschaft führen.“[253] Die französische Geldpolitik habe die Aufgabe, eine konstante Finanzierung der Wirtschaft zu gewährleisten. Infolge der Einsicht, dass außerdem ihre eigenen Währungsreserven nicht ausreichten und um deren Abnahme zu verhindern, traf die Banque die Entscheidung, nach anderen, externen Quellen des Devisenerwerbs zu suchen. Schließlich war auch der Außenwert des Francs ein Thema; denn ein hohes Defizit und unzureichende Währungsreserven stellten den Wechselkurs in Frage. Die Währungshüter der Banque fürchteten, dass der Markt Abwertungsdruck auf den Franc ausüben könnte.[254] Laut DGSE und DGE würde in einem System des freien Floatings „der Franc solange abwerten, bis Angebot und Nachfrage der Devisen im Gleichgewicht wären.“[255] Ein solcher Prozess könnte jedoch „die schwerwiegendsten Gefahren“[256] für die Preise und den Arbeitsmarkt darstellen. Die Kosten der Importe würden ansteigen, die Inflation nähme zu und der Franc würde auf eine Ebene mit den Krisenwährungen, Pfund und Lira, fallen.[257]

Die Lösung der Probleme sah man in einer „systematischen Politik der Finanzierung,“[258] die zum einen durch die Regulierung des Devisenmarktes und zum anderen durch die Ausweitung von mittel- und langfristigen Darlehen realisiert werden sollte. Folglich regte die Banque Haushalte, Unternehmen und Banken an, Kredite im Ausland aufzunehmen, um somit Devisen für die Bezahlung der Importe zu erwerben. Sie passte hierfür die regulatorischen Rahmenbedingungen an. Sie lockerte die Kapitalimportkontrollen und hob die Verpflichtung von französischen Banken auf, Mindestreserven für die Franc-Guthaben von Gebietsfremden, also von nicht-französischen Marktakteuren, zu halten. Ebenso wurde die Obergrenze für zulassungsfreie Kredite, die französische Unternehmen und Banken im Ausland aufnehmen durften, von 1 Mio. auf 10 Mio. Franc erhöht.[259] Damit konnten sich diese vermehrt im Ausland verschulden und Devisen nach Frankreich einführen. Außerdem schuf die Banque de France im März 1974 den „geteilten Devisenmarkt“ ab, den sie im Zuge der Dollarkrise im August 1971 eingerichtet hatte. Er erfüllte nicht mehr seinen Zweck, da es infolge der Ölpreiskrise und des hohen Zahlungsbilanzdefizits für die französischen Importeure entscheidend war, ihre Nachfrage nach Devisen uneingeschränkt decken zu können.[260] Die DGSE

253 Eigene Übersetzung: Note DGSE/DGE, Problèmes suscités par le développement des emprunts en devises des résidents, 7. 10. 1974, in: ABF, 1375200401/41, S. 4

254 Vgl. Banque de France, Compte Rendu 1974 (Rapport annuel), S. 23.

255 Eigene Übersetzung: Note DGSE/DGE, Problèmes suscités par le développement des emprunts en devises des résidents, 7. 10. 1974, in: ABF, 1375200401/41, S. 4.

256 Eigene Übersetzung: Note DGSE/DGE, Problèmes suscités par le développement des emprunts en devises des résidents, 7. 10. 1974, in: ABF, 1375200401/41, S. 4.

257 Vgl. ABF, Procès-Verbal, Conseil Général, 28. 3. 1974, S. 182.

258 Eigene Übersetzung: Banque de France, Compte Rendu 1974 (Rapport annuel), S. 23.

259 Vgl. Banque de France, Compte Rendu 1974 (Rapport annuel), S. 23.

260 Vgl. Note DGSE, France, Evolution récente de la réglementation des changes, 17. 7. 1974, in: ABF, 1375200401/40, S. 3.

verlautbarte: „Die Aufrechterhaltung einer Trennung hätte dazu geführt, einen schwachen offiziellen Franc und einen teuren Finanzfranc zu haben, was Kapitalzuflüsse abgehalten hätte."[261] Parallel zu ihren Versuchen, den Kapitalimport zu ermutigen, beschränkte die Banque den Kapitalexport. Sie verbot Terminkäufe von Devisen, ausgenommen den Fall, dass sie für Importe genutzt wurden, und untersagte eine Vergabe von Franc-Darlehen an Gebietsfremde.[262] Der Zweck war der gleiche. Das Kapital bzw. die Devisen sollten im Land gehalten werden, um die gestiegenen Importkosten zu begleichen.

Die Neuausrichtung der Kapitalverkehrskontrollen galt als attraktives Instrument, um das Handels- und Zahlungsdefizit zu finanzieren. Die Banque de France vertrat die Ansicht, dass zusätzliche Kreditaufnahmen nicht inflationär auf die Liquidität der französischen Wirtschaft wirken würden: „Die Devisendarlehen der Gebietsansässigen führen nicht zu einer faktischen Erhöhung der Franc-Guthaben."[263] Sie böten vielmehr den großen Vorteil, die Konjunktur vor einem Abschwung zu bewahren. DGSE und DGE betonten: die Kredite „vermeiden eine Abnahme der Liquidität in der Wirtschaft und erlauben somit, das Außenhandelsdefizit umfassend zu finanzieren, ohne dass ein deflationärer Druck entsteht."[264]

Neben den regulativen Maßnahmen im Bereich der Kreditvergabe unterstützte die Banque de France die Bemühungen der französischen Regierung, staatliche Anleihen auf den internationalen Kapitalmärkten bzw. direkt bei den ölproduzierenden Ländern zu platzieren. Ende Januar 1974 gab der französische Wirtschafts- und Finanzminister Giscard d'Estaing bekannt, dass eine Anleihe in Höhe von 1,5 Mrd. Dollar aufgelegt werde, mit dem Ziel, französischen Unternehmen zusätzliche Finanzierungsmöglichkeiten zur Verfügung zu stellen.[265] Die Anleihe wurde im Auftrag des „Trésors" durch verschiedene halbstaatliche Finanzierungsinstitutionen emittiert und sollte innerhalb eines Zeitraums von dreieinhalb Monaten das erwartete Zahlungsbilanzdefizit in Höhe von 1,5 Mrd. Dollar vollständig abdecken.[266] Die Banque de France war nur für die Verbuchung der Kredite zuständig und hatte keinen Einfluss auf die Kreditaufnahme und -vergabe.[267] Doch

261 Eigene Übersetzung: Note DGSE, France, Evolution récente de la réglementation des changes, 17. 7. 1974, in: ABF, 1375200401/40, S. 3.

262 Vgl. Note DGSE, France, Evolution récente de la réglementation des changes, 17. 7. 1974, in: ABF, 1375200401/40, S. 3 f.; vgl. auch: Banque de France, Compte Rendu 1974 (Rapport annuel), S. 23.

263 Eigene Übersetzung: Note DGSE/DGE, Problèmes suscités par le développement des emprunts en devises des résidents, 7. 10. 1974, in: ABF, 1375200401/41, S. 6.

264 Eigene Übersetzung: Note DGSE/DGE, Problèmes suscités par le développement des emprunts en devises des résidents, 7. 10. 1974, in: ABF, 1375200401/41, S. 6.

265 Vgl. ABF, Procès-Verbal, Conseil Général, 11. 4. 1974, S. 201; vgl. auch: Wirtschafts- und währungspolitische Chronologie, Tagebuchähnliche Aufzeichnungen von Viktor von der Lippe über Entwicklungen der Wirtschafts-, Währungs- und Geldpolitik, Bd. 6 1974, 31. 1. 1974, in: HA Bbk, B330/6917/2.

266 Vgl. ABF, Procès-Verbal, Conseil Général, 11. 4. 1974, S. 201.

267 Vgl. Note DGSE, Comptabilisation de l'emprunt du trésor de 1,5 Milliard de $EU, 30. 4. 1974, in: ABF, 1495200501/700.

aus den Dokumenten der internen Diskussionen des Conseil Général ging hervor, dass sie das gewählte Mittel als Lösungsansatz für die Zahlungsbilanzkrise uneingeschränkt befürwortete.[268] Gouverneur Wormser berichtete im Conseil, dass er dem Finanzminister geraten habe, „die ‚Munition', die durch die kürzlich aufgenommenen Auslandskredite bereitgestellt wurde, zu nutzen."[269] Die Begleichung des Außenhandelsdefizits durch diese Finanzmittel sei ein logischer Schritt.

Die staatliche Geldbeschaffung über die Kapitalmärkte wurde durch direkte Finanzierungsabkommen mit einzelnen Ländern ergänzt. Die französische Regierung und die Banque de France traten in bilaterale Verhandlungen mit den ölproduzierenden Ländern ein, um günstige, zwischenstaatliche Darlehen zu erwerben. Die Auslandsabteilung der Banque de France unterstützte dieses Vorgehen. Es hülfe, die Probleme von Marktkrediten sowie die Komplexität von multilateralen, institutionellen Finanzhilfen zu vermeiden.[270] In diesem Zusammenhang diskutierte der Conseil Général im Dezember 1973 über eine Mission des französischen Diplomaten Hervé Alphand in den Nahen und Mittleren Osten mit dem Auftrag, profitable Investitionen arabischer Länder in Frankreich zu eruieren.[271] Die Banque de France koordinierte die finanzielle Ausstattung der Mission und Gouverneur Wormser begründete die Mitwirkung der Zentralbank mit der Hoffnung, „dass ein Teil dieses Kapitals entweder in Frankreich investiert oder zugunsten der französischen Industrie ausgegeben würde."[272] Als weitere Maßnahme schlossen die französische Regierung und die Banque de France im Juli 1974 ein bilaterales Finanzierungsabkommen mit dem Iran. Im Austausch für französische Unterstützung beim Ausbau der iranischen Nuklearenergie deponierte die iranische Regierung ein Guthaben von 1 Mrd. Dollar auf den Konten der Banque de France,[273] das diese für die Finanzierung der französischen Handelsdefizite verwenden konnte. Das Geld wurde über einen Zeitraum von drei Jahren, von 1974 bis 1976, in drei Segmenten ausgezahlt. Im Oktober 1974 erhielt die Banque die erste Tranche von 300 Mio. Dollar.[274] Mit dieser Methode zur Defizitfinanzierung ging die Banque de France über die indirekte Regulierung des Geld- und Kreditmarktes hinaus. Sie beteiligte sich an den Maßnahmen der Regierung, um Darlehen für die französische Wirtschaft auszuweiten und den Zustrom von Investitionen und Devisen nach Frankreich zu verstärken.

Insgesamt wurde so die französische Wirtschaft in die Lage versetzt, die hohen Defizite über einen höheren Kapitalzufluss nach Frankreich zu kompensieren.

268 Vgl. ABF, Procès-Verbal, Conseil Général, 28. 3. 1974.

269 Eigene Übersetzung: ABF, Procès-Verbal, Conseil Général, 28. 3. 1974, S. 183.

270 Vgl. Note DGSE, Le recyclage des capitaux pétroliers, 14. 10. 1974, in: ABF, 1489200304/15, S. 4.

271 Vgl. Brief Premierminister Pierre Messmer an Botschafter Hervé Alphand, 26. 3. 1973, in: ABF, 1035200250/44.

272 Vgl. ABF, Procès-Verbal, Conseil Général, 20. 12. 1973, S. 769.

273 Vgl. De Larosière Jacques, 50 ans de crises financières, Paris 2016, S. 88 f.

274 Vgl. Financial Agreement, Iran, 27. 7. 1974, in: ABF, 1495200501/472; vgl. auch: ABF, Procès-Verbal, Conseil Général, 26. 9. 1974, S. 446–448. Und: Banque de France, Compte Rendu 1974 (Rapport annuel), S. 24.

Zum Ende des Jahres 1974 flossen kurzfristige Kredite in Höhe von 19 Mrd. Franc nach Frankreich und die Anlage von langfristigem Auslandskapital in Frankreich verdoppelte sich auf 14,9 Mrd. Franc. Beide Entwicklungen waren Resultate der zusätzlichen Kreditaufnahme und Auslandsverschuldung der französischen Banken, der Unternehmen und des Staates.[275]

Zwischenfazit

Die Zahlungsbilanzkrise enthüllte einen Widerspruch in der Politik der Banque de France, eine Diskrepanz zwischen ihrer einerseits intendierten und andererseits realisierten Politik. Die Banque erklärte zwar, das Defizit durch interne Strukturreformen abbauen, die Preisstabilität stärken und eine übermäßige Auslandsverschuldung vermeiden zu wollen. Tatsächlich konzentrierte sie sich aber vor allem darauf, die Defizite zu finanzieren, um somit einer Abschwächung der Konjunktur vorzubeugen. Dazu betrieb sie eine aktive Finanzierungspolitik. Durch regulative Eingriffe erleichterte sie die Auslandsfinanzierung französischer Marktakteure, und durch ihre selektive Kreditpolitik ermöglichte sie eine reibungslose Kreditversorgung der Banken und Unternehmen auch im Inland.

2.3. Synthese

Auf deutscher und französischer Seite interpretierten die Zentralbanken erstaunlich übereinstimmend die Konsequenzen der Ölpreiskrise auf die Zahlungsbilanzen. Beide erkannten, dass die Verschiebungen zwischen OECD- und OPEC-Ländern einen Kaufkrafts- und Vermögenstransfer darstellten, auf den die westlichen Industriestaaten nur mit einem Wandel ihrer wirtschaftlichen Gewohnheiten und mit einer Korrektur der Geld- und Wirtschaftspolitik reagieren konnten. Bundesbank und Banque de France folgerten beide, dass Preissteigerungen nur durch Einsparung, Konsumverzicht, Inflationsbegrenzung und Defizitabbau aufgefangen werden konnten. Wormser und Emminger erklärten unisono, dass der Preismechanismus, also der Druck auf Marktakteure, erhöhte Kosten und Preise hinzunehmen und den „Gürtel enger zu schnallen", das einzig wirkungsvolle Mittel sei, die Krise zu bewältigen.

Die Gemeinsamkeiten beschränkten sich jedoch auf diese theoretischen Überlegungen und Willensbekundungen. In ihrer praktischen Politik trennten sich die Wege der Zentralbanken. Die wirtschaftlichen Bedingungen erforderten unterschiedliche Ansätze. Die Banque de France stand, anders als die Bundesbank, einem hohen Zahlungsbilanzdefizit gegenüber und war gezwungen, Finanzierungsmöglichkeiten zu finden. Die Wirtschaftsverhältnisse in Frankreich schränkten ihren Handlungsspielraum ein. Die Bundesbank hatte es aufgrund der deutschen

[275] Vgl. Banque de France, Compte Rendu 1974 (Rapport annuel), S. 32–34.

Exportstärke leichter, sich von den Defizitländern zu isolieren und die Last der Anpassung alleine ihnen zu überlassen. Ihre stabile Leistungsbilanz und starke Währung verschafften ihr im Gegensatz zu Frankreich die Freiheit, ihre Lösungskonzepte konsequent zu vertreten.

Abgesehen von den unterschiedlichen Rahmenbedingungen verfolgten beide Zentralbanken divergierende Prioritäten. Die Banque de France musste in ihrer Politik stets auch die französische Konjunktur berücksichtigen. Ebenso wie sie anerkannte, dass Konsum und Inflation reduziert werden müssten, war sie doch nicht gewillt, dafür Konjunktureinbußen hinzunehmen. Stabilitätspolitik und Wirtschaftsförderung standen im ständigen Widerstreit. Dies spiegelte sich in den Instrumenten und Maßnahmen der Banque wider. Sie begründete ihre Finanzierungspolitik mit der Notwendigkeit, der Wirtschaft genügend Liquidität zur Verfügung zu stellen und eine ausreichende Kreditversorgung zu gewährleisten. Die Bundesbank setzte demgegenüber auf Stabilitätspolitik. Sie sah es als Fehler an, die deflatorischen und konjunkturbremsenden Wirkungen der Ölpreiskrise zu überschätzen. Durch eine Finanzierung der Defizite würde die notwendige strukturelle Anpassung nur hinausgezögert. Ihr Ziel war es, die Zahlungsbilanzen auf der Grundlage einer soliden Stabilitätspolitik nachhaltig auszugleichen und zu konsolidieren.

3. Kapitalströme, Euromärkte und Recycling der Ölgelder

Die weltweiten Kapitalströme hatten sich seit Anfang der 1970er Jahre vervielfacht und das internationale Währungssystem tiefgreifend verändert. So hingen die Währungsunruhen zwischen 1971 und 1973 und der Zusammenbruch des Bretton Woods-Systems eng mit den Folgen dieser Kapitalflüsse zusammen. Die Ölpreiskrise löste eine weitere Zunahme der Geldbewegungen aus, veränderte aber gleichzeitig ihren Charakter und führte damit auch zu einer neuen Politik der Zentralbanken.

3.1. Die Bundesbank öffnet sich dem freien Kapitalverkehr

Perspektivenwechsel

Kapitalströme waren, wie ein Bericht der Bundesbank feststellte, „immer wieder ein Störfaktor“[276] der deutschen Geld- und Währungspolitik sowie der internatio-

[276] Bericht, Die deutschen Mitglieder der Expertengruppe "Kurzfristige Kapitalbewegungen" des EWG-Währungsausschuss (Hauptabteilung I 21/24, Bundesbank), Die Kontrolle der internationalen Kapitalbewegungen und der Eurogeldmärkte aus deutscher Sicht, 22. 7. 1975, in: HA Bbk, B330/20666, S. 1.

nalen Währungsbeziehungen. Unter dem Bretton Woods-System fester Wechselkurse schürten sie die Währungsunruhen Ende der 1960er und Anfang der 1970er Jahre. Kurzfristige, spekulative Kapitalbewegungen erschöpften in manchen Ländern in kürzester Zeit die Währungsreserven und brachten sie in Zahlungsnot, in anderen Ländern verursachten sie dagegen gewaltige Inflationsschübe. Die Bundesrepublik litt unter dem letzteren Effekt. In den Jahren 1970 bis 1973 wurde Deutschland das bevorzugte Ziel internationaler Kapitalanlagen und die Bundesbank kämpfte, weitgehend vergeblich, gegen die negativen Auswirkungen der Devisenzuflüsse auf ihre Geldpolitik und die Preisstabilität.[277] Sie richtete ihre Politik darauf aus, die Kapitalbewegungen zu kontrollieren und zu regulieren. Sie nutzte ein umfangreiches Instrumentarium und baute es zwischen 1970 und 1973 immer weiter aus. Dazu gehörten Mindestreserven für Auslandskredite, die inländische Banken verpflichteten, für jede Verbindlichkeit im Ausland eine Reserve bei der Zentralbank zurückzulegen. Während der Währungskrisen 1971 bis 1973 verschärfte die Bundesbank diese Mindestreserven; teilweise mussten die Banken 100% ihrer im Ausland geliehenen Kreditsummen stilllegen.[278] 1972 ermöglichte ihr das neue Bardepot, auch auf die Auslandsgeschäfte von Unternehmen zuzugreifen. Parallel dazu wurden die administrativen Kontrollen über den Kapitalverkehr verstärkt. 1971 führte die Bundesbank eine Genehmigungspflicht für die Verzinsung von ausländischen Guthaben in Deutschland ein, 1972 eine Genehmigungspflicht für Wertpapiergeschäfte und im Februar 1973 eine Genehmigungspflicht für jegliche Aufnahme von Auslandskrediten.[279]

Die deutsche Zentralbank blieb jedoch stets skeptisch gegenüber Kontrollen. Sie betrachtete sie nur als Notbehelf, mit dem sie sich gegenüber dem Ausland abschirmen und die Handlungsfähigkeit ihrer Geldpolitik bewahren wollte. Die Hauptabteilung Volkswirtschaft bezeichnete die Kapitalverkehrsregulierungen sogar als Maßnahmen, „mit denen sich die Bundesbank von der kreditpolitischen Linie entfernte, die sie im binnenwirtschaftlichen Interesse verfolgt hätte, wenn sie von der Sorge vor störenden Kapitalzuflüssen frei gewesen wäre."[280] Die Bundesbank wich mit diesem Vorgehen von ihrer generellen Linie ab. Es war ihr bewusst, dass die Genehmigungspflichten umgangen wurden und ihren Zweck eigentlich nicht erfüllten, sowie dass „eine Intensivierung der administrativen Beschränkungen […] kein erfolgsversprechender Weg"[281] war.

[277] Vgl. Bericht Deutsche Bundesbank, German experience with destabilising capital flows, 1967 to 1973, 18. 4. 1973, in: HA Bbk, B330/13355.

[278] Bericht, Die deutschen Mitglieder der Expertengruppe „Kurzfristige Kapitalbewegungen" des EWG-Währungsausschuss (Hauptabteilung I 21/24, Bundesbank), Die Kontrolle der internationalen Kapitalbewegungen und der Eurogeldmärkte aus deutscher Sicht, 22. 7. 1975, in: HA Bbk, B330/20666, S. 7.

[279] Vgl. Kapitel II.3.1. „Kontinuität der Krisen im Jahr 1972". Zu Genehmigungspflicht im Februar 1973, vgl. Deutsche Bundesbank (Hrsg.), Monatsbericht Februar 1972, S. 33.

[280] Vermerk, Hauptabteilung Vo1 (Deutsche Bundesbank), Maßnahmen der Bundesbank zur Abwehr oder zur Kompensation störender Kapitalzuflüsse, 25. 4. 1973, in: HA Bbk, B330/20665, S. 1.

[281] Vermerk, Hauptabteilung Vo 41, Maßnahmen zur Beschränkung des Kapitalimports und Zahlungsbilanz, 17. 10. 1973, in: HA Bbk, B330/20665, S. 3.

Somit war die Freigabe der Wechselkurse im März 1973 auch in Hinsicht auf die Kapitalbewegungen eine Zäsur für die Geld- und Währungspolitik der Bundesbank. Nach dem Wegfall der Devisenankaufspflicht sah sich die Bundesbank wieder imstande, ihren Fokus auf die binnenwirtschaftlichen Ziele zu richten.[282] Der Wechselkurs ersetzte die Funktion der Kontrollen und unterdrückte die schädlichen Nebeneffekte der Kapitalflüsse auf die deutsche Geldpolitik. In der Folge baute die Bundesbank, gemeinsam mit der Bundesregierung, die Regularien für den Kapitalverkehr mit dem Ausland größtenteils ab. Im Januar 1974 reduzierte sie die Mindestreserven für Auslandsverbindlichkeiten und glich sie dem Niveau der Mindestreserven für Inländer an.[283] Im weiteren Verlauf des Jahres wurden bis September das Bardepot sowie die administrativen Kontrollen schrittweise aufgehoben.[284]

Die Ölpreiskrise gab den Kapitalbewegungen zwar einen neuen Schub. Aber die Prioritäten der Bundesbank hatten sich verschoben. Die internationalen Kapitalströme besaßen aufgrund des Floatings nicht mehr das gleiche Gefahrenpotential für die Geldwertstabilität. Die Aufhebung der festen Wechselkurse und der Devisenankaufspflicht befreite die Kapitalbewegungen von ihren inflationären Nebenwirkungen großenteils. Zusätzlich setzte seit Herbst 1973 ein Nettokapitalexport ein. Kapital floss aus Deutschland ab.[285] Die Bundesbank wandte ihre Aufmerksamkeit nun den Konsequenzen und Risiken der Geldbewegungen für die internationalen Währungsbeziehungen zu.

Recycling der Ölgelder

Die Ansammlung von Überschüssen auf Seiten der ölproduzierenden Länder in Höhe von ca. 55 Mrd. Dollar und die Zunahme hoher Defizite bei den ölverbrauchenden Ländern, ca. 33 Mrd. Dollar, riefen im Jahr 1974 den Prozess des so genannten „Ölgelder-Recyclings" hervor. Die OPEC-Staaten besaßen häufig nicht die Kapazitäten, die Mehreinnahmen im eigenen Land zu investieren und suchten nach Anlagen im Ausland. Andererseits benötigten die Regierungen der defizitären Industrie- und Entwicklungsländer eine Finanzierung der Defizite, die sie nicht durch erhöhte Exporte ausgleichen konnten. Ein Recycling der Überschussgelder der Ölstaaten in dic Dcfizitländer sollte Abhilfe schaffen.

282 Vgl. Vermerk, Hauptabteilung Vo 41, Maßnahmen zur Beschränkung des Kapitalimports und Zahlungsbilanz, 17. 10. 1973, in: HA Bbk, B330/20665, S. 3.

283 Vgl. Bericht, Die deutschen Mitglieder der Expertengruppe „Kurzfristige Kapitalbewegungen" des EWG-Währungsausschuss (Hauptabteilung I 21/24), Die Kontrolle der internationalen Kapitalbewegungen und der Eurogeldmärkte aus deutscher Sicht, 22. 7. 1975, in: HA Bbk, B330/20666, S. 7 f.

284 Vgl. Deutsche Bundesbank (Hrsg.), Geschäftsbericht 1974, S. 20; vgl. auch: Bericht, Die deutschen Mitglieder der Expertengruppe „Kurzfristige Kapitalbewegungen" des EWG-Währungsausschuss (Hauptabteilung I 21/24, Bundesbank), Die Kontrolle der internationalen Kapitalbewegungen und der Eurogeldmärkte aus deutscher Sicht, 22. 7. 1975, in: HA Bbk, B330/20666, S. 11.

285 Vgl. Grafik, Deutsche Bundesbank (Hrsg.), Geschäftsbericht 1974, S. 39.

Die Bundesbank stand dem Recycling zunächst positiv gegenüber. Sie erkannte, dass die Defizitländer kurzfristig einer Finanzierungsmöglichkeit bedurften und dass sich hierfür die Überschussgelder der Ölstaaten am besten eigneten. Auch hatte 1974 dieser Prozess der Refinanzierung in ihren Augen erstaunlich gut funktioniert.[286] Doch äußerte sie gegen Ende des Jahres 1974 Bedenken, ob sich das Recycling so reibungslos fortsetzen ließe. Die Gelder seien vorwiegend über Finanzmärkte geflossen. Alleine 40 Mrd. Dollar, und damit der Großteil der Ölgelder, waren nach Informationen der Bundesbank entweder über die nationalen Geldmärkte der USA bzw. Großbritanniens oder über die Euromärkte abgewickelt worden.[287] Eine Beibehaltung dieser Praxis war aus ihrer Sicht nicht nachhaltig. Otmar Emminger erklärte in einem Interview: „Die Märkte wären mit den riesigen Summen […] einfach überfordert und würden zu große Risiken eingehen."[288]

Angemessene Verteilung der Ölgelder?

Das zentrale Problem war die zielgerichtete und adäquate Umverteilung der Überschussgelder der Ölstaaten. Es musste sichergestellt werden, dass die Ölgelder in den richtigen Ländern und auf den bedürftigen Märkten angelegt wurden. Dietrich Lemke, Leiter der Auslandsabteilung der Bundesbank, präzisierte die Herausforderung: „Das eigentliche Recycling bestünde darin, in diejenigen Länder Mittel in der Höhe zurückzuleiten, wie sie infolge der Öldefizite aus diesen Ländern abgeflossen sind.[289] Ein solch systematischer Transfer war jedoch nicht gewährleistet. Die Bundesbank registrierte nach den ersten Monaten des Recyclings, dass die Ölländer ihr Anlageverhalten änderten und dazu übergingen, nicht in währungsschwache, sondern in währungsstarke Länder zu investieren, wo sie sich eine sicherere und langfristigere Anlage erhofften.[290] Da die Finanzierungsströme nicht in den vorgesehenen Bahnen liefen, befürchtete die Bundesbank, dass zum einen leistungsstarke Überschussländer wie Deutschland, die von den unmittelbaren Krisenfolgen eigentlich nicht betroffen waren, belastet würden, zum anderen die Ungleichgewichte zwischen den währungsstarken und währungsschwachen OECD-Ländern noch weiter verstärkt würden.[291]

[286] Vgl. Vortrag Otmar Emminger, The Monetary Consequences of the Oil Price Explosion and its Implications for the Euro-currency Markets, Adress by Otmar Emminger, Deputy Governor of the Deutsche Bundesbank, at the Bank of Spain, Madrid, 14. 10. 1974, in: HA Bbk, B330/41265.

[287] Vgl. Deutsche Bundesbank (Hrsg.), Geschäftsbericht 1974, S. 48.

[288] Interview Otmar Emminger, VWD-Gespräch mit Bundesbank-Vizepräsident Dr. Otmar Emminger, „Recycling nach Daimler", Vereinigte Wirtschaftsdienste, 5. 12. 1974, in: HA Bbk, B330/41266, S. 1.

[289] Vortrag Dietrich Lemke (Leiter der Hauptabteilung I, Deutsche Bundesbank), Probleme im Zusammenhang mit den Ölpreiserhöhungen, im Rahmen der betrieblichen Fortbildung, 17. 10. 1974, in: HA Bbk, B330/41265, S. 5. (Hervorhebung im Text)

[290] Vgl. Deutsche Bundesbank (Hrsg.), Geschäftsbericht 1974, S. 50.

[291] Vgl. Vortrag Dietrich Lemke (Leiter der Hauptabteilung I, Deutsche Bundesbank), Probleme im Zusammenhang mit den Ölpreiserhöhungen, im Rahmen der betrieblichen Fortbildung, 17. 10. 1974, in: HA Bbk, B330/41265, S. 5.

Konsequenzen für Überschussländer: Aufwertung, Inflation, Kreditrisiken

Die Belastung der Überschussländer durch das Ölgelder-Recycling hatte mehrere Aspekte. Die Devisenzuflüsse aus den Ölländern drohten, Wechselkurs- und Preisstabilität aus dem Gleichgewicht zu bringen. Die flexiblen Wechselkurse hatten zwar den Automatismus zwischen Devisenzufluss und Geldmengenanstieg außer Kraft gesetzt, aber Kapitalströme wirkten nun verstärkt auf die Wechselkurse. Die Schweiz musste aufgrund hoher Zuflüsse im Herbst 1974 ihre Währung massiv aufwerten und konnte trotz entschlossener Gegenmaßnahmen nichts gegen diese extern verursachte Aufwertung ausrichten.[292] Das Risiko der Aufwertung verband sich mit dem Problem der Inflation und bildete ein Gefahrenpaar, das die Bundesbank in jedem Fall vermeiden wollte. Ein Ankauf der zufließenden Devisen mit dem Zweck, den Wechselkurs zu stabilisieren, würde die inländische Geldmenge erhöhen und der Inflation Auftrieb verschaffen.[293] Mit dem Verweis auf die Schweizer Vorgänge warnte die Bundesbank vor den nachteiligen Effekten der Kapitalströme und plädierte für eindeutige Regeln des Recyclings.[294]

Das Hauptrisiko lag für die Bundesbank im so genannten „secondary recycling".[295] Sie fürchtete, im Prozess der Umverteilung der Ölgelder in die Position eines Mittlers gedrängt zu werden, der die Aufgabe hatte, Anlagen der Ölstaaten in Form von Krediten an Defizitländer weiterzuleiten.[296] Der Schwachpunkt des „secondary recycling" war die Fristentransformation. Die Bundesrepublik würde kurzfristiges Kapital erhalten, aber langfristige Darlehen ausgeben. Damit würde ihr sowohl ein Liquiditätsrisiko erwachsen, nämlich wenn die OPEC-Staaten ihre Anlagen abzögen, als auch ein Kreditrisiko, im Fall, dass die Kreditnehmer zahlungsunfähig würden.[297] Dieses Wagnis wollte die Bundesbank nicht eingehen. Karl Klasen erläuterte: „Deshalb müssen wir in der Bundesrepublik [...] auch im wohlverstandenen eigenen Interesse bei der Aufnahme von Kapital in den OPEC-Ländern aus reinen Finanzierungsgründen äußerst zurückhaltend sein."[298] Das „secon-

292 Vgl. Deutsche Bundesbank (Hrsg.), Geschäftsbericht 1974, S. 50.

293 Vgl. Vortrag Otmar Emminger, Die internationalen Finanzmärkte und die Rückschleusung der Ölgelder, Royal Institute of International Affairs, 28. 1. 1975, in: HA Bbk, N-2/00018, S. 5.

294 Vgl. Interview mit Otmar Emminger, International Herald Tribune, 17. 4. 1975, in: HA Bbk, N-2/00018, S. 2.
Und: Vermerk Otmar Emminger, Betreff: Kissinger-Plan für Öl-Recycling, 2. 12. 1974, in: HA Bbk, B330/41266, S. 1.

295 Vortrag Otmar Emminger, The Monetary Consequences of the Oil Price Explosion and its Implications for the Euro-currency Markets, Adress by Otmar Emminger, Deputy Governor of the Deutsche Bundesbank, at the Bank of Spain, Madrid, 14. 10. 1974, in: HA Bbk, B330/41265, S. 6.

296 Vgl. Brief Otmar Emminger an Dieter Stolze (Chefredaktion Die ZEIT), 9. 12. 1974, HA Bbk, N-2/00087.

297 Vermerk Otmar Emminger, Betreff: Kissinger-Plan für Öl-Recycling, 2. 12. 1974, in: HA Bbk, B330/41266, S. 2.

298 Vortrag Karl Klasen, Währungspolitik heute, vor dem Übersee-Club, Hamburg, 27. 2. 1975, in: BArch, B126/55851, S. 15.

dary recycling" warf darüber hinaus noch weitere Probleme auf. Die kurzfristigen Anlagen drohten, spekulative kurzfristige Kapitalbewegungen in Gang zu setzen, die, wie Anfang der 1970er Jahre, die Wirtschaftsprozesse der Industrieländer stören und ihre Geldpolitik unterlaufen könnten. Zudem würden die Ölländer von der Verantwortung entbunden, das Risiko für ihre Investitionen selbst zu tragen. Die Bundesbank kritisierte, dass man sie dadurch nur ermutigen würde, weitere Überschüsse aufzubauen und die Politik der exzessiven Ölpreise fortzusetzen.[299]

Die Missbilligung des „secondary recycling" zeigte sich deutlich an der Reaktion der Bundesbank auf den Kauf eines Aktienpakets des deutschen Automobilherstellers Daimler durch den OPEC-Staat Kuwait. Im November 1974 erwarb Kuwait ca. 14% des Unternehmenskapitals von Daimler.[300] Bundesbank-Vizepräsident Emminger beanstandete, dass die Investition „vom rein währungspolitischen Standpunkt aus [...] ein Recycling in das falsche Land"[301] sei. Es würde die Devisenreserven der Bundesrepublik erhöhen und bei den Defizitländern die Erwartung wecken, dass Deutschland ihnen die entsprechenden Geldmittel über Kredite zur Verfügung stellte. Laut Emminger wäre dies aber ein „schlechter Tausch", denn „wir würden uns gegenüber den Ölländern verschulden (bzw. ihnen gute Aktienpakete abtreten) und würden im Endeffekt im Tausch dagegen zweifelhafte Forderungen an devisenschwache Länder übernehmen müssen."[302] Infolge dieser Kapitalbeteiligung Kuwaits diskutierte der Zentralbankrat im Januar 1975 die Bedingungen von Direktinvestitionen der Ölländer in der Bundesrepublik. Er warnte vor „unerwünschten Kursschwankungen, denen die Bundesbank unter Umständen durch Interventionen an den Devisenmärkten begegnen müsse,"[303] und empfahl der Bundesregierung, den Erwerb von Unternehmensanteilen durch Ausländer künftig unter Genehmigungspflicht zu stellen.

Ein einziger Vorfall einer größeren Direktanlage eines Öllandes reichte also aus, um bei der Bundesbank die Alarmglocken schrillen zu lassen.

299 Vgl. Vermerk Otmar Emminger, Betreff: Kissinger-Plan für Öl-Recycling, 2. 12. 1974, in: HA Bbk, B330/41266, S. 2.

300 Entgegen der Befürchtung der Bundesbank handelte es sich bei der Beteiligung durch Kuwait nicht um eine kurzfristige, sondern eine sehr lang anhaltende Anlage. Im September 2014 feierten Daimler und Kuwait in einem großen Festakt das 40-jährige Bestehen der Beteiligung. Vgl. Daimler, „40 Jahre Partnerschaft: Daimler und Kuwait Investment Authority feiern Jubiläum" (online: https://media.daimler.com/marsMediaSite/de/instance/ko/40-Jahre-Partnerschaft-Daimler-und-Kuwait-Investment-Authority-feiern-Jubilaeum.xhtml?oid=9920098, zuletzt abgerufen: 15. 3. 2019).

301 Interview Otmar Emminger, VWD-Gespräch mit Bundesbank-Vizepräsident Dr. Otmar Emminger, „Recycling nach Daimler", Vereinigte Wirtschaftsdienste, 5. 12. 1974, in: HA Bbk, B330/41266, S. 1.

302 Interview Otmar Emminger, VWD-Gespräch mit Bundesbank-Vizepräsident Dr. Otmar Emminger, „Recycling nach Daimler", Vereinigte Wirtschaftsdienste, 5. 12. 1974, in: HA Bbk, B330/41266, S. 1.

303 428. Sitzung des Zentralbankrats der Deutschen Bundesbank in Frankfurt a. M., 9. 1. 1975, in: HA Bbk, B330/7884/1, TOP 6.

Effekt in den Defizitländern: Disziplinlosigkeit und Verschuldung

Die Bundesbank problematisierte auch die Auswirkungen der Ölgelder-Bewegungen für die Defizitländer. Sie sah die Gefahr, dass die Defizitländer die Kreditfinanzierung ausnutzen könnten, um die Anpassung an die neuen weltwirtschaftlichen Bedingungen zu vermeiden und eine Inflationsbekämpfung sowie den Abbau der Defizite aufzuschieben. Emminger beschwerte sich in einem Brief an den britischen Ökonomen Michael Posner (1973–2006), dass die britischen und italienischen Regierungen die Ölgelder nur dazu verwendeten, staatliche Ausgaben zu finanzieren und den Konsum zu stützen.[304] Dieses Verhalten könne nicht helfen, die Probleme der Ölpreiskrise zu lösen. Bundesbankpräsident Klasen erklärte: „Recycling bedeutet ja nur, daß den Ländern mit einem Zahlungsbilanzdefizit es ermöglicht wird, vorübergehend ihre Lücken durch das Pumpen von Geld zu überbrücken. Die endgültige Frage muß ja die sein, wie jene Länder diese Kredite wieder zurückzahlen, auf welche Weise sie sich konsolidieren sollen, um zu einer ausgeglichenen Zahlungsbilanz zu kommen."[305]

Aus Sicht der Bundesbank verzögerten die umfangreichen Möglichkeiten der Kreditversorgung die Beilegung der Zahlungsbilanzprobleme nicht nur, sie verschärften die Krisensymptome sogar. Eine expansive Wirtschaftspolitik, so wie England und Italien sie betrieben, würde Inflation und Konsum antreiben, die Ölpreise auf hohem Niveau festigen und die Defizite weiter vergrößern. So fürchtete Emminger: „Ein allzu bequemes Devisen-‚Recycling' könnte so nicht nur die Beseitigung des globalen Ungleichgewichts zwischen ölproduzierenden und ölverbrauchenden Ländern hinausschieben, sondern auch die ebenso störenden Ungleichgewichte unter den Industrieländern verewigen."[306]

Darüber hinaus riskierten die Defizitländer mit ihrer Finanzierungspolitik auf lange Sicht eine exzessive Verschuldung. Wenn sie die Ölgelder nicht in produktive Investitionen leiteten, um Exporte und Einnahmen zu steigern, wären sie langfristig nicht in der Lage, die Zinsen und die Kredite zu begleichen. Für die Auslandsabteilung der Bundesbank wurden hier „die Grenzen des Recycling überdeutlich."[307] Otmar Emminger sagte den Defizitländern gar eine düstere Zukunft voraus. Es würden auf sie Kosten und Schulden in einer Höhe zukommen, die „das Reparationsproblem der zwanziger und dreißiger Jahre völlig in den Schatten

304 Vgl. Brief Otmar Emminger an Michael Posner (Director of Studies in Economics, Cambridge), 15. 12. 1974, in: HA Bbk, N-2/00087, S. 3.

305 Interview mit Bundesbankpräsident Klasen, „Großer Läuterungsprozeß beim Öl im Gang", Frankfurter Rundschau, 4. 10. 1974, Deutsche Bundesbank, Auszüge aus Presseartikeln, Nr. 63, in: HA Bbk, B330/41265, S. 2.

306 Vortrag Otmar Emminger, Die internationalen Finanzmärkte und die Rückschleusung der Ölgelder, Royal Institute of International Affairs, 28. 1. 1975, in: HA Bbk, N-2/00018, S. 5.

307 Vortrag Dietrich Lemke (Leiter der Hauptabteilung I, Deutsche Bundesbank), Probleme im Zusammenhang mit den Ölpreiserhöhungen, im Rahmen der betrieblichen Fortbildung, 17. 10. 1974, in: HA Bbk, B330/41265, S. 8.

stellen."[308] Eine solche Verschuldung bliebe außerdem nicht auf die einzelnen Volkswirtschaften begrenzt, sondern hätte dramatische Folgen für die gesamte Weltwirtschaft: „Da es Grenzen für die auswärtige Verschuldung eines Landes gibt, müßte man also in einigen Jahren mit Vertrauens- und Finanzkrisen in wichtigen Ländern rechnen, mit all ihren möglichen Gefahren für Welthandel und Weltwährungssystem."[309] Angesichts dessen betonte Emminger nochmals, dass das Recycling keinen Lösungsansatz für die Krise bot. Nur die Verringerung der Defizite und ein Rückbau der Schulden würde eine nachhaltige Antwort liefern.[310]

Seine Warnung sollte sich bewahrheiten, aber anders als er gedacht hatte. Er hatte seine Aussage auf die Industrieländer bezogen und insbesondere Italien und Großbritannien im Blick. Ein Jahr später jedoch, im Herbst 1975, stellte sich heraus, dass die OECD-Länder in ihrer Gesamtheit den Ölpreisschock erstaunlich gut abfedern und ihre Zahlungsbilanz weitgehend ausgleichen konnten. Sie reduzierten die Defizite von insgesamt 33,5 Mrd. US-Dollar auf 6 Mrd US-Dollar.[311] Dagegen verschärften sich in den Entwicklungsländern die Zahlungsbilanzprobleme und die Ölgelder fand hier neuen Absatz. Im dritten Quartal 1975 waren die Entwicklungsländer für zwei Drittel aller neuen Kreditaufnahmen auf dem Euromarkt verantwortlich. Die Auslandsabteilung der Bundesbank wiederholte diesbezüglich die Warnung von Emminger: „Aus dieser einseitigen Abwälzung der Defizite auf exportschwache Länder könnte sich in der Zukunft ein schwieriges internationales Schuldenproblem ergeben."[312] Dieses Mal sollte die Bundesbank recht behalten. Infolge der Ölpreiskrise und des Recyclings entfaltete sich Anfang der 1980er Jahre die lateinamerikanische Schuldenkrise.

Institutionelle Umverteilungsmechanismen

Angesichts der Risiken des Recyclings war die Bundesbank überzeugt, dass die Finanzströme durch politisch-institutionelle Mechanismen eingehegt und geregelt werden mussten. Sie stand daher den Initiativen von IWF, OECD und EWG, – beispielsweise den Ölfazilitäten des IWF oder der Anleihe der EWG – grundsätzlich positiv gegenüber und unterstützte die Vorhaben als einzig sichere Möglichkeit, die Ölgelder kontrolliert von den OPEC-Staaten in die Defizitländer zu kana-

[308] Vortrag Otmar Emminger, Monetäre und finanzielle Konsequenzen der Ölpreisexplosion, Kurzfassung der Rede bei der Bank von Spanien, 14. 10. 1974, Deutsche Bundesbank, Auszüge aus Presseartikeln, Nr. 70, in: HA Bbk, B330/41265, S. 1.

[309] Vortrag Otmar Emminger, Monetäre und finanzielle Konsequenzen der Ölpreisexplosion, Kurzfassung der Rede bei der Bank von Spanien, 14. 10. 1974, Deutsche Bundesbank, Auszüge aus Presseartikeln, Nr. 70, in: HA Bbk, B330/41265, S. 1.

[310] Vgl. Vortrag Otmar Emminger, Monetäre und finanzielle Konsequenzen der Ölpreisexplosion, Kurzfassung der Rede bei der Bank von Spanien, 14. 10. 1974, Deutsche Bundesbank, Auszüge aus Presseartikeln, Nr. 70, in: HA Bbk, B330/41265, S. 1.

[311] Vgl. Tabelle „Leistungsbilanzen der OECD-Länder", Deutsche Bundesbank (Hrsg.), Geschäftsbericht 1975, S. 60.

[312] Vermerk Hauptabteilung I, Betreff: Die jüngste Entwicklung auf den internationalen Geld- und Kapitalmärkten, 20. 10. 1975, in: HA Bbk, N-2/000236, S. 3.

lisieren. Es sei, wie sie im Geschäftsbericht schrieb, eine „sachgerechte Lösung [...] wenn internationale Institutionen den Ölländern hinreichend attraktive Anlagemöglichkeiten bieten und die so erhaltenen Gelder unter wirtschaftspolitischen Auflagen an die richtigen Stellen weiterleiten."[313]

Ihre Haltung zu den institutionellen Kreditmechanismen war gleichwohl nicht eindeutig und lässt mehrere Interpretationen zu. So stieß der Entwurf zur ersten Ölfazilität des IWF im Frühjahr 1974 noch auf Widerspruch bzw. deutliche Zurückhaltung der Bundesbank. Sie lehnte ausdrücklich ab, einen Finanzierungsbeitrag für die Kreditfazilität zu leisten und sah es als zweckmäßiger an, „wenn mindestens die Industrieländer vornehmlich auf die Märkte verwiesen werden [...], anstatt daß ihnen möglichst noch zu besonders günstigen Bedingungen vom IWF Kredit gewährt wird."[314] Auch in den Verhandlungen zur EWG-Anleihe machte die Bundesbank Bedenken geltend. Sie kritisierte am Vorschlag der EG-Kommission, dass ein zu hoher Kreditbetrag veranschlagt wurde und dass die Frage der Haftung ungeklärt blieb.[315] Im Oktober 1974 urteilte der Leiter der Auslandsabteilung skeptisch: Die IWF-Ölfazilität wies einen „eher bescheidene[n] Betrag" auf und in den Diskussionen um die EWG-Anleihe gebe es „bisher keine Ergebnisse, denn zweifellos müßten bei dieser Konstruktion im Endeffekt die währungsstarken Länder für die Schulden der währungsschwachen Länder aufkommen."[316]

Zwei Faktoren prägten diese ambivalente Haltung der Bundesbank. Im Herbst 1974 machte sich in der Bundesbank die Überzeugung breit, dass die nationalen Finanzmärkte und die Euromärkte das Recycling nicht effektiv kontrollieren konnten. Sie stellte fest, dass im Sommer die Kreditvergabe auf den Euromärkten zurückging,[317] und dass die Ölländer begannen, ihre Anlagen zu diversifizieren und auch in Überschussländer wie Deutschland zu investieren. Dieser Trend veranlasste die Bundesbank, verstärkt nach anderen Möglichkeiten des Recyclings zu suchen. Klasen wollte die Frage der Ölgelderanlage „ebenso wenig wie unsere Nachbarländer ganz der Selbstkontrolle der Wirtschaft überlassen."[318] Die politisch-institutionellen Verteilungsmechanismen gewannen an Attraktivität. Sie hatten mehrere Vorzüge. Sie könnten erstens zielgerichtete Investitionen der Ölgelder gewährleisten. So setzte sich Emminger in einem Brief an den Bundestagsabgeord-

313 Deutsche Bundesbank (Hrsg.), Geschäftsbericht 1974, S. 50.

314 Vermerk Hauptabteilung I, Betreff: Neue Kreditfazilitäten, 20. 3. 1974, in: HA Bbk, B330/43612, S. 4.

315 Vgl. Vermerk Otmar Emminger, Betreff: Von der EG aufzunehmende Anleihe, 2. 7. 1974, in: HA Bbk, B330/9942.

316 Vortrag Dietrich Lemke (Leiter der Hauptabteilung I, Deutsche Bundesbank), Probleme im Zusammenhang mit den Ölpreiserhöhungen, im Rahmen der betrieblichen Fortbildung, 17. 10. 1974, in: HA Bbk, B330/41265, S. 6.

317 Vgl. Vortrag Otmar Emminger, The Monetary Consequences of the Oil Price Explosion and its Implications for the Euro-currency Markets, Adress by Otmar Emminger, Deputy Governor of the Deutsche Bundesbank, at the Bank of Spain, Madrid, 14. 10. 1974, in: HA Bbk, B330/41265, S. 9.

318 Vortrag Karl Klasen, Währungspolitik heute, vor dem Übersee-Club, Hamburg, 27. 2. 1975, in: BArch, B126/55851, S. 15.

neten und späteren Wirtschaftsminister Otto Graf Lambsdorff dafür ein, die EWG als Vermittlungsagentur für das Recycling hinzuzuziehen: „Um die Ölgelder in diejenige Länder zu leiten, die sie besonders dringend brauchen, wird es nach meiner Ansicht auch nützlich sein, wenn sich Organe der EWG in die Weiterleitung einschalten und dabei direkt oder indirekt eine EWG-Garantie übernehmen."[319] Zweitens wären sie in der Lage, das Problem der Haftung und die Risiken, die mit der Anlage und Kreditvergabe verbunden waren, auf mehrere Schultern zu verteilen und damit zu schmälern.[320] Sie böten drittens die Chance, mit der Kreditvergabe eine klare wirtschaftspolitischen Konditionalität zu verbinden und die Defizitländer zu Sparmaßnahmen zu verpflichten.[321] Schließlich würden sie viertens ein Forum für die Zusammenarbeit zwischen den ölproduzierenden und ölverbrauchenden Ländern bilden. Dieser Punkt war für die Bundesbank besonders wichtig. Eine effektive Umverteilung der Ölgelder könnte nur zustande kommen, wenn beide Parteien, OPEC- und OECD-Staaten, miteinander verhandelten und gemeinsame Lösungen suchten. Daher unterstützte die Bundesbank auch den Vorschlag des deutschen Finanzministers, eine gesonderte Investitionsagentur zu schaffen, in der die OPEC- und OECD-Staaten sich auf eine gemeinsame Investitions- und Anlagepolitik verständigten und die Risiken teilten.[322] Emminger war überzeugt: „Wenn wir keine kooperativen Wege finden, die Überschussgelder in angemessene Anlagen zu leiten, könnten sie dem internationalen Finanzsystem Schaden zufügen."[323]

Die Bundesbank befürwortete die institutionellen Initiativen aber nicht uneingeschränkt, sondern sie stellte klare Bedingungen für die Umverteilungsmechanismen. Der entscheidende Bewertungsmaßstab war dabei das Risiko des bereits erwähnten „secondary recycling". Die Kreditmechanismen sollten ausschließlich zwischen Ölstaaten und Defizitländern vermitteln. Deutschland dürfte nicht als Gläubiger bzw. Kreditgeber zwischengeschaltet und mit den Liquiditäts- oder Kreditrisiken der Kapitalumverteilung belastet werden. In einer Besprechung zwischen Bundesbank, Bundesfinanzministerium und weiteren Bundesministerien zur Auflage einer zweiten IWF-Ölfazilität waren sich alle Teilnehmer einig, dass ausschließlich die OPEC-Staaten die Finanzmittel für den Kreditmechanismus bereitstellen sollten.[324] Eine Finanzierung durch die Industrieländer würde „die Bundesrepublik als Überschußland verstärkt in einen Prozeß des secondary recycling mit entsprechender Risikoübernahme einschalten und die dringend wün-

319 Brief Otmar Emminger an Otto Graf Lambsdorff, 24. 7. 1974, in: HA Bbk, N-2/000212, S. 3.

320 Vortrag Otmar Emminger, Die internationalen Finanzmärkte und die Rückschleusung der Ölgelder, Royal Institute of International Affairs, 28. 1. 1975, in: HA Bbk, N-2/00018, S. 10.

321 Vgl. Vermerk Bundesfinanzministerium, Betreff: Einschaltung des IWF in das Recycling, hier: Ressortgespräch am 31. 10. 1974, 4. 11. 1974, in: HA Bbk, B330/43613.

322 Zum Vorschlag des Bundesfinanzministers, vgl. Gray, Learning to 'Recycle', S. 17.

323 Interview mit Otmar Emminger, International Herald Tribune, 17. 4. 1975, in: HA Bbk, N-2/00018, S. 2.

324 Vgl. Vermerk Bundesfinanzministerium, Betreff: Einschaltung des IWF in das Recycling, hier: Ressortgespräch am 31. 10. 1974, 4. 11. 1974, in: HA Bbk, B330/43613.

schenswerte stabile Anlage der Ölländerüberschüsse nicht fördern."[325] Daher lehnte die Bundesbank ab, sich an der finanziellen Ausstattung der Mechanismen mittels eines Notenbankkredits zu beteiligen.[326]

Die Kreditmechanismen sollten darüber hinaus den Öl- und Defizitländern eine klare Verantwortung für ihr Handeln zuweisen. Dazu zählte, dass die Kreditnehmer strenge Vorgaben erfüllen müssten, um sich für die Kreditvergabe zu qualifizieren. Eine strikte Konditionalität sollte garantieren, dass nicht nur die Defizite finanziert, sondern auch die strukturellen Ursachen für die Zahlungsbilanzprobleme behoben würden.[327] Gleichermaßen sollten auch die Ölländer für eine zielführende und verantwortungsbewusste Anlage ihrer Gelder in die Pflicht genommen werden. In diesem Zusammenhang kritisierte Emminger scharf einen amerikanischen Vorschlag, den so genannten Kissinger-Plan, der vorsah, ein umfassendes finanzielles Sicherheitsnetz für die Länder der OECD einzurichten, das auf eine Beteiligung der OPEC-Staaten verzichtete.[328] Für die Bundesbank war ein solcher Alleingang der OECD-Länder nicht zielführend. Ein erfolgreiches Recycling könnte nur durch die Kooperation beider Parteien realisiert werden.

Diese Motive und Argumente für bzw. gegen die institutionelle Einhegung des Recyclings erklärten, warum die Bundesbank die Möglichkeit politisch-institutioneller Kredite zwar befürwortete, aber gleichzeitig viele der Vorschläge, die in den internationalen Gremien des IWF, der OECD oder der EWG diskutiert wurden, bremste und ihre Umsetzung erschwerte. Die ambivalente Haltung der Bundesbank trug dazu bei, dass das institutionelle Recycling der Ölgelder im Umfang beschränkt blieb und neben den Umverteilungsprozessen auf den nationalen Finanzmärkten und den Euromärkten verblasste.

Regulierungsversuche der Euromärkte

Ein Großteil der Ölgelder floss 1974 über nationale und internationale Finanzmärkte, insbesondere über die Euromärkte in der Form des Euro-Dollar-Marktes, also des Marktes für finanzielle Transaktionen von US-Dollar außerhalb der USA. Von den insgesamt rund 55 Mrd. Dollar, die die OPEC-Staaten an Überschüssen angesammelt hatten, wurden etwa 40 Mrd. Dollar auf den Finanzmärkten angelegt. Allein die Euromärkte waren nach den Erhebungen der Bundesbank für die Aufnahme und Weiterleitung von 23 Mrd. Dollar verantwortlich.[329] Demnach spielten weder Direktinvestitionen noch internationale Organisationen die Haupt-

325 Vermerk Bundesfinanzministerium, Betreff: Einschaltung des IWF in das Recycling, hier: Ressortgespräch am 31. 10. 1974, 4. 11. 1974, in: HA Bbk, B330/43613, S. 2.

326 Vgl. Fernschreiben Hauptabteilung I an Bundesfinanzministerium, Betreff: Ölfazilität des IWF 1975, 4. 12. 1974, in: HA Bbk, B330/43613.

327 Vgl. Fernschreiben Hauptabteilung I an Bundesfinanzministerium, Betreff: Ölfazilität des IWF 1975, 4. 12. 1974, in: HA Bbk, B330/43613, S. 3 f.

328 Vgl. Vermerk Otmar Emminger, Betreff: Kissinger-Plan für Öl-Recycling, 2. 12. 1974, in: HA Bbk, B330/41266.

329 Vgl. Deutsche Bundesbank (Hrsg.), Geschäftsbericht 1974, S. 48.

rolle im Recycling der Ölgelder. Es waren die Euromärkte, die als „Hauptdrehscheibe für die Weiterleitung der Ölmilliarden“[330] fungierten.

Die Bundesbank schätzte den marktwirtschaftlichen Prozess der Euromärkte und würdigte, dass im ersten Jahr nach der Ölpreiskrise vor allem diese Märkte dafür gesorgt hätten, eine relativ problemlose Verteilung der Gelder zu gewährleisten.[331] Für Präsident Klasen war klar: „Dieser Weg ist, wenn er unter Beachtung der klassischen Bankregeln begangen wird, für die beteiligten Staaten der beste.“[332] Im Herbst 1974 wuchsen jedoch Zweifel an der Nachhaltigkeit und Stabilität der Finanzmärkte. In der Presse mehrten sich Stimmen, die eine reibungslose Fortsetzung des Recyclings über die Euromärkte in Frage stellten. Die britische „Times“ schrieb: „Wir hatten die einfache Phase des Ölgelder-Recyclings, während derer die Banken fähig und gewillt waren, an viele Defizitländer Kredite zu vergeben; aber diese Phase kommt zu einem Ende.“[333] Auch die Banken beurteilten die Kapazitäten des Euromarkts skeptisch. Wilfried Guth (1919–2009), Vorstandsmitglied der Deutschen Bank, erklärte im November 1974, dass „unerträgliche Risiken“[334] die Banken zunehmend von der Weiterleitung der Ölgelder fernhielten. Die Bundesbank teilte die Bedenken. Auch sie registrierte einen Rückgang der Euromarktaktivitäten und eine Zunahme der Risiken. Anfang Januar 1975 gab Vize-Präsident Emminger bekannt: „Ich bin weit von der euphorischen Ansicht entfernt, daß man die Rückschleusung der Ölgelder völlig den Finanzmärkten überlassen könne. Das ist offensichtlich unmöglich und wäre in mancher Hinsicht gar nicht wünschenswert.“[335]

Risiken

Für die Bundesbank stand das Problem der Fristentransformation im Vordergrund. Die Ölländer legten ihre Gelder meistens nur kurzfristig an, während die Defizitländer langfristige Kredite benötigten. Die Banken boten Transformationsleistungen an. Sie wandelten über so genannte „roll-over“-Kredite die kurzfristigen Anlagen in mittel- bzw. langfristige Kredite um. Dies war möglich, da die Ban-

330 Deutsche Bundesbank (Hrsg.), Geschäftsbericht 1974, S. 49.

331 Vgl. Vortrag Otmar Emminger, Die internationalen Finanzmärkte und die Rückschleusung der Ölgelder, Royal Institute of International Affairs, 28. 1. 1975, in: HA Bbk, N-2/00018, S. 7.

332 Vortrag Karl Klasen, Währungspolitik heute, vor dem Übersee-Club, Hamburg, 27. 2. 1975, in: BArch, B126/55851, S. 16.

333 Eigene Übersetzung: The Times (Geoffrey Bell), Funding oil deficits: start of a more difficult phase, 23. 10. 1974, in: HA Bbk, B330/41265; vgl. auch: Börsen-Zeitung (Kurt Richebächer), Die Banken und das Problem des Recycling, in Börsen-Zeitung Nr. 176, 14. 9. 1974, in: HA Bbk, B330/41265.

334 Vortrag Wilfried Guth (Vorstandsmitglied Deutsche Bank), Die internationale Finanzszene ein Jahr nach der Ölpreiskrise, Auszug einer Rede, abgedruckt in der Börsen-Zeitung, 2. 11. 1974, Deutsche Bundesbank, Auszüge aus Pressartikeln, Nr. 71, 12. 11. 1974, in: HA Bbk, B330/41266, S. 14.

335 Vortrag Otmar Emminger, Die internationalen Finanzmärkte und die Rückschleusung der Ölgelder, Royal Institute of International Affairs, 28. 1. 1975, in: HA Bbk, N-2/00018, S. 1.

ken darauf spekulierten, dass die kurzfristigen Einlagen auch nach Fristende weiter bei ihnen verbleiben bzw. erneuert würden. Während anfangs die übliche Laufzeit der Eurokredite bei zwei bis drei Jahren lag, stieg nach 1973 aufgrund der starken Konkurrenz die durchschnittliche Geltungsdauer auf ca. sechs Jahre (im Jahr 1976).[336] Mit der Ölpreiskrise und den Anlagen der Ölgelder erhöhten sich jedoch die Risiken der „Fristeninkongruenz",[337] also die Gefahr, dass nach einem plötzlichen Abzug der Ölgelder-Anlagen die Banken nicht mehr über genügend Liquidität verfügten. Gleichzeitig verschob sich das Verhältnis von Eigenkapital und Einlagen. Die Banken nahmen mehr Anlagen von den Ölländern entgegen, als ihnen ihr Eigenkapital gestattete, sodass der Puffer an haftendem Eigenkapital relativ zurückging. Dies erhöhte die Sorge, dass die Banken gegenüber etwaigen Zahlungsausfällen nicht ausreichend abgesichert seien.[338] Das Finanzrisiko der Banken wurde zusätzlich auch von Seiten der Kreditnehmer belastet. Mit der Ausweitung des Recyclings und der Kreditfinanzierung wurde es im Laufe des Jahres 1974 immer unwahrscheinlicher, dass die kreditnehmenden Länder überhaupt in der Lage seien, ihre Kredite zurückzuzahlen bzw. die Zinslast zu tragen. Wilfried Guth, Vorstandsmitglied der Deutschen Bank, beobachtete, dass „Italiens Eurodollarverschuldung [...] in der fraglichen Zeit auf etwa 10 Mrd. Dollar angewachsen [war], ohne Hoffnung auf eine baldige Besserung der Situation."[339] Die vielfältigen Belastungen schufen eine Atmosphäre der Unsicherheit unter den Banken und untergruben die Stabilität der Finanzmärkte.

Neben den Risiken für das Bankensystem nahm die Bundesbank noch zwei weitere Bedrohungspotentiale wahr: erstens bezeichnete sie die Euromärkte als „unkontrollierte Quelle für die Schaffung offizieller internationaler Liquidität."[340] Otmar Emminger stellte fest, dass trotz der Zahlungsbilanzkrise die Währungsreserven der Defizitländer nicht abnahmen. Die betroffenen Länder würden sich nicht ihrer Reserven bedienen, um die Defizite zu finanzieren, sondern die Kredite der internationalen Finanzmärkte bevorzugen.[341] In der Folge blieben die Wäh-

[336] Vortrag Dietmar Klein (Hauptabteilung Internationale Beziehungen, I 24), Der mittelfristige Eurokredit, Vortrag im Rahmen der betrieblichen Fortbildung, 26. 11. 1976, in: HA Bbk, B330/20666, S. 5.

[337] Vortrag Dietrich Lemke (Leiter der Hauptabteilung I, Deutsche Bundesbank), Probleme im Zusammenhang mit den Ölpreiserhöhungen, im Rahmen der betrieblichen Fortbildung, 17. 10. 1974, in: HA Bbk, B330/41265, S. 7.

[338] Vgl. Vortrag Otmar Emminger, Die internationalen Finanzmärkte und die Rückschleusung der Ölgelder, Royal Institute of International Affairs, 28. 1. 1975, in: HA Bbk, N-2/00018, S. 8.

[339] Vortrag Wilfried Guth (Vorstandsmitglied Deutsche Bank), Die internationale Finanzszene ein Jahr nach der Ölpreiskrise, Auszug einer Rede, abgedruckt in der Börsen-Zeitung, 2. 11. 1974, Deutsche Bundesbank, Auszüge aus Pressartikeln, Nr. 71, 12. 11. 1974, in: HA Bbk, B330/41266, S. 14.

[340] Vortrag Dietmar Klein (Hauptabteilung Internationale Beziehungen, I 24), Der mittelfristige Eurokredit, Vortrag im Rahmen der betrieblichen Fortbildung, 26. 11. 1976, in: HA Bbk, B330/20666, S. 13.

[341] Vgl. Vermerk Otmar Emminger, Betreff: ‚Recycling' der Ölmilliarden (Zur Information), an den ZBR, 13. 11. 1974, in: HA Bbk, N-2/000235, S. 2.

rungsreserven nicht nur stabil, sondern erhöhten sich sogar, zwischen 1973 und 1974 um 20%.[342] Die Euromärkte ermöglichten also den Defizitländern, sowohl ihren Zahlungsverpflichtungen nachzukommen als auch gleichzeitig ihre Währungsreserven aufzustocken. In den Augen der Bundesbank war dies höchst problematisch; denn höhere internationale Liquidität minderte den Anpassungsdruck für Defizitländer, ermöglichte eine exzessive Ausgabenpolitik und verstärkte potentiell die inflationären Impulse innerhalb der Weltwirtschaft.[343] Zweitens befürchtete die deutsche Zentralbank eine Verschärfung des Schuldenproblems der Defizitländer; denn sie könnten auf den Euromärkten unkontrolliert und ohne währungspolitische Auflagen an neue Geldmittel gelangen und damit ihre Importe finanzieren oder zusätzliche Staatsausgaben tätigen.[344] Der einfache Rückgriff auf die Finanzmärkte ließe die Schuldenlast der Staaten weiter ansteigen. Tatsächlich erhob fünf Jahre später, 1979, eine Arbeitsgruppe der Bundesbank den Befund, dass die Leistungsbilanzdefizite in den Jahren nach der Ölpreiskrise nicht abgenommen hatten, sondern sich vielmehr ein „Über-Recycling" eingestellt hatte. Die Länder hätten die Möglichkeiten der Kreditfinanzierung weiterhin genutzt, auch nachdem der eigentliche Zweck des Ölgelder-Recyclings erfüllt war. Die Arbeitsgruppe resümierte: „Die damit in vielen Fällen einhergehenden Leistungsbilanzdefizite wurden über längere Zeit hinweg umso eher in Kauf genommen, als die dadurch erforderliche Kreditaufnahme als fremdverschuldet gelten konnte [und] die internationalen Finanzmittel reichlich und relativ billig verfügbar waren."[345] Die Bundesbank war sich bewusst, dass durch dieses Prozedere die eigentlichen Probleme – Inflation, strukturelle Leistungsbilanzdefizite, etc. – nur überdeckt wurden und dass die zunehmende Kreditfinanzierung auch die Verschuldung weiter anwachsen ließ.

War eine Kontrolle der Euromärkte möglich?

Aufgrund der Bedrohungslage sowohl für die Finanzstabilität der Banken und Staaten als auch für die Geld- und Währungspolitik war nach Auffassung der Bundesbank eine bessere Kontrolle und Überwachung der Euromärkte unentbehrlich. Es galt, Lösungen für zwei Fragen zu finden, zum einen, wie die Bankenrisiken beherrscht werden konnten, zum anderen, ob und wie die Euromärkte kreditpolitisch gesteuerten werden konnten, um von vornherein die Risiken zu minimieren.

Die Zusammenbrüche zweier Finanzinstitute im Sommer 1974 forcierten die regulatorischen Anstrengungen der Bundesbank. Im Juni 1974 kollabierte die deutsche Herstatt-Bank und im Oktober 1974 meldete die US-Bank Franklin Na-

342 Vgl. Deutsche Bundesbank (Hrsg.), Geschäftsbericht 1974, S. 56.

343 Vgl. Deutsche Bundesbank (Hrsg.), Geschäftsbericht 1975, S. 62.

344 Vgl. Brief Otmar Emminger an Michael Posner (Director of Studies in Economics, Cambridge), 15. 12. 1974, in: HA Bbk, N-2/00087, S. 3.

345 Bericht, Deutsche Bundesbank, Arbeitsgruppe „Euromärkte", Euromärkte und ihre Kontrolle, 5. 4. 1979, in: HA Bbk, B330/20666, S. 4.

tional Zahlungsunfähigkeit an.[346] Während in Deutschland die Bundesbank die Einlagen der Herstatt-Bank nicht garantieren wollte und Einlagen über 20 000 DM ausfielen,[347] gewährte die US-Notenbank FED der Franklin National-Bank und ihrer Euromarkt-Filiale in London sofort umfangreiche Liquiditätshilfen. Die FED schuf damit einen Präzedenzfall für die Euromärkte, insofern als sie ihre Funktion eines „Lender of last resort", das heißt eines „Kreditgebers der letzten Instanz", auch auf die Euromärkte ausweitete und die dortige Filiale der Franklin National vor der Insolvenz rettete.[348] Das Vorgehen der FED stieß bei der Bundesbank auf Kritik. Sie vertrat die feste Überzeugung, dass die Banken ihr Handeln auf den Euromärkten selbst verantworten müssten und nicht auf die finanzielle Unterstützung der Zentralbanken zählen dürften.[349] Sie befürchtete, dass eine implizite Garantie für die Eurobanken die Expansion der Euromärkte noch weiter fördern und die Risiken, sowohl für die Finanzstabilität als auch für die Währungspolitik, verstärken würde. In einem persönlichen Brief an Otto Graf Lambsdorff schrieb Emminger: „Ein solches Vorgehen wäre auf die Dauer überaus gefährlich."[350] Die Bundesbank propagierte Fristentransformation, Liquiditätslage und Zahlungsfähigkeit als notwendige Schranken des Recyclings auf den Euromärkten. Die Banken sollten eigenständig abschätzen, inwieweit sie sich auf kurzfristige Anlagen und langfristige Kredite einließen könnten.[351] Entsprechend skeptisch stand die Bundesbank der im September 1974 getroffenen Vereinbarung der Zentralbanken der „Gruppe der Zehn" gegenüber, die besagte, dass Notenbanken künftig in Notfällen auch auf den Euromärkten als „Lender of last resort" fungieren würden.[352] Emminger dazu: „Es wäre sehr unklug, im Eurogeschäft die gesunden Bankregeln außer acht zu lassen."[353]

Die Bundesbank hielt es für wichtiger, die Euromärkte besser zu kontrollieren, sowohl durch umfassendere Information und Überwachung als auch durch direkte kreditpolitische Eingriffe.[354] Sie zielte darauf, die Transparenz der Euromärkte zu erhöhen. Die Datenlage über die Aktivitäten der Banken auf den Euromärkten

346 Vgl. Kapstein, Governing the global economy, S. 39–42.

347 Zu weiteren Details der Herstatt-Krise, vgl. Rudolph, Bankrott der Herstatt-Bank, S. 402–413.

348 Vgl. Kapstein, Governing the global economy, S. 42.

349 Vgl. Vortrag Otmar Emminger, The Monetary Consequences of the Oil Price Explosion and its Implications for the Euro-currency Markets, Adress by Otmar Emminger, Deputy Governor of the Deutsche Bundesbank, at the Bank of Spain, Madrid, 14. 10. 1974, in: HA Bbk, B330/41265, S. 9 f.

350 Brief Otmar Emminger an Otto Graf Lambsdorff, 24. 7. 1974, in: HA Bbk, N-2/000212, S. 2.

351 Vgl. Brief Otmar Emminger an David E. Bodner, 29. 10. 1974, in: HA Bbk, N-2/00086.

352 Vgl. Goodhart, The Basel Committee on Banking Supervision, S. 37–40.

353 Vortrag Otmar Emminger, Die internationalen Finanzmärkte und die Rückschleusung der Ölgelder, Royal Institute of International Affairs, 28. 1. 1975, in: HA Bbk, N-2/00018, S. 8.

354 Vgl. Bericht, Die deutschen Mitglieder der Expertengruppe „Kurzfristige Kapitalbewegungen" des EWG-Währungsausschuss (Hauptabteilung I 21/24), Die Kontrolle der internationalen Kapitalbewegungen und der Eurogeldmärkte aus deutscher Sicht, 22. 7. 1975, in: HA Bbk, B330/20666, S. 14.

war zu Beginn des Jahres 1974 noch spärlich. Statistiken waren bislang auf die nationalen Finanzmärkte beschränkt gewesen, die Euromärkte wurden aufgrund ihrer internationalen Struktur in den üblichen nationalen Bankstatistiken nicht abgebildet. Ende 1973 hatte die Bank für Internationalen Zahlungsausgleich erstmals eine Übersicht über die Euromarkt-Kredite veröffentlicht.[355] Die Bundesbank versuchte, diese Ansätze zur Informationsbeschaffung voranzutreiben. Auf einer Sitzung des Euro-Currency Market Standing Committee im März 1974 regte sie an, den Informationsfluss über die Aktivitäten der Eurobanken zu verbessern und zu koordinieren. Jedoch stieß sie bei den anderen Ländern auf Ablehnung, nur Italien unterstützte den Vorschlag.[356] Erst infolge der Zusammenbrüche der Herstatt-Bank und der Franklin National und infolge des gestiegenen politischen Drucks einigten sich die Zentralbanken der „Gruppe der Zehn" im September 1974 darauf, den Informationsaustausch über die Euromarkt-Geschäfte zu vertiefen.[357]

Dagegen blieben die Wünsche der Bundesbank unerfüllt, die Euromärkte durch den Einsatz kreditpolitischer Instrumente stärker einzuhegen. Sie hatte hierin den effektivsten Weg gesehen, die internationalen Bankgeschäfte zu kontrollieren. Die Hauptabteilung für Internationale Beziehungen schrieb in einem Vermerk: „Am besten wäre es, wenn die Eurogeldmärkte, ähnlich wie die nationalen Kreditmärkte, kreditpolitisch steuerbar wären."[358] Bereits in den vorhergehenden Jahren hatte die Bundesbank daher immer wieder Vorstöße unternommen, die Euromärkte mithilfe einer internationalen Mindestreserve stärker zu regulieren.[359] Aber die deutschen Vorschläge waren an den konkurrierenden Interessen und geldpolitischen Konzepten anderer Länder abgeprallt. Im Mai 1973 hatte auf einer Sitzung des Euro-Currency Market Standing Committee der Generaldirektor der BIZ, René Larre, „unüberwindliche Meinungsverschiedenheiten zwischen den Mitgliedern der Gruppe"[360] registriert. Auch noch fünf Jahre später, also 1979, verhinderten die gleichen Konflikte einen Ausbau der kreditpolitischen Steuerung. Die

[355] Vgl. Vortrag Dietmar Klein (Hauptabteilung Internationale Beziehungen, I 24), Der mittelfristige Eurokredit, Vortrag im Rahmen der betrieblichen Fortbildung, 26.11.1976, in: HA Bbk, B330/20666, S. 13.

[356] Vgl. Vermerk Hauptabteilung I, Betreff: Sitzung des Euro-Currency Market Standing Committee in Basel am 11. März 1974, 18.3.1974, in: HA Bbk, B330/26302.

[357] Vgl. Vermerk Karl-Otto Pöhl, Bundesfinanzministerium, Betreff: Treffen der Finanzminister und Notenbankgouverneure von USA, Großbritannien, Frankreich, Italien, Japan und Bundesrepublik Deutschland in Champs sur Marne am 7./8. September 1974, 9.9.1974, in: BArch, B126/48887; vgl. auch: Goodhart, The Basel Committee on Banking Supervision, S. 39 f.

[358] Bericht, Die deutschen Mitglieder der Expertengruppe „Kurzfristige Kapitalbewegungen" des EWG-Währungsausschuss (Hauptabteilung I 21/24), Die Kontrolle der internationalen Kapitalbewegungen und der Eurogeldmärkte aus deutscher Sicht, 22.7.1975, in: HA Bbk, B330/20666, S. 14.

[359] Vgl. Altamura, European Banks and the Rise of International Finance, S. 92–96.

[360] Summary of the Discussion among the Governors on the Euro-Currency Market, 13th May 1973, 22.6.1973, in: ABF, 1489200304/99, S. 1.

Bundesbank berichtete von einer Diskussion über den Vorschlag der USA, Mindestreserven für den gesamten Euromarkt einzuführen: „Die Engländer beurteilten die Euro-Märkte weithin per Saldo positiv und sehen keinen wirklich überzeugenden Grund für den gezielten Einsatz des Instruments der Mindestreserve, dem sie ohnehin grundsätzlich skeptisch gegenüberstehen und dessen Wirksamkeit für den Zweck der Eindämmung der Euro-Märkte sie stark in Zweifel ziehen."[361] Der Widerstand der Länder, in denen die Euromärkte beheimatet waren, neben England auch Luxemburg und die Schweiz, war zu mächtig. Die kreditpolitische Kontrolle der Euromärkte blieb offen.

Die Schwierigkeiten, einen internationalen Konsens zu finden, verschoben bei der Bundesbank die Ausrichtung ihrer Politik. Die Kontrolle der Euromärkte und damit auch des Recyclings der Ölgelder auf diesen Märkten verlagerte sich aus dem geld- und kreditpolitischen Aufgabenbereich in den der Bankenaufsicht. Die Auslandsabteilung der Bundesbank hielt fest: „Angesichts dieser Situation und des Scheiterns jeglichen Bemühens, den Eurogeldmarkt kreditpolitisch in international koordinierter Weise zu steuern, ist es verständlich, daß sich die Diskussion über die Problematik des Eurogeldmarktes stärker auf die ordnungspolitischen Aspekte verlagert hat."[362] Unter „ordnungspolitischen Aspekte" verstand die Hauptabteilung die Aufsicht und Überwachung der Kreditmärkte, die nun zunehmend in den Mittelpunkt der internationalen Bemühungen rückten. Im Dezember 1974 wurde der „Baseler Ausschuss für Bankenaufsicht" gegründet und beauftragt, die Information und das Monitoring der Euromärkte zu optimieren.[363] Die langfristige Abwendung vom Versuch, die Euromärkte kreditpolitisch zu steuern, dokumentiert ein Bericht der Bundesbank aus dem Jahr 1980. Das Thema der kreditpolitischen Kontrolle der Euromärkte stand nicht mehr auf der Agenda. Stattdessen galt: „Der größte und dringlichste Handlungsbedarf besteht auf bankaufsichtlichem Gebiet einschl. der Verbesserung der Markttransparenz."[364]

Zwischenfazit

Die Bundesbank erfasste die Risiken der ansteigenden Kapitalströme nach der Ölpreiskrise, wie die Gefährdung der Finanzstabilität, die steigende Verschuldung und die Verschärfung der weltweiten Ungleichgewichte. Sie bekundete auch den

361 Vermerk Hauptabteilungen I und Vo (Bundesbank), Betreff: US-Vorschläge einer Euro-Mindestreserve; Gespräche mit Vertretern der Bank of England, Nederlandsche Bank und der Schweizerischen Nationalbank am 2. 5. 1979 in Zürich, 3. 5. 1979, in: HA Bbk, B330/20666, S. 1.

362 Vortrag Dietmar Klein (Hauptabteilung Internationale Beziehungen, I 24), Der mittelfristige Eurokredit, im Rahmen der betrieblichen Fortbildung, 26. 11. 1976, in: HA Bbk, B330/20666, S. 14.

363 Vgl. Goodhart, The Basel Committee on Banking Supervision, S. 41–45.

364 Bericht Deutsche Bundesbank, Beschleunigte Expansion der Euromärkte und sonstigen internationalen Finanzmärkte – ihre Bestimmungsgründe und Problematik, 21. 4. 1980, in: HA Bbk, B330/26304, S. 11.

Willen, diese Probleme anzugehen. Sie setzte sich für eine verstärkte internationale Kooperation ein, unterstützte die Schaffung institutioneller Kreditmechanismen und forderte eine bessere Kontrolle der Euromärkte. Gleichwohl blieben diese Bemühungen halbherzig und, in gewisser Weise, paradox. So wünschte sie zwar einerseits, dass das Ölgelder-Recycling durch internationale Organisationen gelenkt würde, behinderte aber andererseits durch ihre zögerliche Haltung die Bereitstellung der dafür vorgesehenen Kreditfazilitäten.

Der Grund für dieses Verhalten der Bundesbank war ein Paradigmenwandel. Die Einhegung der Kapitalströme stand nicht mehr im Vordergrund. Nach der Freigabe der Wechselkurse 1973 stellten das Ölgelder-Recycling und die Risiken der Euromärkte nicht mehr im gleichen Maße wie noch unter dem Bretton Woods-System zentrale Herausforderungen für die interne Geldpolitik dar. Die Bundesbank baute daher sukzessive bis September 1974 alle kreditpolitischen und administrativen Einschränkungen des Kapitalverkehrs ab. Die Regulierung der Kapitalströme war aus ihrer Sicht nicht mehr Angelegenheit nationaler Kreditpolitik, sondern musste auf internationaler Ebene gelöst werden. Die Bundesbank lagerte folglich auch die Kontrolle der Kapitalströme in den Funktionsbereich der Bankenaufsicht aus.

3.2. Kontrolle oder Ermutigung von Kapitalströmen? Der französische Bedarf an Kapital

Auch die Banque de France änderte infolge der Ölpreiskrise ihre Position gegenüber den Kapitalströmen. Während sie sich in den Jahren zuvor intensiv der Kapitalverkehrskontrollen bediente, lockerte sie 1973/1974 ihr Reglement und ließ die Kapitalbewegungen freizügiger gewähren. Auslöser waren in Frankreich die Bedürfnisse der Wirtschaft.

Kapitalströme als Gefahr

Vor 1973 hatte der Einsatz umfangreicher Kapitalverkehrskontrollen die französische Währungspolitik beherrscht. Sie waren für die Banque de France essentiell gewesen, um im System fester Wechselkurse die Handlungsfähigkeit der eigenen Geldpolitik zu bewahren und die französische Wirtschaft vor den schädlichen Einflüssen internationaler Marktkräfte abzuschirmen. Denn, wie Sous-Gouverneur André de Lattre und der Generaldirektor der DGSE, Henri Koch, in einem Aufsatz darlegten, wurde „die Anpassung der Geldpolitik an die Erfordernisse der Binnenwirtschaft oft dadurch gestört, dass kurzfristige Kapitalflüsse berücksichtigt werden mussten."[365] Eine Zinserhöhung hätte beispielsweise Devisenzuflüsse

[365] Aufsatz André de Lattre/ Henri Koch, La politique monétaire et contraintes extérieures, octobre 1973 (8. 10. 1974), in: CAEF, B-0069906/1, S. 200.

und in der Folge eine uneingeschränkte Ausweitung der Liquidität verursacht. Bei Zinssenkungen wäre dagegen Kapital abgeflossen und die Liquidität im Land hätte abgenommen.[366] Diese engen Wechselbeziehungen zwischen Kapitalströmen und interner Geldpolitik machten aus ihrer Sicht die „Festlegung von Regulierungsvorschriften in einem Regime fester Wechselkurse unerläßlich."[367]

Die Notwendigkeit, den Kapitalverkehr zu kontrollieren, war insbesondere seit Ende der 1960er Jahre in den Fokus der französischen Zentralbanker gerückt. Robert Raymond, Finanzinspektor der DGSE, machte das Jahr 1968 als Zäsur aus:[368] In den zehn Jahren vor 1968 seien die französischen Währungsreserven regulär und kontinuierlich angestiegen und hätten keine außergewöhnlichen Fluktuationen verzeichnet. Seit Mai 1968 dagegen hätten heftige Ausschläge die Währungsreserven erschüttert. Zwischen Mai und November 1968 waren sie um 20 Mrd. Franc bzw. 4 Mrd. Dollar gefallen.[369] Die revolutionären Maiaufstände 1968 hatten zu massiver Kapitalflucht geführt und französische Anleger veranlasst, ihr Geld im Ausland in Sicherheit zu bringen.[370] In der zweiten Jahreshälfte 1969 hatten sich die Währungsreserven durch Abwertung des Franc und Aufwertung der D-Mark wieder erholt und waren bis August 1971 um 5 Mrd. Dollar angestiegen.[371] Raymond konstatierte: „Diese Veränderungen waren größtenteils den Geldbewegungen zuzuschreiben."[372]

In Reaktion auf die zunehmende Unsicherheit der internationalen Märkte und der Volatilität der Kapitalbewegungen etablierte die Banque de France ein breites Instrumentarium an Kapitalverkehrskontrollen.[373] Zwischen 1968 und 1971 waren diese darauf gerichtet, den Kapitalexport und auch die Kapitalflucht aus Frankreich zu stoppen. Am 24. November 1968 wurde französischen Haushalten und Unternehmen untersagt, jegliche Form von Auslandsvermögen zu erwerben. Banken wurde verboten, Franc-Guthaben in Devisen umzutauschen.[374] Im August 1971 änderte sich die Zielrichtung der Kontrollen; denn nun drohten aufgrund der Dollarkrise spekulative Kapitalzuflüsse. Die Banque de France suchte nach Wegen, den Kapitalimport ins Land zu erschweren. Am 3. August wurde

366 Vgl. Aufsatz André de Lattre/ Henri Koch, La politique monétaire et contraintes extérieures, octobre 1973 (8. 10. 1974), in: CAEF, B-0069906/1, S. 201.

367 Vgl. Aufsatz André de Lattre/ Henri Koch, La politique monétaire et contraintes extérieures, octobre 1973 (8. 10. 1974), in: CAEF, B-0069906/1, S. 207.

368 Vgl. Robert Raymond, Les mouvements de capitaux flottants et le marché des euro-dollars, Texte d'une conférence, 21. 3. 1974, in: ABF, 1375200401/41.

369 Vgl. Robert Raymond, Les mouvements de capitaux flottants et le marché des euro-dollars, Texte d'une conférence, 21. 3. 1974, in: ABF, 1375200401/41, S. 1.

370 Vgl. Solomon, The International Monetary System, S. 151–155.

371 Vgl. Robert Raymond, Les mouvements de capitaux flottants et le marché des euro-dollars, Texte d'une conférence, 21. 3. 1974, in: ABF, 1375200401/41, S. 1.

372 Eigene Übersetzung: Robert Raymond, Les mouvements de capitaux flottants et le marché des euro-dollars, Texte d'une conférence, 21. 3. 1974, in: ABF, 1375200401/41, S. 1.

373 Vgl. Note DGSE, France, Evolution récente de la réglementation des changes, 17. 7. 1974, in: ABF, 1375200401/40.

374 Vgl. Banque de France, Compte Rendu des Opérations 1968 (Rapport annuel), S. 30 f.

eine Höchstbegrenzung für Auslandsverschuldung festgelegt, am 17. August die Vergütung von Sicht- und Termineinlagen für Ausländer gestrichen und am 21. August 1971 ein geteilter Devisenmarkt eingeführt.[375] Zusätzlich wurden französische Unternehmen verpflichtet, ihre Importe innerhalb von 21 Tagen zu begleichen, womit ein schneller Abfluss der eingenommenen Devisen sichergestellt werden sollte.[376]

Bis 1973/1974 sah die Banque de France also administrative Kontrollen des Kapitalverkehrs als das einzige Mittel bzw. als „notwendiges Übel“[377] an, um die französische Wirtschaft und Geldpolitik von den internationalen Kapitalbewegungen abzukoppeln.

Neue Herausforderungen durch Ölpreiskrise

Recycling im nationalen Interesse

Die Ölpreiskrise führte zu einer Neuausrichtung der Kapitalströme. Infolge der Ölpreissteigerungen und des hohen Zahlungsbilanz-Ungleichgewichts zwischen den OPEC- und den OECD-Ländern floss das Kapital unisono von den westlichen Industriestaaten und den nicht-ölproduzierenden Entwicklungsländern in die Ölländer. Für die OECD-Staaten ergaben sich aus dieser Entwicklung neue Herausforderungen. Es stand nicht mehr die Gefahr kurzfristiger Kapitalbewegungen für ihre interne Geldpolitik im Vordergrund, sondern die Aufgabe der erfolgreichen Umverteilung der Ölgelder und der Finanzierung der hohen Defizite.

Während das Ziel der Um- und Rückverteilung der Ölgelder unumstritten war, unterschieden sich von Land zu Land die Beweggründe für das Recycling. Gouverneur Bernard Clappier betonte dies, als er dem Conseil Général von der Jahresversammlung des IWF im Herbst 1974 berichtete: „für manche handelt es sich darum, ein Mittel zu finden, ihr Zahlungsbilanzdefizit zu finanzieren. Für andere gilt es, das Chaos, das diese Gelder und ihre mehr oder weniger abrupten Bewegungen im gesamten internationalen Währungssystem verursachen können, zu beheben.“[378] Die Banque de France und die französische Regierung ordneten sich der ersteren Gruppe zu; denn für sie ging es in erster Linie um die Finanzierung des hohen Defizits der französischen Wirtschaft. Die Auslandsabteilung der Banque de France, DGSE, legte eine Analyse zur Umverteilung der Ölgelder vor, in der sie erläuterte: „Angesichts des unmittelbaren Ausmaßes und der vorhersehbaren Anhäufung der Leistungsbilanzüberschüsse der OPEC-Länder sollte man

[375] Vgl. Note DGSE, France, Evolution récente de la réglementation des changes, 17. 7. 1974, in: ABF, 1375200401/40, S. 1.

[376] Vgl. Aufsatz André de Lattre/Henri Koch, La politique monétaire et contraintes extérieures, octobre 1973 (8. 10. 1974), in: CAEF, B-0069906/1, S. 210.

[377] Eigene Übersetzung: Robert Raymond, Les mouvements de capitaux flottants et le marché des euro-dollars, Texte d'une conférence, 21. 3. 1974, in: ABF, 1375200401/41, S. 13.

[378] Eigene Übersetzung: ABF, Procès-Verbal, Conseil Général, 10. 10. 1974, S. 471.

Mittel ins Auge fassen, die Summen, die durch Handelszahlungen an die Produzentenländer gegangen sind, durch Investitionen in die Konsumentenländer zurückzuführen. Dies erscheint unvermeidlich: einerseits wären die Konsumentenländer im Falle von ausbleibenden Rückflüssen sehr schnell in einem Zustand der Zahlungsunfähigkeit, und andererseits haben die Produzentenländer keine andere Möglichkeit, ihre Einnahmen zu bewahren und ertragreich zu machen, außer sie auf den internationalen Kapitalmärkten anzulegen."[379] Für die DGSE war es eine zwingende Notwendigkeit, dass die Ölgelder wieder in die Industrieländer zurückfließen mussten. Die OPEC-Staaten hätten keine andere Anlageoptionen und darüber hinaus würde den Defizitländern schwerwiegende Finanzierungsengpässe drohen. Die Ölgelder wären „für das Überleben der Verbraucherländer unerlässlich."[380] Gleichermaßen beurteilte die Abteilung für Studien (DGE) die Lage. Die hohen Ölzahlungen, die von den Industrieländern an die OPEC-Länder geleistet werden mussten, seien eigentlich Ressourcen die „normalerweise schnell in diese gleichen Industrieländer zurückkehren sollten."[381] Das Recycling der Ölgelder zum Zweck der Defizitfinanzierung war die einzig konsequente Reaktion auf die Ölpreiskrise.

Alternativen zum Recycling standen aus Sicht der Banque de France nicht zur Verfügung. Die Überschüsse derÖlländer seien strukturell bedingt und ein schneller Ausgleich der Ungleichgewichte daher unmöglich.[382] Ein Abbau der Defizite durch Sparmaßnahmen und Einschränkung der wirtschaftlichen Tätigkeit, wurde, obwohl von Gouverneur Wormser befürwortet, nicht verfolgt und hinausgeschoben. Aus der Rückschau des Jahres 1979 gab Bernard Clappier zur Begründung an, dass die stetige Versorgung der Wirtschaft mit Liquidität als vordringlich angesehen wurde und man vor einer „starken Deflation" zurückgeschreckt war aus Angst, die „interne Wirtschaft auf den Kopf zu stellen."[383] Die Banque lehnte auch ab, zur Defizitfinanzierung auf die Währungsreserven zurückzugreifen; denn diese würden „nicht ausreichen, um das Energiedefizit der nächsten Jahre auszugleichen."[384] Schließlich mussten auch die Effekte auf den Wechselkurs des Francs berücksichtigt werden. Die Banque de France sah in der Auslandsverschuldung bzw. im Ölgelder-Recycling die Chance, den Franc stabil zu halten und eine Ab-

379 Eigene Übersetzung: Note DGSE, Le recyclage des capitaux pétroliers, 14. 10. 1974, in: ABF, 1489200304/15, S. 1.

380 Eigene Übersetzung: Note DGSE, Le recyclage des capitaux pétroliers, 14. 10. 1974, in: ABF, 1489200304/15, S. 5.

381 Eigene Übersetzung: Note DGE, Quelques réflexions sur l'analyse des effets à court terme de la crise pétrolière sur l'économie française, 1. 2. 1974, in: ABF, 1404200701/12, S. 1

382 Vgl. Note DGSE, Déficits pétroliers et flux compensatoires, analyse des techniques de recyclage des capitaux, 2. 10. 1974, in: ABF, 1489200304/15, S. 6.

383 Eigene Übersetzung: Discours Clappier, La politique monétaire française : un essai de réponse aux dérèglements actuels, Conférence à Zurich, 17. 1. 1979, in: ABF, 1035200250/64, S. 5.

384 Eigene Übersetzung: Note DGSE, Déficits pétroliers et flux compensatoires, analyse des techniques de recyclage des capitaux, 2. 10. 1974, in: ABF, 1489200304/15, S. 11.

wertung zu vermeiden, die unweigerlich in Inflation und einer Erschöpfung der Währungsreserven gemündet hätte.[385]

Die Banque de France entwickelte mit dieser Ausrichtung auf die Defizitfinanzierung ein neues Paradigma hinsichtlich der Kapitalbewegungen. Sie sah ihre Aufgabe nun weniger darin, Kapital zu kontrollieren, als vielmehr dieses anzulocken. Die Umverteilung der Ölgelder wurde, anders als in der Bundesbank, nicht unter dem Aspekt des Risikos, sondern unter dem des Nutzens beurteilt. Folglich gestaltete die Banque ihr Reglement zum Kapitalverkehr um. Wie bereits im Kapitel zu den Zahlungsbilanzen ausgeführt, baute sie Ende 1973 und Anfang 1974 die Kontrollen, die sie noch unter dem Bretton Woods-System eingeführt hatte, schrittweise ab. Die Mindestreserveverpflichtung für Konten von Gebietsfremden wurde beseitigt, die Vorschriften für Auslandskredite von französischen Marktteilnehmern gelockert und der geteilte Devisenmarkt abgeschafft.[386] Diese Maßnahmen bedeuteten jedoch keine komplette Abkehr vom Instrumentarium der Kapitalverkehrskontrollen. Vielmehr unternahm die Banque zusätzliche Schritte, um den Kapitalexport zu erschweren und die nötigen Devisen im Land zu halten. Aber die Regulierung des Kapitalverkehrs erhielt eine grundsätzlich neue Bedeutung. Es ging nicht mehr darum, die schädlichen Folgen von Kapitalbewegungen zu verhindern, sondern diese zugunsten der französischen Wirtschaft, im nationalen Eigeninteresse, zu begünstigen.

Präferenzen für die institutionelle Umverteilung

Dieses Motiv leitete auch die Überlegungen der Banque de France hinsichtlich des Ölgelder-Recyclings. Ein Problem belastete nach Auffassung der DGE die Umverteilung: die Unterschiede in der Attraktivität der westlichen Industrieländer für die Anlage des Ölkapitals. Man könne nicht davon ausgehen, dass das Überschusskapital der Ölstaaten direkt in die Defizitländer zurückfloss und dort die Zahlungsbilanzdefizite finanzierte.[387] Vielmehr müsse man damit rechnen, dass die OPEC-Staaten Investitionen in währungsstarken Ländern bevorzugten, die über vertrauensvolle Währungen, profitable Anlagemöglichkeiten und große Märkte verfügten.[388] Alle Defizitländer, deren Währung tendenziell schwächer war, wären somit benachteiligt. Diese Diskrepanz warf die Frage auf, wie das Recycling am besten organisiert werden könnte, und auf welche Wege man die Ölgelder leiten könnte, damit sie gezielt in die Defizitländer der OECD gelangten.

385 Vgl. Discours Clappier, La politique monétaire française: un essai de réponse aux dérèglements actuels, Conférence à Zurich, 17. 1. 1979, in: ABF, 1035200250/64, S. 5.

386 Vgl. Kapitel III.2.2. Banque de France: ein widersprüchlicher Kampf gegen die Defizite; vgl. auch: Note DGSE, France, Evolution récente de la réglementation des changes, 17. 7. 1974, in: ABF, 1375200401/40.

387 Vgl. Note DGE, Quelques réflexions sur l'analyse des effets à court terme de la crise pétrolière sur l'économie française, 1. 2. 1974, in: ABF, 1404200701/12.

388 Vgl. Note DGSE, Déficits pétroliers et flux compensatoires, analyse des techniques de recyclage des capitaux, 2. 10. 1974, in: ABF, 1489200304/15, S. 7–9.

Die Banque listete die verschiedenen Praktiken des Recyclings auf: Direktinvestitionen in Defizitländern; Anlagen auf nationalen Finanzmärkten; politisch-institutionelle Kreditmechanismen, die entweder multilateral gestaltetet waren, so die Öl-Kreditfazilitäten des Internationalen Währungsfonds, oder bilateral als Finanzabkommen zwischen zwei Ländern; und schließlich die Verteilung der Ölgelder auf dem Euromarkt, dem unregulierten, internationalen Kapitalmarkt für Dollargeschäfte.[389] Hinsichtlich der Größe war der Euromarkt der wichtigste Umschlagplatz der Ölgelder. Hier wurden im Jahr 1974 ca. 21 Mrd. Dollar angelegt. Der US-Kapitalmarkt nahm dagegen nur 11 Mrd. Dollar und der britische Kapitalmarkt 8 Mrd. Dollar auf. Die Investitionen in andere Länder als die USA oder Großbritannien umfassten 7 Mrd. Dollar und die Hilfskredite der internationalen Institutionen wie dem IWF beliefen sich auf gerade einmal 3,5 Mrd. Dollar.[390]

Die Banque de France präferierte die politisch-institutionellen Recycling-Mechanismen. Nach ihrer Auffassung war es am sinnvollsten, wenn die Staaten der internationalen Gemeinschaft ihre Reaktion auf die Ölpreiskrise koordinierten und die Ölgelder durch multilaterale Institutionen, wie dem IWF oder der EWG, verteilten.[391] Solche Kooperationen hätten den Vorteil, eine ungleiche und ungerechte Verteilung der Ölgelder zu vermeiden. Im Gegensatz zu Marktmechanismen könnten die Staaten aktiv dafür sorgen, dass die Gelder zielgerichtet in die bedürftigen Volkswirtschaften zurückflössen. Daher stimmte die Banque prinzipiell der Initiative des IWF im Frühjahr 1974 zu, eine internationale Ölfazilität einzurichten, die mithilfe von Kapital der Ölländer Kredite an die Defizitländer vergab.[392] Gleichzeitig sah sie aber Probleme in der Umsetzung und in den Modalitäten der IWF-Mechanismen. Diese lagen zum Beispiel im mangelnden Umfang der Kredite. Im Oktober 1974 hatte der IWF erst ca. 3,4 Mrd. Dollar an Darlehen von den Ölländern erhalten, ein Volumen, das im Vergleich zu den anderen Kanälen des Ölgelder-Recyclings sehr gering war.[393] In den Verhandlungen für eine zweite Auflage der Ölfazilität im Jahr 1975 fragte die DGSE insofern skeptisch, ob der IWF überhaupt in der Lage sei, eine relevante Summe an Finanzmitteln für den beabsichtigten Kreditmechanismus zu beschaffen.[394] Zudem beanstandete der „Trésor" die Zinsmodalitäten der Ölfazilität. Er bezeichnete es als „ungerecht", dass den Ölländern für ihre Darlehen ein Zinssatz von über 5% gewährt würde,

389 Vgl. Note DGSE, Le recyclage des capitaux pétroliers, 14. 10. 1974, in: ABF, 1489200304/15.

390 Vgl. Zahlen des US-Finanzministeriums, Note DGSE, Repartition des placements de Petro-Dollars, 23. 4. 1975, in: ABF, 1489200304/15.

391 Note DGSE, Déficits pétroliers et flux compensatoires, analyse des techniques de recyclage des capitaux, 2. 10. 1974, in: ABF, 1489200304/15, S. 24.

392 Vgl. Note DGSE, Fonds Monétaire International, Création d'une nouvelle facilité en vue d'aider les pays membres à financer l'accroissement du coût de leurs importations de pétrole, 5. 3. 1974, in: ABF, 1489200301/121.

393 Vgl. Note DGSE, Le recyclage des capitaux pétroliers, 14. 10. 1974, in: ABF, 1489200304/15, S. 4.

394 Vgl. Note DGSE, L'adaptation des circuits financiers actuels aux opérations de recyclage (Analyse d'un document F.M.I SM/74/250), 6. 12. 1974, in: ABF, 1489200304/15, S. 3.

während den anderen, westlichen Mitgliedsländern für ihre IWF-Beteiligungen nur eine deutlich geringere Vergütung von maximal 1,5% zugestanden wurde.[395]

Die internationale Zusammenarbeit und die Einrichtung der Kreditmechanismen wurden darüber hinaus durch politische Spannungen erschwert. Die Länder hatten unterschiedliche Vorstellungen, wie die Mechanismen im Detail ausgestaltet werden sollten. Großbritannien wollte die Kreditlinien des IWF volumenmäßig deutlich aufstocken, auf 30 Mrd. Dollar, während die USA und Frankreich einen kleineren Betrag von 5 bis 10 Mrd. Dollar anvisierten. Die USA und Frankreich stritten über die geeigneten Formen und Verfahren. Die USA bevorzugten ein Recycling über die Märkte, Frankreich dagegen präferierte bilaterale Abkommen.[396] Außenpolitische Differenzen belasteten die internationalen Verhandlungen zusätzlich. Die französische Regierung misstraute jeglichen amerikanischen Vorschlägen, eine gemeinsame Front der OECD-Staaten gegen die OPEC-Länder aufzubauen. Sie sah in ihnen eine Gefährdung ihrer „Politique arabe",[397] den Bemühungen Frankreichs um freundschaftliche Beziehungen und eine enge Zusammenarbeit mit den arabischen Staaten.[398]

Eine wirksamere Methode stellten aus Sicht der Banque zwischenstaatliche Abkommen zwischen ölimportierenden und ölexportierenden Ländern dar. Die DGSE argumentierte: „Diese bilateralen Konzepte sollten sich vervielfältigen, denn sie bieten den doppelten Vorteil, die Schwierigkeiten des Marktes zu umgehen und die Beschränkungen zu vermeiden, die jeder multilateral geprägten Konstruktion eigen sind."[399] Dieser Präferenz folgend setzte sich die Banque de France dafür ein, den direkten Kontakt zu den Ölländern zu suchen. Gemeinsam mit der französischen Regierung handelte sie Mitte 1974 einen Vertrag mit dem Iran aus über 1 Mrd. Dollar.[400] Dies blieb jedoch das einzige bilaterale Abkommen Frankreichs im Rahmen des Ölgelder-Recyclings. So sehr die Banque die Methode bevorzugte, so unergiebig war das Ergebnis. De La Genière merkte an: „Sie sind bislang in Anzahl und Umfang begrenzt."[401]

[395] Vgl. Telex Pierre-Brossolette (Trésor) an MM. Wahl/Beaurain (franz. IWF-Direktoren), Objet: Liquidité du compte général, 15. 3. 1974, in: ABF, 1489200301/121; vgl. auch: Note DGSE, FMI, Emprunts éventuels par les Fonds Monétaire, Oil facility, 27. 3. 1974, in: ABF, 1489200301/122, S. 6.

[396] Vgl. Note DGSE, Le recyclage des capitaux pétroliers, 14. 10. 1974, in: ABF, 1489200304/15, S. 4.

[397] Neue außenpolitische Initiative des französischen Präsidenten Charles de Gaulle (Amtszeit 1959–1969) in den 1960er Jahren, um den Einfluss Frankreichs in den arabischen Ländern zu stärken und der Dominanz der USA entgegenzuwirken.

[398] Vgl. Gfeller, Building a European Identity, S. 86 f., S. 121.

[399] Eigene Übersetzung: Note DGSE, Le recyclage des capitaux pétroliers, 14. 10. 1974, in: ABF, 1489200304/15, S. 4.

[400] Vgl. Financial Agreement, Iran, 27. 7. 1974, in: ABF, 1495200501/472; vgl. auch: Banque de France, Compte Rendu 1974 (Rapport annuel), S. 24.

[401] Eigene Übersetzung: Renaud de La Genière, Dîner Conférence, Les problèmes financiers internationaux, 28. 11. 1974, (Journées Françaises de Finance, par le Groupe 'Finance' de l'Association Nationale des Docteurs des Sciences Economiques, Titre: „La Gestion Financière Internationale", 28–29 novembre 1974), in: ABF, 1035199602/2, S. 4.

Die anderen Praktiken des Recyclings scheiterten an grundsätzlichen politischen Bedenken. Von Direktinvestitionen der Ölländer in Frankreich befürchtete die französische Regierung und die Banque de France, dass sie die Souveränität Frankreichs und die Kontrolle über die Wirtschaft gefährden könnten. Die Banque dazu: „diese Lösungen sind begrenzt, denn sie rufen schnell politische Probleme hervor (Kolonisierung der Industrie oder eine Annexion der großen Städte durch das arabische Kapital)."[402] Ähnlich kritisch beurteilte die Banque de France den starken Anstieg der Ölgelder-Anlagen auf dem amerikanische Finanzmarkt.[403] Sie argwöhnte, die „dominante Position der amerikanischen Wirtschaft auf den Rest der Welt"[404] könnte dadurch weiter zunehmen und in der Folge die anderen Defizitländer vom amerikanischen Kapital abhängig machen.

Die Banque de France befürwortete und unterstützte zwar die politisch-institutionellen Lösungen des Ölgelder-Recyclings. Doch gestand sie angesichts der politischen Schwierigkeiten zu, dass diese Verfahren weitgehend wirkungs- und ergebnislos blieben. Der Großteil der Ölgelder floss über die freien Märkte, im Besonderen die Euromärkte.

Euromärkte, eine vielversprechende Finanzierungsquelle

Die Euromärkte erhielten durch die Ölpreiskrise neue Aufmerksamkeit seitens der Banque. Sie waren bereits seit Anfang der 1970er Jahre immer stärker gewachsen und hatten an Anlage- und Kreditvolumen zugenommen. Die Ölpreissteigerungen beschleunigten diese Entwicklung. Allein im ersten Halbjahr 1974 registrierte die Banque de France ein Wachstum der Kapitalanlagen auf den Euromärkten von 21,6 Mrd. Dollar und einen Anstieg der verliehenen Kredite um 17,8 Mrd. Dollar, also eine Erhöhung von über 30% im Vergleich zu Ende Dezember 1973.[405] Die DGSE fasste zusammen: „Der Euro-Dollar-Markt hat seit Anfang 1974 einen beispiellosen Aufschwung erlebt."[406]

Die Banque stand dieser Entwicklung zwiespältig gegenüber. Einerseits erkannte sie Risiken des unkontrollierten Recyclings und warnte davor, auf die Verteilungsfunktion der Euromärkte zu vertrauen. Andererseits sah sie aber auch die Chancen für die französische Wirtschaft. Sie entschied sich daher, keine aktiven Maßnahmen zu greifen, um die Bankgeschäfte zu kontrollieren oder einzuschrän-

402 Eigene Übersetzung: Note DGSE, Le recyclage des capitaux pétroliers, 14. 10. 1974, in: ABF, 1489200304/15, S. 3.

403 Vgl. Note DGSE, Le recyclage des capitaux pétroliers par les Etats-Unis, modalités et conséquences possibles, 18. 11. 1974, in: ABF, 1489200304/15.

404 Eigene Übersetzung: Note DGSE, Le recyclage des capitaux pétroliers par les Etats-Unis, modalités et conséquences possibles, 18. 11. 1974, in: ABF, 1489200304/15, S. 5.

405 Vgl. Note DGSE, L'évolution du marché des euro-dollars au cours du 2ème Trimestre de 1974, 13. 12. 1974, in: ABF, 1495200501/307.

406 Eigene Übersetzung: Note DGSE, L'évolution du marché des euro-dollars au cours du 2ème Trimestre de 1974, 13. 12. 1974, in: ABF, 1495200501/307, S. 3.

ken. Stattdessen förderte sie sogar das Engagement der französischen Marktakteure auf den Euromärkten.[407]

Risiken

Der Rückgang der Bankgeschäfte auf den Euromärkten im Sommer bzw. im Herbst 1974 und die Zusammenbrüche der Franklin National und der Herstatt-Bank sensibilisierten die Banque de France für die potentiellen Probleme des Euromarkt-Recycling.[408] Sous-Gouverneur De La Genière mahnte, dass „es unvorsichtig wäre, in diesem Kanal die einzige, ja sogar hauptsächliche Lösung für ein Problem zu finden",[409] das sich durch die Erhöhung der Ölpreise ergeben hatte.

Die französische Zentralbank schätzte, genauso wie die deutsche, die so genannte Fristentransformation, also das Ungleichgewicht zwischen den kurzfristigen Anlagen der Ölländer und den langfristigen Krediten der Eurobanken, als Hauptrisiko ein. Einerseits stand im Raum, dass die Anleger aus den Ölländern ihre kurzfristigen Einlagen nicht verlängerten oder erneuerten und damit die Liquidität der Eurobanken bedrohten. Andererseits könnten die Kreditnehmer zahlungsunfähig werden und ihre Verpflichtungen nicht mehr erfüllen. Diese Sorge war aus Sicht der Banque nicht unberechtigt; denn sie beobachtete, dass immer mehr Länder ihre Euromarkt-Kredite nicht dazu nutzten, produktive Investitionen zu tätigen und ihre Defizite abzubauen, sondern stattdessen nur ihre Währungsreserven auffüllten.[410] Neben den Problemen für die Finanzstabilität nahm die Banque de France auch die monetären Gefahren des Euromarktes in den Blick. Die DGSE legte dar, dass jede Kreditvergabe an Unternehmen, Banken und Haushalte die Geldmenge in den jeweiligen Volkswirtschaften erhöhe. Es entstünde hierdurch ein „Prozess der Geldschöpfung", der sich „außerhalb jeder Kontrolle"[411] abspiele. Solange diese Geldschöpfung einem produktiven Zweck diene, sei sie unproblematisch. Andernfalls berge sie jedoch das unheilvolle Potential, die Inflation anzuheizen und die weltweiten Devisenmärkte und Wechselkurse erheblich aus dem Gleichgewicht zu bringen.[412]

Die Banque prognostizierte angesichts dieser Risiken eine zunehmende Unsicherheit auf den Euromärkten. Die beteiligten Akteure verlören das Vertrauen in

407 Vgl. Altamura, La banque dans la tourmente, S. 101–113.

408 Vgl. ABF, Procès-Verbal, Conseil Général, 4. 7. 1974, S. 351–353.

409 Eigene Übersetzung: Renaud de La Genière, Dîner Conférence, Les problèmes financiers internationaux, 28. 11. 1974, (Journées Françaises de Finance, par le Groupe 'Finance' de l'Association Nationale des Docteurs des Sciences Economiques, Titre: „La Gestion Financière Internationale", 28–29 novembre 1974), in: ABF, 1035199602/2, S. 3.

410 Vgl. Note DGSE, Déficits pétroliers et flux compensatoires, analyse des techniques de recyclage des capitaux, 2. 10. 1974, in: ABF, 1489200304/15, S. 21.

411 Beide Zitate, eigene Übersetzung: Note DGSE, Évolution récente des marchés des euro-monnaies, 4. 11. 1975, in: ABF, 1495200501/307, S. 7.

412 Vgl. Note DGSE, Évolution récente des marchés des euro-monnaies, 4. 11. 1975, in: ABF, 1495200501/307, S. 7.

die Nachhaltigkeit der Märkte. Für die DGSE war klar: „Eine solche Entwicklung kann die Situation der Eurobanken nur anfällig machen.“[413]

Reaktion der französischen Währungsbehörden

Trotz dieser Beurteilung und der Warnung vor den Risiken der Euromärkte blieb die Banque de France eine klare Positionierung schuldig. Anders als in den Jahren 1968 bis 1973, in denen sie die Kapitalbewegungen nach und aus Frankreich strikt reglementiert hatte, verharrte sie gegenüber den Aktivitäten der Euromärkte seit Ausbruch der Ölpreiskrise in bemerkenswerter Passivität. Die Banque selbst führte dies auf strukturelle Ursachen zurück. Es seien nicht die Voraussetzungen gegeben, um die Euromärkte effektiv zu überwachen. Es fehlten detaillierte Informationen und Daten über die Prozesse der Euromärkte. Sous-Gouverneur Renaud de La Genière beklagte, dass die Statistiken zu den Euromärkten ungenügend und lückenhaft seien.[414] Die Bank für Internationalen Zahlungsausgleich (BIZ) besäße nur von zehn Ländern weltweit die Daten über die Aktivitäten der jeweiligen Banken und Unternehmen auf den Euromärkten.[415] Dieser Informationsmangel hindere daran, die Bewegungen der Kapitalströme auf den Euromärkten effektiv zu verfolgen, geschweige denn zu kontrollieren.[416] Zudem mangelte es an einer wirksamen internationalen Kooperation zur Überwachung der Märkte. Sie entzögen sich aufgrund ihres internationalen Formats der unmittelbaren Einflussnahme nationaler Währungsbehörden. Ein sinnvolles Vorgehen erforderte koordinierte, gleichgerichtete Kontrollmaßnahmen aller entscheidenden Länder, ein Anliegen, dem die Banque jedoch wenig Erfolgschancen für die nahe Zukunft einräumte.[417] Diese beiden Aspekte, das Defizit grundlegender Informationen sowie eine fehlende internationale Zusammenarbeit bildeten strukturelle Hürden, die eine effektive Kontrolle der Euromärkte wenig erfolgversprechend machten.

Daneben existierte für die Banque de France noch ein weiteres Motiv: die Förderung der französischen Wirtschaft und die Finanzierung des Zahlungsbilanzdefizits. Im Mai 1974 schrieb die DGSE: „Die Verschlechterung unserer Außenfinanzen und die Konsequenzen der Energiekrise auf unsere Handelsbilanz sollte uns, so scheint es, anregen, das maximal mögliche zu versuchen, um am Recycling des arabischen Kapitals teilzunehmen und, im Allgemeinen, auch die Entfaltung der Euro-Gelder-Ressourcen der französischen Banken zu unterstützen.“[418] Die Eu-

[413] Eigene Übersetzung: Note DGSE, L'évolution du marché des euro-dollars au cours du 2ème Trimestre de 1974, 13. 12. 1974, in: ABF, 1495200501/307, S. 3.
[414] Vgl. ABF, Procès-Verbal, Conseil Général, 4. 7. 1974, S. 353.
[415] Note DGSE, L'évolution du marché des euro-dollars au cours du 2ème Trimestre de 1974, 13. 12. 1974, in: ABF, 1495200501/307.
[416] Vgl. Note DGSE, Évolution récente des marchés des euro-monnaies, 4. 11. 1975, in: ABF, 1495200501/307, S. 9.
[417] Vgl. Note DGSE, Évolution récente des marchés des euro-monnaies, 4. 11. 1975, in: ABF, 1495200501/307, S. 10.
[418] Eigene Übersetzung: Note DGSE, Émission à Paris de certificats de dépôt en dollars, 20. 5. 1974, in: ABF, 1495200501/307, S. 3.

romärkte ermöglichten den französischen Marktteilnehmern, die notwendigen Devisen für die Finanzierung des Zahlungsbilanzdefizits zu erwerben. Die Banque hatte daher ein großes Interesse daran, möglichst günstige Voraussetzungen für diese Methode des Ölgelder-Recyclings zu schaffen. Insofern förderte sie aktiv das Engagement der französischen Banken auf den Euromärkten. Im März 1974 gestattete sie beispielsweise der französischen Filiale der Chase Manhattan-Bank, auf dem Pariser Finanzmarkt in Dollar denominierte Einlagenzertifikate auszustellen. Diese Genehmigung erlaubte der Bank, ihre Euromarkt-Aktivitäten in Frankreich auszudehnen. Aus Sicht der DGSE hatte der Vorgang überdies das Potential, Paris als internationalen Finanzplatz zu stärken, was insbesondere in Anbetracht der Londoner Konkurrenz von Bedeutung war; denn wie sie verlautbarte: „Es ist bedauernswert [...], dass die französischen Banken gegenwärtig Dollar-denominierte Einlagenzertifikate über die Vermittlung ihrer Filialen in London ausgeben. Es wäre grundsätzlich besser, wenn sie die gleiche Art von Operationen auf dem Pariser Finanzmarkt vornehmen."[419]

Aus dem gleichen Grund verzichtete die Banque de France auch darauf, die Geschäfte französischer Banken auf dem Euromarkt zu reglementieren. Dies wurde auf einer Sitzung des Gouverneurs und hoher Beamten der Banque de France zu den Risiken der Euromärkte artikuliert. Sie stellten zwar fest, dass „die französischen Banken keinen speziellen Regelungen unterworfen sind, was das Niveau der [Fristen-]Transformation anbelangt, die sie auf dem Eurodollar-Markt praktizierten."[420] Doch zogen sie hieraus nicht den Schluss, dass sie als Zentralbank eine Kontrollfunktion ausüben und die französischen Bankgeschäfte stärker begrenzen sollten. Vielmehr begnügten sie sich damit, zusätzliche Informationen zu sammeln.[421] Die Banque befürchtete, durch nationale Regulierungen die internationale Wettbewerbsfähigkeit ihrer Banken zu beeinträchtigen. Sie schrieb, dass solange keine global einheitlichen Regeln für alle Euromarkt-Banken vorherrschten, „die französischen Währungsbehörden Skrupel haben, die französischen Banken gegenüber denjenigen Banken zu behindern, die in London, in Luxemburg oder in der Schweiz tätig sind."[422] Die Intention der Banque de France war klar: Angesichts des hohen Zahlungsbilanzdefizits wollte sie die Aktivitäten der französischen Banken auf den Euromärkten möglichst wenig einschränken, damit diese die in Frankreich zur Defizitfinanzierung notwendigen Devisen beschaffen konnten.

Es gab demgegenüber allerdings auch kritische Stimmen innerhalb der Banque. So schrieb der Generaldirektor der DGSE in seiner Einschätzung zu den oben erwähnten Genehmigungen der Dollar-Einlagenzertifikate auf dem Pariser Fi-

[419] Eigene Übersetzung: Note DGSE, Émission à Paris de certificats de dépôt en dollars, 20. 5. 1974, in: ABF, 1495200501/307, S. 4.

[420] Eigene Übersetzung: Note Conseil National du Crédit, Surveillance des engagements extérieurs du système bancaire, 21. 5. 1974, in: ABF, 1495200501/307, S. 1.

[421] Vgl. Note Conseil National du Crédit, Surveillance des engagements extérieurs du système bancaire, 21. 5. 1974, in: ABF, 1495200501/307, S. 2.

[422] Eigene Übersetzung: Note DGSE, La régulation des flux financières et le marché des eurodevises, 12. 5. 1975, in: ABF, 1375200401/41, S. 6.

nanzmarkt: „Ich frage mich, ob in den gegenwärtigen Umständen [...] es opportun ist, den Eindruck zu vermitteln, dass wir die unbegrenzte Ausweitung eines Marktes fördern, dessen Entwicklung eines Tages das Bankensystem und das globale Währungssystem auf eine harte Probleme stellen könnte.“[423] Seine Stimme blieb im Anbetracht der angespannten Zahlungsbilanzlage ungehört.

Infolge der Ölpreiskrise war die Politik der Banque de France hinsichtlich der Kapitalbewegungen von neuen Interessen geleitet. Das französische Defizit musste finanziert werden. Die Banque erkannte, dass durch das Recycling der Ölgelder und durch die Euromärkte die weltweiten Kapitalströme an Kraft und Größe gewonnen hatten und neue Unwägbarkeiten entstanden waren. Sie zweifelte am Erfolg der Finanzierung durch die Märkte und setzte sich dafür ein, politisch koordinierte Kreditmechanismen aufzubauen. Doch alle ihre Lösungsvorschläge zum Recycling waren letztlich dem Primat der nationalen Wirtschaftsförderung unterworfen. Eine genuine Kontrolle und Einhegung der Kapitalbewegungen standen daher, ganz anders als in den vorherigen Jahren, an zweiter Stelle. Die Kapitalströme boten nun vielmehr die Chance und den praktischen Nutzen, die wirtschaftliche Notlage zu erleichtern.

3.3. Synthese

Die Zentralbanken in Frankreich und Deutschland reagierten auf die Veränderung der Kapitalströme infolge der Ölpreiskrise, wie schon im Fall der Zahlungsbilanzen, auf ähnliche Art und Weise. Sie machten die gleichen Beobachtungen und teilten die entsprechenden Einschätzungen. Beide konstatierten die erhebliche Zunahme der Kapitalbewegungen und erkannten den Bedarf, das Ölkapital umzuverteilen. Sie zogen auch übereinstimmende Folgerungen aus dem Recycling und empfahlen, die Umverteilung der Ölgelder durch institutionelle Mechanismen und eine verstärkte internationale Kooperation abzusichern. Auch die Euromärkte wurden von Bundesbank und Banque de France in analoger Weise interpretiert. Sie schätzten zuerst die Vorteile, zweifelten dann immer mehr an ihrer Nachhaltigkeit, verzichteten aber letztendlich darauf, den Kapitalverkehr zu reglementieren.

Doch gab es auch wesentliche Unterschiede. Diese lagen in den Motiven und Intentionen. Für die Bundesbank standen die Risiken des Recyclings im Vordergrund. Die Schaffung institutioneller Recycling-Kanäle sollte schädliche Nebeneffekte ausschließen und die internationalen Währungsbeziehungen stabilisieren. Die Bundesbank wollte in erster Linie die Kapitalströme von Deutschland fernhalten und sicherstellen, dass der Prozess der Umverteilung die finanzielle und monetäre Stabilität in der Bundesrepublik nicht gefährdete.

Im Unterschied dazu richtete die Banque de France ihren Fokus auf den Nutzen und die Vorteile des Recyclings. Auch sie setzte sich für eine Institutionalisierung

[423] Eigene Übersetzung: Note Henri Koch (DGSE), Euro-marché, 24.5.1974, in: ABF, 1495200501/307, S. 1.

des Recyclings ein. Aber ihr Ziel war nicht die Vermeidung von Risiken, sondern ein erleichterter Zugang zu Finanzierungsmitteln. Dies kennzeichnete auch den Umgang beider Zentralbanken mit den Euromärkten. Während die Bundesbank sich darum bemühte, Regeln und Kontrollmöglichkeiten aufzustellen, um das Bedrohungspotential der Euromärkte zu minimieren, erfasste die Banque die Euromärkte vorrangig als günstige Gelegenheit, um die Folgen der Ölpreiskrise für die französische Volkswirtschaft abzudämpfen und die Finanzierung der Zahlungsbilanzdefizite zu garantieren.

4. Fazit zu Kapitel III: „Geldpolitische Phänomene und Entscheidungen im Schatten der Ölpreiskrise 1973/1974"

Die Ölpreiskrise ist vor allem als Energiekrise in Erinnerung geblieben. Energieeinsparung, Sonntagsfahrverbote und die Suche nach neuen Energieressourcen sind die Eckpunkte des historischen Gedächtnisses an die Krise. Sie hatte jedoch darüber hinaus finanzielle und monetäre Konsequenzen, die die weltweiten Wirtschafts- und Währungsbeziehungen tiefgreifend veränderten: erhebliche Preisverwerfungen, hohe Zahlungsbilanz-Ungleichgewichte und riesige Kapitalströme. Diese Phänomene stellten prinzipiell keine neuen Entwicklungen dar. Inflation, Handels- und Zahlungsdefizite und volatile Geldbewegungen hatten bereits Ende der 1960er Jahre und Anfang der 1970er Jahre die Weltwirtschaft erschüttert. Aber die Ölpreiskrise verschärfte die Entwicklungen und steigerte sie ins Extreme.

In den deutschen und französischen Zentralbanken riefen die Ereignisse sehr unterschiedliche Reaktionen hervor. Die Bundesbank hatte bereits zuvor, während des Zusammenbruchs des Bretton Woods-Systems, neue Weichenstellungen ihrer Geldpolitik vorgenommen und konnte damit die direkten Auswirkungen der Ölpreissteigerungen leichter abwehren. Die Bundesbank sah sich folglich in ihrer Politik der strikten Inflationsbekämpfung bestätigt. Diese ermöglichte ihr, den zusätzlichen Inflationsdruck abzufangen und ein außenwirtschaftliches Gleichgewicht zu bewahren. Das 1974 eingeführte Geldmengenziel bildete einen neuen Orientierungspunkt, mithilfe dessen die Bundesbank ihre Anti-Inflationspolitik fortsetzen, aber zugleich auf das Problem der stagnierenden Konjunktur reagieren konnte. Darüber hinaus dominierte das Stabilitätsdenken auch hinsichtlich der globalen Zahlungsbilanzprobleme und der Kapitalströme ihr Handeln. Nachdem die Ölpreiskrise die deutschen Geldmärkte nicht direkt bedrohte, übertrug die Bundesbank ihr Stabilitätskonzept auch nach außen und forderte von den anderen Staaten, insbesondere den Defizitländern, die gleichen Maßnahmen der Inflationsbekämpfung, der Sparpolitik und des Defizitabbaus. Ihr Ziel war es, die globalen Wirtschafts- und Währungsbeziehungen insgesamt zu konsolidieren und somit den indirekten, externen Bedrohungen der deutschen Wirtschaft vorzubeugen.

Die Banque de France erlebte die Ölpreiskrise als drastischen Einschnitt. Steigende Inflation und hohe Zahlungsbilanzdefizite machten die Schwächen der französischen Geld- und Währungspolitik evident, insbesondere die Unvereinbarkeit zwischen den geldpolitischen Zielen, Preisstabilität und Wirtschaftsförderung. In welchem Maße ihr die Grenzen ihrer Handlungsfähigkeit bewusst war, legte Gouverneur Wormser in seiner Abschiedsrede vor dem Conseil Général im Juni 1974 schonungslos offen: „So wie der Marineoffizier, der seine Wache beendet, um sich schlafen zu legen, im Logbuch notiert, dass der Schiffsbug in Flammen steht, so kehre ich zu meinen Studien zurück, während die Preise lodern und Frankreich sich gegenüber dem Ausland verschuldet." Und weiter: „Traditionsgemäß gilt der Gouverneur der Banque de France als Wächter, oder einer der Wächter, der Währung. Diese Wache, die ihm anvertraut wurde [...] hat nachgelassen. Mein Scheitern ist [...] offensichtlich."[424] In der Nachfolgezeit verschoben sich die Prioritäten der Zentralbank. Die Preisstabilität wurde auch in Frankreich ein vorrangiges Ziel. Doch blieb die Geldpolitik der Banque in Widersprüchen verhaftet. In ihrer Politik der Defizitfinanzierung setzte sie eben nicht auf eine konsequente Verringerung der Defizite, sondern auf eine aktive Kreditpolitik, um den französischen Banken und Unternehmen eine vorteilhafte Finanzierung zu gewähren und die Konjunktur und das Wachstum aufrechtzuerhalten.

Die Bundesbank konnte während der Ölpreiskrise ihre Stellung als Stabilitätsanker in einer inflationären Umwelt festigen. Die Banque de France hatte dagegen mit Zielkonflikten zu kämpfen. Es zeigte sich aber an den internen Richtungsdebatten, dass die Vorteile einer eindeutigen, stabilitätsorientierten Geldpolitik an Terrain gewannen.

424 Eigene Übersetzung: Rede von Wormser in der Sitzung des Conseil Général des 20. Juni 1974, zur Übergabe des Gouverneuramts an Bernard Clappier, 20. 6. 1974, in: ABF, 1069201118/9.

IV. Die Entstehung des Europäischen Währungssystems

Die 1970er Jahre waren Auftakt und „Inkubationszeit" der europäischen Wirtschafts- und Währungsunion. Zwischen der Gipfelkonferenz der EWG-Staats- und Regierungschefs in Den Haag 1969 und dem Inkrafttreten des Europäischen Währungssystems 1979 entwickelten sich die ersten Strukturen eines gemeinsamen Wechselkurssystems, bildeten sich gemeinsame Währungsmechanismen aus und verstärkte sich die währungs- und wirtschaftspolitische Kooperation der EWG-Länder.

Der Werner-Plan von 1970 zeichnete einen ersten Grundriss für die sukzessive Vertiefung der Zusammenarbeit, die über drei Schritte innerhalb von zehn Jahren bis 1980 zur vollen Wirtschafts- und Währungsunion führen sollte. In seiner Folge entstand 1972 die so genannte Währungsschlange, eine Struktur fester Wechselkurse zwischen den EWG-Währungen. Die Währungsschlange blieb bis 1978 bestehen, erfuhr aber eine Reihe von Rückschlägen, als Kernländer der EWG wie Italien und Frankreich sowie Großbritannien und Irland zwischen 1973 und 1976 aufgrund von Währungskrisen den Verbund entweder dauerhaft oder wiederholt verlassen mussten. Damit einhergehend scheiterte 1974 auch das ursprüngliche Konzept des Werner-Plans. Die EWG-Regierungen gingen nicht, wie geplant, zur zweiten Stufe der Währungsintegration über. Die Integration stockte und stagnierte schließlich. Erst 1977 kam wieder Bewegung in den Einigungsprozess, der insbesondere im Jahr 1978 mit einer Initiative von Helmut Schmidt und Valéry Giscard d'Estaing an Schwung gewann und schließlich Ende 1978/Anfang 1979 in die Gründung des Europäischen Währungssystems als Vorläufer der gemeinsamen Währungsunion mündete.

Die Wirtschafts- und Währungsintegration schuf für die europäischen Zentralbanken einen neuen währungspolitischen Handlungsraum. Während sich die globalen Strukturen des Bretton Woods-Systems auflösten und die Zentralbanken geldpolitische Freiheiten gewannen, mussten sie im europäischen Kontext neue Verpflichtungen eingehen, Wechselkurs-Grenzen einhalten, Währungshilfen leisten und ihre Geld- und Währungspolitik mit den Partnerländern koordinieren. Es entstanden neue Wechselbeziehungen zwischen den europäischen Währungsstrukturen und der Politik der nationalen Zentralbanken.

In den folgenden Kapiteln sollen diese Wechselwirkungen zwischen Währungseinigung und Zentralbankpolitik aus verschiedenen Perspektiven beleuchtet werden. Es wird analysiert, wie die Bundesbank und die Banque de France die Etappen der Währungsintegration wahrnahmen und beurteilten, welche Positionen sie bezogen und, insbesondere, wie sie ihre Haltungen in den Jahren bis 1979 veränderten. Es wird darüber hinaus untersucht, welche Gründe, Motive und Interessen für die Zentralbanken vorrangig waren, worin sich die Grundprinzipien der französischen und deutschen Notenbanken unterschieden, wo Gemeinsamkeiten lagen und wie sich die Differenzen auf die zunehmend engere Kooperation auswirkten. Schließlich wird aufgezeigt, welche Handlungsmöglichkeiten die beiden Institutionen besaßen, ob sie nur Nebenakteure waren, die den Regierungschefs und den Finanz- und Wirtschaftsministern den Schauplatz des Geschehens überlassen mussten, oder ob sie aktiv gestalten und ihre Vorstellungen in die Verhandlungsprozesse einfließen lassen konnten.

Anhand dreier Beispiele werden diese Fragen geklärt. Erstens wird der Blick auf den Auftakt der Wirtschafts- und Währungsintegration durch die Verhandlungen zum Werner-Bericht im Jahr 1970 gerichtet. Das zweite Kapitel behandelt die Geschichte der Fehlschläge des Einigungsprozesses und der Reformversuche Mitte der 1970er Jahre. Drittens wird die Entstehung des Europäischen Währungssystems 1978/1979 thematisiert.

Die These lautet, dass sich in den 1970er Jahren, trotz des wechselhaften Verlaufs der Wirtschafts- und Währungsintegration, zwischen Banque de France und Bundesbank signifikante Gemeinsamkeiten herausbildeten, und infolge gravierender Krisenerfahrungen eine Konvergenz französischer und deutscher Geldpolitik entstand.

1. Werner-Plan und die Debatte Monetaristen vs. Ökonomisten

Die Gipfelkonferenz der EWG-Staats- und Regierungschefs in Den Haag am 1. und 2. Dezember 1969 bildete den Startpunkt für die europäische Wirtschafts- und Währungsintegration. Der französische Staatspräsident Georges Pompidou und der deutsche Bundeskanzler Willy Brandt waren die Impulsgeber. Mit einer Initiative für die Stärkung der wirtschafts- und währungspolitischen Kooperation wollten sie den stockenden europäischen Einigungsprozess wiederbeleben. Eine intensivere Zusammenarbeit in der Währungspolitik war keine neue Idee. Schon im Februar 1969 hatte die EWG-Kommission unter ihrem Vizepräsidenten Raymond Barre einen Plan vorgelegt, den so genannten Barre-Plan, der zu einer engeren Koordination der Mitgliedstaaten aufrief.[1] Doch die gemeinsame Initiative von Pompidou und Brandt demonstrierte den politischen Willen und lieferte den politischen Anstoß. So kamen die Staats- und Regierungschefs in Den Haag überein, den Ministerrat der EWG zu beauftragen, einen „Stufenplan für die Errichtung einer Wirtschafts- und Währungsunion“[2] zu entwerfen.

[1] Vgl. Memorandum der Kommission an den Rat über die Koordinierung der Wirtschaftspolitik und die Zusammenarbeit in Währungsfragen innerhalb der Gemeinschaft, 12. 2. 1969, in: Bulletin der Europäischen Gemeinschaften, 1969, Sonderbeilage 3/1969.

[2] Kommuniqué der Konferenz der Staats- und Regierungschefs der Mitgliedstaaten der Europäischen Gemeinschaften in Den Haag am 1. und 2. 12. 1969, in: Bulletin der Europäischen Gemeinschaften, Februar 1970, Nr. 1.

Die Wirtschafts- und Finanzminister der EWG-Mitgliedsländer stellten auf der Ministerratssitzung am 24. Februar 1970 ihre ersten Pläne vor.[3] Von vornherein zeigten sich Differenzen. Die Bundesbank notierte in ihrer Zusammenfassung der Sitzung: „Über das anzustrebende Endziel […] gab es zwar keine Meinungsunterschiede, jedoch gingen die Meinungen über den zweckmässigsten Weg dorthin nicht unbeträchtlich auseinander."[4] Die Minister beschlossen, einen Expertenausschuss einzusetzen, der einen Bericht mit konkreten Vorschlägen und einem Zeitplan für die Umsetzung der Wirtschafts- und Währungsunion ausarbeiten sollte. Diese Gruppe wurde nach seinem Vorsitzenden, dem luxemburgischen Premierminister Pierre Werner, Werner-Ausschuss genannt und setzte sich aus den Vorsitzenden der fünf wirtschaftspolitischen Ausschüsse der Gemeinschaft[5] sowie je einem Vertreter der Kommission und Luxemburgs zusammen.[6]

Der Werner-Ausschuss stand im Mittelpunkt der Verhandlungen. Hier wurden zwischen März und Oktober 1970 die unterschiedlichen Konzepte der Mitgliedsländer diskutiert und abgewogen, Vorschläge entworfen und Kompromisse geschmiedet. Ende Mai 1970 lieferte der Werner-Ausschuss einen Zwischenbericht, in dem die Ausgangslage, das Ziel, die Prinzipien eines nach Stufen gestaffelten Plans und die thematischen Eckpunkte für die ersten Stufe ausformuliert wurden.[7] Am 29./30. Mai 1970 wurde er von den EWG-Wirtschafts- und Finanzministern auf einer Konferenz in Venedig angenommen. Auf dieser Grundlage setzte der Werner-Ausschuss seine Arbeit fort und entwickelte, mit Unterstützung des Ausschusses der EWG-Notenbankgouverneure, einen finalen Bericht, der am 8. Oktober veröffentlicht wurde.

[3] Vgl. Vermerk Hauptabteilung I (Bundesbank), Betreff: Bericht über die Konferenz der Finanzminister und Notenbankpräsidenten der EWG-Staaten am 24. Februar 1970 in Paris, hier: Diskussion der Stufenpläne zur Verwirklichung der Wirtschafts- und Währungsunion in der Gemeinschaft, 26. 2. 1970, in: HA Bbk, N-2/000227.

[4] Vermerk Hauptabteilung I (Bundesbank), Betreff: Bericht über die Konferenz der Finanzminister und Notenbankpräsidenten der EWG-Staaten am 24. Februar 1970 in Paris, hier: Diskussion der Stufenpläne zur Verwirklichung der Wirtschafts- und Währungsunion in der Gemeinschaft, 26. 2. 1970, in: HA Bbk, N-2/000227, S. 1.

[5] Währungssausschuss, Ausschuss für Konjunkturpolitik, Ausschuss für mittelfristige Wirtschaftspolitik, Ausschuss für Haushaltspolitik und Ausschuss der Notenbankgouverneure.

[6] Mitglieder des Werner-Ausschusses: Bernard Clappier (Frankreich / Vorsitzender des Währungsausschusses); Hubert Ansiaux (Belgien / Vorsitzender des Ausschusses der Zentralbankpräsidenten); Gaetano Stammati (Italien / Vorsitzender des Haushaltsausschusses); Gerard Brouwers (Niederlande / Vorsitzender des Konjunkturausschusses); Johann Baptist Schöllhorn (Deutschland / Vorsitzender Ausschuss für mittelfristige Wirtschaftspolitik); Pierre Werner (Luxemburg); Ugo Mosca (Kommission) Damit war jedes Land der EWG im Werner-Ausschuss vertreten. Vgl. Danescu, Neubewertung des Werner-Berichts (online: https://www.cvce.eu/obj/neubewertung_des_werner_berichts_vom_8_oktober_1970_im_zuge_der_offnung_der_pierre_werner_familienarchive_umfassende_studie_vollversion_von_elena_danescu-de-fa9f4dda-beb6-4caa-8095-29cfe4e451bc.html, zuletzt abgerufen: 28. 3. 2019), S. 48.

[7] Interim report to the Council and the Commission on the establishment by stages of economic and monetary union, 23. 7. 1970 (online: http://ec.europa.eu/archives/emu_history/documentation/chapter5/19700520en029interimrepostag.pdf, zuletzt abgerufen: 24. 3. 2019).

Der Werner-Bericht definierte als Ziel, bis zum Ende des Jahrzehnts „die vollständige und irreversible Konvertibilität der Währungen, die Beseitigung der Bandbreiten der Wechselkurse, die unwiderrufliche Festsetzung der Paritätsverhältnisse und die völlige Liberalisierung des Kapitalverkehrs“[8] zu verwirklichen, sowie „ein wirtschaftspolitisches Entscheidungsgremium und ein gemeinschaftliches Zentralbanksystem“[9] als supranationale Institutionen zu etablieren. In einer ersten Stufe sollte die Wirtschaftspolitik stärker koordiniert werden – durch gemeinsame Ziele, durch ihre Überwachung und durch Empfehlungen –, die geld- und kreditpolitischen Instrumente angeglichen, die Bandbreiten der Wechselkurse probeweise verringert und die Errichtung eines „Europäischen Fonds für währungspolitische Zusammenarbeit“ geprüft werden.[10] Der Bericht legte damit die Prinzipien und die Zielrichtung für die europäische Wirtschafts- und Währungsintegration fest, auch wenn die EWG-Kommission und die Mitgliedsstaaten die Schlussfolgerungen des Berichts aufgrund politischer Einwände letztendlich nicht übernahmen und im März 1971 nur eine abgeschwächte und weniger ambitionierte Version der Vorschläge beschlossen.[11]

Ein Antagonismus durchzog die Verhandlungen zwischen den EWG-Mitgliedsstaaten. Er betraf die Methode, wie sich die Wirtschafts- und Währungsunion am besten verwirklichen ließe. Sollte man zuerst die Währungspolitik koordinieren, oder sollte man sich zunächst auf die Angleichung der Wirtschaftsbedingungen konzentrieren? Zwei Lager rangen um die Deutungshoheit: einerseits die Monetaristen, genannt nach der Bevorzugung monetärer Maßnahmen, und andererseits die Ökonomisten, so bezeichnet aufgrund ihrer Präferenz für die wirtschaftliche Harmonisierung.[12] Die Ländergruppe der Monetaristen[13] setzte sich für die Verringerung der Wechselkurs-Bandbreiten zwischen den EWG-Währungen, die Zu-

[8] Bericht an Rat und Kommission über die stufenweise Verwirklichung der Wirtschafts- und Währungsunion in der Gemeinschaft, „Werner-Bericht“, in: Bulletin der Europäischen Gemeinschaften, 1970, Sonderbeilage 11/1970, S. 10.

[9] Bericht an Rat und Kommission über die stufenweise Verwirklichung der Wirtschafts- und Währungsunion in der Gemeinschaft, „Werner-Bericht“, in: Bulletin der Europäischen Gemeinschaften, 1970, Sonderbeilage 11/1970, S. 13.

[10] Vgl. Bericht an Rat und Kommission über die stufenweise Verwirklichung der Wirtschafts- und Währungsunion in der Gemeinschaft, „Werner-Bericht“, in: Bulletin der Europäischen Gemeinschaften, 1970, Sonderbeilage 11/1970.

[11] Vgl. Entschließung des Rates und der Vertreter der Regierungen der Mitgliedstaaten vom 22. März 1971 über die stufenweise Verwirklichung der Wirtschafts- und Währungsunion in der Gemeinschaft, in: Amtsblatt der Europäischen Gemeinschaften, Dokument 71/C 28/01, 27. 3. 1971.

[12] Die Begriffe „Monetaristen“ und „Ökonomisten“ wurden schon zeitgenössisch verwendet. Vgl. Vermerk Bundeswirtschaftsministerium (Hans Tietmeyer), Interner Kurzbericht über die dritte Sitzung der Gruppe ‚Werner‘ in Rom am 30. April 1970, 4. 5. 1970, in: BArch, B102/93460; vgl. auch: Danescu, Neubewertung des Werner-Berichts, S. 100–105 (online: https://www.cvce.eu/obj/neubewertung_des_werner_berichts_vom_8_oktober_1970_im_zuge_der_offnung_der_pierre_werner_familienarchive_umfassende_studie_vollversion_von_elena_danescu-de-fa9f4dda-beb6-4caa-8095-29cfe4e451bc.html, zuletzt abgerufen: 28. 3. 2019).

[13] Den Monetaristen gehörten im Wesentlichen die französische, belgische, und luxemburgische Regierung sowie die EWG-Kommission an.

sammenlegung der Währungsreserven und den verstärkten Einsatz von gegenseitigen Finanzhilfen ein und sah hierin die ersten essentiellen Schritte auf dem Weg zur Währungsgemeinschaft. Die Ökonomisten[14] erachteten die Angleichung der Konjunkturverläufe, des Preisniveaus und der Einkommen als vorrangig und als notwendige Voraussetzung für jeglichen währungspolitischen Zusammenschluss.

Dieser Gegensatz erzeugte Trennlinien, die die Einigung auf ein gemeinsames Konzept der Wirtschafts- und Währungsunion maßgeblich erschwerten. Drei Streitpunkte stachen heraus: Ein erster Konflikt entzündete sich an der Frage der so genannten Parallelität, also des parallelen Fortschritts sowohl der währungs- und als auch der wirtschaftspolitischen Integration. Johann Schöllhorn,[15] der deutsche Vertreter im Werner-Auschuss, erklärte: es müsse „die Regel gelten, daß währungspolitische Bindungen, die zugleich auch eine Einengung der wirtschaftspolitischen Autonomie der Mitgliedstaaten bedeuten, erst dann eingegangen werden, wenn die erforderliche Harmonisierung oder Vergemeinschaftung der Wirtschaftspolitik gesichert ist."[16] Dagegen hob Bernard Clappier, der französische Repräsentant im Werner-Ausschuss, hervor, dass „die wünschenswerte Parallelität […] nicht zu theoretisch ausgelegt werden sollte."[17] Er führte aus: „Man muss vermeiden, die Bewegung dem Gleichgewicht zu opfern und man darf annehmen, dass praktische monetäre Leistungen […] nützliche Effekte auf das gesamte Unternehmen [der Wirtschafts- und Währungsunion] haben könnten."[18]

Die zweite Kontroverse betraf die Verringerung der Wechselkurs-Bandbreiten und die Etablierung eines Devisenausgleichsfonds. Beide Maßnahmen waren Forderungen der Ländergruppe der Monetaristen und zielten darauf, die Wechselkurs- und Devisenpolitik der europäischen Länder enger miteinander zu verknüpfen. Sie erhofften sich davon eine bessere Zusammenarbeit unter den EWG-Ländern sowie eine Schärfung und Aufwertung des währungspolitischen Charakters der Gemeinschaft.[19] Die Ökonomisten hielten dem entgegen, dass die Unterschiede in den Zahlungsbilanzen und Konjunkturen noch zu groß waren und „eine Verringerung der Bandbreiten die Stabilitäts- und Zahlungsbilanzpolitik – insbe-

[14] In dieser Gruppe fanden sich insbesondere die deutsche und niederländische sowie zuweilen die italienische Regierung wieder.

[15] Johann Baptist Schöllhorn (1922–2009), Staatssekretär im Bundeswirtschaftsministerium.

[16] Aufzeichnung Johann B. Schöllhorn, Betreff: Wirtschafts- und Währungsunion, 15.4.1970, in: HA Bbk, N-2/000155, S. 4.

[17] Eigene Übersetzung: Note Bernard Clappier, Note sur les actions communes à entreprendre en matière monétaire dans le première phase de l'unification européenne, 10.4.1970 (Contribution au Comité Werner), in: ABF, 1489200205/255, S. 2.

[18] Eigene Übersetzung: Note Bernard Clappier, Note sur les actions communes à entreprendre en matière monétaire dans le première phase de l'unification européenne, 10.4.1970 (Contribution au Comité Werner), in: ABF, 1489200205/255, S. 2.

[19] Vgl. Note Bernard Clappier, Note sur les actions communes à entreprendre en matière monétaire dans le première phase de l'unification européenne, 10.4.1970 (Contribution au Comité Werner), in: ABF, 1489200205/255, S. 6.

sondere die notwendige Zinspolitik – der Mitgliedsstaaten erheblich erschweren"[20] würde.

Drittens differierten die Meinungen über die Ausgestaltung der finalen Stufe der Wirtschafts- und Währungsunion. Deutsche und Niederländer, aber auch Belgier und Italiener, wollten von vornherein die institutionellen Zielpunkte definieren. Am Ende der Währungsintegration sollten gemeinschaftliche Institutionen – ein föderales, unabhängiges Zentralbanksystem und ein wirtschaftspolitisches Entscheidungsgremium – existieren[21] und die Souveränität in wirtschafts- und währungspolitischen Fragen auf die Gemeinschaft übertragen werden. Die französische Regierung hielt dagegen. Finanzminister Giscard d'Estaing erklärte zur Schaffung gemeinsamer Institutionen: „man brauche gegenwärtig hier […] noch nicht zu präzise zu sein. Es wäre nicht angezeigt, jetzt alle Bemühungen auf die Endphase zu richten und die nächste Zukunft zu vernachlässigen."[22]

Die Zentralbanken beteiligten sich direkt und indirekt an den Verhandlungen. Direkt involviert war Bernard Clappier, Sous-Gouverneur der Banque de France, als französischer Vertreter im Werner-Ausschuss. Indirekt agierte die Bundesbank, indem sie die Bundesregierung beriet und ihr mit technischer Expertise zur Seite stand. Darüber hinaus spielte der Ausschuss der EWG-Zentralbankgouverneure eine entscheidende Rolle hinsichtlich der Streitfrage der Wechselkurse und des Devisenausgleichsfonds.

Banque de France und Bundesbank schlugen also verschiedene Wege ein, ihren Einfluss auf die Entstehung der Wirtschafts- und Währungsunion geltend zu machen. Es soll im Folgenden geklärt werden, wie sie diese Chancen nutzten, welche Vorstellungen sie entwickelten und wie sie ihre Konzepte realisierten.

1.1. Die Deutsche Bundesbank und das Primat der Wirtschaftsintegration

In der Debatte zwischen Monetaristen und Ökonomisten verfolgte die Deutsche Bundesbank die ökonomistische Linie. Sie trat für wirtschaftspolitische Angleichung, für die Überwindung der Zahlungsbilanzunterschiede, für Stabilitätspolitik und für die Unabhängigkeit der Geldpolitik ein. Es gelang ihr, diese Ideen im

[20] Wortlaut der Erklärung von Wirtschaftsminister Prof. Schiller auf der Konferenz der EWG-Wirtschafts- und Finanzminister am 29./30. Mai 1970 in Venedig, zum „Zwischenbericht der sog. Werner-Gruppe" über die stufenweise Verwirklichung der Wirtschafts- und Währungsunion der Gemeinschaft, in: HA Bbk, N-2/000155, S. 4 f.

[21] Vgl. Wortlaut der Erklärung von Wirtschaftsminister Prof. Schiller auf der Konferenz der EWG-Wirtschafts- und Finanzminister am 29./30. Mai 1970 in Venedig, zum „Zwischenbericht der sog. Werner-Gruppe" über die stufenweise Verwirklichung der Wirtschafts- und Währungsunion der Gemeinschaft, in: HA Bbk, N-2/000155, S. 1 f.; vgl. auch: Brief Otmar Emminger an Johann B. Schöllhorn, 24. 7. 1970, in: HA Bbk, N-2/000156.

[22] Vermerk Hauptabteilung I22 (Bundesbank), Betreff: Bericht über die Konferenz der Finanz- und Wirtschaftsminister sowie der Notenbankpräsidenten der EWG am 29. und 30. Mai in Venedig, 1. 6. 1970, in: HA Bbk, N-2/000156, S. 3.

Verhandlungsprozess um die Währungsintegration zu verteidigen und darüber hinaus als Eckpunkte für künftige Integrationsschritte zu etablieren. Dabei half ihr, dass sie aus einer Position der Macht heraus agierte, sowohl gegenüber der eigenen Regierung als auch gegenüber den Zentralbanken der Partnerländer.

Europa ja, aber unter Bedingungen

Die Bundesbank befürwortete die Idee der Wirtschafts- und Währungsintegration. Präsident Karl Klasen erklärte in seiner Antrittsrede als Präsident der Deutschen Bundesbank am 13. Januar 1970: „Weiter bin ich von der Notwendigkeit überzeugt, die Vereinheitlichung der Währungs- und Kreditpolitik in der EWG voranzutreiben.“[23] Selbst der Skeptiker unter den deutschen Zentralbankern, Vizepräsident Otmar Emminger, bezeugte: „Der Ausbau der Europäischen Gemeinschaft (EWG) zu einer Wirtschafts- und Währungsunion […] entspricht der Logik des Gemeinsamen Marktes und der Logik der Geschichte.“[24]

Aber die deutsche Zentralbank knüpfte ihre Bereitschaft zur währungspolitischen Integration an Bedingungen. Sie stellte die Prämisse auf, dass sich die europäische Wirtschafts- und Währungsunion zu einer „Stabilitätsgemeinschaft“[25] entwickeln musste, die auf einheitlichen wirtschaftlichen Grundlagen basierte, Preisstabilität gewährleistete und die Unabhängigkeit der Geld- und Kreditpolitik sicherstellte. Diese Konditionen bildeten den Handlungsrahmen und die Bezugspunkte in den Verhandlungen um die Wirtschafts- und Währungsunion.

Die Pläne der Bundesbank

Ausgangslage

Die ersten Grundzüge eines Konzepts für die Wirtschafts- und Währungsintegration entstanden bereits 1969. Im Februar 1969 hatte die EWG-Kommission unter ihrem Vizepräsidenten Raymond Barre ein Memorandum vorgelegt – den so genannten Barre-Plan –, in dem sie anregte, sowohl die Wirtschaftspolitik der EWG-Länder enger zu koordinieren als auch die währungspolitische Zusammenarbeit zu stärken, etwa durch Schaffung von gegenseitigen Kredithilfen und die Verringerung der Wechselkurs-Bandbreiten.[26]

[23] Ansprache Karl Klasens zu seiner Amtseinführung als Präsident der Deutschen Bundesbank, 13. 1. 1970, in: HA Bbk, B330/6908, S. 26.

[24] Vortrag Otmar Emminger, Die Rolle der Währungspolitik in der europäischen Integration, Friedrich-Ebert-Stiftung, Bad Godesberg, 20. 4. 1970, in: HA Bbk, N-2/00011, S. 1.

[25] Vortrag Otmar Emminger, Die Rolle der Währungspolitik in der europäischen Integration, Friedrich-Ebert-Stiftung, Bad Godesberg, 20. 4. 1970, in: HA Bbk, N-2/00011, S. 4.

[26] Vgl. Danescu, Elena Rodica, Der erste und der zweite Barre-Plan, in: Neubewertung des Werner- Berichts vom 8. Oktober 1970 im Zuge der Öffnung der Pierre Werner-Familienarchive. Sanem: CVCE, 2012 (online: http://www.cvce.eu/obj/der_erste_und_der_zweite_barre_plan-de-a27c0587- 77ad-479e-a644-cb56dbaf9c90.html, zuletzt abgerufen: 30. 3. 2019).

In ihrer Reaktion auf den Barre-Plan bestand die Bundesbank auf dem Vorrang der Wirtschaftspolitik. Eine vorschnelle Umsetzung der währungspolitischen Maßnahmen hielt sie für aussichtslos. Die strukturellen Unterschiede zwischen den Mitgliedstaaten seien dafür noch zu groß.[27] Aus ihrer Sicht war es für jede Initiative auf währungspolitischem Gebiet, insbesondere für die Reduktion der Wechselkurs-Bandbreiten, zwingend notwendig, zunächst die wirtschaftlichen Voraussetzungen in den Mitgliedsländern zu schaffen. Bundesbank-Vizepräsident Emminger betonte: „Eine Beseitigung der Kursschwankungen zwischen den Mitgliedswährungen sollte [...] erst ins Auge gefaßt werden, wenn in der Konjunktur- und Zahlungsbilanzentwicklung, und vor allem auch in der Budgetpolitik und der Lohn/Preis-Entwicklung, eine wesentlich größere Harmonisierung erzielt ist als gegenwärtig, und zwar als dauerhafter und verläßlicher Fortschritt."[28]

Diese Haltung war begründet in den Krisenerfahrungen der Bundesbank Ende der 1960er Jahre: der Abwertung des britischen Pfunds 1967 und der Konfrontation zwischen D-Mark und Franc 1968/1969. Die Bundesbank führte diese Krisen auf die Differenzen der wirtschaftlichen Entwicklung in den einzelnen Ländern zurück.[29] Sie sah in der Abwertung des Pfunds eine Folge des hohen britischen Zahlungsbilanzdefizits. Die spekulativen Kapitalbewegungen zwischen der Bundesrepublik und Frankreich 1968 und die erzwungenen Auf- und Abwertungen von D-Mark und Franc beurteilte sie als Resultat der wirtschaftlichen Gegebenheiten. In Deutschland herrschte eine stabile Wirtschaftslage mit einer starken Währung vor, in Frankreich war die Situation durch Studentenunruhen und Streiks belastet. Hier kam es zu Kapitalflucht und zu einem hohen Zahlungsbilanzdefizit.[30] Bundesbank-Vizepräsident Emminger konstatierte: „Der eigentliche Ausgangspunkt und die Hauptursache [der Währungskrisen lag] in einem echten Ungleichgewicht der nationalen Zahlungsbilanz."[31] Die Bundesbank folgerte daraus für die Zusammenarbeit unter den EWG-Ländern, in erster Linie diese strukturellen Unterschiede auszugleichen;[32] denn neue währungspolitische Instrumente

[27] Vgl. Otmar Emminger, Revidierter Entwurf eines Abschnittes für den Tätigkeitsbericht des Währungsausschusses, Beseitigung der Bandbreiten der Wechselkurse, 8. 3. 1969, in: HA Bbk, N-2/414.

[28] Otmar Emminger, Revidierter Entwurf eines Abschnittes für den Tätigkeitsbericht des Währungsausschusses, Beseitigung der Bandbreiten der Wechselkurse, 8. 3. 1969, in: HA Bbk, N-2/414, S. 5 f.

[29] Vgl. Vortrag Otmar Emminger, Bilanz der Währungskrisen, Ausführungen von Dr. O. Emminger, Mitglied des Direktoriums der Deutschen Bundesbank, vor dem Wirtschaftsforum Hessen in Frankfurt am Main, 21. 2. 1969, in: HA Bbk, N-2/00010, S. 1–4.

[30] Vgl. Vortrag Otmar Emminger, Bilanz der Währungskrisen, Ausführungen von Dr. O. Emminger, Mitglied des Direktoriums der Deutschen Bundesbank, vor dem Wirtschaftsforum Hessen in Frankfurt am Main, 21. 2. 1969, in: HA Bbk, N-2/00010, S. 3; vgl. auch: Solomon, International Monetary System, S. 151–155.

[31] Vortrag Otmar Emminger, Bilanz der Währungskrisen, Ausführungen von Dr. O. Emminger, Mitglied des Direktoriums der Deutschen Bundesbank, vor dem Wirtschaftsforum Hessen in Frankfurt am Main, 21. 2. 1969, in: HA Bbk, N-2/00010, S. 3.

[32] Vgl. Vortrag Otmar Emminger, Die Rolle der Währungspolitik in der europäischen Integration, Friedrich-Ebert-Stiftung, Bad Godesberg, 20. 4. 1970, in: HA Bbk, N-2/00011, S. 2.

alleine könnten künftige Krisen nicht verhindern und den Zusammenhalt der Währungen nicht garantieren.

Hinzu kam ein Anstieg der Inflation Ende der 1960er Jahre. Steigende Preise machten für die Bundesbank das Erfordernis eines wirtschaftlichen Gleichschritts der EWG-Länder noch dringlicher. Die Verbraucherpreise in Deutschland hatten sich 1969 um 2,4% und 1970 um 3,7%[33] erhöht und die Inflationsbekämpfung rückte um die Jahreswende wieder in den Mittelpunkt der deutschen Geldpolitik. Karl Klasen erklärte auf einem Vortrag vor der American Bankers Association im Mai 1970, dass „für uns Europäer eine der größten Herausforderung darin besteht […], eine angemessene binnenwirtschaftliche Stabilität inmitten einer inflationären Weltwirtschaft zu bewahren."[34] Dieses Ziel musste auch die Agenda der europäischen Währungsintegration bestimmen. Klasen betonte: „Um zu integrieren, müssen die Mitglieder dieses [Europäischen] Gemeinsamen Marktes zumindest eine gewisse Harmonisierung der Ziele und Politik im Kampf gegen die Inflation verwirklichen.[35]

Konzept

Die Erfahrung der Währungskrisen und die Inflationsgefahr bildeten den Hintergrund, vor dem die Bundesbank ihr integrationspolitisches Konzept entwickelte. Es zielte darauf, ähnliche wirtschaftliche Voraussetzungen zu schaffen und die Grundlage für eine gemeinsame Stabilitätspolitik zu legen. Ihre Vorschläge umfassten drei Bereiche: Festlegung gemeinsamer wirtschaftspolitische Ziele, Einführung gemeinsamer Instrumente der Geld- und Kreditpolitik und Etablierung gemeinsamer Strukturen des Banken- und Notenbankensystems.

Erstens erforderte die Wirtschafts- und Währungsunion gemeinsame monetäre und wirtschaftliche Rahmenbedingungen. Die EWG-Länder müssten einheitliche Zielvorgaben für ihre Preisentwicklung und ihre Lohn- und Haushaltspolitik festsetzen, um eine gleichmäßige Entwicklung der Volkswirtschaften zu gewährleisten und Fehlanreize zu vermeiden. Die Bundesbank fürchtete, dass andernfalls ein Mitgliedsstaat die Solidarität seiner Partnerländer leicht ausnützen könnte.[36] Emminger erläuterte in einem Vortrag: „Ein Teilnehmerstaat, der ‚über seine Verhältnisse lebt' – sei es durch hemmungslose Ausgabenwirtschaft der öffentlichen Hand, sei es durch Kredit- oder durch Lohninflation – könnte dann seine Übernachfrage […] durch Rückgriff auf die gemeinschaftlichen Geld- und Kreditmärkte [und] […] durch Rückgriff auf die gemeinsamen Währungsreserven finanzie-

[33] Vgl. Tabelle, Deutsche Bundesbank (Hrsg.), Geschäftsbericht 1971, S. 7.

[34] Eigene Übersetzung: Rede Karl Klasen, Meeting of the American Bankers Association in Hot Springs, Virginia, 20. 5. 1970, in: HA Bbk, B330/6987, S. 3.

[35] Eigene Übersetzung: Rede Karl Klasen, Meeting of the American Bankers Association in Hot Springs, Virginia, 20. 5. 1970, in: HA Bbk, B330/6987, S. 3.

[36] Vgl. Vortrag Otmar Emminger, Die Rolle der Währungspolitik in der europäischen Integration, Friedrich-Ebert-Stiftung, Bad Godesberg, 20. 4. 1970, in: HA Bbk, N-2/00011, S. 3 f.

ren."[37] Daher unterstützte die Bundesbank die Forderung der niederländischen Zentralbank, die auf dem Finanzministerrat in Venedig Ende Mai 1970 verlangte, dass „die Koordinierung der Budgetpolitik der Kernpunkt der Währungsunion"[38] sein müsste.[39] Nötig würden einheitliche Zielwerte für die Haushaltspolitik sowie klare Regeln für ihre Koordinierung und Überwachung.[40] Gleichwohl war Vizepräsident Emminger von deren Wirksamkeit nicht überzeugt. Er hielt die Differenzen für zu groß und den Willen zu einer gemeinsamen Politik für zu gering. Er merkte an: „Hier sind sicher noch manche tiefsitzenden Unterschiede in den Grundeinstellungen zu überwinden (man denke nur daran, daß gegenwärtig in Frankreich bereits wieder ‚durchgestartet' wird, obgleich die Rate der Preissteigerung immer noch zwischen 5 und 6% jährlich liegt!)."[41]

Zweitens regte die Bundesbank an, einheitliche Instrumente der Geld- und Kreditpolitik zu schaffen.[42] Eine gemeinsame Währungsunion brauchte nicht nur ähnliche wirtschaftliche Bedingungen, sondern auch vergleichbare geldpolitische Werkzeuge. Und doch waren diese innerhalb der EWG noch sehr verschieden. In Deutschland steuerte die Bundesbank die Geldmärkte über die Liquiditäts- und Zinspolitik, in Italien kontrollierte die Banca d'Italia die Geldmenge direkt über quantitative Zielmengen, in Frankreich, Belgien und Holland griffen die Zentralbanken auf eine Kreditplafondierung zurück. Die Bundesbank stellte die Frage, wie künftige gemeinsame Institutionen unter diesen Voraussetzungen überhaupt eine einheitliche Politik verfolgen könnten. Emminger bemerkte: „Ein Federal Reserve Board, der in einem solchen Konglomerat unterschiedlicher Strukturen die gemeinschaftliche Steuerung der Geldschöpfung zu übernehmen hätte, sähe sich mit Sicherheit überfordert."[43] Daher verlangte die Bundesbank: die Anpassung der Steuerungselemente und die Vereinheitlichung der Kontrolle der Geld- und Kreditmärkte.[44]

In dieser Logik verfolgte die Bundesbank drittens die Idee, auf lange Sicht einheitliche Institutionen und Strukturen zu entwickeln, sowohl im Bankenwesen als

[37] Vortrag Otmar Emminger, Die Rolle der Währungspolitik in der europäischen Integration, Friedrich-Ebert-Stiftung, Bad Godesberg, 20. 4. 1970, in: HA Bbk, N-2/00011, S. 3.

[38] Vermerk Hauptabteilung I (Bundesbank), Betreff: Bericht über die Konferenz der Finanz- und Wirtschaftsminister sowie der Notenbankpräsidenten der EWG am 29. und 30. Mai in Venedig, 1. 6. 1970, in: HA Bbk, N-2/000156, S. 5.

[39] Vgl. Brief Otmar Emminger an Johann B. Schöllhorn, 8. 6. 1970, in: HA Bbk, N-2/0000156.

[40] Vgl. Klasen, Karl, Die Verwirklichung der Wirtschafts- und Währungsunion in der EWG aus der Sicht der Deutschen Bundesbank, in: Europa-Archiv, Bd. 25 1970, S. 453.

[41] Aufsatz Otmar Emminger, Bemerkungen zum Werner-Bericht über die europäische Wirtschafts- und Währungsunion, in: „Bank-Betrieb", Zeitschrift für Bankpolitik und Bankpraxis, 10. Jg., Nr. 12, Dezember 1970, in: HA Bbk N-2/00012, S. 443.

[42] Vgl. Aufsatz Otmar Emminger, Bemerkungen zum Werner-Bericht über die europäische Wirtschafts- und Währungsunion, in: „Bank-Betrieb", Zeitschrift für Bankpolitik und Bankpraxis, 10. Jg., Nr. 12, Dezember 1970, in: HA Bbk N-2/00012, S. 443.

[43] Vortrag Otmar Emminger, Die Rolle der Währungspolitik in der europäischen Integration, Friedrich-Ebert-Stiftung, Bad Godesberg, 20. 4. 1970, in: HA Bbk, N-2/00011, S. 5.

[44] Vgl. Klasen, Karl, Die Verwirklichung der Wirtschafts- und Währungsunion in der EWG aus der Sicht der Deutschen Bundesbank, in: Europa-Archiv, Bd. 25, 1970, S. 452.

auch auf politischer Ebene. Zum einen sollten die Geld- und Kapitalmärkte angeglichen werden. Die Zinsstrukturen sollten auf ein ungefähr einheitliches Niveau gebracht, die Wettbewerbsregeln für die Banken konsolidiert, Bankenregularieren und Bankenaufsicht zusammengeführt werden.[45] Zum anderen sollten gemeinsame politische Institutionen dafür sorgen, dass die Gemeinschaftsmaßnahmen zielgerichtet umgesetzt und die Regeln eingehalten würden. Die Bundesbank hielt die Übertragung der politischen Kompetenzen von den Nationalstaaten auf die Europäische Gemeinschaft für einen logischen und essentiellen Schritt. Für die Schlussphase der Währungsintegration galt es, ein unabhängiges, europäisches Zentralbanksystem – ein „Europäisches Federal Reserve Board“[46] – und ein finanzpolitisches Gremium, das die Haushalte und die Haushaltfinanzierung der Mitgliedsstaaten überprüfte, zu errichten.[47]

Die Fürsprache für gemeinsame Institutionen war keinesfalls bedingungslos und uneigennützig. Es stand für die Bundesbank außer Frage, dass eine gemeinsame Notenbankinstitution ausschließlich nach deutschem Vorbild gestaltet sein konnte. Klasen stellte fest: „Hier müssen wir Deutsche ganz realistisch sehen, daß keine andere Notenbank der Länder der EWG rechtlich eine so gesicherte Unabhängigkeit hat wie die Deutsche Bundesbank. Es wird harte Kämpfe geben, ehe wir die Finanzminister der anderen Länder überzeugt haben, daß unser System das bessere ist.“[48] Diese Meinung kommunizierten die beiden Spitzen der Bundesbank, Klasen und Emminger, auch offen in den europäischen Gremien.[49] Klasen versuchte, seine europäischen Kollegen im Notenbankausschuss zu überzeugen, dass man „nach dem Bild des [...] Zentralbankrats der Bundesbank [...] auf gemeinschaftlicher Ebene eine vergleichbare Instanz schaffen könnte, die [...] die Autorität der Zentralbanken verstärken könnte.“[50]

Die Bundesbank schlug also den Weg der wirtschaftlichen Harmonisierung ein. Ihre Krisenerfahrungen Ende der 1960er Jahre waren hierfür richtungsweisend. Präsident Klasen hob hervor: „Worauf es wirklich ankommt, das haben uns die

45 Vgl. Aufsatz Otmar Emminger, Bemerkungen zum Werner-Bericht über die europäische Wirtschafts- und Währungsunion, in: „Bank-Betrieb“, Zeitschrift für Bankpolitik und Bankpraxis, 10. Jg., Nr. 12, Dezember 1970, in: HA Bbk N-2/00012, S. 443.

46 Aufsatz Otmar Emminger, Bemerkungen zum Werner-Bericht über die europäische Wirtschafts- und Währungsunion, in: „Bank-Betrieb“, Zeitschrift für Bankpolitik und Bankpraxis, 10. Jg., Nr. 12, Dezember 1970, in: HA Bbk N-2/00012, S. 442.

47 Vgl. Brief Otmar Emminger an Johann B. Schöllhorn, 24. 7. 1970, in: HA Bbk, N-2/000156.

48 Klasen, Karl, Die Verwirklichung der Wirtschafts- und Währungsunion in der EWG aus der Sicht der Deutschen Bundesbank, in: Europa-Archiv, Bd. 25, 1970, S. 452.

49 Vgl. Compte rendu de la 139e session du Comité Monétaire, 27. 4. 1970, Note Directeur du Trésor/Sous-Gouverneur BdF à Ministre de l'Economie et des Finances, in: ABF 1489200205/122; vgl. auch: Procès-Verbal de la 43ème séance du comité des gouverneurs des banques centrales des Etats membres de la Communauté Economique Européenne, tenue à Bâle, 12./13. 9. 1970, in: ECB Archives, S. 8.

50 Eigene Übersetzung: Procès-Verbal de la 43ème séance du comité des gouverneurs des banques centrales des Etats membres de la Communauté Economique Européenne, tenue à Bâle, 12./13. 9. 1970, in: ECB Archives, S. 8.

Währungsspannungen der Jahre 1967–69 gelehrt: Wir müssen erreichen, daß durch straffe Koordinierung der Finanz- und Geldpolitik [...] solche Diskrepanzen zwischen den Mitgliedsländern, wie wir sie in den letzten Jahren [...] erlebt haben, in Zukunft ausgeschlossen sind."[51]

Streit über Verringerung der Bandbreiten und Devisenausgleichsfonds

Der Vorrang der wirtschaftlichen Integration äußerte sich besonders in der Debatte um zwei zentrale Streitpunkte der Verhandlungen: die Verringerung der Bandbreiten und die Etablierung eines Devisenausgleichsfonds.

Verringerung der Bandbreiten

Der erste Konflikt betraf die Frage der Wechselkurse. Der Werner-Plan sah in seiner finalen Form vor, zum Ende der Währungsintegration die EWG-Währungen frei konvertibel zu machen und die Schwankungen der Wechselkurse untereinander vollständig zu beseitigen.[52] Wie schnell bzw. auf welche Weise die Unterschiede zwischen den europäischen Währungen angepasst und ausgeglichen werden sollten, war unter den Mitgliedsländern allerdings umstritten. Das Treffen der EWG-Finanzminister in Venedig Ende Mai 1970 förderte die divergierenden Interessen erneut zutage. Der belgische Finanzminister Jean-Charles Snoy et d'Oppuers (1907–1991) plädierte für die Verringerung der Bandbreiten, da weitere Verzögerungen der währungspolitischen Integration die Versprechungen von Den Haag unterminieren und die EWG gegenüber Dollar-Risiken anfällig machen würden.[53] Sein französischer Kollege Valéry Giscard d'Estaing schloss sich dieser Position an und betonte die „vorrangige Bedeutung" der Verringerung der Bandbreiten.[54] Auf der anderen Seite urteilte Bundesfinanzminister Karl Schiller, dass es für die Angleichung der Wechselkurse und die Schaffung eines Fonds noch zu früh sei. Die Zahlungsbilanzen der EWG-Länder seien zu unterschiedlich und gefährdeten die Stabilitätspolitik der einzelnen Staaten.[55]

Auch die Bundesbank bezweifelte den Nutzen einer frühen Bandbreitenverringerung. Mehrere Argumente sprachen gegen eine solche Maßnahme. Erstens la-

[51] Klasen, Karl, Die Verwirklichung der Wirtschafts- und Währungsunion in der EWG aus der Sicht der Deutschen Bundesbank, in: Europa-Archiv, Bd. 25, 1970, S. 452.

[52] Vgl. Report to the Council and the Commission on the realisation by stages of economic and monetary union in the Community: „Werner Report" (definitive text), in: Bulletin of the European Communities. 1970, Supplement 11/70, S. 11.

[53] Vgl. Vermerk des BMF über das 35. Treffen der EWG-Finanzminister am 29./30. Mai 1970 in Venedig, in: BArch, B126/51775, S. 3.

[54] Vgl. Vermerk des BMF über das 35. Treffen der EWG-Finanzminister am 29./30. Mai 1970 in Venedig, in: BArch, B126/51775, S. 3 f.

[55] Vgl. Vermerk des BMF über das 35. Treffen der EWG-Finanzminister am 29./30. Mai 1970 in Venedig, in: BArch, B126/51775, S. 2 f.

gen die wirtschaftlichen Ausgangsbedingungen noch nicht vor. Engere Wechselkursmargen setzten voraus, dass sich die europäischen Volkswirtschaften im Gleichschritt bewegten. Ansonsten riskierten sie Spekulationen, exzessive Kapitalbewegungen und Wechselkursstörungen; die Bundesbank fürchtete die Wiederholung eines Problems, das ihr nur zu gut aus dem globalen Wechselkurssystem von Bretton Woods bekannt war. Daher mahnte Emminger: „Solange die Zahlungsbilanzentwicklung in den einzelnen EWG-Ländern noch sehr unterschiedlich verlaufen kann, besteht ein ökonomisches Interesse daran, dass die zahlungsbilanzschwachen Währungen in ihrem Devisenkurs möglichst voll nach unten, die starken Währungen dagegen nach oben ausschwingen können.“[56] Zweitens war die Handlungsfähigkeit der Zentralbanken gefährdet.[57] Die Bundesbank beanstandete, dass die EWG-Länder keine eigenständige Devisenpolitik mehr betreiben könnten; diese wäre allerdings angesichts der unterschiedlichen Konjunktur und Zahlungsbilanzen dringend notwendig. Zudem sah sie mit Sorge, dass auch die Zinspolitik der einzelnen Länder durch enge Wechselkursmargen zu sehr eingeschränkt würde. Emminger machte auf das Risiko aufmerksam: „bis auf weiteres wird man davon ausgehen müssen, dass die Konjunkturentwicklung und die Stabilitätserfordernisse in den Mitgliedsländern unter Umständen eine sehr unterschiedliche Zinspolitik erfordern können. Wenn dies durch eine stark verringerte Bandbreite behindert würde [...], so wäre dies nicht unbedingt ein Gewinn.“[58] Diese Meinung teilte auch der Zentralbankrat der Bundesbank. In einer Diskussion nach der Ministerratssitzung von Venedig Ende Mai 1970 warnte Carl Wagenhöfer, Präsident der Bayerischen Landeszentralbank, dass sich eine „sehr gefährliche Entwicklung“[59] ergeben könnte, wenn die nationalen Zentralbanken auf ihre Wechselkurspolitik verzichten müssten. Angesichts der divergierenden Zahlungsbilanzen – er erwähnte als Beispiel, dass sich französische und deutsche Währungen seit 1952 um 52% auseinanderentwickelt hatten, – sei es dringender denn je, über Ausgleichsmechanismen zu verfügen.

Ein entscheidender, dritter Grund war die internationale Stellung der D-Mark und insbesondere ihre Beziehung zum US-Dollar. Die D-Mark hatte sich Ende der 1960er Jahre als stabiler Gegenpol zum schwachen Dollar durchgesetzt, mit der Folge, dass die Devisenzuflüsse nach Deutschland zunahmen und die Stabilitätspolitik der Bundesbank unterliefen.[60] In den internationalen Verhandlungen im

[56] Vermerk Otmar Emminger/Hauptabteilung I, Betreff: Verringerung der Bandbreiten für Wechselkursschwankungen unter den EWG-Währungen, 24. 4. 1970, in: HA Bbk, N-2/414, S. 10.

[57] Vgl. Klasen, Karl, Die Verwirklichung der Wirtschafts- und Währungsunion in der EWG aus der Sicht der Deutschen Bundesbank, in: Europa-Archiv, Bd. 25, 1970, S. 456 f.

[58] Vermerk Otmar Emminger/Hauptabteilung I2, Betreff: Verringerung der Bandbreiten für Wechselkursschwankungen unter den EWG-Währungen, 24. 4. 1970, in: HA Bbk, N-2/414, S. 11.

[59] Wortprotokoll der 315. Sitzung des Zentralbankrats der Deutschen Bundesbank in Frankfurt a. M., 3. 6. 1970, in: HA Bbk, B330/5879/1, TOP 9.

[60] Vgl. Kapitel II.1.3. „Die Furcht der Deutschen Bundesbank vor importierter Inflation“.

IWF und in der Zehner-Gruppe, die parallel zu den Gesprächen in der EWG stattfanden, setzte sich die Bundesbank daher für eine Auflockerung des Wechselkurssystems und für eine Erweiterung der Bandbreiten ein. Sie erhoffte sich einen besseren Ausgleich zum Dollar und einen größeren Spielraum für ihre eigene Geldpolitik.[61] Besonders Otmar Emminger vertrat die Meinung, dass man der Auflockerung der internationalen Wechselkurse offen gegenüber stehen sollte, es könnte „sich nämlich für die EWG-Länder durchaus einmal als nützlich und notwendig erweisen, als gemeinsamer Währungsblock gegenüber dem Dollar flexibler zu sein."[62] Im April 1970, also zeitgleich zum Beginn des Werner-Ausschusses, diskutierte er diese Frage mit dem Vorsitzenden des US-Council of Economic Advisers, Paul McCracken, und kam mit ihm überein, „unter besonderen Umständen und Bedingungen Ausnahmen von den bisherigen starren Vorschriften [des festen Wechselkurssystems][…] zu gestatten."[63]

Die Diskussion in der EWG über die Verringerung der Bandbreiten lief also dem Interesse der Bundesbank, diese im globalen Rahmen zu erweitern, fundamental entgegen. Angesichts der engen Wechselwirkung zwischen D-Mark und Dollar wollte sie einen möglichst flexiblen Handlungsspielraum für die deutsche Geldpolitik bewahren. Zu starre Regeln in einem europäischen Währungssystem konterkarierten dieses Anliegen.

Devisenausgleichsfonds

Auch in der Frage des Devisenausgleichsfonds widersetzte sich die Bundesbank den Vorschlägen der Partnerländer. Die Idee eines solchen Fonds wurde von der belgischen Regierung bzw. vom belgischen Notenbankgouverneur Hubert Ansiaux Ende April im Werner-Ausschuss eingebracht. Der Fonds sollte zum einen die gegenseitigen Devisenmarkt-Interventionen der EWG-Zentralbanken vereinfachen und zum anderen Kreditlinien bereitstellen, mit denen die EWG-Länder ihre Defizite finanzieren und Ungleichgewichte innerhalb der Gemeinschaft vermeiden könnten.[64] Der Großteil der EWG-Länder unterstützte die belgische Position. Der deutsche Vertreter im Werner-Ausschuss, Johann Schöllhorn, schrieb an Karl Klasen: „Die erste Sitzung in dem ad hoc-Ausschuß zur Ausarbeitung des Stufenplans für eine Wirtschafts- und Währungsunion hat alle unsere Befürchtungen bestätigt. Mit Ausnahme meines holländischen Kollegen haben alle anderen Mitglieder mehr oder weniger unverblümt deutlich gemacht, daß sie

[61] 314. Sitzung des Zentralbankrats der Deutschen Bundesbank in Frankfurt a. M., 13. 5. 1970, in: HA Bbk, B330/5878/2, TOP 8.

[62] 314. Sitzung des Zentralbankrats der Deutschen Bundesbank in Frankfurt a. M., 13. 5. 1970, in: HA Bbk, B330/5878/2, TOP 8.

[63] Otmar Emminger an Johann B. Schöllhorn, 17. 4. 1970, in: HA Bbk, N-2/00079, S. 1 f.

[64] Vgl. Annex 4 (A European Exchange Stabilization Fund), Interim report to the Council and the Commission on the establishment by stages of economic and monetary union, 23. 7. 1970 (online: http://ec.europa.eu/archives/emu_history/documentation/chapter5/19700520en029interimrepostag.pdf, zuletzt abgerufen: 24. 3. 2019).

währungspolitischen Automatismen, insbesondere die Poolung von Reserven für vordringlich halten."[65]

Die Bundesbank hielt dagegen einen solchen Fonds für unnötig und sogar für schädlich. Laut Emminger könnten verstärkte Interventionen zwischen den EWG-Zentralbanken auch ohne eine neue Institution effektiv abgewickelt werden. Die Nutzung eines speziellen Fonds würde „die Dinge nur unnötig komplizieren und die Durchführung des Zahlungsverkehrs für die Außenhandelswirtschaft sehr erschweren."[66] Er mutmaßte, dass der eigentliche Zweck des Devisenausgleichsfonds darin läge, als „neuer Mechanismus für kurzfristige gegenseitige Notenbankkredite",[67] also als eine Verteilstelle für Finanzhilfen, zu fungieren. Die eigentlichen Probleme und Herausforderungen der Währungsintegration würde er allerdings nicht lösen. Vielmehr würde ein Fonds die Ungleichgewichte der Volkswirtschaften „nur finanzieren, nicht aber verhindern."[68] Er schrieb an Klasen: „wesentlich wichtiger [...] als ein neuer Fonds"[69] sei es, die wirtschaftspolitischen Voraussetzungen für eine gemeinsame Politik zu schaffen und ähnliche geldpolitische Instrumente und Geldmarktstrukturen zu etablieren. Karl Klasen stimmte mit dem Urteil seines Stellvertreters vollständig überein. Im Zentralbankrat kommentierte er die Diskussion über den Devisenausgleichsfonds mit den Worten: „Er halte ein solches Vorgehen angesichts der Verschiedenheit der wirtschaftspolitischen Zielvorstellungen und der konjunktur- und finanzpolitischen Instrumentarien in der Gemeinschaft für sehr gefährlich."[70] Es offenbarte sich in der Reaktion der Bundesbank einmal mehr ihre Präferenz für eine wirtschaftliche Harmonisierung und ihre Furcht, dass eine Anhäufung von währungspolitischen Maßnahmen diesen Prozess nur verzögern und überdecken würde.

Die Position der Bundesbank wurde vom Bundeswirtschaftsministerium übernommen und als Vorlage für die Stellungnahme von Finanzminister Karl Schiller auf dem EWG-Finanzministerrat in Venedig am 29. und 30. Mai 1970 verwendet.[71] Dieser erklärte: „In der ersten Phase erscheint mir die Einrichtung eines Devisenausgleichsfonds allerdings eine unnötige, ja sogar gefährliche Komplizierung zu sein."[72] Im Falle von Währungskrisen würde der Fonds alleine nicht aus-

[65] Brief Johann B. Schöllhorn an Karl Klasen, 3. 4. 1970, in: HA Bbk, B330/9941.

[66] Vermerk Otmar Emminger/Hauptabteilung I2 (Bundesbank), Betreff: Vorschlag von Gouverneur Ansiaux für einen Devisenausgleichsfonds, 5. 5. 1970, in: HA Bbk, B330/7947, S. 3; vgl. auch: Vermerk Hauptabteilung I (Bundesbank), Fragenkatalog der ‚Werner-Gruppe' an den Ausschuss der Notenbankpräsidenten; hier: Ergebnisbericht über die Sitzung der Expertengruppe der Notenbankpräsidenten am 2. Juli 1970, 3. 7. 1970, in: HA Bbk, B330/7947, S. 3.

[67] Vermerk Otmar Emminger/Hauptabteilung I2 (Bundesbank), Betreff: Vorschlag von Gouverneur Ansiaux für einen Devisenausgleichsfonds, 5. 5. 1970, in: HA Bbk, B330/7947, S. 5.

[68] Vortrag Otmar Emminger, Die Rolle der Währungspolitik in der europäischen Integration, Friedrich-Ebert-Stiftung, Bad Godesberg, 20. 4. 1970, in: HA Bbk, N-2/00011, S. 12.

[69] Brief Otmar Emminger an Karl Klasen, 26. 5. 1970, in: HA Bbk, N-2/00078, S. 1 f.

[70] Vgl. 310. Sitzung des Zentralbankrats der Deutschen Bundesbank in Frankfurt a. M., 18. 3. 1970, in: HA Bbk, B330/5876/2, TOP 2.

[71] Vgl. Brief Otmar Emminger an Karl Klasen, 26. 5. 1970, in: HA Bbk, N-2/00078, S. 1.

[72] Wortlaut der Erklärung von Wirtschaftsminister Prof. Schiller auf der Konferenz der EWG-Wirtschafts- und Finanzminister am 29./30. Mai 1970 in Venedig, „Zwischenbericht der sog.

reichen, um die Zahlungsbilanzunterschiede auszugleichen und wäre „bald überfordert."[73]

Die Kritik der Bundesbank an den beiden Vorschlägen verdeutlichte noch einmal ihre Haltung zur Währungsintegration. Aus ihrer Sicht wären weder die Verringerung der Bandbreiten noch die Einrichtung eines Devisenausgleichsfonds in der Lage, das Grundproblem der europäischen Volkswirtschaften zu lösen: die fehlende wirtschaftliche Konvergenz. Präsident Klasen hob hervor: „Hätte das Vorhandensein einer verringerten Bandbreite und eines Devisenausgleichsfonds uns in den vergangenen Jahren die Währungskrisen um den französischen Franc und die D-Mark erspart? Dies kann wohl eindeutig verneint werden."[74]

Ein erfolgreiche Wirtschafts- und Währungsintegration musste von einem wirtschaftlichen Zusammenwachsen der EWG-Länder ausgehen und setzte einheitliche Regeln und Instrumentarien voraus.

Einflussmöglichkeiten: Die Macht der Bundesbank

Die Bundesbank brachte ihre Konzepte und Ideen aktiv in den Verhandlungsprozess ein. Die entscheidenden Gespräche fanden zwar in politischen Gremien statt und waren von den politischen Akteuren dominiert.[75] Die Bundesbank konnte aber eine Machtposition aufbauen, die ihr erlaubte, die Verhandlungen maßgeblich zu beeinflussen.

Zusammenspiel von Bundesbank und Bundesregierung

Einen ersten Zugang zu dieser Machtposition gewann die Bundesbank durch ihre Beziehung zur Bundesregierung. Sie agierte als deren Beraterin, indem sie ihre währungstechnische Expertise zur Verfügung stellte. Die Zentralbank nutzte bewusst diese Beratungsfunktion, um ihre Vorstellungen, insbesondere hinsichtlich der währungspolitischen Detailfragen, in die offizielle Position der Bundesrepublik einfließen zu lassen.

Die Tragweite ihres Einflusses zeigte sich bereits im Januar 1970 anlässlich einer Vorbereitungssitzung im Wirtschaftsministerium zum ersten deutschen Wäh-

Werner-Gruppe" über die stufenweise Verwirklichung der Wirtschafts- und Währungsunion der Gemeinschaft, in: HA Bbk, N-2/000155, S. 6.

[73] Wortlaut der Erklärung von Wirtschaftsminister Prof. Schiller auf der Konferenz der EWG-Wirtschafts- und Finanzminister am 29./30. Mai 1970 in Venedig, „Zwischenbericht der sog. Werner-Gruppe" über die stufenweise Verwirklichung der Wirtschafts- und Währungsunion der Gemeinschaft, in: HA Bbk, N-2/000155, S. 6.

[74] Klasen, Karl, Die Verwirklichung der Wirtschafts- und Währungsunion in der EWG aus der Sicht der Deutschen Bundesbank, in: Europa-Archiv, Bd. 25, 1970, S. 458.

[75] In Deutschland übernahm das Bundeswirtschaftsministerium, mit Wirtschaftsminister Karl Schiller, Staatssekretär Johann Baptist Schöllhorn und seinem Stellvertreter in der Werner-Gruppe, Hans Tietmeyer, die federführende Leitung in den Verhandlungen. Im Werner-Ausschuss war die Bundesrepublik nicht durch Bundesbankangehörige, sondern durch Staatssekretär Schöllhorn vertreten.

rungsplan, den Karl Schiller auf der EWG-Ministerratssitzung am 24. Februar in Paris vorstellte.[76] Das Bundeswirtschaftsministerium hatte einen Entwurf ausgearbeitet, in dem die Maßnahme der Bandbreiten-Verringerung für die zweite Phase der Währungsintegration vorgesehen war. Aus Sicht der Bundesbank war dies zu früh. Sie erhob Einspruch und empfahl, die Maßnahme in die dritte Phase zu verlegen. Der Schritt der Zusammenführung der Wechselkurse sollte erst am Ende des Integrationsprozesses stehen, nach einer erfolgreichen Annäherung der Wirtschaft und Wirtschaftspolitik. Die anwesenden Bundesministerien „zeigten sich [...] beeindruckt"[77] und beschlossen, dem Ratschlag der Bundesbank zu folgen.[78]

Die Entscheidung für die Verschiebung der Bandbreiten-Verringerung mag als kleines, formelles Detail erscheinen. Angesichts des zentralen Stellenwerts, den die Frage der Wechselkurs-Bandbreiten im Laufe der weiteren Verhandlungen einnahm, hatte diese Änderung im Dokument jedoch erhebliche Auswirkungen. Sie definierte die deutsche Position zum Auftakt der Verhandlungen und gab somit die Richtung für die weitere Verhandlungsführung vor.

Die Bundesbank lieferte auch im Folgenden den entscheidenden währungspolitischen Input. Als im Werner-Ausschuss der Vorschlag für einen Devisenausgleichsfonds vorgebracht wurde, bereitete die Bundesbank die ausschlaggebende Analyse vor, auf die sich das Bundeswirtschaftsministerium stützte. Emminger schrieb diesbezüglich in einem Brief an Klasen: „Wir haben das Ansiaux-Papier am 4. Mai erhalten. Da schon am 5. Mai eine vertrauliche Ressortbesprechung im kleinen Kreis über das weitere Vorgehen in der Werner-Gruppe stattfand, habe ich in großer Eile den ebenfalls beigefügten kritischen Vermerk zu dem Ansiaux-Papier angefertigt. Er wurde in Bonn als Grundlage für die deutsche Stellungnahme akzeptiert."[79] Gleichermaßen griff die Bundesregierung auch für die Frage der Bandbreitenverringerung auf die Unterstützung der Bundesbank zurück. In Vorbereitung des EWG-Finanz- und Wirtschaftsministerrats in Venedig Ende Mai 1970 arbeitete die Bundesbank für beide Fragestellungen Vermerke aus, die das Wirtschaftsministerium als Vorlagen für die Redebeiträge des Ministers und des Staatssekretärs verwendete.[80]

Eine enge und vertrauensvolle Beziehung förderte also die Zusammenarbeit zwischen Bundesbank und Regierung. Sie arbeiteten Hand in Hand. Die Bundesbank nahm an allen Ressortgesprächen in Vorbereitung der EWG-Ministerratssit-

[76] Vgl. Vermerk Hauptabteilung I (Bundesbank), Betreff: Stufenplan zur Verwirklichung der Wirtschafts- und Währungsunion in der EWG, Bezug: Ressortsitzung im BMWi am 21. 1. 1970, 22. 1. 1970, in: HA Bbk, N-2/000155.

[77] Vermerk Hauptabteilung I (Bundesbank), Betreff: Stufenplan zur Verwirklichung der Wirtschafts- und Währungsunion in der EWG, Bezug: Ressortsitzung im BMWi am 21. 1. 1970, 22. 1. 1970, in: HA Bbk, N-2/000155, S. 3.

[78] Vgl. Der Bundesminister für Wirtschaft, Memorandum, Grundlinien eines Stufenplanes zur Verwirklichung der Wirtschafts- und Währungsunion in der EWG, 12. 2. 1970, in: HA Bbk, N-2/000155, S. 9.

[79] Brief Otmar Emminger an Karl Klasen, 6. 5. 1970, in: HA Bbk, N-2/00078, S. 2.

[80] Vgl. Brief Otmar Emminger an Karl Klasen, 26. 5. 1970, in: HA Bbk, N-2/00078.

zungen und der Werner-Ausschüsse teil. Sie wurde vom Wirtschaftsministerium über den Fortgang der Werner-Gespräche regelmäßig informiert. In einer kleinen Aktennotiz verwies die Hauptabteilung für Internationale Beziehungen auf „die gute Zusammenarbeit mit MinR Dr. Tietmeyer bei den Vorarbeiten für die verschiedenen Sitzungen der Werner-Gruppe und seine uns vertraulich zugehenden Protokolle über den Verlauf dieser Sitzungen."[81]

Auf der Ebene des Leitungspersonals tauschten sich Vizepräsident Emminger und Staatssekretär Schöllhorn intensiv über die verschiedenen Verhandlungsschritte sowie Positionen und Meinungen der anderen EWG-Länder aus. Mitte Juni 1970 berichtete zum Beispiel Emminger an Schöllhorn von einem Gespräch mit dem niederländischen Zentralbankgouverneur Jelle Zijlstra (1918–2001), der ihn bat, die Forderungen nach einer gemeinsamen Haushaltspolitik und gemeinsamen geldpolitischen Instrumentarien nachdrücklicher zu unterstützen.[82] Emminger übermittelte diese Bitte an Schöllhorn und fügte hinzu: „Herr Zijlstra regte an, diese Überlegungen auch Ihnen für die weiteren Beratungen im Werner-Ausschuss nahezubringen. Er wird dies seinerseits auch gegenüber dem holländischen Vertreter im Werner-Ausschuss tun."[83] Emminger merkte weiter an: „Vielleicht könnte der Werner-Ausschuss anregen, dass je nach den unterschiedlichen Problemen der Ausschuss der Notenbankgouverneure und/oder der Währungsausschuss mit der weiteren Behandlung dieser Angelegenheiten befasst werden sollte."[84] Der kurze Schriftwechsel veranschaulichte die Kooperationsdynamik und Arbeitsteilung. Die Bundesbank vermittelte Informationen aus den Zentralbankkreisen an das Wirtschaftsministerium und bot ihrerseits an, kritische Probleme auf einer anderen Ebene, in den jeweiligen Zentralbankausschüssen, zu behandeln.

Die reibungslose Zusammenarbeit profitierte von einer breiten inhaltlichen Übereinstimmung. Zu allen wichtigen Themen vertraten Wirtschaftsministerium und Bundesbank die gleiche Auffassung und verfolgten die gleichen Ziele. Das Ministerium erachtete wie die Zentralbank die Harmonisierung im Wirtschaftsbereich als Voraussetzung für eine erfolgreiche Einigung im Währungsbereich. In einem Positionspapier für den Werner-Ausschuss schrieb Staatssekretär Schöllhorn: „Es sollte deshalb für den Ausbau der Wirtschafts- und Währungsunion die Regel gelten, daß währungspolitische Bindungen, die zugleich auch eine Einengung der wirtschaftspolitischen Autonomie der Mitgliedstaaten bedeuten, erst dann eingegangen werden, wenn die erforderliche Harmonisierung oder Vergemeinschaftung der Wirtschaftspolitik gesichert ist."[85] Dass auch ihrerseits die

[81] Aktennotiz Hauptabteilung I (Bundesbank), 4. 8. 1970, in: HA Bbk, B330/7947.

[82] Vgl. Brief von Emminger an Schöllhorn zum Werner-Ausschuss, 8. 6. 1970, in: HA Bbk, N-2/0000156.

[83] Brief von Emminger an Schöllhorn zum Werner-Ausschuss, 8. 6. 1970, in: HA Bbk, N-2/0000156, S. 2.

[84] Brief von Emminger an Schöllhorn zum Werner-Ausschuss, 8. 6. 1970, in: HA Bbk, N-2/0000156, S. 2.

[85] Aufzeichnung Johann B. Schöllhorn, Betreff: Wirtschafts- und Währungsunion, 15. 4. 1970, in: HA Bbk, N-2/000155, S. 4.

Bundesbank die Verhandlungslinie der Regierung ausdrücklich befürwortete, zeigte ein Kommentar von Emminger im Zentralbankrat, wo er sagte: „Er empfehle weiter, daß die Bundesbank den vom Bundesministerium für Wirtschaft in den Beratungen über den Stufenplan zur Schaffung einer Wirtschafts- und Währungsunion verteidigten Standpunkt nachhaltig unterstützt."[86] Der Zentralbankrat schloss sich dieser Meinung Emmingers einheitlich an.[87]

Auch in der Frage des Devisenausgleichsfonds wurde dieses Einvernehmen sichtbar. Im Sommer 1970 bat der belgische Premierminister Gaston Eyskens (1905–1988) Bundeskanzler Willy Brandt persönlich darum, bei seinen Ministerien zu intervenieren und ihnen das „große politische und psychologische Interesse"[88] der EWG an einem Devisenausgleichsfonds darzulegen. Daraufhin verteidigten sowohl Bundesbankpräsident Karl Klasen als auch Wirtschaftsminister Karl Schiller unisono das deutsche Vorgehen. Klasen schrieb an Brandt: „Wir hatten alle den Eindruck, daß die Belgier nur an der Verwirklichung dieser beiden Sonderwünsche echt interessiert waren, während sie dazu neigten, es auf dem Gebiete der Harmonisierung der Wirtschaftspolitik und der weiteren europäischen Kooperation bei allgemeinen, sehr unverbindlichen Erklärungen zu belassen. Als guter Europäer mußte Herr Schöllhorn sich gegen diese Methode wenden. Im Kreise der Notenbankgouverneure habe ich die gleiche Einstellung eingenommen, aber immer, in voller Übereinstimmung mit Herrn Schöllhorn, zum Ausdruck gebracht, daß wir bereit wären, auf den belgischen Wunsch einzugehen, wenn hinsichtlich einer Harmonisierung in der allgemeinen Wirtschaftspolitik tatsächlich wirksame Beschlüsse gefaßt würden."[89] Im gleichen Sinn betonte Schiller gegenüber Brandt: er habe auf dem Ministerrat in Venedig die Praktikabilität des Fonds anerkannt, allerdings nur unter der Bedingung, dass zuvor erste Schritte in der Vereinheitlichung der Wirtschaftspolitik gemacht würden.[90]

Zentralbankdiskussionen

Neben ihrer Beratung der Regierung konnte die Bundesbank ihre Agenda noch auf einem weiteren Feld in den Verhandlungsprozess einbringen und umsetzen: in den Ausschüssen der europäischen Zentralbanken. Im Sommer 1970 beauftragten die Finanz- und Wirtschaftsminister den Ausschuss der EWG-Zentralbankpräsidenten, über die beiden Konfliktpunkte der Verringerung der Wechselkurs-Bandbreiten und des Devisenausgleichsfonds zu beraten.[91] Während die Zentral-

[86] 314. Sitzung des Zentralbankrats der Deutschen Bundesbank in Frankfurt a. M., 13. 5. 1970, in: HA Bbk, B330/5878/2, TOP 8.
[87] 314. Sitzung des Zentralbankrats der Deutschen Bundesbank in Frankfurt a. M., 13. 5. 1970, in: HA Bbk, B330/5878/2, TOP 8.
[88] Eigene Übersetzung: Brief Gaston Eyskens (Belgischer Ministerpräsident) an Willy Brandt, 15. 5. 1970, in: HA Bbk, B330/9941, S. 2.
[89] Brief Karl Klasen an Willy Brandt, 4. 6. 1970, in: HA Bbk, B330/9941, S. 1.
[90] Vgl. Brief von Karl Schiller an Willy Brandt, 17. 6. 1970, HA Bbk N-2/000156.
[91] Vgl. Bericht der Deutschen Ständigen Vertretung bei den Europäischen Gemeinschaften über die 116. Tagung des Rates der Europäischen Gemeinschaften am 9. Juni in Luxemburg, Betreff:

banken zuvor nur eine periphere Rolle in den Verhandlungen eingenommen hatten, rückten sie mit dieser Aufgabe in den Mittelpunkt des Geschehens.

Die Zentralbanken setzten einen Expertenausschuss ein, der zwischen Juni und Ende Juli 1970 einen Bericht zu den Wechselkurs-Bandbreiten und zum Devisenausgleichsfonds ausarbeitete. In zweierlei Hinsicht offenbarte die Bundesbank hier ihre Macht, zum einen prozedural, zum anderen inhaltlich. Hinsichtlich der prozeduralen Beratungsform und -dauer wollten Pierre Werner und der belgische Zentralbankgouverneur Hubert Ansiaux (1908–1987) dem Expertenausschuss nur eine kurze Frist für die Konsultationen einräumen und eine feste Agenda vorlegen. Die Bundesbank erhob, gemeinsam mit der niederländischen Zentralbank, Einspruch. Otmar Emminger kommentierte: „Es ist nicht einzusehen, warum man sich so unter Zeitdruck setzen lassen soll."[92] Er forderte Ansiaux, der die Expertengruppe leitete, auf, sowohl die inhaltlichen Fragen der Bundesbank bzw. der Bundesregierung in das Arbeitsprogramm aufzunehmen als auch die Frist der Beratungen zu verlängern.[93] In beiden Punkten hatte er Erfolg. Die Agenda wurde nicht festgelegt, sondern resultierte aus einer Diskussion im Werner-Ausschuss und richtete sich, in den Worten der Bundesbank, „im wesentlichen an dem deutschen Katalog"[94] aus. Auch die Beratungszeit wurde verlängert.[95] In der inhaltlichen Diskussion setzte sich die Bundesbank erfolgreich dafür ein, die Realisierung beider Maßnahmen – Angleichung der Wechselkurse und Einführung eines Devisenfonds – zu verzögern. Während von den französischen und belgischen Regierungen ursprünglich geplant war, bereits in der ersten Phase der Währungsintegration die Bandbreiten zu reduzieren und den Fonds zu etablieren, akzeptierten der französische und der belgische Gouverneur, Wormser und Ansiaux, eine Planänderung. Die Einführung des Devisenausgleichsfonds wurde auf eine spätere Stufe verschoben.[96] Für die Verringerung der Wechselkurs-Bandbreiten einigte man sich auf eine „experimentelle Vorphase"[97], um die Folgen der Annäherung

Stufenplan für eine Wirtschafts- und Währungsunion (Zwischenbericht des ‚Werner-Ausschusses'), 10. 6. 1970, in: HA Bbk, N-2/000227, S. 2.

92 Vermerk Otmar Emminger, Betreff: Expertengruppe des EWG-Notenbankausschusses (Fragen der Werner-Gruppe), 18. 6. 1970, in: HA Bbk, B330/7947, S. 1.

93 Vgl. Vermerk Otmar Emminger, Betreff: Expertengruppe des EWG-Notenbankausschusses (Fragen der Werner-Gruppe), 18. 6. 1970, in: HA Bbk, B330/7947, S. 3.

94 Vermerk Hauptabteilung I (Bundesbank), Betreff: Erste Sitzung der Expertengruppe des Ausschusses der Notenbankpräsidenten über den Fragenkatalog der ‚Werner-Gruppe' am 25. Juni 1970 in Brüssel, 26. 6. 1970, in: HA Bbk, B330/7947, S. 1.

95 Vgl. Vermerk Hauptabteilung I (Bundesbank), Betreff: Erste Sitzung der Expertengruppe des Ausschusses der Notenbankpräsidenten über den Fragenkatalog der ‚Werner-Gruppe' am 25. Juni 1970 in Brüssel, 26. 6. 1970, in: HA Bbk, B330/7947, S. 1.

96 Vgl. Vermerk Hauptabteilung I (Bundesbank), Fragenkatalog der ‚Werner-Gruppe' an den Ausschuss der Notenbankpräsidenten; hier: Ergebnisbericht über die Sitzung der Expertengruppe der Notenbankpräsidenten am 2. Juli 1970, 3. 7. 1970, in: HA Bbk, B330/7947, S. 2 f.; vgl. auch: Vermerk Hauptabteilung A, Betreff: Verwirklichung der Wirtschafts- und Währungsunion in der EWG, hier: Entwurf eines mündlichen Kurzberichts für den Zentralbankrat, 10. 8. 1970, in: HA Bbk, B330/7947, S. 3.

97 Vermerk Otmar Emminger, Betreff: Bericht der EWG-Notenbankgouverneure an den Werner-Ausschuss, 4. 9. 1970, in: HA Bbk, B330/7947, S. 3.

der Wechselkurse besser abschätzen zu können. Die Bundesbank stellte nach Abschluss der Ausschussarbeit zufrieden fest, dass sie ihre Positionen verteidigen und dass man „im großen und ganzen mit dem Ergebnis zufrieden sein“[98] konnte.

Der Expertenbericht wurde vom Ausschuss der Notenbankpräsidenten unverändert akzeptiert und im September an den Werner-Ausschuss weitergeleitet.[99] Trotz anfänglichen Widerstands der belgischen, französischen und luxemburgischen Vertreter wurde er nach einer Vermittlung von Johann Schöllhorn auch dort angenommen.[100] Der Beitrag der Notenbanken bildete also einen wesentlichen Grundstein für den Kompromiss, den die Mitglieder des Werner-Ausschusses Ende September 1970 erreichten.

Der finale Werner-Bericht, der am 8. Oktober 1970 offiziell verabschiedet wurde, brachte die verschiedenen nationalen Positionen zur Wirtschafts- und Währungsunion zusammen und schuf ein Konzept, mit dem sich Bundesregierung und Bundesbank einverstanden erklären konnten.[101] Willy Brandt schrieb in einem Brief an Karl Schiller sogar überschwänglich: „Es ist damit der Werner-Gruppe innerhalb der vom Ministerrat gesetzten Frist gelungen, einen Plan vorzulegen, dessen Bedeutung für die europäische Integration gar nicht hoch genug gewürdigt werden kann.“[102] Brandt hoffte, dass noch unter deutscher Ratspräsidentschaft bis Dezember 1970 der Werner-Plan vom EWG-Ministerrat verabschiedet werden konnte; aus seiner Sicht wäre „ein solcher Beschluss nach der Unterzeichnung der Römischen Verträge in der Geschichte der Gemeinschaft wohl mit die weitreichendste Entscheidung.“[103]

Stolpersteine der Kommission und französisches Kreuzfeuer: Das Scheitern des Werner-Plans

Kommissionsvorschläge

Der Werner-Plan wurde jedoch in dieser Form nicht zur Abstimmung gestellt. Ende Oktober 1970 nahm die EWG-Kommission Stellung zum Bericht des Wer-

98 Vermerk Hauptabteilung A, Betreff: Verwirklichung der Wirtschafts- und Währungsunion in der EWG, hier: Entwurf eines mündlichen Kurzberichts für den Zentralbankrat, 10. 8. 1970, in: HA Bbk, B330/7947, S. 1.

99 Vgl. Bericht, Sitzungen des Ausschusses der Zentralbankpräsidenten am 12./13. 9. 1970, in: HA Bbk, B330/7947.

100 Vgl. Bundeswirtschaftsministerium (Unterabteilung E A), Kurzbericht über die 10. Sitzung der ‚Werner-Gruppe‘ am 23./24. September 1970 in Kopenhagen, 28. 9. 1970, in: BArch, B102/93463.

101 Vgl. Erklärung von Johann B. Schöllhorn zum Werner-Bericht und zu den Vorschlägen der Kommission, Tagung des Ministerrats der EG am 23. 11. 1970, 23. 11. 1970, in: HA Bbk, B330/7947, S. 1; vgl. auch: Vermerk Otmar Emminger, Betreff: Werner-Bericht und Vorschläge der Europäischen Kommission (hier: Sitzung der Zentralbankgouverneure der EWG in Basel am 8. November 1970), 9. 11. 1970, in: HA Bbk, N-2/000228, S. 4.

102 Brief Willy Brandt an Karl Schiller, 21. 10. 1970, in: HA Bbk, N-2/000156, S. 1.

103 Brief Willy Brandt an Karl Schiller, 21. 10. 1970, in: HA Bbk, N-2/000156, S. 1.

ner-Ausschusses und legte gleichzeitig einen vom Werner-Bericht abgeleiteten Beschlussentwurf für den Ministerrat vor.[104] Das Problem für die deutsche Regierung und die Bundesbank war: Die Kommission machte sich nicht die Schlussfolgerungen des Berichts zu eigen, sondern hatte einen neuen Text verfasst und die Vorschläge des Werner-Berichts an den entscheidenden Stellen verändert.

In einer ersten Stellungnahme beklagte das Bundeswirtschaftsministerium, dass die Kommission weder die notwendigen Kompetenzübertragungen von nationaler auf europäische Ebene und die Entwicklung einer vollen politischen Union, noch die Einrichtung eines wirtschaftspolitischen Entscheidungsgremiums und eines föderalen Zentralbanksystems, noch die Parallelität von wirtschafts- und währungspolitischen Integrationsschritten erwähnte.[105] Sie habe vielmehr die monetären Integrationsmaßnahmen in den Mittelpunkt der Vorschläge gerückt.[106] Aus deutscher Sicht verfälschte die Kommission damit die elementaren Schlussfolgerungen des Werner-Berichts, die den Kompromiss zwischen den verschiedenen Konzepten der Mitgliedsstaaten ermöglicht hatten. Für das Ministerium war dieser „Entschließungsentwurf außerordentlich problematisch." Es war hierdurch eine „Veränderung der Lage eingetreten, als nunmehr diejenigen Kräfte, die primär oder gar ausschließlich auf eine monetäre Vergemeinschaftung abzielen, erheblichen Auftrieb erhalten haben. Damit wird sowohl die Entscheidung in Brüssel als auch die innenpolitische Argumentation in der Bundesrepublik erheblich erschwert."[107]

Die Bundesbank fällte ein gleichermaßen negatives Urteil. Karl Klasen kommentierte im Ausschuss der Zentralbankpräsidenten, dass „er den Bericht der ‚Werner-Gruppe' zwar uneingeschränkt akzeptiere, aber mit den Vorschlägen der Kommission nicht übereinstimmen könne."[108] Die Bundesbank hatte zwei Einwände: Erstens bemängelte sie den fehlenden Gleichschritt bzw. die Parallelität zwischen wirtschafts- und währungspolitischen Maßnahmen, die dem Werner-Bericht zugrunde lag. Der Kommissionsentwurf war laut Klasen „auf der ökono-

[104] Vgl. Mitteilung und Vorschläge der Kommission an den Rat über die stufenweise Einführung der Wirtschafts- und Währungsunion, in: Amtsblatt der Europäischen Gemeinschaften, Dokument 70/C 140/04, 26. 11. 1970.

[105] Vgl. Aufzeichnung Bundeswirtschaftsministerium (Unterabteilung E A), Betreff: Mitteilung und Vorschläge der Kommission an den Rat über die stufenweise Einführung der Wirtschafts- und Währungsunion (Dok. KOM (70) 1250 vom 29. Oktober 1970, 3. 11. 1970, in: HA Bbk. N-2/000153, S. 3.

[106] Vgl. Aufzeichnung Bundeswirtschaftsministerium (Unterabteilung E A), Betreff: Mitteilung und Vorschläge der Kommission an den Rat über die stufenweise Einführung der Wirtschafts- und Währungsunion (Dok. KOM (70) 1250 vom 29. Oktober 1970, 3. 11. 1970, in: HA Bbk. N-2/000153, S. 4.

[107] Beide Zitate: Aufzeichnung Bundeswirtschaftsministerium (Unterabteilung E A), Betreff: Mitteilung und Vorschläge der Kommission an den Rat über die stufenweise Einführung der Wirtschafts- und Währungsunion (Dok. KOM (70) 1250 vom 29. Oktober 1970, 3. 11. 1970, in: HA Bbk. N-2/000153, S. 6.

[108] Eigene Übersetzung: Procès-Verbal de la 44ème séance du comité des gouverneurs des banques centrales des Etats membres de la Communauté Economique Européenne, tenue à Bâle, 8. 11. 1970, in: ECB Archives, S. 3.

mischen Seite zu weitherzig, auf der Notenbankseite dagegen zu eng."[109] Während die deutsche Zentralbank in ihrer ursprünglichen Konzeption die wirtschaftspolitische Koordination in den Vordergrund stellte, dann im Werner-Bericht zugunsten eines Kompromisses hinsichtlich der währungspolitischen Fragen Zugeständnisse machte, konfrontierte sie der Kommissionsentwurf nun mit dem einseitigen Fokus auf die Währungspolitik. Diese Abkehr vom Werner-Plan konnte die Bundesbank nicht akzeptieren.

Der zweite Kritikpunkt war noch bedeutsamer: die Gefährdung der Zentralbank-Unabhängigkeit. Sie sah den Vorschlag der Kommission, dass geld- und kreditpolitische Richtlinien vom EWG-Ministerrat vorgegeben würden, als Verstoß gegen ihre Autonomie und zugleich gegen das Bundesbankgesetz.[110] Klasen stellte diesen Punkt in einem privaten Schreiben deutlich heraus: „Es kann nicht angehen, daß auf dem Umweg über Europa die Währungspolitik in eine weisungsgebundene Abhängigkeit von politischen Instanzen gerät."[111] Die Bundesbank beharrte auf dem Prinzip, dass auch auf europäischer Ebene die Geld- und Währungspolitik von einem politisch unabhängigen Organ koordiniert und bestimmt werden müsste. Diese Aufgabe sollte in der frühen Phase der Währungsintegration, so wie es im Werner-Plan festgelegt war, der Ausschuss der Notenbankpräsidenten übernehmen, nicht der Ministerrat.[112] Die Bundesbank gestand zwar zu, wie ein Wortprotokoll der Zentralbanksitzung belegt, dass sie in einer künftigen Wirtschafts- und Währungsunion ihre eigene Unabhängigkeit wohl verlieren würde und dass es nicht sicher sei, ob tatsächlich ein europäisches Zentralbanksystem nach dem Modell einer föderalen, unabhängigen Zentralbank entstehen würde. Klasen bemerkte: „Wir können uns keine Illusion machen: Da wir nur das einzige Land mit dieser Organisationsform [eines föderalen Notenbanksystems] sind, können wir nicht sicher sein, dass es so kommt."[113] Letztendlich sei dies eine politische Entscheidung. Aber die Mitglieder des Zentralbankrats waren sich darin einig, dass sie trotzdem ihr Modell einer europäischen Währungsintegration und einer unabhängigen Zentralbank mit allen Mitteln verteidigen mussten. Heinrich Irmler erklärte: „es muss bis zuletzt darum gekämpft werden."[114]

Das klare Eintreten der Bundesbank für das Modell eines starken und unabhängigen Zentralbanksystems auf europäischer Ebene fand auch bei den anderen

[109] Vermerk Otmar Emminger, Betreff: Werner-Bericht und Vorschläge der Europäischen Kommission; hier: Sitzung der Zentralbankgouverneure der EWG in Basel am 8. November 1970, 9. 11. 1970, in: HA Bbk, N-2/000228, S. 6.

[110] Vgl. 325. Sitzung des Zentralbankrats der Deutschen Bundesbank in Frankfurt a. M., 4. 11. 1970, in: HA Bbk, B330/5883/2, TOP 6.

[111] Brief Karl Klasen an Ulrich Meyer-Cording (Europäische Investitionsbank), 12. 11. 1970 in: HA Bbk, B330/8395.

[112] Vgl. 325. Sitzung des Zentralbankrats der Deutschen Bundesbank in Frankfurt a. M., 4. 11. 1970, in: HA Bbk, B330/5883/2, TOP 6.

[113] Wortprotokoll, 325. Sitzung des Zentralbankrats der Deutschen Bundesbank in Frankfurt a. M., 4. 11. 1970, in: HA Bbk, B330/5883/2, TOP 6.

[114] Wortprotokoll, 325. Sitzung des Zentralbankrats der Deutschen Bundesbank in Frankfurt a. M., 4. 11. 1970, in: HA Bbk, B330/5883/2, TOP 6.

Zentralbankgouverneuren der EWG Widerhall. Auf der Ausschusssitzung der EWG-Zentralbankpräsidenten Anfang November 1970 kritisierten alle Gouverneure, mit Ausnahme der Franzosen, die Kommissionsentwürfe und stellten sich hinter die Ausarbeitungen des Werner-Berichts.[115] Wie Otmar Emminger berichtete, sahen die anderen Notenbanken in den Konzepten des Werner-Berichts die Chance, ihre Selbstständigkeit gegenüber ihren Regierungen zu behaupten und auszubauen: „Es gibt dort mehrere, die der Meinung sind, dass der Trend zu einer gemeinsam[en] europ. Notenbank in ihrem Fall zu einer größeren Unabhängigkeit führe. Sie setzen sogar ihre Hoffnungen darauf, dass sie dann aus der Knechtschaft ihrer Regierung und Fin.Min. erlöst werden, weil man einen solchen internationalen ZBR [Zentralbankrat] der Notenbanken sehr viel weniger unter innenpolitischen nationalen Druck setzen kann. Sie haben gesagt: das ist ein riesiger Fortschritt."[116]

Hier zeigte sich eine neue Dimension der Verhandlungen um den Werner-Bericht. Er eröffnete den europäischen Zentralbanken neue Perspektiven nach dem Vorbild der Bundesbank in ihrer Gestalt als föderale und unabhängige Zentralbank.

Französischer Widerstand

Der alternative Kommissionsvorschlag und die Verwässerung des Werner-Berichts bildeten eine schwerwiegende Hürde. Gleichwohl sahen Bundesregierung und Bundesbank die Möglichkeit, auch auf dieser Basis im Ministerrat noch zu einer Einigung zu gelangen. Die Bundesregierung entschloss sich, zuerst die exakte Übernahme des Werner-Berichts zu fordern und, falls dies nicht umsetzbar wäre, in einem zweiten Schritt wenigstens die essentiellen Hauptpunkte des Werner-Plans in einem neuen Text zu sichern.[117]

Eine zweite Intervention machte auch diese Strategie zunichte: der Widerstand der französischen Regierung. Auf der Ministerratssitzung vom 23. November 1970 hatte der französische Außenminister Maurice Schumann (1911–1998) noch sein prinzipielles Einverständnis zum Kommissionsvorschlag erklärt und die Notwendigkeit hervorgehoben, „so bald wie möglich mit der ersten Stufe zu beginnen."[118] Doch Anfang Dezember vollzog die französische Delegation einen plötzlichen Kurswechsel. Sie forderte erhebliche Änderungen am Entwurfstext und brachte

[115] Vgl. Procès-Verbal de la 44ème séance du comité des gouverneurs des banques centrales des Etats membres de la Communauté Economique Européenne, tenue à Bâle, 8. 11. 1970, in: ECB Archives.

[116] Wortprotokoll, 325. Sitzung des Zentralbankrats der Deutschen Bundesbank in Frankfurt a. M., 4. 11. 1970, in: HA Bbk, B330/5883/2, TOP 6.

[117] Vgl. Vermerk Hauptabteilung I (Bundesbank), Betreff: Ressortbesprechung am 11. November 1970 im BMWi wegen Werner-Bericht und Kommissionsvorschlägen zur Verwirklichung der Wirtschafts- und Währungsunion, 12. 11. 1970, in: HA Bbk, N-2/000153, S. 2.

[118] Vermerk Hauptabteilung I2 (Bundesbank), Betreff: Wirtschafts- und Währungsunion in der EWG, 24. 11. 1970, in: HA Bbk, N-2/000228, S. 3.

damit die Ministerratssitzung am 14./15. Dezember, auf der eigentlich die Kommissionsvorschläge beschlossen und die Währungsintegration offiziell gestartet werden sollte, zum Scheitern.[119] Die Ständige Vertretung der Bundesrepublik schrieb in ihrem Bericht über die Ratstagung: „insbesondere in Anbetracht der zögernden auf hinhaltende Behandlung abzielende Haltung der französischen Delegation [...] konnte der Rat seine Arbeiten in dieser Sitzung nicht abschließen."[120] Der Stein des Anstoßes war die für später vorgesehene Ausgestaltung europäischer Institutionen, die Kompetenzübertragungen und Souveränitätsabgaben. Die französischen Vertreter weigerten sich, einem europäischen Zentralbanksystem Rechte zuzugestehen. Sie verschlossen sich der Umsetzung von Mehrheitsbeschlüssen in den Gemeinschaftsinstitutionen und lehnten eine demokratische Kontrolle der neuen Bereiche der Gemeinschaftspolitik ab.[121]

Der Widerstand kam von höchster Ebene. Hinter dem Umschwung der französischen Haltung stand der französische Staatspräsident höchstpersönlich. Georges Pompidou hegte eine immer größer werdende Skepsis gegen die Verpflichtungen und Einschränkungen, die die Wirtschafts- und Währungsintegration mit sich brachten. Pompidou unterstützte zwar eine gemeinsame Solidarität im Währungsbereich, aber er verwahrte sich strikt gegen jede, wie auch immer geartete Übertragung von nationalen Kompetenzen auf die europäische Ebene.[122] Eine Souveränitätsabgabe stand für ihn, wie der währungspolitische Berater von Pompidou bereits im Juli 1969 notiert hatte, außer Frage.[123] Auf einer Sitzung des „Conseil restreint" im November 1970 soll Pompidou geäußert haben: „Der Werner-Bericht enthält unglaubliche Wortlaute; man fragt sich, ob man uns das rote Tuch vorgehalten hat, um zu sehen, ob wir Kälber oder Stiere sind."[124] Er gab seiner Delegation für den EWG-Ministerrat am 14./15. Dezember die ausdrückliche Anweisung, jeden Beschluss über die Ausgestaltung europäischer Institutionen zurückzuweisen.[125]

119 Vgl. Aufzeichnung, Bundeswirtschaftsministerium, Betreff: Einführungen Erläuterungen durch den Vorsitzenden des Ausschusses der Ständigen Vertreter, 12. 12. 1970, in: HA Bbk, N-2/000153; vgl. auch: Abschrift eines Fernschreibens der Ständigen Vertretung der Bundesrepublik Deutschland bei den Europäischen Gemeinschaften, Betreff: 136. Tagung des Rates am 14./15. Dezember 1970 zu TO-Punkt 9: Stufenweise Verwirklichung der Wirtschafts- und Währungsunion in der Gemeinschaft, 15. 12. 1970, in: HA Bbk, N-2/000228.

120 Abschrift eines Fernschreibens der Ständigen Vertretung der Bundesrepublik Deutschland bei den Europäischen Gemeinschaften, Betreff: 136. Tagung des Rates am 14./15. Dezember 1970 zu TO-Punkt 9: Stufenweise Verwirklichung der Wirtschafts- und Währungsunion in der Gemeinschaft, 15. 12. 1970, in: HA Bbk, N-2/000228, S. 1.

121 Vgl. Abschrift eines Fernschreibens der Ständigen Vertretung der Bundesrepublik Deutschland bei den Europäischen Gemeinschaften, Betreff: 136. Tagung des Rates am 14./15. Dezember 1970 zu TO-Punkt 9: Stufenweise Verwirklichung der Wirtschafts- und Währungsunion in der Gemeinschaft, 15. 12. 1970, in: HA Bbk, N-2/000228, S. 6–9.

122 Vgl. Schirmann, Georges Pompidou, S. 273.

123 Vgl. Schirmann, Georges Pompidou, S. 273.

124 Eigene Übersetzung, zitiert bei: Bernard, La position du gouvernement français, S. 130.

125 Vgl. Wilkens, Une tentative prématurée?, S. 86 f.

In der Bundesbank löste das Verhalten der französischen Regierung Unverständnis und Empörung aus. Emminger kommentierte in einem persönlichen Brief an den Präsidenten des Bundesverbands deutscher Banken, Alwin Münchmeyer: „Man muss es wirklich erlebt haben, wie die Franzosen in den für die letzte Ministerratssitzung vorbereiteten Beschlusstexten sich dagegen gesträubt haben, auch nur für die fernere Zukunft (die ‚Endstufe') eine ‚gemeinsame Zentralbankorganisation' in's Auge zu fassen."[126] Die französische Regierung würde alleine ein Modell akzeptieren, dass „nach Massgabe der französischen Verfassungs- und Organisationsnormen"[127] gestaltet wäre und in dem der Ministerrat die geldpolitische Entscheidungsbefugnis besäße. Daß hieße aber: Abhängigkeit der Geldpolitik und der Zentralbanken von politischen Entscheidungsträgern.

Emminger warnte davor, wie er in einem Brief an Johann Schöllhorn ausführte, in den weiteren Verhandlungen den französischen Forderungen zu viel Spielraum zu lassen. Die französische Regierung würde weiterhin versuchen, nur die Vergemeinschaftung der Währungspolitik voranzutreiben, denn: „erstens gibt es in Frankreich immer noch genug Leute, die in einem EWG-Währungsblock vor allem einen Rammbock gegen den Dollar sehen. [...] Zweitens wollen die Franzosen unter allen Umständen die ihnen unheimliche deutsche Währungspolitik möglichst bald an die Kette legen. Sie wollen nicht, dass die Bundesrepublik nochmal mit einer relativ besseren Stabilitätspolitik aus der Reihe tanzt."[128] Schließlich seien sie an umfangreicheren Finanzhilfen interessiert.[129] Emminger verdächtigte die französische Regierung also, mit der Währungsintegration in erster Linie ihre nationalen Interessen befriedigen zu wollen.

Demgegenüber müsse die deutsche Regierung klar Position beziehen, auf eindeutigen Zusagen der französischen Seite zu den notwendigen Integrationsschritten bestehen, einen unabhängigen Ausschuss der Zentralbanken garantieren, der die Kompetenz für die geld- und währungspolitische Zusammenarbeit erhielt, und erste konkrete Schritte zur Harmonisierung der Geld- und Kreditpolitik einleiten.[130] Man müsse verhindern, dass durch den französischen Ansatz „die Inflation monetaristisch harmonisiert wird und die eigentliche wirtschaftspolitische Harmonisierung als Leichnam im Keller bleibt."[131]

Der französische Widerstand gegen den Werner-Plan hinterließ bei Emminger einen nachhaltig negativen Eindruck. Der mühsame Kompromiss, den die Zentralbanken und die Experten im Werner-Ausschuss über den Sommer 1970 ausge-

[126] Brief Otmar Emminger an Alwin Münchmeyer (Präsident des Bundesverbandes Deutscher Banken), 30. 12. 1970, in: HA Bbk, N-2/00079, S. 2.
[127] Brief Otmar Emminger an Alwin Münchmeyer (Präsident des Bundesverbandes Deutscher Banken), 30. 12. 1970, in: HA Bbk, N-2/00079, S. 2.
[128] Brief Otmar Emminger an Johann B. Schöllhorn, 23. 12. 1970, in: Ha Bbk N-2/00079, S. 2.
[129] Vgl. Brief Otmar Emminger an Johann B. Schöllhorn, 23. 12. 1970, in: Ha Bbk N-2/00079, S. 2.
[130] Vgl. Brief Otmar Emminger an Johann B. Schöllhorn, 23. 12. 1970, in: Ha Bbk N-2/00079, S. 4.
[131] Brief Otmar Emminger an Johann B. Schöllhorn, 23. 12. 1970, in: Ha Bbk N-2/00079, S. 3 f.

arbeitet hatten, wurde mit einem Federstrich zunichte gemacht. Angesichts der Tatsache, dass Otmar Emminger 1977 Präsident der Bundesbank wurde und sie in die Verhandlungen zum Europäischen Währungssystem führte, waren diese Erfahrungen eine Vorbelastung und Hypothek für die weitere europäische Zusammenarbeit mit dem französischen Partner.

1.2. Die Banque de France und die Idee der Währungssolidarität

Die Grundlagen des integrationspolitischen Konzepts der Banque de France stammten, wie bei der Bundesbank, aus dem Jahr 1969. Auch hier hatte der Barre-Plan[132] vom Februar 1969 die Diskussion angeregt, wie die wirtschafts- und währungspolitische Zusammenarbeit gestaltet werden könnte. Die Auslandsabteilung der Banque de France, DGSE, hatte den Vorstoß der Kommission begrüßt. Er würde eine „Lücke im internationalen Währungssystem schließen" und es sei „höchst wünschenswert, daß auch regionale Strukturen eingerichtet werden, die die Währungskooperation dezentralisieren und schneller und flexibler als die globalen Institutionen intervenieren würden."[133] Die Banque schätzte insbesondere den Kommissionsvorschlag für stärkere Währungs- und Finanzhilfen. Diese könnten die europäischen Länder in ihrer Währungspolitik unabhängiger gegenüber der Außenwelt machen und im Fall von Krisen die wirtschaftlichen Differenzen innerhalb der Gemeinschaft schneller ausgleichen.[134] Mit der Betonung der Währungshilfen deuteten sich bereits die Prioritäten der Banque de France in der Wirtschafts- und Währungsintegration an: der Schwerpunkt würde auf der Währungszusammenarbeit und weniger auf der wirtschaftlichen Integration liegen.

Einigkeit in Europa, Unabhängigkeit von den USA

Intentionen und Motive

Die Strategie der Banque de France für die europäische Wirtschafts- und Währungsintegration gründete auf zwei Motiven: erstens wollte man eine Antwort auf die Währungskrise von 1968 finden und zweitens einen Gegenpol zum dysfunktionalen internationalen Währungssystem und zur Dominanz des US-Dollars schaffen.

[132] Die Kommissionsvorschläge vom 12. 2. 1969 zur Verbesserung der Zusammenarbeit in Wirtschafts- und Währungspolitik.

[133] Eigene Übersetzung: Note DGSE à Wormser, Les propositions de coopération monétaire formulées par la Commission de la C.E.E et leur critique, 30. 5. 1969, in: ABF, 1035200250/12, S. 6 f.

[134] Vgl. Note DGSE à Wormser, Les propositions de coopération monétaire formulées par la Commission de la C.E.E et leur critique, 30. 5. 1969, in: ABF, 1035200250/12, S. 2.

Die Banque de France interpretierte die Krise von 1968 als tiefen Einschnitt für die Wirtschafts- und Währungspolitik in Europa. Die Zahlungsbilanzprobleme, die Spekulationen, die Auf- und Abwertungen des Francs und der D-Mark kamen aus ihrer Sicht einer „Erschütterung" gleich, die „alles geändert habe."[135] Zuvor hatten sich die europäischen Volkswirtschaften harmonisch entwickelt, nun taten sich Risse auf und wirtschaftliche Differenzen traten hervor. In dieser Beurteilung stimmte die Banque mit der Bundesbank überein. Sie zog allerdings andere Lehren aus den Ereignissen. Während die Bundesbank eine wirtschaftliche Angleichung, etwa durch den Abbau der Zahlungsbilanz-Ungleichgewichte, forderte, verlangte die Banque de France einen stärkeren währungspolitischen Zusammenhalt als Lösungsansatz. In einem Lehrgang für hohe Bankbeamte erklärte Jehan Duhamel, Direktor in der Abteilung für Studien (DGE) bei der Banque de France, dass der Grund für die Wirtschafts- und Währungsintegration in der „Suche nach einer soliden monetären Grundlage" liege, „die als Sprungbrett für eine besser harmonisierte wirtschaftliche Entwicklung zwischen den verschiedenen Ländern dient."[136]

Außerdem zweifelte die Banque de France zunehmend an der Funktionalität des internationalen Währungssystems.[137] Sie warf den USA vor, die zentrale Rolle des US-Dollars als Ankerwährung des Systems auszunutzen und eine egoistische, auf nationale Interessen ausgerichtete Geld- und Währungspolitik zu betreiben. Die anderen Mitgliedsländer des Systems wären der Willkür der Amerikaner unterworfen und müssten die Konsequenzen der US-Politik ertragen. Gleichzeitig fürchtete sie um das Prinzip der festen Wechselkurse. Die Auflockerungsbestrebungen der USA und der Bundesrepublik würden Unsicherheit und Instabilität der internationalen Währungsbeziehungen hervorrufen. Eine stärkere währungspolitische Zusammenarbeit in Europa könnte diesen Trends entgegenwirken. Olivier Wormser betonte auf einem Vortrag: „Ich glaube, dass der Zusammenhalt des globalen Währungssystems letzten Endes nur verbessert werden könnte, wenn sich im währungspolitischen Bereich ein solider regionaler Verbund nach und nach herausbildet."[138]

Für die Banque de France hatte die Währungsintegration eine klar anti-amerikanische Ausrichtung. Sie sollte die Abhängigkeit vom Dollar verringern und den europäischen Währungsraum als eigenständige, unabhängige Wirtschaftskraft, basierend auf festen Wechselkursen, etablieren. In den Worten von Jehan

[135] Eigene Übersetzung: Extrait du Cours de M. Duhamel "Monnaie et Marchés de capitaux à court terme", VI Partie, Les communications avec les marchés extérieurs (pour Centre d'études supérieurs de Banque, Année 1970–1971), in: ABF, 1495200501/69, S. 42.

[136] Eigene Übersetzung: Extrait du Cours de M. Duhamel "Monnaie et Marchés de capitaux à court terme", VI Partie, Les communications avec les marchés extérieurs (pour Centre d'études supérieurs de Banque, Année 1970–1971), in: ABF, 1495200501/69, S. 42; vgl. auch: Vortrag Olivier Wormser, Dîner du Comité national britannique de la C.C.I., 21. 10. 1970, in: ABF, 1069201118/50, S. 6.

[137] Vgl. Kapitel II.1.2. „Banque de France: Augenmerk auf feste Wechselkurse".

[138] Eigene Übersetzung: Vortrag Olivier Wormser, Dîner du Comité national britannique de la C.C.I., 21. 10. 1970, in: ABF, 1069201118/50, S. 8.

Duhamel: „Die europäische Währungseinigung soll also dazu beitragen, die Stellung der europäischen Gemeinschaft in einer Zeit zu stärken, in der die wirtschaftliche und monetäre Unabhängigkeit der Industrieländer durch den Währungsimperialismus der Vereinigten Staaten untergraben wird.“[139]

Kernforderungen

Diese beiden Aspekte, die Währungsprobleme von 1968 und die Fragilität des internationalen Währungssystems, veranlassten die Banque de France, den Fokus auf die monetären Integrationsschritte zu legen. Sie konzentrierte sich auf drei Säulen, die Einrichtung von Währungs- und Finanzhilfen, die Verringerung der Wechselkurs-Bandbreiten in Verbindung mit der Einrichtung eines Devisenstabilisierungsfonds und die Etablierung einer eigenständigen Währungspersönlichkeit gegenüber der Außenwelt.

Die Währungs- und Finanzhilfen stellten für die Banque de France kein nebensächliches Hilfsmittel der Währungsintegration dar. Sie waren vielmehr Ausdruck der gegenseitigen Solidarität zwischen den Mitgliedern einer Währungsgemeinschaft und damit Grundstein der zu bildenden Union. Nach der Veröffentlichung des Kommissionsplans von Raymond Barre im Februar 1969 setzte sich die Banque in den Diskussionen des EWG-Zentralbankausschusses nachdrücklich für die Idee von Barre ein, kurzfristige Kredithilfen zwischen den Zentralbanken der Gemeinschaft zu errichten. In einem Brief an den Ausschussvorsitzenden Hubert Ansiaux unterstrich Gouverneur Wormser die Zentralität von Kreditmechanismen.[140] Es sei das definierende Merkmal einer Währungsordnung, „ob ein System des kurzfristigen Beistandes eingerichtet wird oder nicht.“[141] Der Punkt war für Wormser so wichtig, dass er nach einer Meinungsverschiedenheit mit seinen Zentralbankkollegen darauf bestand, der offiziellen Stellungnahme des Ausschusses eine zusätzliche Anlage anzufügen, in der die abweichende Meinung der Banque de France konstatiert wurde.[142] Für den sonst eher kompromissbereiten Ausschuss der Zentralbankgouverneure war dies ein außergewöhnlicher Vorgang. Auch der französische „Trésor“ erwähnte in einem Ministerbericht das Ausscheren des Gouverneurs. Dies war ein Zeichen dafür, dass Olivier Wormser keiner vorgegebenen Verhandlungsposition der französischen Regierung gehorchte, son-

139 Eigene Übersetzung: Extrait du Cours de M. Duhamel “Monnaie et Marchés de capitaux à court terme”, VI Partie, Les communications avec les marchés extérieurs (pour Centre d'études supérieurs de Banque, Année 1970–1971), in: ABF, 1495200501/69, S. 44.

140 Vgl. Lettre Olivier Wormser à Hubert Ansiaux (Président du Comité des Gouverneurs CEE), 23. 6. 1969, in: ABF, 1489200205/255

141 Eigene Übersetzung: Lettre Olivier Wormser à Hubert Ansiaux (Président du Comité des Gouverneurs CEE), 23. 6. 1969, in: ABF, 1489200205/255, S. 2.

142 Vgl. Procès-Verbal de la 32ème séance du comité des gouverneurs des banques centrales des Etats membres de la Communauté Economique Européenne, tenue à Bâle, 7. 7. 1969, in: ECB Archives, S. 2.

dern seine eigene Linie verfolgte.[143] Die Banque de France interpretierte die Währungshilfen als eine Gegenleistung für die Bürden und Einschränkungen, die die EWG-Länder infolge der stärkeren wirtschaftspolitischen Koordination und der Vereinheitlichung der Volkswirtschaften hinnehmen müssten. Die Belastung der Zahlungsbilanzen durch den freien Güter-, Kapital-, und Personenverkehr innerhalb der Europäischen Gemeinschaft verdiente laut DGSE „mit vollem Recht" einen Ausgleich: „Eine solche Solidarität [...] würde dem Geist des gemeinschaftlichen Unternehmens voll und ganz entsprechen."[144]

Ein zweiter Bestandteil des französischen Konzepts war die Verringerung der Bandbreiten und die Schaffung eines gemeinsamen Devisenausgleichsfonds. Sie waren zentrale Bedingungen für ein vollständiges Währungssystem; ein gemeinsamer Währungsraum müsste unveränderliche und feste Wechselkurse aufweisen, eine gemeinsame Devisenpolitik gegenüber Drittstaaten verfolgen und seine Währungsreserven gemeinschaftlich verwalten.[145] Angesichts dieser Maßnahmen war die Verringerung der Bandbreiten für die Banque de France der erste logische Schritt auf dem Weg zur vollendeten Wirtschafts- und Währungsunion. Man würde eine wachsende Zusammengehörigkeit der europäischen Währungen demonstrieren,[146] sich von anderen Drittwährungen wie dem US-Dollar abgrenzen und darüber hinaus der wirtschaftspolitischen Harmonisierung einen Schub verleihen; denn die Regierungen und Zentralbanken der EWG-Länder wären infolge von engeren Bandbreiten gezwungen, ihre Politik stärker zu koordinieren und aufeinander abzustimmen.[147]

In einem System engerer Wechselkurs-Bandbreiten müsste zudem die Devisenpolitik der EWG-Länder klarer geregelt werden. Die europäischen Zentralbanken müssten häufiger auf den Devisenmärkten intervenieren, um die Wechselkurse in den vorgegebenen Grenzen zu halten. Zur Vereinfachung und Optimierung dieses Prozesses konzipierte die Banque de France ein institutionelles „Kompensationssystem"[148], beispielsweise in Form eines Devisenausgleichsfonds. Diese gemeinschaftliche Institution würde einen Saldenausgleich ermöglichen. Er könne die Interventionen automatisch miteinander verrechnen und darüber den Schuldnerländern im Bedarfsfall Kredite zur Verfügung stellen sowie den Gläubigern eine

143 Vgl. Note Trésor, Note pour le Ministre, Mémorandum de la Commission au Conseil sur la coordination des politiques économiques et la coopération monétaires au sein de la Communauté, 10. 7. 1969, in: ABF, 1489200205/255, S. 7.

144 Eigene Übersetzung: Note DGSE, De la réduction des marges de fluctuation des monnaies de la Communauté Economique Européenne, 6. 1. 1970, in: ABF, 1489200205/280, S. 11.

145 Vgl. Extrait du Cours de M. Duhamel "Monnaie et Marchés de capitaux à court terme", VI Partie, Les communications avec les marchés extérieurs (pour Centre d'études supérieurs de Banque, Année 1970–1971), in: ABF, 1495200501/69, S. 44 f.

146 Vgl. Note Marcel Théron (DGSE) an Pierre Berger (Conseiller du Gouverneur), L'unification monétaire de la C.E.E.; quelques aspects techniques, 6. 5. 1970, in: ABF, 1375200401/39, S. 1.

147 Vgl. Note DGSE, Schema d'argumentation en vue des réunions du comité d'experts sous la présidence du baron Ansiaux, 22. 6. 1970, in: ABF, 1489200205/276, S. 4.

148 Eigene Übersetzung: Note DGSE (Direction des Changes), Des marges de fluctuation des monnaies de la communauté, février 1970, in: ABF, 1489200205/280, S. 8.

Garantie verschaffen, um die Währungen der Defizitländer auch wieder einlösen zu können.[149] Ein solcher Fonds wäre zudem ein erster Schritt, die Währungsreserven der Gemeinschaft zusammenzulegen und zu vereinheitlichen.

Schließlich erachtete es die Banque de France als vordringlich, eine gemeinsame währungspolitische Position der Gemeinschaft gegenüber der Außenwelt, quasi eine eigenständige Währungspersönlichkeit, zu begründen. Dafür entwickelte sie zwei Vorgehensweisen. Zum einen schlug Sous-Gouverneur Bernard Clappier vor, die Koordination der EWG-Länder im Internationalen Währungsfonds (IWF), insbesondere in dessen Verwaltungsrat, zu forcieren. Man sollte Informationen untereinander intensiver austauschen, die Positionen im Vorhinein abklären und in globalen Währungsfragen eine gemeinsame Haltung finden.[150] In Zukunft könnte sich die EWG durch einen einzigen Abgeordneten beim IWF vertreten lassen.[151] Zum anderen erwog die DGSE die Schaffung einer gemeinsamen Rechnungseinheit.[152] Diese könnte die Devisenpolitik innerhalb der Gemeinschaft vereinfachen und „noch einmal in einer besonders symbolischen Form, deren psychologische Bedeutung offensichtlich ist, die Besonderheit des Europäischen Währungsraums bekräftigen."[153] Indem eine solche Währungseinheit an Gold und nicht an den Dollar gebunden wäre, würde man die dominante Rolle des US-Dollars in den internationalen Währungsbeziehungen in Frage stellen.[154] Die DGSE erörterte die Idee der Rechnungseinheit im Rahmen einer grundsätzlichen Debatte und nicht als unmittelbare Forderung für die ersten Phasen der Wirtschafts- und Währungsintegration. Aber alleine die Konzeption offenbarte, wie sich die Banque de France die Entwicklung der europäischen Wirtschafts- und Währungsunion vorstellte und welche Prioritäten sie setzte. Die einheitliche Vertretung im IWF und die Schaffung einer Rechnungseinheit waren eng mit dem Grundgedanken verknüpft, die Solidarität innerhalb der EWG und die Unabhängigkeit gegenüber Drittstaaten zu stärken.

Der Fokus der Banque de France auf die monetären Aspekte der Integration bedeutete nicht, dass sie die wirtschaftliche und wirtschaftspolitische Seite des Einigungsprozesses ausblendete. Sie war sich bewusst, dass eine Angleichung in allen Bereichen der Wirtschafts- und Währungspolitik notwendig war. Jehan Duhamel,

149 Vgl. Note DGSE, De la réduction des marges de fluctuation des monnaies de la Communauté Economique Européenne, 6. 1. 1970, in: ABF, 1489200205/280, S. 8.

150 Vgl. Note Bernard Clappier, Note sur les actions communes à entreprendre en matière monétaire dans le première phase de l'unification européenne, 10. 4. 1970 (Contribution au Comité Werner), in: ABF, 1489200205/255, S. 9.

151 Vgl. Note Bernard Clappier, Note sur les actions communes à entreprendre en matière monétaire dans le première phase de l'unification européenne, 10. 4. 1970 (Contribution au Comité Werner), in: ABF, 1489200205/255, S. 10.

152 Vgl. Note DGSE, La spécificité monétaire de la C.E.E. et le choix de l'unité de compte, 21. 7. 1970, in: ABF, 1489200205/244.

153 Eigene Übersetzung: Note DGSE, La spécificité monétaire de la C.E.E. et le choix de l'unité de compte, 21. 7. 1970, in: ABF, 1489200205/244, S. 3.

154 Vgl. Note DGSE, La spécificité monétaire de la C.E.E. et le choix de l'unité de compte, 21. 7. 1970, in: ABF, 1489200205/244, S. 3.

Direktor in der DGE, schrieb, dass eine „gleiche Entwicklung“[155] beider Stränge verfolgt werden müsse und gemeinsame Fiskalregeln, gemeinsame wirtschaftspolitische Ziele und eine bessere Koordination beispielsweise der Steuer- oder Lohnpolitik gleichermaßen zu den Zielen der Integration zählten. Diese Aussage schien sich mit den deutschen Überlegungen bezüglich der Parallelität von wirtschafts- und währungspolitischen Maßnahmen zu decken. Die Banque de France setzte sich dem Konzept der Parallelität nicht entgegen. Aber sie interpretierte es anders. Aus ihrer Sicht hatten die währungspolitischen Maßnahmen Vorrang, oder wie Duhamel schrieb: „Das Streben nach einer Währungsgemeinschaft hat an sich keine Bedeutung, sie ist nur eine der Bedingungen – *vielleicht die wichtigste* – der Wirtschaftsgemeinschaft.“[156] Die Banque ging sogar noch weiter und drehte die Argumentation der deutschen Seite, dass nur eine ausreichende wirtschaftliche Harmonisierung zu einer stabilen Wirtschafts- und Währungsunion führen könne, gewissermaßen um. Ende des Jahres 1970 schrieb die DGSE: „es ist utopisch zu glauben, dass sie [die komplette Beseitigung der Wechselkurs-Bandbreiten] selbstverständlich am Ende der [Integrations-] Periode wie die reife Frucht einer perfekten Harmonisierung und Koordination der Wirtschafts-, Finanz-, Haushalts-, Sozialpolitik … der Mitgliedsstaaten“[157] stehen würde. Nur eine klare Verpflichtung, die Wechselkurse vom ersten Moment zu vereinheitlichen, würde den Prozess der Wirtschafts- und Währungsintegration aufrechterhalten und vorantreiben.[158]

Verringerung der Bandbreiten und Devisenausgleichsfonds als Fixpunkte

In den Verhandlungen im Werner-Ausschuss und im Ausschuss der Zentralbankpräsidenten stellte die Banque de France die Reduzierung der Wechselkurs-Bandbreiten und die Einrichtung eines Devisenausgleichsfonds in den Mittelpunkt ihrer Bestrebungen. Bereits auf der ersten Sitzung des Werner-Ausschusses brachte Sous-Gouverneur Bernard Clappier den Wunsch vor, die Bandbreiten zu schmälern und einen Währungsfonds zu bilden, in dem die Zentralbanken ca. 10–15%

[155] Eigene Übersetzung: Extrait du Cours de M. Duhamel “Monnaie et Marchés de capitaux à court terme”, VI Partie, Les communications avec les marchés extérieurs (pour Centre d'études supérieurs de Banque, Année 1970–1971), in: ABF, 1495200501/69, S. 45.

[156] Eigene Übersetzung: Extrait du Cours de M. Duhamel “Monnaie et Marchés de capitaux à court terme”, VI Partie, Les communications avec les marchés extérieurs (pour Centre d'études supérieurs de Banque, Année 1970–1971), in: ABF, 1495200501/69, S. 47, eigene Hervorhebung.

[157] Eigene Übersetzung: Note DGSE, Du mode de rétrécissement des marges entre les monnaies de la Communauté, 1. 12. 1970, in: ABF, 1495200501/649, S. 3.

[158] Vgl. Conversation Van Helmont avec M. B. Clappier – Banque de France, le 4 Septembre 1970, 7. 9. 1970, in: Fondation Jean Monnet pour l'Europe, Lausanne, AMN 3/1/87.

ihrer Währungsreserven einbringen und der Gemeinschaft zur Verfügung stellen würden.[159]

Diese Forderung machte Clappier auch zur Grundlage seines schriftlichen Beitrags an die Werner-Gruppe einen Monat später.[160] Während er darin die Harmonisierung der Wirtschaftspolitik nicht unberücksichtigt ließ, hielt er es jedoch für wichtiger, „pragmatisch den Rahmen der Maßnahmen festzulegen, die bereits in der ersten Phase umgesetzt werden können."[161] Daher stellte er in einem drei Teile umfassenden Vermerk die Idee eines Regimes fester Wechselkurse an erste Stelle. Er plädierte dafür, die innereuropäischen Wechselkurs-Bandbreiten langsam zu verringern bzw. mindestens stabil zu halten. Das war angesichts einer unsicheren internationalen Währungslage und der Tendenz im IWF, die globalen Wechselkurse flexibler zu gestalten, von Vorrang. Es ging für die Europäische Gemeinschaft darum, „ihren Zusammenhalt zu verdeutlichen und die Zukunft der Gemeinschaft zu sichern."[162] Eine solche Verringerung der Wechselkursmargen benötigte darüber hinaus ein Interventionssystem, das den notwendigen Ausgleich zwischen den europäischen Wechselkursen regelte, und das beispielsweise durch einen „Devisenstabilisierungsfonds"[163] verwaltet werden könnte.

Die Vorschläge von Clappier ähnelten stark den Initiativen der belgischen und luxemburgischen Regierung sowie der Kommission. Dementsprechend deckten und verstärkten sie auch gegenseitig ihre Forderungen im Werner-Ausschuss.[164] Aber Clappier bezog seine Ideen nicht, wie von Dyson und Featherstone behauptet, maßgeblich von Dritten.[165] Er vertrat vielmehr eigenständige und originäre Konzepte, die in der Banque de France bereits seit Anfang Januar 1970 entwickelt worden waren,[166] und die von der Banque de France im Verlauf des Jahres nicht nur durch Clappier im Werner-Ausschuss, sondern auch im Ausschuss der Zen-

[159] Vgl. Bundeswirtschaftsministerium (Tietmeyer), Zusammenfassender Kurzbericht über die 1. Sitzung der Werner-Gruppe in Luxemburg am 20. März 1970, 23. 3. 1970, in: BArch, B102/93469, S. 6.

[160] Vgl. Note Bernard Clappier, Note sur les actions communes à entreprendre en matière monétaire dans le première phase de l'unification européenne, 10. 4. 1970 (Contribution au Comité Werner), in: ABF, 1489200205/255.

[161] Eigene Übersetzung: Note Bernard Clappier, Note sur les actions communes à entreprendre en matière monétaire dans le première phase de l'unification européenne, 10. 4. 1970 (Contribution au Comité Werner), in: ABF, 1489200205/255, S. 1.

[162] Eigene Übersetzung: Note Bernard Clappier, Note sur les actions communes à entreprendre en matière monétaire dans le première phase de l'unification européenne, 10. 4. 1970 (Contribution au Comité Werner), in: ABF, 1489200205/255, S. 3.

[163] Eigene Übersetzung: Note Bernard Clappier, Note sur les actions communes à entreprendre en matière monétaire dans le première phase de l'unification européenne, 10. 4. 1970 (Contribution au Comité Werner), in: ABF, 1489200205/255, S. 5.

[164] Vgl. Bundeswirtschaftsministerium (Tietmeyer), Interner Kurzbericht über die zweite Sitzung der Werner-Gruppe in Brüssel am 7. April 1970, 9. 4. 1970, in: BArch, B102/93469, S. 8 f.

[165] Vgl. Dyson/Featherstone, The Road to Maastricht, S. 107 f.

[166] Vgl. Note DGSE, De la réduction des marges de fluctuation des monnaies de la Communauté Economique Européenne, 6. 1. 1970, in: ABF, 1489200205/280.

tralbankpräsidenten bzw. in dem von ihm eingesetzten Expertenausschuss im Sommer 1970 verfochten wurden.

Verringerung der Bandbreiten

Die Verringerung der Bandbreiten war die Kernforderung der Banque de France. Sie stellte für sie eine der wenigen Möglichkeiten dar, die Wirtschafts- und Währungsunion von „der Ebene der Konzepte und Wünsche auf die der Realitäten"[167] zu heben. Zwei Gründe sprachen für diese Methode: zum einen, die Distanzierung zum Dollar und die Schaffung eines unabhängigen Währungsraums; zum anderen, die Verbesserung der wirtschafts- und währungspolitischen Zusammenarbeit innerhalb des EWG-Blocks.

Die DGSE erklärte, dass ein neues europäisches Währungsregime nur durch einen „Bruch mit dem aktuellen Regime"[168] von Bretton Woods herbeigeführt werden könnte. Man müsste sich von den Regeln des internationalen Währungssystems absetzen und insbesondere die Bindung zum Dollar lösen, um der EWG ein „eigenes und spezifisches"[169] Wechselkurs-System zu verschaffen. Die Reduktion der Wechselkursmargen innerhalb der Gemeinschaft war hierfür das geeignete Instrument. Eine solche Verringerung würde nach außen aufzeigen, dass die Europäische Gemeinschaft als „autonome Einheit"[170] funktionierte, in der die Beziehungen zwischen den gemeinschaftseigenen Währungen wichtiger waren als die diejenigen zu anderen Drittwährungen wie dem Dollar. Man würde einer „paradoxen Situation ein Ende setzen, in der die monetäre Intimität jedes westeuropäischen Landes gegenüber den Vereinigten Staaten derzeit größer ist als gegenüber jedem seiner anderen Partner."[171] Während gegenseitige Währungs- und Finanzhilfen die Voraussetzung für die Solidarität in der Gemeinschaft war, würde die Verringerung der Bandbreiten „die Währungssolidarität der EWG-Länder sichtbar konkretisieren."[172]

Diese war umso wichtiger, als gleichzeitig im internationalen Währungssystem Diskussionen über eine Lockerung der Wechselkurse geführt wurden. Clappier

[167] Eigene Übersetzung: Note DGSE (Direction des Changes), Les premières pas vers l'intégration monétaire dans la C.E.E., 24. 3. 1970, in: ABF, 1489200205/280, S. 1.

[168] Eigene Übersetzung: Note DGSE, Questions posées par le président Werner au comité des gouverneurs de Six, juin 1970, in: ABF, 1489200205/276, S. 6.

[169] Eigene Übersetzung: Note DGSE, Questions posées par le président Werner au comité des gouverneurs de Six, juin 1970, in: ABF, 1489200205/276, S. 2.

[170] Eigene Übersetzung: Note Marcel Théron (DGSE) an Pierre Berger (Conseiller du Gouverneur), L'unification monétaire de la C.E.E.; quelques aspects techniques, 6. 5. 1970, in: ABF, 1375200401/39, S. 1.

[171] Eigene Übersetzung: Extrait du Cours de M. Duhamel "Monnaie et Marchés de capitaux à court terme", VI Partie, Les communications avec les marchés extérieurs (pour Centre d'études supérieurs de Banque, Année 1970–1971), in: ABF, 1495200501/69, S. 45.

[172] Eigene Übersetzung: Note Marcel Théron (DGSE) an Pierre Berger (Conseiller du Gouverneur), L'unification monétaire de la C.E.E.; quelques aspects techniques, 6. 5. 1970, in: ABF, 1375200401/39, S. 6.

stellte einen direkten Bezug zwischen diesen Debatten im IWF und den europäischen Integrationsbemühungen her. Er wies darauf hin, dass die EWG aufgrund ihrer engen wirtschaftlichen Verflechtung und im besonderen Maße aufgrund der gemeinsamen Agrarpolitik keine Ausweitung der Bandbreiten ertragen würde.[173] Die DGSE erklärte, dass darüber hinaus die Ursache für die europäischen Währungsprobleme im alten Wechselkursregime von Bretton Woods lagen. Dieses hatte die Währungskrisen der vergangenen Jahre verursacht und gefährdete weiterhin die Funktionsfähigkeit des europäischen Wirtschaftsraums.[174] Indem man sich vom störungsanfälligen System unabhängig machte, könnte man die Währungsbeziehungen innerhalb der EWG stabilisieren.[175]

Neben der Schaffung einer währungspolitischen Einheit hätte die Verringerung der Margen auch ganz praktische Vorteile für die wirtschaftspolitische Zusammenarbeit der EWG-Länder. Die DGSE vertrat die Meinung, dass engere Margen eine Angleichung der Geldmärkte und eine Harmonisierung der Geld- und Kreditpolitik mit sich bringen würden. Die Zunahme von kurzfristigen Kapitalbewegungen zwischen den Mitgliedsländer würde von den EWG-Mitgliedstaaten erfordern, ihre Zinssätze und Kreditbedingungen stärker anzupassen.[176] Dieser Druck auf Vereinheitlichung würde sich auch über die Geld- und Kreditpolitik auf andere Bereiche wie die Haushalts- oder Konjunkturpolitik erstrecken, sodass die wirtschaftspolitische Integration allgemein vorangetrieben würde.[177] Gleichzeitig müssten die Zentralbanken aufgrund der häufigeren Interventionen, die das neue Regime benötigte, enger miteinander zusammenarbeiten und ihre Eingriffe auf den Devisenmärkten besser koordinieren. Es würde sich also auch zwischen den Zentralbanken eine stärkere Kooperation ergeben und den Weg für eine vollwertige Wirtschafts- und Währungsunion bereiten.[178]

Devisenausgleichsfonds

Die Frage des Devisenausgleichsfonds hing für die Banque de France engstens mit der Bandbreiten-Verringerung zusammen. Wie oben beschrieben, konzipierte sie einen solchen Fonds als Vermittlerinstitution im neuen Währungsregime. Er wäre

173 Vgl. Note Bernard Clappier, Note sur les actions communes à entreprendre en matière monétaire dans le première phase de l'unification européenne, 10. 4. 1970 (Contribution au Comité Werner), in: ABF, 1489200205/255, S. 3.

174 Vgl. Note DGSE, Schema d'argumentation en vue des réunions du comité d'experts sous la présidence du baron Ansiaux, 22. 6. 1970, in: ABF, 1489200205/276, S. 8.

175 Vgl. Note DGSE, Schema d'argumentation en vue des réunions du comité d'experts sous la présidence du baron Ansiaux, 22. 6. 1970, in: ABF, 1489200205/276, S. 8.

176 Vgl. Note DGSE, Répercussions sur les mouvements de réserves, 8. 7. 1970, in: 1489200205/273; vgl. auch: Note DGSE, Réduction des marges de fluctuations, 8. 7. 1970, in: 1489200205/273.

177 Es war eben dieser „Sachzwang", den die Bundesbank als realitätsfern und „naiv" bezeichnete; vgl. Klasen, Die Verwirklichung der Wirtschafts- und Währungsunion, S. 454.

178 Vgl. Note DGSE, Questions posées par le président Werner au comité des gouverneurs de Six, juin 1970, in: ABF, 1489200205/276, S. 5.

„sehr nützlich",[179] um die Devisenmarkt-Interventionen der Zentralbanken zu regeln und einen Ausgleich zwischen Gläubiger- und Schuldnerländern herzustellen.

Darüber hinaus hatte die Banque de France drei weitere Motive, ein Kompensationssystem bzw. einen Devisenfonds zu errichten. Erstens entsprach es ihrer Auffassung von Solidarität, dass in einem gemeinsamen Währungsraum die Länder sich gegenseitig unterstützten und die währungsstarken Länder den Defizitländern einen Teil ihrer Devisen zur Verfügung stellten, damit diese ihren Wechselkurs verteidigen könnten.[180] Marcel Théron, der Leiter der Auslandsabteilung der Banque de France und ihr Vertreter im Expertenausschuss der Zentralbanken im Sommer 1970, betonte, dass der Grad der Hilfsbereitschaft bzw. das Maß der Währungsreserven, die gemeinschaftlich geteilt würden, „den in der Gemeinschaft vorherrschenden zentrifugalen oder zentripetalen Trend sehr deutlich machen"[181] würde. Die Errichtung eines Devisenausgleichsfonds wäre demnach Ausdruck der gegenseitigen Solidarität, insbesondere gegenüber den Ländern mit schwachen Währungen. Auch Clappier wies im Werner-Ausschuss auf die einigende Wirkung eines Devisenausgleichsfonds als „Instrument ‚des gemeinsamen Interesses'"[182] hin. Er hob hervor, dass die Einrichtung eines solchen Fonds „ein spektakulärer Vorgang sei, der eine wichtige politisch-psychologische Wirkung ausüben könne."[183]

Zweitens sah die Banque de France im Devisenausgleichsfonds die Chance, die Abhängigkeit vom Dollar weiter zu verringern. Sie nahm an, dass ein Fonds auch die gemeinsame Devisenpolitik der EWG gegenüber der Außenwelt nach und nach übernehmen könnte.[184] Dementsprechend würde nicht mehr jedes einzelne EWG-Land gesonderte Beziehungen zu Drittwährungen unterhalten, sondern der Fonds würde für die Gemeinschaft als Ganzes die Verbindlichkeiten und Forderungen gegenüber den Drittstaaten verwalten. In der Folge könnten die Länder ihre Dollarreserven abbauen und ihre Dollarnutzung einschränken. Die EWG könnte sich von ihrer Abhängigkeit von der amerikanischen Währung befreien.[185]

Ein gemeinsamer Devisenausgleichsfonds hatte drittens das Potential, innerhalb des europäischen Währungsraums zwischen den EWG-Währungen ein Gleichge-

[179] Eigene Übersetzung: Note DGSE, Questions posées par le président Werner au comité des gouverneurs de Six, juin 1970, in: ABF, 1489200205/276, S. 7.

[180] Vgl. Note DGSE, De la réduction des marges de fluctuation des monnaies de la Communauté Economique Européenne, 6. 1. 1970, in: ABF, 1489200205/280, S. 10 f.

[181] Eigene Übersetzung: Note Marcel Théron (DGSE) an Pierre Berger (Conseiller du Gouverneur), L'unification monétaire de la C.E.E.; quelques aspects techniques, 6. 5. 1970, in: ABF, 1375200401/39, S. 5.

[182] Bundeswirtschaftsministerium (Tietmeyer), Interner Kurzbericht über die dritte Sitzung der Gruppe ‚Werner' in Rom am 30. April 1970, 4. 5. 1970, in: BArch, B102/93460, S. 9.

[183] Bundeswirtschaftsministerium (Tietmeyer), Interner Kurzbericht über die dritte Sitzung der Gruppe ‚Werner' in Rom am 30. April 1970, 4. 5. 1970, in: BArch, B102/93460, S. 9.

[184] Vgl. Note DGSE (Direction des Changes), Des marges de fluctuation des monnaies de la communauté, février 1970, in: ABF, 1489200205/280, S. 8 f.

[185] Vgl. Note DGSE (Direction des Changes), Des marges de fluctuation des monnaies de la communauté, février 1970, in: ABF, 1489200205/280, S. 9.

wicht herzustellen. Die Banque de France befürchtete, dass im Fall von verringerten Wechselkursmargen die stärkste Währung, also die D-Mark, die Wechselkurs-Tendenz auch der anderen EWG-Währungen gegenüber dem Dollar bestimmen würde. Wenn die D-Mark höher bewertet würde, müssten auch der französische Franc und die Lira aufwerten, ungeachtet der wirtschaftlichen Bedingungen. Demnach drohte für die währungsschwachen Länder eine neue Abhängigkeit, diesmal innerhalb der EWG.[186] Ein Kompensationssystem in Form eines Ausgleichsfonds sollte dazu beitragen, der Dominanz der D-Mark vorzubeugen. Die Solidarität hatte hier für die Banque de France also einen ganz spezifischen Nutzen bzw. Eigennutzen für die französische Währung.

Die Intention der Banque de France in den Verhandlungen um die Wirtschafts- und Währungsintegration war darauf gerichtet, ein neues, unabhängiges Währungsregime für Europa zu schaffen. Daher standen die Maßnahmen der Bandbreiten-Verringerung und des Devisenausgleichsfonds im Zentrum ihres Ansatzes. Sie würden einerseits dazu beitragen, die EWG als autonome Währungseinheit gegenüber dem Dollar zu etablieren, und andererseits die Voraussetzung dafür schaffen, dass die Beziehungen der EWG-Währungen untereinander ausbalanciert, die schwachen Währungen unterstützt und die Dominanz starker Währungen unterdrückt würden. Demgegenüber rückte der Gedanke der wirtschaftspolitischen und wirtschaftlichen Harmonisierung in den Hintergrund.

Zwischen Einfluss und Machtlosigkeit: die Banque in den Verhandlungen

Bernard Clappier als Schlüsselfigur

Die Banque de France erhielt hauptsächlich durch ihren Sous-Gouverneur, Bernard Clappier, Einflussmöglichkeiten auf die Verhandlungen der Währungsintegration. Als Vorsitzender des EWG-Währungskomitees war Clappier qua Amt Mitglied im Werner-Ausschuss und damit im entscheidenden Gremium für die Vorbereitung des Stufenplans für die Wirtschafts- und Währungsunion. Dort agierte er, trotz strenger Richtlinien der französischen Regierung, weitgehend unabhängig.[187] Zwei Punkte charakterisieren die Verhandlungsführung von Clappier: erstens sein Enthusiasmus für Europa und sein Wille, die europäische Einigung voranzubringen, zweitens seine Bezugnahme auf die währungspolitischen Konzepte der Banque de France.

Clappier setzte sich dafür ein, das Währungsprojekt schnell und konsequent zu realisieren. Im EWG-Währungskomitee betonte er, dass „in der Geschichte der EWG eine gewisse Anzahl an wichtigen Gelegenheiten für Fortschritte gegeben

186 Vgl. Note DGSE, De la réduction des marges de fluctuation des monnaies de la Communauté Economique Européenne, 6. 1. 1970, in: ABF, 1489200205/280, S. 7.
187 Vgl. Dyson/Featherstone, The Road to Maastricht, S. 107 f.

waren, und dies zum jetzigen Zeitpunkt der Fall war."[188] Man müsse die Chance nutzen, die die politische Initiative von Den Haag bot, und die europäische Integration bedeutsam vorantreiben. Auch in der ersten Sitzung des Werner-Ausschusses drängte Clappier, nicht zu zögern; denn „nach seiner Meinung arbeitet die Zeit gegen Europa."[189]

Entsprechend dieser Dringlichkeit nahm sich Clappier deutlich mehr Freiräume als die französische Regierungsvorgabe eigentlich erlaubte. So wich er in der Streitfrage um die Institutionen und Kompetenzen einer vollendeten Wirtschafts- und Währungsunion vom Standpunkt der französischen Regierung ab. Staatspräsident Pompidou widersetzte sich der Abgabe von Souveränitätsrechten und der Idee, europäischen Institutionen zu viel Macht zuzuerkennen.[190] Das Ziel einer politischen Union, so wie es von der Bundesrepublik gefordert wurde, lehnte er ab.[191] Dieser Linie folgend blockte Finanzminister Giscard d'Estaing auf dem Ministerrat in Venedig Ende Mai 1970 exakte Absprachen über die finale Stufe der Wirtschafts- und Währungsintegration.[192] Clappier vertrat im Werner-Ausschuss dagegen eine andere Meinung. In den Aufzeichnungen von Hans Tietmeyer hieß es, dass „er [Clappier] sich ausdrücklich für eine genaue Beschreibung des Endzustandes aussprach und auch dafür eintrat, die [...] Offenlegung der notwendigen Kompetenzverlagerung in den Bericht zu übernehmen."[193] Clappier akzeptierte darüber hinaus die deutsche Formulierung, dass die Wirtschafts- und Währungsunion „als Ferment für die Entwicklung der politischen Union" dienen würde,[194] eine klare Diskrepanz zur Haltung von Staatspräsident Pompidou. Clappier konnte sich damit als Mediator qualifizieren. Seine Überzeugung von der europäischen Idee ließ ihn Kompromisse eingehen, die den Interessen der Regierung bzw. des Staatspräsidenten entgegenliefen. Im finalen Entwurf enthielt der Werner-Bericht nicht zuletzt aufgrund der Befürwortung durch Clappier die Vorschläge zur Einrichtung eines föderalen Zentralbanksystems und eines supranationalen wirtschaftspolitischen Entscheidungsgremiums.

Gleichzeitig nutzte Clappier seine Stellung, um die integrationspolitischen Konzepte der Banque de France in die Diskussionen des Werner-Ausschusses einflie-

188 Eigene Übersetzung: Note Trésor/Banque de France, Compte rendu de la 139e session du Comité Monétaire de la C.E.E., 27. 4. 1970, in: ABF, 1489200205/122, S. 3.

189 Bundeswirtschaftsministerium (Tietmeyer), Zusammenfassender Kurzbericht über die 1. Sitzung der Werner-Gruppe in Luxemburg am 20. März 1970, 23. 3. 1970, in: BArch, B102/93469, S. 6.

190 Vgl. Schirmann, Georges Pompidou.

191 Vgl. Dyson/Featherstone, The Road to Maastricht, S. 107.

192 Vgl. Vermerk Hauptabteilung I22 (Bundesbank), Betreff: Bericht über die Konferenz der Finanz- und Wirtschaftsminister sowie der Notenbankpräsidenten der EWG am 29. und 30. Mai in Venedig, 1. 6. 1970, in: HA Bbk, N-2/000156, S. 4.

193 Bundeswirtschaftsministerium (Tietmeyer), Interner Kurzbericht über die dritte Sitzung der Gruppe ‚Werner' in Rom am 30. April 1970, 4. 5. 1970, in: BArch, B102/93460, S. 3.

194 Vgl. Bundeswirtschaftsministerium (Tietmeyer), Kurzer Bericht über die 9. Sitzung der ‚Werner-Gruppe' am 10./11. September 1970 in Luxemburg, 16. 9. 1970, in: BArch, B102/93463, S. 2.

ßen zu lassen. Im Gegensatz zur Bundesbank, die nur indirekt über das Bundeswirtschaftsministerium die Verhandlungen im Werner-Ausschuss verfolgen und beeinflussen konnte, war Clappier vor Ort präsent und stellte eine direkte Verbindung zwischen Banque de France und Werner-Ausschuss her. Dies wurde durch sein Papier, das er im April dem Werner-Ausschuss vorlegte, evident.[195] Es wies nicht nur erhebliche inhaltliche Übereinstimmungen mit Vermerken der DGSE vom Frühjahr 1970 auf,[196] sondern übernahm teilweise wörtlich die Diktion oder ganze Textstellen der DGSE-Noten. Beispielsweise hatte die DGSE im Januar 1970 hinsichtlich der Folgen der Bandbreiten-Verringerung geschrieben, dass „es notwendig ist, dass jede Zentralbank einen ausreichenden Pool von Gemeinschaftswährungen in ihren Reserven hält oder über Kreditlinien verfügt, die ihren Partnern sofort zur Verfügung stehen, und gleichzeitig bereit ist, ihnen ihre eigene Währung zur Verfügung zu stellen.“[197] Clappier wiederholte in seinem Vorschlag, dass ein neues System „jede Zentralbank veranlassen müsste, entweder einen geeigneten Pool von Gemeinschaftswährungen in ihren Reserven zu halten oder über Kreditlinien ihrer Partner zu verfügen und bereit zu sein, diese zu eröffnen.“[198] Das Beispiel zeigte die enge Verknüpfung zwischen der Tätigkeit Clappiers und den Auffassungen der Banque. Im Einklang mit ihrem Programm argumentierte Clappier im Werner-Ausschuss zugunsten einer raschen Umsetzung währungspolitischer Maßnahmen, das hieß konkret: die Wechselkurs-Bandbreiten zu verringern und einen Devisenausgleichsfonds einzurichten.[199]

Ein weiterer Aspekt begünstigte die Verhandlungsposition von Clappier. Er war Mitglied sowohl im Werner-Auschuss als auch im Ausschuss der Zentralbankpräsidenten sowie im EWG-Währungssausschuss. Er nahm somit an allen entscheidenden Treffen und Gesprächen zur Wirtschafts- und Währungsintegration teil und fungierte gewissermaßen als Schnittstelle zwischen den verschiedenen Ausschüssen und zwischen Regierungen und Zentralbanken. Seine Stellung gewährte ihm Zugriff auf alle essentiellen Informationen und erlaubte ihm, seine Vorstellungen in jedem dieser Gremien zu vermitteln und zu behaupten.

195 Vgl. Note Bernard Clappier, Note sur les actions communes à entreprendre en matière monétaire dans le première phase de l'unification européenne, 10. 4. 1970 (Contribution au Comité Werner), in: ABF, 1489200205/255.

196 Vgl. Note DGSE, De la réduction des marges de fluctuation des monnaies de la Communauté Economique Européenne, 6. 1. 1970, in: ABF, 1489200205/280; Note DGSE (Direction des Changes), Des marges de fluctuation des monnaies de la communauté, février 1970, in: ABF, 1489200205/280; Note DGSE (Direction des Changes), Les premières pas vers l'intégration monétaire dans la C.E.E., 24. 3. 1970, in: ABF, 1489200205/280.

197 Eigene Übersetzung: Note DGSE, De la réduction des marges de fluctuation des monnaies de la Communauté Economique Européenne, 6. 1. 1970, in: ABF, 1489200205/280, S. 7.

198 Eigene Übersetzung: Note Bernard Clappier, Note sur les actions communes à entreprendre en matière monétaire dans le première phase de l'unification européenne, 10. 4. 1970 (Contribution au Comité Werner), in: ABF, 1489200205/255, S. 5.

199 Vgl. Bundeswirtschaftsministerium (Tietmeyer), Interner Kurzbericht über die zweite Sitzung der Werner-Gruppe in Brüssel am 7. April 1970, 9. 4. 1970, in: BArch, B102/93469; vgl. auch: Bundeswirtschaftsministerium (Tietmeyer), Interner Kurzbericht über die dritte Sitzung der Gruppe ‚Werner' in Rom am 30. April 1970, 4. 5. 1970, in: BArch, B102/93460.

Expertenausschuss

Die Verhandlungen im Expertenausschuss, der vom Ausschuss der Zentralbankgouverneure im Sommer 1970 eingerichtet wurde und der die Bandbreiten-Verringerung und den Devisenfonds zum Thema hatte, stellten einen zweiten Bereich dar, in dem die Banque de France als Akteur auftreten und Einfluss auf den Werner-Plan nehmen konnte. Marcel Théron, Generaldirektor der DGSE, repräsentierte die Banque im Expertenausschuss und vertrat entschlossen die Forderungen, die Margen zwischen den EWG-Währungen zu verringern und einen Stabilisierungsfonds einzurichten.[200] Beide Maßnahmen waren aus seiner Sicht unverzichtbare Schritte, um den europäischen Währungsraum zu einer „autonomen Einheit"[201] gegenüber dem Dollar zu machen und den solidarischen Charakter der Gemeinschaft zu unterstreichen.[202]

Gemeinsam mit dem belgischen Vorsitzenden des Expertenausschusses, Hubert Ansiaux, gelang es den Vertretern der Banque de France, ihre Vorstellungen in den Abschlussbericht des Expertenkomitees einzubringen. Gleichzeitig mussten sie jedoch angesichts des Widerstands der Bundesbank und der niederländischen Zentralbank Zugeständnisse machen und ihre Forderungen deutlich abschwächen. Im Abschlussbericht einigten sich die Verhandlungspartner darauf, die Schaffung des Devisenausgleichsfonds auf eine spätere Phase der Währungsintegration zu verschieben.[203] Clappier räumte im Ausschuss der Zentralbankpräsidenten ein, dass „dass ein Devisenausgleichsfonds im strikten Sinne für das angestrebte EWG-Wechselkurssystem technisch nicht unbedingt erforderlich sei."[204] Ebenso blieb vom Wunsch nach Verringerung der Bandbreiten nur eine reduzierte Form übrig, die vorsah, vorerst eine experimentelle Phase einzuleiten und die Margen nur probeweise zu reduzieren.[205]

Das Ergebnis der Zentralbankverhandlungen war ein Kompromiss. Während die Bundesbank überzeugt war, ihre Interessen verwirklicht zu haben, konnte die Banque de France für sich verbuchen, die Verringerung der Bandbreiten durchgesetzt zu haben. Die Bedeutung der Ausschussarbeit lag darin, dass Banque de

[200] Vgl. Note DGSE, Schema d'argumentation en vue des réunions du comité d'experts sous la présidence du baron Ansiaux, 22. 6. 1970, in: ABF, 1489200205/276; vgl. auch: James, Making the European Monetary Union, S. 80.

[201] Eigene Übersetzung: Note Marcel Théron (DGSE) an Pierre Berger (Conseiller du Gouverneur), L'unification monétaire de la C.E.E.; quelques aspects techniques, 6. 5. 1970, in: ABF, 1375200401/39, S. 1.

[202] Vgl. Note Marcel Théron (DGSE) an Pierre Berger (Conseiller du Gouverneur), L'unification monétaire de la C.E.E.; quelques aspects techniques, 6. 5. 1970, in: ABF, 1375200401/39.

[203] Vgl. Vermerk Hauptabteilung A, Betreff: Verwirklichung der Wirtschafts- und Währungsunion in der EWG, hier: Entwurf eines mündlichen Kurzberichts für den Zentralbankrat, 10. 8. 1970, in: HA Bbk, B330/7947, S. 3.

[204] Vermerk Otmar Emminger, Betreff: Bericht der EWG-Notenbankgouverneure an den Werner-Ausschuss, 4. 9. 1970, in: HA Bbk, B330/7947, S. 2.

[205] Vgl. Vermerk Hauptabteilung A, Betreff: Verwirklichung der Wirtschafts- und Währungsunion in der EWG, hier: Entwurf eines mündlichen Kurzberichts für den Zentralbankrat, 10. 8. 1970, in: HA Bbk, B330/7947, S. 2.

France und Bundesbank sowie alle anderen teilnehmenden Zentralbanken einen gemeinsamen Nenner fanden. In dieser Hinsicht betonte Hubert Ansiaux, dass „der Bericht nach seiner Auffassung die Behauptung widerlege, als seien die Notenbanken die Bremsen auf dem Weg zur Wirtschafts- und Währungsunion. Auf währungspolitischen Gebiet sei man nunmehr in der Lage, eine konkrete Untersuchung vorzulegen, während man z. B. bei der Budgetpolitik bisher über sehr allgemein gehaltene Grundsatzdiskussionen im ‚Werner-Ausschuss' nicht hinausgekommen sei."[206] Sowohl Banque de France als auch Bundesbank gaben Positionen auf und gingen auf ihre Partnerbanken zu, sodass letztendlich eine Einigung erzielt wurde, die als Grundlage für den Beginn der wirtschafts- und währungspolitischen Integration dienen konnte.[207]

Mit ihrer Kompromissbereitschaft wich die Banque de France von der offiziellen Position der französischen Regierung ab. Der „Trésor" bezeichnete in einem Vermerk an Finanzminister Giscard d'Estaing den Expertenbericht als „nicht sehr zufriedenstellend."[208] Er beklagte die Art und Weise, wie die Zentralbanken die Bandbreiten verringern und die Devisenmarkt-Interventionen gestalten wollten, und er missbilligte das Fehlen eines gemeinsamen Fonds und gemeinsamer Kredithilfen.[209] Die Banque zeigte sich in diesem Teil der Verhandlungen also deutlich flexibler und ergebnisorientierter als die Regierung.

Unterwerfung unter das politische Primat

So sehr die Banque de France in währungstechnischer Hinsicht ihre Standpunkte in die Diskussion einbringen konnte, so sehr war ihr Handlungsspielraum im politischen Bereich durch ihre institutionelle Abhängigkeit vom französischen Wirtschafts- und Finanzministerium eingeschränkt.

Ganz klar lehnte die Banque de France ab, Fragen zu behandeln, die politischer Natur waren und nicht in ihren Kompetenzbereich fielen. Politische Entscheidungen überließ sie der Regierung. In einem Vermerk zu den Verhandlungen im Expertenausschuss unterstrich die DGSE, dass es nicht die Aufgabe der Experten war, über die Entscheidung des Ministerrats zur Bandbreiten-Verringerung zu diskutieren, dies war ein „fait acquis",[210] eine unumstößliche Tatsache. Stattdessen

206 Vermerk Hauptabteilung I, Betreff: Bericht der Expertengruppe unter Vorsitz von Gouverneur Ansiaux zum Fragenkatalog des ‚Werner-Ausschusses', 6. 8. 1970, in: HA Bbk, B330/7947, S. 3.

207 Vgl. Procès-Verbal de la 43ème séance du comité des gouverneurs des banques centrales des Etats membres de la Communauté Economique Européenne, tenue à Bâle, 12./13. 9. 1970, in: ECB Archives.

208 Eigene Übersetzung: Note Trésor, Note pour le Ministre, Objet: Propositions du Groupe Werner en matière d'Union monétaire, 2. 9. 1970, in: ABF, 1489200205/255, S. 5.

209 Vgl. Note Trésor, Note pour le Ministre, Objet: Propositions du Groupe Werner en matière d'Union monétaire, 2. 9. 1970, in: ABF, 1489200205/255, S. 5 f.

210 Note DGSE, Schema d'argumentation en vue des réunions du comité d'experts sous la présidence du baron Ansiaux, 22. 6. 1970, in: ABF, 1489200205/276, S. 7.

sollten sie die Mittel und Wege zur Realisierung dieser Entscheidung erarbeiten.[211] Die DGSE trennte also klar zwischen der. politischen Sphäre der Minister und der technischen Sphäre der Zentralbanken, wobei sie sich dem Primat der Politik unterordnete. Diese Haltung zeigte sich auch in der Analyse der DGSE des finalen Werner-Berichts.[212] Sie kommentierte, dass die Forderung des Werner-Berichts, die Kompetenzen der europäischen Zentralbanken auszubauen, für französische Verhältnisse wahrscheinlich zu weit ginge. Die neuen Befugnisse des europäischen Zentralbankausschusses würden die Rechte übersteigen, „die der Trésor der Banque de France zuerkannte."[213] Die DGSE bezweifelte, ob diese Diskrepanz von der französischen Regierung akzeptiert würde. In dieser Verhaltensweise zeigten sich deutliche Unterschiede zur Deutschen Bundesbank. Die Banque de France konnte nicht aus ihrem institutionellen Rahmen ausbrechen und stellte daher diesen Passus des Werner-Berichts in Frage. Dagegen legte die Bundesbank besonderen Wert auf diesen Aspekt und reagierte auf jede Infragestellung ihrer Unabhängigkeit mit heftiger Kritik und entschiedener Abwehr.

Die Banque de France stand außerdem unter der Kontrolle der Regierung. Bernard Clappier musste beispielsweise sein Konzept für die Währungsintegration zuerst der französischen Regierung unterbreiten, bevor er es im Werner-Ausschuss präsentieren durfte. Sie behielt sich das Anrecht vor, den Input des Sous-Governeurs auf die Vereinbarkeit mit ihren Zielen zu überprüfen.[214] In der Frage eines künftigen europäischen, unabhängigen Zentralbanksystems wies, wie die DGSE schon vermutete, die französische Regierung jede Kompetenzübertragung oder Veränderung ihres nationalen politischen Systems scharf zurück. Pompidou dachte nicht daran, die Struktur der französischen Zentralbank anzupassen.[215] Auf einer Sitzung des inneren Regierungszirkels insistierte er: „Die Banque de France muss die Bank von Frankreich sein."[216]

In den Verhandlungen hatte die Banque de France folglich einen Balanceakt zu meistern. Auf der einen Seite wirkte sie auf eine schnelle Umsetzung des Währungsprojekts hin, war zielorientiert und kompromissbereit und schuf damit eine wichtige Grundlage für eine erfolgreiche Wirtschafts- und Währungsintegration. Auf der anderen Seite waren ihr institutionelle Grenzen gesetzt. Sie musste sich in den entscheidenden Fragen der Regierung unterordnen. Das machte sich nach der Veröffentlichung des Werner-Berichts, den Clappier und Banque de France

211 Vgl. Note DGSE, Schema d'argumentation en vue des réunions du comité d'experts sous la présidence du baron Ansiaux, 22. 6. 1970, in: ABF, 1489200205/276, S. 7.

212 Vgl. Note DGSE, Les deux rapports du comité Werner, 4. 11. 1970, in: ABF, 1489200205/255.

213 Eigene Übersetzung: Note DGSE, Les deux rapports du comité Werner, 4. 11. 1970, in: ABF, 1489200205/255, S. 2, Fußnote.

214 Vgl. Vermerk Unterabteilung E A (Bundeswirtschaftsministerium), Interner Kurzbericht über die zweite Sitzung der „Werner-Gruppe" in Brüssel am 7. April 1970, 9. 4. 1970, in: Ha Bbk, N-2/000155, S. 1. Dies hielt Clappier jedoch nicht davon ab, in den mündlichen Verhandlungen eine abweichende Position zu beziehen.

215 Vgl. Wilkens, Une tentative prématurée ?, S. 89.

216 Zitiert bei: Wilkens, Une tentative prématurée ?, S. 89, Fußnote 43.

mitgetragen hatten, deutlich bemerkbar. Pompidou lehnte ihn kategorisch ab. Er „rügte Clappier dafür, unterzeichnet zu haben,“[217] und nahm den Verhandlungsprozess in die eigene Hand.

Die Kommissionsvorschläge, ein Rückschritt?

Die neuen Vorschläge, die die Kommission Ende Oktober 1970 für die Umsetzung der Wirtschafts- und Währungsunion machte, stießen in der Banque de France auf gemischte Reaktionen.[218] Die DGSE akzeptierte einerseits die Vorgehensweise der Kommission. Die allgemeinen Positionen des Werner-Berichts seien übernommen worden. Es sei verständlich, dass der Bericht für einen konkreten legislativen Entwurf gekürzt werden musste. Andererseits kritisierte sie aber, dass die Ergebnisse des Werner-Berichts ausgerechnet in den wesentlichen Punkten reduziert bzw. ignoriert wurden. Zur Einrichtung gemeinschaftlicher Institutionen, zur Kompetenzübertragung von nationaler auf europäische Ebene und zur Rolle des Ausschusses der Zentralbankpräsidenten blieb der Kommissionsentwurf entweder sehr vage oder schwächte die Schlussfolgerungen des Werner-Berichts ab.[219] Die DGSE urteilte: „Die hauptsächliche Bemühung der Kommission scheint es gewesen zu sein, die Werner-Vorschläge hinsichtlich des Aufbaus supranationaler Strukturen abzuschwächen.“[220] Die Banque de France beurteilte ebenso wie die Bundesbank den Kommissionsentwurf als einen Rückschritt im Vergleich zum Werner-Plan. Zugleich machte sie auch positive Aspekte aus. Sie schrieb: „Nach der Kühnheit der Werner-Gruppe kann die vorsichtige und schüchterne Haltung der Kommission enttäuschen: sie kann sich auch als günstig erweisen.“[221]

Aus dieser doppeldeutigen und zwiespältigen Aussage sprach das Dilemma der Banque. Der Kompromiss des Werner-Plans, den sie mitgeschmiedet und unterstützt hatte, wurde durch die Kommission seiner Bedeutung beraubt. Das konnte sie nicht gutheißen. Sie war sich allerdings der politischen Konstellation Frankreichs, der Blockadehaltung Pompidous und der eigenen Ohnmacht bewusst. Sie konnte als französische Zentralbank keinen konstruktiven Beitrag zum Thema mehr leisten. Wormser erklärte im Zentralbankausschuss, er könne „keinen Aufschluss über die französische Position [...] geben, da sie seinem Wesen nach in die Zuständigkeit der Regierung fiel.“[222] Während alle andere EWG-Zentralban-

[217] Eigene Übersetzung: Dyson/Featherstone, The Road to Maastricht, S. 109.

[218] Vgl. Note DGSE, Rapport Werner et propositions de la Commission au Conseil de la CEE, 26.11.1970, in: ABF, 1489200205/255.

[219] Vgl. Note DGSE, Rapport Werner et propositions de la Commission au Conseil de la CEE, 26.11.1970, in: ABF, 1489200205/255, S. 2–5.

[220] Eigene Übersetzung: Note DGSE, Rapport Werner et propositions de la Commission au Conseil de la CEE, 26.11.1970, in: ABF, 1489200205/255, S. 6.

[221] Eigene Übersetzung: Note DGSE, Rapport Werner et propositions de la Commission au Conseil de la CEE, 26.11.1970, in: ABF, 1489200205/255, S. 6.

[222] Eigene Übersetzung: Vgl. Procès-Verbal de la 45ème séance du comité des gouverneurs des banques centrales des Etats membres de la Communauté Economique Européenne, tenue à Bâle, 12.12.1970, in: ECB Archives, S. 4.

ken, allen voran die Bundesbank, im Ausschuss der Zentralbankgouverneure Einwand und scharfe Kritik gegen die Kommissionsvorschläge erhoben, blieb die Banque de France passiv und verwies auf die Verantwortung der Regierung.[223] Neben ihrer Enttäuschung hegte sie aber die Hoffnung, dass die Kommissionspläne die politische Blockade, insbesondere in Frankreich, überwinden könne. Doch anders als von der deutschen Zentralbank vermutet, stimmte die Banque de France nicht mit den Kommissionsvorschlägen überein. Während Emminger in einem Bericht über die Sitzung der Zentralbankgouverneure festhielt, dass Clappier „sich jeder Kritik"[224] enthielt, und damit implizierte, dass dieser mit der Kommission einverstanden sei, zeichnete die Sichtweise der Banque de France ein anderes, komplexeres Bild. Sie befürwortete nach wie vor den Werner-Plan, musste aber die politischen Realitäten in Frankreich berücksichtigen und war daher in ihrer Handlungsfähigkeit Ende des Jahres 1970 deutlich eingeschränkt.

1.3. Synthese

Die Widerstände der französischen Regierung konnten rasch überwunden werden. Bei den deutsch-französischen Konsultationsgesprächen Ende Januar 1971 fanden Bundeskanzler Brandt und Staatspräsident Pompidou zu einer „wesentlichen Annäherung in wichtigen Punkten."[225] Am 8. und 9. Februar 1971 einigten sich die EWG-Finanz- und Wirtschaftsminister auf einen gemeinsamen Text und verabschiedeten ihn am 22. März als Beschluss zur „stufenweise[n] Verwirklichung der Wirtschafts- und Währungsunion."[226] Die Entschließung war weniger ambitioniert als der Werner-Bericht. Sie beschränkte sich auf einen allgemeineren Plan für die erste Stufe der Währungsintegration, eine verstärkte Koordinierung der Wirtschaftspolitik und eine Verringerung der Bandbreiten, und ließ die Fragen der Institutionen und Souveränitätsabgabe ausgeklammert. Die Bundesregierung erklärte sich zugunsten eines Kompromisses mit Frankreich einverstanden, nicht zuletzt, weil sie eine Sicherungsklausel erwirken konnte, die eine parallele Ent-

223 Vgl. Procès-Verbal de la 44ème séance du comité des gouverneurs des banques centrales des Etats membres de la Communauté Economique Européenne, tenue à Bâle, 8. 11. 1970, in: ECB Archives, S. 3.

224 Vermerk Otmar Emminger, Betreff: Werner-Bericht und Vorschläge der Europäischen Kommission (hier: Sitzung der Zentralbankgouverneure der EWG in Basel am 8. November 1970, 9. 11. 1970, in: HA Bbk, N-2/000228, S. 1.

225 Kurzbericht Unterabteilung E A (Bundeswirtschaftsministerium), Ergebnisse der deutsch-französischen Konsultationen am 25./26. Januar 1971 in Paris, 27. 1. 1971, in: HA Bbk, N-2/000154, S. 1; vgl. auch: Gespräch des Bundeskanzlers Brandt mit Staatspräsident Pompidou in Paris, 25. 1. 1971, in: Institut für Zeitgeschichte (Hrsg.), Akten zur Auswärtigen Politik der Bundesrepublik Deutschland 1971 (AAPD), Nr. 27, München 2002, S. 115–120.

226 Vgl. Entschließung des Rates und der Vertreter der Regierungen der Mitgliedstaaten vom 22. März 1971 über die stufenweise Verwirklichung der Wirtschafts- und Währungsunion in der Gemeinschaft, in: Amtsblatt der Europäischen Gemeinschaften, Dokument 71/C 28/01, 27. 3. 1971.

wicklung von wirtschafts- und währungspolitischer Koordination gewährleisten sollte.[227]

Die Zentralbanken hatten erheblichen Anteil an der Entstehung dieses Beschlusses. Banque de France und Bundesbank starteten von zwei diametral unterschiedlichen Positionen, konnten aber im Werner-Bericht ihre Vorstellungen zusammenbringen und damit die Grundlage für die Währungsintegration schaffen.

Die divergierenden Konzepte beider Zentralbanken beruhten maßgeblich auf ihren Krisenerfahrungen Ende der 1960er Jahre. Für die Bundesbank rückten die Krisen des britischen Pfunds 1967, des französischen Francs 1968/1969 und des US-Dollars 1970 die Probleme der Zahlungsbilanz-Ungleichgewichte und der Inflation in den Mittelpunkt. Ein europäischer Einigungsprozess in der Wirtschafts- und Währungspolitik konnte für sie daher nur unter der Bedingungen Erfolg haben, dass die EWG-Länder ihre wirtschaftlichen Bedingungen anglichen, einheitliche wirtschaftspolitische Instrumente entwickelten und eine gemeinsame Stabilitätspolitik verfolgten. Die Banque de France zog dagegen andere Konsequenzen aus den Krisen. Sie wollte einen vom Dollar unabhängigen Währungsraum schaffen und gleichzeitig garantieren, dass dort die Länder schwächerer Währungen unterstützt würden und nicht unter die neue Dominanz einer starken Währung, insbesondere der D-Mark, gerieten. Deshalb legte sie den Schwerpunkt auf währungspolitische Integrationsschritte – Währungshilfen, Bandbreiten-Verengung und Devisenausgleichsfonds.

Die jeweilige ökonomistische bzw. monetaristische Orientierung der beiden Zentralbanken trat besonders bei der Frage der Verringerung der Wechselkurs-Bandbreiten hervor. Die Bundesbank betrachtete eine solche Maßnahme als zusätzliche Belastung ihrer Geldpolitik. Sie fürchtete Spekulation, Kapitalströme, Inflation und, in der Folge, eine Verschärfung der Währungsprobleme in der Europäischen Gemeinschaft. Die Wechselkurse sollten erst am Schluss, quasi als Ergebnis einer erfolgreichen Wirtschaftsintegration stehen. Hingegen verstand die Banque de France die Bandbreiten-Reduktion als ersten Schritt, der die EWG-Regierungen und Zentralbanken zwang, eine gemeinsame Wirtschaftspolitik zu betreiben und ihre Geld- und Währungspolitik besser abzustimmen. Die wirtschaftliche Anpassung wäre eine automatische Folge der intensiveren Währungszusammenarbeit.

In beiden Fällen hatten die Wechselwirkungen zum internationalen Bretton-Woods-System einen essentiellen Einfluss auf die Haltung der beiden Zentralbanken. Der Bundesbank widerstrebte die Margen-Verringerung eben deshalb, weil sie auf globaler Ebene die negativen Folgen erlebt hatte und sich im IWF für eine Erweiterung der Margen einsetzte. Die Banque de France plädierte dagegen aus dem Grund für eine Bandbreiten-Verringerung innerhalb Europas, weil sie das internationale System für gescheitert und die Auflockerung der Bretton Woods-Regeln für gefährlich hielt.

[227] Brief Johann B. Schöllhorn an Otmar Emminger, Betreff: Wirtschafts- und Währungsunion (Antwort auf Brief vom 23. 12. 1970), 4. 2. 1971, in: HA Bbk, N-2/000154.

Die unterschiedlichen Ansätze der beiden Notenbanken waren nicht der Grund, warum Ende des Jahres 1970 die Gespräche vorerst scheiterten. Ganz im Gegenteil war es ihnen gelungen, im Werner-Ausschuss und im Ausschuss der Zentralbankgouverneure einen Kompromiss zu schmieden, in dem sich beide Ansätze wiederfanden. Einerseits konnte die Banque ihre Themen, Bandbreiten-Verringerung und Devisenausgleichsfonds, platzieren und behaupten. Andererseits sorgte die Bundesbank dafür, dass die Vorschläge zur Währungsintegration kein Übergewicht hin zur monetaristischen Seite erhielten. Die Infragestellung dieses Kompromisses durch die Kommission und die französische Regierung verdeutlichte jedoch, wie fragil dieser Interessenausgleich zwischen den Zentralbanken war.

2. Währungsschlange und Reformversuche, die Jahre 1974–1976

Die Realisierung der Währungspläne, wie sie im März 1971 beschlossen wurden, verzögerte sich. Die Dollarkrise des Jahres 1971 unterbrach die Verhandlungen. Erst nach dem Wechselkurs-Realignment der Smithsonian Konferenz in Washington am 17./18. Dezember 1971 nahmen die europäischen Partnerländer ihre Integrationsbemühungen wieder auf.[228]

In zwei Bereichen vertieften sie ihre Währungszusammenarbeit. Erstens wurde im April 1972 das so genannte Basler Abkommen verabschiedet.[229] Die Zentralbanken der EWG verpflichteten sich, ihre Wechselkurse in einer Bandbreite von maximal +/– 2,25% zueinander zu halten, zur Stützung der Kurse gegenseitig in Gemeinschaftswährungen zu intervenieren und einen Saldenausgleich einzurichten. Damit wurde der erste Schritt der Währungspläne von 1970 umgesetzt: eine Festsetzung innereuropäischer Bandbreiten. Das neue System wurde als „europäische Währungsschlange“ bezeichnet und bildete bis 1978/1979 den zentralen Rahmen für die währungspolitische Zusammenarbeit in Europa.[230]

Zweitens führten die EWG-Regierungen am 3. April 1973 den Europäischen Fonds für währungspolitische Zusammenarbeit ein, den zweiten Hauptpunkt der Währungsgespräche von 1970.[231] Der Fonds blieb in seiner Funktion begrenzt. Er

[228] Vgl. Wilkens, Une tentative prématurée?, S. 95–97.

[229] Vgl. Procès-Verbal de la 158ème séance du comité des gouverneurs des banques centrales des Etats membres de la Communauté Economique Européenne, tenue à Bâle, 10. 4. 1972, in: ECB Archives.

[230] Vgl. Allemand, Le 'serpent monétaire' européen, in: Frédéric Allemand (Hrsg.), L'Union économique et monétaire: origine, fonctionnement et future, Sanem: CVCE, Coll. Dossier thématique, 2013 (online: http://www.cvce.eu/obj/le_serpent_monetaire_europeen-fr-321c4261-cfab- 41b7-ac73–2b66454cba34.html, zuletzt abgerufen: 17. 10. 2018)

[231] Vgl. Verordnung (EWG) Nr 907/73 des Rates vom 3. April 1973 zur Errichtung eines Europäischen Fonds für währungspolitische Zusammenarbeit, in: Amtsblatt der Europäischen Gemeinschaften, Dokument L89, 5. 4. 1973.

verfügte über keine eigenen Währungsreserven, konnte nicht eigenständig Kredite vergeben und fiel zudem unter die Kontrolle des Ausschusses der Zentralbankgouverneure.[232] Seine Aufgabe beschränkte sich darauf, die Interventionen der EWG-Zentralbanken innerhalb des neuen Wechselkurssystems zu überwachen und zu koordinieren sowie den Saldenausgleich zu verwalten.[233] Gemeinsam mit dem Fonds wurde die Europäische Währungsrechnungseinheit (EWRE) eingeführt, in der die Leitkurse der Mitgliedsländer ausgedrückt und die Salden im Fonds verrechnet wurden.

Die Resultate riefen keinen Enthusiasmus hervor. Es setzte vielmehr Ernüchterung ein; denn der Integrationsprozess geriet abermals ins Stocken. Nur zwei Monate nach Inkrafttreten der Währungsschlange ergriff im Sommer 1972 eine Währungskrise das britische Pfund und zwang es zum Ausscheiden aus dem Währungsverbund.[234] Einige Monate später, im Februar 1973, erlag die italienische Lira dem gleichen Schicksal. Die Austritte beider Währungen und die Unsicherheit, die die neue Dollarkrise Anfang 1973 und die Freigabe der Wechselkurse im März 1973 auslöste, trübten die Zuversicht der europäischen Regierungen und Zentralbanken, die Währungskooperation nach dem ursprünglichen Stufenkonzept fortsetzen zu können. Im Oktober 1972 hatte man zwar noch beschlossen, am 1. Januar 1974 zur zweiten Phase der Wirtschafts- und Währungsintegration überzugehen.[235] Diese Überlegung wurde aber 1973 offen in Frage gestellt. Auf einer Ministerratstagung im Juni 1973 sprachen sich die Bundesrepublik, Frankreich und die Niederlande gegen einen solchen Übergang aus. Zuerst müssten die Ziele der ersten Stufe erreicht und vollständig umgesetzt werden.[236] Die Bundesbank und Banque de France teilten die Skepsis. Leonhard Gleske, Zentralbankratsmitglied, urteilte über die Fortschritte des Integrationsprozesses: „Die ohnehin recht begrenzten Ziele, die sich die Gemeinschaft für die […] erste Stufe gestellt hatte, sind nur zu einem kleinen und unzureichenden Teil erreicht worden.“[237] Und die französische Auslandsabteilung DGSE zweifelte mit Blick auf die weiteren Entwicklungsperspektiven: „Es ist offensichtlich, dass die internationale Währungskrise […] die Möglichkeiten, realistische und verbindliche Ziele zu setzen, beträchtlich einschränkt.“[238]

Die Ölpreiskrise der Jahre 1973/1974 verschärfte die wirtschaftlichen Probleme in den EWG-Ländern noch weiter. Sie forcierte die Inflation, erhöhte drastisch die

232 Vgl. James, Making the European Monetary Union, S. 115–120.
233 Vgl. Tsoukalis, The Politics and Economics, S. 144–146.
234 Die Währungen der Kandidatenländer für den Beitritt zur Europäischen Wirtschaftsgemeinschaft am 1. 1. 1973 – Großbritannien, Irland und Dänemark – waren ebenfalls Teil des Verbunds der Währungsschlange.
235 Vgl. Note DGSE, Réalisation de l'union économique et monétaire européenne, 31. 10. 1972, in: ABF, 1489200205/255.
236 Vgl. Tsoukalis, The Politics and Economics, S. 152 f.
237 Aufsatz Leonhard Gleske, Stand und Zukunftsperspektiven der Wirtschafts- und Währungsunion, EuR, Heft 1, März 1974, in: HA Bbk, B330/17523, S. 9.
238 Eigene Übersetzung: Note DGSE, Communauté Economique Européenne, Programme d'action au cours de la 2ème étape, 24. 5. 1973, in: ABF, 1489200205/256, S. 1 f.

Zahlungsbilanz-Ungleichgewichte und drängte, nach Pfund und Lira, nun auch den französischen Franc aus dem europäischen Währungsverbund. Am 19. Januar 1974 erklärte Finanzminister Giscard d'Estaing, dass der Franc die Währungsschlange temporär verlassen würde.

Die Währungsintegration blieb von derartigen Rückschlägen gezeichnet. Im März 1975 veröffentlichte eine von der EWG-Kommission beauftragte Expertengruppe den so genannten Marjolin-Bericht zum Status des Einigungsprozesses der Wirtschafts- und Währungspolitik.[239] Darin erklärte sie den eingeschlagenen Weg der Integration für gescheitert und schrieb: „Die seit 1969 unternommenen Anstrengungen sind zusammengenommen ein Fehlschlag. […] Wenn es überhaupt eine Bewegung gab, dann rückwärts."[240] Die Währungsschlange erfülle nicht mehr ihren Zweck, sondern stelle nur noch einen Verbund der DM-nahen Währungen dar; der Fonds für Währungszusammenarbeit sei faktisch bedeutungslos.

Insbesondere Frankreich machte wiederholt negative Erfahrungen mit der Währungsschlange. Nach dem Austritt im Januar 1974 kehrte der Franc im Juli 1975 wieder in den Verbund zurück, musste allerdings aufgrund neuer wirtschaftlicher Krisen im März 1976 wieder ausscheiden. Das britische Pfund und die italienische Lira blieben nach ihrem frühzeitigen Ausstieg von vornherein außerhalb des Wechselkurssystems. Der Plan eines graduellen Ausbaus der Wirtschafts- und Währungsunion hatte sich als erfolglos erwiesen.

Im folgenden Kapitel soll erläutert werden, wie die Bundesbank und die Banque de France mit diesen Fehlschlägen umgingen, wie sie insbesondere auf die Austritte Frankreichs reagierten und welche Lehren sie in der Folge für ihre Konzeption eines europäischen Währungssystems und für ihre eigene Geld- und Währungspolitik zogen.

2.1. Das Ausscheiden des französischen Francs aus der Währungsschlange

Die ersten Probleme für den französischen Franc stellten sich im September 1973. Währungsspekulationen führten zu Kapitalflucht aus Frankreich und zwangen die Banque de France, ihre Währung mit umfangreichen Interventionen zu stützen und innerhalb der vereinbarten Wechselkurs-Bandbreiten der Schlange zu halten.[241] Allein in einem Monat verlor die Banque Währungsreserven in Höhe von

[239] Commission, European Communities, Report of the study group ‚Economic and Monetary Union 1980', Brussels, March 1975 (online: http://ec.europa.eu/archives/emu_history/documentation/chapter7/19750308en57reportstudygroup.pdf, zuletzt abgerufen: 14. 5. 2019).

[240] Eigene Übersetzung, Commission, European Communities, Report of the study group ‚Economic and Monetary Union 1980', Brussels, March 1975 (online: http://ec.europa.eu/archives/emu_history/documentation/chapter7/19750308en57reportstudygroup.pdf, zuletzt abgerufen: 14. 5. 2019), S. 1.

[241] Vgl. Note DGSE, La crise du Franc français en septembre 1973, 30. 11. 1973, in: ABF, 1495200501/649, S. 1 f.

2 Mrd. US-Dollar.[242] Die Auslandsabteilung der Banque de France vermerkte, dass sich Misstrauen gegenüber ihrer Währung breitgemacht habe. Der Franc litte unter Abwertungsdruck sowohl gegenüber dem niederländischen Gulden und der D-Mark als auch gegenüber dem US-Dollar.[243]

Nach einer kurzen Erholungsphase setzte sich im Januar 1974 unter dem Einfluss der Ölpreiskrise der Kursverlust des Francs fort. Im Conseil Général berichtete Sous-Gouverneur Gabriel Rattier, dass der Franc konstant am unteren Ende des Wechselkursbandes läge und trotz mehrfacher Interventionen die Differenzen zwischen Franc und D-Mark die erlaubte Bandbreite mehrfach überschritten hätte.[244] Angesichts dieser Schwierigkeiten und der Risiken neuer Spekulationen legte Gouverneur Wormser der französischen Regierung nahe, die Interventionspflicht zu suspendieren und aus der Währungsschlange auszutreten.[245] Die französische Regierung folgte der Empfehlung und verkündete am 19. Januar, den Wechselkurs des Francs für die begrenzte Zeitspanne von sechs Monaten floaten zu lassen.[246]

Eine zwiespältige Sicht der Banque de France

Die Banque de France führte das Ausscheiden des Francs auf zwei Ursachen zurück, das Fehlen einer gemeinsamen Wechselkurspolitik zwischen den Schlangen-Währungen und die Defizite der französischen Wirtschaftspolitik.

Mängel der Währungsschlange: keine gemeinsame Devisenpolitik

Die Spekulationswellen im September 1973 und im Januar 1974 führten der Banque de France die Schwierigkeit vor Augen, in einem Kontext weltweit flexibler Wechselkurse den Zusammenhalt der europäischen Währungen zu wahren. Aus ihrer Sicht war das Grundproblem das Floating der Wechselkurse. Dieses hatte das System aus dem Gleichgewicht gebracht und erhebliche Unruhe in den globalen Währungsbeziehungen gestiftet. Schon im Juni 1973 musste die D-Mark um 5,5% aufwerten, um fallende Dollarkurse auszugleichen und die Wechselkurse innerhalb der Schlange stabil zu halten.[247] Henri Koch, Generaldirektor der DGSE, erläuterte in einem Vortrag, dass die „potentielle Instabilität im Regime flexibler Wechselkurse starke Schwankungen der Wechselkurse begünstigte", und führte weiter aus, dass „diese abrupten Schwankungen tiefgreifende Verzerrungen inner-

242 Vgl. Document de travail SGCI, Union économique et monétaire, mai 1974, in: ABF, 1489200205/258, S. 9.

243 Vgl. Note DGSE, La crise du Franc français en septembre 1973, 30. 11. 1973, in: ABF, 1495200501/649, S. 5.

244 Vgl. ABF, Procès-Verbal, Conseil Général, 17. 1. 1974, S. 26 f.

245 Vgl. ABF, Procès-Verbal, Conseil Général, 24. 1. 1974, S. 54.

246 Vgl. Agence Internationale d'Information pour la Presse (Europe), Sortie du Franc Français du 'Serpent Monétaire' de la CEE, 21./22. 1. 1974, in: ABF, 1489200205/273, S. 4 f.

247 Vgl. Note Bundesbank, La crise de juin 1973, 26. 11. 1973, in: ABF, 1495200501/649.

halb der ‚Europäischen Schlange' bewirkten."[248] Es war für ihn klar, dass sich nun die Spekulation bevorzugt auf die europäischen Währungen konzentrierten, da hier klare Bandbreiten und Grenzen bekannt und und somit gute Voraussetzungen für spekulative Wetten gegeben waren.[249]

Die Kursverluste des Francs im September 1973 waren aus der Sicht der Banque de France demnach keine Folge wirtschaftlicher Probleme im eigenen Land.[250] Die DGSE urteilte, dass die Kapitalflucht aus Frankreich und die Devisenverluste nicht per se durch einen schwachen Franc ausgelöst wurden. Vielmehr litt jener, obwohl unbeteiligt, unter den Spekulationen auf andere Währungen wie zum Beispiel die D-Mark oder den niederländischen Gulden.[251] Deren Kursanstieg führte dazu, dass Anleger Franc gegen diese Devisen verkauften und damit den Wert des Franc drückten. Das verhängnisvolle Manko war für die Banque der schwankende Dollarkurs. Nur weil sich der Dollar zu jeder einzelnen europäischen Währung frei bewegen konnte, bauten sich zwischen den europäischen Währungen große Wechselkursunterschiede auf und boten eine Angriffsfläche für spekulative Attacken.[252] Wären alle EWG-Währungen einem gleichen, einheitlichen Kurs gegenüber dem Dollar gefolgt, hätte sich dieses Problem nicht ergeben, da die niederländischen und deutschen Währungsbehörden mehr Dollar hätten kaufen müssen und sich somit die Wechselkursbeziehungen innerhalb der Schlange stabilisiert hätten. Henri Koch hob hervor: „Weit davon entfernt, wirklich in abgestimmter Weise zu floaten, weisen die europäischen Währungen häufige Abweichungen auf."[253]

Ein ähnlicher Konflikt entwickelte sich im Januar 1974. Die Ölpreiskrise, die sich um den Jahreswechsel 1973/1974 ausgebreitet hatte, hatte die Position des Franc zusätzlich belastet. Die Defizite der französischen Leistungsbilanz stiegen im ersten Viertel des Jahres 1974 auf 4,4 Mrd. Franc an[254] und weitere Wechselkursverluste folgten.[255] Diesmal machte die Banque de France insbesondere das Missverhältnis zwischen D-Mark und Franc für die französischen Währungsschwierigkeiten verantwortlich. Das Problem war, dass beide Währungen unter-

[248] Eigene Übersetzung, Projet d'une conférence de M. Koch, Les difficultés de la construction monétaire européenne dans un contexte international caractérisé par des déséquilibres profonds, 24. 1. 1974, in: ABF, 1489200205/258, S. 9.

[249] Vgl. Projet d'une conférence de M. Koch, Les difficultés de la construction monétaire européenne dans un contexte international caractérisé par des déséquilibres profonds, 24. 1. 1974, in: ABF, 1489200205/258, S. 10.

[250] Vgl. ABF, Procès-Verbal, Conseil Général, 20. 9. 1973, S. 607.

[251] Vgl. Note DGSE, La crise du Franc français en septembre 1973, 30. 11. 1973, in: ABF, 1495200501/649, S. 1 f.

[252] Vgl. Note DGSE, La crise du Franc français en septembre 1973, 30. 11. 1973, in: ABF, 1495200501/649, S. 5 f.

[253] Projet d'une conférence de M. Koch (DGSE), Les difficultés de la construction monétaire européenne dans un contexte international caractérisé par des déséquilibres profonds, 24. 1. 1974, in: ABF, 1489200205/258, S. 11.

[254] Vgl. ABF, Bulletin trimestriel de la Banque de France, No. 11, Mai 1974, S. 8.

[255] Vgl. ABF, Procès-Verbal, Conseil Général, 17. 1. 1974, S. 26 f.

schiedlich auf die Kursgewinne des US-Dollars reagierten. Der Franc-Kurs fiel im Vergleich zum Dollar, dagegen blieb die D-Mark relativ stabil, sodass sich nicht nur die Differenz zwischen Franc und Dollar weitete, sondern sich auch die innereuropäischen Wechselkurs-Unterschiede zur D-Mark vergrößerten.[256] Gouverneur Wormser warf den deutschen Währungsbehörden vor, diese Abweichung bewusst in Kauf genommen und sogar gefördert zu haben. Sie hätten Devisenmarkt-Interventionen vorgenommen, um durch den Verkauf von Dollar den Kurs der D-Mark zu stützen.[257] Außerdem hätten sie die Kapitalverkehrskontrollen in Deutschland aufgehoben, um Kapitalbewegungen nach Deutschland zu ermutigen. Wormser beklagte: „Der Faktor, der ohne Zweifel großenteils dazu beigetragen hat, die Krise, die sich zwischen dem 10. und 19. Januar entwickelt hat, auszulösen, war die Position des deutschen Finanzministers, der [...] die Meinung vertrat, den Kurs von Dollar und D-Mark stützen zu können, in dem er jede Kontrolle der Kapitalzufuhr nach Deutschland beseitigte."[258]

Einmal mehr erlebte die Banque de France das Dilemma, dass in der Währungsschlange die Partnerländer keine gemeinsame Devisenpolitik betrieben. Stattdessen verfolgten die EWG-Länder mit ihrer Wechselkurspolitik eigene nationale Interessen, ohne die Konsequenzen für die Gemeinschaft und die Partnerländer zu berücksichtigen. In einer internen Note stellte die DGSE dementsprechend fest, dass ein entscheidendes Motiv der französischen Behörden für den Austritt Frankreichs aus der Währungsschlange darin bestand, „auf diese bipolare Verbindung mit der deutschen Währung zu verzichten, deren besondere Stabilität selbst die Erholung des Dollars in Frage stellte."[259]

Es deutete sich hier bereits an, was für die französischen Währungshüter in den kommenden Diskussionen über die Ausgestaltung des europäischen Währungsverbundes zum zentralen Thema werden sollte, eine Korrektur der fehlerhaften Konstruktion der Währungsschlange. Obwohl man zwischen den europäischen Währungen relativ feste Wechselkurse vereinbart hatte, behielt jede Währung ihre eigene, autonome Beziehung zum frei flottierenden Dollar. Hieraus ergaben sich Unterschiede, die die Einhaltung der europäischen Wechselkurs-Bandbreiten erschwerten. Damit der Wechselkursverbund der Schlange effizient funktionierte, müsste man, so die Ansicht der Banque de France, die Interventionen der europäischen Zentralbanken gegenüber dem Dollar koordinieren. In diesem Sinne fragte Sous-Gouverneur Bernard Clappier im Conseil Général zum Anlass der Spekulationskrise im September 1973: „Sollten wir nicht endlich eine gemeinsame Währungspolitik begründen, [...] um die Rückkehr von Phänomenen zu vermeiden, wie wir sie derzeit erleben?"[260]

256 Vgl. ABF, Procès-Verbal, Conseil Général, 3. 1. 1974, S. 10 f.

257 Vgl. ABF, Procès-Verbal, Conseil Général, 3. 1. 1974, S. 9 f.

258 Eigene Übersetzung: ABF, Procès-Verbal, Conseil Général, 24. 1. 1974, S. 52.

259 Eigene Übersetzung: Note DGSE, Evolution des conceptions en matière de flottement (FF), o. D., in: ABF, 1495200501/306.

260 Eigene Übersetzung: ABF, Procès-Verbal, Conseil Général, 20. 9. 1973, S. 612.

Kritik an der französischen Wirtschaftspolitik

Für die Banque de France waren die Wechselkursschwankungen und die fehlende Devisenpolitik zwar ein wesentlicher, nicht aber der einzige Grund für den Ausstieg des Francs. Sie kritisierte ebenso, insbesondere Gouverneur Olivier Wormser, die fehlenden wirtschaftlichen Voraussetzungen in Frankreich und die Mängel der wirtschaftlichen Integration auf europäischer Ebene.

In der Sitzung des Conseil Général nach dem Franc-Austritt diskutierte Wormser die Bedingungen für ein erfolgreiches Funktionieren der Währungsschlange.[261] Er betonte, dass in einem gemeinsamen Wechselkurssystem die Wirtschaftspolitik der Teilnehmerländer Parallelen aufweisen müssten. Doch sähe man, dass die französischen und deutschen Regierungen sehr unterschiedliche Prioritäten setzten. Frankreich bevorzuge Wirtschaftswachstum und Abbau der Arbeitslosigkeit, Deutschland den Kampf gegen die Inflation. Wormser konstatierte: „Ohne Zweifel liegt hier eine der grundlegenden Ursachen, warum das System zusammengebrochen ist."[262] Die Schuld trug aus seiner Sicht eindeutig die französische Seite; denn „haben die Franzosen alles gemacht, was in ihrer Macht lag, um eine gute Politik zu führen?"[263] Habe er selbst eine effiziente Geldpolitik betrieben? Im Nachhinein gestand er ein, dass man sich unwirksamer Mittel bedient habe. Es herrsche nach wie vor unter den französischen Managern und Wirtschaftspolitikern die Vorstellung, dass Wachstum und Produktivitätssteigerung über allen anderen Zielen stehen. Im Gegensatz dazu, so Wormser, sei die „allgemeine Stimmung und das Urteil, das man in Deutschland gegenüber der Währung und seiner Zukunft habe, deutlich vorteilhafter."[264] Diese Unterschiede hätten bereits seit den 1950er Jahren existiert und sich seitdem nicht verändert, sondern eher verstärkt. Zwei weitere Ratsmitglieder, Maurice Pérouse[265] und André Postel-Vinay,[266] stimmten mit Wormser überein.[267] Sie wiesen darauf hin, dass die Wechselkursprobleme nur ein Symptom, nicht aber die Ursache waren. Das Floating des Francs würde die grundlegenden Schwächen der französischen Wirtschaft, besonders das Zahlungsbilanzdefizit, nicht beseitigen. Vielmehr sollte man sich bemühen, eine restriktive Wirtschafts- und Währungspolitik zu verfolgen, die französische Wirtschaft wieder auf eine stabile Grundlage zu stellen und das Vertrauen in den Franc zurückzugewinnen.

Wormser griff die Kritik, die er in der Diskussion des Conseil Général geäußert hatte, in einem Beitrag für die Tageszeitung ‚Le Figaro' im Mai 1974 wieder auf.[268]

261 Vgl. ABF, Procès-Verbal, Conseil Général, 24. 1. 1974.
262 Eigene Übersetzung: ABF, Procès-Verbal, Conseil Général, 24. 1. 1974, S. 49.
263 Eigene Übersetzung: ABF, Procès-Verbal, Conseil Général, 24. 1. 1974, S. 49.
264 Eigene Übersetzung: ABF, Procès-Verbal, Conseil Général, 24. 1. 1974, S. 50.
265 Maurice Pérouse (1914–1985): Directeur de la Caisse de dépôts et consignations (1967–1981), ehemals Directeur du Trésor (1960–1967).
266 André Postel-Vinay (1911–2007): Président de la Commission des opérations de Bourse (1973–1974).
267 Vgl. ABF, Procès-Verbal, Conseil Général, 24. 1. 1974, S. 56–59.
268 Vgl. Artikel Le Figaro, Vaincre l'inflation et favoriser l'expansion?, 25./26. 5. 1974, in: ABF,1069201118/50, S. 13.

Er argumentierte, nunmehr einige Monate nach der Freigabe des französischen Wechselkurses, dass eine Rückkehr Frankreichs in die Schlange nur um ihrer selbst willen nicht wichtig sei. Man müsse vielmehr darauf achten, dass der Franc stark genug wäre, um in der Währungsschlange zu verbleiben, ohne dass Frankreich Währungsreserven verlöre oder sich verschulden müsse. Für die französische Wirtschaftspolitik bedeutete dies einen Abbau der Unterschiede zu Deutschland. Andernfalls würde jeder neue Versuch der Zusammenarbeit zum Scheitern führen.

Nicht nur die Fehler der nationalen Wirtschaftspolitik, auch die Stagnation der wirtschaftspolitischen Zusammenarbeit zwischen den Schlangenländern gerieten in den Blick der Banque. Anders als ihre monetaristische Einstellung vermuten ließ, beanstandete die Banque die einseitige Ausrichtung des Integrationsprozesses auf die Währungspolitik. Die EWG-Länder hätten sich in den vergangenen Jahren zu sehr auf den Aufbau währungspolitischer Mechanismen konzentriert, darüber aber die Vereinheitlichung der wirtschaftlichen Gegebenheiten vernachlässigt.[269] In einer Analyse der Währungsschlange im April 1973 notierte die DGSE: „Die Fortschritte bei der wirtschaftlichen Kooperation und Koordination der Fiskalpolitik waren bei weitem nicht ausreichend: Es existieren Verfahren, aber man könne nicht behaupten, dass sie die nationale Politik effektiv beeinflussten."[270]

Henri Koch, Leiter der DGSE, machte explizit dieses Versäumnis für die Divergenzen innerhalb der Schlange und für den Austritt des Francs aus dem Währungsverbund verantwortlich.[271] Aus seiner Sicht musste jede Weiterentwicklung im währungspolitischen Bereich mit einem Ausbau der wirtschaftspolitischen Koordination bzw. mit einem „Parallelismus der Wirtschaftspolitiken"[272] einhergehen. Er übernahm damit überraschenderweise einen Begriff, den Anfang der 1970er Jahre insbesondere die deutsche Seite in den Verhandlungen verwendet, die französische Seite jedoch abgelehnt hatte.[273] Die Fortschritte auf diesem Gebiet seien weitgehend hinter den Erwartungen zurückgeblieben. Die EWG-Länder verfolgten hauptsächlich ihre eigenen nationalen Ziele und riefen damit eine Zersplitterung der europäischen Wirtschafts- und Währungspolitik hervor, die die Währungsschlange im zweiten Halbjahr 1973 und Anfang 1974 bedrohte. Koch konstatierte: „die Harmonisierung der Wirtschaftspolitik bleibt noch viel zu be-

269 Vgl. Note DGSE, Les étapes de l'union économique et monétaire de la C.E.E., 20. 4. 1973, in: ABF, 1489200205/255, S. 1 f.

270 Eigene Übersetzung: Note DGSE, Les étapes de l'union économique et monétaire de la C.E.E., 20. 4. 1973, in: ABF, 1489200205/255, S. 2.

271 Vgl. Projet d'une conférence de M. Koch (DGSE), Les difficultés de la construction monétaire européenne dans un contexte international caractérisé par des déséquilibres profonds, 24. 1. 1974, in: ABF, 1489200205/258.

272 Eigene Übersetzung, Projet d'une conférence de M. Koch (DGSE), Les difficultés de la construction monétaire européenne dans un contexte international caractérisé par des déséquilibres profonds, 24. 1. 1974, in: ABF, 1489200205/258, S. 1.

273 Vgl. Kapitel IV.1.1. „Die Deutsche Bundesbank und das Primat der Wirtschaftsintegration".

scheiden, um zufriedenstellende Ergebnisse zu erzielen. Der Verzicht Frankreichs, im europäischen Gemeinschaftsband zu bleiben, ist das jüngste Beispiel dafür."[274]

Zwischenfazit

Die Haltung der Banque de France zum Austritt aus der Währungsschlange offenbart eine neue, ungewohnte Sichtweise auf die Wirtschafts- und Währungsintegration. Die Banque hielt zwar grundsätzlich an ihren monetaristischen Konzepten fest und schob die Schuld für die französischen Probleme hauptsächlich der mangelhaften Gestaltung der Währungsschlange und dem Fehlen einer gemeinsamen Dollarpolitik zu. Aber parallel dazu artikulierte sie, besonders infolge der Ölpreiskrise, eine scharfe Kritik an der französischen Politik und an der Einseitigkeit des Integrationsprozesses und wich darin von ihrer üblichen Haltung ab. Sie formulierte neue Positionen der französischen Währungspolitik, ähnlich den Standpunkten der Bundesbank.

Die Bundesbank sieht sich im Recht

Die Bundesbank sah die Schwäche der französischen Währung im Januar 1974 und den Austritt des Franc aus der Währungsschlange nicht als Folge eines deutschen Fehlverhaltens, so wie der französische Gouverneur Olivier Wormser mutmaßte. Der Devisenexperte Johannes Tüngeler widersprach im Zentralbankrat den Vorwürfen: „Die Devisenpolitik der Bank könne [...] nicht etwa als auslösendes Element für die inzwischen eingetretenen Reserveverluste der Banque de France und für das Ausscheiden Frankreichs aus dem Gruppenfloaten angesehen werden."[275]

Im Austritt Frankreichs kulminierten aus Sicht der Bundesbank vielmehr die wirtschaftlichen Schwierigkeiten, Inflation und Ölpreiskrise, und die Probleme, die die Konstruktion der Währungsschlange und ihr Fokus auf enge Bandbreiten hervorgebracht hatten. Es machten sich Pessimismus und Skepsis über die Zukunftsaussichten der Währungsintegration breit. In den Tagen nach der französischen Entscheidung erklärte Otmar Emminger in einem internen Gespräch: „bei den Zahlungsbilanzaussichten seit der Ölkrise sei es fast ausgeschlossen, daß die ‚Schlange' überlebt."[276] Klasen titelte im Boulevardblatt ‚Bild': „Europäische Wirt-

274 Eigene Übersetzung, Projet d'une conférence de M. Koch (DGSE), Les difficultés de la construction monétaire européenne dans un contexte international caractérisé par des déséquilibres profonds, 24. 1. 1974, in: ABF, 1489200205/258, S. 11.

275 404. Sitzung des Zentralbankrats der Deutschen Bundesbank in Frankfurt a. M., 22. 1. 1974, in: HA Bbk, B330/6714/1, TOP 4.

276 Wirtschafts- und währungspolitische Chronologie, Tagebuchähnliche Aufzeichnungen von Viktor von der Lippe über Entwicklungen der Wirtschafts-, Währungs- und Geldpolitik, Bd. 6 1974, 21. 1. 1974, in: HA Bbk, B330/6917/2.

schafts- und Währungsunion vorerst in einige Ferne gerückt."[277] Im Zentralbankrat mehrten sich die Stimmen, die das Projekt der Währungsschlange als vollständig gescheitert ansahen, und empfahlen, Abstand zu nehmen. Carl Wagenhöfer beklagte sich: „Zumindest ich persönlich habe von Anfang an gegen die ‚Schlange' gekämpft, weil ich sie immer als eine Belastung für uns angesehen habe, indem wir uns in unserer Geldpolitik nicht so verhalten können, wie wir wollten."[278]

Zwei Aspekte untermauerten die Vorbehalte der Bundesbanker: die widrigen Wirtschaftsbedingungen und der fehlgeleitete Ansatz, monetäre Integrationsschritte zuerst umgesetzt zu haben.

Fehlende wirtschaftliche Konvergenz

Die Bundesbank betrachtete, wie die Banque de France, die starken Wechselkursschwankungen und ihre negativen Konsequenzen auf die Schlange mit Sorge. Im Sommer 1973 musste die Bundesregierung die D-Mark um 5,5% aufwerten, um die starken Kursgewinne der D-Mark gegenüber dem Dollar auszugleichen und die Bandbreite innerhalb der Währungsschlange zu respektieren.[279] Die Ende des Jahres 1973 einsetzende Ölpreiskrise verschärfte die Währungsunsicherheiten. Die Ungleichgewichte zwischen den Zahlungsbilanzen der europäischen Länder nahmen zu und die Bundesbank konstatierte: „Innerhalb der Gemeinschaft wird es nun noch schwieriger als früher sein, auf die Dauer feste Paritätsrelationen aufrechtzuerhalten."[280]

Die entscheidende Ursache für die europäischen Währungsprobleme lag nach ihrer Wahrnehmung in der steigenden Inflation und den unterschiedlichen Ansätzen der EWG-Länder zur Inflationsbekämpfung. Sie selbst hatte 1973 strikte Maßnahmen getroffen, um die Preissteigerungen einzudämmen, und hatte die Inflation in den Jahren 1973 und 1974 dadurch auf eine Steigerungsrate von ca. 6–7% im Vorjahresvergleich begrenzt. Dagegen erhöhte sich die Inflationsrate in Frankreich 1973 um ca. 8% und 1974 sogar um 15%.[281] Diese Diskrepanz unterstrich Otmar Emminger in einem Vortrag: „Wenn die Preissteigerungsrate in einigen Ländern bei etwa 8% und in einigen anderen bei 15 bis 20% liegt [...] – wie es derzeit in der Europäischen Wirtschaftsgemeinschaft der Fall ist –, könnte keine Macht der Welt ihre gegenseitigen Wechselkursbeziehungen über einen längeren Zeitraum stabil halten."[282] Die hierdurch induzierten Kapitalbewegungen würden

277 Zitiert bei: Wirtschafts- und währungspolitische Chronologie, Tagebuchähnliche Aufzeichnungen von Viktor von der Lippe über Entwicklungen der Wirtschafts-, Währungs- und Geldpolitik, Bd. 6 1974, 21. 1. 1974, in: HA Bbk, B330/6917/2.

278 Wortprotokoll, 404. Sitzung des Zentralbankrats der Deutschen Bundesbank in Frankfurt a. M., 22. 1. 1974, in: HA Bbk, B330/6714/1, TOP 2.

279 Vgl. Deutsche Bundesbank (Hrsg.), Geschäftsbericht 1973, S. 21 f.

280 Deutsche Bundesbank (Hrsg.), Geschäftsbericht 1973, S. 53.

281 Vgl. Kapitel III.1.2. „Französische Hürden im Kampf gegen die Inflation".

282 Eigene Übersetzung: Vortrag Otmar Emminger, Some Remarks on Inflation, Oil and Europe, Annual Meeting of the German Chamber of Commerce and Industry in the U.K., 17. 6. 1974, in: HA Bbk, N-2/00017, S. 3.

jeden Versuch, feste Wechselkurse zu bewahren, sofort aushebeln. Die unterschiedlichen Inflationstendenzen liefen also der Vereinheitlichung der europäischen Währungspolitik entgegen und Emminger stellte fest: „In der EG haben sich die auseinanderklaffenden Inflationsraten der Mitgliedsländer geradezu zum Sprengmittel entwickelt."[283]

Inflation, Zahlungsbilanzprobleme und globale Wechselkursschwankungen machten es unmöglich, die festen Wechselkurse in der Schlange zu garantieren. Der Austritt Frankreichs aus der Währungsschlange lieferte der Bundesbank den Beweis – nach dem Ausscheiden des britischen Pfunds und der italienischen Lira in den Jahren 1972 bzw. 1973 –, dass der Wechselkursverbund in seiner derzeitigen Lage dem wirtschaftlichen Druck nicht standhalten konnte.[284]

Die Währungsintegration auf dem falschen Weg

Das Ausscheiden des France bestätigte darüber hinaus die Bundesbank in der Auffassung, dass ihr ursprüngliches Integrationskonzept – die parallele Entwicklung von wirtschaftlicher und währungspolitischer Harmonisierung – richtig gewesen war. Es hatte sich gezeigt, dass die wirtschaftliche Ausgangslage in der Europäischen Gemeinschaft für enge Wechselkurs-Bandbreiten zu disparat war. Der 1971 eingeschlagene Weg, die monetären Maßnahmen schnell auszubauen, hatte sich als Fehlschlag herausgestellt. In einem Zeitschriftenbeitrag zum Jahreswechsel 1973/1974 schilderte der Präsident der Bremer Landeszentralbank, Leonhard Gleske, das Missverhältnis zwischen den wirtschafts- und währungspolitischen Fortschritten. Er zeigte auf, wie weit die wirtschaftspolitische Zusammenarbeit hinter den Zielen zurückgeblieben war, und diagnostizierte, dass „die Ergebnisse, gemessen an den hohen Erwartungen, die mit dem Eintritt in die erste Stufe geweckt wurden, kaum enttäuschender sein"[285] konnten. Die Länder der EWG hätten weder im Bereich der Konjunktur-, Haushalts-, Preis- oder Steuerpolitik konkrete Schritte für eine Vereinheitlichung unternommen, noch hätten sie gemeinsame Zielvorgaben befolgt.[286] Dagegen hatten sie im monetären Bereich weitgehende Regelungen umgesetzt. Die Bandbreiten hatten verringert und ein Interventionssystem mit gegenseitigen Kredithilfen eingerichtet werden können.[287] Aus Gleskes

283 Vortrag Otmar Emminger, Aktuelle Fragen der inneren und äußeren Währungspolitik, bei einem Empfang der Landesbank Rheinland-Pfalz, Mainz, 5. 9. 1974, in: HA Bbk, N-2/00017, S. 1.

284 Vgl. Vortrag Otmar Emminger, Some Remarks on Inflation, Oil and Europe, Annual Meeting of the German Chamber of Commerce and Industry in the U.K., 17. 6. 1974, in: HA Bbk, N-2/00017, S. 3.

285 Aufsatz Leonhard Gleske, Stand und Zukunftsperspektiven der Wirtschafts- und Währungsunion, EuR, Heft 1, März 1974, in: HA Bbk, B330/17523, S. 10.

286 Vgl. Aufsatz Leonhard Gleske, Stand und Zukunftsperspektiven der Wirtschafts- und Währungsunion, EuR, Heft 1, März 1974, in: HA Bbk, B330/17523, S. 10 f.

287 Vgl. Aufsatz Leonhard Gleske, Stand und Zukunftsperspektiven der Wirtschafts- und Währungsunion, EuR, Heft 1, März 1974, in: HA Bbk, B330/17523, S. 12 f.

Sicht war dieses Ungleichgewicht daran Schuld, dass die Gemeinschaftspolitik einer „dauernden Belastung unterworfen und ständig gefährdet“[288] war.

Er zog aus seiner Analyse zwei Lehren. Erstens müssten sich die EWG-Länder viel stärker darauf konzentrieren, die wirtschaftlichen Unterschiede abzubauen, insbesondere was die Inflation betraf. Eine Realisierung der Wirtschafts- und Währungsintegration im vorgesehenen Zeitraum hätte „einzig dann eine Chance, [...] wenn [...] sich [die Europäische Gemeinschaft] wieder als Stabilitätsgemeinschaft darstellt.“[289] Zweitens bewiesen die Schwierigkeiten des Währungsverbunds, dass man die unterschiedlichen Volkswirtschaften nicht nur mithilfe monetärer Mechanismen zusammenbringen könnte, sondern dass man viel stärker darauf achten müsste, auch die Wirtschaftspolitik effektiv zu harmonisieren und die wirtschaftlichen Grunddaten – Inflation, Zahlungsbilanzen, Konjunktur – aneinander anzugleichen.[290]

In dieser Feststellung lag für die Bundesbank die wichtigste Konsequenz aus den ersten Jahren der Wirtschafts- und Währungsintegration. Einige Tage nach dem Ausscheiden des Francs aus der Währungsschlange kommentierte Otmar Emminger auf einem Vortrag in Paris: „Die Tatsache, dass die Schlange nicht dem Druck widerstehen konnte, der aus den wirtschaftlichen Differenzen der Mitgliedsländer resultierte, hat eindeutig denen Recht gegeben, die immer gesagt haben, dass man nicht den ‚Pflug der Währungsunion vor die Ochsen der politischen und wirtschaftlichen Union‘ spannen sollte.“[291] Man müsse sich von der „Illusion befreien“,[292] ohne die ökonomischen Voraussetzungen eine Währungsunion schaffen zu können, die sich allein durch verringerte Bandbreiten oder zusätzliche Kredithilfen auszeichnete.

Festhalten an der Währungsschlange

Die Kritik an der Entwicklung der Währungsschlange war kein Grund für die Bundesbank, das Projekt der Währungseinigung aufzugeben. Sie hielt weiterhin, allen voran Präsident Karl Klasen, an der Fortführung der Währungsschlange fest. In der Sitzung des Zentralbankrats nach Austritt des Francs widersprach Klasen dem heftigen Protest von Carl Wagenhöfer und propagierte, dass die „‚Währungsschlange‘ einen sichtbaren Niederschlag europäischer Solidarität darstelle.“[293]

[288] Aufsatz Leonhard Gleske, Stand und Zukunftsperspektiven der Wirtschafts- und Währungsunion, EuR, Heft 1, März 1974, in: HA Bbk, B330/17523, S. 14.

[289] Aufsatz Leonhard Gleske, Stand und Zukunftsperspektiven der Wirtschafts- und Währungsunion, EuR, Heft 1, März 1974, in: HA Bbk, B330/17523, S. 18.

[290] Vgl. Aufsatz Leonhard Gleske, Stand und Zukunftsperspektiven der Wirtschafts- und Währungsunion, EuR, Heft 1, März 1974, in: HA Bbk, B330/17523, S. 19 f.

[291] Eigene Übersetzung: Vortrag, Otmar Emminger, Évolutions récentes du système monétaire international, Institut d'Etudes Politiques de Paris, 31. 1. 1974, in: HA Bbk, N-2/00016, S. 14.

[292] Eigene Übersetzung: Vortrag Otmar Emminger, Évolutions récentes du système monétaire international, Institut d'Etudes Politiques de Paris, 31. 1. 1974, in: HA Bbk, N-2/00016, S. 14.

[293] 404. Sitzung des Zentralbankrats der Deutschen Bundesbank in Frankfurt a. M., 22. 1. 1974, in: HA Bbk, B330/6714/1, TOP 2.

Klasen hatte sich vorher für einen deutschen Hilfskredit an Frankreich eingesetzt, der der französischen Regierung den Verbleib in der Schlange ermöglichen sollte. Gemeinsam mit Bundesfinanzminister Helmut Schmidt, dem französischen Finanzminister Valéry Giscard d'Estaing und dem Gouverneur der Banque de France Olivier Wormser verhandelte er am 17. und 18. Januar 1974, also wenige Tage vor dem französischen Austritt, die Bereitstellung eines Darlehens über 3 Mrd. Dollar. Klasen wollte den Franzosen noch am Abend des 18. Januar sofort die Zusage für den Kredit zu geben, nur sein Vize, Otmar Emminger, hielt ihn davon ab und erinnerte ihn daran, dass er den Zentralbankrat nicht übergehen dürfte.[294]

Für Klasen war die politische Bedeutung der europäischen Einigung zu wichtig, um sie währungstechnischen Bedenken zu opfern. Er erinnerte im Zentralbankrat daran, dass es sich bei der Währungsintegration um einen genuin politischen Vorgang handelte, der in erster Linie in die Kompetenz der Regierungen und nicht in die der Zentralbanken fiel.[295] Die Zentralbanken könnten in der Währungspolitik die Zusammenarbeit gestalten, aber die Entscheidung, ob die Währungsschlange aufrechterhalten werden sollte, würde von den Regierungen getroffen. In dieser Haltung kehrte ein Motiv wieder, das Klasens Politik auch schon Anfang des Jahrzehnts, bei der Wechselkursfreigabe der D-Mark im Mai 1971, bestimmt hatte.[296] Er gewährte den außenpolitischen Gesichtspunkten Vorrang vor den währungspolitischen und wehrte sich gegen eine Zentralbankpolitik, die den politischen Leitlinien widersprach.

Darüber hinaus unterstützten Klasen und Emminger noch aus einem weiteren Grund die Währungsschlange. Sie sahen die Möglichkeit, nach einer Isolierung der währungsschwachen Länder diese kleinere, aber stabilere Währungszone als Ausgangspunkt für eine solide Wirtschafts- und Währungsunion zu nutzen. Emminger argumentierte, dass man die Schlange „auch als ‚Insel der Wechselkursstabilität' und als Kernstück für einen späteren neuen Anlauf zur Währungsintegration betrachten"[297] könne. Klasen schloss sich dieser Meinung an: „Wenn uns gegenwärtig das Blockfloating auch liquiditätsmäßig ungelegen ist, so sollte es doch als politisches Fundament für künftige Fortschritte in Richtung einer Wirtschafts- und Währungsunion aufrechterhalten werden."[298]

[294] Vgl. Wirtschafts- und währungspolitische Chronologie, Tagebuchähnliche Aufzeichnungen von Viktor von der Lippe über Entwicklungen der Wirtschafts-, Währungs- und Geldpolitik, Bd. 6 1974, 21. 1. 1974, in: HA Bbk, B330/6917/2.

[295] Vgl. 404. Sitzung des Zentralbankrats der Deutschen Bundesbank in Frankfurt a. M., 22. 1. 1974, in: HA Bbk, B330/6714/1, TOP 2.

[296] Vgl. Kapitel II.2.2. „Maikrise 1971 – Herausforderungen für die Bundesbank".

[297] Vortrag Otmar Emminger, Aktuelle Fragen der inneren und äußeren Währungspolitik, bei einem Empfang der Landesbank Rheinland-Pfalz, Mainz, 5. 9. 1974, in: HA Bbk, N-2/00017, S. 12; vgl. auch: Deutsche Bundesbank (Hrsg.), Geschäftsbericht 1973, S. 53.

[298] Vortrag Karl Klasen, Aktuelle Fragen der Währungspolitik, vor Mitgliederversammlung des Verbandes der Lebensversicherungsunternehmen in Hamburg, 21. 5. 1974, in: HA Bbk, N-2/000235, S. 59.

Zwischenfazit

Die Währungsprobleme der Schlange und der Austritt Frankreichs bewiesen der Bundesbank die Richtigkeit ihres Integrationskonzepts. Ein gemeinsamer Wirtschafts- und Währungsraum bedurfte einer starken Angleichung der Volkswirtschaften und konnte sich nur auf der Basis einer gemeinsamen Stabilitätspolitik bewähren. Die Bundesbank gab ihre Hoffnung auf eine erfolgreiche Realisierung der Währungs- und Wirtschaftsunion nicht auf. Aber es war klar, dass sie ab jetzt stärker als zuvor ihre Vision und ihr Modell der Währungspolitik verteidigen würde.

2.2. Fourcade-Pläne: Reform der Währungsschlange?

Eine neue Initiative: zwei Memoranden des französischen Finanzministers

In Frankreich änderten sich mit der Wahl Valéry Giscard d'Estaings zum französischen Präsidenten am 19. Mai 1974 die politischen Rahmenbedingungen. Giscard d'Estaing setzte sich dafür ein, die wirtschaftlichen Schwierigkeiten zu überwinden und Frankreich wieder an die Spitze des europäischen Einigungsprozesses zu führen. Er legte ein Programm zur Sanierung der französischen Wirtschaft („plan de refroidissement") auf und verständigte sich mit dem neuen deutschen Bundeskanzler Helmut Schmidt auf das Ziel, der europäischen Einigung neuen Schwung zu verleihen und die Stagnation der Wirtschafts- und Währungsintegration zu überwinden.[299]

Vor diesem Hintergrund erstellte das französische Finanzministerium mehrere Analysen und Studien über die Möglichkeit, den Franc wieder in die Währungsschlange zurückzuführen, und plädierte für einen revolutionären Neuanfang des Integrationsprozesses. In einem ausführlichen Vermerk Ende August 1974 schrieb der Direktor des „Trésor", Jacques de Larosière, an Finanzminister Jean-Pierre Fourcade (*1929): „Die bisher in der europäischen Währungseinigung erzielten Ergebnisse stellen, angesichts der gesetzten Ziele, den schlechtesten Teil der gemeinschaftlichen Bilanz dar."[300] Es bestehe die Gefahr, dass der Integrationsprozess stagniere und man auch auf anderen Gebieten als der Währung die Fortschritte des Einigungsprozesses einbüße.[301] Die französische Regierung müsse die Chance der EWG-Ratspräsidentschaft, die sie im zweiten Halbjahr 1974 erhielt, nutzen, um eine „Wiederbelebung der europäischen Währungseinigung"[302] ein-

[299] Vgl. De Saint Périer, La France, l'Allemagne et l'Europe monétaire, S. 51–54.

[300] Eigene Übersetzung: Note Direction du Trésor (pour le Ministre), Eventuelle relance de l'Europe monétaire, 29. 8. 1974, in: AN, 5AG3/2697, S. 1.

[301] Vgl. Note Direction du Trésor (pour le Ministre), Eventuelle relance de l'Europe monétaire, 29. 8. 1974, in: AN, 5AG3/2697, S. 1.

[302] Eigene Übersetzung: Note Direction du Trésor (pour le Ministre), Eventuelle relance de l'Europe monétaire, 29. 8. 1974, in: AN, 5AG3/2697, S. 2.

zuleiten. Der „Trésor" forderte daher die Einführung eines neuen Interventionssystems zugunsten einer einheitlicheren Politik gegenüber dem Dollar, eine Neudefinition der europäischen Rechnungseinheit auf Basis eines Währungskorbs und die Ausweitung des Währungsbeistands und der Hilfskredite.[303] Die Zielrichtung war klar: das mangelhafte Währungssystem der Schlange sollte angepasst und neue monetäre Mechanismen geschaffen werden; die wirtschaftliche bzw. wirtschaftspolitische Harmonisierung spielte demgegenüber eine nachrangige Rolle.

Finanzminister Jean-Pierre Fourcade nahm die Ideen auf und präsentierte sie, im Kern fast unverändert, seinen europäischen Kollegen am 16. September 1974 auf einer Ministerratssitzung in Brüssel. Das so genannte Fourcade-Memorandum umfasste vier Punkte: die Neugestaltung des europäischen Wechselkurssystems, die Neudefinition der europäischen Rechnungseinheit, und, in Hinblick auf die Ölpreiskrise, eine bessere Kontrolle der Euromärkte sowie die Auflage einer EWG-Anleihe.[304] Für die Wirtschafts- und Währungsintegration waren die ersten beiden Vorschläge relevant. Die Umgestaltung des Wechselkurssystems zielte darauf, die Probleme auszumerzen, die Frankreich zum Austritt aus der Währungsschlange genötigt hatten. Die Dollarpolitik der EWG-Länder sollte vereinheitlicht, das heißt die Schwankungen zwischen Dollar und EWG-Währungen möglichst weit verringert werden. Zu rigide Vorschriften für die Einhaltung der Wechselkurs-Bandbreiten zwischen den EWG-Währungen sollten vermieden, die Last der Devisenmarkt-Interventionen zwischen Defizit- und Gläubigerländern gerecht aufgeteilt sowie die Kredithilfen erweitert werden.[305] Die Neukonzeption der Rechnungseinheit sollte diesen Maßnahmenkatalog ergänzen, um eine größere Symmetrie im Währungsverbund herzustellen und einen Referenzpunkt zu schaffen, an dem die Abweichungen der Wechselkurse gemessen und die Interventionen der Zentralbanken ausgerichtet werden könnten.[306]

Der Fourcade-Plan wurde von den europäischen Partnern mit Skepsis aufgenommen und die meisten Vorschläge einheitlich zurückgewiesen.[307] Eine Expertengruppe des Ausschusses der Zentralbankpräsidenten urteilte, dass die neuen Interventionsmechanismen unnötig und ein einheitlicher Dollar-Kurs nicht reali-

[303] Note Direction du Trésor (pour le Ministre), Eventuelle relance de l'Europe monétaire, 29. 8. 1974, in: AN, 5AG3/2697, S. 7–10.

[304] Vgl. Anlage, Vermerk Otmar Emminger an den ZBR, Betreff: Tagung des Ministerrats der Europäischen Gemeinschaften am 16. 9. 1974 in Brüssel, 20. 9. 1974, in: HA Bbk, N-2/000235.

[305] Vgl. Note Direction du Trésor, Note sur un nouveau régime de fluctuation des monnaies européennes, (Memorandum Fourcade), septembre 1974, in: ABF, 1489200205/367, S. 1–3.

[306] Vgl. Note Direction du Trésor, Note sur l'unité de compte monétaire européenne (UCME), septembre 1974, in: ABF, 1489200205/367; vgl. auch: Note Direction du Trésor, Note sur un nouveau régime de fluctuation des monnaies européennes, (Memorandum Fourcade), septembre 1974, in: ABF, 1489200205/367.

[307] Vgl. Note P. Barre, Rapport au comité des Gouverneurs sur l'échange de vues intervenue au groupe d'experts le 25 septembre 1974, 30. 9. 1974 (Théron-Gruppe), in: ABF, 1489200205/254; vgl. auch: Note DGSE, Réunion des suppléants du Comité Monétaire, 28. 11. 1974, in: ABF, 1489200205/367.

sierbar seien. Die Zentralbanken der Währungsschlange bevorzugten, am vertrauten System der Währungsschlange festzuhalten.[308] Das EWG-Währungskomitee reagierte in gleicher Weise auf die französischen Vorschläge und erklärte, die Neuerungen seien kaum realisierbar oder auch nur wünschenswert.[309] In Frankreich setzte daraufhin Ernüchterung ein. Das SGCI (Secrétariat Général du Comité Interministériel pour les Questions de Coopération Economique Européenne), eine dem Premierminister untergeordneten Institution zur Koordinierung der französischen Europapolitik, konstatierte im Dezember, dass „die Bemühung um die Wiederbelebung [der Währungsintegration] [...] durch die anderen Mitgliedsländer kaum unterstützt wurde" und „die Währungsthematik nach wie vor der Schwachpunkt der europäischen Integration ist."[310]

Der politische Impuls eines Neuanfangs blieb jedoch erhalten. Präsident Giscard d'Estaing drängte auf die Rückkehr Frankreichs in den Verbund der Schlange. Im Mai 1975 hatte sich die wirtschaftliche Lage Frankreichs so weit gebessert und der Franc-Wechselkurs sich an die Schlangenwährungen angenähert, dass er am 9. Mai verkünden konnte, den Franc wieder in die Währungsschlange einzugliedern.[311] Finanzminister Fourcade unternahm daraufhin einen erneuten Anlauf, die Währungsschlange zu reformieren. Sein zweites Memorandum vom 20. Mai 1975 wiederholte im Wesentlichen die früheren Vorschläge, konzentrierte sich aber auf die Funktionsweise des Wechselkurssystems. Es sah drei Forderungen vor: eine Neuaufstellung der Interventionsregeln und einen stärkeren Einsatz von Dollar-Interventionen, um die schwachen Währungen zu entlasten; die Festlegung eines gemeinsamen Wechselkurs-Niveaus aller EWG-Währungen zum Dollar; und die Erweiterung der Fristen für die kurzfristige Finanzierung und den Saldenausgleich, das hieß, ein Ausbau der Währungshilfen.[312]

Bundesbank: „Ein zähes Ringen um ein schrittweises Vorankommen"

Der Austritt Frankreichs aus der Währungsschlange hatte die Bundesbank in ihrer Meinung bestärkt, dass substanzielle Fortschritte in der Währungsintegration vorerst unrealistisch seien. Im Jahresbericht 1974 hieß es: „Von einer ‚Konvergenz'

308 Vgl. Procès-Verbal de la 84ème séance du comité des gouverneurs des banques centrales des états membres de la Communauté économique européenne, tenue à Washington, 30. 9. 1974, in: ECB Archives, S. 13 f.

309 Vgl. Note DGSE, Réunion des suppléants du Comité Monétaire, 29. 11. 1974, in: ABF, 1489200205/367.

310 Eigene Übersetzung: Note SGCI, Document de Travail, Objet: Suites données au communiqué final de la réunion des Chefs de Gouvernement à Paris (9–10 Décembre 1974), 7. 3. 1975, in: AN, 5AG3/908, S. 3.

311 Vgl. Note SGCI, Conseil des Communautés Européennes, session du 20 mai 1975, Objet: Retour du franc dans le 'serpent' et système communautaire change, 16. 5. 1975, in: ABF, 1489200205/273.

312 Vgl. Note Trésor, Aide – Mémoire sur le fonctionnement du mécanisme européen de rétrécissement des marges, (Fourcade 2), 20. 5. 1975, in: ABF, 1489200501/678.

der Wirtschafts- und Währungsentwicklung in den Mitgliedsländern oder gar einer ‚Stabilitätsgemeinschaft' ist die EG weit entfernt."[313] Die Bundesbank selbst zielte darauf, ihre erfolgreiche Inflationsbekämpfung im Inland fortzuführen und zu konsolidieren.[314] Diese Politik sollte durch die währungspolitische Zusammenarbeit in der EWG nicht gefährdet werden. Emminger bezeichnete die Währungsschlange in dieser Hinsicht als „Lücke" in der Abschirmung der deutschen Stabilitätspolitik gegen schädliche äußere Einflüsse, „innerhalb deren wir gegenüber einigen europäischen Ländern verpflichtet sind, weiterhin feste Paritäten einzuhalten. Das hat uns im ersten Halbjahr 1974 einen Devisenzufluß von 4,4 Mrd. DM eingebracht."[315]

Eine Weiterentwicklung der Währungsintegration konnte daher aus deutscher Sicht nur unter der Bedingung vonstatten gehen, dass jeder EWG-Mitgliedsstaat eine stabile und gleich gerichtete Wirtschaftspolitik betrieb und dass die deutsche Geld- und Währungspolitik von der Einbindung in den Währungsverbund nicht gefährdet würde. Forderungen, die diesem Konzept entgegenliefen, stießen bei der Bundesbank auf Ablehnung. Diese Verteidigungshaltung zeigte sich insbesondere bei den Vorschlägen von Fourcade für eine gemeinsame Dollarpolitik und eine Erhöhung der Kredithilfen.

Dollarpolitik

Hinsicht einer gemeinsamen Dollarpolitik zog die Bundesbank eine klare Grenze. Sie unterstützte eine begrenzte Koordination, akzeptierte aber keine feste Verpflichtung zu einer starren Interventionspolitik gegenüber dem Dollar. Eine gemeinsame Wechselkurspolitik müsse Flexibilität gewährleisten und die Stabilität der Schlangenwährungen sicherstellen. Unter dieser Voraussetzung stimmte die Bundesbank im Ausschuss der EWG-Zentralbankpräsidenten mit den anderen Zentralbanken überein, dass es „günstig und technisch möglich sei",[316] die jeweiligen Dollarposition ihrer Währungen besser miteinander abzustimmen.[317] Klasen erklärte sein „grundsätzliches Einverständnis mit einer gemeinschaftlichen Politik gegenüber dem Dollar."[318] Die Zentralbankpräsidenten vereinbarten

[313] Deutsche Bundesbank (Hrsg.), Geschäftsbericht 1974, S. 47.

[314] Vgl. Deutsche Bundesbank (Hrsg.), Geschäftsbericht 1974, S. 1.

[315] Vortrag Otmar Emminger, Aktuelle Fragen der inneren und äußeren Währungspolitik, bei einem Empfang der Landesbank Rheinland-Pfalz, Mainz, 5. 9. 1974, in: HA Bbk, N-2/00017, S. 12.

[316] Eigene Übersetzung: Procès-Verbal de la 84ème séance du comité des gouverneurs des banques centrales des états membres de la Communauté économique européenne, tenue à Washington, 30. 9. 1974, in: ECB Archives, S. 14.

[317] Vgl. Procès-Verbal de la 84ème séance du comité des gouverneurs des banques centrales des états membres de la Communauté économique européenne, tenue à Washington, 30. 9. 1974, in: ECB Archives, S. 14 f.

[318] Procès-Verbal de la 85ème séance du comité des gouverneurs des banques centrales des états membres de la Communauté économique européenne, tenue à Bâle, 12. 11. 1974, in: ECB Archives, S. 13.

am 15. Januar 1975, die Schwankungen ihrer Wechselkurse gegenüber dem Dollar auf eine Marge von 0,75 bis 1% zu beschränken und bei einer Überschreitung dieser Grenzen auf den Devisenmärkten zu intervenieren.[319] Der Beschluss lautete: „Die Notenbanken der Mitgliedsländer der Europäischen Wirtschaftsgemeinschaft haben die Absicht, sich versuchsweise zu bemühen, die Devisenmärkte teilweise unter Kontrolle zu bringen, ohne den Grundtendenzen entgegenzuwirken."[320] Die vagen Formulierungen waren ganz im Sinn der Bundesbank. Sie schufen eine Methode, die schädlichen Wechselkursschwankungen gemeinsam zu überwachen, gaben aber gleichzeitig genügend Freiraum für die individuelle Währungspolitik der EWG-Länder. Die Vereinbarung entsprach ihrem Konzept, nach altbewährtem Muster die Koordination innerhalb der Währungsschlange stückweise und vorsichtig auszubauen.

Darüberhinausgehende Forderungen lehnte die deutsche Zentralbank jedoch ab. Der Vorschlag des zweiten Fourcade-Memorandums vom 20. Mai 1975, einen einheitlichen Dollarkurs für alle europäischen Währungen zu fixieren sowie bindende Regeln für Dollarinterventionen einzuführen, stieß auf ihren entschiedenen Widerspruch. Es widerstrebte ihr grundsätzlich, nach der Freigabe der Wechselkurse im März 1973 erneut die Verpflichtung einzugehen, ihren Wechselkurs an den Dollar zu knüpfen. Die Bundesbank schrieb in einer Stellungnahme: „Die Rückkehr zu einer irgendwie gearteten obligatorischen Dollarstützung wäre angesichts der gegenwärtigen Unsicherheiten im Weltwährungssystem [...] nicht zu vertreten."[321] Sie befürchtete darüber hinaus, dass ein solcher Schritt die Flexibilität der Wechselkurspolitik übermäßig einschränken und den Boden für Spekulationen bereiten würde.[322] Schließlich hielt sie es prinzipiell für unwahrscheinlich, dass die europäischen Zentralbanken das Dollarniveau fundamental beeinflussen könnten; denn dieses hinge von vielen verschiedenen Faktoren ab, die sich dem Einfluss einzelner Zentralbanken entzögen.[323] Um die Wechselkursstabilität der europäischen Währungen zu garantieren, war es ihr wichtiger, dass die EWG-Länder ihre jeweiligen Zahlungsbilanzen ausglichen, Defizite abbauten und Inflation bekämpften.

[319] Vgl. Ausschuß der Präsidenten der Zentralbanken der Mitgliedsstaaten der Europäischen Wirtschaftsgemeinschaft, Note über eine gemeinsame Politik gegenüber dem Dollar (Übersetzung), 15. 1. 1975, in: HA Bbk, N-2/417.

[320] Ausschuß der Präsidenten der Zentralbanken der Mitgliedsstaaten der Europäischen Wirtschaftsgemeinschaft, Note über eine gemeinsame Politik gegenüber dem Dollar (Übersetzung), 15. 1. 1975, in: HA Bbk, N-2/417, S. 1.

[321] Deutsche Bundesbank, Stellungnahme zu den französischen Forderungen des Fourcade-Memorandums, für die Sitzung der Notenbankpräsidenten der Schlangenländer am 26. Mai 1975, o. D., S. 2; vgl. auch: Note Bundesbank, Texte remis par la Deutsche Bundesbank lors de la réunion des Gouverneurs le 26 mai à Francfort, 26. 5. 1975, in: ABF, 1495200501/651.

[322] Vgl. Vermerk Hauptabteilung I (Bundesbank), Betreff: Französische Vorschläge zur Anpassung des gemeinschaftlichen Interventionssystems vom 29. 5. 1975, 2. 6. 1975, in: HA Bbk, N-2/422, S. 1.

[323] Vgl. Vermerk Otmar Emminger, Wechselkursentwicklung und Geldpolitik am Beispiel des Dollarkurses, 29. 5. 1974. in: HA Bbk, N-2/000417, S. 4 f.

An der Ablehnung der Fourcade-Forderungen zeigte sich die unveränderte Haltung der Bundesbank zur Wirtschafts- und Währungsintegration. Eine Stärkung der währungspolitischen Mechanismen – wie in diesem Fall die Festlegung eines gemeinschaftlichen Dollar-Niveaus – würde nicht ausreichen, um ein stabiles Währungssystem zu schaffen. Dieses setzte eine gesunde wirtschaftliche Entwicklung und eine Vereinheitlichung der wirtschaftlichen Bedingungen voraus. In diesem Sinn versicherte Klasen dem deutschen Finanzminister Hans Apel (1932–2011) hinsichtlich der französischen Forderung: „Wir werden uns aber auf keinen Fall darauf einlassen."[324]

Währungshilfen

Den gleichen Ansatz verfolgte die Bundesbank in Hinblick auf die Währungshilfen. Sie gestand eine gewisse Erweiterung der Kredite zu, reagierte jedoch misstrauisch auf unverhältnismäßige Forderungen.

In seinem zweiten Memorandum von Mai 1975 hatte Fourcade dafür geworben, die sehr kurzfristige Finanzierungshilfe im Rahmen des Saldenausgleichs automatisch, das hieß ohne Zustimmung des Gläubigers, um drei Monate verlängern und zudem einen zweiten Aufschub um weitere drei Monate unter Zustimmung von Gläubiger und Schuldner gestatten zu können.[325] Grundsätzlich lief der Vorschlag darauf hinaus, die Fristen zu erweitern, innerhalb derer die Forderungen und Verbindlichkeiten zwischen den EWG-Zentralbanken aus gegenseitigen Interventionen ausgeglichen werden konnten. Die Bundesbank stand der Anregung prinzipiell aufgeschlossen gegenüber. Sie erkannte an, dass in manchen Situationen die Überschüsse und Defizite innerhalb der EWG sich schnell ausgleichen könnten und mit einer zeitlichen Verlängerung des Saldenausgleiches unnötige Devisenbewegungen vermieden werden könnten.[326] Gleichzeitig wollte sie klare Limits setzen. Da sie fürchtete, dass die „Gesamtverschuldung eines Landes […] einen ganz unverhältnismäßig hohen Betrag erreicht,"[327] forderte sie eine Obergrenze für den zu gewährenden Kreditbetrag in der ersten Verlängerung.

Die strikte Einstellung der Bundesbank muss sowohl im Kontext ihres integrationspolitischen Konzepts als auch der weltwirtschaftlichen Situation gesehen werden. Zum einen folgte die Bundesbank ihrer 1970 aufgestellten Devise, dass Währungshilfen nicht zu einem Zusammenwachsen der europäischen Volkswirtschaften führen könnten, sondern vielmehr die Währungsstabilität im europä-

[324] Brief Karl Klasen an Hans Apel, 26. 5. 1975, in: HA Bbk, N-2/422.

[325] Vgl. Note Trésor, Aide – Mémoire sur le fonctionnement du mécanisme européen de rétrécissement des marges, (Fourcade 2), 20. 5. 1975, in: ABF, 1489200501/678, S. 2.

[326] Note Bundesbank, Texte remis par la Deutsche Bundesbank lors de la réunion des Gouverneurs le 26 mai à Francfort, 26. 5. 1975, in: ABF, 1495200501/651, S. 4.

[327] Deutsche Bundesbank, Stellungnahme zu den französischen Forderungen des Fourcade-Memorandums, für die Sitzung der Notenbankpräsidenten der Schlangenländer am 26. Mai 1975, o. D., S. 4; vgl. auch: Note Bundesbank, Texte remis par la Deutsche Bundesbank lors de la réunion des Gouverneurs le 26 mai à Francfort, 26. 5. 1975, in: ABF, 1495200501/651.

ischen Raum gefährdeten. Höhere Kredithilfen würden nur dazu dienen, Mehrausgaben und Konsum im Defizitland zu finanzieren, die Preise auf einem bestimmten Niveau zu fixieren und binnenwirtschaftliche Spar- und Anpassungsmaßnahmen hinauszuzögern. Emminger erläuterte in einem Vortrag im Juni 1975: „Wenn [...] ein Paritätensystem wie die ‚Schlange', nur dadurch aufrechterhalten werden kann, daß es mit immer größeren Kreditmöglichkeiten ausgestattet wird, so wird es letztlich immer mehr zu einem System der gegenseitigen Inflationsübertragung auf dem Weg über Notenbankkredite."[328] Zum anderen betrachtete die Bundesbank das Problem der Kredithilfen auch mit Blick auf die Ölpreiskrise. In der weltweit angespannten Lage, in der insbesondere Europa zwischen Ländern mit hohen Defiziten und grassierender Inflation einerseits und relativ stabilen, währungsstarken Ländern andererseits gespalten war, würden zusätzliche Währungshilfen mehr Schaden als Nutzen bringen. Die Bundesbank sah das Risiko, dass zu hohe Unterstützungskredite die Defizitländer zu einer Rückkehr in der Währungsschlange veranlassen würden, ohne dass jedoch deren wirtschaftliche Voraussetzungen gegeben waren. Emminger schrieb an Staatssekretär Karl-Otto Pöhl: „Ich habe in den letzten Wochen [...] aus verschiedenen Äußerungen der Franzosen und Italiener herausgehört, daß die beiden Länder durchaus überlegen, sich wieder der Schlange anzuschließen, wenn sie dabei auf sehr große Kreditbereitschaft der Deutschen rechnen können. Beide wollen nämlich ihren Wechselkurs möglichst nicht weiter absinken lassen (aus Furcht vor importierter Preisinflation) und suchen nach Möglichkeiten, die dabei wahrscheinlich anfallenden Devisenverluste ggf. durch Hilfe von außen finanzieren zu lassen."[329] Die Bundesrepublik könnte, so Emminger, daran kein Interesse haben. Ihre Wechselkursposition würde geschwächt und ihre wirtschaftliche Stabilität durch Devisenzuflüsse aus den Defizitländern bedroht.[330] Auch wäre die Stabilität der gesamten Gemeinschaft in Frage gestellt. Das System der Währungsschlange könnte die Diskrepanz zwischen inflationären und stabilen Volkswirtschaften nicht stemmen. Emminger kommentierte: „Dies würde sicher sehr bald die ganze Schlange gefährden und ist daher eine (unbewußt) selbstmörderische Einstellung."[331] Die Forderungen des französischen Finanzministers stellten zwar keinen solchen Extremfall dar. Aber die Bedenken prägten die vorsichtige Herangehensweise der Bundesbank und erklärten ihre Abneigung gegen jeden Vorstoß zur Erweiterung der Kredithilfen.

Die Sicht auf die Bundesbank würde zu kurz greifen, wenn man neben dieser Skepsis ihre Aufgeschlossenheit übersähe, der Verlängerung des sehr kurzfristigen Finanzierungsbeistands in diesem spezifischen Fall zuzustimmen. Die Bundesbank forderte zwar eine Deckelung der Kredithilfen, aber sie ging gleichzeitig auf

[328] Vortrag Otmar Emminger, Internationale Währungs- und Wirtschaftsprobleme, Foreign Press Association in London, 27. 6. 1975, in: HA Bbk, N-2/00018, S. 7.

[329] Brief Otmar Emminger an Karl-Otto Pöhl, 13. 3. 1974, in: HA Bbk, N-2/00087, S. 2.

[330] Vgl. Brief Otmar Emminger an Karl-Otto Pöhl, 13. 3. 1974, in: HA Bbk, N-2/00087, S. 3.

[331] Brief Otmar Emminger an Rudolf Herlt (Die Zeit), 21. 7. 1975 (zur Rückkehr des Franc in die Schlange), in: HA Bbk, N-2/00088.

die französischen Wünsche ein. Klasen berichtete an den deutschen Finanzminister Apel über die Diskussion unter den Zentralbanken der Währungsschlange: „Was Punkt 3a [die Währungshilfen] anbelangt, so war hier die Bereitschaft, den Franzosen entgegenzukommen, allgemein sehr stark."[332] In einer Ressortbesprechung im Bundesfinanzministerium über das zweite Fourcade-Memorandum trat alleine die Bundesbank für eine offene Verhandlungsposition gegenüber dem französischen Partner ein, während Bundeswirtschaftsministerium, Bundeskanzleramt und Auswärtiges Amt die Forderungen entweder in ihrer Gesamtheit ablehnten oder Teilaspekte zurückwiesen.[333] In der Aufzeichnung zur Sitzung wurde vermerkt: „Der Hinweis des Vertreters der Bundesbank, daß es schwierig sei, die französischen Vorschläge in ‚Bausch und Bogen' abzulehnen und faktisch keinerlei Zugeständnisse zu machen, wurde von den Vertretern des BKA und des AA zwar als politisch relevant angesehen; dennoch wollten beide im Augenblick nicht so weit gehen, die von Frankreich vorgeschlagene zweite Verlängerung der Kredite ausdrücklich zu unterstützen."[334] Auch Finanzminister Apel hatte in einem Brief an Klasen eine zweite Verlängerung der Kreditfinanzierung ausgeschlossen.[335] Das Ergebnis der Verhandlungen zum Fourcade-Plan, in denen die Fristenausweitung akzeptiert wurde, legt nahe, dass die Bundesbank in diesem Punkt auf eine konziliantere Position der deutschen Regierung hinarbeiten konnte.

Es ist weiter zu vermuten, dass sich in dieser Kompromisshaltung der Bundesbank der Einfluss von Bundesbankpräsident Karl Klasen geltend machte. Anders als Vizepräsident Otmar Emminger, der eindringlich vor den Gefahren von Kredithilfen warnte, war Klasen bereit, zugunsten eines Fortschritts der Währungsintegration den europäischen Partnerländern entgegenzukommen. Die Auslandsabteilung der Banque de France berichtete von einem Zentralbanktreffen, dass „die restriktive Haltung der deutschen Delegation auf Anweisungen von Monsieur Emminger zurückginge, der, im Gegensatz zu Monsieur Klasen schon immer dagegen gewesen wäre, den Schuldnerländern zusätzliche [Kredit-]Mechanismen zu gewähren."[336]

Zwischenfazit

Im Verhalten der Bundesbank kristallisierte sich ein Muster heraus. Sie akzeptierte die französischen Reformideen dort, wo sie mit ihrem Konzept der Währungsin-

[332] Brief Karl Klasen an Hans Apel, 26. 5. 1975, in: HA Bbk, N-2/422, S. 1.

[333] Vgl. Vermerk J2 (Bundesbank), Betreff: Ressortbesprechung vom 3. 6. 1975 im BMF zur Erarbeitung einer Stellungnahme zu den französischen Vorschlägen für die Anpassung des gemeinschaftlichen Interventionssystems, 4. 6. 1975, in: HA BBk, N-2/422.

[334] Vermerk J2 (Bundesbank), Betreff: Ressortbesprechung vom 3. 6. 1975 im BMF zur Erarbeitung einer Stellungnahme zu den französischen Vorschlägen für die Anpassung des gemeinschaftlichen Interventionssystems, 4. 6. 1975, in: HA BBk, N-2/422, S. 1.

[335] Vgl. Brief Hans Apel an Karl Klasen, 4. 6. 1975, in: HA Bbk, N-2/422, S. 2.

[336] Eigene Übersetzung: Note DGSE, Compte Rendu de la Reunion du Groupe Heyvaert tenue a Bâle les 2 et 3 juillet 1975, 4. 7. 1975, in: ABF, 1489200205/272, S. 2.

tegration übereinstimmten. Eine stärkere Koordinierung der Dollarinterventionen konnte auch aus ihrer Sicht dazu beitragen, die volatilen Wechselkursbewegungen zu begrenzen und mehr Stabilität im europäischen Wechselkursverbund zu schaffen. Dagegen regte sich ihr Widerwillen gegen diejenigen Maßnahmen, die eine noch stärkere Bindung der EWG-Währungen und noch höhere Verpflichtungen für die Einzelstaaten vorsahen, ohne aber die wirtschaftliche Einheitlichkeit in der EWG zu garantieren.

Die Bewahrung und Kontinuität der Währungsschlange erschien ihr für die weiteren Fortschritte auf dem Weg zur Wirtschafts- und Währungsunion am vielversprechendsten. Revolutionären und sprunghaften Schritten erteilte sie eine Absage. Die Bundesbank bezeichnete es sogar als „ziemlich illusorisch, Hoffnungen auf die schlagartige Verwirklichung einer wirtschafts- und währungspolitischen Einheit der EG-Länder zu setzen. Auch in Zukunft dürfte nur ein zähes Ringen um ein schrittweises Vorankommen Integrationserfolge bringen."[337]

Die Banque im Widerstreit zwischen Stabilisierungspolitik und Währungsintegration

Die Reaktion der Banque de France auf die Reforminitiative des französischen Finanzministeriums war von zwei Aspekten bestimmt. Erstens ging mit der Wahl von Giscard d'Estaing zum französischen Präsidenten auch ein Wandel in der Führung der Banque de France einher. Im Juni 1974 löste Bernard Clappier Olivier Wormser als Gouverneur der Banque de France ab. Mit Clappier an der Spitze der Zentralbank gewann die europäische Einigung neue Priorität in der Politik der Banque. Clappier war ein entschiedener Verfechter des Integrationsprozesses und setzte sich für Ausbau und Weiterentwicklung der Wirtschafts- und Währungsunion ein.

Zweitens blieb die Inflation ein virulentes Problem, das einer Lösung bedurfte. Die Inflation war während der Ölpreiskrise immer stärker ins Bewusstsein der Banque de France getreten. Bereits Gouverneur Wormser hatte nach dem Austritt Frankreichs aus der Währungsschlange die fehlende Inflationsbekämpfung als Schwachstelle der französischen Wirtschaftspolitik identifiziert, und auch Bernard Clappier legte nach seinem Amtsantritt nach: „eine solche Politik [der Inflationsbekämpfung] ist in der aktuellen Konjunktur unvermeidlich."[338]

Es entwickelten sich hieraus zwei Meinungstendenzen zu den Fourcade-Plänen: einerseits eine skeptische und vorsichtige Haltung, die von Sous-Gouverneur Renaud de La Genière sowie der DGSE vertreten wurde. Sie rieten angesichts der hohen Inflation von einem frühzeitigen Wiedereintritt des Francs in die Schlange ab; andererseits eine konsequente Befürwortung der Reformkonzepte, insbesondere durch Gouverneur Bernard Clappier, der die Stagnation der Wirtschafts- und Währungsintegration überwinden wollte.

337 Vermerk Hauptabteilung I (Bundesbank), Bericht der Studiengruppe ‚Wirtschafts- und Währungsunion 1980' (MARJOLIN-Bericht), 12. 5. 1975, in: HA Bbk, N-2/000236, S. 7.
338 Eigene Übersetzung: ABF, Procès-Verbal, Conseil Général, 20. 6. 1974, S. 333.

Die Skeptiker

Im August 1974 erstellte der neue Sous-Gouverneur der Banque de France, Renaud de La Genière, für Gouverneur Clappier eine kurze Analyse zu den Ideen des „Trésors".[339] Er behandelte insbesondere die Frage, ob es realistisch sei, dass der Franc in naher Zukunft der Währungsschlange wieder beitreten könnte.

De La Genière warnte vor einer solch verfrühten Rückkehr. Das Floating des Francs hatte zwar eine Reihe von Nachteilen. Es beeinträchtigte die Inflationsbekämpfung und stellte ein wesentliches Hindernis für die Weiterentwicklung der europäischen Wirtschafts- und Währungsunion dar. Gleichwohl waren die Bedingungen für eine gemeinsame Währungspolitik mit den Nachbarländern noch nicht gegeben. Die Preissituation in Frankreich war labil und der Wechselkurs des Francs hatte sich noch nicht erholt. Zudem war es den Teilnehmerländern der Währungsschlange nach wie vor nicht gelungen, die Wirtschaftspolitik besser aufeinander abzustimmen und die gegenseitigen Kredithilfen auszubauen.[340] Daher mahnte De La Genière: „so wünschenswert sie sei, sollte die Wiedereingliederung [des Francs] mit größer Vorsicht angegangen werden. Nichts wäre schlimmer als eine Rückkehr, die nichts anders wäre als das Vorspiel für ein neues Ausscheiden."[341] Indem De La Genière alte und neue Interpretationen der Währungsintegration verband, setzte er einen neuen Akzent. Er legte einen für französische Verhältnisse ungewöhnlich großen Wert auf die wirtschaftlichen Voraussetzungen für den Wiedereintritt in die Schlange. Trotzdem folgte er dem traditionell französischen Prinzip, dass in einem engen Währungsverbund ausreichende Kredithilfen zur Verfügung stehen müssten, um in krisenhaften Situationen den Währungszusammenhalt zu stützen.

Ein Vermerk der DGSE im Dezember 1974 gab die Gedanken von De La Genière in fast identischer Weise wieder.[342] Auch er wies auf die Risiken hin, die mit einem Wiedereintritt verbunden waren. Die Stellung des Francs auf den Devisenmärkten habe sich nur ansatzweise gebessert und die private sowie öffentliche Verschuldung in Frankreich sei nach wie vor beträchtlich. Die hohen Zahlungsbilanzdefizite würden Frankreich in der Währungsschlange schnell wieder einem Abwertungsdruck unterwerfen und zum Ziel von Spekulationen machen. So geriete man rasch in die gleichen Situation wie im Januar 1974, als man erhebliche Devisenverluste hinnehmen musste, um die Wechselkursmargen der Schlange einzuhalten.[343] Die DGSE fragte daher, „ob es nicht ein wenig früh im Prozess der

339 Vgl. Note pour le Gouverneur (du Sous-Gouverneur De La Genière), 7. 8. 1974, in: ABF, 1489200304/15.

340 Vgl. Note pour le Gouverneur (du Sous-Gouverneur De La Genière), 7. 8. 1974, in: ABF, 1489200304/15, S. 3.

341 Eigene Übersetzung: Note pour le Gouverneur (du Sous-Gouverneur De La Genière), 7. 8. 1974, in: ABF, 1489200304/15, S. 3.

342 Vgl. Note DGSE, Retour éventuel du franc dans le système communautaire de change, 9. 12. 1974, in: ABF, 1489200205/273.

343 Vgl. Note DGSE, Retour éventuel du franc dans le système communautaire de change, 9. 12. 1974, in: ABF, 1489200205/273, S. 3–6.

Sanierung und der Wiederherstellung der fundamentalen Gleichgewichte unserer Wirtschaft sei, um eine solche Entscheidung zu treffen, die eher als eine gefährliche Wette als ein kalkuliertes Risiko erscheint."[344] Wie De La Genière betonte die DGSE: Es müssten zuerst die wirtschaftlichen Grundlagen – Stabilisierung der Preise und Zahlungsbilanzen – gelegt werden, bevor der Franc in die Währungsschlange integriert werden könnte. Eine frühzeitige Rückkehr wäre nur „aus politischen Gründen"[345] zu rechtfertigen. Für diesen Schritt sei es notwendig, ein „Sicherheitsnetz"[346] zu spannen und die Dollarpolitik der Gemeinschaft besser zu koordinieren sowie die Währungshilfen spürbar aufzustocken. In diesen beiden Punkten ging die DGSE mit den Vorstellungen des Finanzministeriums konform.

Die Skepsis der Zentralbank erstreckte sich auch auf die konkreten Vorschläge des Fourcade-Memorandums. Während die DGSE eine gemeinsame Dollarpolitik einerseits als probates Mittel ansah, um die Wechselkursschwankungen innerhalb der Währungsschlange zu verringern, ging sie andererseits nicht so weit wie das Finanzministerium, ein einheitliches Dollarniveau fixieren zu wollen. In einem Vermerk notierte sie, dass „die französischen Experten die Einrichtung eines Gemeinschaftsniveaus des Dollars als schwierig beurteilten und demgegenüber einen konzertierten Interventionsmechanismus bevorzugen würden."[347] Die DGSE befürwortete somit einen gemäßigten Ansatz, der eine Koordination zwischen den EWG-Zentralbanken, aber keine fixen Interventionsverpflichtungen gegenüber dem Dollar vorsah. Sie stimmte in dieser Hinsicht mit den anderen europäischen Zentralbanken überein, und entsprechend schnell fand sich im Ausschuss der EWG-Zentralbankgouverneure ein Konsens. Im Dezember 1974 gab Bernard Clappier sein Einverständnis zum Kompromiss, eine relativ breite Schwankungsmarge der EWG-Währungen zum Dollar von 1% zu gewähren.[348] Im Februar 1975 wiederholte die DGSE ihre Auffassung und betonte, dass es unwahrscheinlich und ein „übertriebener Optimismus" sei, ein gemeinsames Dollarniveau festlegen zu können. Vielmehr gelte es, „sicherzustellen, dass [...] der Devisenmarkt besser geregelt ist und dass Wechselkursschwankungen von einem Tag auf den anderen in vernünftigen Grenzen gehalten werden." Es ginge um „nicht mehr und nicht weniger."[349] In dieser Haltung war sie der Position der Bundesbank deutlich näher als dem Vorschlag von Finanzminister Fourcade.

344 Eigene Übersetzung: Note DGSE, Retour éventuel du franc dans le système communautaire de change, 9. 12. 1974, in: ABF, 1489200205/273, S. 6.

345 Eigene Übersetzung: Note DGSE, Retour éventuel du franc dans le système communautaire de change, 9. 12. 1974, in: ABF, 1489200205/273, S. 6.

346 Eigene Übersetzung: Note DGSE, Retour éventuel du franc dans le système communautaire de change, 9. 12. 1974, in: ABF, 1489200205/273, S. 7.

347 Eigene Übersetzung: Note DGSE, Conseil des Ministres de la CEE, ‚Communication Fourcade', 8. 11. 1974, in: ABF, 1489200205/276, S. 1.

348 Vgl. Procès-Verbal de la 86ème séance du comité des gouverneurs des banques centrales des Etats membres de la Communauté Economique Européenne, tenue à Bâle, 10. 12. 1974, in: ECB Archives, S. 6.

349 Eigene Übersetzung: Note DGSE, Premières réflexions sur le questionnaire reçu de M. Heyvaert sur les modalités d'application d'une politique commune de change à l'égard du Dollar, 15. 2. 1975, in: ABF, 1489200205/254, S. 2.

Die DGSE distanzierte sich auch von der Überlegung des Finanzministers, die Reform der Währungsschlange mit einer Neudefinition der europäischen Rechnungseinheit zu verbinden. Fourcade wollte die gemeinsame Rechnungseinheit, die unter anderem seit 1973 als Bezugsgröße für den Saldenausgleich im Europäischen Fonds für währungspolitische Zusammenarbeit diente, auf eine neue Basis stellen und über einen Währungskorb, in dem alle EWG-Währungen proportional nach ihrer Bedeutung gewichtet waren, definieren.[350] Darüber hinaus sollte die neue europäische Rechnungseinheit als Grundlage für das Interventionssystem fungieren. Das hieß, die maximale Bandbreite, innerhalb derer eine EWG-Währung schwanken durfte, sollte nicht mehr durch den Abstand zweier Währungen, sondern durch den Abstand der jeweiligen Währung zu ihrem in Rechnungseinheiten ausgedrückten Kurswert bestimmt werden.[351] Die Banque de France stimmte dem Vorschlag zwar grundsätzlich zu, doch hielt sie in der gegenwärtigen Lage der heftig schwankenden Wechselkurse die Neudefinition der Rechnungseinheit für nachrangig. In einem Vermerk schrieb die DGSE, dass es viel wichtiger sei, die Wechselkurse innerhalb der EWG zu stabilisieren und auf ein vergleichbares Niveau zu bringen, als sich auf die Einführung einer neuen Rechnungseinheit zu konzentrieren.[352] Sous-Gouverneur De La Genière merkte hierzu handschriftlich an: „Diese Schlussfolgerung ist essentiell und müsste meiner Meinung nach dazu führen, die Einführung einer neuen Definition der EWRE solange zu verzögern, bis man wieder eine Wechselkursordnung der europäischen Währungen etabliert hätte, die geringe Schwankungen zwischen Wechselkurs und Parität mit sich bringen würde."[353] Die DGSE fasste zusammen: eine Neudefinition der Rechnungseinheit würde „in keiner Weise die Natur der aktuellen Probleme lösen, sondern in manchen Fällen erschweren."[354] Mit ihrer zurückhaltenden Einstellung wies die Banque de France, wie bereits im Fall der Dollarpolitik, Übereinstimmungspunkte mit den anderen europäischen Zentralbanken auf. Die Bundesbank urteilte zur Neudefinition der Rechnungseinheit: „Die schrittweise Rückkehr von frei floatenden Währungen in die ‚Schlange' kann durch eine solche Lösung nicht erleichtert werden."[355]

350 Vgl. Note Direction du Trésor, Note sur l'unité de compte monétaire européenne (UCME), septembre 1974, in: ABF, 1489200205/367.

351 Vgl. Note Direction du Trésor, Note sur un nouveau régime de fluctuation des monnaies européennes, (Memorandum Fourcade), septembre 1974, in: ABF, 1489200205/367, S. 4

352 Vgl. Note DGSE, Des répercussions que pourrait avoir sur les règlements communautaires une nouvelle définition de l'unité de compte monétaire européenne, 15. 10. 1974, in: ABF, 1489200205/367.

353 Eigene Übersetzung: Handschriftliche Seitenanmerkung, Note DGSE, Des répercussions que pourrait avoir sur les règlements communautaires une nouvelle définition de l'unité de compte monétaire européenne, 15. 10. 1974, in: ABF, 1489200205/367, S. 4.

354 Eigene Übersetzung: Note DGSE, Des répercussions que pourrait avoir sur les règlements communautaires une nouvelle définition de l'unité de compte monétaire européenne, 15. 10. 1974, in: ABF, 1489200205/367, S. 9.

355 Eigene Übersetzung: Comments of the Bundesbank members of the Théron Group on the question of a new definition of the European monetary unit of account (EMUA), 25. 11. 1974, in: ABF, 1489200205/367, S. 3.

Gleichwohl bedeutete die vorsichtige Haltung der DGSE nicht, dass sich die Banque de France prinzipiell gegen eine neue Rechnungseinheit aussprach. De La Genière forderte vielmehr, die Umsetzung einer solchen Rechnungseinheit so früh wie möglich mit gründlichen Analysen und Studien vorzubereiten.[356] Auf lange Sicht gesehen sollte sie eine zentrale Stellung im europäischen Währungssystem einnehmen und, wie De La Genière im EWG-Währungskomitee formulierte, die Rolle der „Keimzelle einer europäischen Währung" spielen.[357]

Der Enthusiast

Bernard Clappier, der Gouverneur der Banque de France, verfolgte eine eigene Agenda. Für ihn stand das Ziel im Vordergrund, den Prozess der Wirtschafts- und Währungsunion wiederzubeleben und zu diesem Zweck Frankreich wieder in den Kreis der Kernländer der Währungsintegration zurückzuführen. Auf einer Sitzung des Conseil Général beklagte er, dass in den Monaten seit dem französischen Austritt die Schlange sich zu einem reinen Währungsinstrument umgeformt und seinen eigentlichen Charakter als gemeinschaftliches und solidarisches Projekt verloren habe. Es gelte nun, diese Eigenschaften des Währungsverbundes wieder zu stärken und eine echte europäische Währungsidentität zu schaffen.[358] Er setzte sich von der nüchternen Analyse der DGSE und De La Genières ab, die im Gegensatz zu ihm auf die technischen, wirtschaftlichen Voraussetzungen für die Rückkehr verwiesen. Es ist bezeichnend, dass die DGSE in März 1975 vermerkte: „Es könnte daher nur aus politischen Gründen als vorteilhaft erachtet werden, die Risiken einer zukünftigen Wiedereingliederung des Franc in die Schlange zu übernehmen, um [...] auf spektakuläre Weise unseren Willen zu bekräftigen, das währungspolitische Europa voranzubringen."[359] Clappier nahm eben diesen Faden auf und und schloss sich der Meinung der französischen Regierung an, dass „die Rückkehr des Franc in diesen Mechanismus [der Währungsschlange] vor allem eine Angelegenheit von europäischer Politik ist."[360]

Clappier unterstützte daher die Vorschläge des Finanzministers und reagierte desillusioniert, als sie bei den europäischen Partnerländern auf Ablehnung stießen. Im Ausschuss der Zentralbankpräsidenten lamentierte er, dass „das recht negative Fazit die Rückkehr der flottierenden Währungen in die ‚Schlange' kaum

356 Vgl. Handschriftliche Seitenanmerkung, Note DGSE, Des répercussions que pourrait avoir sur les règlements communautaires une nouvelle définition de l'unité de compte monétaire européenne, 15. 10. 1974, in: ABF, 1489200205/367, S. 4.

357 Eigene Übersetzung: Compte-rendu de la 198ème session du Comité Monétaire, 3./4. 12. 1974, in: ABF, 1489200205/367, S. 7.

358 Vgl. ABF, Procès-Verbal, Conseil Général, 19. 6. 1975, S. 195 f.

359 Eigene Übersetzung: Note DGSE, Retour éventuel du franc dans le système communautaire de change, mars 1975, in: ABF, 1489200205/273, S. 5.

360 Eigene Übersetzung: ABF, Procès-Verbal, Conseil Général, 19. 6. 1975, S. 195.

beschleunigen könne."[361] Die französische Regierung habe versucht, ein konstruktives Konzept vorzulegen, das alle Länder der EWG in einem Währungsverbund vereinigen würde. „Es ist möglich, dass sie nicht völlig geeignet sind, aber man sollte sie nicht zurückweisen, ohne sich die Mühe zu machen, insbesondere in der Gruppe der Experten, andere Methoden zu finden, die vielleicht besser dem angestrebten Ziel entsprechen."[362] In den Diskussionen unter den EWG-Zentralbanken über eine gemeinsame Dollarpolitik plädierte Clappier in diesem Sinn für die Umsetzung des Fourcade-Plans. Er forderte engere Bandbreiten gegenüber dem Dollar und klarere Verpflichtungen der EWG-Zentralbanken, häufiger und intensiver in Dollar zu intervenieren. Er akzeptierte zwar den Kompromiss, den der Ausschuss am 15. Januar 1975 schloss, merkte dazu aber an: Dieser „erscheint jetzt extrem locker und flexibel; man kann sich fragen, ob er jemals funktionieren wird."[363] Einen Monat später beschwerte er sich, dass der Beschluss immer noch nicht umgesetzt worden sei, nur weil man sich nicht mit den Amerikanern über eine geeignete Abstimmung einigen konnte.[364] Und im Mai 1975 beklagte er zunehmend missmutig das fehlende Engagement der Schlangenländer in der Dollarpolitik: „Die Kursschwankungen [...] machten eine Kooperation und Abstimmung unter den EWG-Mitgliedsländer notwendiger denn je. Man muss die Phase der Absichten hinter sich lassen und zu koordinierten wirksamen Maßnahmen gelangen."[365] Clappier drängte nachdrücklicher und deutlicher als die anderen Zentralbankgouverneure auf den Fortschritt in der Dollarpolitik und auf eine effektive Zusammenarbeit, die, im Geist des Fourcade-Memorandums, die europäische Währungsgemeinschaft wieder stärker voranbringen sollte.

Auch in der Debatte um das zweite Fourcade-Memorandum vom 20. Mai 1975 offenbarte sich die starke politische Orientierung von Clappier. Er sah die Forderungen nach mehr Interventionen, nach einem einheitlichen Dollarkurs und nach größeren Währungshilfen nicht nur als technische Angelegenheit. Sie wiesen in seinen Augen „eine psychologische und politische Bedeutung auf, insofern als sie klar hervorheben wollen, dass dank möglichst präziser Regeln die Last für die

[361] Eigene Übersetzung, Procès-Verbal de la 85ème séance du comité des gouverneurs des banques centrales des Etats membres de la Communauté économique européenne, tenue à Bâle, 12. 11. 1974, in: ECB Archives, S. 18.

[362] Eigene Übersetzung, Procès-Verbal de la 85ème séance du comité des gouverneurs des banques centrales des Etats membres de la Communauté économique européenne, tenue à Bâle, 12. 11. 1974, in: ECB Archives, S. 18.

[363] Eigene Übersetzung, Procès-Verbal de la 87ème séance du comité des gouverneurs des banques centrales des Etats membres de la Communauté économique européenne, tenue à Washington, 15. 1. 1975, in: ECB Archives, S. 2.

[364] Vgl. Procès-Verbal de la 88ème séance du comité des gouverneurs des banques centrales des Etats membres de la Communauté économique européenne, tenue à Bâle, 11. 2. 1975, in: ECB Archives, S. 5 f.

[365] Eigene Übersetzung: Procès-Verbal de la 91ème séance du comité des gouverneurs des banques centrales des Etats membres de la Communauté économique européenne, tenue à Bâle, 13. 5. 1975, in: ECB Archives, S. 11.

Bewahrung der ‚Schlange' geteilt werden muss und nicht nur dem Land der schwächsten Währung zufallen darf."[366]

Zwischenfazit

Clappier unterstützte konsequent die Bemühungen der französischen Regierung, Frankreich wieder in die Währungsschlange zurückzuführen. Mit dieser Überzeugung trat er als politischer Akteur und als Verfechter des europäischen Einigungsprozesses auf. Die Rückkehr des Francs in die Währungsschlange, die Präsident Valéry Giscard d'Estaing am 9. Mai 1975 ankündigte und die am 10. Juli 1975 vom EWG-Ministerrat offiziell beschlossen wurde,[367] war aus seiner Sicht ein wichtiger und notwendiger Schritt, um die Dynamik dieses Integrationsprozesses aufrechtzuerhalten. Er folgte hierbei dem so genannten monetaristischen Weg, der die wirtschaftlichen Differenzen durch eine stärkere währungspolitische Zusammenarbeit auszugleichen suchte.

Gleichzeitig gewann innerhalb der Banque de France die Richtung an Gewicht, die anerkannte, dass für ein funktionierendes Währungssystem die ökonomischen Grundlagen der EWG-Mitgliedsländer größerer Übereinstimmung bedurften. Nicht nur Sous-Gouverneur De La Genière oder die DGSE hoben diese Gesichtspunkte hervor. Auch im Conseil Général kamen sie zur Sprache. Auf einer Sitzung am 22. Mai 1975, also kurz nach der Verkündigung der Rückkehr des Francs in die Schlange, warf beispielsweise Raymond Barre die Frage auf, ob die Unterschiede bei Lohnkosten und Preisen zwischen den Schlangenländern nicht noch zu groß seien, um stabile Wechselkursbeziehungen zu garantieren.[368]

Es kündigte sich ein Wandel in der Position der Banque de France zur europäischen Wirtschafts- und Währungsunion an. Die klare Trennlinie zwischen Monetaristen und Ökonomisten, die noch 1970 die französische und deutsche Zentralbank unterschieden hatten, verschwamm zusehends.

2.3. Zweiter Austritt des Francs aus dem Währungsverbund

Am 15. März 1976 verließ Frankreich erneut die Währungsschlange. Nach dem ersten Ausscheiden im Januar 1974, auf das der Wiedereintritt im Juli 1975 gefolgt war, war dies der zweite Rückschlag für die französische Geldpolitik beim Versuch, gemeinsam mit den anderen europäischen Staaten eine stabile Währungsordnung zu bilden. In der Antwort der Banque de France auf diesen Schock kam mehr denn

366 Eigene Übersetzung, Procès-Verbal de la 92ème séance du comité des gouverneurs des banques centrales des Etats membres de la Communauté économique européenne, tenue à Bâle, 8. 6. 1975, in: ECB Archives, S. 7.

367 Vgl. Abschrift eines Fernschreibens der Ständigen Vertretung der Bundesrepublik Deutschland bei den Europäischen Gemeinschaften vom 11. Juli 1975, Betreff: 350. Tagung des Rates (Wirtschafts- und Finanzfragen) am 10. Juli 1975 in Brüssel, in: HA BBk, N-2/422.

368 Vgl. ABF, Procès-Verbal, Conseil Général, 22. 5. 1975, S. 175.

je der innere Zwiespalt und die verschiedenen Meinungsströmungen über die geeignete Ausrichtung der französischen Geld- und Währungspolitik zum Ausdruck.

Widersprüchliche Interpretationen der Banque

In einer retrospektiven Analyse fällte die Banque de France ein klares Urteil zu den Gründen und Umständen des französischen Austritts.[369] Ein umfangreiches Investitionsprogramm, das Premierminister Jacques Chirac (1932–2019) am 4. September 1975 aufgelegt hatte, habe die Stabilität des Francs erheblich beeinträchtigt. Die expansive Fiskalpolitik habe das Haushaltsdefizit aufgebläht, die Preise und Inflation in die Höhe getrieben und das Zahlungsbilanzdefizit deutlich erhöht.[370] Diese drei Faktoren – Haushaltsdefizit, Preissteigerungen und Zahlungsbilanzdefizit, – waren für die Banque de France ausschlaggebend für die starken Kursverluste des Francs im Frühjahr 1976, eine Periode, die die DGSE als „Kaskade der Wechselkurskrisen"[371] bezeichnete. Allein zwischen Januar bis März 1976 legte die Inflation um 11% zu, das Zahlungsbilanzdefizit um 10,5 Mrd. Franc, und das Haushaltsdefizit um 19 Mrd. Franc. Hinzu kamen die Krisen der italienischen Lira, der spanischen Peseta und des britischen Pfunds, die jeweils auf den Franc übergriffen, umfangreiche Interventionen der Banque de France zur Stützung des Wechselkurses erforderten, und schließlich zur zweiten Lossagung Frankreichs von der Währungsschlange führten. Ende März 1976 hatte der Franc gegenüber dem Dollar um 3,91% und gegenüber der D-Mark um 7,68% an Wert verloren.[372]

Die Banque de France urteilte allerdings erst im Rückblick so deutlich über die Regierungspolitik. In der unmittelbaren Zeit vor der Krise, im Herbst 1975 und Frühjahr 1976, hatte sie die Währungslage des Francs noch anders gesehen. Als am 4. September 1975 die französische Regierung das Investitionsprogramm zur Ankurbelung der französischen Wirtschaft aufgelegt hatte, hatte sich die Banque de France voll und ganz dahinter gestellt. Sie hatte ihre Leit-Zinssätze um 1,5% gesenkt und angekündigt, die Kreditvergabe für den Konsum und andere Wirtschaftsbereiche erleichtern zu wollen.[373] Der Gouverneur der Banque, Bernard Clappier, hatte im Conseil Général die Senkung der Zinsen befürwortet und bekräftigt, dass sie sowohl „notwendig als auch möglich"[374] sei.

[369] Vgl. Note DGSE, Le retour du Franc dans le 'serpent' communautaire (10 juillet 1975 – 15 mars 1976), o. D., in: ABF, 1489200205/273.

[370] Vgl. Note DGSE, Le retour du Franc dans le 'serpent' communautaire (10 juillet 1975 – 15 mars 1976), o. D. in: ABF, 1489200205/273, S. 3 f.

[371] Eigene Übersetzung: Note DGSE, Le retour du Franc dans le 'serpent' communautaire (10 juillet 1975 – 15 mars 1976), o. D., in: ABF, 1489200205/273, S. 5.

[372] Vgl. Note DGSE, Le retour du Franc dans le 'serpent' communautaire (10 juillet 1975 – 15 mars 1976), o. D., in: ABF, 1489200205/273, S. 6.

[373] Vgl. ABF, Procès-Verbal, Conseil Général, 4. 9. 1974, S. 261.

[374] Eigene Übersetzung: ABF, Procès-Verbal, Conseil Général, 4. 9. 1975, S. 262.

Anders als in der kritischen Rückschau der DGSE hatte die Banque de France auch die Stellung des Francs auf den internationalen Devisenmärkten beurteilt. In ihrem Monatsbericht von November 1975 hatte sie geschrieben, dass der Franc nach Wiedereintritt in die Währungsschlange im Mai 1975 eine „große Stabilität“[375] aufgewiesen und gegenüber den anderen Währungen der „Schlange“ sogar beträchtlich aufgewertet habe. Am 18. Dezember hatte Sous-Gouverner Renaud de La Genière im Conseil Général verkündet, dass der Franc gegenüber den anderen Schlangenwährungen um 1,25% an Wert gewonnen habe.[376] Auch noch im Januar 1976 hatte Gouverneur Clappier in einer Rede vor Direktoren der regionalen Filialen der Banque de France erklärt, dass der Franc sehr stabil sei. Es seien sogar Interventionen auf dem Devisenmarkt nötig gewesen, um den seinen Wechselkurs niedrig zu halten und die Bandbreiten innerhalb der „Schlange“ zu respektieren. Durch die Interventionen habe die Banque ihre Währungsreserven bis zum Ende des Jahres 1975 um 5 Mrd. Dollar erhöhen können.[377] Ein solcher Anstieg war für Frankreich, das normalerweise seine Devisen verkaufen musste, um den Franc zu verteidigen, ein geradezu außergewöhnlicher Erfolg.

Man hatte sich nicht nur der Stabilität der eigenen Währung erfreut, sondern war auch vom guten Funktionieren des europäischen Wechselkurssystems überzeugt. In der Sitzung des Conseil Général am 4. Dezember 1975 hatte Clappier verkündet: „man muss betonen, dass die gemeinschaftliche „Schlange“ bisher völlig zufriedenstellend funktioniert hat.“[378] Das sei nicht nur einfach ein Zufall gewesen, sondern Ergebnis einer besseren Zusammenarbeit unter den europäischen Zentralbanken. „Dieser Mechanismus funktioniert seit ungefähr acht Monaten, das sei noch einmal hervorgehoben, bemerkenswert effizient.“[379]

Diejenigen Faktoren, die die Auslandsabteilung DGSE rückblickend als Ursachen für den Austritt Frankreichs aus der Währungsschlange identifizierte, das Investitionsprogramm der Regierung, der Anstieg der Preise, die Verschlechterung der Zahlungsbilanz und der Kursverlust des Franc, waren von der Banque de France zum Zeitpunkt des Geschehens selbst nicht erkannt worden. Sie hatte vielmehr im Herbst 1975 das Förderprogramm der Regierung unterstützt, die Zinssätze gesenkt und der Wirtschaft zusätzliche Liquidität verschafft. Bis zum Ende des Jahres 1975 war sie von der Stabilität des Francs überzeugt gewesen.

Erst die wirtschaftliche Unruhe im Januar 1976 dämpfte den Optimismus der französischen Zentralbanker. Nun begann die Periode, die oben genannter Bericht der DGSE als „Kaskade der Wechselkurskrisen“ bezeichnete. In den Anfangswochen des Jahres geriet zuerst die italienische Lira unter Druck. Nach einem drastischen Wertverlust mussten die italienischen Währungsbehörden am 21. Januar die

375 Vgl. ABF, Bulletin trimestriel de la Banque de France, No. 17, November 1975, S. 9.
376 Vgl. ABF, Procès-Verbal, Conseil Général, 18. 12. 1975. S. 358.
377 Vgl. Exposé de M. le Gouverneur, Réunion Régionale Aquitaine, 20. 1. 1976, in: ABF, 1035200250/53, S. 1.
378 Eigene Übersetzung: ABF, Procès-Verbal, Conseil Général, 4. 12. 1975, S. 345.
379 Eigene Übersetzung: ABF, Procès-Verbal, Conseil Général, 4. 12. 1975, S. 345.

Devisenbörsen schließen. In der Folge sprangen die Spekulationen auch auf den Franc über und brachten den Kurs zum Einbruch. Die Banque de France musste mit 1 Mrd. Dollar auf dem Devisenmarkt intervenieren, um den Wechselkurs zu stabilisieren.[380] In einem Bericht von Ende Januar sprach die DGSE von einer „Krise des Francs“, die das „schöne Schema“ einer erhofften „Periode der relativen Stabilität“ gestört habe.[381] Die DGSE führte diesen unerwarteten Schock auf eine Vielzahl von Ursachen zurück. Eine Pressekampagne in Frankreich, eine negative Wirtschaftsprognose und die Schließung der Devisenbörsen in Italien hätten die Aufmerksamkeit der Spekulanten auf den Franc gelenkt.[382] Insbesondere die Wechselkurskrise in Italien sei der Grund dafür gewesen, warum auch der Franc von Spekulationen erfasst wurde. Es waren also nicht interne Faktoren, wie die hohe Inflation oder das zunehmende Handelsbilanzdefizit, sondern laut De La Genière die Lira-Krise in Italien, die die Vertrauenskrise in Frankreich hervorgerufen habe.[383] Auch die Abteilung für Studien der Banque de France konstatierte, dass die „Stellung des Franc gegenüber den Währungen der ‚Schlange‘ nicht in unmittelbarer Gefahr erscheint.“[384] Die Probleme der eigenen Wirtschaft, die später die DGSE als Auslöser für den französischen Austritt aus der Schlange definierte, wurden nicht thematisiert.

Dieses Verhaltensmuster der Banque wiederholte sich bei den folgenden Krisen der spanischen Peseta und des britischen Pfunds im Februar und März 1976, die ebenfalls auf den Franc übersprangen.[385] Beide Male widersprach Clappier der Ansicht, dass die französische Wirtschaft und der Franc selbst für die Kursverluste verantwortlich seien. Die Kursbewegungen seien „strikt spekulativ“[386] gewesen. Noch vier Tage vor dem französischen Verlassen der Schlange war Clappier überzeugt, dass sich die Lage bald normalisieren würde. Er wiederholte im Conseil Général, die Wechselkurs-Spannungen seien eine Folge der Spekulationen.[387]

Die Ausschläge auf den Devisenmärkten waren allerdings zu heftig und die Interventionen der Banque zu hoch. Sie hatte seit Beginn der Wechselkurskrisen bis zu 5 Mrd. Dollar für die Stützung des Francs abgeben müssen und damit alle Devisen verloren, die sie 1975 eingenommen hatte.[388] Auf einer Sondersitzung des EWG-Ministerrats am 14. März 1976 bat Finanzminister Fourcade daher seine

[380] Vgl. Note DGSE, La crise du franc en janvier 1976, 29. 1. 1976, in: ABF, 1495200501/308.

[381] Eigene Übersetzung: Note DGSE, La crise du franc en janvier 1976, 29. 1. 1976, in: ABF, 1495200501/308.

[382] Vgl. Note DGSE, La crise du franc en janvier 1976, 29. 1. 1976, und Note DGSE, Le franc français en janvier 1976, 6. 2. 1976, in: ABF, 1495200501/308.

[383] Vgl. ABF, Procès-Verbal, Conseil Général, 29. 1. 1976, S. 19 f.

[384] Vgl. Note DGE, Elements complémentaires d'appréciation sur la valeur économique externe du Franc, 6. 2. 1976, in: ABF, 1375200401/38, S. 2.

[385] Vgl. Note DGSE, Le retour du Franc dans le ‘serpent’ communautaire (10 juillet 1975 – 15 mars 1976), o. D., in: ABF, 1489200205/273.

[386] Eigene Übersetzung, ABF, Procès-Verbal, Conseil Général, 12. 2. 1976, S. 48.

[387] Vgl. ABF, Procès-Verbal, Conseil Général, 11. 3. 1976, S. 91.

[388] Vgl. Note, Ministère de l'Economie et des Finances, Objet: La crise monétaire de janvier-mars 1976, 26. 3. 1976, in: AN, 5AG3/910.

europäischen Kollegen um Hilfe. Er schlug eine generelle Wechselkursanpassung aller Schlangenwährung vor, um wieder ein Gleichgewicht herzustellen.[389] Die anderen Finanzminister, insbesondere der Deutsche Hans Apel, lehnten die französischen Forderungen jedoch ab, und in der Folge beschloss die französische Regierung am 15. März 1976, den Wechselkursverbund zu verlassen.[390] Dies war nicht im Sinn von Gouverneur Clappier. Er war nach wie vor überzeugt, dass der Franc in der Schlange verbleiben könne und die Krise alleine auf Spekulationen zurückzuführen sei. Der Entschluss des Finanzministers enttäuschte ihn, aber er musste sich der politischen Entscheidung beugen.[391]

Französische Reaktionen: die Kontroversen nehmen zu

In der Reaktion der französischen Wirtschafts- und Geldpolitiker zeigten sich deutliche Parallelen zum ersten Austritt Frankreichs aus der Währungsschlange 1974. Einerseits formulierten sie Kritik am europäischen Währungssystem, das unfair und unausgewogen sei, und ignorierten die internen Schwächen der französischen Wirtschaft. Andererseits verfestigte sich die Position der Banque de France, die die wirtschaftlichen Probleme wie Inflation und Zahlungsbilanzdefizite und die französische Wirtschaftspolitik für die desolate Lage des Francs verantwortlich machte.

Kritik: Reformbedürftigkeit der Währungsschlange

Finanzminister Fourcade suchte die Gründe für das Ausscheiden des Francs in der mangelhaften Konstruktion der Währungsschlange.[392] Sie habe nicht genügend solidarische Mechanismen bereitgestellt, um die Spekulationen zwischen den europäischen Währungen zu verhindern. Auch die Lasten der Anpassung seien ungerecht verteilt gewesen. Er forderte, die Währungskooperation zu verstärken, die Bandbreiten für mögliche Wechselkurs-Schwankungen zu erweitern und die Währungsreserven zusammenzulegen. Die Argumentation von Fourcade wurde auf der Sitzung des EWG-Währungskomitees vom Vertreter des französischen „Trésors", Jean-Yves Haberer, wiederholt.[393] Es seien nicht die Inflationsunterschiede zwischen den Ländern gewesen, die die Spekulation hervorgerufen hatten, sondern negative Presseberichte, fehlleitende Meldungen von Banken und Forschungsinstituten sowie die Krise der Lira und des Pfunds. Haberer behauptete,

389 Vgl. Note Trésor, Compte-rendu des entretiens monétaires de Bruxelles du 14 mars 1976, 16. 3. 1976, in: ABF, 1489200205/273.
390 Vgl. De Saint-Périer, La France, l'Allemagne et l'Europe, S. 102–104.
391 Vgl. De Larosière, 50 ans de crises, S. 86.
392 Vgl. Vermerk I 2 (Bundesbank), Tagung des Rates der Wirtschafts- und Finanzminister der EG am 15. 3. 1976 in Brüssel, 16. 3. 1976, in: HA Bbk, N-2/422, S. 1.
393 Vgl. Vermerk I 2 (Bundesbank), Vermerk, Sitzung des Währungsausschusses am 31. März 1976 in Brüssel, 1. 4. 1976, in: HA Bbk, N-2/422.

dass der Franc-Wechselkurs sich nach dem Ausstieg aus der Währungsschlange nicht verändert habe und überhaupt der Franc „im Zentrum des Systems"[394] stünde. Daher sei nur eine Schlussfolgerung möglich: das Wechselkurssystem müsste reformiert, die Bandbreiten den Umständen angepasst, die Währungshilfen aufgestockt und die Interventionslasten gerecht auf alle Länder aufgeteilt werden. Das Räsonnement hinter diesen Argumenten fand sich im Vorbereitungsdokument zur Sitzung. Hier schrieb der Trésor: „es ist zweifelhaft, ob das europäische Wechselkurssystem auf diesen Grundlagen dauerhaft funktionieren kann. Die Suche nach einer viel größeren Solidarität drängt sich auf."[395]

Eine interne Studie der Banque de France Ende März 1976 spiegelte diese Ansichten des französischen Finanzministeriums wider.[396] Sie konstatierte ein „Veralten der Institution" und eine „wachsende Unangemessenheit" der Währungsschlange gegenüber den aktuellen Problemen und Herausforderungen.[397] Vier Problemzonen existierten: erstens die Dominanz der D-Mark, die es auszugleichen galt, zweitens der Mangel an finanziellen Ressourcen zur Abwehr spekulativer Attacken, drittens die einseitige Belastung der schwachen Währungen, die häufiger und stärker intervenieren mussten, und viertens, die defensive Haltung gegenüber Spekulationen, die den Handlungsspielraum der Zentralbanken einschränkte.

Zur Korrektur dieser Fehler unterbreitete die Banque vier Vorschläge. Man müsste ein neues Wechselkurs-Regime schaffen, in dem die Leitkurse leichter und schneller verändert werden könnten. Ein solches Regime müsse „Flexibilität, Pragmatismus und Diskretion"[398] aufweisen. Zusätzlich müssten die gegenseitigen Finanzhilfen aufgestockt und die Währungsreserven in einem europäischen Währungspool zusammengefasst werden. Die finanziellen Lasten der Interventionen müssten auf alle Länder fair aufgeteilt werden, und schließlich sollten die Zentralbanken früher intervenieren, um aufkommende Spekulationen rechtzeitig zu vermeiden.[399]

Sowohl die Vorschläge des Finanzministeriums als auch der Vermerk der Banque de France nahmen in großen Teilen die ursprünglichen Konzepte des Fourcade-Memorandums aus dem Herbst 1974 bzw. Frühjahr 1975 wieder auf. Aber ebenso wie in den Jahren 1974 und 1975 stießen sie bei den europäischen

[394] Vermerk I 2 (Bundesbank), Vermerk, Sitzung des Währungsausschusses am 31. März 1976 in Brüssel, 1. 4. 1976, in: HA Bbk, N-2/422.

[395] Eigene Übersetzung: Note, Trésor, Affaires Internationales, Ministères des l'Economie et des Finances, Note sur le système de change européen, Mars 1976, in: AN, 5AG3/910, S. 5.

[396] Vgl. Note Banque de France, Esquisse d'une réforme du système de change européen, mars 1976 (30. 3. 1976), in: ABF, 1495200501/678.

[397] Eigene Übersetzung: Note Banque de France, Esquisse d'une réforme du système de change européen, mars 1976 (30. 3. 1976), in: ABF, 1495200501/678, S. 2.

[398] Eigene Übersetzung: Note Banque de France, Esquisse d'une réforme du système de change européen, mars 1976 (30. 3. 1976), in: ABF, 1495200501/678, S. 4.

[399] Vgl. Note Banque de France, Esquisse d'une réforme du système de change européen, mars 1976 (30. 3. 1976), in: ABF, 1495200501/678, S. 4–9.

Partnerländern auf Ablehnung. Das Bundesfinanzministerium schrieb dazu: „In der Sitzung des Finanzministerrates am 15. März hat Minister Apel den von Fourcade in allgemeiner Form vorgetragenen Änderungsideen deutlich widersprochen und sich für die Beibehaltung des derzeitigen Schlangenmechanismus ausgesprochen."[400]

Widerspruch aus der Banque

Der zweite Sous-Gouverneur der Banque, Marcel Théron, stellte in einer Rede im Februar 1976 die Interpretation der französischen Regierung in Frage.[401] Aus seiner Sicht mangelte es der Währungsschlange weniger an währungspolitischen Mechanismen als vielmehr an einer effizienten, gemeinsamen Wirtschaftspolitik. Diese sei die essentielle Voraussetzung für eine stabile Währungsunion.[402] Darüber hinaus fehle es auch an einheitlichen wirtschaftlichen Grundlagen. Bisher bestünden unter den europäischen Ländern noch zu große Differenzen. Die Inflationsraten betrugen in Belgien 11%, in Frankreich 9,6%, in der Bundesrepublik Deutschland aber nur 5,4%.[403] Ökonomische Theorie und Erfahrung würden beweisen, dass man in einem geschlossenen System wie der Schlange die Wechselkurse nur dann stabil halten könne, wenn die Inflationsraten einem ähnlichen Trend folgten. Théron stellte fest: nur durch ihre Angleichung in Europa könnten geordnete und funktionsfähige Bedingungen für die Währungsschlange geschaffen werden. Die Preissteigerungen zu kontrollieren sei demnach die wichtigste Aufgabe der einzelnen Länder und setze eine strikte Wirtschafts- und Währungspolitik voraus. Théron zog das Fazit: „Die Disziplin der Wechselkurse baut, in einem System fester Paritäten, auf ökonomischer Disziplin. Das ist der Preis, den man zahlen muss, um in das europäische Wechselkurssystem einzutreten und, vor allem, um dort zu verbleiben."[404]

400 Zitiert bei: Vermerk Hauptabteilung I (Bundesbank), Stellungnahme zu den von Minister Fourcade gemachten Vorschlägen, 24. 3. 1976, in: HA Bbk, N-2/422, S. 1.

401 Vgl. Discours Marcel Théron, Le serpent européen en régime de changes flottants. Première pierre d'une monnaie européenne ou dernier vestige de Bretton Woods, Texte d'une conférence prononcée par M. Theron devant la Société d'Economie Politique, Februar 1976, in: ABF, 1495200501/69.

402 Vgl. Discours Marcel Théron, Le serpent européen en régime de changes flottants. Première pierre d'une monnaie européenne ou dernier vestige de Bretton Woods, Texte d'une conférence prononcée par M. Theron devant la Société d'Economie Politique, Februar 1976, in: ABF, 1495200501/69, S. 11.

403 Vgl. Discours Marcel Théron, Le serpent européen en régime de changes flottants. Première pierre d'une monnaie européenne ou dernier vestige de Bretton Woods, Texte d'une conférence prononcée par M. Theron devant la Société d'Economie Politique, Februar 1976, in: ABF, 1495200501/69, S. 11 f.

404 Eigene Übersetzung, Discours Marcel Théron, Le serpent européen en régime de changes flottants. Première pierre d'une monnaie européenne ou dernier vestige de Bretton Woods, Texte d'une conférence prononcée par M. Theron devant la Société d'Economie Politique, Februar 1976, in: ABF, 1495200501/69, S. 12.

Théron stand mit dieser neuen Auslegung in der Banque de France nicht allein. In einer Studie im September 1976 kam die DGSE zu ähnlichen Ergebnissen. Sie untersuchte die Franc-Krise des Frühjahrs hinsichtlich der wirtschaftlichen Ausgangslage, des Verlaufs und insbesondere der hohen Devisenabflüsse.[405] Während zuvor ein Großteil der Kommentatoren in Frankreich, so wie auch Gouverneur Bernard Clappier, die heftigen Ausschläge der italienischen Lira und des britischen Pfunds sowie die anschließende Spekulation für die Krise verantwortlich gemacht hatten, widersprach nun die DGSE diesem Topos: Ein Großteil der Devisenabflüsse hätte „keinen wirklichen spekulativen Charakter“ gehabt,[406] sondern sei auf eine Reihe von wirtschaftlichen Entwicklungen zurückzuführen gewesen.[407] Die DGSE argumentierte, dass die positive Entwicklung der französischen Zahlungsbilanz und die hohe Bewertung des Francs im Frühjahr 1975 – bei der Rückkehr Frankreichs in die Schlange – mit einer Verschlechterung der inländischen Konjunktur zusammenhing. Als sich Ende 1975 und Anfang 1976 die französische Binnenwirtschaft wieder erholte, wirkte das sich vice versa negativ auf die Zahlungsbilanz und den Franc-Wechselkurs aus. Die Regierung war zu Beginn des Jahres 1976 demnach mit den gleichen Problemen wie im Januar 1974 konfrontiert: ein hohes Defizit in der Zahlungsbilanz, hohe Inflationswerte, und die Notwendigkeit, sich im Ausland zu verschulden. Diese internen Faktoren, so die DGSE, waren ein wesentlicher Grund für die Devisenabflüsse und die Schwäche des Francs. Es sei demnach „sehr wahrscheinlich gewesen, dass nach dem Kursverfall der Lira und des Pfund der Franc die, oder eine der ersten Währungen in Europa war, die abwerten musste.“[408]

Zusammenfassend hob der Vermerk hervor, wie wichtig die konjunkturelle Lage und insbesondere die Unterschiede zwischen den Inflationsraten der EWG-Länder für den Erfolg eines festen Wechselkurssystems waren. Der kurze Verbleib des Francs in der Schlange habe dies bewiesen. Frankreich habe es in den letzten Jahren nicht geschafft, die Kosten- und Preissteigerungen im Land zu mäßigen und dementsprechend häufig seine Wechselkurse anpassen müssen. Diese Unbeständigkeit hätte auch politische Folgen gehabt. Sie erschwerte nicht nur den Zusammenhalt der Währungsunion, sondern schädigte auch das Bild von Frankreich im Ausland. Die DGSE fragte: würden die ständigen Ein- und Austritte aus der Währungsschlange und die währungspolitische Unzuverlässigkeit nicht die Vorstellung hervorrufen, dass „es ein Europa des Nordens gäbe, mehr oder weniger auf die D-Mark-Zone beschränkt, das in Wirtschafts- und Währungsfragen ‚zu-

[405] Vgl. Note DGSE, La crise du franc au premier trimestre 1976, 3.9.1976, in: ABF, 1495200501/308.

[406] Eigene Übersetzung, Note DGSE, La crise du franc au premier trimestre 1976, 3.9.1976, in: ABF, 1495200501/308, S. 11.

[407] Vgl. Note DGSE, La crise du franc au premier trimestre 1976, 3.9.1976, in: ABF, 1495200501/308, S. 12.

[408] Eigene Übersetzung, Note DGSE, La crise du franc au premier trimestre 1976, 3.9.1976, in: ABF, 1495200501/308, S. 2.

verlässig' sei, ... und andere europäische Länder wie Frankreich, Italien und Großbritannien?"[409]

Zwei Jahre des Kampfes um die Zugehörigkeit des Francs zur Währungsschlange hatten Spuren hinterlassen. Die Erfahrungen von Austritt 1974, Eintritt 1975 und Wiederaustritt 1976 ließen die Banque de France zunehmend die Prämissen der eigenen Währungspolitik in Frage stellen. Bereits 1974 und 1975 hatten sich die beiden Sous-Gouverneure kritisch über die Rückkehr in die Schlange geäußert. Der erneute Austritt bestärkte sie in der Meinung, dass es galt, zuerst die hausgemachten Probleme, Inflation und Zahlungsbilanz, zu bewältigen und die europäische Wirtschaftspolitik zu harmonisieren, bevor man eine stabile europäische Währungsgemeinschaft anstreben konnte.

Eine unmittelbar politische Auswirkung hatten diese Studien der Banque de France nicht. Sie waren kein Ausdruck eines Politikwechsels. Parallel zu diesen Auffassungen existierten andere Vermerke und Vortragsskizzen, die die traditionelle Sichtweise, etwa die Reformbedürftigkeit der Währungsschlange, fortschrieben.[410] Jene sind eher als Schlaglichter zu verstehen, die abweichende Meinungen und neue Positionen zum Vorschein brachten. Das Besondere an ihnen war, dass ihre Anzahl im Jahr 1976 zunahm und damit einen langsamen Wandel der Grundsätze der Banque ankündigte, der einerseits in ihrer äußeren Währungspolitik, andererseits auch in der internen Geldpolitik stattfinden sollte.

2.4. Die geldpolitische Wende der Banque de France

Interne Debatte über eine neue Geldpolitik

Parallel zu den Debatten um den Austritt aus der Währungsschlange entfaltete sich eine Diskussion über die Grundlinien der internen Geldpolitik. Zu Beginn und im Laufe des Jahres 1976 manifestierte sich innerhalb der Banque de France die Überzeugung, dass die traditionellen geldpolitischen Instrumente nicht mehr ausreichten, um die grassierende Inflation in Frankreich aufzuhalten.

Zweifel an den Instrumentarien

Die Generaldirektion für Studien (DGE) untersuchte im Januar 1976 die Wirksamkeit der französischen Zinspolitik und Mindestreservepolitik und identifizierte in beiden Bereichen erhebliche Defizite.[411] Die Verringerung der Leit-Zinssätze

409 Eigene Übersetzung, Note DGSE, La crise du franc au premier trimestre 1976, 3. 9. 1976, in: ABF, 1495200501/308, S. 14.

410 Vgl. Note, Les vicissitudes du serpent, pour une conférence de M. Léfort, automne 1976, in: ABF, 1495200501/649.

411 Vgl. Note DGE (an Roger Pujol, Generalsekretär des Conseil National du Crédit), Réflexions sur une nouvelle orientation de la politique des taux d'intérêt, 16. 1. 1976, in: CAEF, 1A-0000265/1; vgl. auch: Note DGE (an Pujol), Réflexions sur un aménagement éventuel du système des réserves obligatoires, 16. 1. 1976, in: CAEF, 1A-0000265/1.

durch die Regierung und Banque de France im Jahr 1975 hätte der Inflation einen kräftigen Schub gegeben. Zwar seien niedrige Zinssätze aufgrund der schwachen Konjunktur gerechtfertigt gewesen, aber die neue Ausgangslage der Wirtschaft 1976 erforderte eine Neuausrichtung und Erhöhung der Zinssätze.[412] Das Ausbleiben einer solchen Zinsanpassung würde, so urteilte die DGE auf der Basis von ökonometrischen Berechnungen, spätestens im Herbst 1976 den Inflationsrhythmus noch weiter in die Höhe treiben.[413] Die DGE beklagte in diesem Zusammenhang, dass bisher die Geldpolitik einen zu starken Akzent auf die Finanzierung der Wirtschaft gelegt und den Anstieg der Geldmenge und der Preise außer Acht gelassen habe. Die Inflation sei unterschätzt und das Instrument der Zinspolitik falsch eingesetzt worden.

In einem anderen Vermerk setzte sich die DGE mit dem Instrument der Mindestreserve auseinander, das in Frankreich 1967 eingeführt, allerdings nie richtig umgesetzt worden sei. Die Mindestreservpolitik hätte eigentlich die Liquidität der Banken kontrollieren und deren Kreditvergabe einschränken sollen. In Frankreich hätten die Banken die Mindestreserve vielmehr als eine zusätzliche Möglichkeit genutzt, sich zu verschulden. Sie stellte sogar „die hauptsächliche Quelle der Geldschöpfung“[414] dar. Die Generaldirektion regte daher an, das System der Mindestreserven zu verschärfen, um die Kreditvergabe von Banken zu beschränken.[415]

Die Studien deuteten ein Umdenken der Banque de France Anfang des Jahres 1976 an. Die alten Instrumentarien hätten sich als wirkungslos erwiesen. Die aktuellen monetären Probleme verlangten neue Lösungen.

Der erste Sous-Gouverneur der Banque de France, Renaud de La Genière, nahm diese Kritik auf und entwickelte sie in einem Vortrag im März 1976 weiter.[416] Die Inflation und rasche Zunahme der Geldmenge waren für ihn die zentralen Herausforderungen der französischen Geldpolitik. Die Geldmenge sei in den vorhergehenden Jahren deutlich schneller als die Wirtschaftsleistung gewachsen. Seit 1970 habe sie jedes Jahr konstant um 15 bis 20% zugenommen, während die gesamtwirtschaftliche Produktion durchschnittlich nur um 5 bis 6% jährlich angestiegen sei; nur im Krisenjahr 1975 sei sie um 3% gefallen. Parallel hierzu sei die Inflation beträchtlich angestiegen und hätte sich zwischen 1974 und 1976 bei ca. 10% eingependelt. De La Genière konstatierte: „es gibt eine Korrelation […] zwischen dem Anstieg dieser Schere [zwischen realem BIP und Geldmenge] […] und

[412] Vgl. Note DGE (an Pujol), Réflexions sur une nouvelle orientation de la politique des taux d'intérêt, 16. 1. 1976, in: CAEF, 1A-0000265/1, S. 1.

[413] Vgl. Note DGE (an Pujol), Réflexions sur une nouvelle orientation de la politique des taux d'intérêt, 16. 1. 1976, in: CAEF, 1A-0000265/1, S. 2.

[414] Eigene Übersetzung: Note DGE (an Pujol), Réflexions sur un aménagement éventuel du système des réserves obligatoires, 16. 1. 1976, in: CAEF, 1A-0000265/1, S. 1.

[415] Vgl. Note DGE (an Pujol), Réflexions sur un aménagement éventuel du système des réserves obligatoires, 16. 1. 1976, in: CAEF, 1A-0000265/1.

[416] Vgl. De la Genière, Les Moyens de la Politique Monétaire vus de la Banque de France, Intervention devant le groupe "Banque et Bourse" de l'Association des Anciens de Sciences Po, 11. 3. 1976, in ABF, 1035199602/2.

der Zuspitzung der Inflation.“[417] Die Banque de France müsse sich zum Ziel setzen, das Verhältnis zwischen Wirtschaftswachstum und Geldmenge wieder ins Gleichgewicht zu bringen und die Inflationsrate zu reduzieren. Am besten müsse man die Inflation sogar unter die Werte des deutschen Nachbars, also unter 5%, drücken, um im wirtschaftlichen Wettbewerb zu bestehen. Dies hielt er durchaus für möglich. Man habe es im vorangehenden Jahrzehnt bereits mehrere Male geschafft.[418] De La Genière dämpfte gleichzeitig zu weitgehende Hoffnungen. Die Wirksamkeit der Geldpolitik und der Handlungsspielraum der Banque seien Grenzen gesetzt. Die Zentralbank müsse den Prioritäten der Regierung folgen, die darauf gerichtet waren, Wirtschaftswachstum anzukurbeln und Vollbeschäftigung zu garantieren. Man müsse zudem die außenwirtschaftlichen Folgen beachten. Es dürften keine zu großen Zinsunterschiede zum Ausland entstehen, die Spekulation, Kapitalbewegungen und Wechselkursschwankungen verursachen könnten. Auch spielten die Erwartungen und das Verhalten der französischen Wirtschaftsakteure eine Rolle. In Frankreich herrsche der besondere Umstand vor, dass alle Marktteilnehmer – Arbeitgeber, Arbeitnehmer und der Staat – an niedrige Zinssätze gewöhnt waren und diese einforderten. De La Genière betonte: „unsere ganze Einstellung bleibt weiterhin erheblich durch die keynesianische Theorie des Geldes geprägt; dass niedrige Zinssätze Investitionen und Beschäftigung begünstigen.“[419] Dieses Marktverhalten stünde einer effizienten Geldpolitik im Weg.

Genauso wie die Studien der DGE Anfang Januar rückte de La Genière die hohe Inflation, niedrige Zinssätze und eine unzureichende Begrenzung der Geldmenge in den Mittelpunkt seiner Überlegungen. Gleichzeitig wurde deutlich, auf welche Hindernisse die Banque de France stoßen würde, wenn sie diese Probleme lösen wollte: die Unterordnung unter die Regierungspläne, die 1975 und im ersten Halbjahr 1976 darauf gerichtet waren, die Konjunktur zu beleben, sowie das Verhalten der französischen Marktteilnehmer, die die Möglichkeit einer konstanten (Re-)Finanzierung ihrer Tätigkeiten auf Grundlage niedriger Zinssätze forderten.

Der Conseil Général widmet sich dem Inflationsproblem

Die Inflationsbekämpfung stand 1976 auch im Mittelpunkt der Diskussionen des Conseil Général der Banque de France. Zwischen Juni und Oktober 1976 führten die Mitglieder des Rats eine ausführliche Debatte anlässlich der Finanzierung des siebten Wirtschaftsplans der Regierung (VII. Plan), der am 23. Juli 1976 verabschiedet wurde.[420] Sein Hauptzweck war die Wiederankurbelung der französischen Wirtschaft nach dem konjunkturellen Einbruch von 1975. Mit Bezug auf die Geld- und Kreditpolitik wurde das Ziel aufgestellt, eine gute Kreditversorgung der französischen Unternehmen – für die Belebung der Konjunktur, – mit einer

417 Eigene Übersetzung: De la Genière, Les Moyens, in: ABF, 1035199602/2, S. 3 f.
418 Vgl. De la Genière, Les Moyens, in: ABF, 1035199602/2, S. 4.
419 Eigene Übersetzung: De la Genière, Les Moyens, in: ABF, 1035199602/2, S. 17.
420 Vgl. Feiertag, Les banques centrales face à la «grande inflation», S. 215–243.

Bewältigung der hohen Inflationsraten zu verbinden. Dafür sollte das Wachstum der Geldmenge an das Wachstum der Inlandsproduktion gekoppelt und somit exzessive Steigerungen der Geldmenge verhindert werden.[421]

Ein Großteil der Ratsmitglieder stand dem VII. Plan skeptisch gegenüber. Pierre Berger, der als Generaldirektor der Abteilung für Studien (DGE) dem Conseil Général Bericht über den VII. Wirtschaftsplan erstattete, problematisierte ihn in mehrfacher Hinsicht. Der Plan würde weder die Probleme der Zinspolitik behandeln noch klare Konzepte aufzeigen, wie Unternehmen ihre Eigenfinanzierung stärken könnten und damit weniger auf Kreditfinanzierung angewiesen wären, oder wie Haushalte dazu gebracht werden könnten, mehr zu sparen. Für Berger war insbesondere der zweite Punkt, das Verhältnis von Finanzierung und Ersparnis, vordringlich. Die Banque de France könne nur dann eine erfolgreiche Geldpolitik betreiben, wenn sie das Verhalten der Marktteilnehmer beeinflussen und ihre Inflationserwartungen dämpfen könne. Die Ausbildung einer „entschlossenen Spartätigkeit" der Unternehmen, Haushalte und allen am Markt teilnehmenden Akteure sei die zentrale „Voraussetzung für eine Abnahme der inflationären Spannungen" in Frankreich.[422] Wie schon De La Genière in seinem Vortrag vom März 1976 zielte auch Berger mit seiner Kritik darauf, dass sich das grundsätzliche wirtschaftliche Verhalten der französischen Banken, Unternehmen und Konsumenten ändern müsste, wenn man effektiv die Inflation bekämpfen wollte.

In ähnlicher Weise äußerten sich andere Ratsmitglieder. Edmond Malinvaud merkte an, dass das Komitee, das die Finanzierungspläne des VII. Plans erarbeitete, den Investitionsbedarf der französischen Wirtschaft überschätzt hätte. Es hätte zu sehr auf den Finanzierungsaspekt geachtet und übersehen, dass viele französische Unternehmen überhaupt keine neuen Geldmittel benötigten. Jedoch sei Kritik verpönt. Alle, die dieses Problem ansprächen, würden als „Fortschrittsfeinde" verunglimpft und als ideologische Investitionsgegner abgetan.[423] Gouverneur Clappier bestätigte, dass sich es hierbei um ein altes Problem handelte. Man gebe sich in Frankreich der Illusion hin, dass quasi ständig ein Investitionsbedarf bestünde, der so wichtig sei, dass man ihn immer bedienen und finanzieren müsse. Dies sei eine der wesentlichen Ursachen, warum man in Frankreich stets auf das Mittel der Geldschöpfung zurückgegriffen und damit eine „chronische Inflation" erzeugt hätte.[424]

Auf der folgenden Sitzung widmete sich der Conseil Général der Verantwortung der Politik in der Inflationsbekämpfung. Der Direktor des „Trésors", Jacques de Larosière, nahm die Finanz- und Währungsbehörden in die Pflicht. Man dürfe nicht nur die Unternehmen zu Sparmaßnahmen drängen. Es sei auch die Aufgabe des Staates, im Kampf gegen die Inflation voranzugehen.[425] Jacques Delors knüpfte

421 Vgl. ABF, Procès Verbal, Conseil Général, 3. 6. 1976, S. 254 f.
422 Eigene Übersetzung: ABF, Procès-Verbal, Conseil Général, 3. 6. 1976, S. 256.
423 Eigene Übersetzung: ABF, Procès-Verbal, Conseil Général, 3. 6. 1976, S. 261.
424 Eigene Übersetzung: ABF, Procès-Verbal, Conseil Général, 3. 6. 1976, S. 262.
425 Vgl. ABF, Procès-Verbal, Conseil Général, 17. 6. 1976, S. 281.

daran an und kritisierte, dass seit der Bankenreform von 1966 die französische Wirtschaft von einer „relativen monetären Toleranz“[426] profitiert habe. Er fragte, ob man nicht effizienter gegen die Inflation vorgehen könne, wenn man die Geldpolitik restriktiver gestalte als es die Wirtschaftsakteure forderten und erwarteten. Clappier pflichtete ihm bei, erklärte aber, dass seit 1969 jede Regierung das Ziel verfolgt hätte, „zu beinahe jedem Preis die Investitionstätigkeit des Landes zu beschleunigen“, um die Unterschiede zwischen der französischen und deutschen Industrie zu verringern. Investitionen hätten Priorität. Sie wären zu jener Zeit das „absolut vorrangige Ziel“[427] der Regierung gewesen. Die inflationären Auswirkungen seien demgegenüber ignoriert worden.

Es ist bemerkenswert, wie deutlich die Mitglieder des Conseil Général die unterschiedlichen, oftmals gegensätzlichen Prioritäten der französischen Geldpolitik benannten und herausarbeiteten. Die Diskussion offenbarte, dass aus ihrer Sicht die Effektivität der französischen Geldpolitik nicht nur durch das ausgabefreudige Verhalten der Unternehmen und Haushalte unterminiert wurde, sondern auch durch eine Regierungspolitik, die auf Investitionen und Wachstum setzte und die Inflationsbekämpfung auf den zweiten Rang verwies.

Der Conseil Général begrüßte daher, dass im VII. Wirtschaftsplan eine Beziehung zwischen dem erwarteten Wirtschaftswachstum und dem Anstieg der Geldmenge hergestellt wurde. Es sollte die Geldmenge nicht schneller als das Bruttoinlandsprodukt zunehmen, so dass ein inflationärer Überschuss der Geldmenge vermieden werden könnte. Pierre Berger, der Generaldirektor der DGE, merkte an: es sei das erste Mal, dass das französische Parlament jemals einen Plan verabschiedet habe, der diese beiden Faktoren so explizit und präzise in Bezug zueinander setzte. Vor dem Hintergrund der vergangenen Jahre sei dies ein großer Fortschritt für die Geldpolitik; denn seit 1960 war die Geldmenge nur in zwei Jahren, 1964 und 1969, etwa in ähnlichem Ausmaß wie das Wirtschaftswachstum angestiegen. In allen anderen Jahren habe die Geldmenge die Inlandsproduktion immer deutlich übertroffen. Wenn man dies in Betracht zöge, so bedeute das neue Ziel des Wirtschaftsplans, die Geldpolitik stärker zu straffen als man es in der Vergangenheit gewohnt war.[428] Gouverneur Clappier zeigte sich erstaunt, dass zum ersten Mal überhaupt eine Verbindung zwischen Geldmenge und Bruttoinlandsprodukt hergestellt wurde. Angesichts der Tatsache, dass man es in den vergangenen 15 Jahren nie geschafft hatte, das Geldmengenwachstum überhaupt zu reduzieren, sei dies ein „ambitioniertes Ziel“.[429]

Im Fortgang der Debatte stellte der Chef des „Trésors“, Jacques de Larosière, die Geldpolitik der Bundesrepublik Deutschland als Vorbild hin. Das deutsche System der Liquiditätspolitik, etwa bei der Mindestreserve, sei viel umfassender als das französische. Hieran könne man sich orientieren, um die französische Geldpolitik

426 Eigene Übersetzung: ABF, Procès-Verbal, Conseil Général, 1. 7. 1976, S. 300
427 Eigene Übersetzung: ABF, Procès-Verbal, Conseil Général, 1. 7. 1976, S. 303.
428 Vgl. ABF, Procès-Verbal, Conseil Général, 29. 7. 1976, S. 360 f.
429 Eigene Übersetzung: ABF, Procès-Verbal, Conseil Général, 29. 7. 1976, S. 363.

neu aufzustellen.[430] Sous-Gouverneur De La Genière entgegnete, dass es weniger die geldpolitischen Instrumente seien, die Frankreich und Deutschland unterschieden, als vielmehr die Art und Weise, wie sie angewandt würden. In Deutschland würde man die Geldpolitik konsequenter umsetzen. Er hob hervor: „Der große Unterschied, der zwischen der deutschen und französischen Geldpolitik existiert, liegt in der Tatsache begründet, dass die Deutschen die Idee akzeptieren, dass eine Bank pleite gehen kann, während man in Frankreich alles versuche, um diese Eventualität zu verhindern."[431] Gouverneur Clappier fügte hinzu: „Auf diesem wie auf anderen Gebieten sieht man, dass in Frankreich das Spiel der Marktwirtschaft nicht so umfassend akzeptiert werde wie in Deutschland."[432]

Man kann zusammenfassen: Die Diskussionen des Conseil Général im Sommer 1976 waren eine Zäsur für die französische Geldpolitik. Die Ratsmitglieder stellten bisherige Normen infrage. Sie diagnostizierten die Probleme, die in der Vergangenheit zu Inflationsschüben geführt hatten, diskutierten die Voraussetzungen für eine erfolgreiche Inflationsbekämpfung in der Zukunft – höhere Sparquoten der Wirtschaftsakteure und eine aktivere Anti-Inflationspolitik der Behörden –, und warben für eine strikte Geldmengenkontrolle. Dass die Mitglieder des Conseil Général in der Mehrheit diese Befunde und Maßnahmen befürworteten, hieß jedoch nicht, dass die Banque de France von nun an eine völlig andere Geldpolitik betrieb. Dafür waren die Hürden, die De La Genière in seinem Vortrag im März 1976 aufgeführt hatte, zu hoch. Aber die Debatte und die weitgehende Einmütigkeit der Ratsmitglieder für mehr Inflationsbekämpfung wies, wie auch schon in der äußeren Währungspolitik, auf einen Wandel des monetären Dogmas der Banque de France hin.

Die Banque macht ihre Neuausrichtung publik

Die neue Position kursierte nicht nur im internen Meinungsaustausch der Banque, sondern wurde auch nach außen getragen. Auf einem Vortrag vor der Jahresversammlung des IWF und der Weltbank in Manille am 5. Oktober 1976 erhob der Gouverneur der Banque de France, Bernard Clappier, die Inflation zum Hauptthema.[433] Er bezeichnete sie als das Grundübel der Währungskrisen der vergangenen Jahre. Die globalen Zahlungsbilanz-Ungleichgewichte hingen engstens mit der hohen Inflation zusammen. Die Zunahme der Zahlungsbilanzdefizite und ihre Finanzierung durch Kredite hätten die internationale Liquidität anschwellen lassen. Gleichzeitig hätten viele Länder durch die einfache Verfügbarkeit von Krediten ihre Währungs- und Haushaltsdisziplin vernachlässigt. Inflation sei die Folge ge-

430 Vgl. ABF, Procès-Verbal, Conseil Général, 29. 7. 1976, S. 364 f.
431 Eigene Übersetzung: ABF, Procès-Verbal, Conseil Général, 29. 7. 1976, S. 366.
432 Eigene Übersetzung: ABF, Procès-Verbal, Conseil Général, 29. 7. 1976, S. 366.
433 Vgl. Discours de M. Bernard Clappier, Gouverneur de la Banque de France, Les Problèmes monétaires internationales, 5. 10. 1976, in ABF, 1495200501/69.

wesen und hätte ihrerseits die Ungleichgewichte weiter vertieft.[434] Auch die extremen und volatilen Wechselkurs-Schwankungen seien auf die Inflation zurückzuführen. In einem Teufelskreislauf verursachte hohe Inflation Kursverluste, diese verteuerten die Importe, teure Importe trieben die Kosten und Preise in die Höhe und hohe Inflation führte wiederum zu Spekulation und zu weiterem Abwertungsdruck.[435] Die einzige Möglichkeit, diese Gefährdungen abzuwenden, sah Clappier darin, die Inflation unter Kontrolle zu bringen. Eine rigorose Geldpolitik, die die Stabilität in den Mittelpunkt stellte, sei die Grundvoraussetzung, um Ordnung und Gleichgewicht im internationalen Währungssystem wiederherzustellen.[436]

In gleicher Weise äußerte sich der Gouverneur auch auf nationaler Ebene. In der Einleitung des Jahresberichts der Banque de France für 1976, gerichtet an den französischen Präsidenten, thematisierte Clappier die hohen Inflationsraten, die zu Jahresbeginn weiter angestiegen waren und bei ca. 12% im Jahresdurchschnitt lagen.[437] Er betonte die außerordentliche Wichtigkeit, sie zu verringern und die monetäre Lage in Frankreich zu stabilisieren. Die Geldpolitik müsse vollständig darauf ausgerichtet sein, die inflationären Erwartungen zu zerstreuen und die Liquidität im Markt so zu begrenzen, dass sich der Preisanstieg verlangsamte. Dies sei der Grund gewesen, warum man im Jahr 1976 zum ersten Mal das Mittel der Geldmengenpolitik konzipiert und für das Geldmengenwachstum im Jahr 1977 eine fixe Rate von 12,5% vorgegeben habe. Diese Entscheidung zeige „den Willen des Staates, die Ergebnisse, die man 1976 bei der Stabilisierung der Liquiditätsrate der Wirtschaft erreicht hatte, zu festigen."[438] Clappier insistierte, dass das Ziel jedoch bei weitem noch nicht erreicht sei und weiterhin eine „rigorose Geldpolitik"[439] verfolgt werden müsse, um die Bemühungen für mehr Stabilität zum Erfolg zu führen.

Die aktive Kommunikation der neuen Geldpolitik durch die Banque ist insofern interessant, als in früheren Jahren zwar auch Veränderungen der Geldpolitik erörtert und angemahnt wurden, so etwa von Olivier Wormser während der Ölpreiskrise 1973/1974, eine öffentliche Positionierung der Banque jedoch ausblieb. 1976 war in dieser Hinsicht anders. Die Banque de France schlug einen neuen Weg ein und vertrat diese neue Position uneingeschränkt in der Öffentlichkeit.

Chancen der Realisierung – Der Barre-Plan

Ein personeller Wechsel in der französischen Regierung begünstigte die Kursänderung der Banque. Am 25. August 1976 löste Raymond Barre Jacques Chirac als

434 Vgl. Discours de M. Bernard Clappier, Gouverneur de la Banque de France, Les Problèmes monétaires internationales, 5. 10. 1976, in ABF, 1495200501/69, S. 2.

435 Vgl. Discours de M. Bernard Clappier, 5. 10. 1976, in ABF, 1495200501/69, S. 2 f.

436 Vgl. Discours de M. Bernard Clappier, 5. 10. 1976, in ABF, 1495200501/69, S. 4.

437 Vgl. Banque de France, Compte Rendu (Rapport Annuel) 1976, S. 1–5.

438 Eigene Übersetzung: Banque de France, Compte Rendu (Rapport Annuel) 1976, S. 3 f.

439 Eigene Übersetzung: Banque de France, Compte Rendu (Rapport Annuel) 1976, S. 5.

Premierminister ab. Barre, von Beruf aus Ökonom und zwischen 1967 und 1973 Vizepräsident der EWG-Kommission, übernahm gleichzeitig auch den Posten des Finanz- und Wirtschaftsministers. Er vertrat in dieser Stellung eine strikte Stabilitätspolitik.[440] Er setzte gleich zu Beginn seiner Amtszeit auf eine Neuausrichtung der französischen Wirtschaftspolitik und entwarf hierzu ein Programm zur Verringerung der Inflation, zur Einschränkung der Haushaltsausgaben, zum Ausgleich der Zahlungsbilanz und zur Liberalisierung der Preise.[441] Dieser so genannte Barre-Plan stimmte in wesentlichen Punkten mit den Auffassungen überein, die in der Banque bereits seit Anfang 1976 und verstärkt im Conseil Général im Sommer artikuliert worden waren. Die Inflationsbekämpfung und Stabilisierung der Währung wurden nun beiderseits, von Seiten der Notenbank und der Regierung, zu vordringlichen Richtwerten der französischen Wirtschaftspolitik erklärt. Es setzte eine intensive Zusammenarbeit zwischen Banque und Regierung ein, um diese Ziele durchzusetzen. Gouverneur Clappier und Sous-Gouverneur De La Genière waren direkt an der Vorbereitung des Barre-Plans beteiligt und konnten hier ihre Vorstellungen von einer effektiven Anti-Inflationspolitik unmittelbar einbringen.[442] Der Barre-Plan, durch den die Geldmengensteuerung als neues geldpolitisches Instrument in Frankreich eingeführt wurde, baut demnach sehr wahrscheinlich auf den Vorarbeiten in der Banque de France auf. Auch später standen Clappier und Barre in engem Austausch. Wie Clappier in seinen Erinnerungen festhielt, besaß er einen außergewöhnlich direkten Draht zu Barre und traf sich mit ihm mindestens einmal, wenn nicht sogar zweimal pro Woche.[443]

Der Rückhalt durch Premierminister Barre verschaffte der Banque de France eine begünstigte Situation. Er eröffnete ihr einen größeren Handlungsspielraum, um die Stabilitätspolitik, die sie seit Beginn 1976 anvisiert hatte, nun nachdrücklicher vertreten und verfolgen zu können. Clappier betonte: es war eine „einzigartige Fügung in der französischen Wirtschaftsgeschichte bzw. in jedem Fall in der französischen Politik",[444] dass Barre im Sommer 1976 Premierminister wurde.

2.5. Synthese

Die wechselvolle Entwicklung der Währungsschlange Mitte der 1970er Jahre hatte für die Bundesbank und die Banque de France unterschiedliche Konsequenzen.

440 Vgl. Howarth, Raymond Barre, S. 77–79.

441 Vgl. Gauron, Histoire économique et sociale, S. 49–68.

442 Vgl. Amoureux, Monsieur Barre, S. 267.

443 Vgl. Demarigny, Fabrice, Transcription, Entretien biographique réalisé auprès de M. Bernard Clappier, le 19 mars 1990, Entretien 6, Cassette 12, in: Le Comité pour l'histoire économique et financière de la France (CHEFF), 6,31.

444 Eigene Übersetzung: Demarigny, Fabrice, Transcription, Entretien biographique réalisé auprès de M. Bernard Clappier, le 19 mars 1990, Entretien 6, Cassette 12, in: Le Comité pour l'histoire économique et financière de la France (CHEFF), 6,32.

Die deutsche Zentralbank sah sich durch die Krisen der europäischen Währungen und durch die Stagnation des Integrationsprozesses in ihrem geld- und währungspolitischen Kurs bestätigt. Die Krisen hatten die erheblichen wirtschaftlichen Differenzen zwischen den EWG-Ländern aufgedeckt und demonstriert, dass unter diesen Bedingungen keine Stabilität und kein Zusammenhalt unter den europäischen Währungen möglich war. Die Ereignisse überzeugten und motivierten die Bundesbank, ihre ursprünglichen Konzepte der Werner-Verhandlungen beizubehalten und weiter zu verfolgen. Das hieß, der Abbau von Inflation, die Beseitigung von Leistungsbilanzdefiziten und die Harmonisierung der Wirtschaftspolitik müssten jeder weiteren Verengung der Kursbandbreiten oder Zusammenlegung der Währungsreserven vorangehen. Dementsprechend reagierte die Bundesbank auf die Reformvorschläge des französischen Finanzministers Fourcade im Herbst 1974 und Frühjahr 1975 und veränderte auch nach dem zweiten Scheitern des Francs 1976 ihre Haltung nicht.[445] Die Krisenerfahrungen seit Beginn der 1970er Jahre hatten sie gelehrt, eisern an ihrer Position zur Währungsintegration festzuhalten.

Die Banque de France schlug dagegen einen neuen Kurs ein. Sie befand sich in einer Zwangslage. Der Franc war zweimal aus der Währungsschlange ausgeschieden. Im Gegensatz zur stabilen deutschen Wirtschaft grassierte in Frankreich die Inflation, und der Franc litt unter einem dauernden Abwertungsdruck. Die Banque hegte Zweifel, ob die französische Wirtschaftspolitik angesichts dieser Probleme die richtigen Lösungen bereithielt. Es wurden Stimmen laut, die eine Neuorientierung der Geld- und Währungspolitik forderten. Dieser Trend verstärkte sich besonders nach dem zweiten Ausscheiden aus dem Währungsverbund im Frühjahr 1976 und mündete schließlich in einen strategischen Richtungswechsel. Indem sie sich am erfolgreichen Modell der Bundesbank orientierte, erhob die Banque de France die Inflationsbekämpfung und Stabilitätspolitik zu Prioritäten ihrer Geldpolitik. Dies wirkte sich auch auf ihre Haltung zum europäischen Integrationsprozess aus. Anders als noch 1970 verloren die monetaristischen Konzepte an Deutungskraft. Die Banque de France erklärte nun die ökonomische Disziplin zur Richtschnur einer funktionierenden Wirtschafts- und Währungsunion.

3. Das Europäische Währungssystem 1978/1979

Im Jahr 1977 erhielten die Bemühungen um die europäische Währungsintegration einen neuen Schwung. Die europäischen Staats- und Regierungschefs erklärten auf ihrem Gipfeltreffen im März 1977, die währungspolitische Zusammenarbeit wieder vorantreiben zu wollen.[446] In einer viel beachteten Rede in Florenz am

[445] Vgl. Vermerk Hauptabteilung I (Bundesbank), Betreff: Stellungnahme zu den von Minister Fourcade gemachten Vorschlägen, 24. 3. 1976, in: HA Bbk, N-2/422.

[446] Vgl. Note, Session du Conseil européen des 25 et 26 mars 1977 à Rome, Conclusions de la Présidence, 29. 3. 1977, in: ABF, 1489200205/28.

27. Oktober 1977 plädierte Kommissionspräsident Roy Jenkins (1920–2003) für ein radikales Umdenken und forderte einen „Sprung" zu einer echten Währungsunion mit einer gemeinsamen Währung und einer europäischen Währungsbehörde.[447] Dies war eine weitreichende Vision, die deutlich über die zögerlichen Ansätze der vorhergehenden Jahre hinausging und der Währungsintegration neues Leben einhauchen wollte. Die EWG-Mitgliedsländer waren hierfür allerdings noch nicht bereit. Sie reagierten selbst auf die moderateren Reformvorschläge, die die Kommission im November 1977 vorstellte,[448] mit Skepsis und Ablehnung. Die Banque de France äußerte unverhohlen: „Die ‚Forderungen' der Kommission [...] zeigen, wie weit die Beamten der EWG davon entfernt sind, die Eigenarten von Wechselkurs-Phänomenen zu verstehen."[449] Die Vorschläge der Kommission würden deutlich machen, welche „immer stärker ausgeprägte Kluft zwischen den Brüsseler Theologen, fanatischen Anhängern von Europa, und den politischen Verantwortlichen und den Währungsbehörden der Staaten, die es ausmachen, existiert."[450]

Doch die Kommissionsinitiative schuf einen politischen Impetus und brachte das Projekt der Währungsintegration zurück auf die Agenda. Insbesondere der deutsche Bundeskanzler, Helmut Schmidt, machte sich die Idee zu eigen. Im Februar 1978 warb er im Bundeskabinett dafür, auf der kommenden EWG-Gipfelkonferenz im April „konkrete Vorschläge" für eine europäische Währungspolitik zu entwickeln.[451] Schmidt beabsichtigte, die Währungsschlange vollständig neu zu gestalten. Seine Vorstellung war, die Währungsreserven der EWG-Länder zusammenzulegen, also einen wahrhaft gemeinsamen Fonds zu bilden, und der Europäischen Recheneinheit eine zentrale Stellung im neuen Währungssystem zu verleihen.[452] In Zusammenarbeit mit Valéry Giscard d'Estaing, der im März 1978 seine Wiederwahl zum französischen Präsidenten gewann, legte er über die folgenden Monate die Grundlagen für das künftige Europäische Währungssystem (EWS).

Drei Gipfelkonferenzen der europäischen Staats- und Regierungschefs bildeten den Rahmen für die Verhandlungen des Währungssystems: Die Sitzung des Europäischen Rates am 7./8. April 1978 in Kopenhagen, das Ratstreffen am 6./7. Juli 1978 in Bremen und die Konferenz am 4./5. Dezember 1978 in Brüssel.

[447] Vgl. Rede Roy Jenkins, Europe's present challenge and future opportunity, Florenz 27. 10. 1977 (online: https://www.cvce.eu/obj/address_given_by_roy_jenkins_on_the_creation_of_a_european_monetary_union_florence_27_october_1977-en-98bef841-9d8a-4f84-b3a8-719abb63fd62.html, zuletzt aktualisiert 20. 10. 2014); vgl. auch: Mourlon-Druol, A Europe made of money, S. 134–141.

[448] Vgl. Note Secrétariat Général, Comité Interministériel (SGCI), Les perspectives d'Union Economique et Monétaire. Communication de la Commission au Conseil, 29. 11. 1977, in: ABF, 1489200205/256.

[449] Eigene Übersetzung: Note DGSE, Comité Monétaire du 9 décembre 1977, politique des taux de change, 5. 12. 1977, in: ABF 1489200205/264, S. 1.

[450] Eigene Übersetzung: Note DGSE, Comité Monétaire du 9 décembre 1977, politique des taux de change, 5. 12. 1977, in: ABF 1489200205/264, S. 2.

[451] Zitiert bei: Mourlon-Droul, A Europe made of money, S. 154.

[452] Vgl. Mourlon-Droul, A Europe made of money, S. 165.

In Kopenhagen präsentierten Schmidt und Giscard d'Estaing die Grundzüge ihres Währungsprojekts und warben um die Unterstützung ihrer europäischen Kollegen.[453] Die Kopenhagener Konferenz war der Startpunkt, es folgte die Ankündigung, Weg und die Zielrichtung wurden vorgegeben. Auf der Bremer Gipfelkonferenz im Juli 1978 stand der politische Entschluss im Vordergrund. Die Staats- und Regierungschefs der EWG einigten sich offiziell, die Verhandlungen für das Europäisches Währungssystem aufzunehmen.[454] In den Schlussfolgerungen des Rates wurden die Rahmenbedingungen und die Leitlinien für das neue System formuliert. Dieses sollte unter anderem „so strikt wie die ‚Schlange' sein"; die Europäische Währungseinheit (EWE bzw. ECU) sollte im „Mittelpunkt des Systems"[455] stehen. Zudem wurde ein Zeitplan festgelegt und den Finanzministern der Auftrag erteilt, bis zum nächsten Europäischen Rat im Dezember 1978 die Grundlagen des neuen Systems vorzubereiten.[456] Dieser Frist folgend beschlossen die EWG-Regierungen schließlich auf dem Gipfeltreffen in Brüssel am 4. und 5. Dezember 1978 die Einführung des Europäischen Währungssystems,[457] das mit seinem In-Kraft-Treten am 13. März 1979 die Schlange als einheitliche Währungsordnung für die Europäische Gemeinschaft ablöste.

Zwischen den Gipfelkonferenzen diskutierten die Experten aus Zentralbanken und Finanzministerien die Einzelheiten und technischen Details des neu zu schaffenden Währungssystems. Zwei Phasen lassen sich unterscheiden: die Zeit vor und nach dem Europäischen Rat in Bremen.

In der Periode zwischen der Konferenz von Kopenhagen im April und dem Treffen in Bremen im Juli liefen die Verhandlungen entlang zweier Linien. Zum einen arbeiteten Zentralbanken und Finanzminister neue Modelle einer europäischen Währungszusammenarbeit aus. Im April 1978 unterbreitete der Gouverneur der belgischen Zentralbank, Cecil de Strycker, im Ausschuss der EWG-Zentralbankpräsidenten Vorschläge zu einer „besseren Konvergenz der Wechselkurspolitik",[458] und Ende Mai 1978 legte der belgische Vorsitzende des EWG-Währungskomitees, Jacques van Ypersele, einen Bericht zu verschiedenen Optio-

453 Vgl. Note Crispin Tickell (Kabinettschef von EG-Kommissionspräsident Roy Jenkins), Notes on restricted meeting of the nine heads of state and government, and the president of the European Commission: Marienbourg, Copenhagen, 7. 4. 1978, in: Historical Archives EU (HAEU), EN-1144.

454 Vgl. Extract from the Presidency's statement (Helmut Schmidt) after the European Council in Bremen, 7. 7. 1978, in: TNA, PREM 16/1637.

455 Eigene Übersetzung: Annex to the summary of the conclusions of the presidency of the European Council, Bremen, 6 and 7 July 1978, Extract from the Presidency's statement after the European Council in Bremen, 7. 7. 1978, in: TNA, PREM 16/1637.

456 Vgl. Telex Ministère des Affaires Etrangères, Objet: Conseil Européen de Brême (6/7 juillet 1978), 13. 7. 1978, in: ABF, 1489200205/28.

457 Vgl. Resolution of the European Council of 5 December 1978 on the establishment of the European Monetary System and related matters, 5. 12. 1978, in: ABF, 1489200205/28.

458 Lettre Secrétaire Général du Comité des Gouverneurs des Banques Centrales CEE à Marcel Théron (Sous-Gouverneur BdF), 3. 4. 1978, in: ABF, 1489200205/277.

nen einer Weiterentwicklung der Währungsschlange vor.[459] Diese Initiativen blieben jedoch in Hinsicht auf die konkreten Entwürfe zum Europäischen Währungssystem weitgehend ergebnislos. Denn gleichzeitig zu den Diskussionen in den offiziellen Gremien fanden Gespräche in einer von Schmidt und Giscard d'Estaing initiierten geheimen Dreiergruppe statt. Ihr gehörten nur drei Mitglieder an, für die deutsche Seite der Leiter der Finanz- und Wirtschaftsabteilung des Bundeskanzleramts, Horst Schulmann, für die französische Seite der Gouverneur der Banque de France, Bernard Clappier, und für die englische Seite der Second Permanent Secretary des britischen Schatzamtes, Kenneth Couzens.[460] Losgelöst vom institutionellen Gefüge der EWG entwickelte diese Dreiergruppe die ursprünglichen Konzepte von Schmidt und Giscard d'Estaing weiter und erarbeiteten den eigentlichen Entwurf, der als Grundlage für die Entscheidung der Bremer Konferenz im Juli 1978 dienen sollte.

Diese Zweiteilung der Verhandlungen fand mit der Konferenz von Bremen ein Ende. Mit den Beschlüssen der Staats- und Regierungschefs lag eine einheitliche Verhandlungsbasis vor und die Beratungen verlagerten sich in die üblichen institutionellen Kanäle zurück. Die Zentralbanken und Finanzministerien waren gefragt, die Details des Währungssystems auszuhandeln. Die Entscheidungsfindung wurde dadurch schwieriger. Während zuvor ein kleines, unabhängiges Gremium die entscheidenden Weichenstellungen vorgenommen hatte, waren die Verhandlungen nun wieder institutionellen Beschränkungen unterworfen, in Form einer Vielzahl von Akteuren und Gremien und einer weiten Bandbreite divergierender Interessen.

Kernthemen und Hauptstreitpunkte der Verhandlungen waren die Umgestaltung des Wechselkurs- und Interventionssystems, die Nutzung der neuen Rechen- bzw. Währungseinheit ECU, die Ausgestaltung des neuen Währungsfonds und die Erweiterung der Kredithilfen. In weitem Maße spiegelten sich die traditionellen Konfliktlinien, die sich im Verlauf der 1970er Jahre etabliert hatten, wider. Es standen sich einerseits die deutschen und niederländischen Delegationen, die eine Beibehaltung der bewährten Mechanismen der Schlange forderten und Kredithilfen ablehnten, und andererseits die französischen, italienischen und britischen Regierungen gegenüber, die eine vollständige Umgestaltung des Schlangensystems verlangten, mit der neuen Währungseinheit als Basis für Interventionen, mit einer zentralen Rolle des Währungsfonds und einer erheblichen Ausweitung der Währungshilfen.

3.1. Konzeptionelle Vorstellungen

Bundesbank und Banque de France waren an der inhaltlichen Gestaltung des neuen Währungssystems in hohem Maße beteiligt. Beide Zentralbanken erstellten im

[459] Vgl. Note DGSE, Recherche d'une plus grande stabilité dans les rapports de change intracommunautaires, 1. 6. 1978, in: ABF, 1495200501/668.

[460] Vgl. Mourlon-Droul, A Europe made of money, S. 177.

Laufe des Jahres 1978 eine Vielzahl von Analysen, Studien und Vermerken, um die Frage zu klären, wie das Europäische Währungssystem konstruiert werden könnte. Im folgenden Kapitel sollen die Positionen und Konzepte beider Zentralbanken beleuchtet werden. Welche Ideen brachten sie vor, welche Vorschläge unterbreiteten sie und welchen Motiven folgten sie?

Das ‚Opting out' der Bundesbank

Inhaltliche Ausrichtung: die Schlange als Vorbild

Als Helmut Schmidt im Frühjahr 1978 die Initiative für eine Neugestaltung der europäischen Währungszusammenarbeit ergriff, bat er die Bundesbank um Ideen und Vorschläge.[461] Bei einem Treffen mit Bundesbankpräsident Emminger und den Finanz- sowie Wirtschaftsministern, Hans Matthöfer und Otto Graf Lambsdorff, am 1. März erklärte Schmidt, dass man gegen die schädliche US-Währungspolitik eine „gemeinsame Front in der EG aufbauen“[462] müsse. „Die Zeit für einen Qualitätssprung sei gekommen.“[463] Er schien aber noch über kein konkretes Konzept zu verfügen. Emminger berichtete bankintern, dass Schmidt lediglich in „Stichworten“ seine Vorstellungen ausführte. Sie bestanden darin, die europäischen Währungen stärker vom Dollar abzukoppeln, eventuell eine europäische Reservewährung zu schaffen und das Instrument der europäischen Recheneinheit zu stärken.[464] Der Bundesbankpräsident konnte nur vermuten, dass „der Bundeskanzler mit seinem Auftrag an die Bundesbank [...] grundsätzlichere Änderungen des Währungssystems in der Schlange und in der EG im Auge hatte.“[465]

In ihrer Antwort an den Kanzler riet die Bundesbank von derart radikalen Lösungen ab. Im Gegenzug betonte sie die Notwendigkeit, jede Weiterentwicklung und Neukonzeption vom bewährten System der Währungsschlange abzuleiten.[466] Dieses sei am besten geeignet, Wechselkursstabilität zu garantieren, wirtschaftspolitische Disziplin sicherzustellen und gleichzeitig die geldpolitische Autonomie der Zentralbanken zu gewährleisten. Als ersten Schritt zur Reform des Währungssys-

[461] Vgl. Hausinterner Vermerk von Otmar Emminger an Dr. Rieke, Betreff: Aufzeichnungen über EG-Währungsprobleme für den Bundeskanzler, 9. 3. 1978, in: HA Bbk, N-2/000264.

[462] Vermerk Bundeskanzleramt (Schulmann), Betreff: Gespräch mit BM Matthöfer, BM Graf Lambsdorff und Präsident Emminger über aktuelle und längerfristige Währungsprobleme am 1. 3. 1979, 6. 3. 1979, in: BArch, B136/128380, S. 2.

[463] Vermerk Bundeskanzleramt (Schulmann), Betreff: Gespräch mit BM Matthöfer, BM Graf Lambsdorff und Präsident Emminger über aktuelle und längerfristige Währungsprobleme am 1. 3. 1979, 6. 3. 1979, in: BArch, B136/128380, S. 3.

[464] Vgl. Hausinterner Vermerk von Otmar Emminger an Dr. Rieke, Betreff: Aufzeichnungen über EG-Währungsprobleme für den Bundeskanzler, 9. 3. 1978, in: HA Bbk, N-2/000264, S. 1 f.

[465] Hausinterner Vermerk von Otmar Emminger an Dr. Rieke, Betreff: Aufzeichnungen über EG-Währungsprobleme für den Bundeskanzler, 9. 3. 1978, in: HA Bbk, N-2/000264, S. 1.

[466] Vgl. 506. Sitzung des Zentralbankrats der Deutschen Bundesbank in Frankfurt a. M., 20. 4. 1978, in: HA Bbk, B330/9080/2, TOP 5.

tems empfahl die Bundesbank daher, dass sich die EWG-Regierungen zuerst auf „wirtschafts- und währungspolitische Prioritäten in der Gemeinschaft, [die] Parallelität des wirtschafts- und währungspolitischen Integrationsprozesses, [und die] Übertragung von Souveränitätsrechten auf die Gemeinschaft“[467] einigen müssten. Solange diese Bedingungen nicht erfüllt seien, wäre eine „Vergemeinschaftung von Währungsreserven und die Einführung einer europäischen Währung [...] einstweilen irreal.“[468] Mit dieser Empfehlung folgte die Bundesbank ihrem traditionellen Ansatz der Währungsintegration. Die einzige Chance, diese voranzutreiben, bestünde darin, die europäische Geld- und Währungspolitik schritt- und probeweise stärker zu koordinieren und die wirtschaftlichen Bedingungen für eine gemeinsame Währungsunion zu schaffen.

Im Rahmen einer solchen konservativen Herangehensweise unterstützte die Bundesbank die Initiative zur Weiterentwicklung der Wirtschafts- und Währungsunion. Sie zeigte sich bereit, die Währungsschlange auszubauen und die EWG-Länder, die aufgrund wirtschaftlicher Schwierigkeiten in den früheren Jahren ausgeschieden waren, insbesondere Frankreich und Großbritannien, wieder aufzunehmen.[469] Emminger hob in einem Brief an Bundeskanzler Schmidt hervor, dass man damit ein europapolitisches Zeichen setzen könnte. Es würde die Ausgangslage für den deutschen Handel verbessern und könnte die negativen Folgen der Dollarprobleme auf die europäischen Währungen abfedern.[470]

Der entscheidende Punkt für die Bundesbank war jedoch, die Struktur der Schlange aufrechtzuerhalten. So präzisierte Vize-Präsident Karl-Otto Pöhl auf einer Sitzung des Zentralbankrats die Haltung der Bundesbank: „wir [sollten] es wohl im Interesse einer größeren Wechselkursstabilität begrüßen, wenn möglichst viele Länder die Voraussetzung schaffen würden für den Eintritt in die Schlange. Das ist eine Position, die wir einnehmen könnten, obwohl sie etwas abweicht von der von früher. Wenn es möglich wäre, die Schlange auszuweiten, dann könnten wir es unterstützen.“[471]

Opposition gegen radikale Neuentwürfe

Alle darüber hinausgehenden Vorschläge lehnte die Bundesbank ab. Das betraf insbesondere die Ideen, die nach den geheimen Vorverhandlungen der Dreiergruppe um Schulmann und Clappier im Mittelpunkt des Beschlusses der Bremer Gipfelkonferenz von Juli 1978 standen: die Nutzung einer europäischen Rech-

[467] Vermerk Deutsche Bundesbank, Währungspolitische Ansätze für eine Wirtschafts- und Währungsunion, 8. 3. 1978, in: HA Bbk, B330/21823, S. 3.

[468] Vermerk Deutsche Bundesbank, Währungspolitische Ansätze für eine Wirtschafts- und Währungsunion, 8. 3. 1978, in: HA Bbk, B330/21823, S. 3.

[469] Vgl. Handschriftliche Notiz Otmar Emminger, März 1978, in: HA Bbk, N-2/000264.

[470] Vgl. Vermerk Otmar Emminger an Helmut Schmidt, Währungspolitische Fortschritte in Europa, Möglichkeiten – Probleme, 29. 3. 1978, in: HA Bbk, N-2/000264, S. 1.

[471] Wortprotokoll, 510. Sitzung des Zentralbankrats der Deutschen Bundesbank in Frankfurt a. M., 15. 6. 1978, in: HA Bbk, B330/9082/2, TOP 6.

nungseinheit als Bezugspunkt für die Devisenmarkt-Interventionen, die Ausweitung der Kredithilfen, die Zusammenlegung der Währungsreserven und die Einrichtung eines gemeinsamen Währungsfonds. Diese Punkte wurden in den nachfolgenden Verhandlungen im EWG-Währungsausschuss, in den Ratssitzungen der Finanzminister und im Ausschuss der Zentralbankgouverneure von den anderen EWG-Ländern, insbesondere Frankreich, in einer Weise interpretiert und weiterentwickelt, die der Auffassung der Bundesbank grundsätzlich widersprachen.

Die Bundesbank widersetzte sich allen Neuerungen im Wechselkurs- und Interventionssystem. In der ersten Sitzung des EWG-Währungsausschusses nach der Bremer Konferenz traten die EWG-Kommission und Frankreich dafür ein, die neue Währungseinheit ECU, basierend auf einem Währungskorb, als zentralen Bezugs- und Orientierungspunkt für die Wechselkurse zu verwenden.[472] Die ECU sollte für jede Währung einen Leitkurs vorgeben, der die Maximalgrenzen für die Wechselkurs-Schwankungen definierte. Jedes Land würde folglich in erster Linie auf die Schwankung seiner Währung zur ECU reagieren, und nicht, wie zuvor in der Währungsschlange, auf bilaterale Wechselkursveränderungen.[473] Aus Sicht der Bundesbank brachte dieses Modell schwerwiegende Probleme mit sich. Erstens müsste sie in einem solchen ECU-System erheblich öfters auf den Devisenmärkten intervenieren, zweitens würde die D-Mark auch von anderen Zentralbanken deutlich häufiger für Interventionen herangezogen werden und drittens würde hierdurch die Liquidität in der deutschen Wirtschaft erheblich ansteigen.[474] In der Konsequenz würde die Bundesbank die Kontrolle über die Geldschöpfung verlieren und ihre Geldpolitik wäre außer Kraft gesetzt.[475] Für die deutsche Zentralbank war diese Perspektive ein rotes Tuch.[476]

Darüber hinaus wehrte sich die Bundesbank gegen die Ausweitung des gegenseitigen Finanzierungs- und Währungsbeistands. Viele der Partnerländer forderten, sowohl die Fristen als auch das Volumen der Kredithilfen zu erhöhen. So sollten zum Beispiel die sehr kurzfristigen Finanzierungshilfen im Rahmen des Saldenausgleiches um 30 bzw. 60 Tage verlängert, die Fristen des kurzfristigen Währungsbeistands von 3 Monaten auf 1 Jahr erweitert, sowie die Beträge der kurz- und der mittelfristigen Kredithilfen verdoppelt werden.[477] Die Bundesbank

[472] Vgl. Note Trésor/Banque de France, Compte rendu, 242ème session du Comité Monétaire, 18 et 19 juillet 1978, in: ABF, 1489200205/203.

[473] Vgl. Note DGSE, Schema d'un Système Monétaire Européen, 20. 7. 1978, in: 1495200501/670.

[474] Vgl. Wortprotokoll, 513. Sitzung des Zentralbankrats der Deutschen Bundesbank in Frankfurt a. M., 10. 8. 1978, in: HA Bbk, B330/9084/1, TOP 6.

[475] Vgl. Aufsatz Helmut Schlesinger, Stabilitätspolitische Probleme des geplanten Europäischen Währungssystems, 5. 9. 1978, in: HA Bbk, B330/38092.

[476] Vgl. Vermerk Hauptabteilung I (Bundesbank), Betreff: Sitzung des Währungsausschusses am 19. Juli 1978, hier: Antworten auf den van Ypersele-Fragebogen vom 14. 7. 1978 zur Währungsinitiative des Europäischen Rats, 18. 7. 1978, in: HA Bbk, B330/16406, S. 4 f.

[477] Vgl. Wortprotokoll, 515. Sitzung des Zentralbankrats der Deutschen Bundesbank in Frankfurt a. M., 7. 9. 1978, in: HA Bbk, B330/9085/1, TOP 3.

erhob dagegen Einspruch. Der Umfang der Vorschläge schien ihr zu hoch. Sie mahnte an: „Es besteht die Gefahr, daß dadurch die Währungsdisziplin im gesamten System aufgeweicht und die Tendenz zum langen Festhalten an unrichtig gewordenen Wechselkursen unterstützt sowie die Interventionsverpflichtungen von potentiellen Überschußländern untragbar aufgebläht werden."[478] Zwei Motive kamen in ihrem Widerspruch zum Ausdruck: zum einen erwartete sie, dass zusätzliche Kredithilfen den verschuldeten Ländern erleichtern würden, Defizite aufzuhäufen und hohe Inflationsraten beizubehalten; hohe Inflation in einem Land bedeutete für die Bundesbank aber auch Inflation für die gesamte Gemeinschaft.[479] Strenge Bedingungen für die Kreditmechanismen stellten demgegenüber ein „Sicherheitsventil gegen Inflationsgefahren"[480] dar. Zum anderen monierte die Bundesbank, dass zu laxe Kreditgewährung negative Einflüsse auf die Interventionspolitik hätte. Eine Erweiterung der Fristen, insbesondere beim Saldenausgleich, würde zu mehr Interventionen auf den Devisenmärkten führen und die Bundesbank zwingen, mehr D-Mark zu schaffen und die Geldmenge auszuweiten.[481] Im Fazit erläuterte Emminger deshalb: Eine Erhöhung der Kreditfazilitäten würde „der Glaubwürdigkeit des Systems nicht nützen, sondern eher schaden. Es muß überhaupt der Vorstellung entgegengetreten werden, als ob es in erster Linie darauf ankäme, der Devisenspekulation und dem Mangel an Vertrauen entgegenzuwirken. Das wichtigste ist vielmehr, daß in allen beteiligten Ländern eine Wirtschafts- und Währungspolitik verfolgt wird, welche die bestehenden Wechselkursrelationen als glaubwürdig erscheinen läßt. Alles übrige ist der Versuch, an Symptomen herumzukurieren und reale Divergenzen durch Hilfskredite zu überkleistern."[482]

Schließlich äußerte sich die Bundesbank skeptisch über den geplanten Währungsfonds und die Nutzung der neuen Währungseinheit als Verrechnungs- und Reservemittel. Die Bremer Beschlüsse sahen vor, dass die Zentralbanken einen Teil ihrer Währungsreserven an einen Europäischen Fonds übertragen und im Gegenzug Europäische Währungseinheiten beziehen würden. Der Mechanismus weckte bei der Bundesbank die Sorge, dass noch mehr zusätzliche Liquidität geschaffen würde. Eine andere Zentralbank könnte ihre Rechnungseinheiten in D-Mark einlösen und damit, ohne Kontrolle durch die Bundesbank, die Geldmenge der

[478] Stellungnahme des Zentralbankrats der Deutschen Bundesbank zu den Vorschlägen für ein Europäisches Währungssystem (EWS) nach dem Stand vom 6. September 1978, Ergebnis der Beratungen in der ZBR-Sitzung vom 7. 9. 1978, in: HA Bbk, N-2/000266.

[479] Notiz Otmar Emminger, Fünf Punkte zum künftigen Europäischen Währungssystem (EWS), (Aus den Ausführungen von Dr. Emminger beim Kanzlergespräch am 13. September 1978), 14. 9. 1978, in: HA Bbk, B330/9086, S. 1.

[480] Vermerk Hauptabteilung I (Bundesbank), ZBR-Sitzung am 21. September 1978, Bericht über die Arbeiten am Europäischen Währungssystem, 20. 9. 1978, in: HA Bbk, B330/9086, S. 4.

[481] Vgl. 512. Sitzung des Zentralbankrats der Deutschen Bundesbank in Frankfurt a. M., 13. 7. 1978, in: HA Bbk, B330/9083/2, TOP 2.

[482] Vortrag Otmar Emminger, Aktuelle Konjunktur- und Währungsprobleme, Baden-Badener Unternehmergespräche, 21. 10. 1978, Deutsche Bundesbank, Auszüge aus Presseartikeln, Nr. 81, in: HA Bbk, N-2/00039, S. 3.

D-Mark erhöhen. Emminger stellte klar, dass die Bundesbank dies nicht akzeptieren könne. Er hob hervor: „Auf alle Fälle müßten zumindest Annahmegrenzen festgelegt werden, um zu verhindern, daß die Geldpolitik der Bundesbank völlig unterlaufen werden könnte."[483]

Die Bundesbank kritisierte außerdem die vorgesehene institutionelle Entwicklung des Währungsfonds und lehnte eine umfangreiche Kompetenzübertragung, etwa im Bereich der Devisenmarktinterventionen, ab. Das tiefliegende Misstrauen zeigte sich in einem Kommentar von Vizepräsident Karl-Otto Pöhl im Zentralbankrat, der betonte: „Das könnte bedeuten, daß eine supranationale Behörde die Herrschaft über die Geldschöpfung in der Bundesrepublik übernehmen würde."[484] Aus Sicht der Bundesbank bedurfte es für eine Kompetenzerweiterung klarer rechtliche Voraussetzungen, die jedoch noch nicht gegeben waren und für die noch keine Grundlagen existierten.[485] Zudem musste jede Konzeption eines Währungsfonds die institutionelle Unabhängigkeit der Bundesbank sicherstellen. In einer Stellungnahme an den Bundeskanzler schrieb die Bundesbank: „Durch die Schaffung des EWF [Europäischen Währungsfonds] darf die geldpolitische Autonomie der Bank in keinem Fall eingeschränkt werden."[486]

Im Gegensatz zu diesen Forderungen richtete die Bundesbank ihre Verhandlungspositionen am existierenden System der Währungsschlange aus. Erstens sollten die Interventionen auf Basis eines Paritätennetzes vorgenommen werden. Die Wechselkurs-Bandbreiten würden, wie zuvor in der Währungsschlange, durch die Beziehung zweier Paritäten zueinander bestimmt. Zweitens sollte im neuen System eine ‚opting out'-Klausel aufgenommen werden, die der Bundesbank ermöglichen würde, in Extremsituationen die Interventionsverpflichtung auszusetzen.[487] Drittens drängte die Bundesbank darauf, eine Option für rasche Wechselkursänderungen aufzunehmen. EWG-Regierungen sollten ihre Wechselkurse möglichst schnell und rechtzeitig anpassen können, damit unrealistische Wechselkurse die Währungsbeziehungen in der Gemeinschaft nicht zu sehr belasten und Interventionen erfordern würden.[488] Viertens müssten die Länder ihre wirtschaftlichen Ausgangsbedingungen angleichen; denn ein stabiler Währungsraum konnte nur

483 511. Sitzung des Zentralbankrats der Deutschen Bundesbank in Frankfurt a. M., 29. 6. 1978, in: HA Bbk, B330/9083/1, TOP 5.

484 Wortprotokoll, 513. Sitzung des Zentralbankrats der Deutschen Bundesbank in Frankfurt a. M., 10. 8. 1978, in: HA Bbk, B330/9084/1, TOP 6.

485 Vgl. Vermerk Karl-Otto Pöhl an den ZBR, 4. 8. 1978, mit Zwischenbericht zu Verhandlungen, „Europäisches Währungssystem" in Anlage, in: HA Bbk, N-2/000266, S. 18 f.

486 Vermerk Hauptabteilung I, Haltung der Bundesbank zum EWS, 12. 9. 1978, in: HA Bbk, B330/38092, S. 3.

487 Vgl. Stellungnahme des Zentralbankrats der Deutschen Bundesbank zu den Vorschlägen für ein Europäisches Währungssystem (EWS) nach dem Stand vom 6. September 1978, Ergebnis der Beratungen in der ZBR-Sitzung vom 7. 9. 1978, in: HA Bbk, N-2/000266, S. 5.

488 Vgl. Stellungnahme des Zentralbankrats der Deutschen Bundesbank zu den Vorschlägen für ein Europäisches Währungssystem (EWS) nach dem Stand vom 6. September 1978, Ergebnis der Beratungen in der ZBR-Sitzung vom 7. 9. 1978 (Anlage von Vermerk, Otmar Emminger an den ZBR, 8. 3. 1978), in: HA Bbk, N-2/000266, S. 3.

dann garantiert werden, wenn die „Gefahr von Verzerrungen der gegenseitigen Wechselkursrelationen und der sich daraus ergebenden Störungen auf den Devisenmärkten vermieden wird. Dies kann nach allen bisherigen Erfahrungen nur durch eine wesentliche Verringerung der Disparitäten in der Kosten- und Preisentwicklung zwischen den Mitgliedsländern erreicht werden."[489]

In ihrer ablehnenden Haltung gegen die Vorschläge zum EWS und in ihrem Drängen auf eine Fortsetzung der Währungsschlange spiegelten sich sowohl die geldpolitischen Leitlinien der Bundesbank als auch ihre Erfahrungen wider, die sie in der Vergangenheit mit Wechselkurssystemen gemacht hatte.

Gründe und Motive

Geldwertstabilität und geldpolitische Autonomie

Aus Sicht der Bundesbank galt, dass ein Währungssystem nicht nur die äußere Stabilität zwischen den Währungen wahren, sondern auch die interne Stabilität jeder einzelnen Währung, also die Geldwertstabilität, sicherstellen sollte.[490] Es sollte die geeigneten Rahmenbedingungen schaffen, um die Inflation unter Kontrolle zu halten. Dieses Ziel war umso beutender, als die Wahrung der Geldwertstabilität die gesetzliche Aufgabe und handlungsleitende Maxime der Bundesbank darstellte. Die Währungspläne der Partner erfüllten in ihren Augen aber weder den Zweck, die Inflation zu begrenzen, noch ließen sie den Zentralbanken die Freiheit, eine eigenständige Anti-Inflationspolitik zu betreiben.

Mit Bezug auf die Inflationsbekämpfung stellte Helmut Schlesinger fest, dass normalerweise feste Wechselkurse Inflationsländer daran hindern sollten, „den Inflationstrend fortzusetzen, weil sie den Konsequenzen einer solchen Politik auf ihre Zahlungsbilanz nicht mehr durch eine laufende Abwertung ihrer Währung ausweichen könnten."[491] Das geplante Währungssystem würde jedoch eben diesen Disziplinierungseffekt durch großzügige Kreditmechanismen aushebeln; die Hilfskredite würden den Defizitländern erlauben, weiterhin inflationär zu wirtschaften. Dies hätte einen Rückkoppelungseffekt auf die Bundesrepublik. Durch den so genannten Preiszusammenhang im Wechselkurssystem müsste sie für

489 Stellungnahme des Zentralbankrats der Deutschen Bundesbank zu den Vorschlägen für ein Europäisches Währungssystem (EWS) nach dem Stand vom 6. September 1978, Ergebnis der Beratungen in der ZBR-Sitzung vom 7. 9. 1978 (Anlage von Vermerk, Otmar Emminger an den ZBR, 8. 3. 1978), in: HA Bbk, N-2/000266, S. 1.

490 Vgl. Aufsatz Helmut Schlesinger, Stabilitätspolitische Probleme des geplanten Europäischen Währungssystems, 5. 9. 1978, in: HA Bbk, B330/38092, S. 1; vgl. auch: Vortrag Karl-Otto Pöhl, Aktuelle Fragen der Währungspolitik, Jahresversammlung des Bundesverbandes öffentlicher Banken in Berlin, 27. 10. 1978, in: HA Bbk, B330/9654, S. 6 f.

491 Aufsatz Helmut Schlesinger, Stabilitätspolitische Probleme des geplanten Europäischen Währungssystems, 5. 9. 1978, in: HA Bbk, B330/38092, S. 1.

Einfuhren aus den Partnerländern höhere Preise zahlen und würde die Inflation in gewisser Weise importieren.[492]

Angesichts dieser Inflationsgefahren war es der Bundesbank umso wichtiger, einen Handlungsspielraum für die eigene Geldpolitik zu bewahren. In keinem Fall sollten Verpflichtungen innerhalb des neuen Systems die erfolgreiche Inflationspolitik der Bundesbank, die die Inflationsrate in Deutschland 1978 auf 2,6% senken konnte, beeinträchtigen.[493] In einem Vermerk zu den Verhandlungen schrieb die Hauptabteilung für Internationale Beziehungen: Die „deutsche Haltung ist vorwiegend von dem Gedanken bestimmt, weiterhin geldpolitische Autonomie zu behalten, um Stabilitätspolitik betreiben zu können."[494] Dieses Motiv erklärte den Widerstand der deutschen Zentralbank gegen das neue, auf einem ECU-Währungskorb basierende Interventionssystem. Zu starke Interventionsverpflichtungen würden die Kontrolle der Bundesbank über die Geldschöpfung im eigenen Land gefährden und ein erhebliches Stabilitätsrisiko darstellen.[495]

Machtpolitische Aspekte

Neben ökonomischen Motiven spielten auch machtpolitische Beweggründe eine Rolle. Im System der Währungsschlange hatte sich die D-Mark als dominierende Währung durchgesetzt. Die anderen Länder der Schlange mussten sich tendenziell an der Geldpolitik der Bundesbank und am D-Mark-Kurs ausrichten, oder sie riskierten, aus dem Währungsverbund auszuscheiden. Die Bundesbank war sich dieser Machtposition der D-Mark deutlich bewusst. Helmut Schlesinger beschrieb die Position der deutschen Wirtschaft in der Schlange als „‚économie dominante'"[496] und die Hauptabteilung Volkswirtschaft bemerkte in einer Studie: „Als eindeutige Achse des Systems fungierte die D-Mark; bei entstehenden Ungleichgewichten mußten sich die anderen (nolens volens) dem deutschen Stabilitätsstandard anpassen."[497] Diese Machtposition aufzugeben, widerstrebte ihr. Sie erkannte klar, dass im Europäischen Währungssystem die Prioritäten sich verschieben könnten. Schlesinger bemerkte: „Die stärker inflationierenden Länder haben hier erheblich das Übergewicht gegenüber der Bundesrepublik."[498]

492 Vgl. Aufsatz Helmut Schlesinger, Stabilitätspolitische Probleme des geplanten Europäischen Währungssystems, 5. 9. 1978, in: HA Bbk, B330/38092, S. 3 f.

493 Vgl. zur Inflationszahl: Tabelle, Deutsche Bundesbank (Hrsg.), Geschäftsbericht 1978, S. 7.

494 Vermerk Hauptabteilung I (Bundesbank), Bisherige Stationen auf dem Weg der EWG zur Wirtschafts- und Währungsunion und neuere währungspolitische Initiativen in der EWG, 12. 9. 1978, in: HA Bbk, B330/21823, S. 8.

495 Vgl. Erklärung von Emminger zu Bremer Währungsplan im Bundeskabinett am 12. Juli 1978, 12. 7. 1978, in: HA Bbk, N-2/000265, S. 4.

496 Aufsatz Helmut Schlesinger, Stabilitätspolitische Probleme des geplanten Europäischen Währungssystems, 5. 9. 1978, in: HA Bbk, B330/38092, S. 4.

497 Ausarbeitung Hauptabteilung Vo, Die Stabilitätsphilosophie des französischen Korbsystems, 28. 8. 1978, in: HA Bbk, B330/38092, S. 1.

498 Aufsatz Helmut Schlesinger, Stabilitätspolitische Probleme des geplanten Europäischen Währungssystems, 5. 9. 1978, in: HA Bbk, B330/38092, S. 4.

In dieser Hinsicht war die Frage nach der Ausgestaltung der Wechselkurs- bzw. Interventionsordnung eine Machtfrage. Würde man das Paritätensystem der Währungsschlange weiterführen, so könnte die Bundesbank ihre dominante Stellung beibehalten. Die Hauptabteilung für Internationales schrieb in einem Vermerk: „Es [das Paritätennetz-System] trägt den Interessen von Ländern mit starker Währung besser Rechnung."[499] Dagegen würde in einem Interventionssystem auf Basis der ECU-Korbwährung die D-Mark nicht mehr als Stabilitätsanker fungieren. Die Bundesrepublik würde vielmehr den inflationären Effekten des Systems unterliegen, müsste ihre geldpolitische Autonomie der Funktionsweise des Systems unterordnen und würde ihre dominante Rolle im Währungsverbund verlieren. In diesem Licht interpretierte die Hauptabteilung Volkswirtschaft den Vorschlag der französischen Regierung zur ECU. Sie vermutete, dass Frankreich mit der Einführung der ECU-Korbwährung bewusst darauf abzielte, die Dominanz der D-Mark abzuwenden; denn „keinesfalls kann es nämlich für unsere größeren europäischen Nachbarn darum gehen, ihre Wirtschaftspolitik nach deutschem Muster zu formulieren und die deutschen Stabilitätsstandards einfach zu übernehmen."[500]

Erfahrungen mit dem Bretton Woods-System

In den Verhandlungen um das Europäische Währungssystem waren die Erfahrungen der Bundesbank mit dem Bretton Woods-System wegweisend. Die Krisen, die die Bundesbank in der Periode zwischen 1971 und 1973 überstehen musste, und die Schwierigkeiten, die sich aus der Abhängigkeit der internen Geldpolitik von den festen Wechselkursen ergaben, demonstrierten die negativen Folgen eines solchen Systems. In den Debatten im Zentralbankrat 1978 riefen die Ratsmitglieder immer wieder die Probleme von Bretton Woods in Erinnerung.[501] Bundesbank-Vizepräsident Karl-Otto Pöhl kommentierte im Zentralbankrat die Beschlüsse der Bremer Konferenz mit den Worten: „Ich bin skeptisch, ob ein solches System funktionieren kann. Die Erfahrungen bis 1973 sind abschreckend. Ich gehe davon aus, daß es höhere politische Erwägungen gibt, ein solches System vorzuschlagen."[502] Ende des Jahres, kurz vor der entscheidenden Gipfelkonferenz der EWG in Brüssel, äußerte Heinrich Irmler seine Sorge: „Das geplante neue System trete – vereinfachend dargestellt – nach dem Muster von Bretton Woods an. Angesichts der sehr unterschiedlichen Inflationsraten der einzelnen Länder sei daher nach den früher gemachten Erfahrungen eine gewisse Aufweichung der Stabilitätspoli-

499 Vermerk Hauptabteilung I, Haltung der Bundesbank zum EWS, 12. 9. 1978, in: HA Bbk, B330/38092, S. 2.

500 Ausarbeitung Hauptabteilung Vo, Die Stabilitätsphilosophie des französischen Korbsystems, 28. 8. 1978, in: HA Bbk, B330/38092, S. 1.

501 Vgl. z. B. 512. Sitzung des Zentralbankrats der Deutschen Bundesbank in Frankfurt a. M., 13. 7. 1978, in: HA Bbk, B330/9083/2, TOP 2.

502 Wortprotokoll, 512. Sitzung des Zentralbankrats der Deutschen Bundesbank in Frankfurt a. M., 13. 7. 1978, in: HA Bbk, B330/9083/2, TOP 2.

tik in der Bundesrepublik zu befürchten, ohne daß damit die Garantie verbunden sei, daß die Partnerländer auf den Weg der Stabilität gezwungen würden."[503]

Die Bundesbank zog zwei Lehren aus ihren Erfahrungen: erstens, feste Wechselkurse hatten das Potential, die Autonomie der nationalen Geldpolitik drastisch zu schmälern und die Handlungsfreiheit beträchtlich einzuschränken. Die massiven Dollarzuflüsse in den Jahren von 1971 bis 1973 und die Unterhöhlung der deutschen Geldpolitik blieben als einschneidende Zäsur in Erinnerung. Die Wiederholung einer solchen Malaise musste für das Europäische Währungssystem in jedem Fall vermieden werden. In einem Vortrag betonte Direktoriumsmitglied Helmut Schlesinger: „Den Zwang zu einer u. U. inflationären Geldschöpfung großen Ausmaßes wünscht in der Bundesrepublik wohl niemand zurück, auch nicht, wenn dies der Preis wäre, feste Wechselkurse zu erhalten. Die negativen Erfahrungen in den letzten Jahren des Bretton Woods-Systems müssen m. E. auch in die Konstruktion eines neuen Europäischen Währungssystems eingebracht werden."[504]

Die zweite Lektion betraf den Prozess der Wechselkursänderungen. Die Bundesbank führte den Zusammenbruch des Bretton Woods-System unter anderem darauf zurück, dass Wechselkurse entweder gar nicht oder zu spät an neue wirtschaftliche Bedingungen angepasst wurden. Otmar Emminger nannte in einem Aufsatz 1978 fehlende Wechselkurskorrekturen als eine der „wichtigsten Ursachen für den Untergang des Bretton-Woods-Systems."[505] Er erläuterte: „Das System fester Paritäten führte immer wieder zu falschen Wechselkursen, weil Länder, deren Preis- und Zahlungsbilanzentwicklung aus dem internationalen Rahmen fiel, weder bereit waren, ihre innere Nachfrage- und Preisentwicklung dem bestehenden Wechselkurs anzupassen, noch rechtzeitig die erforderliche Anpassung der Wechselkursparität vorzunehmen."[506] Für die Bundesbank war dies keine neue Erkenntnis. Otmar Emminger hatte bereits 1970 dafür plädiert, Wechselkurse häufiger und rechtzeitiger anzupassen, um Währungskrisen zu vermeiden.[507] Die Erfahrungen mit dem tatsächlichen Zusammenbruch des Bretton Woods-System bestärkte sie aber darin, die rechtzeitige Anpassung der Wechselkurse als Kernforderung für das Europäische Währungssystem aufzustellen.[508]

503 521. Sitzung des Zentralbankrats der Deutschen Bundesbank in Frankfurt a. M., 30. 11. 1978, in: HA Bbk, B330/9656, TOP 3, S. 6 f.

504 Vortrag Helmut Schlesinger, Gefahren und Chancen für die Erholung der Weltwirtschaft, Bankers Forum Georgetown University, 27. 9. 1978, Deutsche Bundesbank, Auszüge aus Presseartikeln Nr. 72, in: HA Bbk, N-2/00038, S. 4.

505 Aufsatz Otmar Emminger, Währungspolitik und Weltwährungssystem, 28. 8. 1978, in: HA Bbk, N-2/00038, S. 5.

506 Aufsatz Otmar Emminger, Währungspolitik und Weltwährungssystem, 28. 8. 1978, in: HA Bbk, N-2/00038, S. 5.

507 Vgl. Aufsatz Otmar Emminger, Practical difficulties of balance of payments adjustment, Reprint from: Essays in honour of Thorkil Kristensen, OECD, Paris 1970, in: HA Bbk, N-2/00011.

508 Vgl. Stellungnahme des Zentralbankrats der Deutschen Bundesbank zu den Vorschlägen für ein Europäisches Währungssystem (EWS) nach dem Stand vom 6. September 1978, Ergebnis der Beratungen in der ZBR-Sitzung vom 7. 9. 1978, in: HA Bbk, N-2/000266, S. 3.

Die Sorge der Banque de France um die ‚Aufteilung der Lasten'

Widerwille gegen den Wiedereintritt in die Währungsschlange

In Frankreich stießen die Debatten über einen Neustart der Währungsintegration ebenfalls auf Skepsis. Der Austritt aus der Währungsschlange 1976 hatte der französischen Wirtschaft die Möglichkeit gegeben, sich zu erholen. Die Zahlungsbilanz hatte sich verbessert, das Defizit war von ca. 16 Mrd. auf 10 Mrd. Franc zurückgegangen, und die französische Währung hatte sich stabilisiert.[509] Der Banque de France widerstrebte angesichts dieser positiven Effekte das Risiko, erneut einem System fester Wechselkurse beizutreten und sich dessen Gefahren auszusetzen.

In einer Reihe von Vermerken und Studien von Frühjahr 1977 bis Frühjahr 1978 setzte sich die DGSE mehrmals mit der Frage auseinander, ob eine Rückkehr des Francs in die Schlange sinnvoll sei.[510] Ihre Antwort war stets die gleiche: die Bedingungen seien noch nicht gegeben und ein Wiedereintritt des Francs verfrüht. Zwei Argumente und Motive standen für die Banque im Mittelpunkt: einerseits die fehlerhafte Konstruktion der Währungsschlange und die daraus resultierende Dominanz der D-Mark; andererseits die immer noch unzureichenden wirtschaftlichen Voraussetzungen der französischen Wirtschaft.

Die Banque de France schreckte vor den Konsequenzen der D-Mark-Dominanz zurück. Sie schrieb, dass die D-Mark eine so starke Rolle im Währungsverbund einnehme, dass sich alle anderen Währungen an ihr orientieren und, unabhängig davon, ob es der eigenen Konjunktur entsprach, ihren Aufwertungstendenzen folgen mussten. Die finanziellen Kosten und Bürden von Anpassung und Interventionen fielen dabei alleine den schwachen Währungen zu. Die Währungsschlange habe sich in dieser Hinsicht zu einer „D-Mark-Zone" entwickelt, in der eine „Tyrannei der Mark"[511] herrsche. Eine Rückkehr in die Schlange bedeute, dass der Franc sich in Abhängigkeit zur D-Mark begeben und Gefahr laufen würde, sich den gleichen Zwängen unterwerfen zu müssen.

Konfrontiert mit einer solchen Erwartung, argumentierte die DGSE weiter, dass in Frankreich zuerst die wirtschaftlichen Voraussetzungen geschaffen werden müssten. Ein stabiler Franc erfordere, um gegenüber der D-Mark erfolgreich zu

509 Vgl. Exposé de M. Lefort, L'évolution de la situation extérieure de la France depuis octobre 1976, 18. & 21. 10. 1977, in: ABF, 1495200501/69.

510 Vgl. Note DGSE, La réintégration du franc français dans le 'serpent' en fonction de la réussite du plan Barre reste-t-elle un objectif souhaitable et souhaite?, 2. 3. 1977, in: ABF, 1495200501/69; Note DSGE, La réintégration du franc français dans le 'serpent' est elle possible et surtout souhaitable?, décembre 1977, in: ABF, 1495200501/69; Note DSGE, L'avenir du 'serpent' monétaire européen, 12. 1. 1978, in: ABF, 1495200501/69; Note DGSE, Les chances de réintégration du Franc dans le serpent monétaire européen, février 1978, in: ABF, 1495200501/69.

511 Beide Zitate, eigene Übersetzung: Note DSGE, La réintégration du franc français dans le 'serpent' est elle possible et surtout souhaitable?, décembre 1977, in: ABF, 1495200501/69, S. 1.

bestehen, eine niedrige Inflationsrate und eine ausgeglichene Zahlungsbilanz.[512] In beiden Punkten war die französische Entwicklung aus Sicht der DGSE noch unbefriedigend. Die Inflation war nach wie vor ein „offensichtlicher Grund zur Beunruhigung."[513] Sie bewegte sich in Frankreich auf einem ungebrochen hohen Niveau von 9,7%, und für das Jahr 1978 hatte die OECD einen Preisanstieg von 8,5% vorhergesagt, was einen erheblichen Unterschied zu Deutschland darstellte, wo für 1978 eine Inflationsrate von 3,5% prognostiziert war.[514] Die Aussichten für die Zahlungsbilanz waren ebenfalls düster. Die DGSE erwartete für 1978 ein Defizit von 11,5 Mrd. Franc und hielt eine ausgewogene Bilanz vor 1980 für unwahrscheinlich.

Auf Grundlage dieser Konjunkturzahlen urteilte die DGSE, dass eine wirtschaftlich gerechtfertigte Rückkehr des Francs in den Währungsverbund „in naher Zukunft natürlich undenkbar"[515] und höchstens nach langer Vorbereitungszeit möglich wäre.

Angesichts dieser Situation widersetzte sich die Banque de France noch bis Februar 1978 der erneuten Teilnahme Frankreichs an einem europäischen Wechselkurssystem. Das änderte sich jedoch mit der Konferenz von Kopenhagen am 7. und 8. April 1978. Ab diesem Zeitpunkt stellte sie wieder konstruktive Überlegungen zur Reform des europäischen Währungssystems an. Der politische Beschluss der Staats- und Regierungschefs schien für sie ein Signal gewesen zu sein, ihre Skepsis hintanzustellen und aktiv an einer Neukonzeption des Systems mitzuwirken. In diesem Vorgang deutete sich einmal mehr das währungspolitische Primat der französischen Regierung an. Im Gegensatz zur Bundesbank, die sich den Plänen Helmut Schmidts widersetzte, musste sich die Banque de France den Vorgaben von Präsident Giscard d'Estaing fügen.

Ambivalente Positionen

Die beiden Motive, die die Banque de France davon abhielten, in die Währungsschlange wieder einzutreten – Dominanz der D-Mark und fehlende eigene wirtschaftliche Voraussetzungen –, beeinflussten auch ihr Konzept eines neu zu bildenden Währungssystems. Zum einen mussten die Strukturen und Prozesse der Schlange neu verhandelt werden, „mit dem Ziel, ihr die dringend benötigte Flexibilität zu verleihen."[516] Durch stärkere währungspolitische Mechanismen sollte

512 Vgl. Note DSGE, La réintégration du franc français dans le 'serpent' est elle possible et surtout souhaitable?, décembre 1977, in: ABF, 1495200501/69, S. 2.

513 Eigene Übersetzung: Note DSGE, La réintégration du franc français dans le 'serpent' est elle possible et surtout souhaitable?, décembre 1977, in: ABF, 1495200501/69, S. 2.

514 Vgl. Note DSGE, La réintégration du franc français dans le 'serpent' est elle possible et surtout souhaitable?, décembre 1977, in: ABF, 1495200501/69, S. 2.

515 Note DSGE, L'avenir du 'serpent' monétaire européen, 12. 1. 1978, in: ABF, 1495200501/69, S. 2.

516 Note DGSE, Le retour du Franc dans le serpent, est-il réalisable? Quelles en seraient les conséquences?, 10. 5. 1978, in: ABF, 1489200205/273, S. 2.

eine gerechtere „Aufteilung der Lasten"[517] ermöglicht werden. Zum anderen mussten die wirtschaftlichen Unterschiede berücksichtigt werden. Stärker als früher nahm die Banque das Problem der Inflation und der Zahlungsbilanzunterschiede wahr und erkannte die Notwendigkeit, zugunsten eines guten Funktionierens des Währungssystems ähnliche wirtschaftliche Bedingungen in den Mitgliedsstaaten zu schaffen.

Die monetaristische Linie – Ausbau der Währungsmechanismen

Das Prinzip der ‚Aufteilung der Lasten' stand im Mittelpunkt der französischen Konzeption. Hierin spiegelten sich Erfahrungen der Banque de France mit dem zweifachen Austritt aus der Währungsschlange 1974 und 1976 sowie ihr Widerstand gegenüber der dominanten Position der D-Mark wider. Sie vertrat die Meinung, dass die Zwänge, die ein Wechselkurssystem mit sich brachten, „auf alle Mitglieder so gerecht wie möglich aufgeteilt werden"[518] müssten. Es sollten nicht nur die schwachen Währungen, sondern ebenso die starken Währungen wie die D-Mark einen Beitrag zur Aufrechterhaltung der Wechselkursstabilität leisten.

Zu diesem Zweck sah die Banque es als notwendig an, drei Veränderungen vorzunehmen: die europäische Rechnungs- bzw. Währungseinheit sollte ins Zentrum des Wechselkurssystems gestellt werden, ein europäischer Währungsfonds sollte als neuer Akteur über gemeinsame Währungsreserven verfügen und die Interventionen zwischen EWG-Ländern koordinieren und kontrollieren, und drittens sollten die Kredithilfen aufgestockt und erweitert werden.

Mit der Absicht, die europäische Rechnungs- bzw. Währungseinheit als zentralen Bezugspunkt für das neue Währungssystem zu nutzen, nahm die Banque de France einen der Vorschläge von Finanzminister Fourcade aus den Jahren 1974/1975 wieder auf.[519] Die ECU sollte nach ihrer Vorstellung zum einen als Rechen- und Reserveeinheit im neuen Europäischen Währungsfonds fungieren und die Zahlungs- und Verrechnungsprozesse vereinfachen. Zum anderen sollte die ECU, deren Wert sich aus einem Durchschnittswert aller EWG-Währung ergab, die Leitkurse für jede Währung und die Maximalgrenzen für die Wechselkurs-Schwankungen vorgeben.[520] Dies würde eine fundamentale Neuerung zum bisherigen System der Währungsschlange ergeben, das auf einem bilateralen Paritätennetz basierte.[521]

517 Note DGSE (Direction des Changes), Le partage des charges, 14.4.1978, in: ABF, 1495200501/665.

518 Note DGSE (Direction des Changes), Le partage des charges, 14.4.1978, in: ABF, 1495200501/665, S. 1.

519 Vgl. Kapitel IV.2.2. „Fourcade-Pläne: Reform der Währungsschlange?".

520 Vgl. Note DGSE (Service des Relations Internationales), L'unité de compte du F.E.C.O.M. et les banques centrales, 14. 4. 1978, in: ABF, 1495200501/655 ; vgl. auch: Note DGSE, Esquisse du nouveau système monétaire européen, 24. 7. 1978, in: ABF, 1489200205/282; vgl zudem: Note DGSE, Schema d'un Système Monétaire Européen, 20. 7. 1978, in: 1495200501/670.

521 Wechselkursschwankungen wurden hier anhand der Verschiebungen zweier Währungen gemessen, und nicht anhand einer gesonderten Einheit wie der ECU.

Das ECU-System hatte aus Sicht der Banque de France entscheidende Vorteile. Die ECU umfasste erstens, aufgrund ihres Charakters als Korbwährung, alle europäischen Währungen und war somit Ausdruck einer gemeinschaftlichen Währungsidentität.[522] Zweitens war das ECU-System flexibler als die Währungsschlange. Im Falle von Wechselkursschwankungen müssten nicht zwei Zentralbanken, sondern nur die betroffene Zentralbank intervenieren; zudem hatte die Zentralbank freie Auswahl, mit welcher Währung sie intervenieren wollte.[523] Drittens konnte durch die ECU eindeutig identifiziert werden, welche Währung sich von ihrem Normalwert entfernte und welche Zentralbank intervenieren müsste. Die Banque hoffte hierdurch, die Last der Interventionen gerechter verteilen und auch die währungsstarken Länder in die Pflicht nehmen zu können.

Während die Banque de France demnach einerseits als Verfechter des ECU-Systems auftrat, schien sie andererseits aber auch Zweifel zu hegen. Im Juni 1978 verglich die DGSE in einem Vermerk die beiden Ansätze des bisher verwendeten bilateralen Paritätennetzes und der neuen ECU-Korbstruktur.[524] Überraschenderweise sprach sich die DGSE gegen das ECU-System aus und empfahl, die Paritätenstruktur, also das System der Schlange, beizubehalten. Die Währungsschlange sei verständlich, nicht zu komplex und habe sich bereits über die Jahre bewährt. Das ECU-Währungskorb-System biete den Regierungen und Zentralbanken zwar mehr Flexibilität und Spielraum für ihre Wirtschafts- und Währungspolitik. Aber es sei fragwürdig, ob es in Krisenzeiten die Wechselkursstabilität garantieren könne. Währungspolitische Maßnahmen hatten sich in der Vergangenheit in dieser Hinsicht als wirkungslos erwiesen. Sie würden „häufiger die Rolle einer Dienerin als der einer Meisterin spielen."[525] In ihrem Fazit fragte die DGSE: „sollte man die strenge, aber ruhige Klarheit der ‚Schlange' zugunsten einer Lockerung der Interventionspflichten, die in ihrer Tragweite ohnehin fragwürdig ist, eintauschen?"[526] Dieser Vermerk schlug sich zwar nicht in der Politik der Banque de France nieder. Die Banque de France trat, insbesondere nach der Bremer Konferenz, stärker als zuvor für das Konzept der ECU-Währungseinheit ein. Doch zeigten Überlegungen der DGSE, dass die Position der Banque de France ambivalent und von verschiedenen Denkströmungen geprägt war. So setzte sie sich nicht nur für eine Verstärkung von Währungsinstrumenten ein, sondern betonte ebenso die

522 Vgl. Note DGSE, Un système de change communautaire basé sur l'U.C.E. répondrait-il aux mêmes fins que le 'serpent'?, 12. 5. 1978, in: ABF, 1495200501/665, S. 2 f.

523 Vgl. Note DGSE, Un système de change communautaire basé sur l'U.C.E. répondrait-il aux mêmes fins que le 'serpent'?, 12. 5. 1978, in: ABF, 1495200501/665, S. 3; vgl. auch: Note DGSE, Esquisse du nouveau système monétaire européen, 24. 7. 1978, in: ABF, 1489200205/282, S. 8.

524 Vgl. Note DGSE, Resserrement des liens unissant les monnaies de la CEE, 19. 6. 1978, in: ABF 1495200501/665.

525 Eigene Übersetzung: Note DGSE, Resserrement des liens unissant les monnaies de la CEE, 19. 6. 1978, in: ABF 1495200501/665, S. 4.

526 Eigene Übersetzung: Note DGSE, Resserrement des liens unissant les monnaies de la CEE, 19. 6. 1978, in: ABF 1495200501/665, S. 5.

wirtschaftlichen Voraussetzungen und die Notwendigkeit, die Wirtschaftspolitik zu harmonisieren, diesen – in den Worten der DGSE – „Grundpfeiler der Währungsunion der EWG".[527]

Ein zweites Element war die Schaffung eines europäischen Währungsfonds. Mehr noch als die Rechnungs- und Währungseinheit sollte der gemeinsame Fonds dazu beitragen, die Lasten und Pflichten im Wechselkurssystem gerecht aufzuteilen.[528] Die Banque de France konzipierte den Währungsfonds als genuin „neue Institution der Gemeinschaft", die „umfassende Verwaltungs- und Entscheidungsbefugnisse" erhielt.[529] Der Fonds sollte über eigenständige, umfangreiche Währungsreserven verfügen, die die EWG-Zentralbanken ihm nicht nur durch Kreditlinien übertrugen, sondern in vollen Umfang abgaben.[530] Er würde diese Mittel nutzen, um selbstständig Kredite zu vergeben und aufzunehmen, das hieß, als autonomer Akteur auf den Devisen- und Finanzmärkten zu agieren.[531] Die Banque de France verstand ihren Entwurf des Währungsfonds als Gegenmodell zum Vorschlag der Bundesbank. Sie warf den Deutschen vor, den Fonds nicht als neue, innovative Institution gestalten zu wollen, sondern lediglich als Verwaltungseinheit, die den Saldenausgleich regelte und die Kredithilfen überwachte. Der Währungsfonds besäße nach dem deutschen Modell keine „wirkliche Persönlichkeit."[532] Hierin lag für die Banque aber der unverzichtbare Vorzug eines neuen Fonds. Sie wünschte ein Organ mit „beträchtlicher rechtlicher und finanzieller Autonomie",[533] das mit seinen eigenständigen Kapazitäten für ein faires und gerechtes Wechselkurssystem einstehen könnte.

Der dritte Kernaspekt der französischen Vorschläge, die Erweiterung der Kredithilfen, zielte ebenfalls darauf, stärkere Ausgleichsmechanismen in das neue Währungssystem zu integrieren. Sous-Gouverneur Marcel Théron schrieb parallel zur Konferenz in Kopenhagen am 7. April 1978 in einer kurzen Note: „Frankreich war zweimal Teil der Schlange, sie kennt ihre Grenzen und Rigiditäten."[534] Wenn sich Frankreich erneut bereit erklären sollte, sich noch einmal den Zwängen eines

[527] Eigene Übersetzung: Note DGSE, Resserrement des liens unissant les monnaies de la CEE, 19.6.1978, in: ABF 1495200501/665, S. 7.

[528] Vgl. Note DGSE (Direction des Changes), Le partage des charges, 14.4.1978, in: ABF, 1495200501/665; vgl. auch: Note DGSE, Esquisse du nouveau système monétaire européen, 24.7.1978, in: ABF, 1489200205/282, S. 17–21.

[529] Beide Zitate: Note DGSE, Esquisse d'une position française pour les négociations sur le nouveau système monétaire européen, 29.8.1978, in: ABF, 1495200501/665, S. 3.

[530] Vgl. Note DGSE, Esquisse d'une position française pour les négociations sur le nouveau système monétaire européen, 29.8.1978, in: ABF, 1495200501/665, S. 3.

[531] Vgl. Note DGSE, Rôle dévolu au fonds monétaire européen dans les propositions françaises (8 août 1978) et allemandes (23 août 1978), 8.9.1978, in: ABF, 1489200205/260, S. 3.

[532] Note DGSE, SME, Positions françaises et allemandes, 31.8.1978, in: ABF, 1489200205/287, S. 2.

[533] Note DGSE, Rôle dévolu au fonds monétaire européen dans les propositions françaises (8 août 1978) et allemandes (23 août 1978), 8.9.1978, in: ABF, 1489200205/260, S. 2.

[534] Eigene Übersetzung: Note DGSE, Propos officieux de M. Théron recueillis le 7 avril 1978, 7.4.1978, in: ABF, 1495200501/665, S. 3.

Währungssystems zu unterwerfen, dann glaubt es, „berechtigt zu sein […] angemessene Finanzierungsmöglichkeiten zu erhalten.“[535]

Die Banque de France forderte daher eine umfassende Erhöhung der Kreditsummen und Verlängerung der Laufzeiten. Die Fristen der sehr kurzfristigen Finanzierung im Rahmen des Saldenausgleiches sollten von 30 auf 60 bzw. 90 Tage erhöht und der Zeitrahmen des kurzfristigen Währungsbeistandes von 3 Monaten auf insgesamt 1 Jahr ausgedehnt werden.[536] Bezüglich des Kreditbetrages schlug die Banque de France vor, die Kreditfazilitäten, sowohl die kurz- als auch die mittelfristigen Hilfen, auf insgesamt 75 Mrd. ECU zu erhöhen, von einem Ursprungswert von etwa 11 Mrd. ECU.[537] Später reduzierte sie die Summe, zielte aber immer noch auf eine Erhöhung um das 4,5-fache.[538] Die Dimension der von der Banque geplanten Kreditausweitung machte deutlich, wie wichtig sie die Kreditunterstützung für das erfolgreiche Funktionieren des Währungssystem einschätzte.

Auch mit dieser Forderung knüpfte die Banque de France an frühere Vorschläge an. Zu Beginn der Währungsintegration 1969 und 1970 hatte der frühere Gouverneur Olivier Wormser die Kredithilfen zum Kernstück eines jeden Währungssystems erklärt, da sie Ausdruck der gegenseitigen Solidarität wären.[539] Die Fourcade-Pläne von 1974 und 1975 hatten ebenfalls den Gedanken der Ausweitung der Kreditmechanismen aufgegriffen, und noch 1977 hatte die Banque de France einen belgischen Vorschlag, die Finanzhilfen in der Europäischen Gemeinschaft zu erhöhen, unterstützt.[540] Wie Théron einige Monate später, verwies die DGSE auf die Erfahrungen Frankreichs, zweimal die Währungsschlange verlassen zu haben. Um eine Wiederholung zu verhindern und in Zukunft bedrohte Währungen effektiver verteidigen zu können, sei es notwendig, „eine umfangreiche Hilfeleistung der Gemeinschaft“ zu erhalten, die „die Rückkehr des Vertrauens auf den Devisenmärkten durch die eindeutig bewiesene Solidarität der EWG-Mitgliedsländer“[541] bestärkte.

[535] Eigene Übersetzung: Note DGSE, Propos officieux de M. Théron recueillis le 7 avril 1978, 7. 4. 1978, in: ABF, 1495200501/665, S. 3.

[536] Vgl. Note DGSE, Esquisse du nouveau système monétaire européen, 24. 7. 1978, in: ABF, 1489200205/282, S. 20; vgl. auch: Note DGSE, Aménagement des crédits communautaires pendant la période transitoire, 24. 10. 1978, in: ABF, 1495200501/665, S. 5.

[537] Vgl. Note DGSE, Rôle dévolu au fonds monétaire européen dans les propositions françaises (8 août 1978) et allemandes (23 août 1978), 8. 9. 1978, in: ABF, 1489200205/260, S. 5.

[538] Vgl. Note DGSE, Aménagement des crédits communautaires pendant la période transitoire, 24. 10. 1978, in: ABF, 1495200501/665, S. 3.

[539] Vgl. Lettre Olivier Wormser à Hubert Ansiaux (Président du Comité des Gouverneurs CEE), 23. 6. 1969, in: ABF, 1489200205/255.

[540] Vgl. Note DGSE, Communauté Économique Européenne, Propositions belges d'aménagement du Soutien Monétaire à Court Terme et du Concours Financier à Moyen Terme, 1. 9. 1977, in: ABF, 1489200205/268, S. 8 f.

[541] Eigene Übersetzung; beide Zitate: Note DGSE, à l'attention des suppléants des Gouverneurs, Remarques sur le soutien monétaire à court terme, 7. 10. 1977, in: ABF, 1489200205/268, S. 4.

Die ökonomistischen Elemente – wirtschaftliche Konvergenz und flexible Wechselkurspolitik

Ein zweiter Aspekt bestimmte die Position der Banque de France in den Währungsverhandlungen: die Forderung nach Harmonisierung der wirtschaftlichen Fundamentalfaktoren. Sie war weniger prominent und schlug sich nur spärlich in den konkreten Entwürfen nieder. Nichtsdestotrotz war sie zentral für das Verständnis der Politik der Banque de France. Es spiegelte sich hierhin die wandelnde Einstellung der Banque de France zur Geldpolitik und speziell zum Prozess der Währungsintegration, die bereits ansatzweise 1974/1975, dann in der geldpolitischen Wende 1976 und schließlich zum Jahreswechsel 1977/1978 sichtbar wurde.

Im April 1978 schrieb die DGSE: „Eine wirkliche und nachhaltige Konvergenz der Währungen kann nicht aus irgendeiner Wechselkurstechnik resultieren, sondern nur aus einem erfolgreichen Streben nach Konvergenz im Bereich der wirtschaftlichen und monetären Gegebenheiten (Verringerung der Inflationsunterschiede – Übereinstimmung der Zinssätze – Gleichgewicht der Zahlungsbilanzen...).“[542] Die Sorge, dass dieser Prozess noch nicht erfolgt war und nach wie vor erhebliche wirtschaftliche Unterschiede in der Gemeinschaft existierten, hatte die Banque schon im Frühjahr 1978 veranlasst, vor einer Rückkehr des Francs in die Währungsschlange zu warnen. Auch noch im Mai 1978 wies die DGSE auf die Divergenzen zwischen den Volkswirtschaften der EWG-Länder hin. Die Inflationszahlen in Frankreich seien dreimal so hoch wie in Deutschland und die Außenbilanz befände sich immer noch im Defizit.[543] Sie betonte: „die Rückkehr in die Schlange erforderte eine Kehrtwende in der Entwicklung sowohl des Franc als auch der D-Mark.“[544]

Da nach der Kopenhagener Konferenz feststand, dass in jedem Fall ein neues Währungssystem etabliert würde, suchte die Banque de France nach Möglichkeiten, im künftigen System die Existenz der wirtschaftlichen Unterschiede stärker zu berücksichtigen und ihre Folgen zu lindern. Sous-Gouverneur Marcel Théron regte im April 1978 folglich an, geeignete „Mechanismen zur Anpassung der Wechselkurse“[545] zu etablieren. Er hoffte, mit einer solchen Option sowohl den Inflationsdifferenzen in der Gemeinschaft besser Rechnung tragen zu können, als auch der französischen Geldpolitik einen größeren Handlungsspielraum zu verschaffen; denn aus seiner Sicht konnte sich die Geldpolitik nicht immer ausschließlich nach den Wechselkursen richten, sondern müsste auch eigene, natio-

542 Eigene Übersetzung: Note DGSE (Direction des Changes), Le partage des charges, 14. 4. 1978, in: ABF, 1495200501/665, S. 1.

543 Vgl. Note DGSE, Le retour du Franc dans le serpent, est-il réalisable ? Quelles en seraient les conséquences ?, 10. 5. 1978, in: ABF, 1489200205/273, S. 2.

544 Eigene Übersetzung: Note DGSE, Le retour du Franc dans le serpent, est-il réalisable ? Quelles en seraient les conséquences ?, 10. 5. 1978, in: ABF, 1489200205/273, S. 1.

545 Eigene Übersetzung: Note DGSE, Propos officieux de M. Théron recueillis le 7 avril 1978, 7. 4. 1978, in: ABF, 1495200501/665, S. 3.

nale geldpolitische Ziele beachten, etwa die 1976 etablierten Geldmengenziele.[546] Dieser Gedanke Thérons, der auch Eingang in die offiziellen Entwürfe der Banque de France fand,[547] ähnelte erstaunlich den deutschen Vorschlägen. Auch die Bundesbank verlangte aus den gleichen Gründen die Möglichkeit schneller, unkomplizierter Wechselkursänderungen. Es zeigte sich hier die relativ neue Tendenz in der Banque de France, stärker auf die wirtschaftlichen Voraussetzungen für ein funktionierendes Wechselkurssystem zu achten. Und es offenbarte eine neue Überstimmung zwischen der Banque de France und der Bundesbank. Beide Zentralbanken erkannten gleichermaßen das Problem der wirtschaftlichen Divergenzen in der Gemeinschaft und versuchten, mit dem Mechanismus der Wechselkursanpassung eine Lösung zu finden.

Zwischenfazit

Auch wenn nach außen die Position der Banque de France einheitlich und konsistent erschien, war das Innenverhältnis von Ambivalenzen geprägt. Die Banque war bis zuletzt skeptisch und unschlüssig, ob die Rückkehr des Francs in das Währungssystem gerechtfertigt war. Sie drängte darauf, den Franc noch weiter zu konsolidieren, die Inflation zu verringern und die Zahlungsbilanz auszugleichen. Hierin kam ihre seit Mitte der 1970er Jahre stärker werdende Intention zum Zug, die Harmonisierung der wirtschaftlichen Faktoren in den Vordergrund der integrationspolitischen Strategie zu stellen. Gleichzeitig gaben die Vorschläge zur Europäischen Währungseinheit, zum Währungsfonds und zu den Währungshilfen ihre traditionellen Überzeugungen wieder, ein faires Wechselkurssystem schaffen zu wollen, in dem keine Währung dominierte und in dem die Kosten und Lasten gerecht verteilt waren.

3.2. Verhandlungsprozesse

Die Schaffung des Europäischen Währungssystem war eine politische Initiative. Dic Handlungsmacht lag bei den politischen Akteuren, hauptsächlich dem deutschen Bundeskanzler und dem französischen Staatspräsidenten. Die Zentralbanken erkämpften sich jedoch Mitspracherecht und Einflussmöglichkeiten. Auf unterschiedlichen Wegen vermochten sie, ihre Konzepte in den Verhandlungsprozess einzubringen und dem Europäischen Währungssystem ihren Stempel aufzudrücken.

546 Vgl. Note DGSE, Propos officieux de M. Théron recueillis le 7 avril 1978, 7. 4. 1978, in: ABF, 1495200501/665, S. 3.

547 Vgl. Note DGSE, Esquisse du nouveau système monétaire européen, 24. 7. 1978, in: ABF, 1489200205/282, S. 13.

Behauptungsstrategien der deutschen Zentralbank

Der erste Entwurf für das Europäische Währungssystem – Isolation der Bundesbank

Bundeskanzler Helmut Schmidt hatte die Bundesbank frühzeitig über seine Reformabsichten informiert und wollte sie in seine Planungen einbeziehen. Davon zeugten sein Treffen mit Bundesbankpräsident Emminger am 1. März 1978 und sein Auftrag an die Bundesbank, erste Studien vorzunehmen.[548] Schmidt arrangierte zudem Ende März ein Gespräch zwischen der Bundesbankspitze und dem französischen Gouverneur Bernard Clappier über die Weiterentwicklung des Währungssystems.[549] Schmidt muss aber schnell gemerkt haben, dass die Bundesbank ein so weitreichendes Konzept, wie er es sich vorstellte, ablehnte. Karl-Otto Pöhl, Vizepräsident der Bundesbank und früherer Staatssekretär Schmidts im Bundesfinanzministerium, signalisierte ihm Ende März 1978: „Wir haben die Frage, ob eine europapolitische Initiative ein Beitrag zur Lösung der Dollarproblematik sein könne, auch im Direktorium der Bank diskutiert. Die Meinungen meiner Kollegen sind Ihnen ja bekannt. Sie sind gegenüber diesem Ansatz unverändert kritisch und skeptisch."[550]

Helmut Schmidt verzichtete daher in der Vorbereitung auf die Konferenz von Bremen auf die Expertise und die Mitarbeit der Bundesbank. Er beauftragte stattdessen einen persönlichen Vertrauten, den Leiter der Abteilung für Wirtschafts- und Finanzfragen im Bundeskanzleramt, Horst Schulmann, im kleinsten Kreis gemeinsam mit dem Gouverneur der Banque de France, Bernard Clappier, und einem hohen Beamten der britischen Treasury, Kenneth Couzens, die Grundzüge eines neuen Europäischen Währungssystems zu entwerfen.[551] Die Bundesbank wurde über die Arbeit dieser Gruppe nicht informiert. Schmidt überging die deutsche Zentralbank, wohl bewusst, dass sie seinem Konzept kritisch gegenüberstand.[552]

Eine Sitzung des Zentralbankrates Mitte April 1978 verdeutlichte die Isolierung der Bundesbank von den Verhandlungen. Die Ratsmitglieder diskutierten die Ergebnisse der Kopenhagener Konferenz vom 7. und 8. April und versuchten zu evaluieren, welche Bedeutung die neue Währungsinitiative von Schmidt einnehmen würde. Emminger kommentierte: „Es war ein Regierungs- und Staatsgipfel, und

[548] Vgl. Vermerk Bundeskanzleramt (Schulmann), Betreff: Gespräch mit BM Matthöfer, BM Graf Lambsdorff und Präsident Emminger über aktuelle und längerfristige Währungsprobleme am 1. 3. 1979, 6. 3. 1979, in: BArch, B136/128380; vgl. auch: Hausinterner Vermerk von Otmar Emminger an Dr. Rieke, Betreff: Aufzeichnungen über EG-Währungsprobleme für den Bundeskanzler, 9. 3. 1978, in: HA Bbk, N-2/000264.

[549] Vgl. Otmar Emminger an Helmut Schmidt, Betreff: Währungspolitische Fortschritte in Europa, 30. 3. 1978, in: HA Bbk, N-2/000264.

[550] Brief Karl-Otto Pöhl an Bundeskanzler Helmut Schmidt, 21. 3. 1978, in: HA Bbk, N-2/000264, S. 1.

[551] Vgl. Mourlon-Druol, A Europe made of money, S. 177–183.

[552] Vgl. Ludlow, The Making of the European Monetary System, S. 95.

da die im Augenblick Diskretion vereinbart haben, gibt es nur Informationen aus zweiter Hand. [...] Im Augenblick befindet sich das Ganze im Stadium des Abtastens, was überhaupt realisierbar ist."[553] Auch Vizepräsident Pöhl konnte nur von „vergleichsweise vage[n] Informationen"[554] berichten. Der Bundesbank fehlten klare Anhaltspunkte über das, was die Staats- und Regierungschefs in Kopenhagen besprochen und vereinbart hatten. Sie hielt es für wahrscheinlich, dass sich die neuen Konzepte für die Währungsintegration am Modell der Schlange orientieren würde. Pöhl war sich „ziemlich sicher, daß die Schlange, so wie sie jetzt aussieht, nicht geändert wird."[555] Weitergehenden Reformideen, wie etwa die Schaffung einer europäischen Währungseinheit, räumte er keine großen Realisierungschancen ein. Solche Vorschläge befänden sich noch „in einem embryonalen Zustand."[556] Pöhl konnte sich „nicht vorstellen, daß dies in der Praxis in den nächsten Jahren einige Bedeutung hätte."[557]

Was die Bundesbanker nicht wussten: Am selben Tag der Zentralbankratssitzung traf sich der persönliche Vertraute des Bundeskanzlers, Horst Schulmann, in London mit Kenneth Couzens, um die Währungspläne von Schmidt und die Einbindung Großbritanniens in das künftige Währungssystem zu diskutieren.[558] Kurz zuvor hatten sich Schmidt und Schulmann bereits mit Bernard Clappier in Bonn getroffen.[559] Die beiden Treffen waren der Auftakt für regelmäßige Unterredungen zwischen Schulmann, Clappier und Couzens, die am 12. Mai in Paris begannen und bis Ende Juni 1978 andauerten. In ihrer Dreiergruppe entwickelten sie ein Währungskonzept, das weit über die Vorstellungen der Bundesbank hinausging und als Grundlage für die Beschlüsse der Bremer Konferenz diente. Es umfasste die Schaffung einer europäischen Währungseinheit als Bezugspunkt für das Wechselkurssystem, die Einrichtung eines Europäischen Währungsfonds, in dem ein bestimmter Anteil der Währungsreserven der EWG-Länder zusammengelegt werden sollte, und die Aufstockung der finanziellen Hilfsmittel.[560]

553 Wortprotokoll, 506. Sitzung des Zentralbankrats der Deutschen Bundesbank in Frankfurt a. M., 20. 4. 1978, in: HA Bbk, B330/9080/2, TOP 5.

554 Wortprotokoll, 506. Sitzung des Zentralbankrats der Deutschen Bundesbank in Frankfurt a. M., 20. 4. 1978, in: HA Bbk, B330/9080/2, TOP 5.

555 Wortprotokoll, 506. Sitzung des Zentralbankrats der Deutschen Bundesbank in Frankfurt a. M., 20. 4. 1978, in: HA Bbk, B330/9080/2, TOP 5.

556 Wortprotokoll, 506. Sitzung des Zentralbankrats der Deutschen Bundesbank in Frankfurt a. M., 20. 4. 1978, in: HA Bbk, B330/9080/2, TOP 5.

557 Wortprotokoll, 506. Sitzung des Zentralbankrats der Deutschen Bundesbank in Frankfurt a. M., 20. 4. 1978, in: HA Bbk, B330/9080/2, TOP 5.

558 Vgl. Kenneth Couzens, Note for No. 10 on EMS (Treffen mit Schulmann am 20. April 1978), 21. 4. 1978, in: TNA, PREM 16/1616.

559 Vgl. Couzens, Note, Chancellor Schmidt's Proposals for European Currencies, 26. 4. 1978, in: TNA, PREM 16/1616. Hierin beschreibt Couzens ein Treffen mit Clappier am 26. April. Clappier wies darauf hin, dass er sich in der „vorherigen Woche" mit Schmidt und Schulmann getroffen habe; vgl. auch: Demarigny, Fabrice, Transcription, Entretien biographique réalisé auprès de M. Bernard Clappier, le 19 mars 1990, Entretien 6, Cassette 11, in: Le Comité pour l'histoire économique et financière de la France (CHEFF), 6,14.

560 Vgl. Schulmann an Couzens, Possible Elements of a new European Exchange Rate System, 19. 5. 1978, in TNA: PREM 16/1616; vgl. auch: Couzens, Annex A/Annex B, European Cur-

Anders als von Karl-Otto Pöhl vermutet, sollte es also nicht mehr Jahre dauern, bis die neuen Währungskonzepte realisiert würden. Es handelte sich vielmehr nur um wenige Monate.

Die Reaktion der Bundesbank auf die Bremer Konferenz: Verärgerung und Widerspruch

Ende Mai 1978 deckte ein Artikel des britischen „The Economist" die Arbeit der Geheimgruppe auf.[561] Es war nun offensichtlich, dass Schmidt die Bundesbank völlig im Unklaren gelassen hatte. Aufforderungen von Emminger, ihn über diese Vorverhandlungen aufzuklären, blockte er ab.[562] Das eigenmächtige Vorgehen des Bundeskanzlers stieß in der Bundesbank auf Verärgerung und Empörung. In der Sitzung nach der Bremer Konferenz wurde „von zahlreichen Mitgliedern das Mißbehagen und die Enttäuschung darüber zum Ausdruck gebracht, daß der Zentralbankrat nur sehr unzureichend über die Absichten der Bundesregierung informiert worden sei."[563] Im persönlichen Austausch wurden die Bundesbanker noch deutlicher. Hans Hermsdorf, der Präsident der Hamburger Landeszentralbank, schrieb in einem Brief an seinen Duzfreund Manfred Lahnstein, Staatssekretär im Finanzministerium: „Ich erinnere Dich daran, daß ich während Deiner Anwesenheit in einer Zentralbankratssitzung nach Kopenhagen sehr konkret die Frage gestellt habe, wohin die Reise gehen soll und was die Regierung vorhabe. Du hast darauf nicht nur ausweichend geantwortet, sondern gesagt, man würde das Ganze prüfen und es sei bisher nicht mehr als ein Embryo. Es gibt aber keinen Zweifel, daß es sich hier nicht mehr um einen Embryo, sondern um ein geschlossenes Konzept handelt, das allerdings nach meiner Auffassung den Nachteil hat, mehr als häßlich zu sein und uns wahrscheinlich dadurch überrascht, daß wir bei den ersten Gehversuchen feststellen werden, daß wir uns etwas sehr Teures zugelegt haben, was nur mit Rückwärtsgängen ausgerüstet ist."[564]

Nicht nur die Enttäuschung über die fehlende Information erregte die Gemüter. Die Bundesbank betrachtete es auch als Verstoß gegen die übliche Konvention, dass sich Bundesregierung und Bundesbank in Geld- und Währungsfragen abstimmten und im gegenseitigen Einverständnis agierten. Sie hatte erwartet, vor der beschlossenen Einigung auf der Bremer Konferenz zu den neuen Vereinbarungen Stellung nehmen zu können. Emminger hatte den Bundeskanzler Ende Juni explizit aufgefordert, ihn über Inhalt und Stand dieser Diskussionen zu informieren.[565]

rency Arrangements, Discussions in Paris on: 14 and 15 June 1978, 19. 6. 1978, in: PREM 16/1634.

561 Vgl. The Economist, Vol. 267, 27. 5. 1978, S. 55 f.

562 Vgl. Ludlow, The Making of the European Monetary System, S. 95.

563 512. Sitzung des Zentralbankrats der Deutschen Bundesbank in Frankfurt a. M., 13. 7. 1978, in: HA Bbk, B330/9083/2, TOP 2.

564 Brief von Hans Hermsdorf (Präsident LZB Hamburg) an Manfred Lahnstein (Staatssekretär Bundesfinanzministerium), 3. 7. 1978, in: HA Bbk, N-2/000266, S. 7.

565 Vgl. Brief Otmar Emminger an Bundeskanzler Helmut Schmidt, Betreff: EG-Währungsgespräche, 27. 6. 1978, in: HA Bbk, N-2/000159.

Die Bundesregierung sei diesem Wunsch aber nicht zufriedenstellend nachgekommen. Auf einer späteren Zentralbankratssitzung im August betonte Emminger: „Wir hatten keine Gelegenheit, Stellung zu nehmen."[566] Deutlich sprachen Unzufriedenheit und Desillusion über das Vorgehen der beiden Staatschefs aus ihm, als er zum Entwurf des Währungssystems kommentierte: „Was vorgelegen hatte, war etwas anderes, ein zwischen zwei obersten Kriegsherren abgestimmtes Papier, zu dem wir nicht Stellung nehmen konnten."[567]

Die Enttäuschung über diese Vorgänge veranlasste die Bundesbank, konsequent darauf zu achten, dass von nun an ihre Stimme in den Verhandlungen stärker gehört wurde. Dazu entwickelte sie die Strategie, ihre Positionen sowohl in die Öffentlichkeit zu tragen als auch sich gegenüber der Bundesregierung klarer zu positionieren.

Sie baute Widerstand auf, übte systematisch Druck auf die Regierung aus und betrieb aktives Lobbying. Dazu nutzte sie verschiedene Kanäle. Eine Woche nach der Bremer Konferenz trug Otmar Emminger erstmals die Sorgen der Bundesbank im Bundeskabinett vor.[568] Er wies auf die erheblichen Gefahren für die Autonomie der Bundesbank hin, die die Höhe der geplanten Interventionsverpflichtungen und Kreditmechanismen mit sich brächten, und betonte, dass es für die Bundesbank „von besonderer Wichtigkeit [sei], daß die damit verbundenen Probleme und Risiken erkannt werden und ihnen bei der Ausgestaltung des Systems Rechnung getragen wird."[569] Dies war ein klarer Hinweis an den Bundeskanzler, dass die Bundesbank erwartete, in Zukunft über jeden Schritt informiert und konsultiert zu werden.

Die Bundesbank untermauerte ihren Anspruch auf Mitgestaltung auch durch eine aktive Presse- und Publikationspolitik. Einen Tag nach dem Kabinettstreffen gab Emminger ein Interview mit den „Vereinigten Wirtschaftsdiensten" (vwd), in dem er die Position der Bundesbank zu den Bremer Beschlüssen darlegte und die Argumente, die er im Kabinett vertreten hatte, wiederholte.[570] Die Wirkung dieses Interviews folgte unmittelbar. Auch wenn Emminger seine Kritik nüchtern und objektiv formulierte, spitzte die Tageszeitung „Die Welt" seine Äußerungen wenige Tage später zu: „Bundesbank hat große Bedenken gegen das Bremer Währungsmodell. Zwischen der Bundesbank und der Bundesregierung droht ein schwerer Konflikt."[571] In einem „ZDF"-Interview Ende November, also kurz vor dem ent-

[566] Wortprotokoll, 514. Sitzung des Zentralbankrats der Deutschen Bundesbank in Frankfurt a. M., 24. 8. 1978, in: HA Bbk, B330/9084/2, TOP 2.

[567] Wortprotokoll, 514. Sitzung des Zentralbankrats der Deutschen Bundesbank in Frankfurt a. M., 24. 8. 1978, in: HA Bbk, B330/9084/2, TOP 2.

[568] Vgl. Erklärung von Otmar Emminger zu Bremer Währungsplan im Bundeskabinett am 12. Juli 1978, 12. 7. 1978, in: HA Bbk, N-2/000265.

[569] Erklärung von Otmar Emminger zu Bremer Währungsplan im Bundeskabinett am 12. Juli 1978, 12. 7. 1978, in: HA Bbk, N-2/000265, S. 1.

[570] Vgl. VWD-Gespräch mit Bundesbankpräsident Dr. Otmar Emminger, 13. 7. 1978, Deutsche Bundesbank, Auszüge aus Presseartikeln, Nr. 54, in: HA Bbk, N-2/00037.

[571] Artikel, Die Welt, Bundesbank hat große Bedenken gegen das Bremer Währungsmodell, 15./16. 7. 1978, in: HA Bbk, N-2/00037.

scheidenden Gipfeltreffen in Brüssel, wiederholte Emminger noch einmal die Hauptforderungen der Bundesbank. Es sei essentiell, die Interventionspflicht für die Zentralbank zu beschränken, damit „nicht ein zu großes Stabilitätsrisiko entsteht."[572] Und er erinnerte daran: „Die Bundesregierung hat uns ausdrücklich zugesichert, daß die Autonomie der Bundesbank durch das neue System nicht beeinträchtigt werden soll."[573] Die Öffentlichkeit wurde durch dieses Vorgehen zum Instrument und Druckmittel der Bundesbank.

Zusätzlich nutzte sie Vorträge vor Unternehmen, Verbänden und Instituten, um ihre Zweifel und ihre Forderungen zu artikulieren und zu verbreiten.[574] In diesem Sinne ist ein Vortrag von Norbert Kloten, Präsident der Landeszentralbank von Baden-Württemberg, an der John-Hopkins-Universität in Bologna am 6. Oktober 1978 zu verstehen. Er kritisierte offen die fehlenden stabilitätspolitischen Ankerpunkte der Bremer Beschlüsse und konstatierte: „Mehr noch als damals haben sich monetaristische Rezepte durchgesetzt."[575] Die Frage, ob eine „konzeptionelle Kehrtwende" in der traditionellen deutschen Einstellung zur Währungsintegration sichtbar wurde, bejahte er und machte als deren Ursache die Haltung des deutschen Bundeskanzlers aus: „Vielmehr ist zu vermuten, daß der Kanzler die stabilisierungspolitischen Risiken weniger hoch bewertet hat als die europapolitischen und auch die allgemein politischen Implikationen des jetzigen Lösungsansatzes."[576]

Schließlich war die Position der Bundesbank auch Thema privater Korrespondenzen. Im bereits genannten Brief von Hans Hermsdorf an Manfred Lahnstein entfaltete dieser eine ausführliche Kritik der neuen Vorschläge und brachte alle Bedenken, die im Zentralbankrat vorherrschten, zum Ausdruck. Es genügte ihm überdies nicht, den Brief nur an Lahnstein zu richten. Er vermerkte am Briefschluss: „Ich halte das Ganze für so entscheidend, daß ich mir erlaubt habe, Fotokopie dieses Briefes mit einem Begleitschreiben auch an die Privatanschrift des Bundeskanzlers zu schicken."[577]

572 Vermerk Bundesbank, Antworten auf Fragen des ZDF zum Europäischen Währungssystem, ‚zu Frage 5', 28. 11. 1978, in: HA Bbk, N-2/000268.

573 Vermerk Bundesbank, Antworten auf Fragen des ZDF zum Europäischen Währungssystem, ‚zu Frage 2', 28. 11. 1978, in: HA Bbk, N-2/000268.

574 Vgl. z. B. Vortrag Otmar Emminger, Aktuelle Konjunktur- und Währungsprobleme, Baden-Badener Unternehmergespräche, 21. 10. 1978, Deutsche Bundesbank, Auszüge aus Presseartikeln, Nr. 81, in: HA Bbk, N-2/00039; vgl. auch auch: Vortrag Karl-Otto Pöhl, Aktuelle Fragen der Währungspolitik, Jahresversammlung des Bundesverbandes öffentlicher Banken in Berlin, 27. 10. 1978, in: HA Bbk, B330/9654.

575 Norbert Kloten (Präsident Landeszentralbank Baden-Württemberg) an ZBR, 18. 9. 1978, Entwurf für Vortrag „Germany's Monetary and Financial Policy and the EC" an der John-Hopkins-University (Bologna) am 6. Oktober 1978, in: HA Bbk, N-2/000267, S. 24.

576 Norbert Kloten (Präsident Landeszentralbank Baden-Württemberg) an ZBR, 18. 9. 1978, Entwurf für Vortrag „Germany's Monetary and Financial Policy and the EC" an der John-Hopkins-University (Bologna) am 6. Oktober 1978, in: HA Bbk, N-2/000267, S. 25.

577 Brief von Hans Hermsdorf (Präsident LZB Hamburg) an Manfred Lahnstein (Staatssekretär Bundesfinanzministerium), 3. 7. 1978, in: HA Bbk, N-2/000266, S. 7; vgl. auch: Brief Hans Hermsdorf an Helmut Schmidt, 4. 7. 1978, in: HSA, 1391, Innenpolitik, Bd. 10, A-N, 1977–1978.

Im Zentralbankrat spielte neben den Inhalten auch die Verhandlungstaktik eine zentrale Rolle. Im August 1978 beklagte Emminger, dass die anderen Partnerländer schon klarere Konzepte hatten und ihre Position besser durchsetzen könnten.[578] Der Bundesbank fehle dagegen eine einheitliche Linie. Er merkte an: „Ich bin der Meinung, daß wir da noch nicht ganz klar sehen, wo die ‚Essentials' sind."[579] Der Zentralbankrat setzte daher für Anfang September eine Sitzung an, in der die wesentlichen Fragen zum Währungssystem geklärt und eine Stellungnahme der Bundesbank erarbeitet wurden.[580] Die Ratsmitglieder brachten sich tatkräftig in die Vorbereitung der Sitzung ein. Die Präsidenten von verschiedenen Landeszentralbanken reichten eigene Entwürfe für eine Stellungnahme ein, so zum Beispiel die Präsidenten aus Bayern, Nordrhein-Westfalen und Hamburg.[581] Direktoriumsmitglied Helmut Schlesinger verfasste einen ausführlichen Vermerk zu den „stabilitätspolitischen Problemen des geplanten Europäischen Währungssystems."[582] Jedes Zentralbankratsmitglied zeigte den Willen und das Engagement, an der Positionierung der Bundesbank aktiv mitzuwirken. Nach einer langen Debatte kristallisierten sich die Hauptforderungen der Bundesbank heraus und wurden von Emminger in einer offiziellen Stellungnahme zusammengefasst.[583]

Wie bereits oben dargelegt, formulierte die Bundesbank in ihrer Stellungnahme Vorbehalte gegen die geplante Konzeption der Europäischen Währungseinheit und forderte ein Interventionssystem auf Basis des Paritätennetzes; sie setzte sich für rasche und rechtzeitige Wechselkursänderungen ein, stellte strikte Bedingungen für die Erweiterung der Kreditmechanismen auf und wies auf die Gefahren für die deutsche Geldpolitik hin. Die Punkte gaben, in den Worten von Otmar Emminger, „die ‚Essentials' für unsere Geldpolitik"[584] wieder, anhand derer die Bundesbank die „Grenzen" für die Verhandlungen ziehen konnte. Noch könne

[578] Vgl. Wortprotokoll, 513. Sitzung des Zentralbankrats der Deutschen Bundesbank in Frankfurt a. M., 10. 8. 1978, in: HA Bbk, B330/9084/1, TOP 6.

[579] Wortprotokoll, 513. Sitzung des Zentralbankrats der Deutschen Bundesbank in Frankfurt a. M., 10. 8. 1978, in: HA Bbk, B330/9084/1, TOP 6.

[580] Vgl. 515. Sitzung des Zentralbankrats der Deutschen Bundesbank in Frankfurt a. M., 7. 9. 1978, in: HA Bbk, B330/9085/1.

[581] Vgl. Kurt Stadler, Präsident der Landeszentralbank Bayern, Entwurf einer Entschließung des Zentralbankrats der Deutschen Bundesbank, 4. 9. 1978.
Hans Hermsdorf, Präsident der Landeszentralbank Hamburg, Entwurf einer schriftlichen Stellungnahme des Zentralbankrats zu den Vorschlägen für ein Europäisches Währungssystem, 4. 9. 1978.
Hans Wertz, Präsident der Landeszentralbank Nordrhein-Westfalen, Entwurf einer Resolution des Zentralbankrats zu dem vom Europäischen Rat während der Tagung am 6. und 7. Juli 1978 in Bremen vorgeschlagenen System für eine engere währungspolitische Zusammenarbeit (Europäisches Währungssystem), o. D., in: HA Bbk, N-2/000266.

[582] Aufsatz Helmut Schlesinger, Stabilitätspolitische Probleme des geplanten Europäischen Währungssystems, 5. 9. 1978, in: HA Bbk, B330/38092.

[583] Vgl. Stellungnahme des Zentralbankrats der Deutschen Bundesbank zu den Vorschlägen für ein Europäisches Währungssystem (EWS) nach dem Stand vom 6. September 1978, Ergebnis der Beratungen in der ZBR-Sitzung vom 7. 9. 1978, in: HA Bbk, N-2/000266.

[584] Wortprotokoll, 515. Sitzung des Zentralbankrats der Deutschen Bundesbank in Frankfurt a. M., 7. 9. 1978, in: HA Bbk, B330/9085/1, TOP 3.

man Einfluss nehmen und daher komme es darauf an, „der Bundesregierung [zu] sagen, daß entscheidende Positionen der Geldmengenpolitik zur Frage stehen."[585]

Die Bundesbank hatte sich mit der Stellungnahme eine konzise und geschlossene Position erarbeitet, mit der sie sowohl gegenüber der Bundesregierung als auch in den Verhandlungen mit den EWG-Partnerländern effektiv auftreten konnte. Sie nutzte dies bereits eine Woche später, als das Bundesbankdirektorium zu einem Treffen mit dem Bundeskanzler, dem Bundeswirtschaftsminister und Bankenvertretern zusammenkam. Emminger brachte in fünf Thesen die Hauptanliegen der Bundesbank vor. Sie wurden sowohl vom Wirtschaftsminister als auch von den Bankiers unterstützt, und auch der Kanzler, Helmut Schmidt, akzeptierte die Bedingungen.[586] Die Bundesbank war sich bewusst, dass dieses Treffen mit dem Bundeskanzler von entscheidender Bedeutung sein konnte. Denn einen Tag später fand in Aachen eine deutsch-französische Regierungskonferenz statt, auf der Schmidt und Giscard d'Estaing die stockenden Währungsverhandlungen weiterbringen wollten. Die Bundesbank sah die Chance, kurz vorher auf den Bundeskanzler in den geldpolitischen Schlüsselfragen in ihrem Sinne einzuwirken.[587]

Die Bundesbank setzt sich durch

Die Bundesbank gewann durch diese Strategie Oberhand in den Verhandlungen. Die deutsch-französischen Regierungskonsultationen in Aachen am 14. und 15. September machten das deutlich. Schmidt und Giscard d'Estaing fanden bereits am ersten Abend im zentralen Streitpunkt, ob das Interventionssystem auf einem Paritätennetz oder auf der ECU-Währungseinheit aufgebaut werden sollte, zu einer Lösung. Sie einigten sich, im Sinne der Bundesbank, auf das Paritätensystem. Karl-Otto Pöhl, der die Bundesbank auf der Konferenz vertrat, war überzeugt, dass die Einigung maßgeblich infolge des Drucks der Bundesbank zustande kam. Er berichtete im Zentralbankrat: „Ich bin sicher, daß die Stellungnahme dazu beigetragen hat, daß das Ergebnis erreicht wurde. Ich glaube, daß die Art, wie sich der Zentralbankrat verhalten hat, der Sache sehr dienlich gewesen ist. […] Wir konnten uns in dem Hauptpunkt durchsetzen."[588]

Andere Probleme blieben jedoch ungeklärt. Zum einen sollte die Europäische Währungseinheit im Wechselkurssystem als so genannter Abweichungsindikator fungieren, der anzeigte, welche Währung am stärksten vom Normwert abwich und wann eine Zentralbank intervenieren musste. Die Bundesbank fürchtete, dass ihr

585 Wortprotokoll, 515. Sitzung des Zentralbankrats der Deutschen Bundesbank in Frankfurt a. M., 7. 9. 1978, in: HA Bbk, B330/9085/1, TOP 3.

586 Vgl. Bernholz, Die Bundesbank und die Währungsintegration, S. 800.
Vgl. auch: Wortprotokoll, 516. Sitzung des Zentralbankrats der Deutschen Bundesbank in Frankfurt a. M., 21. 9. 1978, in: HA Bbk, B330/9086, TOP 2.

587 Vgl. Wortprotokoll, 515. Sitzung des Zentralbankrats der Deutschen Bundesbank in Frankfurt a. M., 7. 9. 1978, in: HA Bbk, B330/9085/1, TOP 3.

588 Wortprotokoll, 516. Sitzung des Zentralbankrats der Deutschen Bundesbank in Frankfurt a. M., 21. 9. 1978, in: HA Bbk, B330/9086, TOP 2.

über die Hintertür dieses Indikators, trotz des Paritätensystems, eine Interventionspflicht aufgebürdet würde. Zum anderen blieb offen, in welchem Maß das Volumen und die Fristen der Kredithilfen ausgeweitet werden sollten. Im Ausschuss der EWG-Zentralbankgouverneure lösten beide Fragen heftige Auseinandersetzungen aus.[589] Die deutschen und niederländischen Vertreter plädierten für eine begrenzte Rolle des Abweichungsindikators und sträubten sich sowohl gegen die Verlängerung der sehr kurzfristigen Finanzhilfen als auch gegen die Erhöhung der kurzfristigen Währungshilfen. Sie standen damit im Gegensatz zu den anderen Zentralbanken, die, wie Bernard Clappier forderte, eine bindende Interventionspflicht vom Abweichungsindikator ableiteten und die Beistandshilfen erheblich steigern wollten.

Angesichts dieser Schwierigkeiten suchte die Bundesbank erneut die Absicherung ihrer Position bei der Bundesregierung. Für Pöhl war klar, dass ein Erfolg alleine nicht ausreichte. Man müsste sich weiterhin um die Zusammenarbeit und die Verständigung mit der Bundesregierung kümmern. Er erklärte im Zentralbankrat: „Wir müssen mit der Regierung Verhandlungen machen und dort unseren Standpunkt durchsetzen. Der Bundeskanzler hat sich an das gehalten. Es geht jetzt weiter, und man muß sehen, ob die Einigkeit aufrecht erhalten bleibt."[590] Daher lud der Zentralbankrat den Bundesfinanzminister und den Staatssekretär des Finanzministeriums zur Zentralbankratssitzung Anfang Oktober 1978 ein. Die Bundesbank beabsichtigte, dort abermals der Regierung ihre Position vorzutragen und sich mit ihr auf eine gemeinsame Haltung zu einigen; denn wie Pöhl sagte: „der kurz- und mittelfristige Beistand sind Dinge, die unsere Zustimmung erfordern. [...] Ich habe den Bundeskanzler darauf hingewiesen, daß das mit uns geklärt werden muss."[591] Der Zentralbankrat präsentierte dem Finanzminister und dem Staatssekretär dementsprechend einen neuen Voraussetzungskatalog und hob hervor: „Sollte die nachstehend abgegrenzte Verhandlungslinie nicht oder nur Änderungen durchsetzbar sein, so wäre eine neuerliche Abstimmung zwischen Bundesbank und Bundesregierung erforderlich."[592] Es wurde deutlich: Die Bundesbank legten großen Wert darauf, sich bei der Bundesregierung konstant rückzuversichern und gleichzeitig die Möglichkeit zu nutzen, der Regierung ihre Bedingungen zu diktieren.

Die Verhandlungsstrategie des Zentralbankrats gelangte in der Endphase der Verhandlungen zum Höhepunkt. Am 16. November 1978 beriet der Zentralbankrat ein letztes Mal über die übrig gebliebenen Streitfragen: die Rolle der Wäh-

589 Vgl. Procès Verbal de la 125ème séance du comité des gouverneurs des banques centrales des Etats membres de la Communauté Economique Européenne, tenue à Bruxelles, 9. 10. 1978, in: ECB Archives.

590 Wortprotokoll, 516. Sitzung des Zentralbankrats der Deutschen Bundesbank in Frankfurt a. M., 21. 9. 1978, in: HA Bbk, B330/9086, TOP 2.

591 Wortprotokoll, 516. Sitzung des Zentralbankrats der Deutschen Bundesbank in Frankfurt a. M., 21. 9. 1978, in: HA Bbk, B330/9086, TOP 2.

592 517. Sitzung des Zentralbankrats der Deutschen Bundesbank in Frankfurt a. M., 5. 10. 1978, in: HA Bbk, B330/9087, TOP 6.

rungseinheit als Abweichungsindikator; die Modalitäten zur Schaffung von ECU im Tausch gegen nationale Währungsreserven; und die Ausweitung der Kredithilfen. Erneut fassten die Zentralbanker ihre Positionen in einer Stellungnahme zusammen, die Emminger noch am selben Tag an den Bundeskanzler schickte.[593] Ihr Kernpunkt war, dass die Bundesbank in Notfällen von der Pflicht zur Intervention befreit werden sollte. Zudem sollte die Bundesregierung sich dafür einsetzen, den Abweichungsindikator soweit zu entschärfen, dass aus einem Überschreiten der Wechselkurs-Bandbreiten nur Konsultationen resultierten, nicht aber ein Zwang zur Intervention. Emminger fügte hinzu: „Ich wäre Ihnen, sehr verehrter Herr Bundeskanzler, sehr dankbar, wenn Sie mir möglichst bald bestätigen könnten, daß zwischen Bundesregierung und Bundesbank volle Übereinstimmung hinsichtlich der in Anlage 2 enthaltenen Grundsätze besteht."[594]

Der Bundesbankpräsident nutzte gleichzeitig die Gelegenheit, den Bundeskanzler zur Sitzung des Zentralbankrates am 30. November einzuladen. Er schrieb: „In der heutigen Sitzung des ZBR wurde von einer Reihe von Mitgliedern der lebhafte Wunsch ausgesprochen, ob Sie nicht den Zentralbankrat bei passender Gelegenheit über die politischen Beweggründe für die Errichtung des Europäischen Währungssystems näher unterrichten könnten, ebenso wie auf unserer Seite der Wunsch besteht, Ihnen unsere allgemeinen währungspolitischen Überlegungen in dieser Frage näher darlegen zu können."[595] Man geht sicher nicht fehl in der Annahme, dass der Zentralbankrat fünf Tage vor der entscheidenden Gipfelkonferenz der EWG-Staats- und Regierungschefs in Brüssel dem Bundeskanzler noch einmal ins Gewissen reden und den Bundesbank-Forderungen Nachdruck verleihen wollte.

Der Besuch von Bundeskanzler Schmidt im Zentralbankrat war der erste in der Geschichte der Bundesbank. Nur 1950 hatte, noch zu Zeiten der Bank deutscher Länder, Konrad Adenauer an einer Sitzung des Zentralbankrats teilgenommen.[596] Schmidt nutzte den Anlass, um ein leidenschaftliches Plädoyer für die Idee der europäischen Währungsintegration zu halten. Er betonte die politische Bedeutung des Projekts. Es ginge darum, einen der Grundpfeiler für die deutsche Außenpolitik zu bewahren und die Einbindung Deutschlands in die internationale Gemeinschaft sicherzustellen.[597] Schmidt hob die deutsch-französische Freundschaft als

593 Vgl. Brief Otmar Emminger an Bundeskanzler Helmut Schmidt, Betreff: Stellungnahme des Zentralbankrats zum künftigen EWS, 16. 11. 1978, in: HA Bbk, N-2/000160.

594 Brief Otmar Emminger an Bundeskanzler Helmut Schmidt, Betreff: Stellungnahme des Zentralbankrats zum künftigen EWS, 16. 11. 1978, in: HA Bbk, N-2/000160, S. 2.

595 Brief Otmar Emminger an Bundeskanzler Helmut Schmidt, Betreff: Stellungnahme des Zentralbankrats zum künftigen EWS, 16. 11. 1978, in: HA Bbk, N-2/000160, S. 2.

596 Vgl. Ausführliches Wortprotokoll zur Sitzung des Zentralbankrats mit Bundeskanzler Helmut Schmidt, in Anlage eines Briefes von Otmar Emminger an Helmut Schmidt, 1. 12. 1978, in: HA Bbk, N-2/000269. Der Verlauf und der Inhalt der Sitzung wurde in der Forschung bereits vielfach beschrieben und analysiert, z. B. bei Marsh, The Euro, S. 84–86 und Mourlon-Druol, A Europe made of money, S. 239–241.

597 Vgl. Ausführliches Wortprotokoll zur Sitzung des Zentralbankrats mit Bundeskanzler Helmut Schmidt, in Anlage eines Briefes von Otmar Emminger an Helmut Schmidt, 1. 12. 1978, in: HA Bbk, N-2/000269, S. 15.

„Rückgrat der Gemeinschaft" hervor, die Notwendigkeit, dass beide Länder gemeinsam einen Währungsraum bildeten, und die Gunst der Stunde, mit Valéry Giscard d'Estaing und Raymond Barre an der Spitze der französischen Staates dieses Projekt umzusetzen.[598]

Der Zentralbankrat war an diesen politischen Verlautbarungen nur wenig interessiert. Ihm ging es um die Bestätigung seiner Verhandlungsposition. Würde der Bundeskanzler seine Forderungen unterstützen? In einem vorhergehenden Brief hatte das Bundeskanzleramt die Frage nach der Befreiung von der Interventionspflicht offengelassen und „erhebliche Bedenken [geäußert], schriftliche Fixierungen vorzunehmen."[599] Auch auf der Sitzung scheute Schmidt noch davor zurück, obwohl er mit der Bundesbank übereinstimmte, eine schriftliche Bestätigung für eine solche Befreiung zu geben. Er bekräftigte: „In der Sache selbst stimme ich Ihnen zu, meine Herren, aber ich halte es für ausgeschlossen, das aufzuschreiben."[600] Emminger hakte beim Bundeskanzler nach: „Aber ich darf es wohl so verstehen, Herr Bundeskanzler, daß die Erklärung, die Sie zu diesem Punkt abgegeben haben, eine Erklärung der Bundesregierung gegenüber der Bundesbank ist." Schmidt bejahte und verwies ihn auf eine kleine Seitenanmerkung, die er an entsprechender Stelle angebracht hatte. Emminger bemerkte daraufhin zufrieden: „Also sachliche Übereinstimmung."[601] Für ihn war der kritische Punkt geklärt.

Aus Sicht der Bundesbank war der Zweck der Diskussion mit dem Bundeskanzler erfüllt. Wie Emminger in seinem Resümee der Sitzung beschrieb, bestand „hinsichtlich der vom Zentralbankrat in der letzten Sitzung formulierten Voraussetzungen [...] volle sachliche Übereinstimmung zwischen Bundesregierung und Bundesbank."[602] Mehr als die inhaltlichen Beiträge von Schmidt und den Zentralbankmitgliedern war dieses Ergebnis ausschlaggebend. Im Unterschied zur Situation vor der Konferenz von Bremen im Juli 1978 war die Bundesbank nun in den Entscheidungsprozess vollständig eingebunden. Sie hatte sich die Möglichkeit erkämpft, gegenüber der Bundesregierung ihre Position zu behaupten und Bedingungen aufzustellen. Aus der Isolation im Frühjahr 1978 hatte sich die Bundesbank in den Mittelpunkt der Verhandlungen manövriert.

Die Gipfelkonferenz in Brüssel am 4. und 5. Dezember 1978 bestätigte die neue Verhandlungspolitik der Bundesbank. Der Bundeskanzler verteidigte weitgehend

598 Vgl. Ausführliches Wortprotokoll zur Sitzung des Zentralbankrats mit Bundeskanzler Helmut Schmidt, in Anlage eines Briefes von Otmar Emminger an Helmut Schmidt, 1. 12. 1978, in: HA Bbk, N-2/000269, S. 6–9.

599 Fernschreiben Manfred Schüler (Chef des Bundeskanzleramts) an Otmar Emminger, 29. 11. 1978, in: HA Bbk, N-2/000269.

600 Ausführliches Wortprotokoll zur Sitzung des Zentralbankrats mit Bundeskanzler Helmut Schmidt, in Anlage eines Briefes von Otmar Emminger an Helmut Schmidt, 1. 12. 1978, in: HA Bbk, N-2/000269, S. 19.

601 Beide Zitate: Ausführliches Wortprotokoll zur Sitzung des Zentralbankrats mit Bundeskanzler Helmut Schmidt, in Anlage eines Briefes von Otmar Emminger an Helmut Schmidt, 1. 12. 1978, in: HA Bbk, N-2/000269, S. 22.

602 521. Sitzung des Zentralbankrats der Deutschen Bundesbank in Frankfurt a. M., 30. 11. 1978, in: HA Bbk, B330/9656, TOP 3, S. 11.

die roten Linien der Zentralbank, insbesondere hinsichtlich des Abweichungsindikators. Als der belgische Premierminister den Wunsch vorbrachte, den Abweichungsindikator mit einer Interventionsverpflichtung zu verbinden, lehnte Schmidt mit der Begründung ab, er könne „nicht den Eindruck erwecken, dass seine Zentralbank verpflichtet wäre, zu intervenieren."[603] Schmidt setzte dagegen eine Lösung durch, die lediglich eine „Vermutung" vorsah, dass „die betroffenen Behörden die Situation korrigieren."[604] Alleine in der zweiten Streitfrage, der Verlängerung der Fristen des Saldenausgleiches, musste die Bundesregierung Zugeständnisse machen und einer Fristerweiterung von 30 auf 45 Tage zustimmen. Dies ging zwar über die Forderung der Bundesbank hinaus, die jegliche Fristverlängerung ablehnte, war aber hinsichtlich der Forderung der Partnerländer, die eine Ausweitung der Hilfen auf mindestens 60 Tage beabsichtigten,[605] immer noch ein Kompromiss „zugunsten der Deutschen",[606] so der englische Bericht über die Ratssitzung.

Im Zentralbankrat stießen die Ergebnisse auf gemischte Reaktionen. Der Beschluss zur Fristerweiterung wurde scharf kritisiert und der Bundesregierung vorgeworfen, sich über die Abmachung mit der Bundesbank hinweggesetzt zu haben.[607] Aber wie Vizepräsident Pöhl hervorhob, hatte sich die Bundesbank gleichzeitig in wesentlichen Verhandlungspunkten durchsetzen können, so bei den Modalitäten des Währungsfonds und bei den Interventionsbedingungen.[608]

Das zweite Halbjahr 1978 offenbarte eine erhebliche Einflussnahme der Bundesbank auf die Gestaltung des Europäischen Währungssystems. Im Gegensatz zu ihrer Isolation bei den Vorverhandlungen zur Bremer Konferenz, gab die Bundesbank der Bundesregierung nunmehr einen strikten Handlungsrahmen vor und achtete penibel auf die Einhaltung ihrer Leitsätze. Sie baute sich eine zentrale Machtstellung auf, von der aus sie ihre Konzepte in die Verhandlungen einfließen lassen und ihre Ideen durchsetzen konnte.

Die Gestaltungsmöglichkeiten der Banque de France und ihres Gouverneurs

Die französische Zentralbank befand sich in einer anderen Ausgangslage. Ihr Gouverneur, Bernard Clappier, nahm von vornherein eine Schlüsselstellung in den

603 Vgl. Record of conversation, European Council discussions of EMS after dinner on Monday 4 December 1978, in Brussels, in: TNA, PREM 16/1643.

604 Eigene Übersetzung: Resolution of the European Council of 5 December 1978 on the establishment of the European Monetary System (EMS) and related matters, in: ABF, 1489200205/28, S. 3.

605 Vgl. Comité des Gouverneurs, Rapport du Comité des Gouverneurs au Conseil sur le Système Monétaire Européen, 14. 11. 1978, in: ABF, 1489200205/347, S. 7 f.

606 Eigene Übersetzung: Record of conversation, Transcription of Foreign and Commonwealth Secretary's, notes: first session, European Council, Brussels, P.M., 4 December, EMS, in: TNA, PREM 16/1643.

607 Vgl. Wortprotokoll, 522. Sitzung des Zentralbankrats der Deutschen Bundesbank in Frankfurt a. M., 13./14. 12. 1978, in: HA Bbk, B330/9657, TOP 2.

608 Vgl. Wortprotokoll, 522. Sitzung des Zentralbankrats der Deutschen Bundesbank in Frankfurt a. M., 13./14. 12. 1978, in: HA Bbk, B330/9657, TOP 2.

Verhandlungen ein und konnte die Ergebnisse der Bremer Konferenz wesentlich mit beeinflussen. Im zweiten Teil der Verhandlungen ab Juli 1978 spielte sie, konträr zur Bundesbank, die Rolle einer Mediatorin, die Kompromisse vorbereitete und eine Einigung der verschiedenen Positionen ermöglichte.

Bernard Clappier in einer Sonderrolle

Bernard Clappier war neben Präsident Giscard d'Estaing der Hauptakteur in den französischen Bemühungen um ein Europäisches Währungssystem. Er war frühzeitig in die Pläne von Schmidt und Giscard d'Estaing eingeweiht.[609] Nach der Konferenz von Kopenhagen Anfang April 1978 betraute ihn Giscard d'Estaing persönlich mit dem Auftrag, die geheimen Vorverhandlungen in der Dreier-Gruppe zu führen. Gemeinsam mit Horst Schulmann aus dem Bundeskanzleramt und Kenneth Couzens aus der britischen Treasury bereitete er den Entwurf für das Europäische Währungssystem vor, der die Grundlage für die Beschlüsse der Bremer Konferenz bildete. Im Gegensatz zur Bundesbank war die Banque de France durch ihren Gouverneur vom ersten Moment an in die Vorgänge eingebunden, die die entscheidenden Rahmenbedingungen für das Währungssystem schufen.

Clappier, Schulmann und Couzens erarbeiteten das neue Konzept auf mehreren Treffen zwischen Ende April und Ende Juni 1978. Auf einer ersten Arbeitssitzung am 12. Mai umrissen sie die Kernthemen der Verhandlungen:[610] die Ausgestaltung der Wechselkurs-Bandbreiten, die Rolle der Europäischen Rechnungseinheit in der Interventionspolitik, beim Saldenausgleich und als Reservemittel, die mögliche Erweiterung der Funktion des Europäischen Fonds für währungspolitische Zusammenarbeit (FECOM), eine gemeinsame Wechselkurspolitik gegenüber Drittwährungen, und eine Erhöhung der Kredithilfen.[611] In den folgenden Sitzungen am 26. Mai und 14. Juni legten Clappier und Schulmann schriftliche Konzepte vor und konkretisierten die Vorschläge.[612] Diese wurden am 23. Juni bei einem Treffen von Bundeskanzler Schmidt und Präsident Giscard d'Estaing diskutiert und schließlich am 28. Juni von Clappier und Schulmann finalisiert.[613]

Die Verhandlungen der Dreiergruppe waren dadurch gekennzeichnet, dass Schulmann und Clappier unterschiedliche Ansätze verfolgten. Schulmann wollte einen groben Rahmen schaffen und die Ausarbeitung der Details den Experten

609 Vgl. Brief Otmar Emminger an Bundeskanzler Helmut Schmidt, Betreff: Währungspolitische Fortschritte in Europa, 30. 3. 1978, in: HA Bbk, N-2/000264, S. 1.

610 Vgl. Brief Horst Schulmann an Kenneth Couzens, Possible Elements of a new European Exchange Rate System, 19. 5. 1978, in TNA: PREM 16/1616.

611 Vgl. Note Kenneth Couzens, Chancellor Schmidt's Proposals for European Currencies, note of a meeting at the Bank of France 12 May 1978, 16. 5. 1978, in: TNA, PREM 16/1616.

612 Vgl. Kenneth Couzens, Record of discussion with M. Clappier and Herr Schulman over dinner at the Hay Adam Hotel, Washington on 26 May 1978, 30. 5. 1978, in: TNA, PREM 16/1616; vgl. auch: Kenneth Couzens, European Currency Arrangements, Discussions in Paris on 14 and 15 June 1978, 19. 6. 1978, in: TNA, PREM 16/1634.

613 Vgl. Mourlon-Druol, A Europe made of money, S. 178–183.

überlassen. Wie er dem Engländer Couzens anvertraute, beabsichtigte er, „die Angelegenheit auf einer breiteren und philosophischeren Ebene anzugehen.“[614] Clappier wollte dagegen spezifische Vorschläge machen und die Feinheiten des Währungssystems festlegen. Die beiden unterschiedlichen Herangehensweisen wurden in den Entwürfen deutlich, die Clappier und Schulmann in die Diskussion der Dreier-Gruppe einbrachten.

Clappier machte den ersten Schritt. Auf einem Treffen am 26. Mai legte er mündlich die Grundzüge seines Konzepts dar.[615] Im Mittelpunkt des neuen Systems sollte eine neue „Europäische zentrale Währungsbehörde“ stehen, an die die nationalen Zentralbanken einen Teil ihrer Währungsreserven abgeben und hierfür Ziehungsrechte erhalten sollten, die sie als Kredite nutzen konnten.[616] Drei Wochen später, am 14. Juni 1978, präsentierte er seinen Kollegen die ausformulierten Vorschläge. Sie umfassten drei Abschnitte.[617] Erstens galt es, das Wechselkurs- und Interventionssystem neu zu strukturieren. Die Wechselkurse bzw. die Leitkurse der europäischen Währungen sollten auf der neuen „Europäischen Währungseinheit“ basieren. Die Wechselkurs-Bandbreiten würden auf ein Maximum von 1% festgesetzt. Die Interventionen zur Verteidigung der Leitkurse würden in EWG-Währungen erfolgen und in Europäischen Währungseinheiten saldiert werden. Zweitens sah Clappier die Einrichtung eines „Europäischen Währungsfonds“ vor, der die neuen Währungseinheiten an die EWG-Zentralbanken ausgeben würde, und zwar einerseits im Austausch gegen Dollar und Gold, was ca. 20% der nationalen Währungsreserven entsprechen sollte, andererseits gegen nationale Währungen, in Höhe von ca. 25 Mrd. Europäischen Währungseinheiten. Jede Zentralbank würde das Recht erhalten, innerhalb einer bestimmten Quote auf die gemeinsamen Währungsreserven des Fonds zurückzugreifen und Kredite zu beanspruchen. Drittens sollten die Interventionen gegenüber dem Dollar besser koordiniert werden. Der Europäische Währungsfonds sollte eine aktive Rolle in der gemeinschaftlichen Dollarpolitik einnehmen und 20% aller Dollar-Interventionen der am Währungssystem teilnehmenden Länder über seine Konten verwalten.[618]

Clappiers Entwurf beinhaltete den weitreichendsten Vorschlag der drei Experten. Er lieferte konkrete Inhalte, sah spezifische Mechanismen vor und nannte ex-

614 Vgl. Couzens, Note for No. 10 on EMS (Treffen mit Schulmann am 20. April 1978), 21. 4. 1978, in: TNA, PREM 16/1616.

615 Vgl. Kenneth Couzens, Record of discussion with M. Clappier and Herr Schulman over dinner at the Hay Adam Hotel, Washington on 26 May 1978, 30. 5. 1978, in: TNA, PREM 16/1616.

616 Vgl. Kenneth Couzens, Record of discussion with M. Clappier and Herr Schulman over dinner at the Hay Adam Hotel, Washington on 26 May 1978, 30. 5. 1978, in: TNA, PREM 16/1616.

617 Vgl. Annex A, Kenneth Couzenz, European Currency Arrangements, Discussions in Paris on 14 and 15 June 1978, 19. 6. 1978, in: TNA, PREM 16/1634.

618 Vgl. Annex A, Kenneth Couzenz, European Currency Arrangements, Discussions in Paris on 14 and 15 June 1978, 19. 6. 1978, in: TNA, PREM 16/1634.

akte Zahlen. Demgegenüber beruhte das Konzept von Schulmann, das dieser ebenfalls am 14. Juni vorlegte, nur auf vagen Aussagen und groben Richtlinien.[619] Er bezifferte keine konkreten Wechselkurs-Bandbreiten, sondern erklärte lediglich, dass das Wechselkurssystem „mindestens so strikt wie die so genannte Schlange“[620] sein sollten. Die Europäische Recheneinheit würde als Numéraire fungieren und sollte eine bedeutsame Funktion im neuen System einnehmen. Schulmann ließ allerdings offen, was er darunter verstand. Hinsichtlich der Kredithilfen gab Schulmann an, dass es „adäquate finanzielle Stützungsmechanismen“[621] benötige, spezifizierte aber nur die sehr kurzfristigen Kredithilfen und überließ die Ausarbeitung weiterer Finanzinstrumente künftigen Diskussionen.

Die beiden Dokumente offenbarten die unterschiedlichen Intentionen von Clappier und Schulmann. Clappier formulierte die Details eines fertigen Programms aus, zur Vorlage in Bremen. Schulmann wollte einen Rahmen abstecken, aber den Politikern die Gestaltung der Einzelheiten überlassen.

Am 23. Juni berieten Bundeskanzler Schmidt und Präsident Giscard d'Estaing auf einem Treffen in Hamburg gemeinsam mit Schulmann und Clappier über die beiden Papiere und bereiteten die Agenda für die Gipfelkonferenz in Bremen vor.[622] Sie zielten auf ein „sehr breit angelegtes und allgemein gehaltenes Dokument“[623] und wollten die Feinheiten von den Zentralbanken und Finanzministerien erst später ausarbeiten lassen. In seinen Erinnerungen schilderte Clappier, dass die beiden Regierungschefs „alle Schwierigkeiten, die tausend und eine Schwierigkeiten, die aus solchen Verhandlungen entstehen konnten“,[624] ohne zu zögern ausräumten.

Schulmann's Ansatz lag also näher an den Vorstellungen der beiden Regierungs- und Staatschefs. Der endgültige Entwurf vom 28. Juli, den Clappier und Schulmann ausarbeiteten und der als Vorlage für die Bremer Beschlüsse diente, folgte in seinem Charakter demnach mehr den deutschen Konzepten.[625] Die von Clappier vorgeschlagenen Details, etwa zur Höhe der Bandbreiten bzw. der ge-

619 Vgl. Annex B, Kenneth Couzens, European Currency Arrangements, Discussions in Paris on 14 and 15 June 1978, 19. 6. 1978, in: TNA, PREM 16/1634.

620 Annex B, Kenneth Couzens, European Currency Arrangements, Discussions in Paris on 14 and 15 June 1978, 19. 6. 1978, in: TNA, PREM 16/1634.

621 Annex B, Kenneth Couzens, European Currency Arrangements, Discussions in Paris on 14 and 15 June 1978, 19. 6. 1978, in: PREM 16/1634.

622 Die Briten waren zu diesem Zeitpunkt nicht mehr an den Verhandlungen beteiligt. Clappier unterrichtete Couzens nur noch mündlich über die Ergebnisse des Gesprächs. Vgl. Mourlon-Druol, A Europe made of money, S. 182 f.; vgl. auch: Kenneth Couzens, Telegramm Nr. 512, to Downing Street No. 10, European Monetary Reform, 28. 6. 1978, in: TNA, PREM 16/1634.

623 Eigene Übersetzung: Kenneth Couzens, Telegramm Nr. 512, to Downing Street No. 10, European Monetary Reform, 28. 6. 1978, in: TNA, PREM 16/1634.

624 Eigene Übersetzung: Demarigny, Fabrice, Transcription, Entretien Bernard Clappier, Entretien 6, Cassette 11, in: Le Comité pour l'histoire économique et financière de la France (CHEFF), 6,15.

625 Vgl. Schulmann/Clappier Draft, 28. 6. 1978, Annex B, Briefing for Prime Minister Callaghan (Bremen European Council), 30. 6. 1878 in: TNA, PREM 16/1634.

meinsamen Währungsreserven, wurden fallengelassen. Clappier war mit dem Ergebnis unzufrieden. Er bezeichnete das neue Dokument als „sehr allgemein, sehr kurz und […] sehr schlecht.“[626] Das ausgearbeitete Papier ließ überdies einen zentralen Streitpunkt ungeklärt: die Bedeutung der Europäischen Rechnungs- bzw. Währungseinheit. Clappier und Schulmann hatten sich auf die Formulierung geeinigt, dass „die Europäische Währungseinheit (ECU) im Mittelpunkt des Systems stehen wird.“[627] Es war aber offen, ob nach dieser Formulierung die ECU, wie von Frankreich vorgesehen, als Bezugspunkt für die Wechselkurse und Interventionen fungieren oder, wie von Deutschland präferiert, lediglich als erweiterte Rechnungseinheit angesehen würde. In einer internen Note an den französischen Präsidenten schrieb Clappier, dass das Dokument in dieser Hinsicht „einen Euphemismus beinhaltet […], der eine mögliche Meinungsverschiedenheit überdeckt.“[628]

Trotz der Kürzungen und der Unklarheiten konnte auch Clappier einige der Kernpunkte seiner Position im Finalentwurf durchsetzen. Insbesondere die Kriterien hinsichtlich der Schaffung von gemeinsamen Währungsreserven und der Nutzung und Ausgabe der ECU orientierten sich an seinem Vorschlag.[629] Es wäre daher unangemessen zu urteilen, dass sich die deutschen Positionen im Entwurf für die Bremer Konferenz stärker niederschlugen als die französischen. Das finale Dokument vereinte zu gleichen Teilen die Positionen von Clappier und Schulmann, jedoch ohne genaue Zahlen und Details zu nennen und ohne die Streitpunkte endgültig zu klären. Es war hauptsächlich dieser Fakt, der Clappiers Unzufriedenheit hervorrief.

Bernard Clappier beteiligte sich an den Vorverhandlungen, wie er selbst im EWG-Zentralbankausschuss nach der Bremer Konferenz betonte, nicht in seiner Funktion als Gouverneur der Banque de France, sondern als persönlicher Abgeordneter des französischen Präsidenten.[630] Gleichwohl kann man fragen, ob und inwiefern er die Konzepte und Ideen der Banque de France in den Verhandlungsprozess einbringen konnte.

Ein erster Überblick zeigt, dass die Banque de France, als Institution, über die Verhandlungen der Dreiergruppe weder informiert noch an ihnen beteiligt war. Die Tätigkeit von Clappier wurde innerhalb der Banque de France nicht aktenkundig reflektiert. Es finden sich weder Dokumente, in denen die geheimen Sitzungen thematisiert wurden, noch Vermerke, die sich auf die Arbeit des Ausschusses bezogen. Selbst der erste Sous-Gouverneur, Renaud de La Genière, schien über die

[626] Zitiert bei: Kenneth Couzens, Telegramm Nr. 512, to Downing Street No. 10, European Monetary Reform, 28. 6. 1978, in: TNA, PREM 16/1634.

[627] Eigene Übersetzung: Schulmann/Clappier Draft, 28. 6. 1978, Annex B, Briefing for Prime Minister Callaghan (Bremen European Council), 30. 6. 1878 in: TNA, PREM 16/1634.

[628] Note Bernard Clappier au Conseiller du Président, 29. 6. 1978, in: AN, 5AG3/937.

[629] Vgl. Schulmann/Clappier Draft, 28. 6. 1978, Annex B, Briefing for Prime Minister Callaghan (Bremen European Council), 30. 6. 1878 in: PREM 16/1634.

[630] Vgl. Procès-Verbal, 123ème séance du comité des gouverneurs des banques centrales des Etats membres de la Communauté Economique Européenne, tenue à Bâle, 11. 7. 1978, in: ECB Archives, S. 3.

Inhalte und den Verlauf der geheimen Gespräche nicht informiert gewesen zu sein.[631] Der Mangel einer formalen Dokumentation schließt jedoch nicht aus, dass thematische Übereinstimmungen zwischen den Konzepten der Abteilungen der Banque de France und den Entwürfen von Clappier im geheimen Dreier-Ausschuss existierten. In diesem Fall hätte die Banque de France indirekt ihre Auffassungen der Währungsintegration in die Entscheidungsfindung der geheimen Expertengruppe mit einfließen lassen können. Für diese Annahme bestehen konkrete Anhaltspunkte.

In mehreren Vermerken vom 14. April 1978 hatte die DGSE Überlegungen skizziert, die sich in der Verhandlungsposition von Clappier wiederfanden. Darin regte sie die Kompetenzausweitung einer zentralen europäischen Behörde bzw. eines europäischen Währungsfonds an, der die Interventionen der europäischen Zentralbanken koordinieren und saldieren und dafür über eigene Währungsreserven verfügen würde.[632] Sie warb für die Einführung einer Europäischen Rechnungs- bzw. Währungseinheit, basierend auf einem Währungskorb aller EWG-Währungen, als Bezugspunkt des Wechselkurs- und Interventionssystems.[633] Schließlich plädierte die DGSE hinsichtlich der Kredithilfen für eine Erhöhung der Summen und Verlängerung der Fristen.[634] Diese Beispiele deuten auf enge Berührungspunkte zwischen der Arbeit Clappiers und den Konzepten der Banque de France hin. Zudem bewegten sich die Vorschläge von Clappier in einem Rahmen, der die französische Position zur Währungsintegration seit Anfang der 1970er Jahre prägte. Die Zusammenlegung der Währungsreserven, die Einrichtung eines gemeinsamen Währungsfonds, die Schaffung einer genuin europäischen Rechnungs- und Währungseinheit sowie verstärkte Kredithilfen waren Punkte, die die Banque de France schon in den Verhandlungen zum Werner-Plan 1970 gefordert hatte.[635] Clappier folgte in diesem Sinn einer lang etablierten Tradition französischer Währungspolitik.

Andererseits beeinflussten auch sein persönlicher Werdegang und seine Überzeugung als Europäer die Arbeit in den Vorverhandlungen. Präsident Giscard d'Estaing hatte Clappier in dem Wissen zu seinem persönlichen Vertreter ernannt, dass dieser ein entschlossener Verfechter der europäischen Einigung war.[636] Bereits in der Krisenzeit der Währungsschlange in den Jahren 1974 bis 1976 hatte sich Clappier mit seiner Unterstützung des europäischen Währungsprojekts immer wieder hervorgehoben und war von der skeptischen Haltung der Banque de France

[631] Vgl. Ludlow, The Making of the European Monetary System, S. 95 f.

[632] Vgl. Note DGSE (Direction des Changes), Le partage des charges, 14. 4. 1978, in: ABF, 1495200501/665, S. 4.

[633] Vgl. Note DGSE (Service des Relations Internationales), L'unité de compte du F.E.C.O.M. et les banques centrales, 14. 4. 1978, in: ABF, 1495200501/655, S. 3.

[634] Vgl. Note DGSE, Aménagement du réseau des crédits communautaires, 26. 5. 1978, in: ABF 1495200501/665.

[635] Vgl. Kapitel IV.1.2. „Die Banque de France und die Idee der Währungssolidarität".

[636] Vgl. Froment-Meurice, Vu du Quai, S. 474.

abgewichen.[637] Sein Einsatz für das Europäische Währungssystem 1978 folgte dieser Linie. Er setzte sich von den kritischen Meinungen der Banque de France ab und strebte danach, der Währungseinigung neuen Schub zu verleihen und einen wirklich innovativen Ansatz der Währungsunion zu verwirklichen. So betonte Clappier in den Gesprächen mit Schulmann und Couzens: Es sei „ein Ziel der Übung, das neue System so zu gestalten, dass es sich von der Schlange so weit wie möglich unterscheidet."[638] Die Bedenken des institutionellen Apparats der Banque hinsichtlich Inflation und Zahlungsbilanzen und die neue Achtsamkeit bezüglich der Notwendigkeit gemeinsamer wirtschaftlicher Voraussetzungen standen in seinen Überlegungen hintan.

Im Gesamtergebnis verlieh das Engagement von Clappier den Positionen der Banque de France ein besonderes Gewicht. Auch wenn er in den Verhandlungen der Dreiergruppe nicht als Vertreter der Zentralbank, sondern als persönlicher Repräsentant des Präsidenten agierte, transportierte Clappier mit seinen Entwürfen die währungspolitischen Ideen der Banque de France und konnte sie in die Beschlüsse der Bremer Konferenz einbringen. Gleichzeitig offenbarten die Vorverhandlungen auch die Grenzen der Handlungsfähigkeit Clappiers. Während es ihm darum ging, ein detailliertes und fertiges Konzept vorzulegen, wollten Schmidt und Giscard d'Estaing lediglich die Eckpunkte des Systems fixieren, die Konfliktpunkte klären und dabei noch genug Raum für politische Kompromisse offenhalten. Die Details sollten später ausgehandelt werden.

Konflikt zwischen Banque de France und Bundesbank

Nach der Bremer Konferenz verlagerten sich die Verhandlungen auf die Ebene der Zentralbanken und Finanzministerien zurück. Die Institutionen mussten die Rahmenbedingungen, die die Bremer Beschlüsse gesetzt hatten, interpretieren und mit Inhalt füllen. Dabei traten die unterschiedlichen Vorstellungen der europäischen Partnerländer zutage. Die deutschen und französischen Perspektiven bildeten Gegenpole. Die Bundesbank legte die Beschlüsse restriktiv aus und versuchte, möglichst viele Elemente der Währungsschlange zu wahren. Die Banque de France folgte dagegen den Entwürfen von Bernard Clappier und forderte den Bruch mit der alten Währungsordnung.

Bilaterale Verhandlungen zwischen den beiden Zentralbanken im Juli und August 1978 legten die Unvereinbarkeit der beiden Standpunkte offen. Am 26. Juli fand in Paris ein Informationsgespräch zwischen Bundesbank-Vizepräsident Pöhl und den beiden Sous-Gouverneuren der Banque de France, De La Genière und

637 Vgl. Kapitel IV.2.2. „Fourcade-Pläne: Reform der Währungsschlange?".

638 Eigene Übersetzung: Kenneth Couzens, Record of discussion with M. Clappier and Herr Schulman over dinner at the Hay Adam Hotel, Washington on 26 May 1978, 30. 5. 1978, in: TNA, PREM 16/1616, S. 2.

Théron statt,[639] in dessen Folge die beiden Zentralbanken die schriftlichen Ausarbeitungen ihrer Konzepte austauschten.[640] Die Auslandsabteilungen auf beiden Seiten übten Kritik an den jeweiligen Entwürfen. Die französische DGSE schrieb: „Die Unterschiede übertreffen deutlich die Gemeinsamkeiten."[641]

Die Bundesbank kritisierte insbesondere den französischen Vorschlag, die ECU als Grundlage für Wechselkurs-Bandbreiten und Interventionen zu verwenden: „die technische Handhabung des Systems ist äußerst schwierig." Das ECU-System könnte aufgrund einer „fehlende[n] Orientierung des Marktes über das zu erwartende Notenbankverhalten [...] destabilisierend wirken."[642] Auch die Idee, einen gemeinsamen Dollarkurs für die EWG festzulegen und dem Europäischen Währungsfonds Befugnisse für gemeinsame Interventionen zu übertragen, lehnte die Bundesbank als „völlig unannehmbar"[643] ab. Ein analoges Bild bot sich auf der anderen Seite. Die Banque de France beklagte, dass die Deutschen die ECU nur als Bemessungsgrundlage für bilaterale Interventionen nutzen, sie aber nicht in den Mittelpunkt des neuen Systems stellen wollten. Der Währungsfonds besäße nach deutscher Vorstellung keine „wirkliche Persönlichkeit" und Autonomie. Er sei keine innovative Institution, sondern eine reine Verwaltungseinheit.[644] Die Vorstellungen zu den Kredithilfen und zu allen übrigen Verhandlungspunkten drifteten ebenfalls weit auseinander.

Nach der vorangegangenen Einigung auf der Bremer Konferenz brachen nunmehr die alten Konfliktlinien wieder auf. Die DGSE konstatierte: Die Differenzen seien „Resultat eines tiefgreifenden philosophischen Unterschieds in der Vorstellung beider Länder vom zukünftigen europäischen Währungssystem."[645] Die traditionellen Überzeugungen, die bereits während der Gespräche zum Werner-Plan 1970 oder während der Fourcade-Verhandlungen 1974/1975 die Währungsbehörden entzweit hatten, kamen wieder hoch und führten zu neuerlicher Konfrontation.

Die Banque de France zeigt sich kompromissbereit

Die Banque de France verharrte allerdings nicht in der Opposition. Im Gegensatz zur Bundesbank, die wenig Flexibilität bewies, zeigte sich die französische Zentral-

639 Vgl. Vermerk Hauptabteilung I (Bundesbank), Europäisches Währungssystem, hier: „Deutsch-französischer Meinungsaustausch am 26. 7. 1978 in der Banque de France, Paris", 31. 7. 1978, in: HA Bbk, B330/38081.

640 Vgl. Brief Renaud de La Genière an Karl-Otto Pöhl, 11. 8. 1978, in: HA Bbk, B330/38081; vgl. auch: Note DGSE, Système Monétaire Européen, Positions françaises et allemandes, 31. 8. 1978, in: ABF, 1489200205/287.

641 Eigene Übersetzung: Note DGSE, SME, Positions françaises et allemandes, 31. 8. 1978, in: ABF, 1489200205/287, S. 1.

642 Vermerk Hauptabteilung I (Bundesbank), Exposé der Banque de France zur Funktionsweise eines Europäischen Währungssystems, 22. 8. 1978, in: HA Bbk, B330/38081, S. 2.

643 Vermerk Hauptabteilung I (Bundesbank), Exposé der Banque de France zur Funktionsweise eines Europäischen Währungssystems, 22. 8. 1978, in: HA Bbk, B330/38081, S. 6.

644 Vgl. Note DGSE, SME, Positions françaises et allemandes, 31. 8. 1978, in: ABF, 1489200205/287, S. 1 f.

645 Eigene Übersetzung: Note DGSE, Système Monétaire Européen, Positions françaises et allemandes, 31. 8. 1978, in: ABF, 1489200205/287, S. 5.

bank offen, ihre Vorschläge zu diskutieren und Kompromissmöglichkeiten auszuloten. Diese Einschätzung legen interne Überlegungen und Diskussionen in Folge der deutsch-französischen Gespräche nahe. In der Evaluierung ihrer Verhandlungsposition unterschied die Banque de France zwischen zwei Kategorien, unverzichtbaren Vorschlägen und verhandelbaren Forderungen. In den ersten Bereich fielen die Schaffung einer ECU und die Konstitution eines eigenständigen und mit weitgehenden Rechten ausgestatteten Währungsfonds.[646] Hier sah die Banque keinen Verhandlungsspielraum, denn aus ihrer Sicht müsse man unbedingt „all das bewahren […], was den Keim einer kohärenten Einheit bildet und in der Lage ist, schrittweise seine eigene Macht zu entwickeln."[647]

Dagegen war sie dazu bereit, die Funktionsweise der Währungseinheit ECU im Wechselkurssystem zur Disposition zu stellen.[648] Die Banque de France bevorzugte zwar ein ECU-Modell, in dem die Währungseinheit die Leitkurse und Interventionsbandbreiten vorgab. Aber sie beharrte nicht auf ihrer Position, da sie damit rechnete, dass die Widerstände zu groß sein würden. Und sie räumte ein, dass das neue Modell technische Schwierigkeiten mit sich bringen könnte,[649] während die alte Version den Vorteil hatte, bekannt und gewohnt zu sein.[650] In einer neuen Skizze zu ihrer Verhandlungsposition diskutierte die Banque de France daher einen Kompromissvorschlag, den die belgische Regierung in früheren Sitzungen bereits angeregt hatte. Dieser sah einen Mittelweg aus dem alten und neuen System vor, das hieß, das Paritätennetz der Währungsschlange grundsätzlich beizubehalten, die ECU aber als Abweichungsindikator einzuführen.[651] Diese „Kompromisslösung", so die Banque, „hat die Chance, eine breite Unterstützung zu finden."[652]

Man kann festhalten, dass die Banque de France nicht dogmatisch auf ihren Konzepten bestand, sondern offen für Kompromisse war. Sie forderte nur dort ihren Standpunkt ein, wo sie es für notwendig hielt, neue Institutionen bzw. Mechanismen als Grundlage für ein faires, ausgeglichenes und wirklich gemeinschaftliches System zu etablieren.

Diese Kompromisshaltung war eine Voraussetzung dafür, dass man auf den deutsch-französischen Regierungskonsultationen in Aachen am 14./15. Septem-

[646] Vgl. Note DGSE, Réflexions sur le nouveau système monétaire européen, 23. 8. 1978, in: ABF, 1489200205/282, S. 1–3.

[647] Eigene Übersetzung: Note DGSE, Rôle dévolu au fonds monétaire européen dans les propositions françaises (8 août 1978) et allemandes (23 août 1978), 8. 9. 1978, in: ABF, 1489200205/260, S. 7.

[648] Vgl. Note DGSE, Esquisse d'une position française pour les négociations sur le nouveau système monétaire européen, 29. 8. 1978, in ABF, 1495200501/665.

[649] Vgl. Note DGSE, Esquisse d'une position française pour les négociations sur le nouveau système monétaire européen, 29. 8. 1978, in ABF, 1495200501/665., S. 1 f.

[650] Vgl. Note DGSE, Réflexions sur le nouveau système monétaire européen, 23. 8. 1978, in: ABF, 1489200205/282, S. 4.

[651] Vgl. Note DGSE, Réflexions sur le nouveau système monétaire européen, 23. 8. 1978, in: ABF, 1489200205/282, S. 4.

[652] Eigene Übersetzung: Note DGSE, Esquisse d'une position française pour les négociations sur le nouveau système monétaire européen, 29. 8. 1978, in ABF, 1495200501/665, S. 2.

ber so rasch und problemlos zur Einigung gelangen konnte. Wie Bundesbank-Vizepräsident Karl-Otto Pöhl berichtete, hatten Kanzler Schmidt und Präsident Giscard d'Estaing bereits am ersten Abend der Konsultationen eine Lösung zur Frage der ECU gefunden. Das war umso überraschender, als noch einige Tage vorher der währungspolitische Berater von Giscard d'Estaing in einer Note an den Präsidenten insistiert hatte: „Es ist wichtig, sich nicht in den von Deutschen und Belgiern vorgeschlagenen Kompromiss hineinziehen zu lassen. [...] Diese Konzeption würde mit dem Bremer Anhang nicht übereinstimmen."[653] Giscard d'Estaing schien in diesem Fall weniger dem Rat seiner Mitarbeiter als der Meinung der Banque de France gefolgt zu sein. Dies stimmt mit Berichten von Karl-Otto Pöhl überein, der schilderte, dass Gouverneur Clappier auf der Aachener Konferenz die deutsche Position des Kompromissvorschlags unterstützte.[654]

Indem die Banque de France in der Frage der ECU nachgab und auf die deutschen Forderungen einging, bildete sie einen starken Widerpart zur Bundesbank. Anders als jene agierte sie flexibel und anpassungsfähig. Während Bundesbank-Vizepräsident Pöhl den Verhandlungserfolg auf die kompromisslose und klare Stellungnahme der Bundesbank zurückführte,[655] wäre dieser sicher nicht eingetreten, wenn nicht die französische Seite schon im Vorhinein ihre Forderungen abgemildert und Entgegenkommen signalisiert hätte.

Es lassen sich zwei Beweggründe für den Meinungsumschwung und die Positionsänderung der Banque de France ausmachen. Erstens verfolgte sie eine langfristige Strategie. Angesichts der vielen Hürden und Differenzen in den Expertengesprächen betrachtete sie es als erfolgversprechender, klare Prioritäten zu setzen und unwesentliche Details zurückzustellen. In einem Vermerk unterstrich die DGSE, dass es gelte, „zu vermeiden, sich technischen Feinheiten hinzugeben", und dass es vielmehr darauf ankomme, sich „nur auf das Wesentliche zu konzentrieren."[656] Das Hauptziel war, „eine bessere Wechselkursstabilität zu gewährleisten, indem man den Weg zur europäischen Wirtschafts- und Währungseinheit wieder aufnimmt."[657] Mit Blick auf die neue Währungseinheit ECU bedeutete das: die Einheit sollte als Berechnungsbasis im Mittelpunkt des neuen Systems stehen und anzeigen können, welche Währung von ihrem Normalwert abwich und welche

653 Eigene Übersetzung: Note, Guy de Panafieu (Conseiller technique au secrétariat général de la Présidence de la République), Note pour le Président, Objet: Conseil restreint en vue de la préparation de la réunion franco-allemande des 14 et 15 septembre 1978 (mardi 12 septembre 1978 à 10 h): Questions économiques, 11. 9. 1978, in: AN, 5AG3/937, S. 8.

654 Vgl. Wortprotokoll, 516. Sitzung des Zentralbankrats der Deutschen Bundesbank in Frankfurt a. M., 21. 9. 1978, in: HA Bbk, B330/9086, TOP 2.

655 Vgl. Wortprotokoll, 516. Sitzung des Zentralbankrats der Deutschen Bundesbank in Frankfurt a. M., 21. 9. 1978, in: HA Bbk, B330/9086, TOP 2.

656 Beide Zitate: Eigene Übersetzung, Note DGSE, Esquisse d'une position française pour les négociations sur le nouveau système monétaire européen, 29. 8. 1978, in ABF, 1495200501/665, S. 1.

657 Eigene Übersetzung: Note DGSE, Esquisse d'une position française pour les négociations sur le nouveau système monétaire européen, 29. 8. 1978, in ABF, 1495200501/665, S. 1.

Zentralbank intervenieren musste.[658] Ob sich die folgenden Interventionen nach einem bilateralen Paritätennetz oder nach einer ECU-Bandbreite richteten, war nachrangig. Die ECU sollte in erster Linie ihre wesentliche Funktion erfüllen, ein faires Interventionssystem zu garantieren, und zudem als Keim eines wirklich gemeinschaftlichen Währungssystems in Zukunft zu dienen. Diese langfristige Perspektive fasste auch Gouverneur Clappier in einem privaten Gespräch mit einem französischen Journalisten zusammen:[659] Ein schneller, überstürzter Start des Europäischen Währungssystems sei nicht so wichtig. Die eigentliche Bedeutung des EWS läge darin, auf lange Sicht einen „echten Europäischen Währungsfonds zu schaffen, der in der Lage wäre, die ECU als echte internationale Reservewährung zu etablieren."[660]

Zweitens spiegelte sich in der Kompromissbereitschaft der Banque de France die langsame Konvergenz der wirtschafts- bzw. währungspolitischen Ansichten der deutschen und französischen Zentralbanken wider. Wie die Vermerke der Banque Anfang des Jahres 1978 bezeugen, erachtete sie mehr als je zuvor die Verringerung der Inflation und den Ausgleich der Zahlungsbilanzen als notwendige Voraussetzung für die währungspolitische Einigung. Aus diesem Grund sprach sich auch die DGSE im Juni 1978 dafür aus, das Wechselkurssystem der Schlange beizubehalten, anstatt ein neues korbbasiertes ECU-System einzuführen.[661] Das war ein erstaunlicher Widerspruch zur offiziellen Haltung der Banque, offenbarte aber die widersprüchlichen und sich wandelnden Einstellungen innerhalb der Zentralbank. Schließlich verwies selbst Clappier Ende Oktober 1978 auf die Verringerung und Angleichung der Inflationsraten in der Gemeinschaft und betonte, dass ohne sie ein Erfolg des Europäischen Währungssystems ausgeschlossen sei.[662]

Die Banque de France hatte sich in diesen Punkten dem währungspolitischen Verständnis der Bundesbank in weiten Teilen angenähert. Die Schnittpunkte erleichterten die gemeinsame Lösungsfindung und ermöglichten der französischen Seite, in den EWS-Verhandlungen auf die Forderungen der deutschen Seite einzugehen.

3.3. Das neue Währungssystem auf dem Prüfstand, erste Eindrücke und Ergebnisse

Mit der EWG-Gipfelkonferenz in Brüssel am 4. und 5. Dezember endeten die Verhandlungen, und die Staats- und Regierungschefs beschlossen die Einführung des

[658] Vgl. Note DGSE, Esquisse d'une position française pour les négociations sur le nouveau système monétaire européen, 29. 8. 1978, in ABF, 1495200501/665, S. 2.

[659] Vgl. Note Nigel Lawson, France & the European Monetary System, 31. 10. 1978, in: Thatcher MSS (2/12/12A) (online: https://www.margaretthatcher.org/document/110329, zuletzt abgerufen: 5. 6. 2018).

[660] Note Nigel Lawson, France & the European Monetary System, 31. 10. 1978, in: Thatcher MSS (2/12/12A) (online: https://www.margaretthatcher.org/document/110329, zuletzt abgerufen: 5. 6. 2018), S. 1.

[661] Vgl. Kapitel IV.3.1. „Konzeptionelle Vorstellungen".

[662] Vgl. Note Nigel Lawson, France & the European Monetary System, 31. 10. 1978, in: Thatcher MSS (2/12/12A) (online: https://www.margaretthatcher.org/document/110329, zuletzt abgerufen: 5. 6. 2018), S. 1.

Europäischen Währungssystems. Es stellte eine Kompromisslösung dar. Es umfasste die ECU als Wertmaß für die Wechselkurse, als Interventionseinheit und als Bezugspunkt für den Abweichungsindikator. Die Wechselkurs-Bandbreiten wurden nach der Paritätenstruktur etabliert und auf +/– 2,25% beziffert. Die Laufzeit der sehr kurzfristigen Finanzierung wurde auf 45 Tage verlängert und der Betrag der kurz- und mittelfristigen Kredithilfen auf 25 Mrd. ECU erhöht; zwei Jahre nach dem Start sollte zudem ein voller Europäischer Währungsfonds geschaffen und die ECU als Reservewährung etabliert werden.[663] Alle EWG-Länder außer Italien, Irland und Großbritannien erklärten ihren Beitritt zum neuen System; Italien und Irland folgten wenige Tage später, nur Großbritannien entschied sich gegen eine Beteiligung.[664] Am 13. März 1979 trat das Europäische Währungssystem in Kraft.

Nach den langen intensiven und konfliktgeladenen Verhandlungen des Jahres 1978 stand das endgültige Ergebnis fest. In den folgenden Monaten würde sich erweisen, wie die Zentralbanken die finale Version des EWS bewerteten, wie sie seine Chancen und Risiken einschätzten, und welches Fazit sie Ende 1979 über seine Funktionsfähigkeit zogen.

Deutsche Bundesbank: Die Eigeninteressen im Vordergrund

Einschätzung des neuen Systems

Die Bundesbank beurteilte das EWS nach ihren klassischen währungspolitischen Grundsätzen, die auf die Garantie der Geldwertstabilität und auf stabile Wirtschaftsbeziehungen zwischen den Teilnehmerländern abzielte. Der Erfolg des EWS musste sich am Anspruch messen lassen, „eine echte Stabilitätsgemeinschaft" zu bilden.[665]

Chancen

Die Ausgangslage für einen erfolgreichen Start des Währungssystems war in den Augen der Bundesbank „ausgesprochen günstig."[666] Die chronischen Defizitländer Italien, Großbritannien und Frankreich hatten ihre Leistungsbilanz verbessert und wiesen seit 1978 einen Leistungsbilanzüberschuss auf.[667] Die Ungleichgewichte zwischen den europäischen Volkswirtschaften waren gering und boten eine

663 Vgl. Resolution of the European Council of 5 December 1978 on the establishment of the European Monetary System (EMS) and related matters, in: ABF, 1489200205/28.

664 Vgl. Mourlon-Druol, A Europe made of money, S. 255 f.

665 Aufsatz Otmar Emminger, Das Europäische Währungssystem und die deutsche Geldpolitik, Handelsblatt-Beilage ‚Banken International,' 13. 3. 1979, in: HA Bbk, N-2/00044, S. 5.

666 Aufsatz Otmar Emminger, Das Europäische Währungssystem und die deutsche Geldpolitik, Handelsblatt-Beilage ‚Banken International,' 13. 3. 1979, in: HA Bbk, N-2/00044, S. 7.

667 Vgl. Tabelle, Deutsche Bundesbank (Hrsg.), Geschäftsbericht 1978, S. 51.

gute Grundlage für stabile Wechselkurse. Zusätzlich hatte die US-Regierung am 1. November ein Stabilisierungsprogramm für den Dollar aufgesetzt, somit Vertrauen in ihre krisengeschüttelte Währung zurückgebracht und die globalen Devisenmärkte beruhigt.[668]

Diese positiven Entwicklungen boten die Chance, ein stabiles Fundament für das Währungssystem zu schaffen. Die Bundesbank erkannte an, dass das EWS die Instrumentarien und die „institutionellen Voraussetzungen für eine Zone größerer Stabilität der Wechselkurse in Europa“[669] bereitstellte und „positive Impulse“[670] für die wirtschaftliche Entwicklung in Europa und in der Welt setzen konnte. Aber sie war sich ebenfalls bewusst, dass die Wirtschaftslage schnell umschlagen konnte. Anfang 1979 kündigten sich erste Ölpreissteigerungen an, und die Bundesbank verzeichnete einen Wiederanstieg der Inflationsraten. Daher widmete sie ihre Aufmerksamkeit den Elementen des Währungssystems, die Stabilität versprachen. Emminger sah den Hauptvorteil der festen Wechselkurse darin, einen Disziplinierungsdruck auf die EWG-Regierungen und Zentralbanken auszuüben.[671] Er betonte, dass die neuen institutionellen Strukturen das Ziel haben müssten, die Volkswirtschaften und die Wirtschaftspolitik der einzelnen Mitgliedsländer anzugleichen. Im „Zwang zur Harmonisierung“[672] sah er die größte und einzige Chance für das EWS, sich zu einem Erfolgsmodell zu entwickeln.

Risiken

Die Risiken des EWS wogen demgegenüber schwerer. Die Inflation und die Bekämpfung der Inflation waren die Hauptsorgen der Bundesbank; denn die Preistendenzen zum Jahreswechsel 1978/1979 waren besorgniserregend. In fast allen Ländern stieg die Inflation an; in Deutschland erhöhte sie sich, im Vergleich zum Vorjahresniveau, von 2,6% im Jahr 1978 auf 4,3% 1979. In mehreren Ländern, so in Frankreich und Großbritannien, übertrafen die Preissteigerungen 10%.[673] Die Bundesbank befürchtete, dass der neue Inflationsschub und die zunehmenden Inflationsunterschiede zwischen den Ländern den Zusammenhalt in der Gemeinschaft gefährden könnten. Die Inflation würde sich wegen der festen Wechselkurse von einem Land aufs nächste übertragen, ohne dass die Zentralbanken etwas dagegen unternehmen könnten. Daher erklärte Otmar Emminger das Problem der In-

[668] Vgl. Deutsche Bundesbank (Hrsg.), Geschäftsbericht 1978, S. 47.

[669] Deutsche Bundesbank (Hrsg.), Monatsbericht März 1979, Das Europäische Währungssystem, S. 18.

[670] Deutsche Bundesbank (Hrsg.), Monatsbericht März 1979, Das Europäische Währungssystem, S. 18.

[671] Vgl. Aufsatz Otmar Emminger, Das Europäische Währungssystem und die deutsche Geldpolitik, Handelsblatt-Beilage ‚Banken International‘, 13. 3. 1979, in: HA Bbk, N-2/00044, S. 2.

[672] Aufsatz Otmar Emminger, Das Europäische Währungssystem und die deutsche Geldpolitik, Handelsblatt-Beilage ‚Banken International‘, 13. 3. 1979, in: HA Bbk, N-2/00044, S. 2.

[673] Vgl. Tabelle, Vermerk Hauptabteilung I (Bundesbank), Erfahrungen mit dem EWS und Weiterentwicklung, 7. 12. 1979, in: HA Bbk, B330/10151, S. 5a.

flationsdifferenzen zum „eigentlichen Prüfstein des neuen Systems."[674] Es müsste das Hauptziel jedes Mitgliedslandes sein, seine Inflation zu minimieren. Andernfalls würde nicht nur die Preisstabilität in der Bundesrepublik verlustig gehen, sondern es wäre die Stabilität und Existenz des gesamten Systems in Frage gestellt. Emminger appellierte: „Es darf nicht zu einer Inflationsgemeinschaft kommen. Vielmehr muß das EWS ein Ansporn sein, mit der Zeit eine echte Stabilitätsgemeinschaft zu erreichen."[675]

Die Bundesbank legte auch deshalb so viel Wert auf diesen Stabilitätsgedanken, weil sie ihre EWG-Partnerländer verdächtigte, ein anderes Konzept von Stabilität, das der äußeren Wechselkursstabilität, zu verfolgen. Norbert Kloten, Landeszentralbankpräsident aus Baden-Württemberg und scharfer Kritiker des neuen Währungssystems, monierte: „Die externe Stabilität genießt im EWS Priorität gegenüber der internen Stabilität."[676] Das hieß, diese Länder würden versuchen, die Wechselkurse stabil zu halten, selbst wenn es auf Kosten der Preisstabilität im Inland ginge. Für die Bundesbank war diese Einstellung unhaltbar. Emminger betonte, dass man nicht „einen Teil der in den vergangenen Jahren mühsam errungen Stabilität auf dem Altar einer doch sehr begrenzten (und veränderbaren) Wechselkursstabilität opfern"[677] dürfte.

Eine weitere Gefahr sah die Bundesbank in der Aushöhlung ihrer geldpolitischen Autonomie. Zu viele Interventionen im Wechselkurssystem hätten das Potential, die Bundesbank zur Geldschöpfung zu zwingen und ihre binnenwirtschaftliche Geldpolitik wirkungslos zu machen.[678] Die neuen Mechanismen im EWS, der Abweichungsindikator und die höheren Kredithilfen, machten solche Interventionen wahrscheinlicher. Da zudem zu erwarten war, dass die intervenierenden Zentralbanken im großen Umfang auf die D-Mark als Interventionswährung zurückgriffen, drohte eine zusätzliche Ausweitung der DM-Geldmenge. Die Bundesbank wollte eine solche Dynamik verhindern und sicherstellen, dass ihre Handlungsfähigkeit gewährleistet bliebe. Zwei Maßnahmen sollten helfen: erstens, rechtzeitige und schnelle Wechselkursänderungen, die die wirtschaftlichen Ungleichgewichte und unterschiedliche Inflationstendenzen kompensieren würden. Emminger war allerdings skeptisch, ob die EWG-Regierungen dieses Mittel nutzen würden; denn die Erfahrung in der Schlange hatte gezeigt, dass die meisten Länder vor Paritätsänderungen zurückschreckten. Sie lehnten Abwertungen „als Eingeständnis des Mißerfolgs und als Einbuße an politischem Prestige" ab und

[674] Aufsatz Otmar Emminger, Das Europäische Währungssystem und die deutsche Geldpolitik, Handelsblatt-Beilage ‚Banken International', 13. 3. 1979, in: HA Bbk, N-2/00044, S. 4.

[675] Aufsatz Otmar Emminger, Das Europäische Währungssystem und die deutsche Geldpolitik, Handelsblatt-Beilage ‚Banken International', 13. 3. 1979, in: HA Bbk, N-2/00044, S. 5.

[676] Kloten, Das Europäische Währungssystem, S. 24.

[677] Aufsatz Otmar Emminger, Das Europäische Währungssystem und die deutsche Geldpolitik, Handelsblatt-Beilage ‚Banken International', 13. 3. 1979, in: HA Bbk, N-2/00044, S. 5.

[678] Vgl. Aufsatz Otmar Emminger, Das Europäische Währungssystem und die deutsche Geldpolitik, Handelsblatt-Beilage ‚Banken International,' 13. 3. 1979, in: HA Bbk, N-2/00044, S. 2.

fürchteten die negativen Folgen höherer Importpreise auf das inländische Preisniveau.[679]

Zweitens hoffte die Bundesbank, in Extremfällen ihre Interventionspflicht aussetzen zu können. Diese Klausel hatten die deutsche und französische Regierung auf der Aachener Konferenz im September 1978 ausgehandelt. Sie sollte jedoch sehr diskret gehandhabt werden, wie die Bedenken von Helmut Schmidt bei der Zentralbankratssitzung Ende November demonstrierten. Welche Schwierigkeiten alleine die Erwähnung einer Interventionsbefreiung auslösen würde, zeigte ein kurzer Schriftwechsel zwischen Emminger und Bundesfinanzminister Hans Matthöfer im Frühjahr 1979. Als Emminger in einem Artikel für das Handelsblatt diese Klausel explizit als relevante Handlungsmöglichkeit der Bundesbank bezeichnete,[680] sah sich Matthöfer veranlasst, ihn auf die vereinbarte Diskretion aufmerksam zu machen.[681] Im Ausland habe der Beitrag Emmingers schon Mißtrauen hervorgerufen und seine Mitarbeiter im Finanzministerium hätten sich gegenüber ausländischen Kollegen rechtfertigen müssen. Emminger sah sich jedoch in keiner Schuld. Er hob hervor, dass er damit nur den Vorwürfen entgegnen wollte, dass „durch das EWS […] die geldpolitische Autonomie der Bundesbank de facto eliminiert worden“[682] sei.

Die Bundesbank erhob klare Kriterien für die Erfolgschancen des EWS: Angleichung der wirtschaftlichen Voraussetzungen, Inflationsbekämpfung, und die Unabhängigkeit ihrer Stabilitätspolitik. Die einzelnen neuen Mechanismen – die ECU, der Abweichungsindikator und die Kredithilfen, – waren für sie weniger von Relevanz. Das EWS musste sich vielmehr dadurch beweisen, dass es die Preisstabilität gewährleistete.

Erste Erfahrungen

Ende des Jahres 1979 zog die Bundesbank erste Bilanz zur Entwicklung des EWS. Ihr Eindruck war grundsätzlich positiv. Die Zentralbanken der EWG hielten die Wechselkursschwankungen in den vereinbarten Grenzen, und dem Währungssystem blieben größere Störungen und Spekulationen auf den Devisenmärkten erspart.[683] Der Abweichungsindikator funktionierte wie vorgesehen. Als der belgische Franc und die dänische Krone ihr Abweichungslimit erreichten, interve-

679 Aufsatz Otmar Emminger, Das Europäische Währungssystem und die deutsche Geldpolitik, Handelsblatt-Beilage ‚Banken International', 13. 3. 1979, in: HA Bbk, N-2/00044, S. 8.

680 Vgl. Aufsatz Otmar Emminger, Das Europäische Währungssystem und die deutsche Geldpolitik, Handelsblatt-Beilage ‚Banken International', 13. 3. 1979, in: HA Bbk, N-2/00044, S. 9.

681 Vgl. Brief Bundesfinanzminister Hans Matthöfer an Otmar Emminger, 4. 4. 1979, in: HA Bbk, N-2/000264.

682 Brief Otmar Emminger an Bundesfinanzminister Hans Matthöfer, 6. 4. 1979, in: HA Bbk, N-2/000264, S. 2.

683 Vgl. Deutsche Bundesbank (Hrsg.), Geschäftsbericht 1979, S. 46; vgl. auch: Vermerk Hauptabteilung I (Bundesbank), Erfahrungen mit dem EWS und Weiterentwicklung, 7. 12. 1979, in: HA Bbk, B330/10151, S. 3.

nierten beide Regierungen, um ihre Währungen zu stützen und wieder in die normale Bandbreite zurückzubringen.[684] Zusätzlich erhöhten die belgischen und dänischen Zentralbanken die Leitzinsen und verschärften ihre Geldpolitik.[685] Die Bundesbank begrüßte diese Aktivitäten. Aus ihrer Sicht zeigten sie, dass das EWS die Konsolidierung und Stabilisierung der europäischen Volkswirtschaften förderte. Die Hauptabteilung für Internationale Beziehungen notierte: „Bereits in der zurückliegenden Phase ist deutlich geworden, daß der Anpassungsdruck des EWS in Richtung auf mehr Stabilität durchaus als heilsamer Zwang akzeptiert wird und daß auch der Erfolgszwang, unter dem das EWS steht, eine gewisse Disziplin bewirkt."[686]

Gleichzeitig traten Probleme und Schwierigkeiten dort auf, wo die Bundesbank sie erwartet hatte. Ihr Anspruch, eine autonome Geldpolitik zu verfolgen, war ein erster Stein des Anstoßes. Im Frühjahr 1979 wurde die Inflation wieder zum vordringlichen Thema der deutschen Zentralbankpolitik. Steigende Ölpreise trieben die Preise und Kosten nach oben und veranlassten die Bundesbank, „eine strikte Politik des knappen Geldes"[687] zu verfolgen. Im Verlauf des Jahres erhöhte sie den Diskontsatz schrittweise von 3% im März auf 6% im November 1979 und den Lombardsatz von auf 3,5% auf 7%.[688]

Der neue geldpolitische Kurs geriet in Konflikt mit der Geld- und Währungspolitik der anderen EWG-Länder. Die Zinserhöhungen lösten Unverständnis und Widerspruch aus. Im Ausschuss der EWG-Zentralbankgouverneure beschwerten sich die niederländischen, belgischen und französischen Gouverneure, dass eine Anhebung der Zinssätze in der gegenwärtigen Lage nichts gegen die Inflation ausrichten könne und vielmehr die Stabilität der Wechselkurse aufs Spiel setze. Zu unterschiedliche Zinssätze in den EWG-Ländern würden nur zu schädlichen Kapitalbewegungen und Kursschwankungen führen.[689] Der niederländische Gouverneur Zijlstra, normalerweise ein enger Unterstützer und Verbündeter der Bundesbank, beklagte, dass die deutsche Geldpolitik „riskiert, weder effizient [...] noch mit dem Funktionieren des EWS vereinbar zu sein."[690] Die Bundesbank ließ sich von diesen Klagen jedoch nicht beeindrucken. Otmar Emminger wies die

684 Vgl. Kloten, Das Europäische Währungssystem, S. 22.

685 Vgl. Vermerk Hauptabteilung I (Bundesbank), Erfahrungen mit dem EWS und Weiterentwicklung, 7. 12. 1979, in: HA Bbk, B330/10151, S. 3.

686 Vermerk Hauptabteilung I (Bundesbank), Erfahrungen mit dem EWS und Weiterentwicklung, 7. 12. 1979, in: HA Bbk, B330/10151, S. 5 f.

687 Deutsche Bundesbank (Hrsg.), Geschäftsbericht 1979, S. 1.

688 Vgl. Deutsche Bundesbank (Hrsg.), Geschäftsbericht 1979, S. 20–23.

689 Vgl. Procès-Verbal de la 136ème séance du comité des gouverneurs des banques centrales des Etats membres de la Communauté Economique Européenne, tenue à Bâle, in: ECB Archives, 10. 7. 1979.

690 Eigene Übersetzung: Procès-Verbal de la 136ème séance du comité des gouverneurs des banques centrales des Etats membres de la Communauté Economique Européenne, tenue à Bâle, 10. 7. 1979, in: ECB Archives, S. 10.

Vorwürfe zurück und betonte, dass die Bundesbank nicht entgegen den Regeln und Interessen der Europäische Gemeinschaft gehandelt habe.[691]

An dieser Episode offenbarte sich einmal mehr die Bedeutung des Autonomiegedankens der Bundesbank. Die eigenen geldpolitischen Bedürfnisse standen an erster Stelle. Die Verpflichtungen im Währungssystem waren nachrangig. Im Ausschuss der Zentralbankgouverneure erklärte Emminger in einem aufschlussreichen Absatz zur Zusammenarbeit im EWS: „Gelinge es einer Zentralbank nicht, ihre Partner von der Wohlbegründetheit ihrer Politik zu überzeugen und deren Verständnis, ja Zustimmung zu erlangen, [...] so könne man dieser Zentralbank nur schwerlich daraus einen Vorwurf machen, dass sie trotzdem die Massnahme ergriffen habe, die sie auf nationaler Ebene für absolut notwendig hielt."[692]

Eine zweite Schwierigkeit ergab sich beim Prozess der Wechselkursanpassungen. Wie Otmar Emminger im Frühjahr schon gemutmaßt hatte, zögerten die meisten Länder vor einem solchen Schritt und verhinderten damit den notwendigen Ausgleich im System. Die erste Wechselkursanpassung am 23./24. September 1979 belegte die Zweifel. Die Schwäche des belgischen Franc und der dänischen Krone hatten eine Kursänderung erfordert. Aber anders als die Bundesbank wünschte, verliefen die Verhandlungen stockend. Karl-Otto Pöhl berichtete dem Zentralbankrat, dass die Sitzung der Finanzminister über 15 Stunden dauerte und „nicht mit einem überzeugenden Ergebnis"[693] endete. Die niederländische Regierung habe sich geweigert, einer Abwertung des Guldens zuzustimmen, da sie hierfür keine Notwendigkeit sah und den Inflationseffekt einer Abwertung fürchtete. Die Einigung, eine 5%-Aufwertung der D-Mark gegenüber der dänischen Krone und 2%-Aufwertung gegenüber den restlichen Währungen des EWS, kam erst zustande, „nachdem von Herrn Matthöfer massiver Druck ausgeübt worden ist."[694] Die Bundesbank urteilte dazu: „Die Vorgänge um dieses Realignment haben gezeigt, daß Leitkursanpassungen im EWS doch auf erhebliche Widerstände stoßen können und die angestrebte ‚Entdramatisierung' dabei noch nicht gewährleistet ist."[695] Die anderen Länder hielten die Wechselkursstabilität für so wichtig, dass sie eine Anpassung der Paritäten möglichst hinauszögerten.[696]

[691] Vgl. Procès-Verbal de la 137ème séance du comité des gouverneurs des banques centrales des Etats membres de la Communauté Economique Européenne, tenue à Bâle, 11. 9. 1979, in: ECB Archives, S. 5 f.

[692] Procès-Verbal de la 137ème séance du comité des gouverneurs des banques centrales des Etats membres de la Communauté Economique Européenne, tenue à Bâle, 11. 9. 1979, Deutsche Übersetzung, in: ECB Archives, S. 6.

[693] Wortprotokoll, 541. Sitzung des Zentralbankrats der Deutschen Bundesbank in Frankfurt a. M., 4. 10. 1978, in: HA Bbk, B330/10146, TOP 2.

[694] Vgl. Vermerk Hauptabteilung I (Bundesbank), Erfahrungen mit dem EWS und Weiterentwicklung, 7. 12. 1979, in: HA Bbk, B330/10151, S. 4.

[695] Vermerk Hauptabteilung I (Bundesbank), Erfahrungen mit dem EWS und Weiterentwicklung, 7. 12. 1979, in: HA Bbk, B330/10151, S. 4.

[696] Vgl. Vermerk Hauptabteilung I (Bundesbank), Erfahrungen mit dem EWS und Weiterentwicklung, 7. 12. 1979, in: HA Bbk, B330/10151, S. 4 f.

Diese erste Wechselkursänderung streute Zweifel und Skepsis im Zentralbankrat. Die Maßnahme, die die Bundesbank als so zentral für die Funktionsfähigkeit des EWS erachtete, erschien nun als problematisch und konfliktgeladen. Pöhl folgerte im Zentralbankrat: „Was ich daraus schließe, ist die Tatsache, daß man eine solche Operation sobald nicht wiederholen kann. Die Bereitschaft zur Wechselkursänderung wird in Zukunft noch geringer sein. Es zeigte sich, daß kein Land daran interessiert ist, abzuwerten."[697]

Zwischenfazit

Die Erfahrungen des ersten Jahres des Europäischen Währungssystems bestätigten sowohl die Hoffnungen als auch Befürchtungen der Bundesbank. Die entscheidende Frage war aber noch nicht beantwortet: würde das Europäische Währungssystem die Preisstabilität in der Bundesrepublik und in der Europäische Gemeinschaft garantieren? Nur anhand dieses Kriteriums würde sich der Erfolg des EWS messen lassen. Im diesem Sinn bemerkte Otmar Emminger auf einem seiner letzten Vorträge als Bundesbankpräsident im Dezember 1979: „Die entscheidende Bewährungsprobe hat es [das EWS] noch nicht erbracht: Es sollte ja nicht nur äußere Wechselkurs-Stabilität bringen, sondern eine Zone echter Stabilität in Europa schaffen, d. h. eine Konvergenz der beteiligten Länder in Richtung auf größere innere Preisstabilität."[698] Es deutete sich aber bereits an, dass die Bundesbank dieses Ziel nicht aufgeben würde und gewillt war, im EWS ihre Stabilitätspolitik auch gegen den Einspruch der Partnernotenbanken unnachgiebig durchzusetzen.

Die Banque de France zwischen ökonomischer Disziplin und D-Mark-Dominanz

Bewertung der Verhandlungsergebnisse

Die finale Ausgestaltung des Europäischen Währungssystems rief in der Banque de France verschiedene Reaktionen hervor und brachte wieder die Ambivalenzen zum Vorschein, die schon die Verhandlungsphase geprägt hatten.

Lobpreisung: Das EWS als Vorstufe zur Währungsunion

Auf der einen Seite bewertete die Banque de France das neue Währungssystem überaus positiv. Im Februar 1979 verkündete die DGSE: „Man kann bereits jetzt

[697] Wortprotokoll, 541. Sitzung des Zentralbankrats der Deutschen Bundesbank in Frankfurt a. M., 4. 10. 1978, in: HA Bbk, B330/10146. TOP 2.
[698] Vortrag Otmar Emminger, Ausführungen anlässlich des Jahresessens des Verbandes Deutscher Reeder in Hamburg, 6. 12. 1979, in: HA Bbk, N-2/00051, S. 1 f.

behaupten, dass die europäische Währung, noch bevor sie überhaupt existiert, […] ihre Identität gefunden hat: sollte jemals eine supranationale Währung in Umlauf kommen, würde sie wahrscheinlich die Form der ECU annehmen."[699] Der Sous-Gouverneur Marcel Théron pries auf der Sitzung des Conseil Général einige Tage nach Inkrafttreten des EWS die Errungenschaften des neuen Systems. Die ECU sei ein Wegbereiter für die „zukünftige europäische Währung."[700] Der Abweichungsindikator würde für ein faires Interventionssystem einstehen und die neuen gemeinsamen Währungsreserven sowie die erhöhten Kredithilfen seien ein machtvoller Beweis europäischer Solidarität.[701]

Die DGSE präsentierte die Einführung des EWS auch als folgerichtige und notwendige Reaktion auf den Zusammenbruch des Bretton Woods-Systems. Kein Land habe von der Auflösung des globalen Wechselkurssystems profitiert. Die exzessiven Schwankungen der Wechselkurse hätten vielmehr Unruhe und Probleme geschaffen. Staaten mit starken Währungen hätten durch Aufwertungen ihre Wettbewerbsfähigkeit eingebüßt und Staaten mit schwachen Währungen mit den inflationären Folgen von Abwertungen gekämpft.[702] Diese Erfahrungen hätten den europäischen Ländern die Bedeutung von Stabilität und einer gemeinsamen europäischen Währungspolitik vor Augen geführt. Die DGSE hob hervor: „das EWS ist notwendig für die Einigung der Gemeinschaft"[703]

Die Banque de France würdigte insbesondere die Vorteile der neuen währungspolitischen Mechanismen. In einem Vermerk arbeitete die DGSE drei Aspekte heraus.[704] Erstens könnte der Abweichungsindikator „eine bessere Aufteilung der Interventions- und Anpassungslasten sicherstellen."[705] Er würde eine schnellere Reaktion und häufigere Interventionen der Zentralbanken veranlassen, sodass schon innerhalb der Bandbreiten die Wechselkurse stabilisiert und die äußersten Grenzen nur selten berührt würden. Er schuf zudem einen Ansporn für die europäischen Zentralbanken, enger zusammenzuarbeiten, da bei jedem Überschreiten der Abweichungsgrenzen Konsultationen abgehalten werden mussten.[706] Die zweite Neuerung des EWS, die Ausweitung der Kredithilfen, garantierte, dass jedes Land, auch die verschuldeten, die Wechselkurs-Bandbreiten einhalten und im Währungssystem verbleiben konnte. Frankreich hätte theoretisch die Möglichkeit,

[699] Eigene Übersetzung: Note DGSE, Le Système Monétaire Européen, février 1979, in: ABF, 1489200205/282, S. 1.

[700] Eigene Übersetzung: ABF, Procès-Verbal, Conseil Général, 22. 3. 1979, S. 106.

[701] Vgl. ABF, Procès-Verbal, Conseil Général, 22. 3. 1979, S. 106 f.

[702] Vgl. Note DGSE, Un nouveau dessein pour l'Europe, 22. 3. 1979, in: ABF, 1489200205/282, S. 3.

[703] Eigene Übersetzung: Note DGSE, Un nouveau dessein pour l'Europe, 22. 3. 1979, in: ABF, 1489200205/282, S. 2.

[704] Vgl. Note DGSE, Réunion régionale des directeurs de franche-comté du 14 février 1979, 6. 2. 1979, in ABF, 1489200205/282.

[705] Note DGSE, Réunion régionale des directeurs de franche-comté du 14 février 1979, 6. 2. 1979, in ABF, 1489200205/282, S. 2.

[706] Vgl. Note DGSE, Réunion régionale des directeurs de franche-comté du 14 février 1979, 6. 2. 1979, in ABF, 1489200205/282, S. 2.

auf Währungshilfen in der Höhe von bis zu 17 Mrd. Dollar zurückgreifen; für die DGSE eine entscheidende Sicherheitsgarantie. Drittens habe man auf eine größere Flexibilität geachtet und eine rechtzeitige und schnelle Anpassung der Wechselkurse zu einem zentralen Prinzip des neuen Wechselkurssystems erhoben. Die DGSE schlussfolgerte, dass diese Mechanismen „ohne Zweifel eine wirkungsvolle Rolle bei der Verteidigung der Parität unserer Währung spielen würden."[707]

Von dieser Seite der Banque de France, vertreten durch den zweiten Sous-Gouverneur Marcel Théron und die DGSE, erhielt das neue Europäische Währungssystem also eine ausdrücklich positive Konnotation. Man präsentierte das EWS als Erfolgsgeschichte, als innovatives und effizientes System.

Die nüchterne Kritik

Andere Stimmen in der Banque urteilten deutlich nüchterner über das neue Währungssystem. Der erste Sous-Gouverneur Renaud de La Genière beschrieb die Auseinandersetzung über das ECU-Interventionssystem – ob man sich an einem Parititätennetz oder an einem ECU-Numéraire orientieren sollte – als „esoterische Debatten".[708] Er sah die ECU nicht als Ausgangspunkt einer künftigen europäischen Währung, sondern nur als Rechnungseinheit, die den Zweck hatte, die Wechsel- und Leitkurse der europäischen Währungen zu kalkulieren und die Forderungen und Verbindlichkeiten zwischen den europäischen Zentralbanken zu saldieren.[709] Die ECU könnte von Geschäftsbanken, Unternehmen und Haushalten weder erhalten noch genutzt werden, genauso wenig wie von Zentralbanken außerhalb der EWG.

De La Genière legte größeren Wert auf die disziplinierenden Eigenschaften des neuen Systems. Er hob in seiner Beurteilung die Beschränkungen der Handlungsfreiheit der einzelnen Staaten und die Verpflichtung hervor, eine restriktive Geld-, Kredit- und Haushaltspolitik zu verfolgen. De La Genière kommentierte: „Wir werden es nämlich nur schaffen, halbwegs stabile Wechselkurse aufrechtzuerhalten, [...] wenn es uns gelingt, die gegenwärtigen Unterschiede zwischen den Inflationsraten [der europäischen Länder] zu verringern."[710] Für Frankreich sei es „unerläßlich",[711] den Marktakteuren zu signalisieren, dass sich die binnenwirt-

707 Eigene Übersetzung: Note DGSE, Réunion régionale des directeurs de franche-comté du 14 février 1979, 6. 2. 1979, in ABF, 1489200205/282, S. 4.

708 Eigene Übersetzung: Renaud de La Genière, Conférence devant l'IHEDN sur les relations monétaires internationales, Le système monétaire européen, 19. 2. 1979, in: ABF, 1035199602/3, S. 16.

709 Vgl. Renaud de La Genière, Conférence devant l'IHEDN sur les relations monétaires internationales, Le système monétaire européen, 19. 2. 1979, in: ABF, 1035199602/3, S. 18 f.

710 Eigene Übersetzung: Renaud de La Genière, Conférence devant l'IHEDN sur les relations monétaires internationales, Le système monétaire européen, 19. 2. 1979, in: ABF, 1035199602/3, S. 21.

711 Eigene Übersetzung: Renaud de La Genière, Conférence devant l'IHEDN sur les relations monétaires internationales, Le système monétaire européen, 19. 2. 1979, in: ABF, 1035199602/3, S. 21.

schaftliche Lage Frankreich stabilisierte und dass die Inflationszahlen bzw. Zahlungsbilanzdaten keinen Anlass gaben, den Wechselkurs zu verändern. Aus der Sicht De La Genières war die Mitgliedschaft Frankreichs im EWS ein „essentieller Trumpf;"[712] sie würde dem Land die Möglichkeit eröffnen, seine wirtschaftlichen Mängel zu korrigieren und fundamentale Strukturanpassungen vorzunehmen. Die Argumente Großbritanniens gegen einen Beitritt zum EWS, dass feste Wechselkurse eine deflationäre Politik verursachten, wies er als „Fehlinterpretation" zurück. Eine solche Einstellung sei angesichts von hohen Preissteigerungen und frei schwankenden Wechselkursen „die Weigerung, heute die schweren strukturellen Probleme unserer Volkswirtschaften von Grund auf zu behandeln, und das ist die langfristige Gewissheit des ökonomischen Verfalls."[713]

Eine Analyse der Generaldirektion für wirtschaftliche Studien (DGED) untermauerte die Auffassung De La Genière's. Sie hielt das neue Währungssystem zwar insgesamt für „stärker", „ausgeglichener" und „flexibler",[714] aber diese Eigenschaften waren für sie letztlich nachrangig gegenüber einer sorgsamen und disziplinierten Wirtschaftspolitik. Sie begründete ihre Position mit Verweis auf die Veränderungen der globalen wirtschaftlichen Rahmenbedingungen, die Internationalisierung von Wirtschaftsprozessen, Arbeitsteilung und Handelsströme sowie den Wechsel von festen zu flexiblen Wechselkursen. Diese Phänomene bewirkten aus ihrer Sicht eine „vollständig neue Situation, in der das äußere Gleichgewicht viel konsequenter aufrechterhalten werden müsste."[715] Um im globalen Wirtschaftsraum die eigene Volkswirtschaft zu stabilisieren und wettbewerbsfähig zu halten, sei man gezwungen, die nationale Wirtschaftspolitik anzupassen, das hieß, die Exporte zu fördern und eine starke Währung zu etablieren.[716] Die DGED erklärte: „Das auf einer relativen Schwäche der Währung basierende Entwicklungsmodell, das im letzten Vierteljahrhundert durch Frankreich systematisch und erfolgreich genutzt wurde, ist heute obsolet."[717] Der internationale Druck zur wirtschaftlichen Konsolidierung und Neuausrichtung stelle den eigentlichen Grund dar, warum Frankreich dem EWS beigetreten sei. Man erhoffe sich, in seinem Rahmen den Franc stärken, die Handelsbilanz verbessern und die französische Wirtschaft besser aufstellen zu können. Dazu müsse man

712 Eigene Übersetzung: Renaud de La Genière, Conférence devant l'IHEDN sur les relations monétaires internationales, Le système monétaire européen, 19.2.1979, in: ABF, 1035199602/3, S. 21.

713 Eigene Übersetzung: Renaud de La Genière, Conférence devant l'IHEDN sur les relations monétaires internationales, Le système monétaire européen, 19.2.1979, in: ABF, 1035199602/3, S. 22.

714 Note DGED (Etudes économiques), Le Système Monétaire Européen: Essai d'analyse économique, janvier 1979, in: ABF, 1489200205/282, S. 3.

715 Note DGED (Etudes économiques), Le Système Monétaire Européen: Essai d'analyse économique, janvier 1979, in: ABF, 1489200205/282, S. 6.

716 Vgl. Note DGED (Etudes économiques), Le Système Monétaire Européen: Essai d'analyse économique, janvier 1979, in: ABF, 1489200205/282, S. 6 f.

717 Note DGED (Etudes économiques), Le Système Monétaire Européen: Essai d'analyse économique, janvier 1979, in: ABF, 1489200205/282, S. 8.

einen anti-inflationären Kurs betreiben; denn Wirtschaftswachstum könnte nur durch strikte Preisdisziplin garantiert werden.[718]

In ihrer Schlussfolgerung der Analyse mahnte die DGED, die Perspektiven des EWS nicht zu unterschätzen. Das System sei flexibel und stark genug, Schocks abzufedern. Gleichzeitig reiche es nicht aus, „ein Abkommen zu schließen und Mechanismen zu kreieren, um die Probleme zu lösen."[719] Es benötige von den europäischen Partnerländern, darunter insbesondere Frankreich, das klare Engagement, eine disziplinierte Wirtschaftspolitik zu betreiben.

Auch in der Beurteilung des Europäischen Währungssystems trafen in der Banque de France also verschiedene Meinungen aufeinander. Einerseits wurde das EWS als Errungenschaft gefeiert und die ECU, der Abweichungsindikator und die höheren Finanzhilfen als wegweisende Elemente für die gemeinsame Währungsunion präsentiert. Gleichzeitig trat eine bedachtsamere Haltung in den Vordergrund, die das EWS als Chance begriff, die französische Volkswirtschaft neu auszurichten, die Inflation zu verringern und den Franc zu stabilisieren. Diese Ambivalenz deutete einmal mehr auf die widerstreitenden Ideenwelten innerhalb der Banque de France. Ihren traditionellen Leitgedanken der Wechselkursstabilität, der Forderung nach einem fairen Währungssystem mit einem neutralen Bezugspunkt – der ECU – und dem Streben nach einer echten Währungssolidarität standen völlig neue Impulse gegenüber: die Betonung von Preisstabilität, von einem ausgeglichenen Haushalt und von einer starken, exportorientierten Wirtschaft.

In dieser Dialektik zeigte sich der Wandel der Geld- und Währungspolitik, den die Banque de France im Verlauf der 1970er Jahre vollzogen hatte. Die traditionellen Sichtweisen waren noch vorhanden, aber neue Ideen setzten sich durch und gewannen an Deutungshoheit.

Das EWS nach den ersten Monaten

Die erste Bewährungsprobe des EWS lieferte ein zwiespältiges Ergebnis. Einerseits zeichnete sich eine positive Entwicklung ab. Der Franc stabilisierte sich und die Mechanismen des EWS funktionierten erwartungsgemäß. Andererseits verfolgte die Banque de France besorgt das Gebaren der deutschen Geldpolitik und bemängelte die zunehmende Dominanz der D-Mark.

Ein stabiler Franc

Die Ausgangslage für den Start des EWS und für die Position des Francs innerhalb des Währungssystems wurde, wie schon von der Bundesbank, als günstig angese-

[718] Vgl. Note DGED (Etudes économiques), Le Système Monétaire Européen: Essai d'analyse économique, janvier 1979, in: ABF, 1489200205/282, S. 8 f.

[719] Note DGED (Etudes économiques), Le Système Monétaire Européen: Essai d'analyse économique, janvier 1979, in: ABF, 1489200205/282, S. 17.

hen. In der Sitzung des Conseil Général am 5. April berichtete de La Genière, dass der Kurs des Francs sich in den vergangenen Wochen sehr positiv gehalten habe. Die Marktteilnehmer vertrauten der Leistungskraft der französischen Wirtschaft und man könnte das Gefühl haben, der Franc sei so stabil, dass die „anderen Währungen [...] um den Franc herum floateten."[720] Auch zwei Monate später konstatierte die Auslandsabteilung der Banque, dass der Franc kaum von seinem ECU-Normwert abgewichen sei. Nur die D-Mark sei noch beständiger.[721] Die anderen europäischen Währungen entwickelten sich ebenso vorteilhaft. Insbesondere hielten sich das britische Pfund und die italienische Lira, die Problemfälle unter den EWG-Währungen, außergewöhnlich stabil.[722] Auf der Suche nach den Ursachen für diese günstige Entwicklung deutete die DGSE auf die Angleichung der Inflationsraten. Diese seien zwar nach wie vor auf einem hohen Niveau, aber die Inflationsdifferenzen zwischen den verschiedenen Ländern verringerten sich und gaben weniger Anlass zu Spekulationen.[723]

Nicht nur die stabilen Marktbedingungen ermöglichten die erfolgreiche Einführung des Systems. Die Banque de France betonte, dass auch umgekehrt die neuen Mechanismen des EWS für mehr Stabilität sorgten. Der Ausgleichsindikator spielte dabei, wie von der Banque erhofft, eine wichtige Rolle. Die DGSE stellte fest, dass es aufgrund des Indikators endlich möglich sei, die Währung zu erkennen und zu bestimmen, die in ihrem Wert von den anderen Partnerwährungen abwich.[724] Der erste Einsatz im Fall des belgischen Francs bestätigte dies. Die belgische Währung hatte Ende April seine Abweichungsgrenze erreicht und die belgische Zentralbank veranlasst, zur Stützung ihrer Währung sowohl auf dem Devisenmarkt zu intervenieren als auch intern ihre Zinssätze anzuheben.[725] Gouverneur Clappier unterstrich im Ausschuss der EWG-Zentralbankgouverneure, dass „die belgischen Behörden konstruktiv und diversifiziert auf das Überschreiten der Divergenzschwelle durch den belgischen Franken reagiert hätten; diese Reaktion sei konform mit dem Geist und den Bestimmungen der EWS-Abkommen."[726]

Daneben funktionierten auch die Absprachen zwischen den Zentralbanken besser. Sie stimmten ihre Interventionen effizienter ab, gestützt auf eine neue Struktur

[720] Eigene Übersetzung: ABF, Procès-Verbal, Conseil Général, 5.4.1979, S. 119.

[721] Vgl. Note DGSE, ECU, indicateur de divergence, et Franc, 5.6.1979, in: ABF, 1495200501/666, S. 5.

[722] Vgl. Note DGSE, SME, l'expérience des deux premier mois, 30.5.1979, in: ABF, 1489200205/287, S. 2f.

[723] Vgl. Note DGSE, SME, l'expérience des deux premier mois, 30.5.1979, in: ABF, 1489200205/287, S. 4f.

[724] Vgl. Note DGSE, ECU, indicateur de divergence, et Franc, 5.6.1979, in: ABF, 1495200501/666, S. 4f.

[725] Vgl. Note DGSE, SME, l'expérience des deux premiers mois, 30.5.1979, in: ABF, 1489200205/287, S. 5f.

[726] Procès-Verbal, 134ème séance du comité des gouverneurs des banques centrales des Etats membres de la Communauté Economique Européenne, tenue à Bâle, 8.5.1979, (Deutsche Übersetzung), in: ECB Archives, S. 6.

von wöchentlichen Beratungen, und sie intervenierten häufiger auch schon dann, wenn die maximalen Bandbreiten noch nicht erreicht waren. Solche so genannten intramarginalen Interventionen waren aus Sicht der Banque von besonderer Bedeutung. Sie verringerten die Wechselkurs-Schwankungen und „erhöhten die Effektivität der Aktionen der Zentralbanken auf dem Devisenmarkt beträchtlich."[727] Alles in allem konstatierte die DGSE: „Es scheint, dass die neue Struktur, die die Währungen der EWG vereint, ein ernstzunehmendes Stabilitätselement für die Devisenmärkte ist."[728]

Die Erfahrungen des ersten Jahres bestärkte die Banque de France in ihrem Urteil, dass es sich beim Europäische Währungssystem um ein Erfolgsprojekt handelte. Die Instrumente funktionierten wie vorgesehen und die Devisenmärkte blieben weitgehend stabil. Ende November 1978 resümierte die DGSE: „Der Wille zum Zusammenhalt, den die Schaffung des Europäischen Währungssystems bewiesen hat, und die ersten Ergebnisse dessen haben das Potential, die Energien zu bündeln und die Chancen der Wirtschafts- und Währungsunion der EWG zu stärken."[729]

Drohendes Übergewicht der D-Mark

Die Deutsche Bundesbank störte jedoch das harmonische Bild. Ihre außergewöhnlichen Dollarinterventionen im Frühjahr 1979 und ihre Zinserhöhungen weckten bei der Banque de France die Furcht, dass die deutsche Zentralbank die Verpflichtungen des Währungssystems ignorieren und mit der D-Mark als dominanter Währung eine Sonderrolle anstreben könnte.

Im März und April 1979 intervenierte die Bundesbank in größerem Maß auf dem D-Mark-Dollar-Markt. In Zusammenarbeit mit der US-Federal Reserve versuchte sie, eine Abwertung der D-Mark bzw. eine Aufwertung des Dollars auszugleichen und größere Schwankungen des Dollarkurses zu vermeiden.[730] Das eigenständige Vorgehen der Bundesbank stieß bei den anderen EWG-Zentralbanken auf Kritik. Insbesondere die Belgier und Dänen warfen ihr eine mangelnde Abstimmung und die Verschärfung der Probleme von belgischem Franc und dänischer Krone vor.[731] Auch im Conseil Général der Banque de France wurde die

[727] Eigene Übersetzung: Note DGSE, Fonctionnement du système monétaire européen depuis le 13 mars 1979, 7. 9. 1979, in: ABF, 1489200205/56, S. 3.

[728] Eigene Übersetzung: Note DGSE, SME, l'expérience des deux premiers mois, 30. 5. 1979, in: ABF, 1489200205/287, S. 6.

[729] Eigene Übersetzung: Note DGSE, Les huit premiers mois du Système Monétaire Européen (15 mars – fin novembre 1979), 27. 11. 1979, in: ABF, 1489200205/354, S. 3.

[730] Vgl. Deutsche Bundesbank (Hrsg.), Geschäftsbericht 1979, S. 54; vgl. auch: Vermerk Deutsche Bundesbank, Betreff: Dollar-Interventionen der Deutschen Bundesbank und belgischer Franc, 8. 6. 1979, in: HA Bbk, B330/10140.

[731] Vgl. Procès-Verbal, 133ème séance du comité des gouverneurs des banques centrales des Etats membres de la Communauté Economique Européenne, tenue à Bâle, 10. 4. 1979, (Deutsche Übersetzung), in: ECB Archives, S. 6 f.; vgl. auch: Procès-Verbal, 135ème séance du co-

Bundesbankpolitik scharf angegriffen.[732] Marcel Théron, der zweite Sous-Gouverneur, kritisierte, dass allein binnenwirtschaftliche Motive die Dollarinterventionen der Bundesbank erklärten. Ihr ginge es nicht darum, die Aufwertung des Dollars zu beeinflussen, sondern vielmehr, Inflationsgefahren zu bekämpfen. Zu diesem Zweck habe sie „sehr bereitwillig die Kurssteigerungen des Dollars gebremst."[733] Gouverneur Clappier schloss sich dieser Interpretation an. Die Interventionspolitik der Bundesbank entsprach auch in seiner Sicht einer „rein nationalen Perspektive."[734] Es schien ihm, als hätten in Deutschland „die internen geldpolitischen Überlegungen Vorrang vor den Erwägungen für ein gutes Funktionierens des Europäischen Währungssystems."[735]

Die deutsche Zinspolitik stieß in Frankreich auf die gleichen Bedenken. Im September 1979 analysierte die Abteilung für Studien (DGE) der Banque de France die Wechselwirkungen zwischen dem EWS und der nationalen Zinspolitik der Mitgliedsländer und kam zum Ergebnis, dass die Funktionsweise des Währungssystems in erheblichem Maße von der Geldpolitik der Bundesbank abhing.[736] Im Bemühen, die Inflation im eigenen Land zu bekämpfen, triebe die deutsche Zentralbank die Zinssätze in ganz Europa in die Höhe. Die DGE stellte fest: „Die anderen Mitgliedsländer des EWS waren gezwungen, sich der restriktiven deutschen Geldpolitik anzupassen."[737] Im Conseil Général wurden Zweifel laut, wie weit die Bundesbank in ihrer Geldpolitik gehen könnte.[738] Für Gouverneur Clappier war das „Risiko groß [...], dass eine weitere Zinserhöhung in Frankfurt eine weitere Eskalation der Zinssätze weltweit verursacht."[739] Er gab zu Bedenken, dass eine solche Zinspolitik, wenn auch für Deutschland gerechtfertigt, für die europäische Währungspolitik erhebliche Nachteile mit sich brächte. Im Ausschuss der europäischen Zentralbankpräsidenten appellierte er daher an Bundesbank-Vizepräsident Pöhl, die Folgen der deutschen Politik auf „die Stabilität innerhalb des EWS"[740] zu berücksichtigen.

Die Banque de France fürchtete ein Déjà-vu. Wie die USA im Bretton Woods-System, so war ihre Sorge, würde die Bundesrepublik im EWS die Interessen der

mité des gouverneurs des banques centrales des Etats membres de la Communauté Economique Européenne, tenue à Bâle, 10. 6. 1979, (Deutsche Übersetzung), in: ECB Archives, S. 8–10.

732 Vgl. ABF, Procès-Verbal, Conseil Général, 31. 5. 1979.

733 Eigene Übersetzung: ABF, Procès-Verbal, Conseil Général, 31. 5. 1979, S. 174.

734 Eigene Übersetzung: ABF, Procès-Verbal, Conseil Général, 31. 5. 1979, S. 176.

735 Eigene Übersetzung: ABF, Procès-Verbal, Conseil Général, 31. 5. 1979, S. 177.

736 Vgl. Note DGE, Politique des taux d'intérêt et S.M.E, 5. 9. 1979, in: ABF, 1489200205/56.

737 Eigene Übersetzung: Note DGE, Politique des taux d'intérêt et S.M.E, 5. 9. 1979, in: ABF, 1489200205/56, S. 4.

738 Vgl. ABF, Procès-Verbal, Conseil Général, 12. 7. 1979, S. 213.

739 Eigene Übersetzung: ABF, Procès-Verbal, Conseil Général, 12. 7. 1979, S. 213.

740 Eigene Übersetzung: Procès-Verbal, 136ème séance du comité des gouverneurs des banques centrales des Etats membres de la Communauté Economique Européenne, tenue à Bâle, 10. 7. 1979, in: ECB Archives, S. 13.

Partnerländer ignorieren. Das neue Währungssystem würde damit Gefahr laufen, unter dieselbe Dominanz eines einzelnen Landes und einer einzigen Währung zu geraten.

3.4. Synthese

Die Politik der Deutschen Bundesbank und der Banque de France in den Verhandlungen zum Europäischen Währungssystem offenbarte unterschiedliche Entwicklungslinien auf beiden Seiten.

Die Krisenerfahrungen der 1970er Jahre bestimmten das währungspolitische Denken und Handeln der beiden Zentralbanken. Die negativen Konsequenzen der Dollarkrisen zwischen 1970 und 1973 hatten in der Bundesbank die Furcht vor einem Unterlaufen ihrer Geldpolitik verankert und Preisstabilität und Autonomie zu unumstößlichen Fixpunkten ihrer Politik erhoben. Aus ihrer Sicht gab es keine andere Alternative, als das EWS im Sinne einer unbedingten Preisstabilität zu verfassen. Sie konnte keine Verpflichtungen akzeptieren, die im Inland zu Inflation führten. Die Maxime, eine „Stabilitätsgemeinschaft" zu begründen, durchzog die Position der Bundesbank vom Beginn der Währungsintegration 1970 bis zur Ausgestaltung des EWS. Demgegenüber war die Position der Banque de France ambivalenter. Es vermengten sich widersprüchliche Erfahrungen. Die Dollarkrisen des Bretton Woods-Systems bestätigten sie in der Überzeugung, dass ein Währungssystem Gleichberechtigung und Ausgleich zwischen allen teilnehmenden Währungen garantieren sollte. Weder Dollar noch D-Mark sollten die Währungsbeziehungen dominieren. Auf der anderen Seite hatten die Austritte Frankreichs aus der Währungsschlange Mitte der 1970er Jahre ihr vor Augen geführt, dass der Franc in einem Währungssystem mit der D-Mark nur bestehen konnte, wenn die eigene französische Wirtschaft die richtigen Bedingungen aufwies: Preisstabilität und eine ausgeglichene Zahlungsbilanz. Im Gegensatz zur Bundesbank führten bei der Banque de France die Krisenerfahrungen also zum Umdenken, zur Suche nach neuen Lösungen und zur Annäherung an das deutsche Modell der Geld- und Währungspolitik.

Diese jeweiligen Erfahrungen flossen in die Verhandlungsführung der beiden Zentralbanken ein. Die Bundesbank zog rote Linien. Sie machte der Bundesregierung klare Vorgaben für die Gestaltung des Systems. Sie akzeptierte keine Vorschläge, die ihren Stabilitätsvorstellungen widersprach, bzw. setzte Ausnahmeklauseln durch, um im Notfall ihre geldpolitische Handlungsfähigkeit zu bewahren. Die Bedeutung, die die Bundesbank ihren nationalen geldpolitischen Zielen beimaß, zeigte sich auch nach der Einführung des EWS. Die Inflationsbekämpfung im eigenen Land hatte Priorität vor den Verpflichtungen im Währungssystem. Die anderen Länder mussten sich anpassen.

Die Herangehensweise der Banque de France war auch hier, entsprechend ihrer ambivalenten Position, differenzierter. Einerseits kämpfte sie für ein neues System, das mit umfangreichen Gemeinschaftsmitteln ausgestattet war, das auch den schwächeren Mitgliedswährungen Überlebenschancen gewährte und das die Vorherrschaft einer einzigen Währung verhindern sollte. Diese Positionen konnte insbesondere Clappier durch seine Sonderrolle in den Vorverhandlungen zur Bremer Konferenz in die Entwürfe des EWS einbringen. Andererseits zeigte sich die Banque in den späteren Verhandlungen kompromissbereit und anpassungsfähig. Sie öffnete sich gegenüber neuen Konzepten, sie akzeptierte die Preisstabilität als Kernprinzip einer gesunden Wirtschafts- und Währungsentwicklung und bereitete damit den Boden für das gemeinsame Währungssystem.

4. Fazit zu Kapitel IV: „Die Entstehung des Europäischen Währungssystems"

Die Wirtschafts- und Währungsintegration der 1970er Jahre war ein Prozess der kleinen Schritte. Rückschläge, Misserfolge, Neuversuche gaben den Rhythmus vor. Es wurden keine großen Errungenschaften erzielt oder grundlegende institutionelle Neuerungen für die Europäische Gemeinschaft geschaffen. Die angestrebte Währungsunion lag noch in weiter Ferne.

Aus der Sicht der Zentralbanken waren die 1970er Jahre dennoch von entscheidender Bedeutung. Das Jahrzehnt stellte eine Experimentierphase für die verschiedenen Konzepte der Wirtschafts- und Währungsintegration dar. Man trug Konflikte aus, kämpfte um die Deutungshoheit, suchte aber auch Anknüpfungspunkte und lotete Kompromisse aus. Wo vorher divergente Ansichten bestanden hatten, entwickelten sich im Laufe der Jahre gemeinsame Lösungsansätze. So waren die Werner-Verhandlungen zu Beginn der 1970er Jahre noch vom Antagonismus zwischen Monetaristen und Ökonomisten geprägt. Dagegen hatte sich zum Ende des Dezenniums in den Verhandlungen zum Europäischen Währungssystem ein weitgehender Konsens zwischen den Zentralbanken herausgebildet. Preisstabilität, ausgeglichene Zahlungsbilanz, wirtschaftspolitische Disziplin, wirtschaftliche Harmonisierung wurden die Maxime des Integrationsprozesses.

Die Geld- und Währungspolitik der Bundesbank stand Pate für diesen Prozess. Die deutsche Zentralbank konnte ihre Vorstellungen der Währungseinigung sowohl gegen die Fourcade-Pläne 1974/1975 als auch während der Verhandlungen zum EWS verteidigen und ihre Visionen in den Mittelpunkt des Integrationsprozesses stellen. Die Krisen der internationalen Währungswelt – Auflösung des Bretton Woods-Systems und Ölpreisschock – bildeten den Rahmen für diese Entwicklung. Die Bretton Woods-Krise enthüllte der Bundesbank die destruktiven Konsequenzen fester Wechselkurse für die interne Geldpolitik, sie begründete ihre Haltung, die Stabilitätspolitik von außenwirtschaftlichen Gefährdungen freizuhalten. Die folgende Inflationsbekämpfung, die Hinwendung zur Geldmengensteuerung und die erfolgreiche Bewältigung der Ölpreiskrise bewiesen die Effektivität ihres geld- und währungspolitischen Ansatzes. Die Krisenerfahrungen der 1970er Jahre bestätigten das deutsche Modell als aussichtsreichen Lösungsweg.

Die Banque de France musste dagegen erkennen, dass die französische Wirtschaft dem Druck der internationalen Währungswelt nicht gewachsen war. Die

Ölpreiskrise und die Austritte aus der Währungsschlange veranlassten sie, ihre geldpolitischen Instrumente, Strategien und Ziele zu hinterfragen. Nachdem sie noch Anfang der 1970er Jahre unter dem Eindruck des Bretton Woods-Systems eine schnellstmögliche währungspolitische Vereinheitlichung in Europa verlangt hatte, zeigten die Krisen Mitte der 1970er Jahre die Defizite ihrer Vorgehensweise auf. Die Banque konnte die Inflation nicht kontrollieren, den Franc nicht stabilisieren und damit den Verpflichtungen der europäischen Währungsordnung nicht nachkommen. In der Folge passte sie ihre Geldpolitik an und richtete sie am Konzept der Bundesbank aus.

Im Kontext der internationalen Krisenphänomene führte der Integrationsprozess in den 1970er Jahren zur Annäherung der Konzepte und Ziele der beiden Zentralbanken und legte damit wesentliche Grundlagen für die weitere Entwicklung und Realisierung der Wirtschafts- und Währungsunion in den 1980er und 1990er Jahren.

Resümee und Ausblick

Die 1970er Jahre waren eine Zeit wirtschaftlicher und geldpolitischer Turbulenzen und Umbruchsszenarien. Wie der Historiker Charles S. Maier formulierte, veranlassten sie „ein fundamentales Umdenken der wirtschaftlichen und politischen Axiome, die seit dem Zweiten Weltkrieg als selbstverständlich angesehen wurden.“[1] Alte Strukturen gingen unter und brachten neue Entwicklungen hervor.

Den Auftakt bildete in den Jahren 1970 bis 1973 der Kollaps des Bretton Woods-System fester Wechselkurse, das seit dem Zweiten Weltkrieg für stabile Währungsverhältnisse gesorgt hatte. An seine Stelle traten nun flexible Wechselkurse, die ein neues wirtschaftliches sowie wirtschaftspolitisches Handeln nötig machten. Parallel dazu expandierte der grenzüberschreitende Kapitalverkehr. Auslandsinvestitionen, Kreditaufnahmen im Ausland und die weltweite Ausdehnung der Bankgeschäfte führten zu überbordenden Kapitalströmen. Die 1973/1974 auftretende Ölpreiskrise verschärfte diese Prozesse, Inflation und Zahlungsbilanz-Ungleichgewichte eskalierten. Beide Phänomene hatten sich bereits zu Anfang der 1970er Jahre abgezeichnet, gewannen aber in der Ölpreiskrise eminent an Wucht und an Gefahrenpotential für die Volkswirtschaften der Welt. Die Umwälzungen gingen mit neuen institutionellen Entwicklungen einher. Der Zusammenbruch des alten Bretton Woods-Systems mündete in die Entstehung einer europäischen Währungsordnung, die die Grundlage für die künftige Wirtschafts- und Währungsunion Europas legte.

Zentralbanken kamen in der Zeit des Wandels und der Neuorientierung der internationalen Wirtschafts- und Währungsordnung eine entscheidende Funktion zu. Sie standen zwar nicht an vorderster Front, doch zogen sie im Hintergrund die Fäden. Sie beeinflussten das Geschehen sowohl indirekt durch die Ausrichtung und Zielsetzung ihrer Geldpolitik als auch unmittelbar durch ihre Zusammenarbeit mit den Politikern und Regierungen.

Vice versa wirkten die Veränderungen der internationalen Währungspolitik auf die Konzepte und das Handeln der Zentralbanken zurück. Sie stellten überkommene Vorstellungen in Frage, riefen zum Umdenken auf und forderten neue geld- und währungspolitische Strategien. Die Krisen der 1970er Jahre bildeten die Hintergrundfolie für die Neuausrichtung ihrer Politik und stellten einen kollektiven Erfahrungsschatz dar, der eine gemeinsame Ausgangsbasis für die europäische Zusammenarbeit schuf.

Deutsche Bundesbank

Der Niedergang des Bretton Woods-Systems zu Beginn der 1970er Jahre war für die Bundesbank die entscheidende Zäsur ihrer Geldpolitik. Wiederholt lief sie Gefahr, ihre Autonomie und die Kontrolle über die Geldschöpfung zu verlieren. Auf

1 Eigene Übersetzung: Maier, „Malaise“: The Crisis of Capitalism, S. 26.

dem Weg aus dem „währungspolitischen Trilemma" hatte sie mit Widersprüchen und Kontroversen sowohl im Innenverhältnis als auch gegenüber der Bundesregierung zu kämpfen. Es prallten im Zentralbankrat alte und neue Grundvorstellungen aufeinander. Auf der einen Seite bestand Präsident Karl Klasen auf der Beibehaltung der festen Wechselkurse, da sie seiner Meinung nach freien Handel und internationale Zusammenarbeit gewährleisteten sowie vor nationalen Egoismen schützten. Auf der anderen Seite setzte sich sein Vizepräsident Otmar Emminger für flexible Kurse ein, um die inflationären Effekte der Kapitalströme zu unterbinden. Der Zentralbankrat, der bis Ende 1972 der Position des Präsidenten folgte, kollidierte mit den Zielen von Wirtschafts- und Finanzminister Karl Schiller, der sich von den festen Wechselkursen emanzipieren wollte. Nach erbitterten Auseinandersetzungen setzte sich die Bundesbank mit ihrem herkömmlichen Konzept fester Wechselkurse und Kapitalverkehrskontrollen durch und provozierte damit den Rücktritt Schillers. Die Verschärfung der Dollarkrise zu Beginn des Jahres 1973 sowie die Wirkungslosigkeit der deutschen Maßnahmen führten jedoch zu einem generellen Meinungsumschwung der Bundesbanker. Es setzte sich die Erkenntnis durch, dass à la longue die Freigabe der Wechselkurse unausweichlich sei. Daher entschloss sich die Bundesbank im März 1973 zur Aufgabe des Bretton Woods-Systems. Diese Entscheidung markierte den „Breaking Point" der deutschen Geldpolitik in den 1970er Jahren.

Nachdem sie schon zuvor nach neuen Wegen gesucht hatte, um die Kontrolle über die Geldschöpfung zurückzugewinnen, erhob sie nun die Geldmengensteuerung und das Geldmengenziel zu neuen Handlungsmaximen. Sie erweiterte ihr Instrumentarium, ordnete ihre Geldpolitik neu und konnte erstmals seit dem Floating im März 1973 der Inflation wirksam begegnen. So gelang es ihr, die negativen Folgen der Ölpreiskrise abzufedern und im internationalen Vergleich ein Alleinstellungsmerkmal einzunehmen. Denn die Bundesrepublik konnte in dieser Phase als einziges Land ihre Inflationszahlen stabilisieren und ab 1974 sukzessive senken, während die anderen Industrieländer mit teilweise zweistelligen Inflationszahlen zu kämpfen hatten. Die Bundesbank wurde somit zum Stabilitätsanker in einer unsicheren und volatilen Währungswelt und errang eine Vorbildfunktion auch für andere Zentralbanken.

Die neugewonnene Handlungsfreiheit nach dem Floating und der Erfolg ihrer Geldpolitik verschaffte ihr Interpretationshoheit und argumentative Vorteile in den Verhandlungen zur europäischen Währungsintegration. Während in den Beratungen um den „Werner-Plan" von 1970 sich die Ökonomisten und Monetaristen noch unversöhnlich gegenübergestanden hatten, änderten sich im Laufe des Jahrzehnts die Ausgangsbedingungen aufgrund der Währungskrisen grundlegend. Großbritannien schied 1972, Italien 1973 und Frankreich 1974 aus der „Währungsschlange" aus. Die Bundesrepublik konnte sich aufgrund der Stabilitätspolitik der Bundesbank und der starken Stellung der D-Mark im Mittelpunkt des europäischen Währungsraums behaupten. Sie definierte die Regeln und bestimmte die Ausrichtung des Integrationsprozesses. Der Bundesbank kam in diesen Vorgängen eine zentrale Rolle zu. Sie konnte ihre Zielvorstellungen einer

„Stabilitätsgemeinschaft“ und einer Harmonisierung der Wirtschaftspolitik verteidigen und verhinderte in den Vorbereitungen zum Europäischen Währungssystem 1978 die Pläne von Giscard d'Estaing und Schmidt für eine einheitliche Währungseinheit ECU und einen gemeinsamen Währungsfonds.

Die Krisen des Bretton Woods-Systems und der Ölpreisschock bildeten den Erfahrungshintergrund für die Bundesbank auf den Etappen zum europäischen Währungssystem. Es kam für sie nach der Wechselkursfreigabe im März 1973 nicht mehr in Frage, sich noch einmal einem außenwirtschaftlichen Diktat zu unterwerfen. Daher widersetzte sie sich denjenigen Mechanismen der Währungsintegration, die sie zu ungewollten Interventionen zwingen und ihre geldpolitische Autonomie einschränken könnten. Die divergierenden ökonomischen Tendenzen, die durch die Ölpreiskrise an Zugkraft gewannen, bekräftigten die Bundesbank zusätzlich in der Überzeugung, dass der europäische Währungsraum einer starken wirtschaftlichen Übereinstimmung bedürfe. Die Lehren aus dem Kollaps des Bretton Woods-Systems und der Ölpreiskrise waren elementar und zielführend für die Ausrichtung der Bundesbank in Bezug auf die währungspolitische Integration Europas in den 1970er Jahren.

Banque de France

Die Umbrüche der 1970er Jahre bestimmten auch die Geschicke der Banque de France. Sie stießen zwei Entwicklungen an, die sich einerseits in Bezug auf die internationalen Währungsbeziehungen und andererseits hinsichtlich ihrer internen Geldpolitik auswirkten.

Die Dollarkrisen der Jahre 1971–1973 stellten ihr bisheriges Konzept der Währungsstabilität und somit den essentiellen Richtwert ihrer Geldpolitik in Frage und erzwangen eine grundlegende Kursänderung. Aus ihrer Sicht hatten die USA die Regeln des Währungssystems missachtet, das Vertrauen in den Dollar erschüttert und folglich die Prämisse fester Wechselkurse zerstört. Nach dem „Nixon-Schock“ und den Folgen der Smithsonian-Konferenz war für die Banque de France eine Fortsetzung des globalen Währungssystems unter der Vorherrschaft der USA nicht mehr möglich. Sie wandte sich in der Folge vom Dollar ab und dem europäischen Währungsraum zu, mit der Absicht, hier ein Gegengewicht zur USA zu schaffen und die festen Wechselkurse in einem neuen Rahmen fortzuführen. Das Floating der europäischen Währungen, das Anfang der 1970er Jahre von der Banque noch energisch abgelehnt worden war, gewann somit immer mehr an Zustimmung und wurde zur erstrebenswerten Alternative. Die erneuten Dollarkrisen Anfang 1973 beseitigen die letzten Zweifel und beschleunigten die Entscheidung der Banque de France, die Wechselkurse freizugeben und sich vom internationalen Währungssystem endgültig loszusagen.

Die Erkenntnisse aus diesen Krisenjahren flossen unmittelbar in die Konzepte der Banque für die Konstruktion des europäischen Wechselkurssystems ein. Mit der raschen Verringerung der Bandbreiten wollte sie einen vom Dollar unabhängigen Währungsraum aufbauen und die EWG zum gleichberechtigten Partner der USA machen. Weiter strebte sie danach, das Gleichgewicht der Währungen innerhalb Europas zu sichern und insbesondere die Übermacht der D-Mark einzudämmen, wozu die Einrichtung eines Devisenausgleichsfonds bzw. Währungsfonds dienen sollte. Die Banque de France war für die Realisierung ihrer Vorstellungen in den Verhandlungen zur europäischen Einigung gegenüber den meisten anderen Zentralbanken in einer bevorzugten Situation. Ihr Sous-Gouverneur und späterer Gouverneur, Bernard Clappier, war vom Beginn bis zum Ende der 1970er Jahre in allen einschlägigen Gremien präsent und konnte dort die Vorstellungen der Banque direkt in die Entscheidungsprozesse einbringen. Seine Mitwirkung, besonders im „Werner-Komitee" des Jahres 1970 sowie in der geheimen Dreier-Gruppe zur Vorbereitung des EWS im Jahr 1978, verschaffte der Banque eine privilegierte Verhandlungsposition.

Die Ölpreiskrise und das Ausscheiden des Francs aus der „Währungsschlange" in der Mitte des Jahrzehnts konfrontierte die Banque de France jedoch auch mit den Mängeln ihrer Geldpolitik. Die ansteigende Inflation ließ sich mit ihren bisherigen geldpolitischen Mitteln nicht mehr bewältigen. Sie scheiterte an der Herausforderung, ihre gesetzlichen Aufträge zu erfüllen, nämlich gleichzeitig die Währung zu stabilisieren und die Konjunktur zu stützen. Der Wertverlust des Francs und die mehrfach erzwungenen Austritte aus der europäischen „Währungsschlange" führten zum Umdenken und zu einer neuen Ausrichtung der geldpolitischen Strategien der Banque. Die Inflationsbekämpfung wurde nun zum primären Ziel. Vor allem seit 1976 wurden innerhalb der Banque die Forderungen immer lauter, die Politik der üppigen Geldversorgung einzustellen und auf einen restriktiven Kurs umzuschwenken. Die Einführung der Geldmengensteuerung durch den neuen Premierminister Raymond Barre entsprach dieser Haltung und wurde durch die Banque nachdrücklich unterstützt und vorbereitet. Infolgedessen veränderte sie auch ihre Position zur europäischen Währungsintegration. Sie rückte von ihrem monetaristischen Standpunkt ab, den sie zu Beginn der 1970er Jahre vertreten hatte, und näherte sich dem Leitbild einer strengeren wirtschaftspolitischen Disziplin an, wobei die deutsche Stabilitätspolitik als Maßstab galt.

Man kann zusammenfassend feststellen, dass zwei Entwicklungslinien die Geld- und Währungspolitik der Banque de France in den 1970er Jahren bestimmten. Einerseits hielt sie am Primat der Wechselkursstabilität durch alle Krisen des Jahrzehnts hindurch fest. Er veranlasste die Banque, sich vom Dollar und vom Bretton Woods-System zu lösen und feste Wechselkurse in europäischen Strukturen neu zu etablieren. Andererseits musste sie infolge der Währungsunruhen in der Mitte der 1970er Jahre ihre geldpolitischen Ziele neu definieren. Indem sie sich dem deutschen Modell annäherte, schuf sie Berührungspunkte, die zu Grundlagen der künftigen europäischen Währungsunion wurden.

Differenzen und Übereinstimmungen: ein Vergleich der beiden Zentralbanken

Der „historische Vergleich“ erlaubte einen übergeordneten Blick auf die deutschen und französischen Zentralbanken und auf die nationalen Voraussetzungen und Eigenarten ihrer Geldpolitik. Die Methode der „histoire croisée“ ergänzt die vergleichende Gegenüberstellung, indem sie auf die internationalen Verflechtungen und Interdependenzen, insbesondere im Rahmen der europäischen Währungsintegration, abhebt.

Unterschiede

Das Handeln der deutschen und französischen Zentralbanken in der unsicheren Währungslage der 1970er Jahre war maßgeblich durch ihre Konzepte von Stabilität bedingt. Die Bundesbank orientierte sich am Ziel der internen Preisstabilität, dem sie alle anderen Aspekte ihrer Geld- und Währungspolitik unterordnete. Die Banque de France hingegen war auf das Prinzip der Währungs- bzw. Wechselkursstabilität fixiert. Sie bezog den Richtwert ihrer Geldpolitik von außen, von festen Wechselkursen und von einer funktionierenden internationalen Währungsordnung. Die Geld- und Währungspolitik beider Notenbanken unterschied sich somit wesentlich in ihren Schwerpunkten. Der Bundesbank ging es in den Krisen des Bretton Woods-System darum, die Unabhängigkeit ihrer Geldpolitik zu erlangen und sich von außenwirtschaftlichen Einflüssen zu befreien. Daher war für sie das Floating letzten Endes eine besonders attraktive Maßnahme. Sie ermöglichte ihr die Realisierung ihres Stabilitätskonzepts ungestört von außenwirtschaftlichen Belastungen. Dies erklärt auch, warum sich die Bundesbank gegenüber weitgehenden Integrationsschritten in der europäischen Währungseinigung verwahrte. Sie fürchtete eine erneute Einschränkung ihrer Handlungsfähigkeit und ihrer Stabilitätspolitik. Die Banque de France rang dagegen stets um die Aufrechterhaltung der festen Wechselkurse, weshalb sie auf das Verhalten der USA und auf die Mängel des Bretton Woods-Systems viel empfindlicher reagierte als die Bundesbank. Diese betrafen nämlich direkt ihre Stabilitätsvorstellungen. Zu einem Floating gegenüber dem Dollar war sie erst bereit, als sich die Alternative einer europäischen Währungsordnung abzeichnete und die Kontinuität fester Wechselkurse gesichert war. Diese Richtlinie bestimmte auch ihre Haltung zur Währungsintegration in Europa. Da aus ihrer Sicht nur eine Zone fester Wechselkurse Stabilität und Sicherheit bieten konnte, galt ihre Sorge stets den Wechselkursbedingungen, den Wechselkursregeln und den monetären Ausgleichsmechanismen.

Die unterschiedlichen Auffassungen von Preis- und Wechselkursstabilität bilden einen zentralen Erklärungsansatz für die Dynamik der deutschen und französischen Geld- und Währungspolitik in den 1970er Jahren; denn selbst da, wo die beiden Zentralbanken mit den identischen Krisen- und Problemlagen konfrontiert waren, führten ihre divergierenden Konzepte zu unterschiedlichen Interpretationen und Problemlösungen. Das Wechselspiel zwischen beiden Stabilitätsvorstellungen prägte wesentlich die Entwicklung der internationalen und insbesondere der europäischen Währungsordnung des Jahrzehnts.

Darüber hinaus bestimmten andersartige rechtliche, institutionelle und wirtschaftliche Voraussetzungen die Aktionsräume der beiden Notenbanken. In Frankreich führte der Doppelauftrag der Banque de France hinsichtlich Geldwertstabilität und Wirtschaftsförderung in der Zeit der Ölpreiskrise zu einem schweren Zielkonflikt mit der paradoxen Folge, dass die Banque de France trotz der Notwendigkeit der Inflationsbekämpfung nicht umhinkam, die Konjunktur zu stützen und Unternehmen mit Geld zu versorgen. Im Gegensatz dazu war die Bundesbank aufgrund des eindeutigen Mandats der Preisstabilität in der Lage, die Inflation erfolgreich zu drosseln.

Außerdem waren die Handlungsmöglichkeiten der Notenbanken durch ihre Beziehungen zur jeweiligen Regierung determiniert. Auf französischer Seite begrenzten die institutionelle Abhängigkeit und die Unterordnung der Banque de France unter die Politik ihren Spielraum. Trotz ihres Drängens nach mehr Preisdisziplin war die Banque gezwungen, die Regierungsvorgaben zu erfüllen und ihre eigenen Prioritäten aufzugeben. In Deutschland genoss die Bundesbank hingegen politische Unabhängigkeit und konnte sich gegenüber der Bundesregierung behaupten. Diese unterschiedlichen Konstellationen der Notenbanken wurden in zugespitzten Konfliktsituationen greifbar: In Frankreich musste Gouverneur Olivier Wormser infolge seiner scharfen Kritik an der Regierung und an Präsident Valéry Giscard d'Estaing im Sommer 1974 seinen Posten räumen, wogegen in Deutschland die heftige Auseinandersetzung 1972 zwischen der Bundesbank und dem Finanz- und Wirtschaftsminister Karl Schiller nicht etwa zum Rücktritt des Bundesbankpräsidenten, sondern zur Demission des Ministers führte.

Schließlich limitierten auch die wirtschaftlichen Fundamentalfaktoren den Spielraum der Zentralbanken. Die hohen Zahlungsbilanzdefizite Frankreichs nach der Ölpreiskrise erforderten eine Anpassung der Geldpolitik. Die Banque de France musste die Defizitfinanzierung gewährleisten und in der Folge ihren Inflationskampf hintanstellen. Die Bundesbank konnte sich dagegen auf den deutschen Exportüberschuss stützen, um ihre Stabilitätspolitik zu sichern und fortzusetzen.

Gemeinsamkeiten

Unterschiedliche Zielsetzungen, Konzepte und Wirtschaftsfaktoren konnten aber auch ein gleichgerichtetes und übereinstimmendes Handeln beider Notenbanken zur Folge haben. So kamen nach den Dollarkrisen Anfang der 1970er Jahre Banque de France und Bundesbank überein, das Bretton Woods-System aufzugeben und zu einem europäischen Floating überzugehen. Ihre unterschiedlichen Intentionen hinderten sie nicht daran, einen gemeinsamen Ausweg aus der Bedrohung des schwachen Dollarkurses zu finden. Erst diese Zusammenarbeit und die

Verfolgung eines einheitlichen Ziels ermöglichten den europäischen Ländern, die Freigabe der Wechselkurse in die Tat umzusetzen und somit den Niedergang des internationalen Währungssystems herbeizuführen.

Auch in der Ölpreiskrise zeigte sich ein solches Muster. Beide Zentralbanken bauten infolge des Floatings ihre Kapitalverkehrskontrollen ab. Ihre Motive wichen voneinander ab, doch führte ihr Handeln zum gleichen Ergebnis. Die Bundesbank reduzierte die Kontrollen, da ihre eigene Geldpolitik nicht mehr in gleicher Weise wie unter Bretton Woods von den inflationären Folgen der Kapitalflüsse betroffen war. Die Banque de France förderte sogar die Kapitalflüsse nach Frankreich und ermutigte französische Banken zu internationalen Geschäften. Indem beide Notenbanken übereinstimmend ihre Kontrollmaßnahmen verringerten, gewährten sie den internationalen Finanzmärkten einen Freiraum, um sich ungehindert auszudehnen. Dies hatte Folgen, die bis heute zu spüren sind.

Über diese einzelnen Aktionen hinaus brachten die Krisenphänomene sowie die Schritte zur europäischen Währungsintegration eine Annäherung der Politik der deutschen und französischen Zentralbanken hervor. Aus dem europäischen Einigungsprozess entwickelten sich gemeinsame Strukturen und Ziele. Im „Werner-Plan" erarbeiten die Zentralbanken und Regierungen kollektive Richtwerte und Orientierungspunkte, die, auch wenn sie anfangs nicht erfolgreich realisiert werden konnten, die Grundlage einer gemeinsamen Vision bildeten. Im Kontext der „Währungsschlange" koordinierten die Notenbanken ihre Wechselkurspolitik und stimmten sich über Interventionen ab. Die monatlichen Treffen im Ausschuss der EWG-Zentralbankgouverneure dienten darüber hinaus als Foren der Diskussion, des gegenseitigen Austausches und der Konsensbildung. Bereits 1972 hatten hier die Bundesbank und die Banque de France zu einer übereinstimmenden Haltung hinsichtlich der Vorteile gemeinsamer Geldmengenzielen in der europäischen Gemeinschaft gefunden.

Ebenso entscheidend für die Annäherung waren die Währungskrisen der 1970er Jahre. Die Dollarkrisen im Bretton Woods-System zwangen beide Notenbanken, das gemeinsame Floating der europäischen Währungen als realistisches Szenario zu akzeptieren. Die folgende Ölpreiskrise und die Austritte Frankreichs aus der „Währungsschlange" waren nicht nur Zeichen der Stagnation und des Rückschritts des europäischen Integrationsprozesses, sie dienten vielmehr auch als Impuls zur Konvergenz; denn in der Folge stellte die Banque de France ihre Geld- und Kreditpolitik auf den Prüfstand, suchte nach neuen Strategien und Instrumenten und orientierte sich hierfür im Wesentlichen am Vorbild der Bundesbank. Ende der 1970er Jahre herrschten in der Banque de France neue Ansichten und Meinungen vor. So mahnte Sous-Gouverneur Renaud de La Genière, der im Herbst 1979 als Gouverneur die Leitung der Banque übernahm, eine niedrige Inflation, eine ausgeglichene Zahlungsbilanz und eine strikte Geld- und Kreditpolitik als elementare Voraussetzungen für eine stabile Entwicklung der französischen Wirtschaft und Währung an; ein Standpunkt, den auch ein Bundesbankpräsident so vertreten hätte.

Zukunftsausblick

Die Vorgänge der 1970er Jahre waren von nachhaltiger Wirkung für die weiteren Etappen des europäischen Einigungsprozesses. Ein Jahrzehnt später, in den Jahren 1988 und 1989, griff der vom Europäischen Rat eingerichtete „Delors-Ausschuss"[2] die Initiativen der 1970er Jahre wieder auf und entwickelte neue Vorschläge für eine Umsetzung der Wirtschafts- und Währungsunion. Der abschließende „Delors-Bericht" bildete den Grundstock für den Vertrag von Maastricht,[3] der 1992 verabschiedet wurde und die Etablierung einer europäischen Zentralbank und einer einheitlichen europäischen Währung beschloss. Der spätere Gouverneur der Banque de France, Jacques de Larosière (Amtszeit 1987–1993), schilderte ein Gespräch, das er mit Bundesbankpräsident Karl-Otto Pöhl (Amtszeit 1980–1991) zum Auftakt des „Delors-Ausschusses" führte. Beide seien überrascht gewesen, wie sehr sie hinsichtlich wirtschaftlicher und monetärer Fragen, insbesondere der Inflation, übereinstimmten. Es hätten keine „Meinungsunterschiede über die intellektuellen Grundlagen dessen, was eine Geldpolitik ausmachen sollte,"[4] mehr existiert.

Dass eine solche Feststellung seitens der französischen und deutschen Zentralbankpräsidenten Ende der 1980er Jahre möglich war, lag im Wesentlichen in den Veränderungen der Wirtschafts- und Währungswelt der 1970er Jahre begründet. Zwischen Beginn und Ende dieses Jahrzehnts hatten sich die internationalen Voraussetzungen von Zentralbankpolitik radikal und grundlegend gewandelt. Infolge des Zerfalls des internationalen Währungsregimes, der Ölpreiskrise, der Inflationsprobleme und im Zuge der Vertiefung der europäischen Zusammenarbeit hatten sich die Banque de France und die Bundesbank neu orientieren und neue Wege einschlagen müssen. Trotz bestehender Unterschiede bewegten sie sich dabei aufeinander zu, fanden Berührungspunkte und entwickelten somit das Fundament für eine gemeinsame Geld- und Währungspolitik, die sich als wegweisend für die Zukunft erweisen sollte.

2 Benannt nach seinem Vorsitzenden, den Präsidenten der Europäischen Kommission Jacques Delors (*1925); in ihm waren alle Zentralbankpräsidenten der EWG vertreten.

3 Der Vertrag von Maastricht bzw. der Vertrag über die Europäische Union (EUV) schuf eine neue vertragliche Grundlage für die Europäische Gemeinschaft. Er begründete die „Europäische Union" auf drei Säulen: der „Europäischen Gemeinschaften" – die die ursprüngliche EWG umfassten –, der „Gemeinsamen Außen- und Sicherheitspolitik" sowie der „Polizeilichen und Justiziellen Zusammenarbeit".

4 Eigene Übersetzung: De Larosière, La conversion des banques centrales européennes, S. 255; vgl. auch: Interview des Verfassers mit Jacques de Larosière, 26. 9. 2017.

Danksagung

Die vorliegende Monographie ist eine leicht überarbeitete Fassung meiner Dissertation, die in den Jahren 2015 bis 2019 als Cotutelle-Projekt an der Ludwig-Maximilians-Universität München und Sorbonne Université (ehemals Paris-Sorbonne IV) entstanden ist. Ich habe der Unterstützung und Mitwirkung einer Vielzahl von Personen und Institutionen zu verdanken, dass ich dieses Projekt der Doktorarbeit erfolgreich verwirklichen konnte.

Mein Dank gebührt allen voran meinen „Doktoreltern", Herrn Professor Dr. Andreas Wirsching und Frau Professorin Dr. Hélène Miard-Delacroix. Sie schufen über den gesamten Zeitraum hinweg die idealen Rahmenbedingungen, damit ich mich auf die Archivrecherchen, Forschungsarbeiten und Verschriftlichung meiner Arbeit konzentrieren konnte. Herr Wirsching gewährte mir durch die institutionelle Einbindung im Institut für Zeitgeschichte sowohl einen optimalen Forschungsrahmen als auch eine wissenschaftliche Heimat in München. Gleichermaßen ermöglichte mir Mme Miard-Delacroix durch die offene und herzliche Aufnahme in ihren Doktorandenkreis, auch in Paris rasch Anschluss an den französischen Wissenschaftsbetrieb zu finden und meine Forschungsarbeiten in einem äußerst anregenden Umfeld durchzuführen. Beide Professoren prägten darüber hinaus den Inhalt und die Struktur der Dissertation maßgeblich. In vielen Gesprächen gaben mir ihre Anregungen, kritischen Fragen und Beiträge einen inhaltlichen Orientierungsrahmen und halfen mir, den roten Faden nie aus den Augen zu verlieren.

Herrn Professor Dr. Werner Plumpe von der Goethe-Universität in Frankfurt verdanke ich den Anstoß, dass ich mich überhaupt auf die Wirtschaftsgeschichte eingelassen und das Thema meiner Doktorarbeit aus diesem Bereich der Geschichtswissenschaft gewählt habe. Ich war in den Jahren 2010/11 während seines Forschungsaufenthalts im Historischen Kolleg in München als studentische Hilfskraft bei ihm tätig gewesen und hatte durch ihn den Zugang zur Wirtschaftsgeschichte gefunden. Einige Jahre später brachte mich seine Anregung bei einem Gespräch im März 2015 dazu, eine Dissertation zum Thema der Währungspolitik der 1970er Jahre zu verfassen.

Zum erfolgreichen Gelingen der Arbeit trugen weiter auch die Unterstützung durch das Promotionsstipendium der Studienstiftung des Deutschen Volkes, die Förderung der Deutsch-Französischen Hochschule (DFH) und das Promotions-Förderprogramm des Historischen Seminars der LMU, ProMoHist, bei. Die Studienstiftung eröffnete mir über die finanzielle Absicherung hinaus durch fachübergreifende Doktorandenseminare, Sommerakademien und Sprachkurse die Möglichkeit, meine Kenntnisse auch in anderen wissenschaftlichen und beruflichen Bereichen weiter zu vertiefen. Auch durch ProMoHist erhielt ich die schöne Gelegenheit, über die eigene Arbeit hinaus mich mit meinen Co-Doktoranden über vielfältige andere Dissertationsthemen auszutauschen sowie Erfahrungen, Anregungen und Tipps zu den praktischen und theoretischen Aspekten einer Promotion zu teilen.

Die unabdingbaren Voraussetzungen einer jeden historischen Forschungsarbeit sind die Quellen. Erst die Archive ermöglichen durch ihre Selektions-, Ordnungs- und Verwahrungsfunktion den systematischen Zugriff auf diesen Wissensschatz. Den Mitarbeitern der beiden für mich wichtigsten Archive, des Historischen Archivs der Deutschen Bundesbank und des Archivs der Banque de France, gebührt daher mein herzlicher Dank, dass sie mir den Zugang zu den Akten und Nachlässen der beiden Zentralbanken so komfortabel und zuvorkommend gestaltet haben.

Zuletzt hätte ich meine Doktorarbeit niemals fertigstellen können ohne den unermüdlichen Einsatz meiner Familie. Meiner Mutter kann ich nicht genug danken für die Tage und Wochen, die sie für die Korrekturen eines jeden einzelnen meiner Kapitel aufgewendet hat und ebenso meinem Vater, der sich der mühsamen Formatierungsarbeit in den letzten Tagen vor der Abgabe angenommen hat. Am Ende war es diese Unterstützung, die mich den Schlusspunkt unter die Doktorarbeit hat setzen lassen.

Abkürzungsverzeichnis

ABF	Archives de la Banque de France, Paris
AN	Archives Nationales, Paris
AWG	Außenwirtschaftsgesetz
BArch	Bundesarchiv, Koblenz
BIZ	Bank für Internationalen Zahlungsausgleich
BMWF	Bundesministerium für Wirtschaft und Finanzen
CAEF	Centre des archives économiques et financières
CHEFF	Centre pour l'histoire économique et financière de la France, Paris
CNC	Conseil National du Crédit
DGC	Direction Générale du Crédit (Banque de France)
DGE	Direction Générale des Etudes (Banque de France)
DGSE	Direction Générale des Services Etrangers (Banque de France)
ECB	European Central Bank
EG	Europäische Gemeinschaften
EGKS	Europäische Gemeinschaft für Kohle und Stahl
ERE	Europäische Rechnungseinheit
EWG	Europäische Wirtschaftsgemeinschaft
EWRE	Europäische Währungsrechnungseinheit
EWS	Europäisches Währungssystem
FED	Federal Reserve System
HA Bbk	Historisches Archiv der Bundesbank, Frankfurt a. M.
HAEU	Historical Archives of the European Union
HSA	Helmut Schmidt-Archiv, Hamburg
IWF	Internationaler Währungsfonds
LZB	Landeszentralbank
OECD	Organisation for Economic Co-operation and Development
OPEC	Organization of the Petroleum Exporting Countries
SGCI	Secrétariat Général du Comité Interministeriel pour les Questions de Coopération Economique Européenne
TNA	The National Archives, London
ZBR	Zentralbankrat

Begriffsdefinitionen

Deutschland: In der vorliegenden Arbeit wird der Begriff „Deutschland" mit der Bundesrepublik Deutschland bzw. Westdeutschland gleichgesetzt. Die Untersuchung bezieht sich ausschließlich auf Westdeutschland und auf die Bundesbank als westdeutsche Zentralbank.

EWG/EG: Vom Begriffspaar „Europäische Wirtschaftsgemeinschaft" (EWG) bzw. „Europäische Gemeinschaften" (EG) wird in der Regel der erstere Begriff EWG benutzt. Die „Europäischen Gemeinschaften" entstanden aus einer Fusion von EWG, Euratom (Europäische Atomgemeinschaft) und EGKS (Europäische Gemeinschaft für Kohle und Stahl) im Jahr 1967. Die vertraglich bindende Struktur, die 1993 in die Europäische Gemeinschaft und in die Europäische Union überging, war jedoch die EWG.

Zentralbank/Notenbank: Die Begriffe Zentralbank und Notenbank werden gleichbedeutend benutzt.

Geld- und Kreditpolitik/Währungspolitik: Der Begriff der Geld- und Kreditpolitik umfasst alle Maßnahmen, die die Geld- und Kreditversorgung im Inland steuern. Die Entscheidungsbefugnis lag in Deutschland bei der Bundesbank, in Frankreich bei der Regierung, doch besaß die Banque de France erheblichen Einfluss. Die Währungspolitik bezieht sich auf die Regelung der Wechselkurse, ist also auf den Außenwert der Währung gerichtet. In beiden Ländern besaßen die Regierungen die alleinige Entscheidungskompetenz hinsichtlich der Währungspolitik und der Festsetzung des Kurswertes. Die Zentralbanken waren die ausführenden Institutionen, die auf den Devisenmärkten intervenierten und hierüber den Kurswert beeinflussten. Auch ihre Geld- und Kreditpolitik hatte, etwa durch die Setzung des Zinsniveaus, Auswirkungen auf den Wechselkurs.

Quellenverzeichnis

Gedruckte Quellen

Amtsblatt der Europäischen Gemeinschaften, 1970–1979.

Bulletin der Europäischen Gemeinschaften, 1969–1979.

Commission, European Communities, Report of the study group 'Economic and Monetary Union 1980', Brussels, March 1975, online: http://ec.europa.eu/archives/emu_history/documentation/chapter7/19750308en57reportstudygroup.pdf.

Council/Commission, European Communities, Interim report to the Council and the Commission on the establishment by stages of economic and monetary union, 23. 7. 1970, online: http://ec.europa.eu/archives/emu_history/documentation/chapter5/19700520en029interimrepostag.pdf.

Deutsche Bundesbank (Hrsg.), Geschäftsbericht der Deutschen Bundesbank, Frankfurt a. M.: 1970–1979.

Deutsche Bundesbank (Hrsg.), Monatsbericht der Deutsche Bundesbank, Frankfurt a. M.: 1970–1979.

Foreign Relations of the United States, 1969–1976, Vol. 3, Foreign Economic Policy, International Monetary Policy, 1969–1972, Washington 2001, hrsg. v. Duncombe, Bruce F.

Foreign Relations of the United States, 1969–1976, Vol. 31, Foreign Economic Policy, 1973–1976, Washington 2009, hrsg. v. Kathleen B. Rasmussen.

Institut für Zeitgeschichte (Hrsg.), Akten zur Auswärtigen Politik der Bundesrepublik Deutschland 1971 (AAPD), Nr. 27, München 2002.

International Monetary Fund, Annual Report of the Executive directors for the fiscal year ended, April, 30 1969, Washington 1969.

International Monetary Fund, Report of the Executive Directors, Reform of the International Monetary System, 18. 8. 1972, in: De Vries, Margaret Garritsen, The International Monetary Fund, 1972–1978, Cooperation on Trial, Vol. 3, Documents, Washington 1985.

Jenkins, Roy, Europe's present challenge and future opportunity, Florenz 27. 10. 1977, online: https://www.cvce.eu/obj/address_given_by_roy_jenkins_on_the_creation_of_a_european_monetary_union_florence_27_october_1977-en-98bef841-9d8a-4f84-b3a8-719abb63fd62.html

Kabinettsprotokolle der Bundesregierung, online, 1970–1979.

Ungedruckte Quellen

Archives de la Banque de France (ABF)

Procès-verbaux, Conseil Général: 1970–1979
Compte rendu des opérations/ Compte rendu: 1970–1979
Bulletin trimestriel de la Banque de France: 1970–1979
Interview des Verfassers mit Jacques de Larosière, 26. 9. 2017

Direction Générale des Services Étrangers

Sous-Fonds: Communauté Européenne – Union Européenne

1489200205/28
1489200205/56
1489200205/57
1489200205/122
1489200205/123
1489200205/201

1489200205/203
1489200205/244
1489200205/254
1489200205/255
1489200205/256
1489200205/258
1489200205/260
1489200205/262
1489200205/264
1489200205/268
1489200205/272
1489200205/273
1489200205/276
1489200205/277
1489200205/280
1489200205/282
1489200205/287
1489200205/347
1489200205/348
1489200205/354
1489200205/367

Sous-Fonds: Fonds Monétaire International

1489200301/63
1489200301/121
1489200301/122

Sous-Fonds: Système Monétaire International

1489200304/3
1489200304/15
1489200304/16
1489200304/17
1489200304/18
1489200304/60
1489200304/96
1489200304/99

Sous-Fonds États-Unis

1489200402/31

Sous-Fonds: Direction de Changes

1489200501/678
1495200501/69
1495200501/306
1495200501/307
1495200501/308
1495200501/472
1495200501/649
1495200501/651
1495200501/655
1495200501/665
1495200501/666
1495200501/668
1495200501/670
1495200501/678
1495200501/681
1495200501/700

Direction Générale d'Etudes

1375200401/34
1375200401/35
1375200401/38
1375200401/39
1375200401/40
1375200401/41
1375200401/60
1417200405/6
1417200405/7
1417200405/8
1417200405/9

Cabinets des Gouverneurs

1035200250/5
1035200250/12
1035200250/13
1035200250/44
1035200250/53
1035200250/64
1035200250/66

Dossiers de fonction des Dirigeants de la Banque

1069201118/9
1069201118/25
1069201118/50

Papiers du Gouverneur de La Genière

1035199602/2
1035199602/3

Papiers du Secrétaire général du Conseil National du Crédit, Daniel Deguen

1404200701/12
1427200301/294
1427200301/295
1427200701/2

Archives Nationales, Paris (AN)

Archives de Jean-René Bernard (Conseiller technique de Georges Pompidou)

86AJ/116
86AJ/132
86AJ/134
86AJ/135

Archives de la présidence de la République (1974–1981)

5AG3/897
5AG3/908
5AG3/910
5AG3/913
5AG3/936
5AG3/937
5AG3/2641
5AG3/2649
5AG3/2650
5AG3/2690
5AG3/2691
5AG3/2697
5AG3/2698

Bundesarchiv (BArch)

Bundeswirtschaftsministerium

B102/84099
B102/84100
B102/84101
B102/84102
B102/84104
B102/93460
B102/93463
B102/93469
B102/132970
B102/160192
B102/161045
B102/269583
B102/279118

Bundesfinanzministerium

B126/33455
B126/37709
B126/37710
B126/37724
B126/37725
B126/43390
B126/43391
B126/48887
B126/51775
B126/55851
B126/55852
B126/55853
B126/65808

Bundeskanzleramt

B136/8054
B136/8055
B136/12522
B136/128380

Centre des archives économiques et financières (CAEF)

Archives des cabinets ministériels de Valéry Giscard d'Estaing

1A-0000054/1
1A-0000239/2
1A-0000249/2

Archives des cabinets ministériels de Jean-Pierre Fourcade

1A-0000265/1

Archives – André de Lattre

B-0069905/1
B-0069906/1
B-0069907/2

Centre pour l'histoire économique et financière de la France (CHEFF) – Institut de la gestion publique et du développement économique

Interviews/Aufzeichnungen:

André de Lattre
Bernard Clappier
Claude Pierre-Brossolette
Gabriel Lefort
Marcel Théron
Pierre Berger

European Central Bank Archives (ECB Archives)

Procès-verbaux des séances du comité des gouverneurs des banques centrales des Etats membres de la Communauté Economique Européenne: 1969–1979

Fondation Jean Monnet pour l'Europe, Lausanne

AMK C 14/3/105
AMK 72/2/8
AMN 2/10/79
AMN 3/1/26
AMN 3/1/45
AMN 3/1/62
AMN 3/1/87

Gerald R. Ford Presidential Library – Arthur F. Burns Papers (1956–1990)

Box B79
Box B123
Box K9
Box K21

Helmut Schmidt-Archiv (HSA)

434, EA (Eigene Arbeiten), Sep. 1973, Nr. 24
936, privat-politische Korrespondenz, 1972, A-Z, Bd. 9, 1/2
1387, Innenpolitik, B. 6, 1973
1391, Innenpolitik, Bd. 10, A-N,1977–1978

Historical Archives of the European Union (HAEU)

EN-1143
EN-1144
EN-1145

Historisches Archiv der Bundesbank (HA Bbk)

Protokolle des Zentralbankrates der Deutschen Bundesbank: 1970–1979

Hauptabteilung Internationale Beziehungen

B330/7947
B330/7978
B330/7979
B330/7983
B330/13355
B330/15087
B330/16406
B330/17523
B330/21823
B330/26302
B330/26304
B330/38081
B330/38092
B330/41258
B330/41265
B330/41266
B330/43612
B330/43613

Hauptabteilung Volkswirtschaft

B330/20665
B330/20666
B330/20687
B330/21753
B330/21793
B330/21815
B330/39182
B330/39185

Nachlass Karl Klasen

B330/6987
B330/8373
B330/8382
B330/8384
B330/8386
B330/8389
B330/8392
B330/8394
B330/8395
B330/8402
B330/8409
B330/8412
B330/9941
B330/9942

Nachlass Otmar Emminger

N-2/414
N-2/417
N-2/422
N-2/00010

N-2/00011
N-2/00012
N-2/00013
N-2/00014
N-2/00015
N-2/00016
N-2/00017
N-2/00018
N-2/00019
N-2/00037
N-2/00038
N-2/00039
N-2/00044
N-2/00051
N-2/00078
N-2/00079
N-2/00080
N-2/00085
N-2/00086
N-2/00087
N-2/00088
N-2/000152
N-2/000153
N-2/000154
N-2/000155
N-2/000156
N-2/000159
N-2/000160
N-2/000212
N-2/000227
N-2/000228
N-2/000230
N-2/000233
N-2/000234
N-2/000235
N-2/000236
N-2/000264
N-2/000265
N-2/000266
N-2/000267
N-2/000268
N-2/000269
N-2/000414
N-2/000417
N-2/000891

Wortprotokolle des Zentralbankrats

B330/4961
B330/5876/2
B330/5878/2
B330/5879/1
B330/5883/2
B330/6158/1
B330/6164/3
B330/6165/2
B330/6167/1
B330/6167/2
B330/6168/1
B330/6168/2
B330/6169/1
B330/6171/1
B330/6171/2
B330/6171/3
B330/6172/1
B330/6172/2
B330/6173/1
B330/6173/2
B330/6175/1
B330/6175/2
B330/6178
B330/6701/2
B330/6702/2
B330/6703/1
B330/6703/2
B330/6704/1
B330/6705/1
B330/6706/2
B330/6711/2
B330/6713/1
B330/6714/1
B330/6714/2
B330/6715/1
B330/6715/2
B330/6716/1
B330/6716/2
B330/6718/1
B330/6718/2
B330/6719/1
B330/6720/1
B330/6723/2
B330/6724/1
B330/6724/2
B330/6908
B330/7499/1
B330/7884/1
B330/9080/2
B330/9082/2
B330/9083/1
B330/9083/2
B330/9084/1
B330/9084/2
B330/9085/1
B330/9086
B330/9087
B330/9654
B330/9656
B330/9657
B330/10140
B330/10146
B330/10151

Sonstige Dokumente

B330/6916/1
B330/6916/2
B330/6917/1
B330/6917/2
B330/56969

Margaret Thatcher Archive

Thatcher MSS (2/12/12A)

The National Archives, Kew (London) (TNA)

PREM 15/1458
PREM 15/1459
PREM 16/1615
PREM 16/1616
PREM 16/1634
PREM 16/1637
PREM 16/1643
PREM 16/1655

Literaturverzeichnis

Abelshauser, Werner, Deutsche Wirtschaftsgeschichte, Von 1945 bis zur Gegenwart, München 2011.

Alecke Björn, Deutsche Geldpolitik in der Ära Bretton Woods, Münster 1999.

Allemand, Frédéric, Le 'serpent monétaire' européen, in: ders. (Hrsg.), L'Union économique et monétaire: origine, fonctionnement et future, Sanem: CVCE, Coll. Dossier thématique, 2013, online: http://www.cvce.eu/obj/le_serpent_monetaire_europeen-fr-321c4261-cfab-41b7-ac73-2b66454cba34.html.

Altamura, Carlo Edoardo, La banque dans la tourmente, Les banques françaises, la Banque de France et le marché de l'euro-dollar, in: Histoire@Politique 19 (2013) H. 1, S. 101–113.

Altamura, Carlo Edoardo, European Banks and the Rise of International Finance. The post-Bretton Woods Era, Abingdon 2017.

Ambrosius, Gerald, Staat und Wirtschaft im 20. Jahrhundert, München 1990.

Ambrosius, Gerold, Agrarstaat oder Industriestaat, Industriegesellschaft oder Dienstleistungsgesellschaft?, Zum sektoralen Strukturwandel im 20. Jahrhundert, in: Spree, Reinhard (Hrsg.), Geschichte der deutschen Wirtschaft im 20. Jahrhundert, München 2001, S. 50–69.

Amoureux, Henri, Monsieur Barre, Paris 1986.

Andrieu, Claire, À la recherche de la politique du crédit 1946–1973, in: Revue historique, T. 217, Fasc. 2 (550), 1984, S. 377–417.

Asselain, Jean-Charles, Histoire économique de la France du XVIIIe siècle à nos jours, Bd. 2, De 1919 à la fin des années 1970, Paris 1984.

Baring Arnulf, Machtwechsel, Die Ära Brandt-Scheel, München 1984.

Bayne, Nicholas/Putnam, Robert F., Hanging Together, Co-operation and Conflict in the Seven-Power Summits, 1987.

Beckh, Susanne, Das Instrumentarium der Deutschen Bundesbank seit dem Übergang zur Geldmengensteuerung, Bestandsaufnahme und Entwicklungsperspektiven, Berlin 1990.

Berger, Helge, Konjunkturpolitik im Wirtschaftswunder, Handlungsspielräume und Verhaltensmuster von Bundesbank und Regierung in den 1950er Jahren, Tübingen 1997.

Berger, Helge, Die aktuelle Debatte um Zentralbankunabhängigkeit, Theoretische und empirische Fragen, in: Zeitschrift für Unternehmensgeschichte 42 (1997), H. 1, S. 89–111.

Berger, Helge, The "Bundesbank's" Path to Independence: Evidence from the 1950s, in: Public Choice 93 (1997), H. 3/4, S. 427–453.

Berger, Helge, La Bank deutscher Länder et le 'miracle économique' allemand, La politique monétaire de l'Allemagne dans les années 1950, in: Feiertag, Olivier/Margairaz, Michel (Hrsg.), Politiques et pratiques des banques d'émission en Europe (XVIIe-XXe siècle), Le bicentenaire de la Banque de France dans la perspective de l'identité monétaire européenne, Paris 2003, S. 623–655.

Bernard, Jean-René, Les réactions de Georges Pompidou à l'effondrement du système de Bretton Woods, in: Comité pour l'historie économique et financière de la France (Hrsg.), La France et les institutions de Bretton Woods 1944–1994, Colloque tenu à Bercy, les 30 juin et 1er juillet 1994, Paris 1998, S. 121–126.

Bernard, Jean René, La position du gouvernement français face au Plan Werner, in: Comité pour l'histoire économique et financière de la France, Le rôle des ministères des Finances et de l'Économie dans la construction européenne (1957–1978), Tome II, Journées préparatoires tenues à Bercy le 14 novembre 1997 et le 29 janvier 1998, Paris 2002.

Bernholz, Peter, Die Bundesbank und die Währungsintegration in Europa, in: Deutsche Bundesbank (Hrsg.), Fünfzig Jahre Deutsche Mark, Notenbank und Währung in Deutschland seit 1948, München 1998.

Beyer, Andreas/u. a., Opting Out of the Great Inflation, Germany Monetary Policy after the Breakdown of Bretton Woods, in: Deutsche Bundesbank (Hrsg.), Discussion Paper Series 1, Economic Studies, Nr. 12, Frankfurt a. M. 2009.

Bini, Elisabetta/Garavini, Giuliano/Romero, Federico (Hrsg.), Oil Shock, The 1973 Crisis and its Economic Legacy, London 2016.

Blancheton, Bertrand, Le Pape et l'Empereur, La Banque de France, La direction du Trésor et la politique monétaire de la France (1914–1928), Paris 2001.

Blancheton, Bertrand/Bordes, Christian, Débats monétaires autour de la dévaluation du Franc de 1969, in: Revue européenne des sciences sociales 45 (2007), H. 137, S. 213–232.

Blancheton, Bertrand, Fonctions et structures de la Banque de France durant l'entre-deux-guerres, in: Feiertag, Olivier/Margairaz, Michel (Hrsg.), Gouverner une banque centrale: du XVIIe siècle à nos jours, Paris 2010, S. 181–200.

Blancheton, Bertrand, La loi de 1973 sur l'indépendance de la Banque de France, Le mythe de la fin des avances, in: Cahiers du GREThA, H. 3, 2015, S. 3–8.

Borchardt, Knut, Die wirtschaftliche Entwicklung der Bundesrepublik nach dem ‚Wirtschaftswunder', in: Schneider, Franz (Hrsg.), Der Weg zur Bundesrepublik, Von 1945 bis zur Gegenwart, München 1985, S. 193–216.

Bordo, Michael/Simard, Dominique/White, Eugène, La France et le système monétaire de Bretton Woods, in: Revue d'économie financière 26 (1993), S. 249–286.

Bordo, Michael D., The Bretton Woods International Monetary System, A Historical Overview, in: ders./Eichengreen, Barry (Hrsg.), A Retrospective on the Bretton Woods System, Lessons for International Monetary Reform, Chicago 1993, S. 3–109.

Bordo, Michael D./Simard, Dominique/White, Eugene, France and the Bretton Woods International Monetary System: 1960 to 1968, in: NBER Working Paper Series, Nr. 4642, 1994.

Bordo, Michael D./Eichengreen, Barry, Bretton Woods and the Great Inflation, NBER Working Paper 14532, Cambridge Mass. 2008.

Bordo, Michael D./Humpage, Owen F., Federal Reserve Policy and Bretton Woods, in: Federal Reserve Bank of Dallas, Working Papers No. 206, Oktober 2014.

Bossuat, Gérard, Le président G. Pompidou et les tentatives d'union économique et monétaire, in: Association G. Pompidou (Hrsg.), G. Pompidou et l'Europe, Brüssel 1995, S. 405–448.

Bouvier, Jean, Un siècle de banque française, Les contraintes de l'Etat et les incertitudes des marchés, Paris 1973.

Bouvier, Jean, The Banque de France and the State, in: Fausto, Vicarelli/u. a. (Hrsg.), Central Banks' Independence in Historical Perspective, Berlin 1988, S. 73–104.

Boyle, Andrew, Montagu Norman: A Biography, London 1967.

Brechtken, Magnus/Ritschl, Albrecht, Von der Reichsbank zur Bundesbank, Personen, Generationen und Konzepte zwischen Tradition, Kontinuität und Neubeginn 1924 bis 1970: ein neues Forschungsprojekt des Instituts für Zeitgeschichte in Kooperation mit der London School of Economics and Political Science, in: Vierteljahrshefte für Zeitgeschichte 66 (2018), H. 2, S. 349–363.

Bruneel, Didier, La Banque de France dans la Grande Guerre, Paris 2015.

Bub, Norbert/Duwendag, Dieter/Richter, Rudolf, Geldwertsicherung und Wirtschaftsstabilität, Festschrift für Helmut Schlesinger zum 65. Geburtstag, Frankfurt a. M. 1989.

Buchheim, Christoph, Die Währungsreform 1948 in Westdeutschland, in: Vierteljahreshefte für Zeitgeschichte 36 (1988), S. 189–231.

Buchheim Christoph, Die Errichtung der Bank deutscher Länder und Währungsreform in Westdeutschland, in: Deutsche Bundesbank (Hrsg.), Fünfzig Jahre Deutsche Mark, Notenbank und Währung in Deutschland seit 1948, München 1998, S. 91–140.

Buchheim Christoph, Die Unabhängigkeit der Bundesbank, Folge eines amerikanischen Oktrois?, in: Vierteljahreshefte für Zeitgeschichte 49 (2001), S. 1–30.

Burhop, Carsten/Becker, Julian/Bank, Max, Deutschland im Weltwährungssystem von Bretton Woods, in: Geschichte und Gesellschaft 39 (2013), S. 197 – 239.

Burton A., Abrams, How Richard Nixon pressured Arthur Burns, Evidence from the Nixon Tapes, in: Journal of Economic Perspectives 20 (2006), H. 4, S. 177–188.

Bussière, Eric, La Banque de France et la réforme du système monétaire international, Entre impératifs nationaux et solidarité des banques centrales européennes (1963–1968), in: Histoire, économie et société 18 (1999), H. 4, Banques centrales et convergences monétaires en Europe 1920–1971, S. 797–814.

Bussière, Eric, La Banque de France et les débats monétaires à l'époque de la première union économique et monétaire: La difficile émergence d'une identité monétaire européenne (1968–1973), in: Feiertag, Olivier/Margairaz, Michel (Hrsg.), Politiques et pratiques des banques d'émission en Europe (XVIIe–XXe siècle), Paris 2003, S. 697–722.

Bussière, Éric (Hrsg.), Georges Pompidou face à la mutation économique de l'Occident, 1969–1974, Paris 2003.
Caesar, Rolf, Der Handlungsspielraum von Notenbanken, Theoretische Analyse und internationaler Vergleich, Baden-Baden 1981.
Cassis Youssef, La communauté des gouverneurs des banques centrales européennes depuis la fin de la Seconde Guerre Mondiale, in: Feiertag, Olivier/Margairaz, Michael (Hrsg.), Politiques et pratiques des banques d'émission en Europe (XVIIe–XXe siècle), Le bicentenaire de la Banque de France dans la perspective de l'identité monétaire européenne, Paris 2003, S. 753–765.
Coombs, Charles A., The Arena of International Finance, New York 1976.
Chassaigne, Philippe, Les années 1970, Fin d'un monde et origine de notre modernité, Paris 2008.
Chélini, Michel-Pierre/Warlouzet, Laurent (Hrsg.), Calmer les prix, L'inflation en Europe dans les années 1970, Paris 2016.
Clavert, Frederic/Feiertag, Olivier, Les banquiers centraux dans la construction européenne, Introduction, in: Histoire, économie et société 30 (2011), H. 4, S. 3–9.
Comité pour l'historie économique et financière de la France (Hrsg.), La France et les institutions de Bretton Woods 1944–1994, Colloque tenu à Bercy, les 30 juin et 1er juillet 1994, Paris 1998.
Danescu, Elena, Neubewertung des Werner-Berichts vom 8. Oktober 1970 im Zuge der Öffnung der Pierre Werner-Familienarchive, Sanem: CVCE, 2012.
Danescu, Elena/Munoz, Susana (Hrsg.), Pierre Werner et l'Europe, Pensée, action, enseignements, Pierre Werner and Europe, His Approach, Action and Legacy, Brüssel 2015.
De Larosière, Jacques, La conversion des banques centrales européennes à l'euro, in: Feiertag, Olivier/Margairaz, Michael (Hrsg.), Les Banques Centrales à l'Échelle du Monde, L'Internationalisation des banques centrales de débuts du XXe siècle à nos jours, Paris 2012, S. 251–261.
De Larosière, Jacques, 50 ans de crises financières, Paris 2016.
De Lattre, André/White, Eugene, Quels enseignements tirer de la fin du régime des changes fixes de Bretton Woods (1960–1971)?, in: Revue d'économie financière. Hors-série, Bretton Woods: mélanges pour un cinquantenaire, 1994, S. 35–48.
De Lattre, André, Moderniser et ouvrir la Banque de France (1965–1970), in: Feiertag, Olivier (Hrsg.), Mesurer la monnaie, Banques centrales et construction de l'autorité monétaire (XIXe–XXe siècle), Paris 2005, S. 247–252.
Demagny-Van Eyseren, Armelle, Les réactions de la présidence française face au choc pétrolier, in: Bussière, Éric/Dumoulin, Michel/Schirmann, Sylvain (Hrsg.), Milieux économiques et intégration européenne au XXe siècle, La crise des années 1970, De la conférence de La Haye à la veille de la relance des années 1980, Brüssel 2006, S. 105–118.
De Saint-Périer, Amaury, La France et la sauvegarde du système communautaire de change de 1974 à 1977, in: Bussière, Éric/Dumoulin, Michel/Schirmann, Sylvain (Hrsg.), Milieux économiques et intégration européenne au XXe siècle, La crise des années 1970, De la conférence de La Haye à la veille de la relance des années 1980, Brüssel 2006, S. 51–58.
De Saint-Périer, Amaury, La France, l'Allemagne et l'Europe monétaire de 1974 à 1981, La persévérance récompensée, Paris 2013.
Deutsche Bundesbank (Hrsg.), Währung und Wirtschaft in Deutschland 1876–1975, Frankfurt a. M. 1976.
Deutsche Bundesbank (Hrsg.), Fünfzig Jahre Deutsche Mark, Notenbank und Währung in Deutschland seit 1948, München 1998.
De Vries, Margaret G., The International Monetary Fund, 1966–1971, The System Under Stress, Bd. 2, Documents, Washington 1976.
Dickhaus, Monika, Die Bundesbank im westeuropäischen Wiederaufbau, Die internationale Währungspolitik der Bundesrepublik Deutschland 1948 bis 1958, München 1996.
Dickhaus, Monika, Fostering 'the Bank that Rules Europe', The Bank of England, the Allied Banking Commission, and the Bank deutscher Länder, 1948–1951, in: Contemporary European History 7 (1998), H. 2, S. 161–179.
Dickhaus, Monika, La Bundesbank et l'Europe, 1958–1973, in: Histoire, Économie et Société 18 (1999), H. 4, S. 775–795.
Dickhaus, Monika, La politique extérieure de la Banque centrale allemande après 1958, in: Feiertag, Olivier/Margairaz, Michael (Hrsg.), Politiques et pratiques des banques d'émission en

Europe (XVIIe–XXe siècle), Le bicentenaire de la Banque de France dans la perspective de l'identité monétaire européenne, Paris 2003, S. 766–786.

Disch, Wolfgang, Die geldpolitische Konzeption der Banque de France und der Deutschen Bundesbank, Eine vergleichende Analyse der Geldmengenpolitik in Deutschland und Frankreich, 1995, Diss.

Doering-Manteuffel, Anselm, Nach dem Boom, Brüche und Kontinuität der Industriemoderne seit 1970, in: Vierteljahrshefte für Zeitgeschichte 55 (2008), H. 4, S. 559–581.

Doering-Manteuffel, Anselm/Raphael, Lutz, Nach dem Boom, Perspektiven auf die Zeitgeschichte seit 1970, Göttingen 2008.

Doering-Manteuffel, Anselm, Die Vielfalt der Strukturbrüche und die Dynamik des Wandels in der Epoche nach dem Boom, in: Reitmayer, Morten/Schlemmer, Thomas (Hrsg.), Die Anfänge der Gegenwart, Umbrüche in Westeuropa nach dem Boom, München 2014, S. 135–145.

Doering-Manteuffel, Anselm/Raphael, Lutz/Schlemmer, Thomas (Hrsg.), Vorgeschichte der Gegenwart, Dimensionen des Strukturbruchs nach dem Boom, Göttingen 2016.

Duchaussoy, Vincent, La Banque de France et la contrainte européenne en France (1979–1983), in: Histoire, économie et société 30 (2011), H. 4, S. 47–58.

Duchaussoy, Vincent, La Banque de France et l'État, De Giscard à Mitterand, Enjeux de pouvoir ou résurgence du mur d'argent? 1978–1984, Paris 2011.

Duchaussoy, Vincent, La mutation de la Banque de France vers l'indépendance, in: Histoire, économie & société 35 (2016), H. 4, S. 53–67.

Dyson, Kenneth/Featherstone, Kevin, The Road to Maastricht, Negotiating Economic and Monetary Union, Oxford 1999.

Dyson, Kenneth/Maes, Ivo (Hrsg.), Architects of the Euro, Intellectuals in the Making of European Monetary Union, Oxford 2016.

Eck, Jean-François/Martens, Stefan/Schirmann, Sylvain (Hrsg.), L'économie, l'argent et les hommes, Les relations franco-allemandes de 1871 à nos jours, Paris 2009.

Eck Jean-François, Histoire de l'économie française, De la crise de 1929 à l'euro, Paris 2009.

Eich, Steffen/Tooze, Adam, The Great Inflation, in: Doering-Manteuffel, Anselm/Raphael, Lutz/Schlemmer, Thomas (Hrsg.), Vorgeschichte der Gegenwart, Dimensionen des Strukturbruchs nach dem Boom, Göttingen 2016.S. 173–196.

Eichengreen, Barry (Hrsg.), A Retrospective on the Bretton Woods System, Lessons for International Monetary Reform, Chicago 1993.

Eichengreen, Barry, Globalizing Capital, A History of the International Monetary System, Leuven 1996.

Eichengreen, Barry, The European Economy since 1945, Coordinated Capitalism and Beyond, Princeton 2007.

Eley, Geoff, End of the Post-war? The 1970s as a Key Watershed in European History, in: Journal of Modern European History 9 (2011), H. 1, S. 12–17.

Emminger, Otmar, Deutsche Geld- und Währungspolitik im Spannungsfeld zwischen innerem und äußerem Gleichgewicht (1948–1975), in: Deutsche Bundesbank (Hrsg.), Währung und Wirtschaft in Deutschland 1876–1975, Frankfurt a. M. 1976, S. 485–554.

Emminger, Otmar, D-Mark, Dollar, Währungskrisen, Erinnerungen eines ehemaligen Bundesbankpräsidenten, Stuttgart 1986.

Feiertag, Olivier, Entre la défense du Franc et les impératifs de l'économie nationale, les pouvoirs de la Banque de France et de son gouverneur sous la IVe République, in: Lévy-Leboyer, Maurice/u. a. (Hrsg.), Du franc Poincaré à l'écu, Colloque tenu à Bercy les 3 et 4 décembre 1992, Paris 1993, S. 361–395.

Feiertag, Olivier, Le nerf de l'après-guerre, le financement de la reconstruction entre l'Etat et le marché (1944–1947), in: Matériaux pour l'histoire de notre temps, Nr. 39–40, Lendemains de libération Lendemains de guerre, 1995, S. 46–51.

Feiertag, Olivier/Acena, Pablo Martin, The Delayed Modernization of the Central Banks of France and Spain in the Twentieth Century, in: Holtfrerich, Carl-Ludwig/Reis, James/Toniolo, Gianni (Hrsg.), The Emergence of Modern Central Banking from 1918 to the Present, Ashgate 1999, S. 37–68.

Feiertag, Olivier/Margairaz, Michel (Hrsg.), Politiques et pratiques des banques d'émission en Europe (XVIIe–XXe siècle), Le bicentenaire de la Banque de France dans la perspective de l'identité monétaire européenne, Paris 2003.

Feiertag, Olivier, Les banques d'émission et la croissance économique en Europe (1945–1973), in: ders./Margairaz, Michel (Hrsg.), Politiques et pratiques des banques d'émission en Europe (XVIIe–XXe siècle), Le bicentenaire de la Banque de France dans la perspective de l'identité monétaire européenne, Paris 2003, S. 595–622.
Feiertag, Olivier (Hrsg.), Mesurer la monnaie, Banques centrales et construction de l'autorité monétaire (XIXe–XXe siècle), Paris 2005.
Feiertag, Olivier, Wilfrid Baumgartner, Un grand commis des finances à la croisée des pouvoirs (1902–1978), Paris 2006.
Feiertag, Olivier/Margairaz, Michel (Hrsg.), Gouverner une Banque Centrale: du XVIIe siècle à nos jours, Paris 2010.
Feiertag, Olivier/Margairaz, Michel (Hrsg.), Les Banques Centrales à l'échelle du monde, L'internationalisation des banques centrales de débuts du XXe siècle à nos jours, Paris 2012.
Feiertag, Olivier, La culture monétaire française au XXe siècle, la construction d'une overcraft economy, in: Löffler, Bernhard (Hrsg.), Die kulturelle Seite der Währung, Beiheft zu Historischer Zeitschrift, Nr. 50, München 2010, S. 101–121.
Feiertag, Olivier/Margairaz, Michel (Hrsg.), Les banques centrales et l'état-nation, The Central Banks and the Nation-State, Paris 2016.
Feiertag, Olivier, Les banques centrales face à la «grande inflation» (1968–1979), in: Chélini, Michel-Pierre/Warlouzet, Laurent (Hrsg.), Calmer les prix, L'inflation en Europe dans les années 1970, Paris 2016, S. 215–243.
Ferguson, Niall/u. a. (Hrsg.), The Shock of the Global, The 1970s in Perspective, Cambridge (Mass.) 2010.
Frank, Robert/u. a., Les années grises de la fin de siècle, in: Vingtième Siècle, Revue d'histoire 84 (2004), S. 75–82.
Frank, Robert, Les problèmes monétaires et la création du SME, in: Bernstein, Serge/Sirinelli, Jean-François (Hrsg.), Les Années Giscard, Valéry Giscard d'Estaing et l'Europe (1974–1981), Paris 2006.
Frieden, Jeffry A., Banking on the World, The Politics of American International Finance, New York 1987.
Frieden, Jeffry A., Making Commitments: France and Italy in the European Monetary System, 1979–1985, in: Eichengreen, Barry/Frieden, Jeffry (Hrsg.), The Political Economy of European Monetary Integration, Westview 2001, S. 25–46.
Frieden, Jeffry A., Global capitalism, Its Fall and Rise in the Twentieth Century, New York 2007.
Froment-Meurice, Henri, Vu du Quai, Mémoires 1945–1983, Paris 1987.
Garavini, Guliano/Petrini, Francesco, Continuity or Change? The 1973 Oil Crisis Reconsidered, in: Varsori, Antonio/Migani, Guia (Hrsg.), Europe in the International Arena During the 1970s, Entering a Different World, Brüssel 2011.
Gauron, André, Histoire économique et sociale de la Ve République, Bd. 2, Années de rêves, années de crise (1970–1981), Paris 1988.
Gavin, Francis, Gold, Dollars, & Power, The Politics of International Monetary Relations, 1958–1971, Chapel Hill, NC, 2004.
Gfeller, Aurélie Elisa, Building a European Identity, France, the United States, and the Oil Shock, 1973–74, New York 2012.
Giersch, Herbert/Paqué, Karl-Heinz/Schmieding, Holger, The Fading Miracle, Four Decades of Market Economy in Germany, Cambridge 1992.
Giovannini, Alberto, How do Fixed-Exchange-Rate Regimes Work? Evidence from the Gold Standard, Bretton Woods, and the EMS, in: ders. (Hrsg.), The Debate on Money in Europe, Cambridge Mass. 1995, S. 9–38.
Gleske, Leonhard, Nationale Geldpolitik auf dem Wege zur europäischen Währungsunion, in: Deutsche Bundesbank (Hrsg.), Währung und Wirtschaft in Deutschland 1876–1975, Frankfurt a. M. 1976, S. 745–787.
Göbel, Stefan, Die Ölpreiskrisen der 1970er Jahre: Auswirkungen auf die Wirtschaft von Industriestaaten am Beispiel der Bundesrepublik Deutschland, der Vereinigten Staaten, Japans, Großbritanniens und Frankreichs, Berlin 2013.
Goodhart, Charles, The Basel Committee on Banking Supervision, A History of the Early Years, 1974–1997, Cambridge 2011.

Goodman John B., Monetary Sovereignty, The Politics of Central Banking in Western Europe, Ithaca 1992.

Gonjo Yasuo, Qui a gouverné la Banque de France? (1870–1980), in: Feiertag, Olivier/Lespinet-Moret, Isabelle (Hrsg.), L'économie faite homme, Hommage à Alain Plessis, Genève 2011, S. 91–111.

Gotto, Bernhard/u. a. (Hrsg.), Nach 'Achtundsechzig', Krisen und Krisenbewusstsein in Deutschland und Frankreich in den 1970er Jahren, München 2013.

Gowa, Joanne, Closing the Gold Window, Domestic Politics and the End of Bretton Woods, Ithaca/London, 1983.

Gray, William G., Floating the System: Germany, the US, and the Breakdown of Bretton Woods, 1969–1973, in: Diplomatic History 31 (2007), H. 2, S. 295–323.

Gray, William G., Toward a 'Community of Stability'?, The Deutsche Mark between European and Atlantic Priorities, 1968–1973, in: Schulz, Matthias/Schwartz, Thomas A. (Hrsg.), The Strained Alliance, U. S.-European Relations from Nixon to Carter, New York 2010, S. 145–167.

Gray, William G., Learning to 'Recycle': Petrodollars and the West, 1973–5, in: Bini, Elisabetta/Garavini, Giuliano/Romero, Federico (Hrsg.), Oil Shock. The 1973 Crisis and Its Economic Legacy, London 2016, S. 172–197.

Guasconi, Maria Eleonora, The End of Bretton Woods and the Setting up of the Snake, in: Preda, Daniel (Hrsg.), The History of the European Monetary Union, Comparing Strategies amidst Prospects for Integration and National Resistance, Brüssel 2016, S. 75–87.

Hagen, Jürgen von, Geldpolitik auf neuen Wegen (1971–1978), in: Deutsche Bundesbank (Hrsg.), Fünfzig Jahre Deutsche Mark, Notenbank und Währung in Deutschland seit 1948, München 1998, S. 439–473.

Hartkopf, Carsten, Das internationale Bankgeschäft amerikanischer und deutscher Banken nach dem Zweiten Weltkrieg, in: Bankhistorisches Archiv, Beiheft 42, Internationalisierungsstrategien von Kreditinstituten, 25. Symposium am 6. Juni 2002, Frankfurt a. M. 2003, S. 33–44.

Helleiner, Eric, States and the Reemergence of Global Finance, From Bretton Woods to the 1990s, Ithaca/London 1994.

Henning, C. Randall, Currencies and Politics in the United States, Germany, and Japan, Washington 1994.

Hentschel, Volker, Die Entstehung des Bundesbankgesetzes 1949–1957, Politische Kontroversen (Teil I), in: Bankhistorisches Archiv 14, Zeitschrift für Bankengeschichte (1988), H. 1, S. 3–31.

Hentschel, Volker, Die Entstehung des Bundesbankgesetzes 1949–1957, Politische Kontroversen (Teil II), in: Bankhistorisches Archiv 14, Zeitschrift für Bankengeschichte (1988), H. 2, S. 79–115.

Hetzel, Robert L., The Monetary Policy of the Federal Reserve, A History, New York 2008.

Hohensee, Jens, Der erste Ölpreisschock 1973/74: Die politischen und gesellschaftlichen Auswirkungen der arabischen Erdölpolitik auf die Bundesrepublik Deutschland und Westeuropa, Stuttgart 1996.

Holtfrerich Carl-Ludwig, Relations between Monetary Authorities and Governmental Institutions, The Case of Germany from the 19th Century to the Present, in: Toniolo, Gianni (Hrsg.), Central Banks' Independence in Historical Perspective, Berlin/New York 1988, S. 137–159.

Holtfrerich, Carl-Ludwig, Geldpolitik bei festen Wechselkursen (1948–1970), in: Deutsche Bundesbank (Hrsg.), Fünfzig Jahre Deutsche Mark, Notenbank und Währung in Deutschland seit 1948, München 1998, S. 347–438.

Horstmann, Theo, Die Entstehung der Bank deutscher Länder als geldpolitische Lenkungsinstanz in der Bundesrepublik Deutschland, in: Riese, Hajo/Spahn, Heinz-Peter (Hrsg.), Geldpolitik und ökonomische Entwicklung – Ein Symposium, Regensburg 1990, S. 202–218.

Horstmann, Theo, Die Alliierten und die deutschen Großbanken, Bankenpolitik nach dem Zweiten Weltkrieg in Westdeutschland, Bonn 1991.

Howarth, David J., The French Road to European Monetary Union, Hampshire 2001.

Howarth, David J., Raymond Barre, Modernizing France through European Monetary Cooperation, in: Dyson, Kenneth/Maes, Ivo (Hrsg.), Architects of the Euro, Intellectuals in the Making of European Monetary Union, Oxford 2016, S. 75–92.

Irmler, Heinrich, The Deutsche Bundesbank's Concept of Monetary Theory and Monetary Policy, in: Brunner, Karl (Hrsg.), Proceedings of the First Konstanzer Seminar on Monetary Theory and Monetary Policy, Beiheft 1 zu Kredit und Kapital, Berlin 1972, S. 137–164.

Issing, Otmar, Einführung in die Geldtheorie, München 1995.

James, Harold, International Monetary Cooperation since Bretton Woods, Washington/New York/Oxford, 1996.

James, Harold, La France et la crise du système de Bretton Woods, 1969–1973, in: Comité pour l'historie économique et financière de la France (Hrsg.), La France et les institutions de Bretton Woods 1944–1994, Colloque tenu à Bercy, les 30 juin et 1er juillet 1994, Paris 1998, S. 145–156.

James, Harold, D-Mark und Dollar, Preisstabilität im Inneren und internationale Währungspolitik, in: Junker, Detlef (Hrsg.), Die USA und Deutschland im Zeitalter des Kalten Krieges 1945–1990, Ein Handbuch, Band II 1968–1990, Stuttgart/München 2001, S. 351–362.

James, Harold, Geschichte Europas im 20. Jahrhundert, Fall und Aufstieg, München 2010.

James, Harold, Making the European Monetary Union, The Role of the Committee of Central Bank Governors and the Origins of the European Central Bank, Cambridge Mass. 2012.

James, Harold, International Capital Movements and the Global Order, in: Neal, Larry (Hrsg.), The Cambridge History of Capitalism, Vol. 2: The Spread of Capitalism: From 1848 to the Present, Cambridge 2014, S. 264–300.

Jarausch, Konrad H., Verkannter Strukturwandel, Die siebziger Jahre als Vorgeschichte der Probleme der Gegenwart, in: ders. (Hrsg.), Das Ende der Zuversicht?, Die siebziger Jahre als Geschichte, Göttingen 2008, S. 9–28.

Jeanneney, Jean-Marcel, De Bretton Woods à la Jamaïque, Contestations françaises, in: Economie internationale 59 (1994), S. 55–70.

Story, Jonathan, The Launching of the EMS, An Analysis of Change in Foreign Economic Policy, in: Political Studies 36 (1988), S. 397–412.

Judt, Tony, Geschichte Europas von 1945 bis zur Gegenwart, München 2006.

Kaelble, Hartmut, Boom und gesellschaftlicher Wandel 1948–1973, Frankreich und die Bundesrepublik im Vergleich, in: ders. (Hrsg.), Der Boom 1948–1973, Gesellschaftliche und wirtschaftliche Folgen in der Bundesrepublik Deutschland und in Europa, Opladen 1992, S. 219–247.

Kaelble, Hartmut, The 1970s in Europe, A Period of Disillusionment or Promise?, The 2009 Annual Lecture of the German Historical Institute in London, London 2010.

Kaelble, Hartmut, The 1970s, What Turning Point?, in: Journal of Modern European History 9 (2011), H. 1, S. 18–20.

Kapstein, Ethan B., Governing the Global Economy, International Finance and the State, Cambridge/London 1994.

Kennedy, Ellen, The Bundesbank, Germany's Central Bank in the International Monetary System, New York 1991.

Klasen, Karl, Die Verwirklichung der Wirtschafts- und Währungsunion in der EWG aus der Sicht der Deutschen Bundesbank, in: Europa-Archiv 25 (1970), S. 449–458.

Klasen, Karl, Stabilität für Geld und Gesellschaft, in: Wolf, Klaus Dieter (Hrsg.), Glaube und Gesellschaft, Festschrift für Wilhelm F. Kasch, Bayreuth 1981, S. 477–483.

Klasen, Karl, Vier Jahrzehnte fruchtbarer Spannung, in: Lahnstein, Manfred/Matthöfer, Hans (Hrsg.), Leidenschaft zu praktischer Vernunft. Helmut Schmidt zum Siebzigsten, Berlin 1989, S. 225–240.

Kloten, Norbert, Das Europäische Währungssystem, Eine europapolitische Grundentscheidung im Rückblick, 1980.

Kloten, Norbert, Erfolg und Mißerfolg der Stabilisierungspolitik (1969–1974), in: Deutsche Bundesbank (Hrsg.), Währung und Wirtschaft in Deutschland 1876–1975, Frankfurt a. M. 1976, S. 643–690.

Kloten, Norbert/Ketterer, Karl-Heinz/Vollmer, Rainer, West Germany's Stabilization Performance, in: Lindberg, Leon/Barry, Brian M. (Hrsg.), The Politics of Inflation and Economic Stagnation: Theoretical Approaches and International Case Studies, Washington 1985, S. 353–402.

Koch, Henri, Histoire de la Banque de France et de la Monnaie sous la IVe République, Paris 1983.

Kocka, Jürgen, Comparison and Beyond, in: History and Theory 42 (2003), H. 1, S. 39–44.

Kocka, Jürgen/Haupt, Heinz-Gerhard, Comparison and Beyond: Traditions, Scope, and Perspectives, in: Haupt, Heinz-Gerhard (Hrsg.), Comparison and Transnational History, Central European Approaches and New Perspectives, New York/Oxford 2009, S. 1–30.

Krugman, Paul R./Obstfeld, Maurice/Melitz, Marc J., International Economics, Theory & Policy, 9. Aufl., Boston u. a. 2012.

Kuisel, Richard F., Capitalism and the State in Modern France, Renovation and Economic Management in the Twentieth Century, Cambridge 1981.

Lauber, Volkmar, The Political Economy of France, from Pompidou to Mitterrand, New York 1983.

Lebaron, Frédéric, Les fondements sociaux de la neutralité économique, Le conseil de la politique monétaire de la Banque de France, in: Actes de la recherche en sciences sociales 116–117 (1997), Histoire de l'État, S. 69–90.

Lebaron, Frédéric, Central Bankers in the Contemporary Global Field of Power: a 'Social Space' Approach, in: Sociological Review 56 (2008), S. 121–144.

Leboute, René, Histoire économique et sociale de la construction européenne, Brüssel 2008.

Lindberg, Leon/Maier, Charles S. (Hrsg.), The Politics of Inflation and Economic Stagnation, Theoretical Approaches and International Case Studies, Washington 1985.

Lindenlaub, Dieter, Deutsches Stabilitätsbewußtsein, Wie kann man es fassen, wie kann man es erklären, welche Bedeutung hat es für die Geldpolitik?, in: Löffler, Bernhard (Hrsg.), Die kulturelle Seite der Währung, Beiheft zu Historischer Zeitschrift, Nr. 50, München 2010, S. 63–100.

Lindlar, Ludger, Das mißverstandene Wirtschaftswunder, Westdeutschland und die westeuropäische Nachkriegsprosperität, Tübingen 1997.

Löffler, Bernhard, Währungsrecht, Bundesbank und deutsche ‚Stabilitätskultur' nach 1945, Überlegungen zu mentalitätsgeschichtlichen Dimensionen normativ-institutioneller Regelungen, in: Helm, Winfried/Seifert, Manfred (Hrsg.), Recht und Religion im Alltagsleben. Perspektiven historischer Kulturforschung, Passau 2005, S. 61–82.

Löffler, Bernhard (Hrsg.), Die kulturelle Seite der Währung, Beiheft zu Historischer Zeitschrift, Nr. 50, München 2010.

Löffler, Bernhard, Währungsgeschichte als Kulturgeschichte?, Konzeptionelle Leitlinien und analytische Probleme kulturhistorischer Ansätze auf wirtschafts- und währungsgeschichtlichem Feld, in: ders. (Hrsg.), Die kulturelle Seite der Währung, Beiheft zu Historischer Zeitschrift, Nr. 50, München 2010, S. 3–35.

Loriaux, Michael, States and Markets, French Financial Interventionism in the Seventies, in: Comparative Politics 20 (1988), H. 2, S. 175–193.

Loriaux, Michael, France, Monetary Policy, and the Integration of Europe, in: French Politics and Society 8 (1990), H. 3, S. 1–9.

Ludlow, Peter, The Making of the European Monetary System, A Case Study of the Politics of the European Community, London 1982.

Maes, Ivo, On the Origins of the Franco-German EMU Controversies, in: European Journal of Law and Economics 17 (2004), H. 1, S. 21–39.

Maes, Ivo, The Werner Committee in the Dynamics of the European Integration Process After the December 1969 Hague Summit, in: Danescu, Elena/Muñoz, Susana (Hrsg.), Pierre Werner et L'Europe: Pensée, Action, Enseignements – Pierre Werner and Europe: His Approach, Action and Legacy, Brüssel 2015, S. 177–182.

Magnusson, Lars/Strath, Bo (Hrsg.), From the Werner Plan to the EMU: In Search of a Political Economy for Europe, Brüssel 2001.

Maier, Charles S., Inflation and Stagnation as Politics and History, in: Lindberg, Leon/Barry, Brian M. (Hrsg.), The Politics of Inflation and Economic Stagnation, Theoretical Approaches and International Case Studies, Washington 1985, S. 3–24.

Maier, Charles S., "Malaise", The Crisis of Capitalism in the 1970s, in: Ferguson, Niall/u. a. (Hrsg.), The Shock of the Global, The 1970s in Perspective, Cambridge (Mass.) 2010.

Mamou, Yves, Une machine de pouvoir, La Direction du Trésor, Paris 1988.

Margairaz, Michel, Le Franc et les politiques publiques de 1940 à 1952, Du dogme au paramètre, in: Lévy-Leboyer, Maurice/u. a. (Hrsg.), Du franc Poincaré à l'écu, Colloque tenu à Bercy les 3 et 4 décembre 1992, Paris 1993, S. 279–302.

Margairaz, Michel, Monnaie, État et marché entre les deux guerres, Le Trésor, la Banque de France et le marché monétaire dans une perspective comparative européenne, in: Feiertag, Olivier/Margairaz, Michel (Hrsg.), Politiques et pratiques des banques d'émission en Europe (XVIIe–

XXe siècle), Le bicentenaire de la Banque de France dans la perspective de l'identité monétaire européenne, Paris 2003, S. 419–450.
Margairaz, Michel, L'impossible réforme de la Banque de France (1967–1974), in: Feiertag, Olivier/Margairaz, Michel (Hrsg.), Gouverner une banque centrale: du XVIIe siècle à nos jours, Paris 2010, S. 259–270.
Margairaz, Michel, Les politiques économiques, financières et monétaires d'une guerre à l'autre, L'affirmation de l'hégémonie des inspecteurs des Finances, in: Cardoni, Fabien/u. a. (Hrsg.), Dictionnaire historique des inspecteurs des Finances 1801–2009, Dictionnaire thématique et biographique, Paris 2012, S. 169–178.
Margairaz, Michel, Les autorités monétaires et l'internationalisation des banques dans la France des années 1970s, in: Feiertag, Olivier/Margairaz, Michael (Hrsg.), Les Banques Centrales à l'échelle du monde, L'internationalisation des banques centrales de débuts du XXe siècle à nos jours, Paris 2012, S. 167–180.
Margairaz, Michel, La période singulière où la Banque de France s'est nationalisée (1936–1966), de l'imbrication dans la politique nationale du crédit à la tentation de la politique monétaire, in: Feiertag, Olivier/Margairaz, Michel (Hrsg.), Les banques centrales et l'état-nation, The Central Banks and the Nation-State, Paris 2016, S. 397–449.
Marsh David, Die Bundesbank, Geschäfte mit der Macht, München 1992.
Marsh, David, The Euro, The Battle for the New Global Currency, New Haven 2009.
Mee, Simon, Central Bank Independence and the Legacy of the German Past, Cambridge 2019.
Meltzer, Allan H., U. S. Policy in the Bretton Woods Era, in: Review, Federal Reserve Bank of St. Louis 73 (1991), H. 3, S. 54–83.
Metz, Rainer, Expansion und Kontraktion, Das Wachstum der deutschen Wirtschaft im 20. Jahrhundert, in: Spree, Reinhard (Hrsg.), Geschichte der deutschen Wirtschaft im 20. Jahrhundert, München 2001, S. 70–89.
Miard-Delacroix, Hélène, Partenaires de choix?, Le chancelier Helmut Schmidt et la France (1974–1982), Bern u. a. 1993.
Miard-Delacroix, Hélène, Im Zeichen der europäischen Einigung, 1963 bis in die Gegenwart, Darmstadt 2011.
Miard-Delacroix, Hélène, Willy Brandt, Paris 2013.
Miard-Delacroix, Hélène, Le choc pétrolier et la crise de société en Allemagne et en France, in: Gotto, Bernhard/u. a. (Hrsg.), Nach ‚Achtundsechzig', Krisen und Krisenbewusstsein in Deutschland und Frankreich in den 1970er Jahren, München 2013, S. 51–60.
Möller, Horst, Die 1970er Jahre als zeithistorische Epochenschwelle, in: Gotto, Bernhard/u. a. (Hrsg.), Nach ‚Achtundsechzig', Krisen und Krisenbewusstsein in Deutschland und Frankreich in den 1970er Jahren, München 2013, S. 1–12.
Monnet, Eric, Politique monétaire et politique du crédit en France pendant les Trente Glorieuses, univ. diss., École des Hautes Études en Sciences Sociales, 2012.
Monnet, Eric, Une coopération à la française, la France, le Dollar et le système de Bretton Woods, 1960–1965, in: Histoire@Politique 19 (2013), H. 1, S. 83–100.
Monnet, Eric, La politique de la Banque de France au sortir des Trente Glorieuses, Un tournant monétariste, in: Revue d'histoire moderne et contemporaine 62 (2015), H. 1, S. 147–173.
Monnet, Eric, The Diversity in National Monetary and Credit Policies in Western Europe under the Bretton Woods System, in: Feiertag, Olivier/Margairaz, Michel (Hrsg.), Les banques centrales et l'état-nation, The Central Banks and the Nation-State, Paris 2016, S. 451–487.
Monnet, Eric, Credit Controls as an Escape from the Trilemma, The Bretton Woods Experience, in: European Review of Economic History 22 (2018), S. 349–361.
Monnet, Eric, Controlling Credit, Central Banking and the Planned Economy in Postwar France, 1948–1973, Cambridge 2018.
Mourlon-Druol, Emmanuel, Economist or Monetarist?, The Difficult Creation of an Internal French Consensus about European Monetary Integration (1974–1976), in: Affinito, Michele/Migani, Guia/Wenkel, Christian (Hrsg.), Les Deux Europes, Actes du IIIe colloque international RICHIE, Brüssel 2009.
Mourlon-Druol, Emmanuel, Les banquiers centraux de l'échec du plan Werner à la création du SME, 1974–1979, in: Histoire, économie & société 30 (2011), H. 4, S. 39–46.

Mourlon-Druol, Emmanuel, A Europe Made of Money, The Emergence of the European Monetary System, 2012.

Mourlon-Droul, Emmanuel, The EMS as an External Anchor in Inflation-prone Countries, The Extent and Limits of the European Anti-inflationary Consensus, 1970s-Early 1980s, in: Chélini, Michel-Pierre/Warlouzet, Laurent (Hrsg.), Calmer les prix, L'inflation en Europe dans les années 1970, Paris 2016, S. 273–293.

Mourlon-Druol, Emmanuel, A New Monetary System in a Changing Polity, Central Banks, the EEC and the Creation of the European Monetary System, in: Feiertag, Olivier/Margairaz, Michel (Hrsg.), Les banques centrales et l'état-nation, The Central Banks and the Nation-State, Paris 2016, S. 563–580.

Netter, Marcel, Les institutions monétaires, Paris 1967.

Netter, Marcel, Histoire de la Banque de France entre les deux guerres, 1918–1939, ursprünglich unveröffentlicht, posthum herausgegeben von der Tochter, Monique de Tayrac, Pomponne 1994.

Nichter, Luke, Richard Nixon and Europe: The Reshaping of the Postwar Atlantic World, Cambridge 2015.

Patat, Jean-Pierre/Lutfalla, Michel, Histoire Monétaire de la France au XXe siècle, Paris 1986.

Patat, Jean Pierre, Quelques remarques sur la question de l'indépendance de la banque centrale, in: Revue d'économie financière 22 (1992), S. 5–12.

Plessis, Alain, La politique de la Banque de France: de 1851 à 1870, Genève 1985.

Plessis, Alain, Histoires de la Banque de France, Paris 1998.

Plumpe, Werner, Entscheidung für den Strukturbruch, Die westdeutsche Währungsreform und ihre Folgen, in: Junker, Detlef (Hrsg.), Die USA und Deutschland im Zeitalter des Kalten Krieges 1945–1990, Ein Handbuch, Stuttgart 2001, S. 457–467.

Plumpe, Werner, Wirtschaftskrisen, Geschichte und Gegenwart, 4. Aufl., München 2013.

Plumpe, Werner, ‚Ölkrise' und wirtschaftlicher Strukturwandel, Die bundesdeutsche Wirtschaft im Zeichen von Normalisierung und Globalisierung während der 1970er Jahre, in: Gallus, Alexander/Schildt, Axel/Siegfried, Detlef (Hrsg.), Deutsche Zeitgeschichte transnational, Göttingen 2015. S. 101–123.

Pöhl, Karl-Otto, Widersprüche und Gemeinsamkeiten in der Politik der Bundesregierung und der Deutschen Bundesbank in der Zeit von 1978–1982, in: Schmidt, Helmut/Hesselbach, Walter (Hrsg.), Kämpfer ohne Pathos, Festschrift für Hans Matthöfer zum 60. Geburtstag am 26. September 1985, Bonn 1985, S. 222–226.

Ponzano, Rocco, Structures et fonctions de la Banque de France depuis 1973, Banque des banques ou banque prima inter pares ?, in: Feiertag, Olivier/Margairaz, Michel (Hrsg.), Gouverner une Banque Centrale: du XVIIe siècle à nos jours, Paris 2010, S. 271–300.

Prate, Alain, La France et sa monnaie, Essai sur les relations entre la Banque de France et les gouvernments, Paris 1987.

Raithel, Thomas/Rödder, Andreas/Wirsching, Andreas (Hrsg.), Auf dem Weg in eine neue Moderne?, die Bundesrepublik Deutschland in den siebziger und achtziger Jahren, München 2009.

Richter, Rudolf, Deutsche Geldpolitik 1948–1998, Tübingen 1999.

Rischbieter, Julia Laura, Risiken und Nebenwirkungen, Internationale Finanzierungsstrategien in der Verschuldungskrise der 1980er Jahre, in: Gesellschaft und Geschichte 41 (2015), S. 465–493.

Rödder Andreas, Die Bundesrepublik Deutschland 1969–1990, München 2004.

Roll, Eric, Behind Bretton Woods, The Climate Then and Today, in: Engels, Wolfram/Gutowski, Armin/Wallich, Henry C. (Hrsg.), International Capital Movements, Debt and Monetary System, Mainz 1984, S. 299–312.

Rudolph, Bernd, Der Bankrott der Herstatt-Bank, Ein Schlüsselereignis der nationalen und internationalen Bankenregulierung, in: Lindenlaub, Dieter/Burhop, Carsten/Scholtyseck, Joachim (Hrsg.), Schlüsselereignisse der deutschen Bankengeschichte, Stuttgart 2013, S. 402–413.

Sargent, Daniel J., The United States and Globalization in the 1970s, in: Ferguson, Niall/u. a. (Hrsg.), The Shock of the Global, The 1970s in Perspective, Cambridge (Mass.) 2010, S. 25–48.

Sattler, Friederike, Das Geschäft mit den Staatsschulden, Banken, Finanzmärkte und die Securitization of Debt nach der Ölpreiskrise von 1973/1974, in: Gesellschaft und Geschichte 41 (2015), S. 418–446.

Schanetzky, Tim, Von Keyes zu Friedman?, Handlungsoptionen der bundesdeutschen Wirtschaftspolitik in den siebziger Jahren, in: Reitmayer, Morten/Rosenberger, Ruth (Hrsg.), Unternehmen am Ende des ‚goldenen Zeitalters', Die 1970er Jahre in unternehmens- und wirtschaftshistorischer Perspektive, Essen 2008, S. 149–168.

Schanetzky, Tim, Ölpreisschock 1973, Wende des wirtschaftspolitischen Denkens, in: Rödder, Andreas/Elz, Wolfgang (Hrsg.), Deutschland in der Welt. Weichenstellungen in der Geschichte der Bundesrepublik, Göttingen 2010.

Scherf, Harald, Enttäuschte Hoffnungen, vergebenen Chancen, Die Wirtschaftspolitik der Sozial-Liberalen Koalition 1969–1982, Göttingen 1986.

Schirmann, Sylvain, Georges Pompidou et les questions monétaires européennes, in: Danescu, Elena/Munoz, Susana (Hrsg.), Pierre Werner et l'Europe: pensée, action, enseignements, Brüssel 2015, S. 271–276.

Schlemmer, Thomas, Der diskrete Charme der Unsicherheit, in: Reitmayer, Morten/Schlemmer, Thomas (Hrsg.), Die Anfänge der Gegenwart, Umbrüche in Westeuropa nach dem Boom, München 2014, S. 7–12.

Schlesinger, Helmut, Neuere Erfahrungen der Geldpolitik in der Bundesrepublik Deutschland, in: Kredit und Kapital, H. 4, 1976, S. 433–454.

Schlesinger, Helmut, Die Geldpolitik der Deutschen Bundesbank 1967–1977, in: Ehrlicher, Werner/Duwendag, Dieter (Hrsg.), Geld- und Währungspolitik im Umbruch, Internationale Erfahrungen des letzten Jahrzehnts, Baden-Baden 1983, S. 59–83.

Schmidt, Heide-Irene, ‚The Embarrassment of Strength', Die deutsche Position im ‚International Monetary System' 1958–1968, in: Lehmkuhl, Ursula/Wurm, Clemens A./ Zimmermann, Hubert (Hrsg.), Deutschland, Großbritannien, Amerika, Politik, Gesellschaft und Internationale Geschichte im 20. Jahrhundert, Festschrift für Gustav Schmidt zum 65. Geburtstag, Stuttgart 2003, S. 155–195.

Seidel, Katja, Robert Marlin, Securing the Common Markt, in: Dyson, Kenneth/Maes, Ivo (Hrsg.), Architects of the Euro, Intellectuals in the Making of European Monetary Union, Oxford 2016, S. 51–74.

Singleton, Michael, Central Banking in the Twentieth Century, Cambridge 2011.

Sirinelli, Jean-François, Les Vingt Décisives, Le passé proche de notre avenir 1965–1985, Paris 2007.

Sirinelli, Jean-François, 1973–1974: la fin des 'Trente Glorioses', mais le coeur des 'Vingt Décisives', in: Gotto, Bernhard/u. a. (Hrsg.), Nach „Achtundsechzig": Krisen und Krisenbewusstsein in Deutschland und Frankreich in den 1970er Jahren, München 2013, S. 45–49.

Solomon, Robert, The International Monetary System 1945–1981, New York 1982.

Soutou, Georges-Henri, Raymond Barre et l'Europe, in: Albert, Michel/Casanova, Jean-Claude (Hrsg.), Raymond Barre, un homme singulier dans la politique française, Paris 2010, S. 69–82.

Spiro, David E., The Hidden Hand of American Hegemony, Petrodollar Recycling and International Markets, Ithaca 1999.

Spree, Reinhard (Hrsg.), Geschichte der deutschen Wirtschaft im 20. Jahrhundert, München 2001.

Steiner, André, Die siebziger Jahre als Kristallisationspunkt des wirtschaftlichen Strukturwandels in West und Ost?, in: Jarausch, Konrad H. (Hrsg.), Das Ende der Zuversicht?, Die siebziger Jahre als Geschichte, Göttingen 2008, S. 29–48.

Sterdyniak, Henri/Vasseur, Christian, Encadrement du crédit et politique monétaire, in: Observations et diagnostics économiques, Revue de l'OFCE, H. 11, 1985, S. 105–136.

Stobbe, Alfred, Volkswirtschaftslehre III, Makroökonomik, 2. überarb. Aufl., Berlin 1987.

Storck, Ekkehard, Euromarkt, Finanz-Drehscheibe der Welt, Stuttgart 1995.

Sylla, Richard, The Breakdown of Bretton Woods and the Revival of Global Finance, in: Jahrbuch für Wirtschaftsgeschichte, H. 1, 2002, S. 81–88.

Taylor, Alan M., The Global 1970s and the Echo of the Great Depression, in: Ferguson, Niall/u. a. (Hrsg.), The Shock of the Global, The 1970s in Perspective, Cambridge (Mass.) 2010, S. 97–112.

Ther, Philipp, Comparison, Cultural Transfer, and the Study of Networks, Towards a Transnational History of Europe, in: Haupt, Heinz-Gerhard (Hrsg.), Comparison and Transnational History, Central European Approaches and New Perspectives, New York/Oxford 2009, S. 204–225.

Théron, Marcel, Die französische Geld- und Währungspolitik während der letzten zehn Jahre, in: Ehrlicher, Werner/Duwendag, Dieter (Hrsg.), Geld- und Währungspolitik im Umbruch, Internationale Erfahrungen des letzten Jahrzehnts, Baden-Baden 1983, S. 129–158.

Tsoukalis, Loukas, The Politics and Economics of European Monetary Integration, London 1977.

Vaillant, Isabelle, L'internationalisation des métiers de la Banque Centrale, in: Feiertag, Olivier/Margairaz, Michael (Hrsg.), Les Banques Centrales à l'échelle du monde, L'internationalisation des banques centrales de débuts du XXe siècle à nos jours, Paris 2012, S. 263–270.

Vesperini, Jean-Pierre, L'économie de la France sous la Ve République, Paris 1993.

Wächter, Matthias, Helmut Schmidt und Valery Giscard d'Estaing, Auf der Suche nach Stabilität in der Krise der 70er Jahre, Bremen 2011.

Wandel, Eckhard, Die Entstehung der Bank deutscher Länder und die deutsche Währungsreform 1948, Frankfurt a. M. 1980.

Warlouzet, Laurent, Le Quai d'Orsay face au traité de Rome, La direction des affaires économiques et financières (DAEF) de 1957 à 1975, in: Badel, Laurence/Jeannesson, Stanislas/Ludlow, N. Piers (Hrsg.), Les administrations nationales et la construction européenne, une approche historique (1919–1975), Brüssel 2005, S. 139–168.

Warlouzet, Laurent, L'Europe monétaire face au Dollar, L'offensive Debré (1966–1968), in: Histoire@Politique 19 (2013), H. 1, S. 114–127.

Wedding, Martin, Gab es eine neoliberale Wende?, Wirtschaft und Wirtschaftspolitik in der Bundesrepublik Deutschland ab Mitte der 1970er Jahre, in: Vierteljahrshefte für Zeitgeschichte 56 (2008), H. 2, S. 303–321.

Werner, Michel/Zimmermann, Bénédicte, Penser l'Histoire Croisée: Entre Empirie et Réflexivité, in: Annales, Histoire, Sciences Sociales 58 (2003), H. 1, S. 7–36.

Wilkens, Andreas, Westpolitik, Ostpolitik and the Project of the Economic and Monetary Union, Germany's European Policy in the Brandt Era (1969–1974), in: Journal of European Integration History 5 (1999), S. 73–102.

Wilkens, Andreas, Une tentative prématurée? L'Allemagne, la France et les balbutiements de l'Europe monétaire (1969–1974), in: Du Réau, Élisabeth/Frank, Robert/Deighton, Anne (Hrsg.), Dynamiques européennes. Nouvel espace. Nouveaux acteurs, 1969–1981, Paris 2002, S. 77–103.

Wilkens, Andreas, Dans la 'logique de l'Histoire', Willy Brandt et la césure européenne de 1969/1970, in: ders. (Hrsg.), Willy Brandt et l'unité de l'Europe, De l'objectif de la paix aux solidarités nécessaires, Brüssel 2011, S. 247–282.

Wilkens, Andreas, Le Plan Werner et la découverte de l'Europe monétaire, in: Preda, Daniela (Hrsg.), The History of the European Monetary Union, Comparing Strategies amidst Prospects for Integration and National Resistance, Brüssel 2016, S. 59–73.

Wirsching, Andreas, Abschied vom Provisorium, Geschichte der Bundesrepublik Deutschland 1982–1990, München 2006.

Wirsching, Andreas, Ist die Geschichte der Europäischen Integration beendet?, in: Hertfelder, Thomas/Rödder, Andreas (Hrsg.), Modell Deutschland. Erfolgsgeschichte oder Illusion?, Göttingen 2007, S. 155–170.

Wirsching, Andreas, European Responses to the Crisis of the 1970s and 1980s, Introductory Remarks, in: Journal of Modern European History 9 (2011), S. 167–169.

Wirsching, Andreas, Deutsche Geschichte im 20. Jahrhundert, 4. Aufl., München 2018.

Yergin, Daniel, Crisis and Adjustment, An Overview, in: ders./Hillenbrand, Martin (Hrsg.), Global Insecurity, A Strategy for Energy and Economic Renewal, Boston 1982, S. 1–28.

Ypersele, Jacques van, Das europäische Währungssystem, Geschichte, Funktionsweise und Aussichten, Luxemburg 1985.

Zimmermann, Hubert, West German Monetary Policy and the Transition to Flexible Exchange Rates, 1969–1973, in: Andrews, David M. (Hrsg.), Orderly Change: International Monetary Relations since Bretton Woods, Ithaca 2008, S. 155–176.

Zimmermann, Hubert, Unraveling the Ties That Really Bind, The Dissolution of the Transatlantic Monetary Order and the European Monetary Cooperation, 1965–1973, in: Schulz, Matthias/Schwartz, Thomas A. (Hrsg.), The Strained Alliance, U. S.-European Relations from Nixon to Carter, New York 2010, S. 125–144.

Personenregister

www.ingramcontent.com/pod-product-compliance
Lightning Source LLC
LaVergne TN
LVHW092153300926
849161LV00002B/264